Hannes Berger

Öffentliche Archive und staatliches Wissen

Hannes Berger

Öffentliche Archive und staatliches Wissen

Die Modernisierung des deutschen Archivrechts

Tectum Verlag

Hannes Berger
Öffentliche Archive und staatliches Wissen. Die Modernisierung des deutschen Archivrechts

Zugl. Diss. Univ. Erfurt 2019

ISBN: 978-3-8288-4373-8
E-Book: 978-3-8288-7335-1

Printed in Germany

Besuchen Sie uns im Internet
www.tectum-verlag.de

Bibliografische Informationen der Deutschen Nationalbibliothek
Die Deutsche Nationalbibliothek verzeichnet diese Publikation in der Deutschen Nationalbibliografie; detaillierte bibliografische Angaben sind im Internet über http://dnb.d-nb.de abrufbar.

Die vorliegende Arbeit wurde im Sommersemester 2019 von der Staatswissenschaftlichen Fakultät der Universität Erfurt unter dem Titel „Öffentliche Archive und staatliches Wissen. Das Archivrecht vor den Herausforderungen der Digitalisierung und Informationsfreiheit“ als Dissertation zur Erlangung des Grad eines Doktors der Rechtswissenschaft angenommen. Die mündliche Verteidigung fand am 18.06.2019 statt.

Herrn Prof. Dr. Arno Scherzberg danke ich herzlich für die Betreuung der Arbeit, die stets das richtige Maß aus Unterstützung und Freiraum der Forschung fand. Besonders danke ich für die spannenden und gewinnbringenden Lehrstuhlbesprechungen.

Mein Dank gilt weiterhin Herrn Prof. Dr. Frank Fechner, der zu meiner großen Freude die Zweitbegutachtung der Arbeit übernommen hat. Ich danke ihm für seine bereitwillige Unterstützung meines Promotionsvorhabens.

Für die Förderung, Unterstützung und kritische Reflexion meiner Forschung danke ich weiterhin der Nachwuchsförderung der Universität Erfurt, meiner Familie sowie meinen Fakultätskolleginnen und -kollegen.

Inhaltsverzeichnis

Kapitel 2: Archivrecht als Teil des Informationsverwaltungsrechts 139

Abbildungsverzeichnis

Abkürzungsverzeichnis

A.A.	Andere Ansicht
ABI-Technik	Zeitschrift für Automation, Bau und Technik im Archiv-, Bibliotheks- und Informationswesen
Abs.	Absatz
AEUV	Vertrag über die Arbeitsweise der Europäischen Union
AfP	Archiv für Presserecht
AIP	Archiv Information Package
Amtsbl.	Amtsblatt des Landes Saarland
AO	Abgabenordnung
AöR	Archiv des öffentlichen Rechts
ArchG LSA	Landesarchivgesetz Sachsen-Anhalt
ArchGB	Berliner Archivgesetz
ArchivBO NRW	Archivbenutzungsordnung des Landes Nordrhein-Westfalen
ArchivG NRW	Landesarchivgesetz Nordrhein-Westfalen
Art.	Artikel
ATDG	Antiterrordateigesetz
Aufl.	Auflage
BArchBV	Bundesarchiv-Benutzungsverordnung
BArchG	Bundesarchivgesetz
BauGB	Baugesetzbuch
BayArchivG	Bayerisches Archivgesetz
BayEGovG	Bayerisches E-Government-Gesetz
BayVBl.	Bayerische Verwaltungsblätter
BbgArchivG	Brandenburgisches Archivgesetz
Bd.	Band
BDSG	Bundesdatenschutzgesetz
BenO	Benutzungsordnung
BGB	Bürgerliches Gesetzbuch
BGBl.	Bundesgesetzblatt
BImSchG	Bundesimmissionsschutzgesetz
BKAG	Bundeskriminalamtsgesetz

BMeldDAV	Bundesmeldedatenabrufverordnung
BMeldDÜV	Bundesmeldedatenübermittlungs-verordnung
BMG	Bundesmeldegesetz
BND	Bundesnachrichtendienst
BPolG	Bundespolizeigesetz
BremArchivG	Archivgesetz der Freien Hansestadt Bremen
Bspw.	Beispielsweise
BVerfGE	Bundesverfassungsgerichtsentscheidung
BVerwG	Bundesverwaltungsgericht
BZRG	Bundeszentralregistergesetz
bzw.	beziehungsweise
CR	Computer und Recht
DDR	Deutsche Demokratische Republik
DIP	Dissemination Information Package
DMS	Dokumentenmanagementsystem
DÖV	Die Öffentliche Verwaltung
DSGVO	Datenschutzgrundverordnung
DuD	Datenschutz und Datensicherheit
DVBl.	Deutsches Verwaltungsblatt
EDV	Elektronische Datenverarbeitung
EG	Europäische Gemeinschaft
EGMR	Europäischer Gerichtshof für Menschenrechte
EGovG	E-Governement-Gesetz
eIDAS	Verordnung über Identifizierung und Vertrauensdienste
Einl.	Einleitung
EL	Ergänzungslieferung
et al.	et alii/et aliae
EU	Europäische Union
EU/EWR-HwV	EU/EWR-Handwerk-Verordnung
EuGH	Europäischer Gerichtshof
EuGRZ	Europäische Grundrechte-Zeitschrift
EuR	Zeitschrift Europarecht
EUV	Vertrag über die Europäische Union

EuZW	Europäische Zeitschrift für Wirtschaftsrecht
EWG	Europäische Wirtschaftsgemeinschaft
f.	folgende
FaMI	Fachangestellte für Medien- und Informationsdienste
FeV	Verordnung über die Zulassung von Personen zum Straßenverkehr
ff.	fortfolgende
FSU	Friedrich-Schiller-Universität Jena
GeoZG	Gesetz über den Zugang zu digitalen Geodaten
GewO	Gewerbeordnung
GG	Grundgesetz
GGO	Gemeinsame Geschäftsordnung der Bundesministerien
DOMEA	Dokumentenmanagement und elektronische Archivierung im IT-gestützten Geschäftsgang
GIF	Graphics Interchange Format
GRCh.	Europäische Grundrechte-Charta
GRUR	Gewerblicher Rechtsschutz und Urheberrecht
GTAZ	Gemeinsames Terrorabwehrzentrum
HArchivG	Hessisches Archivgesetz
HmbArchivG	Hamburgisches Archivgesetz
HmbGVBl.	Hamburgisches Gesetzes- und Verordnungsblatt
Hrsg.	Herausgeber
Hs.	Halbsatz
HwO	Handwerksordnung
i.V.m.	in Verbindung mit
IFG	Informationsfreiheitsgesetz
insb.	insbesondere
INSPIRE	Infrastructure for Spatial Information in the European Community
i.S.v.	im Sinne von
IWG	Informationsweiterverwendungsgesetz

IZG LSA	Informationszugangsgesetz des Landes Sachsen-Anhalt
JöR	Jahrbuch des öffentlichen Rechts
JPEG	Joint Photographic Experts Group
JURA	Juristische Ausbildung
JuRu	Juristische Rundschau
JuS	Juristische Schulung
JZ	Juristenzeitung
K&R	Kommunikation und Recht
KomJur	Kommunaljurist
LArchG BW	Landesarchivgesetz Baden-Württemberg
LArchG Rlp	Landesarchivgesetz Rheinland-Pfalz
LArchG SH	Landesarchivgesetz Schleswig-Holstein
LArchivG MV	Landesarchivgesetz Mecklenburg-Vorpommern
lit.	Buchstabe
LKV	Landes- und Kommunalverwaltung
LPartnerSchG	Lebenspartnerschaftsgesetz
m.w.N.	mit weiteren Nachweisen
MBl. LSA	Ministerialblatt des Landes Sachsen-Anhalt
MBl. SMF	Ministerialblatt des Sächsischen Staatsministeriums der Finanzen
MedInfoFAngAusbV	Verordnung über die Berufsausbildung zum Fachangestellten für Medien- und Informationsdienste
MMR	Multimedia und Recht
NArchG	Niedersächsisches Archivgesetz
NiedersGVBl.	Niedersächsisches Gesetzes- und Verordnungsblatt
NJOZ	Neue Juristische Online-Zeitschrift
NJW	Neue Juristische Wochenschrift
Nr.	Nummer
NRW	Nordrhein-Westfalen
NVwZ	Neue Zeitschrift für Verwaltungsrecht
NVwZ-RR	Neue Zeitschrift für Verwaltungsrecht Rechtsprechungs-Report
NWRG	Nationales-Waffenregister-Gesetz

OAIS	Open Archival Information System
OVG	Oberverwaltungsgericht
PaßG	Paßgesetz
PDF	Portable Document Format
PolG NRW	Polizeigesetz Nordrhein-Westfalen
PSI	Public Sector Information
PStG	Personenstandsgesetz
PStV	Personenstandsverordnung
Quellen-TKÜ	Quellen-Telekommunikations-überwachung
RAID	Redundand Array of Independent Discs
RDV	Recht der Datenverarbeitung
RED-G	Rechtsextremismusdateigesetz
RegR	Registraturrichtlinie
RL	Richtlinie
Rn.	Randnummer
RW	Rechtswissenschaft, Zeitschrift für rechtswissenschaftliche Forschung
S.	Seite; bei Rechtsnormen Satz
SächsArchivG	Sächsisches Archivgesetz
SächsEGovG	Sächsisches E-Government-Gesetz
SächsWG	Sächsisches Wassergesetz
SArchG	Saarländisches Archivgesetz
SGB	Sozialgesetzbuch
SigG	Signaturgesetz
SigV	Signaturverordnung
SIP	Submission Information Package
Sp.	Spalte
StAZ	Zeitschrift Das Standesamt
StGB	Strafgesetzbuch
StPO	Strafprozessordnung
StVG	Straßenverkehrsgesetz
ThürArchivG	Thüringer Archivgesetz
ThürBO	Thüringer Bauordnung
ThürEGovG	Thüringer E-Government-Gesetz
ThürGVBl.	Thüringer Gesetzes- und Verordnungsblatt
ThürVBl.	Thüringer Verwaltungsblätter

ThürVerfSchG	Thüringer Verfassungsschutzgesetz
TIFF	Tagged Image File Format
TKG	Telekommunikationsgesetz
UIG	Umweltinformationsgesetz
UPR	Umwelt- und Planungsrecht
UrhG	Urheberrechtsgesetz
UVP	Umweltverträglichkeitsprüfung
VBS	Vorgangsbearbeitungssystem
VdA	Verband deutscher Archivarinnen und Archivare
VDG	Vertrauensdienstegesetz
VerfSchG LSA	Verfassungsschutzgesetz des Landes Sachsen-Anhalt
VerwArch	Verwaltungsarchiv
VG	Verwaltungsgericht
Vgl.	Vergleiche
VKA	Verband schleswig-holsteinischer Kommunalarchivarinnen und Archivare
VS	Verschlusssache
VVDStRL	Veröffentlichungen der Vereinigung der Deutschen Staatsrechtslehrer
VwGO	Verwaltungsgerichtsordnung
VwVfG	Verwaltungsverfahrensgesetz
WHG	Wasserhaushaltsgesetz
WissR	Wissenschaftsrecht
WORM	Write Once Read Multiple
XML	Extensible Markup Language
z.B.	zum Beispiel
ZD	Zeitschrift für Datenschutz
ZEVIS	Zentrales Verkehrsinformationssystem
ZfBB	Zeitschrift für Bibliothekswesen und Bibliographie
ZFdG	Gesetz über das Zollkriminalamt und die Zollfahndungsämter
ZLVR	Zeitschrift für Landesverfassungsrecht und Landesverwaltungsrecht
ZPO	Zivilprozessordnung

ZRP	Zeitschrift für Rechtspolitik
ZStVBetrV	Verordnung über den Betrieb des Zentralen Staatsanwaltschaftlichen Verfahrensregisters
ZUM	Zeitschrift für Urheber- und Medienrecht

Einleitung

I. Hinführung zum Thema

Wer an Archive denkt, hat schnell ein vorurteilsbelastetes Bild vor Augen. Verstaubte Akten, Karten und Pläne längst vergangener Tage, die gestapelt und vergessen in dunklen Räumen dem langsamen Verfall ausgesetzt sind, dominieren unsere Vorstellung. Die Archivarinnen und Archivare, also die Bediensteten in jenem Archiv, sind dann nichts weiter als die Personifikation dieser verblassenden Vergangenheit in Akten.[1]

Wer jedoch einmal das Landesarchiv Schleswig-Holsteins im historischen Prinzenpalais, das Thüringer Hauptstaatsarchiv im Marstallgebäude in Weimar oder das moderne Generallandesarchiv in Karlsruhe gesehen hat, der ahnt, wie fern die Vorstellung des verstaubten Archivs von der archivischen Realität heutiger Tage entfernt ist.

Die bewusst repräsentativ wirkende Archivarchitektur deutet nicht nur an, dass Archive für den modernen Verfassungsstaat eine wesentliche Institution darstellen. Die Archivarchitektur, die sich zwischen Repräsentativität und Moderne bewegt, mag sinnbildlich auch für die jüngeren aber

1 Zugespitzt formulierte dies Gerhard Miesterfeldt, der Vizepräsident des Landtages Sachsen-Anhalts, angesichts anhaltender Unruhe bei der ersten Lesung des Archivreformgesetzes: „Meine Damen und Herren, ich weiß, Archive und Archivrechtliches sind nichts, was die Leute umhaut", vgl. Landtag Sachsen-Anhalt, Plenarprotokoll 6/75, S. 6307.

ebenso umwälzenden Wandlungsprozesse des deutschen Archivwesens stehen. Die Rechtsordnung und die Institution des Archivs erleben zu Beginn des 21. Jahrhunderts große Veränderungen ihrer Rahmenbedingungen.

Der augenscheinlichste Wandlungsprozess des öffentlichen Archivwesens ist die Digitalisierung. Weite Teile von Staat und Gesellschaft stützen ihre Tätigkeiten und Arbeitsabläufe auf den Einsatz von vernetzter Informationstechnologie. Während sich Behörden und Gerichte seit der Frühen Neuzeit auf das klassische Instrument der Papierakte stützten[2], erreichen die heute verwendeten Medienformen staatlicher Einrichtungen eine nie zuvor gekannte Vielfalt.[3] Elektronische Akten in behördenweit vernetzten Vorgangsbearbeitungssystemen[4], elektronisch geführte öffentliche Register, von mehreren Stellen und Behörden genutzte Datenbanken und Dateisysteme, automatisiert erlassene Verwaltungsakte[5] oder die öffentlichen Homepages staatlicher Institutionen im Internet[6] lassen Rückschlüsse auf einen großen Anstieg moderner staatlicher Mediennutzung ziehen.

Die öffentlichen Archive werden, da sie sich zu einem gewissen Zeitpunkt[7] mit all diesen staatlichen Unterlagen-

---

2 Vgl. Cornelia Vismann, Akten, 3. Aufl., Frankfurt/Main 2011, S. 154-179.

3 Vgl. Peter Hase, Bundeszentralregistergesetz, 2. Aufl., München 2014, § 1 Rn. 1; Gudrun Tolzmann, Bundeszentralregistergesetz. Kommentar, 5. Aufl., Stuttgart 2015, § 1, Rn. 11; Clemens Arzt, Verbunddateien des Bundeskriminalamtes – Zeitgerechte Flurbereinigung, NJW 2011, S. 352-354; Hannes Berger, Öffentliche Register und Verwaltungsinformationssysteme, KomJur 2017, S. 169-172.

4 Vgl. Jutta Keller-Herder/Martin Schallenbruch, § 6 Elektronische Aktenführung, in: Rainer Bauer/Dirk Heckmann/Kay Ruge/Martin Schallenbruch/Sönke Schulz (Hrsg.), Verwaltungsverfahrensgesetz und E-Government, 2. Aufl., Wiesbaden 2014, S. 1055-1058.

5 Vgl. Mario Martini/David Nink, Wenn Maschinen entscheiden... Persönlichkeitsschutz im vollautomatisierten Verwaltungsverfahren, NVwZ 2017, S. 681-682; Nadja Braun Binder, Vollständig automatisierter Erlass eines Verwaltungsaktes und Bekanntgabe über Behördenportale, DÖV 2016, S. 891-898.

6 Zu staatlichen Internetaktivitäten etwa Albert Ingold, Polizei 2.0: Grenzen der behördlichen Öffentlichkeitsarbeit in sozialen Netzwerken, VerwArch 108 (2017), S. 240-265, insbesondere 240-245.

7 Die Befassung der öffentlichen Archive mit staatlichen Unterlagen setzt zu dem Zeitpunkt ein, an dem eine Akte oder Unterlage für die

formen auseinandersetzen[8], gezwungenermaßen von diesem Digitalisierungsprozess des Staates mit erfasst. Archivierungstechniken[9], die gewährleisten sollen, dass Medien für sehr lange Zeiträume vor Zerstörung oder Diebstahl gesichert und bewahrt werden, müssen für elektronische Medienformen ganz neu entwickelt werden, was die Archive vor beachtliche Herausforderungen stellt. Wollen öffentliche Archive ihren verfassungsrechtlichen Anforderungen gerecht werden, müssen sie ihre analogen Techniken und Instrumente zum Erhalt des Bestandes und der Lesbarkeit ihrer Archivbestände um digitale Aspekte erweitern. Damit ist gleichwohl die Notwendigkeit einer normativen Verankerung der Anforderungen an elektronische Archivtätigkeiten verbunden.[10]

Konsequenzen für die Archive und ihr Recht ergeben sich jedoch nicht nur aus den Digitalisierungstendenzen der modernen Gesellschaft. Während in den vergangenen Jahrzehnten viele Politik- und Rechtsbereiche vom Prozess der europäischen Integration berührt worden waren, blieb der Einfluss

---

Aufgabenerfüllung der staatlichen Stelle „nicht mehr benötigt wird" (vgl. § 5 Abs. 1 S. 1 Nr. 1 BArchG) und die für die Unterlage in weiteren Vorschriften definierte Aufbewahrungsfrist verstrichen ist.

8 Dies ist in den Archivgesetzen von Bund und Ländern durch die Anbietungspflicht der staatlichen Stellen (z. B. § 5 BArchG, § 4 Abs. 1 ArchivG NRW) und durch das Einsichtsrecht der Archivare in diese Unterlagen (§ 5 Abs. 6 S. 2 SächsArchivG) und durch die Bewertungskompetenz der Archive (§ 5 Abs. 2 BArchG, § 8 Abs. 1 LArchG Rlp) rechtlich verankert.

9 Die klassischen Archivierungstechniken der Bestandserhaltung sowie die analogen Schutzmaßnahmen vor Feuchtigkeit, Hitze, Licht oder physischer Beeinträchtigung sowie die Restaurierungstechniken an Papier oder Wachssiegeln reichen für elektronische, das heißt nicht körperliche, Daten nicht mehr aus und es müssen digitale Pendants sowie neue Archivierungstechniken gefunden werden. Grundzüge bei Andrea Pataki-Hundt, Bestandserhaltung, in: Marcel Lepper/Ulrich Raulff (Hrsg.), Handbuch Archiv, Stuttgart 2016, S. 218-224; Heinz Werner Kramski, Erhaltungsstrategien, in: Marcel Lepper/Ulrich Raulff (Hrsg.), Handbuch Archiv, Stuttgart 2016, S. 188-191.

10 Vgl. Abgeordnetenhaus Berlin, Drucksache 17/2402, S. 1 und 14f., sowie Deutscher Bundestag, Plenarprotokoll 17/212 vom 19. Januar 2017, S. 21263: „Neben der materiellen Aufbewahrung kommt in Zeiten der Digitalisierung auch der digitalen Archivierung eine besondere Rolle zu. [...] Nach rund 30 Jahren wird damit eine weitreichende Neujustierung des Archivrechts vorgenommen."

des Unionsrechts auf das nationale Archivwesen sehr verhalten. Archivrecht galt noch bis vor wenigen Jahren als eine rein nationale Angelegenheit. Mittlerweile kann der Einfluss des Europäischen Rechts auf das Archivrecht und das Archivwesen jedoch nicht mehr übersehen werden. Es ist hierbei insbesondere das moderne Datenschutzrecht, das unverkennbar durch das Recht der Europäischen Union geprägt wird und welches einen maßgeblichen Einfluss auf das deutsche Archivrecht ausübt. In der Konsequenz wird auch die Rechtsanwendung im Archivwesen komplexer und die Archivgesetze treten in einen größeren Regelungszusammenhang aus europäischen, bundesrechtlichen und landesrechtlichen sowie kommunalen Vorschriften.

Schließlich lässt sich eine dritte Entwicklung des modernen Verfassungsstaates beobachten, die unbestreitbar Einfluss auf das Archivrecht ausübt: die zunehmende Verrechtlichung von Ansprüchen auf Zugang zu staatlichen Informationen unterschiedlicher Art. Die allgemeine Informationsfreiheitsgesetzgebung in Bund und Ländern[11] sowie die bereichsspezifischen Informationsansprüche auf Umwelt-[12] oder Verbraucherinformationen[13] eröffnen dem Einzelnen subjektive öffentliche Anspruchspositionen auf Zugang zu den entsprechenden Informationen, die bei öffentlichen Stellen vorliegen. Das deutsche Archivrecht eröffnet ebenfalls – und schon deutlich länger – bereichsspezifische Informationsansprüche, nämlich die Benutzungsrechte auf staatliches Archivgut. Während durch die neuen Informationszugangsrechte oftmals unmittelbare und voraussetzungslose Rechtsansprüche auf den Zugang zu behördlichen Informationen geschaffen

---

11 Informationsfreiheitsgesetz vom 5. September 2005 (BGBl. I S. 2722); Thüringer Informationsfreiheitsgesetz vom 14. Dezember 2012 (ThürGVBl. 2012, S. 464); verfassungsrechtliche Verankerung in Art. 21 Abs. 4 Brandenburgische Verfassung; Matthias Rossi, Informationszugangsfreiheit und Verfassungsrecht, Berlin 2004, S. 24ff.

12 Umweltinformationsgesetz in der Fassung der Bekanntmachung vom 27. Oktober 2014 (BGBl. I S. 1643).

13 Verbraucherinformationsgesetz in der Fassung der Bekanntmachung vom 17. Oktober 2012 (BGBl. I S. 2166, 2725); Lebensmittel- und Futtermittelgesetzbuch in der Fassung der Bekanntmachung vom 3. Juni 2013 (BGBl. I S. 1426); dazu Markus Grube/Manuel Immel/Rochus Wallau, Verbraucherinformationsrecht, Köln 2013, S. 40ff und 123 ff.

werden, erhebt das Archivrecht mit seinen Schutzfristen und Benutzungseinschränkungen strengere Hürden. Der Grund dafür kann mit Sicherheit auch in der weiter zurückliegenden Entstehungszeit der Archivgesetze gesehen werden. Das Hinzukommen und das teilweise Inkonkurrenztreten der Informationsfreiheitsgesetzgebung gegenüber dem Archivrecht bedingt eine notwendige Anpassung beider Rechtsgebiete. Unmittelbare Zugänge zu Informationen staatlicher Behörden einerseits und Zugangshürden für dieselben Unterlagen im Archiv andererseits stehen in einem rechtlichen Widerspruch und es ist eine Frage, wie das Archivrecht auf diese Entwicklung zu reagieren vermag.

Die Digitalisierung, die Europäisierung und die Informationszugangsfreiheit beeinflussen die Rahmenbedingungen des Archivwesens. Das Archivrecht kann sich den Veränderungsprozessen nicht entziehen. Das wird vor allem deutlich, wenn man die „neue Welle der Gesetzgebung“[14] betrachtet, die das deutsche Archivrecht zugleich in einer Vielzahl von Aspekten überarbeitete und modernisierte. Die Archivgesetze in Bund und Ländern wurden in mehreren Phasen reformiert, teilweise gar komplett novelliert. Seit dem Jahr 2005 hat es in Bund und Ländern mindestens vierzehn Archivrechtsreformen gegeben, die aufgrund unterschiedlicher Motive (Personenstandsrecht, Datenschutz, Informationszugangsfreiheit, Digitalisierung) Änderungen an wesentlichen Normen des Archivrechts vorgenommen haben. Die notwendig gewordene Modernisierung des deutschen Archivrechts ist der Untersuchungsgegenstand dieser Arbeit.

II. Stand der Forschung

Finden solche gravierenden Umwälzungen im Bereich staatlicher Verwaltungstätigkeit mit Auswirkungen auf die rechtlichen Grundlagen der öffentlichen Archive statt, dann drängt sich zunächst die Frage auf, inwieweit die rechtswissenschaft-

14 Vgl. Karl-Heinz Ladeur, Die Kommunikationsinfrastruktur der Verwaltung, in: Wolfgang Hoffmann-Riem/Eberhard Schmidt-Aßmann/Andreas Voßkuhle (Hrsg.), Grundlagen des Verwaltungsrechts, Bd. II, 2. Aufl., München 2012, S. 59.

liche Forschung sich mit diesen Prozessen bereits auseinandergesetzt hat. Der Befund Friedrich Schochs aus dem Jahr 2006, das „Archivrecht steht nicht gerade im Zentrum rechtswissenschaftlicher Forschung"[15], dürfte nach wie vor Geltung beanspruchen. Erfreulicherweise hat sich die Auseinandersetzung der Rechtswissenschaft mit archivrechtlichen Belangen und Problemstellungen in den vergangenen Jahren etwas intensiviert. Von einer systematischen Erschließung dieses Rechtsgebietes und insbesondere von einer Herausarbeitung der rechtlichen Grundlagen des digitalen Archivwesens durch die Rechtswissenschaft kann jedoch nicht gesprochen werden.

1. Archivrechtliche Forschung

Eine schwerpunktmäßige Beschäftigung der Rechtswissenschaft mit Fragen des Archivrechts erfolgte zumeist im Zusammenhang mit wesentlichen Veränderungen der archivischen Rechtsgrundlagen. Insofern verwundert es nicht, dass in den Dekaden vor den 1980er Jahren einschlägige rechtwissenschaftliche Beiträge rar waren. *Manfred Leppers* Beitrag „Die staatlichen Archive und ihre Benutzung"[16] des Jahres 1963 blieb demzufolge eine Ausnahme, die gerade auch auf das Fehlen formeller Archivgesetze zurückzuführen ist. Dies änderte sich auch erst mit den Jahren 1987 und 1988, als in Baden-Württemberg und sodann auf Bundesebene die ersten Archivgesetze durch die Parlamente erlassen wurden. Die Gesetzgebung löste auch in der Rechtswissenschaft manche Publikationen aus. Zunächst kann hierbei der Beitrag *Dieter Wyduckels* genannt werden, der sich mit dem Recht auf informationelle Selbstbestimmung als Auslöser der Archivgesetzgebungstätigkeit auseinandersetzte.[17] *Alexander Freys*

---

15 Friedrich Schoch, Modernisierung des Archivrechts in Deutschland, Die Verwaltung 39 (2006), S. 463-491, 463.

16 Manfred Lepper, Die staatlichen Archive und ihre Benutzung, DVBl. 1963, S. 315-320, 315. Hier ebenfalls seine Einschätzung: „In der deutschen rechtswissenschaftlichen Literatur nimmt das staatliche Archivwesen nur einen unbedeutenden Raum ein."

17 Dieter Wyduckel, Archivgesetzgebung im Spannungsfeld von informationeller Selbstbestimmung und Forschungsfreiheit, DVBl. 1989, S. 327-337.

beschäftigte sich in dieser Zeit mit Rechtsfragen des Zugangs zu öffentlichen Archiven.[18] Die 1990er Jahre waren sodann davon geprägt, dass die restlichen westdeutschen und die der Bundesrepublik beigetretenen ostdeutschen Länder ihre Archivgesetzgebung abschlossen, was ebenfalls durch die Forschung kommentiert wurde.[19] Dabei verwies etwa *Rainer Polley* darauf, dass Handlungen der Archivverwaltungen nicht losgelöst vom allgemeinen Verwaltungsverfahrensrecht stattfinden können.[20] Ebenfalls in den 1990er Jahren geriet die Einordnung öffentlicher Archivgüter als öffentliche Sachen aufgrund einer Widmung in den Fokus der Rechtswissenschaft, was maßgeblich durch den Hamburger Stadtsiegelfall ausgelöst wurde.[21] Als sich der Archivgesetzgebungsprozess in Bund und Ländern konsolidiert hatte, erschienen um die Jahrtausendwende abschließende Forschungsarbeiten zum Archivrecht, die eine größere Systematisierung und Einordnung in das Öffentliche Recht verfolgten.[22] Damit war eine knappe aber ausreichend grundlegende Systematisierung und Einbindung des Archivrechts in die rechtswissenschaftliche Forschung abgeschlossen. Doch insgesamt wurde es daraufhin in den ersten Jahren des neuen Jahrtausends ruhiger um die archivrechtliche Forschung. Obwohl die Archivgesetze um das Jahr 2005 herum noch nicht einmal zwanzig Jahre alt

---

18 Alexander Freys, Das Recht der Nutzung und des Unterhalts von Archiven, Baden-Baden 1989.

19 Bspw. Hermann Bannasch (Hrsg.), Archivrecht in Baden-Württemberg. Texte, Materialien, Erläuterungen, Stuttgart 1990; Rainer Polley, Archivgesetzgebung in Deutschland, Marburg 1991; Hans-Joachim Schreckenbach, Archivgesetze in den Bundesländern Brandenburg, Mecklenburg-Vorpommern, Sachsen, Sachsen-Anhalt und Thüringen, LKV 1998, S. 289-294.

20 Rainer Polley, Der Grundsatz der Amtsuntersuchung im Archivbenutzungsrecht, in: Hermann Bannasch (Hrsg.), Zeitgeschichte in den Schranken des Archivrechts, Stuttgart 1995, S. 71-78.

21 OVG Münster, NJW 1993, S. 2635-2637, aufgegriffen bei Peter Axer, Die Widmung als Schlüsselbegriff des Rechts der öffentlichen Sachen, Berlin 1994 und Dieter Strauch, Das Archivalieneigentum, Köln 1998.

22 Vgl. Petra Nau, Verfassungsrechtliche Anforderungen an Archivgesetze des Bundes und der Länder, Kiel 2000; Bartholomäus Manegold, Archivrecht, Berlin 2002; Rainer Polley (Hrsg.), Archivgesetzgebung in Deutschland – ungeklärte Rechtsfragen und neue Herausforderungen, Marburg 2003.

waren, mahnten sich bereits neue und notwendige Veränderungen an. Der rasant zunehmende Einsatz von Informationstechnik in der öffentlichen Verwaltung und bei Gericht konnte immer weniger mit analogen Begrifflichkeiten der Entstehungszeit der Archivgesetze in Einklang gebracht werden. Gleichzeitig entstanden neue Rechtsprobleme, insbesondere durch die Informationsfreiheitsgesetzgebung. Diese neuen Herausforderungen wurden durchaus erkannt und entsprechende Änderungen gefordert.[23] Der im Jahr 2007 veröffentlichte Professorenentwurf für ein modernes Bundesarchivgesetz bildete sodann den Startpunkt für die Debatte über die Reform des Archivrechts in Deutschland.[24] Mit den neuen Problemfeldern des Archivrechts, dem Informationsfreiheitsrecht und der Reform des Personenstandsrechts, beschäftigte sich im Jahr 2010 ein sechzigseitiger Band des Landesarchivs Baden-Württemberg.[25]

Anders als bei der Implementierung der Archivgesetze in den 1980er und 1990er Jahren kam es seither aber *nicht* zu einer dezidiert rechtswissenschaftlichen Auseinandersetzung mit dem modernisierten Archivrecht.[26] Es waren vielmehr die Fachvertreter der Archivarinnen und Archivare selbst, die diese Gesetzgebungsprozesse kommentierten.[27] Seitdem hat sich die archivrechtliche Forschung unmittelbar nur mit Ein-

23 Der in diese Zeit fallende Gesetzeskommentar: Siegfried Becker/Klaus Oldenhage, Bundesarchivgesetz. Handkommentar, Baden-Baden 2006 stellt genau den Übergang von der abschließenden Systematisierung des analogen Archivrechts zu den aufkommenden Fragen nach einem Archivrecht im Informationsstaat des 21. Jahrhunderts dar, etwa in der Einleitung, Rn. 26.

24 Friedrich Schoch/Michael Kloepfer/Hansjürgen Garstka, Archivgesetz. Entwurf eines Archivgesetzes des Bundes, Berlin 2007; in diesem Zusammenhang auch Schoch, Die Verwaltung 39 (2006), S. 463-491.

25 Vgl. Clemens Rehm/Nicole Bickhoff (Hrsg.), Rechtsfragen der Nutzung von Archivgut, Stuttgart 2010.

26 Eine Ausnahme bildet nur Ladeur, in: Hoffmann-Riem/Schmidt-Aßmann/Voßkuhle 2012, Bd. II, S. 59, der zumindest den Reformprozess erkannte.

27 Etwa die Beiträge zu NRW, Hessen, Rheinland-Pfalz und Sachsen in: Verband deutscher Archivarinnen und Archivare (Hrsg.), Alles was Recht ist. Archivische Fragen – juristische Antworten, Fulda 2012, S. 85-108.

zelbeiträgen[28] zu neuen Problemstellungen des Archivrechts hervorgetan, beispielsweise zu Rechtsfragen der elektronischen Archivierung[29], der Benutzung elektronischer Archivgüter[30], oder mit Einzelbetrachtungen zu Reformprozessen[31].

Zwei Aspekte der rechtwissenschaftlichen Auseinandersetzung mit dem sich wandelnden Archivrecht sind auffällig. Einerseits wird erkennbar wie wenig bislang hinterfragt wurde, welchen Einfluss das Recht der Europäischen Union auf das deutsche Archivrecht ausübt. Die Verbindung zwischen Europäischem Recht und Archivrecht wurde überhaupt erst wahrgenommen, seitdem die Europäische Union im Jahr 2016 mittels der direkt geltenden Datenschutzgrundverordnung (DSGVO) beabsichtigt, das Datenschutzrecht zu harmonisieren.[32] Dass der Einfluss des Europäischen Rechts auf das öffentliche Archivwesen noch andere Bereiche betrifft als nur den Datenschutz und auch länger zurückreicht als in das Jahr

---

28 Allgemein Hannes Berger, Das deutsche Archivrecht im Wandel, ZLVR 2016, S. 12-22.

29 Vgl. Arnhilt Kuder et al., Aspekte der Langzeitarchivierung und nachhaltigen Datensicherung, in: Thomas Dreier et al. (Hrsg.), Informationen der öffentlichen Hand, Baden-Baden 2016, S. 411-436.

30 Vgl. Peter Collin, Die archivrechtliche Regulierung des Zugangs zu öffentlichen Informationen, in: Thomas Dreier et al. (Hrsg.), Informationen der öffentlichen Hand, Baden-Baden 2016, S. 209-228.

31 Beispielsweise Jessica von Seggern, Die Auswirkungen des Personenstandsrechtsreformgesetzes auf die Archive, VKA Mitteilungen 2008, S. 40-48; Christine Libor, Novelle des Bundesarchivgesetzes schränkt Zugang zu wichtigen Dokumenten ein, AfP 2016, S. 526-527; Hannes Berger, Neuregelung des Bundesarchivrechts, ZRP 2017, S. 15-18; Hannes Berger, Zur Reform des Thüringer Archivgesetzes, ThürVBl. 2017, S. 105-109; Lars Dittrich, Reformiert die Archivgesetze – aber richtig!, ZRP 2017, S. 183-186.

32 Die Geltung der europäischen DSGVO für nationale Archivbehörden und nationales Archivrecht wird bspw.erkannt bei Paul C. Johannes, Archivierung, in: Alexander Roßnagel, Europäische Datenschutz-Grundverordnung, Baden-Baden 2017, S. 254-263; Stephan Pötters, in: Peter Gola (Hrsg.), Datenschutz-Grundverordnung. Kommentar, München 2017, Art. 89, Rn. 10-21; Daniel Pauly, in: Boris Paal/Daniel Pauly (Hrsg.), Datenschutz-Grundverordnung. Kommentar, München 2017, Art. 89, Rn. 16; Benedikt Buchner/Marie-Theres Tinnefeld, in: Jürgen Kühling/Benedict Buchner (Hrsg.), Datenschutz-Grundverordnung. Kommentar, München 2017, Art. 89, Rn. 10, 11, 28ff. und Bertram *Raum*, in: Eugen Ehmann/Martin Selmayr (Hrsg.), DS-GVO. Kommentar, München 2017, Art. 89, Rn. 15f.

2016, wurde bisher völlig außer Acht gelassen. Andererseits bieten auch umfangreichere Publikationen zum deutschen Archivrecht der letzten Jahre keine hinreichende Auseinandersetzung mit den Herausforderungen und den rechtlichen Anforderungen, die durch die Digitalisierung entstanden sind. Zwar bieten der Band „Archivrecht“ von *Jost Hausmann* aus dem Jahr 2016 und das Handbuch „Archivrecht für die Praxis“ von *Irmgard Becker und Clemens Rehm* aus dem Jahr 2017 systematische Darstellungen des Archivrechts de lege lata.[33] Doch gerade die Rechtsfragen, die für das entstehende digitale Archivwesen so drängend sind, nämlich jene nach den Anforderungen der elektronischen Bestandserhaltung, nach der Benutzung im „digitalen Lesesaal“ und schließlich nach Möglichkeiten und Grenzen neuer Auswertungsmethoden von elektronischen Archivgütern durch die Digitalisierung, bleiben unbeantwortet.[34]

Die aktuelle Archivrechtswissenschaft verzeichnet schlussfolgernd mehrere Forschungslücken. Es mangelt bisher erstens an jeglicher Darstellung des *Einflusses des Europäischen Rechts auf das nationale Archivrecht.* Zweitens wurde eine *vergleichende und systematische Untersuchung der Archivrechtsreformen* seit dem Jahr 2009 bislang nicht vorgenommen. Und am deutlichsten tritt drittens das Fehlen

---

33 Vgl. Jost Hausmann, Archivrecht. Ein Leitfaden, Frankfurt/Main 2016; Irmgard Becker/Clemens Rehm (Hrsg.), Archivrecht für die Praxis. Ein Handbuch, München 2017.

34 Abgesehen davon, dass sich Hausmann 2016 ausschließlich auf die Rechtsnormen stützt und keine weiteren Quellen heranzieht, muss zudem kritisiert werden, dass in seinem gesamten „Archivrecht“ der Begriff der elektronischen Aufzeichnung nur an zwei Stellen (S. 34 und 35) vorkommt. Maßnahmen der elektronischen Archivierung werden gänzlich ausgelassen. Auch in Becker/Rehm 2017 werden die rechtlichen Anforderungen an die elektronische Archivierung und Bestandserhaltung nicht zufriedenstellend herausgearbeitet. Die viereinhalb Seiten (Christian Keitel, Digitale Bestandserhaltung, in: Becker/Rehm 2017, S. 99-103) gehen dabei weder auf die archivgesetzlichen Vorschriften noch auf die durch die Archiv- und rechtwissenschaft entwickelten Grundlagen ein. Ebenso verbleiben die Darstellungen über die Benutzung des Archivguts (etwa Clemens Rehm, Rahmenbedingungen für den Zugang zu Archivgut, in: Becker/Rehm 2017, S. 133-141) und über die Auswertung des Archivguts (Martina Wiech, Auswertung des Archivguts, in: Becker/Rehm 2017, S. 224-229) in ausschließlich analogen Dimensionen.

einer grundlegenden Herausarbeitung der *rechtlichen Anforderungen des digitalen Archivwesens* hervor, die über einzelne Schwerpunktbeiträge hinausgeht. Auch die jüngsten archivrechtlichen Abhandlungen konnten diese Forschungslücken nicht beseitigen.

2. Informationsverwaltungsrechtliche Forschung

Mit der wachsenden Bedeutung von Daten, Informationen und Wissen für die moderne Gesellschaft und den modernen Staat hat sich in der Rechtswissenschaft unter Öffnung für sozialwissenschaftliche Aspekte und Thesen die stark verwaltungs- und politikwissenschaftlich beeinflusste Forschungsrichtung des Informationsverwaltungsrechts etabliert. Die informationsverwaltungsrechtliche Forschung, die sich unter grober Vereinfachung auf die vier Schwerpunkte Wissensgenerierung, innerstaatliche Informationsbeziehungen, Informationsbeziehungen zwischen Staat und Bürger sowie Wissensspeicherung konzentriert, stellte auch immer wieder Bezüge zum öffentlichen Archivrecht her, die für diese Arbeit von Nutzen sind. Gleichwohl dürfte die in der bisherigen Forschung oft vorgenommene einseitige Einordnung der Archive als *Wissensspeicher* der Bedeutung der Archive im Informationsstaat nicht gerecht werden.[35] Die Position der öffentli-

---

35 Vgl. die Stellung der Archive bei Marion Albers, Die Komplexität verfassungsrechtlicher Vorgaben für das Wissen der Verwaltung, in: Indra Spiecker gen. Döhmann/Peter Collin (Hrsg.), Generierung und Transfer staatlichen Wissens im System des Verwaltungsrechts, Tübingen 2008, S. 50-69, 55; Winfried Kluth, Die Strukturierung von Wissensgenerierung durch das Verwaltungsorganisationsrecht, in: Spiecker/Collin 2008, S. 73-92, 74, Fn. 5 sieht die Archivierung von Wissen immerhin auch als Teil der Wissensverwendung; Indra Spiecker gen. Döhmann, Wissensverarbeitung im Öffentlichen Recht, RW 2010, S. 247-282, 281; Peter Collin, Archive und Register, in: Gunnar Folke Schuppert/Andreas Voßkuhle (Hrsg.), Governance von und durch Wissen, Baden-Baden 2008, S. 75-86, 76 zeigt ebenfalls ein über die Speicherung hinausgehendes Archivverständnis; Ino Augsberg, Informationsverwaltungsrecht, Tübingen 2014, S. 157ff, der zwar Archive im Kapitel Wissensspeicher behandelt, gleichwohl aber deren Wandel durch die Möglichkeiten der Digitalisierung untersucht; Klaus Lenk/Ulrich Meyerholt/Peter Wengelowski, Wissen managen in Staat und Verwaltung, Berlin 2014, S. 69.

chen Archive in den weiteren Schwerpunkten des Informationsverwaltungsrechts muss sich durch die weitere Untersuchung geklärt werden.

3. Archivwissenschaftliche Forschung

Der archivwissenschaftlichen Forschung der Fachvertreter des deutschen Archivwesens ist eine beachtliche Publikationstätigkeit zu attestieren. Während es die Rechtswissenschaft bisher noch versäumt hat, die neuen Herausforderungen und Entwicklungen im Archivwesen durch die eigenen Methoden und Maßstäbe hinreichend einzuordnen und rechtliche Möglichkeiten und Grenzen des digitalen Archivwesens herauszustellen, ist die Archivwissenschaft mit der Weiterentwicklung der eigenen Disziplin weit vorangeschritten. Die Ergebnisse der oftmals anhand von Einzelstudien und Praxiserfahrungen vorgenommenen archivfachlichen Untersuchungen decken weite Teile der heutigen Herausforderungen an das Archivwesen ab. Die Archivwissenschaft hat eine große Fülle von wissenschaftlichen Beiträgen zur Digitalisierung der Archivtätigkeiten hervorgebracht. Diese Beiträge befassen sich etwa mit dem Verhältnis der öffentlichen Archive zum E-Government[36], mit dem Umgang mit neuen Unterlagenformen[37] und Fachanwendungen in der Verwaltung[38], mit viel-

---

36 Vgl. Margit Ksoll-Marcon, eGovernment in Bayern – eine neue Grundlage für die Schriftgutverwaltung und die Rolle der Archive, in: Archivalische Zeitschrift 88 (2006), S. 511-524.

37 Etwa Thekla Kluttig, Behördliche Schriftgutverwaltung, in: Stefanie Unger (Hrsg.), Archive und ihre Nutzer – Archie als moderne Dienstleister, Marburg 2004, S. 221-224; Christian Keitel/Rolf Lang/Kai Naumann, Handlungsfähige Archive. Erfahrungen mit der Bewertung und Übernahme digitaler Unterlagen, in: Katharina Ernst (Hrsg.), Erfahrung mit der Übernahme digitaler Daten, Stuttgart 2007, S. 10-14; Michael Wettengel, Aussonderung und Archivierung elektronischer Akten, in: ders. (Hrsg.), Digitale Herausforderungen für Archive, Koblenz 1999, 90-97.

38 Etwa Christian Keitel/Rolf Lang, Ingest von Fachverfahren im Landesarchiv Baden-Württemberg, in: Staatsarchiv St. Gallen (Hrsg.), Entwicklung in den Bereichen Records Management / Vorarchiv – Übernahme – Langzeitarchivierung, St. Gallen 2009, S. 35-45; Franz-Josef Ziewes, Überlegungen zur Bewertung von digitalen Unterlagen aus dem Umweltinformationssystem Baden-Württembergs, in: Udo

fältigen Lösungsstrategien zur elektronischen Archivierung[39] und mit dem Aufbau von strukturellen Archivsystemen[40]. Weiterhin brachte die Archivwissenschaft verschiedene Lösungsansätze für den Erhalt der Beweiskraft und der Authentizität elektronischer Unterlagen im Archiv[41] hervor und widmete sich ebenfalls den Fragen der Benutzbarmachung elektronischer Archivgüter in digitalen Lesesälen[42]. Die Forschungsergebnisse der Fachvertreter sind deshalb so vielfältig wie auch lösungsorientiert, weil sie bei allen Fragen der Mo-

---

Schäfer/Nicole Bickhoff (Hrsg.), Archivierung elektronischer Unterlagen, Stuttgart 1999, S. 145-151.

39 Etwa Heinz Werner Kramski, Digitale Dokumente im Archiv, in: Marcel Lepper/Ulrich Raulff (Hrsg.), Handbuch Archiv, Stuttgart 2016, S. 178-197; Martin Iordanidis, Digitale Langzeitarchivierung – Risikoebenen und Lösungsstrategien im nachhaltigen Umgang mit digitalen Ressourcen in: Oliver Hinte/Eric W. Steinhauer, Die Digitale Bibliothek und ihr Recht – ein Stiefkind der Informationsgesellschaft?, Münster 2014, S. 141-160; Stefan Funk, Migration, in: Heike Neuroth et al. (Hrsg.), nestor-Handbuch. Eine kleine Enzyklopädie der digitalen Langzeitarchivierung, Glückstadt 2016, Kapitel 8, S. 10-15.

40 Etwa Ilka Stahlberg, Konzipierung des digitalen Zwischenarchivs in Brandenburg und der Sachstand bei der DMS-Einführung in der Brandenburgischen Landesverwaltung, in: Matthias Manke (Hrsg.), Auf dem Weg zum digitalen Archiv, Schwerin 2012, S. 47-51; Nils Brübach, Das Referenzmodell OAIS, in: Heike Neuroth et al. (Hrsg.), nestor-Handbuch: Eine kleine Enzyklopädie der digitalen Langzeitarchivierung, Glückstadt 2016, Kapitel 4, S. 3-14; Karsten Huth/Kathrin Schroeder, Projekt „Aufbau eines digitalen Archivs" im Bundesarchiv, in: Stadtarchiv Stuttgart (Hrsg.), Erfahrungen mit der Übernahme digitaler Daten, Stuttgart 2007, S. 42-46; Burkhardt Nolte, Das elektronische Staatsarchiv des Freistaats Sachsen, in: Der Archivar 67 (2014), S. 6-13.

41 Vgl. Pauline Puppel, Zur Archivierung elektronisch signierter Dokumente, in: Archivalische Zeitschrift 89 (2007), S. 345-368; Dieter Strauch, Rechtliche und archivische Probleme der digitalen Signatur, in: Gedächtnisschrift für Alexander Lüderitz, hg. v. Haimo Schack, München 2000, S. 751-787; Udo Schäfer, Authentizität: Elektronische Signaturen oder Ius Archivi?, in: Rainer Hering/Udo Schäfer, Digitale Verwalten – Digitales Archivieren, Hamburg 2004, S. 13-31.

42 Vgl. Angelika Menne-Haritz, Digitaler Lesesaal, virtuelle Magazine und Online-Findbücher, in: Hartmut Weber/Gerald Maier, Digitale Archive und Bibliotheken, Stuttgart 2000, S. 25-34; Christian Reinicke, Auf dem Weg zum digitalen Lesesaal, ABI-Technik (=Zeitschrift für Automation, Bau und Technik im Archiv-, Bibliotheks- und Informationswesen), 27 (Heft 1/2007), S. 28-35.

dernisierung des Archivwesens einen betont interdisziplinären Ansatz verfolgten. Geschichtswissenschaft, Politik- und Verwaltungswissenschaft und Archivlehre werden hierbei mit den Erkenntnissen der Informatik und den Anforderungen der Rechtswissenschaft verknüpft. Insofern sind die Erkenntnisse der Archivwissenschaft für die vorliegende Untersuchung unbedingt heranzuziehen. Es muss das Ziel sein, die Erkenntnisse der Fachvertreter mit den juristischen Methoden aufzubereiten und für die (Archiv-)Rechtsordnung handhabbar zu machen. Auf diese Weise können jene aufgezeigten Forschungsrückstände der rechtswissenschaftlichen Forschung beseitigt werden.

4. Notwendigkeit weiterer Untersuchungen

Als eine erste Erkenntnis kann festgehalten werden, dass sich die archivrechtliche Literatur in mehreren Phasen entwickelte. Der unbefriedigende Befund der Unterrepräsentierung archivrechtlicher Publikationen in der rechtswissenschaftlichen Forschung wurde zwar jüngst durch mehrere Veröffentlichungen und Einzelbeiträge abgemildert. Trotzdem bleibt der Makel bestehen, dass bisher keine zusammenhängende Untersuchung des Archivrechts im heutigen Informationsstaat erfolgt ist.

Im Konkreten lassen sich folgende Lücken in der archivrechtlichen Forschung ausmachen: Erstens existiert keine Untersuchung darüber, wie das Recht der Europäischen Union auf das nationale Archivrecht einwirkt. Zweitens wurde die systematische Reformierung der Archivgesetze, die im Jahr 2009 einsetzte, bisher in keiner zusammenhängenden Untersuchung erörtert. Drittens ist das Verhältnis von allgemeinen Informationszugangsgesetzen und speziellen Archivgesetzen trotz einzelner Beiträge und Rechtsprechung noch nicht abschließend systematisiert worden. Viertens muss konstatiert werden, dass die informationsverwaltungsrechtliche Debatte die Rolle der öffentlichen Archive und ihre Verflechtung im modernen Informationsstaat unterschätzt. Mit der fünften Forschungslücke tut sich zugleich der größte Bedarf an Systematisierung und Erarbeitung von Grundlagen auf: Die bisherige Archivrechtswissenschaft hat es selbst in den jüngsten

Publikationen der Jahre 2016 und 2017 versäumt, die rechtlichen Anforderungen an die elektronische Archivierung bzw. das digitale Archivwesen herauszuarbeiten. Doch gerade dieser Bereich der elektronischen Vorgangsbearbeitung und der elektronischen Archivierung wird die öffentliche Verwaltung und mit ihr die öffentlichen Archivverwaltungen in den kommenden Jahren massiv verändern. Es ist demzufolge dringend geboten, die rechtlichen Anforderungen des digitalen Archivwesens systematisch und umfassend herauszuarbeiten und entsprechende Leitgedanken für das zukünftige Archivrecht zu formulieren.

Die aufgeworfenen Forschungslücken melden weiteren Bedarf an archivrechtlicher Erkenntnissuche an. Die vorliegende Arbeit will sich diesen offenen Problembereichen widmen. Es ist das erklärte Ziel, die Grundzüge des Rechts der öffentlichen Archive im Informationszeitalter herauszuarbeiten.

III. Forschungsfragen

Treten bereits in diesem knappen Aufriss die Problemlagen und Herausforderungen des staatlichen Archivwesens hervor und zeichnen sich zudem mehrere Forschungslücken ab, dann ist es die Aufgabe der vorliegenden Untersuchung, Antworten hierauf zu finden und die archivrechtliche Debatte mit neuen Anstößen für eine intensivere Auseinandersetzung den normativen Grundlagen eines Archivrechts im Informationszeitalter fortzuführen.

Es lassen sich folgende Untersuchungsschwerpunkte erkennen. Erstens muss eine Klärung erfolgen, was die bisherigen *normativen Grundlagen* des staatlichen Archivwesens sind, um, davon ausgehend, zu betrachten, welche *veränderten Rahmenbedingungen* auf diese normativen Grundlagen Veränderungsdruck ausüben. Als ein zweiter Schritt muss sodann schwerpunktmäßig herausgearbeitet werden, welche *Rolle das öffentliche Archivwesen im modernen Informationsstaat* übernimmt und welche Verflechtungen die Archive und die öffentliche Informationsinfrastruktur aufweisen. Ist der Stellenwert der Archive im modernen Staat geklärt, kommt es drittens darauf an, systematisch zu untersuchen, wie das Archivrecht mittlerweile an die neuen Herausforderungen *angepasst* wurde und welchen *weiteren Reformbedarf* es noch zu verzeichnen gibt. In diesem Zusammenhang kann es nicht nur um die bloße Reform der unmittelbaren Archivgesetze gehen, sondern ebenso um das Ergründen des Verhältnisses zwischen allgemeinem Informationsfreiheitsrecht und speziellem Archivrecht. Viertens wird es die Aufgabe dieser Untersuchung sein, die *Grundzüge und Leitgedanken eines zukünftigen Rechts der digitalen Archive* zu entwickeln, um die normativen Bedingungen eines modernen Archivrechts als Antwort auf die staatlichen und gesellschaftlichen Wandlungsprozesse zu finden.

Aus diesen Untersuchungsschwerpunkten lassen sich drei Forschungshypothesen formulieren, die dieser Arbeit zugrundeliegen.

Hypothese 1: Archive und Wissensmanagement
Die öffentlichen Archive sind im modernen Informationsstaat stark vernetzte Stellen der Informationsverwaltung, sie üben die Funktion eines Informationsdienstleisters aus. Ihre Aufgaben und Funktionen erstrecken sich nicht nur auf die bisher beachtete Speicherung, sondern ebenso auch auf die Generierung und Distribution von Wissen.

Hypothese 2: Archive und Informationszugang
Die Informationszugangsrechte wirken sich liberalisierend auf das Archivrecht aus und es kommt dabei zu einer notwendig engeren Abstimmung zwischen Verwaltung und Archiven.

Hypothese 3: Archive und Digitalisierung
Die normativen Grundlagen und Funktionsweisen des Archivwesens analoger Zeiten werden den Anforderungen heutiger Informationsvorgänge nicht mehr gerecht. Neben notwendigen gesetzlichen Anpassungen müssen neue Strategien für die Bezeugung der Authentizität und Aufrechterhaltung der Lesbarkeit der digitalen Unterlagen gefunden werden.

Hohe Datenmengen und Rechenleistungen moderner Computersysteme werden auch in öffentlichen Archiven das Begehr nach Massendatenanalysen („Big Data“) staatlicher

Informationssammlungen wecken, worauf notwendige datenschutzrechtliche Antworten gefunden werden müssen.

Um diese Forschungshypothesen zu prüfen, geht diese Arbeit folgenden konkreten Fragestellungen nach.

Fragestellung 1:
Welcher historischen Entwicklung war das Archivrecht in der Bundesrepublik Deutschland ausgesetzt und mit welchen neuen Herausforderungen wird das Archivrecht zu Beginn des 21. Jahrhunderts konfrontiert?

Fragestellung 2:
Welche Rolle spielt das moderne Archivwesen im heutigen Informationsstaat?

Fragestellung 3:
Welche Reformbestrebungen lassen sich im Archivrecht erkennen, welche gesetzgeberischen Motivationen liegen diesen zugrunde und wie können die Gesetzesänderungen systematisiert werden? Wie gestaltet sich hierbei insbesondere das Verhältnis von Informationsfreiheitsrecht und Archivrecht?

Fragestellung 4:
Welche Leitgedanken und Grundzüge eines zukünftigen Rechts der digitalen Archive kristallisieren sich nach einer Dekade der Archivrechtsreformen heraus? Welche normativen Möglichkeiten und Grenzen gelten für archivische Massendatenanalysen?

IV. Methodisches Vorgehen

Die Untersuchung unterteilt sich, den bezeichneten Schwerpunkten, Hypothesen und konkreten Fragestellungen entsprechend, in vier inhaltliche Kapitel. Kapitel 1 zeichnet zunächst eine kurze deutsche Archivrechtsgeschichte nach. Es wird nachgespürt, wie die juristische Forschung auf das Archivrecht reagierte und welche eigenen dogmatischen Beiträge sie leistete. Anschließend wird untersucht, welche äußeren Rahmenbedingungen nunmehr Einfluss auf das Archivwesen und sein Recht ausüben, wozu die Digitalisierung, die Informationsfreiheitsbestrebungen und die Europäisierung zu zählen sind. Kapitel 2 wird sich angesichts dieser Wandlungsprozesse der Frage widmen, welche Rolle die öffentlichen Archive im heutigen Informationsstaat ausüben. Kapitel 3 setzt sich in systematischer Weise mit den Archivrechtsreformen auseinander, untersucht Motive der Gesetzgeber, vergleicht Regelungsinhalte und Lösungsansätze. Kapitel 4 verfolgt schließlich das Ziel, die Grundzüge des entstehenden und noch nicht abgeschlossenen Rechts der digitalen Archive herauszuarbeiten. Der systematische Zugang und Aufbau orientiert sich dabei an den klassischen Archivtätigkeiten. Für jede normativ verankerte Aufgabe der Archive wird nach einer digitalen Komponente oder Weiterentwicklung gesucht. Zugleich wird herausgearbeitet, wo neue normative Fragen für hinzutretende Archivtätigkeiten entstehen, etwa hinsichtlich des virtuellen Zugangs zu Archivgut oder im Bezug auf die rechtlichen Voraussetzungen und Grenzen von Massendatenanalysen der Archivinformationen.

Methodisch ist die Arbeit von einem hauptsächlich rechtswissenschaftlichen Vorgehen geprägt, wird jedoch durch sozialwissenschaftliche Einflüsse ergänzt, verfolgt mithin einen teilweise interdisziplinären Methodenansatz.[43] Klassische juristische Methodenarbeit im Sinne der Suche nach der verfassungsrechtlichen Verankerung[44] einfachgesetzlicher Regelungen sowie der systematischen Erschließung

43 Allgemein zum Problem und zum Nutzen von interdisziplinären Einflüssen in der Rechtswissenschaft Stefan Huster, Rechtswissenschaft und Interdisziplinarität, Zeitschrift für Rechtssoziologie 35 (2015), S. 143-148; Eric Hilgendorf, Bedingungen gelingender Interdisziplinarität, JZ 2010, S. 913-922; Hans Christian Röhl, Öffnung der Methode durch Internationalität und Interdisziplinarität, VVDStRL 74 (2014), S. 7-32, 28f; Andreas Voßkuhle, in: Wolfgang Hoffmann-Riem/Eberhard Schmidt-Aßmann/Andreas Voßkuhle (Hrsg.), Grundlagen des Verwaltungsrechts, Bd. I, 2. Aufl., München 2012, § 1 Neue Verwaltungsrechtswissenschaft, S. 1-63, Rn. 11 und 37ff.

44 Vgl. Franz Reimer, Juristische Methodenlehre, Baden-Baden 2016, S. 33 und 103; Reinhold Zippelius, Juristische Methodenlehre, 11. Aufl., München 2012, S. 32f.; Guy Beaucamp/Lutz Treder, Methoden und Technik der Rechtsanwendung, 2. Aufl., Heidelberg 2011, S. 3f.

von Rechtsquellen durch die Auslegungsmethoden[45] und dem Handhabbarmachen gesetzlicher Normen für die Rechtsanwendung durch Rechtsdogmatisierung[46] wird in Kapitel 1 (Wandel der Rahmenbedingungen des Archivwesens), Kapitel 3 (Reform des Archivrechts) und Kapitel 4 (Leitgedanken des zukünftigen Rechts der digitalen Archive) angewendet.

Will sich die Untersuchung, die sich intensiv mit Querschnittsmaterien wie dem Informationsrecht beschäftigt, jedoch nicht im Unbestimmten oder in juristischer Naivität und in Alltagstheorien[47] über technische und organisatorische Sachverhalte verlieren, muss sie Einflüsse und Erkenntnisse außerjuristischer Disziplinen zulassen.[48] Die Rechtswissenschaft ist permanent darauf angewiesen, Erkenntnisse aus anderen Disziplinen zu verarbeiten, weil sie sie selbst nicht hinreichend produzieren und verifizieren kann.[49] Die Rechtswissenschaft kann für komplexe gesellschaftliche Probleme die Aufgabe der Problemlösung am Recht nicht mehr aus eigenem Wissen heraus lösen, sondern bedarf dann der Unterstützung durch andere Disziplinen.[50] Vorliegend werden deshalb primär verwaltungswissenschaftlich und politikwissenschaftlich geprägte Erkenntnisse über das staatliche Informationshandeln herangezogen, um eine vertiefte und über das formaljuristische Verständnis hinausgehende Be-

---

45 Vgl. Zippelius 2012, S. 35-47; Christoph Möllers, in: Wolfgang Hoffmann-Riem/Eberhard Schmidt-Aßmann/Andreas Voßkuhle (Hrsg.), Grundlagen des Verwaltungsrechts, Bd. I, 2. Aufl., München 2012, § 3 Methoden, S. 123-178, 156, Rn. 23-25.

46 Vgl. Möllers, in: Hoffmann-Riem/Schmidt-Aßmann/Voßkuhle 2012, § 3, Rn. 35.

47 Vgl. Huster, Zeitschrift für Rechtssoziologie 35 (2015), S. 147.

48 Vgl. Hans Heinrich Trute, Staatsrechtslehre als Sozialwissenschaft? in: Helmuth Schulze Fielitz (Hrsg.), Staatsrechtslehre als Wissenschaft. Die Verwaltung, Beiheft 7/2007, S. 115-132, 129ff; zum Problem, dass reine Anwendung von Rechtsnormen noch keinen Sinn und kein Verständnis für die empirische Komplexität von Sachverhalten entwickelt, siehe Huster, Zeitschrift für Rechtssoziologie 35 (2015), S. 147.

49 Vgl. Voßkuhle, in: Hoffmann-Riem/Schmidt-Aßmann/Voßkuhle 2012, Rn. 39.

50 Vgl. Andreas von Arnauld, Die Wissenschaft vom Öffentlichen Recht nach einer Öffnung für sozialwissenschaftliche Theorie, in: Andreas Funke/Jörn Lüdemann (Hrsg.), Öffentliches Recht und Wissenschaftstheorie, Tübingen 2009, S. 65-118, 79.

trachtung des Archivwesens im Informationsstaat (Kapitel 2) zu ermöglichen.[51] Insofern versteht sich diese Untersuchung als ein Beitrag zur „Neuen Verwaltungsrechtswissenschaft".[52] Es sind gerade die betont nicht juristischen Aspekte der Digitalisierung, die die bestehenden Rechtsfiguren (z. B. informationelle Selbstbestimmung, öffentliche Meinungsbildung) des Verfassungsstaats herausfordern, wenn nicht gar in Frage stellen. Will diese Arbeit einen für die Rechtsanwendung anschlussfähigen Ansatz eines Rechts der digitalen Archive erstellen, dann ist es gänzlich ausgeschlossen, informationstechnische und kommunikationswissenschaftliche Erkenntnisse, Denkweisen und Lösungsinstrumente unberücksichtigt zu lassen. Rechtswissenschaftliche Forschung muss für solche fächerübergreifenden Aufgaben interdisziplinäre Einflüsse zulassen, um überhaupt zu wirksamen und nachhaltigen Regelungen zu gelangen.[53] Kapitel 4 über die Grundzüge des zukünftigen Rechts der digitalen Archive wird deshalb ganz wesentlich auch eine technische Diskussion zulassen müssen, um diese sodann mit den Vorgaben der Rechtsordnung in Einklang zu bringen. Insoweit wird der Versuch unternommen, innovative und der Rechtsanwendung nahe Forschungsergebnisse zu generieren.[54] Kapitel 5 schließt mit den zentralen Ergebnissen und einem Ausblick.

---

51 Vgl. auch Helmuth Schulze-Fielitz, Staatsrechtslehre als Mikrokosmos, Tübingen 2013, S. 34 sowie 39 und 41.

52 Vgl. Voßkuhle, in: Hoffmann-Riem/Schmidt-Aßmann/Voßkuhle 2012, Rn. 16ff; 39.

53 Siehe die Einschätzung bei Hilgendorf, JZ 2010, S. 916.

54 Vgl. Schulze-Fielitz 2013, S. 40f.

Kapitel 1: Entwicklungslinien des Archivrechts

Dieses Kapitel verfolgt das Ziel, die Entwicklung des Archivrechts in der Bundesrepublik Deutschland nachzuzeichnen. Ausgehend von der Klärung der historischen Herkunft wird die archivrechtliche Situation der frühen Bundesrepublik betrachtet. Die Fortentwicklung und Verrechtlichung des Archivwesens, die maßgeblich durch die Rechtsprechung des Bundesverfassungsgerichts ausgelöst worden waren, sind weiterer Gegenstand der Betrachtungen. Darüber hinaus wird der an die Archivgesetzgebung anschließende Debatten- und Systematisierungsbeitrag der Rechtswissenschaft zum Archivrecht in der wiedervereinigten Bundesrepublik dargestellt und schließlich untersucht, wie das Archivrecht zu Beginn des 21. Jahrhunderts erneut unter Wandlungsdruck, diesmal durch die Europäisierung, die Digitalisierung und die Informationsgesellschaft, gerät.

I. Historische Entwicklung des Archivrechts in Deutschland

Um die Auswirkungen heutiger gesellschaftlicher und politischer Rahmenbedingungen auf die öffentlichen Archive und ihr Recht verstehen zu können, ist eine Betrachtung der Entstehungsgeschichte des modernen Archivrechts hilfreich.

1. Vom ius archivi zu frühen Archivrechtsdebatten

Archive und Archivrecht stehen in einem reflexiven und adaptiven Verhältnis zu Entwicklungen von Staat und Gesellschaft. Versteht man Archive zumindest in einer Funktion als

„Gedächtnis des Staates“[1], so muss auch konstatiert werden, dass dieses Speichern und Bewahren staatlichen Wissens nie losgelöst von seinem Bezugspunkt „Staat“ stattfand, oder überhaupt stattfinden könnte. Archive sind keine zeitlose Konstante, keine objektiven Beobachter und Speicher der Geschehnisse außerhalb der Archivgebäude. Umbrüche, Umwälzungen oder Paradigmenwechsel von Staat und Gesellschaft sind auch jene der Archive. Große Entwicklungen gehen nicht an den Archiven vorbei, dies lässt sich vielfach feststellen und bedeutet auch keineswegs, dass dadurch gespeichertes Wissen verfälscht wird. Vielmehr muss verstanden werden, dass die gesellschaftlichen Wandlungsprozesse nicht nur anhand der Unterlagen in den Archiven erforschbar sind, sondern anhand der Gestalt und der Verfassung der Archive selbst. Die Verbreitung der Schrift in Staat und Gesellschaft ist den Aufbewahrungspraktiken der Archive unmittelbar vorangegangen. Die europaweite Durchsetzung der Akte als der zentralen Arbeitsgrundlage der Verwaltung hat unabweisbare Auswirkungen auf das Archivwesen gehabt.

Das Archiv, wie wir es heute kennen, ist ohne Schriftlichkeit nicht denkbar. In der Konsequenz werden die Archive auch verstanden als „Einrichtungen zur systematischen Erfassung, Ordnung, Verwahrung, Verwaltung und Verwertung von Schrift-, Bild- oder Tonschriftgut.“[2] Die Verschriftlichung, Rationalisierung und Verrechtlichung der Verwaltung des entstehenden Nationalstaats in der Frühen Neuzeit als Folge der Erstarkung und Verfestigung der territorialen Landesherrschaft und ebenso bedingt durch die Verbreitung des wesentlich günstigeren Papieres[3] löste das bis dahin vielfach

---

1 Das volle Zitat lautet „Schriften sind die Gedanken des Staates – die Archive sein Gedächtnis“ und gehtauf Novalis zurück. Abgedruckt in Gerhard Schulz (Hrsg.), Novalis Werke, 5. Aufl., München 2013, S. 338. Dazu auch Sabine Brenner-Wilczek/Gertrude Cepl-Kaufmann/Max Plassmann, Einführung in die moderne Archivarbeit, Darmstadt 2006, S. 7.

2 Aus der jüngeren Rechtsprechung: VG Köln, Urteil vom 12. Januar 2010, 23 K 7232/08 (= openJur 2011, 68662), Rn. 35.

3 Vgl. Peter Moraw, Organisation und Funktion von Verwaltung im ausgehenden Mittelalter, in: Kurt Jeserich/Hans Pohl/Georg-Christoph von Unruh (Hrsg.), Deutsche Verwaltungsgeschichte. Bd. I, Stuttgart 1983, S. 21- 66, 30.

vorherrschende orale Prinzip von Regentschaft und Verwaltung ab. Die Kanzleien der Regenten arbeiteten zunehmend mit den gedruckten Rechtstexten und der neu entstandene Markt des Buchdrucks förderte diese Verrechtlichung weiter.[4]

Reichte es in mittelalterlichen Regierungsgebäuden noch aus, einzelne Räume, Gewölbeteile oder gar bloße Kisten für die Verwahrung und Sammlung hoheitlicher Urkunden und Rechtsdokumente vorzuhalten, drängte sich mit der zunehmenden Verschriftlichung der Verwaltung das praktische Problem der geordneten Aufbewahrung der an Quantität deutlich gestiegenen Schriftstücke auf.[5] Diese frühen und einfachen herrschaftlichen Archive mussten systematisch aufgewertet werden. Die Ordnungsprinzipien und Aufbewahrungsmethoden hatten sich auf das deutlich gestiegene Schriftstückvolumen einzustellen; es bedurfte mehr Systematik in der Ablage der Unterlagen, um diese später gegebenenfalls wieder auffinden zu können. Selbstverständlich wurden auch größere Räumlichkeiten und ein festes Archivpersonal benötigt. Nachdem also die Verbreitung der Schriftlichkeit sich zunächst in der Verwaltung durchgesetzt hatte, mit den Folgen einer Verrechtlichung und Vereinheitlichung der Entscheidungsvorgänge, waren es die Archive, die in einem zweiten Schritt auf die Verschriftlichung mit Systematik und erhöhtem Arbeitsaufwand reagierten. Die Frühe Neuzeit gilt durch ihre Machtkonzentration in den europäischen Monarchien als Katalysator für die Entstehung zentraler Herrschaftsarchive und zahlreicher spezifischer Behördenarchive. Die Archive standen als direkte Herrschaftsunterstützung in enger Verbindung mit den staatlichen Kanzleien.[6]

---

4 Vgl. Michael Stolleis, Geschichte des öffentlichen Rechts in Deutschland. Erster Band, München 1988, S. 127ff.

5 Allein für einen Zeitraum von zehn Jahren der Regentschaft des römisch-deutschen Königs Ruprecht (1400-1410) ist eine Urkundenanzahl von 4800 Stück verbürgt – ein Unterlagenaufkommen, das der Regent persönlich kaum noch im Detail überblickt haben dürfte, vgl. Moraw in: Jeserich/Pohl/von Unruh 1983, S. 30.

6 Vgl. Martial Staub, Mittelalter und Frühe Neuzeit, in: Marcel Lepper/Ulrich Raulff (Hrsg.), Handbuch Archiv, Stuttgart 2016, S. 40-44, 41.

Das geordnete Archiv, das es dank regelhafter Konservierungs- und Erschließungstechniken[7] ermöglichte, einmal verwahrte Urkunden und Akten präzise und korrekt wiederaufzufinden, blieb bis in das 19. Jahrhundert „eine auf Herrschaft bezogene"[8] Einrichtung. Archivalien waren, anders als nach dem Verständnis des heute geltenden Archivrechts, keine Unterlagen, die in der Verwaltung „zur Erfüllung ihrer Aufgaben nicht mehr erforderlich sind"[9] und so aufgrund fehlender Verwendung abgegeben werden konnten. Vielmehr boten die damaligen Archive die Befugnis, „für die darin aufbewahrten, an sich unverdächtigen Urkunden die Rechtsvermuthung der Aechtheit zu verordnen."[10] Der staatliche Zweck des Archives bestand bis in das 19. Jahrhundert hinein weitestgehend darin, die Beweiskraft von Archivurkunden zu erhalten und den Nachweis über staatliche oder private Vorgänge zu erbringen. Um diesen staatlichen Zweck zu erreichen, war es „nothwendig, das Archiv in eine solche Verfassung zu bringen, bey welcher 1) über den *Inhalt* einer jeden Urkunde, in jedem Bedürfnisfalle, Rechenschaft gegeben, – und 2) der *urkundliche Beweis* der Angabe geliefert werden kann."[11] Das *ius archivi* wurde als ein materielles Vorzugsrecht der Archivurkunden aufgrund ihrer Beweiskraft kraft öffentlichen Glaubens verstanden.[12] Die Vorstellung der Vertrauenswürdigkeit des öffentlichen Archivguts ist wiederum keine Erfindung der Frühen Neuzeit oder der liberalen Aufklärung, sondern wohnte bereits den antiken Vorgängern der nationalstaatlichen Archive inne. Das *archeion* bezeichnete den Wohnsitz der höchsten Beamten der antiken griechi-

---

7 Vgl. Aleida Assmann, Archive im Wandel der Mediengeschichte, in: Knut Ebeling/Stephan Günzel (Hrsg.), Archivologie, Berlin 2009, S. 165-176, 173.

8 Vgl. Ino Augsberg, Informationsverwaltungsrecht, Tübingen 2014, S. 166.

9 Etwa § 11 Abs. 1 S. 1 ThürArchivG.

10 Alexander Müller, Stichwort Archivrecht, in: Carl von Rotteck/Carl Welcker (Hrsg.), Das Staats-Lexikon. Encyklopädie der sämmtlichen Staatswissenschaften für alle Stände, Bd. I, Reprint Frankfurt am Main 1990 [Altona 1845], S. 626-628, 626f.

11 Joseph Anton Oegg, Ideen einer Theorie der Archivwissenschaft, Gotha 1804, S. 16.

12 Vgl. Müller, Stichwort Archivrecht, in: Rotteck/Welcker 1845, S. 628.

schen Städte. „Jenen Bürgern, die auf diese Weise politische Macht innehatten und bedeuteten, erkannte man das Recht zu, das Gesetz geltend zu machen oder darzustellen. Ihrer so öffentlich anerkannten Autorität wegen deponierte man zu jener Zeit bei ihnen zuhause, an eben jenem Ort, der ihr Haus ist [...] die offiziellen Dokumente. Die Archonten sind zunächst Bewahrer. [...] Man erkennt ihnen auch das Recht und die Kompetenz der Auslegung zu. Sie haben die Macht, die Archive zu interpretieren.“[13]

Mit der Französischen Revolution von 1789 wurde die alleinige juristische Funktion der öffentlichen Archive schrittweise um die historische Funktion für die wissenschaftliche Forschung ergänzt. Durch die Revolutionsgesetzgebung wurden die vormals geheimen königlichen Archive für die Bürger und die Forscher mit Rechtsanspruch auf Benutzung geöffnet.[14] In der deutschen Debatte zur Zeit der Preußischen Reformen war es herausgehoben der Staatskanzler Fürst von Hardenberg, der eine Öffnung der Archive umsetzen wollte. Dabei stieß er jedoch auf erheblichen Widerstand in der Verwaltung und der Wissenschaft. Über einen „Bericht über die Anordnung, welche die Regierung für die Archive als wissenschaftliche Quellenvorräte der vaterländischen Geschichte und Altertümer getroffen hat“ vom 13. September 1822 kamen seine Bemühungen jedoch nicht hinaus. Er starb im November 1822 und die in der Folgezeit einsetzende Restauration verhinderte jede Öffnung der Archive für Forschungszwecke.[15] Die Märzrevolution von 1848 brachte erneut kleinere und regionale Impulse zur Liberalisierung des Archivzugangs, bewirkte jedoch keine übergreifende Entwicklung.[16] Die Ansichten, ab wann die deutschen öffentlichen Archive im Grundsatz für die Forschung zugänglich gemacht wurden, gehen auseinander; einerseits wird die Zeit ab dem Jahr 1870

13 Jacques Derrida, Dem Archiv verschrieben, Berlin 1997, S. 11.

14 Ausführlich bei Bartholomäus Manegold, Archivrecht, Berlin 2002, S. 25ff.

15 Vgl. Manegold 2002, S. 27-32; Anna-Bettina Kaiser, Archiv und Recht, in: Marcel Lepper/Urlrich Raulff (Hrsg.) Handbuch Archiv, Stuttgart 2016, S. 107-117, 109f.

16 Vgl. Peter Wiegand, Etappen, Motive und Rechtsgrundlagen der Nutzbarmachung staatlicher Archive, Archivalische Zeitschrift 91 (2009), S. 9-57, 16.

genannt[17], andererseits wird erst auf die Revolution von 1918 verwiesen.[18] In jedem Fall bestand für die Forscher kein rechtlich gesicherter Anspruch auf Zugang zu den staatlichen Archiven. Anders als in Frankreich hielt die Geheimhaltung der staatlichen Archive in Deutschland weitgehend an und Bemühungen um eine archivrechtliche Regelung trugen noch für eine lange Zeit keine Früchte. Während der Kaiserzeit[19] und selbst noch in der ersten deutschen Demokratie der Weimarer Republik[20] wurden die Forderungen nach archivgesetzlichen Regelungen vergeblich erhoben und blieben noch bis in die Frühphase der Bundesrepublik Deutschland unerfüllt. Selbst im Nationalsozialismus gab es Bestrebungen, ein Archivgesetz zu erlassen, die letztlich an der nationalsozialistischen Führung abprallten.[21] Das Archivwesen der DDR wurde wie andere öffentliche und gesellschaftliche Bereiche im „real existierenden Sozialismus" auch zentralisiert und wurde durch die Staatliche Archivverwaltung geleitet. Benutzerordnungen für das DDR-Archivwesen wurden etwa in den Jahren 1951 und 1965 erlassen.[22] Im Vergleich zur französischen Archivgesetzgebung von 1789 sollte Deutschland fast 200 Jahre länger benötigen, bis einschlägige formelle Archivgesetze erlassen wurden.

---

17 Vgl. Manegold 2002, S. 32; Manfred Lepper, Die staatlichen Archive und ihre Benutzung, DVBl. 1963, S. 315-320, 316: Preußen ab 1875.

18 Vgl. Wiegand, Archivalische Zeitschrift 91 (2009), S. 10.

19 Vgl. Siegfried Becker/Klaus Oldenhage, Bundesarchivgesetz. Kommentar, Baden-Baden 2006, Einleitung, Rn. 1.

20 Vgl. Kaiser, in: Lepper/Raulff 2016, S. 110.

21 Vgl. Bernhard Grau, Die staatlichen Archive Bayerns im Nationalsozialismus, Der Archivar 70 (2017), S. 365-369, 368; Norbert Reimann, Archivgesetzgebung im Nationalsozialismus. Ein gescheiterter Versuch, in: VdA (Hrsg.), Das deutsche Archivwesen und der Nationalsozialismus, Essen 2007, S. 34-56.

22 Vgl. Gerhart Enders, Archivverwaltungslehre, 3. Aufl., Leipzig 2004, S. 155.

2. Entwicklung des Archivrechts in der frühen Bundesrepublik

Der Beginn der Verrechtlichung[23] des deutschen Archivwesens wird häufig in der ab dem Jahr 1987 begonnenen Gesetzgebung von Archivgesetzen in Bund und Ländern gesehen.[24] In der Tat ist die Dekade zwischen den Jahren 1987 und 1997 davon geprägt, dass zunächst die meisten westdeutschen Länder sowie die Bundesebene und schließlich nach der deutschen Wiedervereinigung und dem Beitritt der neugegründeten ostdeutschen Länder in den Geltungsbereich des Grundgesetzes alle restlichen Länder eigene formelle Archivgesetze verabschiedeten. Der Anlass für diese durchaus als systematisch zu bezeichnende Verrechtlichung des Archivwesens war das sogenannte „Volkszählungsurteil" des Bundesverfassungsgerichts aus dem Jahr 1983, das das Grundrecht auf informationelle Selbstbestimmung des Einzelnen ausformulierte.[25] Fortan bedurfte es für jede staatliche Erhebung, Speicherung und Verarbeitung von personenbezogenen Daten einer gesetzlichen Grundlage.[26] Sehr schnell wurde man sich auch in den öffentlichen Archiven bewusst, dass in den archivierten Behörden- und Gerichtsakten mannigfaltige Personenbezüge existierten, was dann letztlich auch das gesetzgeberische Motiv für eine archivische Rechtsgrundlage ausmachte.[27]

Einem sehr erhellenden Beitrag von Rainer Polley ist es zu verdanken, dass sich der Blick auf die Verrechtlichung des Archivwesens nicht nur auf die Gesetzgebungsaktivitäten ab dem Jahr 1987, sondern bereits auf frühere Normierungen

---

23 Damit ist die zunehmende Steuerung von Lebensbereichen durch Gesetze, Verordnungen und andere hoheitliche Rechtsvorschriften gemeint.

24 Vgl. Kaiser, in: Lepper/Raulff 2016, S. 110.

25 BVerfGE 65, 1. Frühe Untersuchungen zu dieser Entwicklung im Grundrechtsschutz bei Rupert Scholz/Rainer Pitschas, Informationelle Selbstbestimmung und staatliche Informationsverantwortung, Berlin 1984; Klaus Vogelsang, Grundrecht auf informationelle Selbstbestimmung?, Baden-Baden 1987.

26 Vgl. Helge Sodan, in: Helge Sodan (Hrsg.), Grundgesetz, München 2009, Art. 2, Rn. 18.

27 Insbesondere Grund Nummer drei für die gesetzliche Regelung bei Deutscher Bundestag, Drucksache 11/498, S. 7.

richten sollte.[28] Nach frühen, aber erfolglosen Archivalienschutzgesetzentwürfen während der Zeit der Weimarer Republik[29] wurde die Arbeit der öffentlichen Archive lange durch verwaltungsinterne Vorschriften ohne rechtliche Bindungswirkung nach Außen geregelt. Aufgrund des Fehlens von Archivnormen mit formellem Gesetzescharakter und mit Blick auf die damaligen Benutzungsordnungen und Gebührenordnungen der Archive konstatierte etwa Manfred Lepper im Jahr 1963, dass weder ein gesetzlicher noch ein verfassungsrechtlich verbürgter Rechtsanspruch auf die Benutzung von öffentlichen Archivgütern bestünde.[30] Die Archivbenutzungsordnungen besäßen keinen Normencharakter, weshalb sie keinen Rechtsanspruch für den Bürger eröffnen könnten, gleichsam wie Archivgüter hierdurch nicht zu „allgemein zugänglichen Quellen" bestimmt werden könnten, um einen unmittelbaren verfassungsrechtlichen Anspruch aus Art. 5 Abs. 1 S. 1 Hs. 2 GG zu generieren.[31]

Eine der ersten ausführlicheren Benutzungsregelungen war die „Benutzungsordnung für die Staatsarchive des Landes Hessen" vom 1. Oktober 1962.[32] Hiernach war für die Benutzung der Archive zugelassen, wer „einen bestimmten wissenschaftlichen Forschungszweck oder andere wichtige Belange für eine Einsichtnahme in die Archivalien glaubhaft macht und Gewähr für die Einhaltung der Benutzungsordnung bietet."[33] Nach § 2 Abs. 1 BenO Hessen 1962 wurde die Geneh-

28 Vgl. Rainer Polley, Archivrecht in Deutschland, in: Irmgard Becker/Clemens Rehm (Hrsg.), Archivrecht für die Praxis, München 2017, S. 19-36, insbesondere 22-27.

29 Vgl. Polley, in: Becker/Rehm 2017, S. 20.

30 Vgl. Lepper DVBl. 1963, S. 317.

31 Leppers für die damalige Rechtslage zutreffende Einschätzung in DVBl. 1963, S. 317 ist zugleich ein zeitgeschichtliches Relikt der 1960er Jahre, wenn er folgenden Vergleich zieht: „Ebensowenig wie der Staatsbürger X sich bei einer Atomversuchsanalge nach den neuesten Arbeitsergebnissen unter Berufung auf Art. 5 Abs. 1 S. 1 GG erkundigen kann, steht ihm ein Anspruch auf Einsicht in Akten zu, die für die Geschichtsforschung bestimmt sind. Archive als Verwaltungsstellen und als Forschungsstätten sind somit keine zugänglichen Quellen für die allgemeine Information."

32 Bekanntgegeben im Staatsanzeiger für das Land Hessen 1962, Nr. 51, S. 1677-1678.

33 § 1 BenO Hessen 1962.

migung durch den Direktor des Staatsarchivs erteilt, die zuvor durch ein Anmeldeformular beantragt werden musste. Eine empfindliche Einschränkung der Archivbenutzung enthielt § 2 Abs. 3 BenO Hessen 1962, indem vorgeschrieben wurde, dass Behördenunterlagen aus der Zeit nach dem Stichtag des 1. Januar 1919 nur mit vorheriger Genehmigung des Hessischen Ministers für Erziehung und Volksbildung zugänglich gemacht werden durfte. Für die Entwicklung des deutschen Archivrechts ist die Hessische Benutzungsordnung von 1962 auch insoweit wichtig gewesen, wie sie weitere Fragen der Archivbenutzung festlegte, die so oder in fortentwickelter Weise auch heute in Archivgesetzen und Benutzungsordnungen zu finden sind. In diesem Sinne kann beispielsweise auf die vorrangige Benutzung der Archivgüter in den Archivräumen[34] oder auf eine erste Aufzählung von Benutzungsversagungsgründen (unverhältnismäßiger Aufwand, der Erhaltungszustand der Archivgüter oder entgegenstehende „übergeordnete Interessen")[35] verwiesen werden, die noch heute Elemente des Archivrechts sind. Selbst der Amtsermittlungsgrundsatz der Archivverwaltung und eine – noch rudimentär verstandene – Beratungsfunktion der staatlichen Archive klingen in der ersten Hessischen Archivbenutzungsordnung an.[36]

Nicht nur die Hessische Archivordnung von 1962, sondern beispielsweise auch die Benutzungsordnungen für das Bundesarchiv von 1954[37] oder 1969[38] waren keine durch ein Parlament verabschiedeten formellen und materiellen Gesetze, sondern abstrakt-generelle Rechtssätze, die lediglich im verwaltungsinternen Bereich eine unmittelbare Bindungswirkung entfalteten.[39] Da ihnen der Rechtsnormencharakter[40]

---

34 § 3 Abs. 1 BenO Hessen 1962.

35 § 3 Abs. 3 BenO Hessen 1962.

36 § 5 Abs. 1 BenO Hessen 1962.

37 In Teilen abgedruckt in Der Archivar 18 (1965), Spalte 182.

38 Abgedruckt bei Heinz Boberach, Die neue Benutzungsordnung für das Bundesarchiv, in: Der Archivar 23 (1970), Spalten 63-72, ab Spalte 69.

39 Die Benutzungsordnungen der 1950er und 1960er Jahre können nicht als materielle Gesetze im Sinne einer Rechtsverordnung charakterisiert werden, da gemäß Art. 80 Abs. 1 GG für den Erlass einer Rechtsverordnung durch eine Bundes- oder Landesregierung eine gesetzliche Grundlage, die Inhalt, Zweck und Ausmaß der erteilten Ermächtigung

fehlte, konnten sie auch keine unmittelbare Außenwirkung für den Bürger entfalten und eröffneten insofern auch keine (verwaltungsgerichtlich durchsetzbaren) Rechtsansprüche auf Archivgutzugang. Gleichwohl konnte man unbeachtet des Fehlens einer gesetzlichen Regelung von einer „liberalen Benutzungspraxis der späten 50er und 60er Jahre“ sprechen.[41] So befand etwa § 1 Abs. 1 der Benutzerordnung von 1969, dass die Archivgüter des Bundesarchivs „der Benutzung offen“ stehen; § 2 Abs. 2 der Benutzerordnung von 1969 stellte zudem im Grundsatz ausländische Benutzer den inländischen Benutzern gleich.[42]

Die erste Regelung des Archivwesens durch ein parlamentarisches Gesetz in Deutschland wurde in Baden-Württemberg mit dem „Gesetz über die Gliederung der Archivverwaltung“ vom 19. November 1974 geschaffen.[43] Die bereits zuvor erlassenen verwaltungsinternen Benutzungsordnungen waren noch fast ausschließlich auf den archivischen Tätigkeitsbereich der Benutzung und des Zugangs zu Archivgut ausgerichtet. Durch das Landesgesetz von 1974 wurde das Augenmerk erstmals auf weitere maßgebliche Archivaufgaben gelenkt. In seinen nur zwei materiellrechtlich relevanten Paragraphen legte das Gesetz von 1974 zunächst eine grundlegende Regelung für die Landesarchivorganisation fest.[44] Und diese organisatorische Gliederung wurde sodann mit eigenen Archivaufgaben betraut. Während die Lan-

---

bestimmt, notwendig ist. Doch gerade an einer solchen gesetzlichen Grundlage für eine Verordnungsermächtigung im Archivwesen fehlte es zu dieser Zeit noch, da es keine formellen Archivparlamentsgesetze gab. So bleibt nur die Einordnung der Benutzungsordnungen als eine verwaltungsinterne Vorschrift.

40 Zutreffend Lepper DVBl. 1963, S. 317: „lediglich eine »Selbstbindung der Verwaltung« innerhalb ihres an sich zustehenden Ermessensspielraumes“. Zur Rechtsform und Bindungswirkung von Verwaltungsvorschriften Steffen Detterbeck, Allgemeines Verwaltungsrecht, 14. Aufl., München 2016, S. 321ff; Jörn Ipsen, Allgemeines Verwaltungsrecht, 10. Aufl., München 2017, S. 42.

41 Becker/Oldenhage 2006, Einleitung, Rn. 4.

42 Vgl. Der Archivar 23 (1970), Sp. 69.

43 GVBl. BW 1974, S. 497.

44 § 1 Abs. 1 Gesetz über die Gliederung der Archivverwaltung 1974: „Die Archivverwaltung gliedert sich in die Landesarchivdirektion Baden-Württemberg und in die Staatsarchive.“

desarchivdirektion „die Bearbeitung aller Grundsatzfragen des Archivwesens“ zu übernehmen hatte[45], nahmen die einzelnen Staatsarchive des Landes Baden-Württemberg „alle übrigen Aufgaben des Archivwesens [...] wahr. Sie verwahren insbesondere historisches wie auch das bei den Staatsbehörden ausgeschiedene Schriftgut und machen es allgemein nutzbar.“[46]

Unter heutigen Gesichtspunkten kann diese knappe gesetzliche Fixierung in nur zwei Paragraphen gerade einmal „ansatzweise“[47] an die Normierungstiefe aktueller Archivgesetze heranreichen. Für die Entwicklung des deutschen Archivrechts dürfte dieses Gliederungsgesetz für die Archivverwaltung von 1974 jedoch einen wichtigen Impuls gegeben haben. Denn es wurde nicht nur die Form des formellen Gesetzgebungsverfahrens gewählt, sondern es wurden erstmals neben der Benutzbarmachung auch die historischen Aufgaben sowie die rechtsstaatliche Aufgabe der Verwahrung des ausgeschiedenen staatlichen Schriftguts gesetzlich festgehalten. Hatten die Benutzungsordnungen fast ausschließlich auf die Bedingung für den Zugang zu Archivgut abgestellt, so wurde nun erstmals die Verbindung von staatlichen Behördenunterlagen und der Verwahrung durch die staatlichen Archive gezogen.

3. Verrechtlichung des Archivwesens ab dem Ende 1980er Jahre

Der maßgeblichste Faktor für die Archivgesetzgebung in Deutschland muss jedoch im Bundesverfassungsgerichtsurteil zur Volkszählung aus dem Jahr 1983 gesehen werden. Mit dieser Grundsatzentscheidung entwickelte das Gericht aus Art. 2 Abs. 1 i.V.m. Art. 1 Abs. 1 GG das „Recht auf informationelle Selbstbestimmung“, das „die aus dem Gedanken der Selbstbestimmung folgende Befugnis des Einzelnen [eröffnet], grundsätzlich selbst zu entscheiden, wann und innerhalb welcher Grenzen persönliche Lebenssachverhalte offenbart

45 § 2 Abs. 1 Gesetz über die Gliederung der Archivverwaltung 1974.
46 § 2 Abs. 2 Gesetz über die Gliederung der Archivverwaltung 1974.
47 So Polley, in: Becker/Rehm 2017, S. 24.

werden“[48]. Das Bundesverfassungsgericht bemerkte: „Wer nicht mit hinreichender Sicherheit überschauen kann, welche ihn betreffende Informationen in bestimmten Bereichen seiner sozialen Umwelt bekannt sind, [...] kann in seiner Freiheit wesentlich gehemmt werden“[49]. Daraus zog es den verfassungsrechtlichen Schluss: „Freie Entfaltung der Persönlichkeit setzt unter den modernen Bedingungen der Datenverarbeitung den Schutz des Einzelnen gegen unbegrenzte Erhebung, Speicherung, Verwendung und Weitergabe seiner persönlichen Daten voraus.“[50] Gleichwohl sind soziale Gefüge notwendigerweise auf Austausch von Informationen und auf Kommunikation angewiesen. Insofern ist das Recht auf informationelle Selbstbestimmung kein absolutes Recht des Einzelnen, sondern es unterliegt in einem demokratischen Gemeinwesen auch gewissen Grenzen. „Grundsätzlich muss daher der Einzelne Einschränkungen seines Rechts auf informationelle Selbstbestimmung im überwiegenden Allgemeininteresse hinnehmen.“[51] Für eine funktionierende, ordnungsgemäße und effektive Aufgabenerfüllung ist der moderne Verfassungsstaat vielfach auf die Mitwirkung und auch auf personenbezogene Daten der Bürger angewiesen.

Das Recht auf informationelle Selbstbestimmung setzt diesem staatlichen Bedarf an personenbezogenen Daten jedoch Grenzen. Zum Schutz des Einzelnen vor übermäßiger informationeller Erfassung sowie zu Verhinderung willkürlicher Datenerhebungen und zur Vorhersehbarkeit staatlichen Handelns bedarf es für jede staatliche Datenverarbeitung von personenbezogenen Daten einer gesetzlichen Ermächtigung. Eingriffe in das Recht auf informationelle Selbstbestimmung bedürfen – und das war die große Tragweite des Bundesverfassungsgerichtsurteils – „einer (verfassungsmäßigen) gesetzlichen Grundlage, aus der sich Voraussetzungen und der Umfang der Beschränkungen klar und für den Bürger erkennbar ergeben und die damit dem rechtsstaatlichen Gebot der Normenklarheit entspricht [...]. Bei seinen Regelungen hat der Gesetzgeber ferner den Grundsatz der Verhältnismäßigkeit zu

48 BVerfGE 65, 1, 42.
49 BVerfGE 65, 1, 43.
50 BVerfGE 65, 1, 43.
51 BVerfGE 65, 1, 44.

beachten.“ Ebenso hat der Gesetzgeber „organisatorische und verfahrensrechtliche Vorkehrungen zu treffen, welche der Gefahr einer Verletzung des Persönlichkeitsrechts entgegenwirken.“[52]

Staatliche Archivierungsvorgänge stellen, wie noch genauer darzulegen ist, in vielfacher Weise personenbezogene Verarbeitungsprozesse durch eine öffentliche Stelle dar. Dies liegt im personenbezogenen Inhalt und Zweck vieler behördlicher oder gerichtlicher Unterlagen begründet, deren Vorgänge sich auf natürliche Personen beziehen. Stellte deshalb die staatliche Archivierung personenbezogener Unterlagen einen Grundrechtseingriff in Art. 2 Abs. 1 i.V.m. Art. 1 Abs. 1 GG dar, dann bedurfte es einer umfassenden Normierung des Archivwesens durch parlamentarisch zustande gekommene Archivgesetze in Bund und Ländern, die diese Eingriffe rechtfertigen. In den deutschen Archivverwaltungen und bei den Gesetzgebern in Bund und Ländern wuchs die Einsicht um die Notwendigkeit parlamentarisch erlassener Archivgesetze.

Fraglich war dabei jedoch die Verteilung der Gesetzgebungszuständigkeiten. Die Kompetenzverteilung des Grundgesetzes weist durch Art. 30 und Art. 70 Abs. 1 GG die staatliche Aufgabenerfüllung und das Recht der Gesetzgebung grundsätzlich den Ländern zu.[53] Etwas anderes ergibt sich nur dann, wenn das Grundgesetz selbst eine Kompetenz ausdrücklich dem Bund überträgt.[54] Weder die Materien der ausschließlichen Gesetzgebungskompetenzen aus Art. 73 GG noch die Materien der konkurrierenden Gesetzgebungen des Bundes nach Art. 74 GG sahen eine eindeutige Zuweisung des Archivwesens an den Bund vor. Daraus konnte der Schluss gezogen werden, dass den Ländern die Kompetenz zusteht, ihr jeweiliges Landes- und Kommunalarchivwesen in eigener Verantwortung gesetzlich zu regeln.[55] In einer mit der Kom-

52 BVerfGE 65, 1, 44.

53 Vgl. Rüdiger Sannwald, in: Bruno Schmidt-Bleibtreu/Hans Hofmann/Hans-Günter Henneke (Hrsg.), GG. Kommentar, 13. Aufl., Köln 2014, Art. 70, Rn. 2; BVerfGE 10, 89, 101; BVerfGE 12, 205, 228.

54 Vgl. Bodo Pieroth, in: Hans Jarass/Bodo Pieroth, GG. Kommentar, 14. Auflage, München 2016, Art. 70, Rn. 1 und 4ff.

55 Allgemein zur Kompetenzverteilung in Art. 70 Abs. 1 GG siehe Christoph Degenhart, in: Michael Sachs (Hrsg.), Grundgesetz. Kommentar, 7. Auflage, München 2014, Art. 70, Rn. 7; zur verfassungsrechtlichen

petenzverteilung nach Art. 70 Abs. 1 GG verträglichen Weise wird die Archivgesetzgebungszuständigkeit der Länder außerdem durch die Förderung und den Schutz von Kultur, Denkmälern und Wissenschaft in den Landesverfassungen konkretisiert.[56]

Es stand die Frage zur Debatte, auf welche Kompetenzgrundlage der Bund seine Gesetzgebung des Bundesarchivgesetzes stützten konnte. Die Archivierung von Unterlagen, die in der unmittelbaren Bundesverwaltung, also in der Bundesregierung, den Bundesministerien, bei nachgeordneten Bundesbehörden, bundesunmittelbaren Körperschaften, Anstalten und Stiftungen sowie bei den Bundesgerichten und weiteren Bundesverfassungsorganen[57], angefallen sind, konnte „schon denklogisch nicht"[58] durch die Länder geregelt werden. Erforderte jedoch der Grundrechtsschutz der Betroffenen eine gesetzliche Regelung, dann musste auch der Bund ein eigenes Archivgesetz erlassen.[59] War dafür keine geschriebene Kompetenz für den Bund im Grundgesetz enthalten, dann war darüber hinaus verfassungsrechtlich anerkannt, dass sich auch ungeschriebene Gesetzgebungskompetenzen aus der Verfassung ergeben können.[60] Eine unge-

---

Auseinandersetzung über das Archivwesen siehe Petra Nau, Verfassungsrechtliche Anforderungen an Archivgesetze des Bundes und der Länder, Kiel 2000, S. 186 und Polley, in: Becker/Rehm 2017, S. 27: Länderzuständigkeit ergibt sich aus der „Kulturhoheit".

56 Art. 18 Abs. 1 und 2 Landesverfassung Nordrhein-Westfalen; Art. 3c Landesverfassung Baden-Württemberg; Art. 6 Landesverfassung Niedersachsen; Art. 30 Abs. 1 und 2 Landesverfassung Thüringen; Art. 11 Abs. 2 Landesverfassung Sachsen: „Die Teilnahme an der Kultur in ihrer Vielfalt und am Sport ist dem gesamten Volk zu ermöglichen. Zu diesem Zweck werden öffentlich zugängliche Museen, Bibliotheken, Archive, Gedenkstätten, Theater, Sportstätten, musikalische und weitere kulturelle Einrichtungen sowie allgemein zugängliche Universitäten, Hochschulen, Schulen und andere Bildungseinrichtungen unterhalten."

57 Der Begriff der öffentlichen Stelle des Bundes wird in § 1 Nr. 8 BArchG geklärt.

58 Nau 2000, S. 184.

59 Vgl. Polley, Becker/Rehm 2017, S. 27.

60 Bereits der Wortlaut des Art. 30 GG lässt dies erkennen: „Die Ausübung der staatlichen Befugnisse [...] ist Sache der Länder, soweit dieses Grundgesetz keine andere Regelung trifft oder zuläßt." [Hervorhebung nur hier].

schriebene Kompetenz des Bundes aus der Natur der Sache wird anerkannt, wenn „gewisse Sachgebiete, weil sie ihrer Natur nach eigenste, den partikularen Gesetzgebungszuständigkeiten a priori entrückte Angelegenheiten [des Bundes] darstellen, [vom Bund] und nur von ihm geregelt werden können.“[61] „Schlußfolgerungen aus der Natur der Sache müssen begriffsnotwendig sein“[62]. Für die Zuordnung einer Materie zum Kompetenzbereich des Bundes gilt: „Genereller Anknüpfungspunkt ist die im Grundgesetz angelegte bundesstaatliche Ordnung mit der Konzeption der Gesamtstaatlichkeit des Bundes; zu fragen ist nach Sachverhalten, die im Hinblick auf diese Gesamtstaatlichkeit einer gesetzlichen Regelung bedürfen und sinvollerweise nur durch den Bund erbracht werden können.“[63] Ergibt sich eine Materie „unmittelbar aus dem Wesen und der verfassungsmäßigen Organisation des Bundes“, so ist sie Kraft Natur der Sache dem Bund zugewiesen.[64] Da die Länder nur durch einen ihre (landesweiten) Kompetenzen übersteigenden Akt das Archivrecht des Bundes regeln könnten, verbietet sich eine Länderkompetenz für das Bundesarchivrecht. Die Entscheidung darüber, ob und wie jene Unterlagen, die bei den Organen, Behörden, Gerichten und Stellen des Bundes entstanden sind, weiter aufbewahrt, archiviert und weiterverwendet werden sollen, konnte dementsprechend nur durch den Bund geregelt werden. „Die Archivierungsaufgabe der Bundesunterlagen ist daher als eigene sog. natürliche Bundesaufgabe anzusehen.“[65] Insofern teilte

61 BVerfGE 11, 89, 99.

62 BVerfGE 22, 180, 217.

63 Hans-Werner Rengeling, in: Josef Isensee/Paul Kirchhof (Hrsg.), Handbuch des Staatsrechts, Bd. VI, 3. Aufl., Heidelberg 2008, § 135 Gesetzgebungszuständigkeit, Rn. 79.

64 Nau 2000, S. 184.

65 Nau 2000, S. 184; so wohl auch Polley in: Becker/Rehm 2017, S. 27; Becker/Oldenhage 2006, § 1, Rn. 5. A. A. bei Manegold 2002, S. 143ff und 150, der die Bundeskompetenz aus der „Förderung der wissenschaftlichen Forschung“ nach Art. 74 Abs. 1 Nr. 13 GG ableitete. Dies ist abzulehnen, da die Errichtung von Archiven, die Übergabepflicht von Bundesunterlagen sowie die Forschungstätigkeit des Bundesarchivs diesen Kompetenztitel unzulässig weit auslegt und überdehnt. Denn es soll bei Art. 74 Abs. 1 Nr. 13 GG um Förderungsmaßnahmen, nicht um die gänzliche Einrichtung und Unterhaltung von Organisationen gehen. Die Regelung ganzer Forschungsorganisationen durch

sich die Gesetzgebungskompetenz für das Archivwesen auf den Bund (Natur der Sache für Bundesarchivgut) und Länder (Landesarchivgut und die Regelung der Hochschularchive und des kommunalen Archivguts) auf.

Konsequenterweise waren die Jahre nach der Rechtsprechung des Bundesverfassungsgerichts davon geprägt, dass parlamentarische Archivgesetze erlassen wurden.[66] Auf Bundesebene wurde bereits seit dem Jahr 1985 ein erster Entwurf besprochen.[67] Er wurde jedoch vorerst zurückgestellt und verfiel der Disposition der Legislaturperiode des Zehnten Bundestages.[68] Erst 1987 wurde ein neuer Gesetzgebungsanlauf erfolgreich gestartet. Den Gesetzgebungsaktivitäten des Bundes ging die Initiative der Konferenz der Datenschutzbeauftragten der Länder und des Bundes voraus, die bereits im November 1983 einen „Entwurf eines bundeseinheitlichen Gesetzes über die Sicherung und Nutzung von Archivgut" vorgelegt hatte.[69] Die tatsächliche Archivgesetzgebung begann im Juli 1987 in Baden-Württemberg und endete in

---

den Bund bleibt auch im Lichte des Art. 74 Abs. 1 Nr. 13 GG versagt, vgl. Christoph Degenhart, in: Michael Sachs (Hrsg.), Grundgesetz. Kommentar, 7. Aufl., München 2014, Art. 74, Rn. 62.

66 In der Reihenfolge der Gesetzgebung: Landesarchivgesetz Baden-Württemberg vom 27. Juli 1987 (GBl. S. 230); Bundesarchivgesetz vom 6. Januar 1988 (BGBl. I S. 62); Archivgesetz Nordrhein-Westfalen vom 16. Mai 1989 (GV. S. 302); Hessisches Archivgesetz vom 18. Oktober 1989 (GVBl. I, S. 270); Bayerisches Archivgesetz vom 22. Dezember 1989 (GVBl. S. 710); Landesarchivgesetz Rheinland-Pfalz vom 5. Oktober 1990 (GVBl. S. 277); Hamburgisches Archivgesetz vom 21. Januar 1991 (HmbGVBl. 1991, S. 7); Bremisches Archivgesetz vom 07. Mai 1991 (GBl. S. 159); Thüringer Archivgesetz vom 23. April 1992 (ThürGVBl. 139); Landesarchivgesetz Schleswig-Holstein vom 11. August 1992 (GVOBl. S. 444); Saarländisches Archivgesetz vom 23. September 1992 (Amtsbl. S. 1094); Archivgesetz für den Freistaat Sachsen vom 17. Mai 1993 (GVBl. 449); Niedersächsisches Archivgesetz vom 25. Mai 1993 (Nds. GVBl. 1993, S. 129); Archivgesetz des Landes Berlin vom 29. November 1993 (GVBl. 576); Brandenburgisches Archivgesetz vom 07. April 1994 (GVBl. S. 94); Archivgesetz Sachsen-Anhalt vom 28. Juni 1995 (GVBl. S. 190); Landesarchivgesetz Mecklenburg-Vorpommern vom 07. Juli 1997 (GVOBl. S. 282).

67 Vgl. Deutscher Bundestag, Drucksache 10/3072.

68 Vgl. Gregor Richter, Das baden-württembergische Landesarchivgesetz vom 27. Juli 1987, Der Archivar 41 (1988), Sp. 385-393, 385.

69 Vgl. Peter Fricke, Musterentwurf der Datenschutzbeauftragten der Länder vom 4. November 1983, Der Archivar 38 (1985), Sp. 202.

Mecklenburg-Vorpommern im Juli 1997. All diese Archivgesetze normierten in ausführlicher Weise die Archivverwaltungsorganisation, die Übergabepflichten der öffentlichen Stellen gegenüber den Archiven, die archivische Behandlung der Unterlagen sowie das Archivbenutzungsrecht. Die Archivgesetzgebung dieser Zeit muss als großer Entwicklungssprung des deutschen Archivwesens bewertet werden. Mit dem Abschluss der Archivgesetzgebung im Jahr 1997 bestand ein anerkanntes Grundkonzept, ein Ordnungsrahmen des deutschen Archivrechts.

Das Archivrecht in einem engen Verständnis umfasst seitdem die in der Bundesrepublik Deutschland geltenden deutschen Archivgesetze und die direkt auf öffentliche Archive bezogenen Rechtsverordnungen, beispielsweise die Archivbenutzungsverordnungen in Bund und Ländern[70], die kommunalen Archivsatzungen[71] für die Gemeinde- und Kreisarchive sowie teilweise die Satzungen für die Hochschularchive[72]. Archivrecht in einem engen Begriffsverständnis meint dergestalt die formellen und materiellen Archivgesetze. Archivrecht in einem weiten Verständnis schließt auch auf Archive anzuwendende Normen anderer Rechtsmaterien, etwa im Urheberrecht oder im Datenschutzrecht, ein. Die Archivgesetze geben – trotz Unterschieden im Detail – dem Archivwesen einen direkten und bundesweit vergleichbaren Ordnungsrahmen. Innerhalb dieses archivgesetzlichen Ordnungsrahmens sind es drei Regelungsbereiche, die das deutsche Archivrecht prägen.[73] Erstens wird durch die Archivgesetze die

---

70 Etwa Verordnung über die Benutzung von Archivgut beim Bundesarchiv (BGBl. I 1993, S. 1857); Nutzungsordnung für die Hessischen Staatsarchive (Staatsanzeiger für das Land Hessen, 13. Januar 2014, S. 49); Verordnung über die Benutzung von Archivgut im Brandenburgischen Landeshauptarchiv (GVBl. I. 2003, S. 298, 309).

71 Etwa Satzung über die Benutzung des Stadtarchivs Erfurt (Amtsblatt der Stadt Erfurt am 9. September 2005); Satzung für das Historische Archiv der Stadt Köln (Amtsblatt der Stadt Köln 2007, S. 433); Archivordnung der Universitätsstadt Tübingen (Schwäbisches Tagblatt, Nr. 7 vom 26. März 2011).

72 Vgl. Benutzungsordnung für das Universitätsarchiv Jena vom 28. Februar 2008 (Verkündungsblatt der FSU Jena Nr. 3/2008).

73 Vgl. Hannes Berger, Das deutsche Archivrecht im Wandel, ZLVR 2016, S. 12-22, 12f.

allgemeine und grundsätzliche Anbietungspflicht aller Behörden, Gerichte und Stelles eines Landes oder des Bundes gegenüber dem Archiv begründet. Diese öffentlichen Stellen sind allgemein verpflichtet, ihre Unterlagen, die sie nicht mehr benötigen, dem Archiv zur Übernahme anzubieten und gegebenenfalls zu übergeben. Zweitens enthalten die siebzehn Archivgesetze in Deutschland Vorschriften über die Organisation des jeweiligen Archivwesens und über die Aufgaben der Archiveinrichtungen, die von der Bewertung angebotener Unterlagen, über die Maßnahmen der Bestandserhaltung und Archivgutsicherung bis hin zur archivischen Auswertung der staatlichen Wissensbestände reichen. Der dritte Regelungskomplex der Archivgesetze ist das detaillierte Archivbenutzungsrecht. Die Zugangsansprüche von Bürgern, Forschern und öffentlichen Stellen können hierbei mit Rechtspositionen betroffener Personen oder staatlichen Interessen kollidieren, weshalb die Archivgesetze mit Rechtsansprüchen, Betroffenenrechten, Benutzungseinschränkungen und mit einem Schutzfristenregime ein differenziertes Informationszugangsrecht geschaffen haben.

Die Entwicklung des deutschen Archivrechts hat gezeigt, dass um eine Kodifikation durch mehrere Epochen der deutschen Verfassungsgeschichte hindurch erfolglos gerungen wurde. Impulse der französischen Revolution vermochten es ebensowenig wie die Preußischen Reformen, eine rechtliche, geschweige denn eine parlamentsgesetzliche Öffnung der staatlichen Archive durchzusetzen. Noch in der frühen Bundesrepublik existierten nur rudimentäre Benutzungsordnungen, die viele juristische Fragen des Archivwesens unbeantwortet ließen. Erst mit der Rechtsprechung des Bundesverfassungsgerichts und der allgemeinen Einsicht in die Notwendigkeit eines gesetzlichen Datenschutzes konkretisierten sich in den 1980er Jahren die Kodifikationspläne für das Archivwesen. Ließ sich spätestens im Jahr 1997 von einem kohärenten deutschen Archivrecht sprechen, so konnte gleiches über Archivrechtswissenschaft lange nicht behauptet werden.

II. Staatsrechtliche Auseinandersetzungen mit dem Archivwesen

Neben einzelnen Vorläufern in den 1970er Jahren hat sich erst seit der Archivgesetzgebung von 1987 bis 1997 eine bemerkbare juristische und vor allem verfassungsrechtliche Auseinandersetzung mit Archivfragen herausgebildet. Über die Hervorhebung bestimmter verfassungsrechtlicher Funktionen des Archivwesens hinaus waren es insbesondere die Grundrechtsdebatten, die einen unmittelbaren Einfluss auf das Archivrecht hatten.

1. Rechtswissenschaftliche Aufmerksamkeit für das Archivwesen seit den 1970er Jahren

Spätestens seit der Verrechtlichung des Archivwesens durch die Archivgesetze zum Ende der 1980er Jahre hat sich ein verfassungs- und verwaltungsrechtliches – also explizit juristisches – Interesse an archivischen Fragen gebildet.[74] Im Zuge dessen etablierte sich ein gewandeltes verfassungsrechtliches Verständnis des Archivwesens. Bereits zuvor, seit dem Hochschulurteil des Bundesverfassungsgerichts aus dem Jahr 1973, wurden juristische Debatten über die Forschungsfreiheit des Grundgesetzes geführt, in deren Zuge auch Ansprüche des Forschers auf Zugang zu staatlichen Archivinformationen besprochen wurden.[75] Für zusätzliche Aufmerksamkeit der Rechtswissenschaft gegenüber Archivfragen dürfte außerdem die zeitgleich mit der Archivgesetzgebung verabschiedete Gesetzgebung über die Stasi-Unterlagen gesorgt haben.[76] Diese Rechtsmaterie hatte ganz ähnliche Interes-

74 Allein zu nennen sind für diese Zeit die Abhandlungen von Alexander Freys, Das Recht der Nutzung und Des Unterhalts von Archiven, Baden-Baden 1989, Johann Bizer, Forschungsfreiheit und Informationelle Selbstbestimmung, Baden-Baden 1992, S. 118f; Andreas Nadler, Die Archivierung und Benutzung staatlichen Archivguts nach den Archivgesetzen des Bundes und der Länder, Bonn 1995; Dieter Strauch, Das Archivalieneigentum, Köln 1998; Nau 2000; Manegold 2002.

75 Stellvertretend Reinhard Heydenreuter, Die rechtlichen Grundlagen des Archivwesens, Der Archivar 32 (1979), Sp. 157-170; Walter Schmitt Glaeser, Die Freiheit der Forschung, WissR 1974, S. 107-134.

76 Gesetz über die Unterlagen des Staatssicherheitsdienstes der ehemaligen Deutschen Demokratischen Republik vom 20. Dezember 1991

senskollisionen zwischen Forschung und Persönlichkeitsschutz im Hinblick auf staatliche Unterlagen zu schlichten. Die verfassungsrechtlichen Beiträge entwickelten das juristische Verständnis über das Archivwesen weiter und stellten drei verfassungsrechtliche Funktionen eines Archivwesens heraus: Das Archiv als rechtsstaatliche Institution (a), das Archiv als demokratische Kontroll- und Öffentlichkeitsinstanz (b) sowie das Archiv als kulturstaatliche Überlieferungsinstitution (c).

a) Das Archiv als rechtsstaatliche Institution

Aus dem Rechtsstaatsprinzip (Art. 20 Abs. 2 und 3 GG) leitete die Verfassungsrechtswissenschaft mehrere Elemente ab, die sich auf hoheitliche Tätigkeiten zum Führen und Aufbewahren von Schriftgut aus Gesetzgebung, Verwaltung und Rechtsprechung auswirken. Das rechtsstaatliche Element der Rechtssicherheit, so wurde beispielsweise ausgeführt, verlange ein objektives Mindestmaß an Kontinuität des Rechts.[77] Im Lichte der Rechtssicherheit müsse staatliches Handeln voraussehbar sein. Es müsse, wolle es freiheitsfördernd und freiheitsschützend sein, überprüfbar und messbar sein und eine notwendige Berechenbarkeit zulassen.[78] Kontinuität, Dauerhaftigkeit und Vertrauen des Rechts setzten im Sinne der Rechtssicherheit auch eine Rechtssicherung[79], also ein geordnetes und dauerhaftes Verwahren und Vorhalten von Dokumentationen der staatlichen Tätigkeit und Rechtsanwendung voraus. Es gelte, so wird in jüngerer Zeit betont, insbesondere in der staatlichen Verwaltungstätigkeit das Prinzip der

---

(BGBl. I 1991, S. 2272); juristische Forschung dazu bei *Winfried Hassemer/Karl Starzacher*, Datenschutz und Stasi-Unterlagen, Baden-Baden 1993; *Michael Kloepfer*, Das Stasi-Unterlagen-Gesetz und die Pressefreiheit, Berlin 1993; *Albert Engel*, Die rechtliche Aufarbeitung der Stasi-Unterlagen auf der Grundlage des StUG, Berlin 1995; *Kai Bonitz*, Persönlichkeitsschutz im Stasi-Unterlagen-Gesetz, Berlin 2009; *Jeannine Drohla*, Aufarbeitung versus Persönlichkeitsrecht, Berlin 2011.

77 Beispielsweise die Habilitationsschrift von Katharina Sobota, Das Prinzip Rechtsstaat, Tübingen 1997, S. 154f.

78 Vgl. Karl-Peter Sommermann, in: Hermann von Mangoldt/Friedrich Klein/Christian Starck (Hrsg.), Das Bonner Grundgesetz, Bd. II, 4. Aufl., München 2000, Art. 20 Abs. 3, Rn. 278.

79 Vgl. den Wortlaut in § 1 Abs. 2 S. 1 LArchivG MV.

Schriftlichkeit, denn die Flüchtigkeit des gesprochenen Wortes mache eine Sicherung und eine spätere Nachvollziehbarkeit hoheitlichen Handelns unmöglich.[80]

Auch von Seiten der Rechtsprechung kamen im Hinblick auf die Dokumentationspflichten der öffentlichen Verwaltung und die Notwendigkeit der Nachvollziehbarkeit des staatlichen Handelns wichtige Impulse. Das Bundesverfassungsgericht hielt im Jahr 1983 fest, dass eine rechtsstaatliche Vollziehung der Gesetze „nicht ohne eine Dokumentation der einzelnen Verwaltungsvorgänge denkbar" wäre.[81] Die Dokumentationen staatlichen Handelns seien „mögliche Erkenntnisquellen für das zukünftig in Frage kommende behördliche Handeln. [...] Erst derartige schriftliche Akten gestatten der vollziehenden Gewalt eine fortlaufende Kenntnis aller für sie maßgeblichen Umstände."[82] Nicht nur das Bundesverfassungsgericht setzte neue Schwerpunkte für die Nachvollziehbarkeit des Verwaltungshandelns, sondern auch eine Reihe von Fachgerichten hob nun den rechtsstaatlichen Aspekt der Verwaltungsdokumentation zum Zwecke der nachträglichen Nachvollziehbarkeit und der „Rechtskontrolle" hervor.[83]

Die juristische Literatur nahm diese Impulse auf und befand ebenfalls: eine hoheitliche Schriftgutverwaltung und das „Führen von Akten in der Verwaltung ist also das implizite Erfordernis einer funktionierenden Verwaltung und wird

---

80 Vgl. Karl-Heinz Ladeur, in: Wolfgang Hoffmann-Riem/Eberhard Schmidt-Aßmann/Andreas Voßkuhle (Hrsg.), Grundlagen des Verwaltungsrechts, Bd. II, 2. Aufl., München 2012, § 21 Die Kommunikationsinfrastruktur der Verwaltung, Rn. 7.

81 BVerfG, NJW 1983, S. 2135-2136, 2135.

82 BVerfG, NJW 1983, S. 2135. Das Führen und Aufbewahren von Akten kommt den Ausführungen des BVerfG entsprechend schließlich nicht nur den staatlichen Stellen, sondern auch dem Einzelnen und dessen Anspruch auf angemessene Behandlung seiner Angelegenheiten zugute.

83 Siehe die Rechtsprechung bei VG Lüneburg, NVwZ 1997, 205: Unterlagen in Behördenakten sind sachnotwendig, um Aufsicht und Rechtskontrolle zu gewährleisten; OVG Greifswald, NVwZ 2002, S. 104-107, 106f zur Beweislastumkehr bei Verletzung der Dokumentationspflicht der Verwaltung; VG Chemnitz, LKV 2007, S. 44-45, 44 zur Pflicht der ordnungsgemäßen Dokumentierung mündlicher Anhörungen; BVerwG, NVwZ-RR 2009, S. 604-606, 604f zur Dokumentation beamtenrechtlicher Stellenbesetzungen.

auch ohne ausdrückliche gesetzliche Regelung aus der dem Rechtsstaatsprinzip (Art. 20 III GG) folgenden Pflicht der Behörde zur objektiven Dokumentation des bisherigen wesentlichen sachbezogenen Geschehensablaufs vorausgesetzt."[84] Weiter noch gehe das Führen von Akten über die Dokumentation des momentanen Geschehens staatlicher Tätigkeit hinaus, denn es „folgt aus der Aktenführungspflicht das Gebot, den Aktenbestand langfristig zu sichern."[85]

In der öffentlich-rechtlichen Diskussion wurde ein geordnetes und auf Dauer angelegtes Dokumentationswesen als ein wichtiger Bestandteil der Rechtssicherheit und Rechtssicherung im modernen Rechtsstaat angesehen. Vor dem Hintergrund des noch jungen gesetzlichen Archivrechts wurde weiter betont, dass die Rechtssicherungsfunktion unzulässig verkürzt werde, wenn die staatliche Dokumentation und die Führung von Akten nur für laufende Vorgänge gewährleistet würden. Die archivrechtliche Forschung befand: „Das Prinzip der Rechtssicherheit gebietet Rechtssicherung und Rechtsnachweisbarkeit durch die Aufbewahrung der entsprechenden Unterlagen nicht nur im Rahmen der jeweils betroffenen gesetzlichen Rechte, sondern auch über den konkreten Bedarf im laufenden Verfahren und über die unmittelbar absehbaren Interessen der Verwaltung und Beteiligter hinaus."[86] Die rechtsstaatlichen Elemente der Rechtssicherheit und Rechtssicherung erforderten demnach nicht nur eine Führung von Akten für laufende Verfahren, sondern ebenso eine längerfristige Aufbewahrung des gesamten Schriftguts für eventuelle Fälle der Wieder- oder Weiterverwendung der Unterlagen sowie eine Archivierung staatlicher Unterlagen, für die ein Rechtssicherungsinteresse erkennbar sei.

Die etwa durch das Verwaltungsgericht Lüneburg im Begründungszusammenhang zur Dokumentationspflicht der Verwaltung angeführte Ermöglichung der „Rechtskontrolle"[87]

---

84 Zusammenfassend Cornelia Grundmann/Holger Greve, Löschung und Vernichtung von Akten, NVwZ 2015, S. 1726-1730, 1726.

85 Dieter Kallerhoff, in: Paul Stelkens/Heinz Joachim Bonk/Michael Sachs (Hrsg.), Verwaltungsverfahrensgesetz. Kommentar, 8. Aufl., München 2014, § 29, Rn. 31.

86 Manegold 2002, S. 44.

87 VG Lüneburg, NVwZ 1997, S. 206.

wurde spätestens durch die Archivgesetzgebung zu einer ausdrücklichen Aufgabe öffentlicher Archive. Denn dass Archive der Rechtssicherung und nachträglichen Rechtskontrolle dienen und keinesfalls nur „tote“ Akten verwahren, zeigte sich in verschiedenen Fällen. Die Heranziehung von Archivgütern sei, wie der Deutsche Bundestag im Jahr 1988 hervorhob, für die Bürger eine Möglichkeit, zu „Nachweisen von personenbezogenen Daten, z. B. über Renten-, Pensions-, Wiedergutmachung,- und Lastenausgleichsansprüche“[88], zu gelangen, wenn sonstige Unterlagen vernichtet oder nicht mehr auffindbar sind. Auch für Rechtsfragen und Streitigkeiten zwischen öffentlichen Stellen sollten Archive entscheidende Lösungsbeiträge durch ihre Archivgüter liefern. Insofern wurde anerkannt, dass staatliche Archive „Gutachtertätigkeit[en] für Behörden, Gerichte und sonstige Stellen, wie etwa Klärung von Altservituten, Baulastfragen, Gemeindenamen- und Gemeindeteilnamenangelegenheiten sowie Wappenfragen“ erbringen könnten.[89] Staatliche Archive wurden im Weiteren als unabhängige und sachkundige Behörden, deren Gutachten in Gerichtsprozessen verwertet werden dürfen, anerkannt.[90] Auch für die gestaltende Aufgabe des Gesetzgebers sowie für die Rechtsprechung konnte nun die Hinzuziehung früherer Gesetzgebungs-, Verwaltungs- oder Gerichtsunterlagen, die an die Archive übergeben wurden, hilfreich sein. Archivgut wurde nun anerkannt als die unter Umständen letztverbleibende Informationsquelle über frühere (rechtliche) Sachverhalte, die in späteren Situationen wieder benötigt werden.[91] Ganz aus diesem Grund hatten die Archivgesetzgeber in Bund und Ländern gerade die Archivierung jener öffentlichen Unterlagen gesetzlich fixiert, denen ein ausdrücklich rechtlicher Wert verbleibt.[92]

88 Deutscher Bundestag, Drucksache 11/498, S. 7.

89 Sächsischer Landtag, Drucksache 1/2476, S. 24.

90 BVerwG, Beschluss vom 2. Juli 2007, 7 B 65.06, Rn. 27f, gestützt auf § 98 VwGO i.V.m. § 404 ZPO und das Landesarchivrecht.

91 Deutscher Bundestag, Drucksache 11/498, S. 8.

92 Siehe beispielsweise § 2 Abs. 2 S. 2 LArchG BW aus dem Jahr 1987: „zur Sicherung berechtigter Belange der Bürger oder zur Bereitstellung von Informationen für Gesetzgebung, Verwaltung oder Rechtspflege dauernd aufzubewahren“; Art. 2 Abs. 2 BayArchivG aus dem

Eine zusätzliche Folge der gesetzlichen Ausformulierung der Rechtssicherungsaufgabe durch die öffentlichen Archive war, dass auch das rechtsstaatliche Prinzip des effektiven Rechtsschutzes gestärkt wurde. Der effektive Rechtsschutz, der die tatsächliche und rechtliche Prüfung des Streitgegenstandes verlangt[93], konnte seither ebenfalls unter Rückgriff auf Archivgüter, die zum Nachweis über behauptete Tatsachen Beweis erbrachten, herbeigeführt werden. Insofern kam spätestens seit der Archivgesetzgebung und der anschließenden Rechtsprechung den öffentlichen Archivgütern eine neue mögliche Rolle im Rahmen von Wiederaufnahmeprozessen von Verwaltungs- oder Gerichtsverfahren (§ 51 VwVfG; § 153 Abs. 1 VwGO; § 579 und § 580 ZPO) zu. Dass das Archivrecht seit Ende der 1980er Jahre relevanter Teil der rechtsstaatlichen Praxis und juristischen Aufmerksamkeit geworden ist, zeigte sich nicht zuletzt in den vielfältigen Justizverfahren, die seither unter Rückgriff auf Archivgesetze angestrengt wurden.[94]

Jahr 1989: „für Zwecke der Gesetzgebung, Rechtsprechung oder Verwaltung von bleibendem Wert".

93 Sommermann, in: Mangoldt/Klein/Starck 2000, Bd. II, Art. 20 Abs. 3, Rn. 312 unter Verweis auf BVerfGE 85, 337, 345 (Jahr 1992).

94 Allein aus der Fachgerichtsbarkeit: VG Köln, NJW 1991, S. 2584 (Herausgabe Stadtsiegel); OVG Münster, NJW 1993, S. 2635 (Herausgabe Stadtsiegel); VG Leipzig, ZOV 1998, S. 308 (Gebühren für anwaltliche Archivgutbenutzung); VG Darmstadt, NJW 2004, S. 1471 (Vernichtung von Archivgut); VG Gera, Urt. vom 29. März 2007 5 K 270/05 Ge (Reproduktionsgebühren für Archivgut für öffentliche Behörden); VG Neustadt, Urt. vom 14. Juni 2007 4 K 54/07.NW (Anspruch auf Kopie von Archivgut); OVG Sachsen, Beschl. vom 17. April 2009 2 A 2/08 (Anspruch auf Archivbenutzung); OVG Münster, DVBl. 2010, S. 323 (Benutzungsgebühr Archivgut); LVerfG Mecklenburg-Vorpommern, DÖV 2011, S. 450 (Plenaraufzeichnungen im Landtagsarchiv); OVG Niedersachsen, openJur 2012, 38669 (Depositalverträge); VGH Baden-Württemberg, DVBl. 2014, S. 1326 = openJur 2014, 16985 (Anbietungspflicht des E-Mail-Kontos eines ehemaligen Ministerpräsidenten an das Landesarchiv); VGH Baden-Württemberg, DVBl. 2015, S. 1257 = openJur 2015, 12457 (Voraussetzungen der Schutzfristenverkürzung der Archivbenutzung).

b) Das Archiv als demokratische Kontroll- und Öffentlichkeitsinstanz

Seit der Wiedervereinigung hat sich auch die verfassungsrechtswissenschaftliche Debatte über das Demokratieprinzip und die Öffentlichkeitspflichten des Staates verändert. Gerade unter dem Eindruck der europäischen Integration wurden seit den 1990er Jahren vermehrt Forschungen zu Legitimationsfragen und zur Rückkoppelung staatlicher Herrschaft an das Volk betrieben.[95] Staatsrechtliche Beiträge forderten größere Rechenschaftspflichten und mehr Transparenz des Staates ein. In einem demokratischen und republikanischen Rechtsstaat wie der Bundesrepublik Deutschland bedeute Herrschaft stets Herrschaft auf Zeit. Die begrenzte Staatsgewalt der drei Gewalten Legislative, Exekutive und Judikative müsse sich auf einen tatsächlichen Akt der Legitimation berufen können. Und diese Legitimation könne gemäß Art. 20 Abs. 2 S. 1 GG nur ausschließlich und gänzlich vom Volk ausgehen.[96]

Demokratische Legitimation, also die ununterbrochene Rückführbarkeit der Herrschaftsausübung auf das Volk, beschränke sich jedoch nicht allein auf Wahlen und Abstimmungen gemäß Art. 20 Abs. 2 S. 2 GG. Vielmehr, so wird von rechtswissenschaftlicher Seite betont, begründe das Demokratieprinzip aus Art. 20 Abs. 1 und 2 und Art. 28 Abs. 1 S. 1 GG einen umfänglichen Verantwortungszusammenhang zwischen dem legitimierenden Volk und der legitimierten Staatsgewalt.[97] In einem solchen Verantwortungszusammenhang sei es die staatliche Herrschaftsausübung, die Rechenschaft

---

95 Beispiele aus der Zeit Matthias Jestaedt, Demokratieprinzip und Kondominialverwaltung, Berlin 1993; Hans-Martin Steinger, Amtsverfassung und Demokratieprinzip, Baden-Baden 1997; Frauke Brosius-Gersdorf, Deutsche Bundesbank und Demokratieprinzip, Berlin 1997; Marcel Kaufmann, Europäische Integration und Demokratieprinzip, Baden-Baden 1997; Karl-Peter Sommermann, Verordnungsermächtigung und Demokratieprinzip, JZ 1997, S. 434-441.

96 So etwa Sommermann, in: Mangoldt/Klein/Starck 2000, Bd. II, Art. 20 Abs. 2, Rn. 138.

97 Vgl. Wolfgang Kahl, in: Wolfgang Hoffmann-Riem/Eberhard Schmidt-Aßmann/Andreas Voßkuhle (Hrsg.), Grundlagen des Verwaltungsrechts, Bd. III, 2. Aufl., München 2013, § 47 Begriff, Funktionen und Konzepte von Kontrolle, Rn. 63f.

abzulegen und Öffentlichkeit über ihr Tun herzustellen habe. Es wurde nun angemerkt: „Der freiheitlich-demokratische Verfassungsstaat – die rechtsstaatliche Demokratie – ist wie kein anderer Staatstypus auf Öffentlichkeit bezogen und von Öffentlichkeit abhängig."[98] Denn eine Grundvoraussetzung für das Ausüben der Volkssouveränität und, davon abgeleitet, für bewusste politische Entscheidungen durch Wahlen und Abstimmungen, sei vor allem die informierte Öffentlichkeit. Es müsse dem Bürger möglich sein, Meinungen und Interessen zu entwickeln und in der Sphäre der Öffentlichkeit zu artikulieren. Öffentlichkeit, so Stimmen aus der Rechtswissenschaft weiter, sei ein „Instrument der fortlaufenden Meinungs- und Willensaggregation im Volk"; öffentliche Kommunikation sei „Ausdruck des Anspruchs der Bürgergemeinschaft, ihre Angelegenheiten selbst zu verhandeln. Öffentlichkeit ist mithin auch prozeduralisierte Volkssouveränität."[99] Auch von Seiten der Verfassungsrechtsprechung kamen schon seit langem gleichlautende Impulse, denenzufolge nur der informierte Bürger auf der Grundlage seines Wissensstandes und seiner daraufhin gebildeten politischen Meinung eine angemessene politische Entscheidung treffen könne.[100]

Vertreter des Öffentlichen Rechts untersuchten seit den 1980er Jahren und intensiver seit der Jahrtausendwende die verfassungsrechtlichen Anforderungen an die Öffentlichkeit des Staates. Dementsprechend wurde betont, dass die aus dem Demokratieprinzip abgeleitete Funktion der Öffentlichkeit eine permanente kritische Begleitung und Kontrolle des hoheitlichen Handelns bedinge.[101] Rechenschaftspflicht auf der einen, Informierung und Kontrolle auf der anderen Seite seien der Forschung zufolge zentral auf die Verfügbarkeit von Informationen über Sachverhalte und staatliches Handeln

98 Matthias Jestaedt, Das Geheimnis im Staat der Öffentlichkeit, AöR 126 (2011), S. 205-243, 215.

99 Arno Scherzberg, in: Wolfgang Hoffmann-Riem/Eberhard Schmidt-Aßmann/Andreas Voßkuhle (Hrsg.), Grundlagen des Verwaltungsrechts, Bd. III, 2. Aufl., München 2013, § 49 Öffentlichkeitskontrolle, Rn. 14.

100 Ständige Rechtsprechung BVerfGE 20, 162, 174f; BVerfGE 52, 283, 296; BVerfGE 113, 63, 76.

101 Vgl. Scherzberg, in: Hoffmann-Riem/Schmidt-Aßmann/Voßkuhle 2013, § 49, Rn. 15.

angewiesen. In diesem Begründungszusammenhang brachte das Öffentliche Recht vielfältige Erkenntnisse über Informations- und Kontrollfunktionen des modernen Verfassungsstaats hervor.[102]

Dieser neue Fokus der öffentlich-rechtlichen Forschung auf die Öffentlichkeitsfunktionen und Öffentlichkeitspflichten des Staates verzeichnete auch Auswirkungen auf die Archivrechtswissenschaft. Sollte die Aufbewahrung von Akten das Verwaltungshandeln nachvollziehbar machen und somit für die Aufsichtsbehörden, das Parlament und die Öffentlichkeit kontrollierbar machen, so der Gedankengang von archivrechtlicher Seite[103], dann trügen die öffentlichen Archive unter dem Grundgesetz wesentlich zur Verwirklichung des Demokratieprinzips bei.[104] Archive und Archivgut seien dieser Argumentation zufolge in besonderem Maße geeignet, demokratiefördernde Funktionen zu erfüllen: Öffentliche Archive bezögen „ihre Existenzberechtigung vornehmlich aus der Bereitstellung des Archivguts zur öffentlichen Nutzung; als sichere Aufbewahrungsstätten archivwürdiger Unterlagen des

102 Frühe Untersuchung bei Hans-Ulrich Jerschke, Öffentlichkeitspflicht der Exekutive und Informationsrecht der Presse, Berlin 1971; weiter Fritz Ossenbühl, Änderungsgenehmigung und Öffentlichkeitsbeteiligung im Atomrecht, DVBl 1981, S. 65-71; Rainer Pitschas, Verwaltungsverantwortung und Verwaltungsverfahren, München 1990; Arno Scherzberg, Die Öffentlichkeit der Verwaltung, Baden-Baden 2000; Andreas Fiesahn, Demokratie und Öffentlichkeitsbeteiligung, Tübingen 2002, S. 176ff; Matthias Knauff, Öffentlichkeitsbeteiligung im Verwaltungsverfahren, DÖV 2012, S. 1-8; Jule Martin, Das Steuerungskonzept der informierten Öffentlichkeit, Berlin 2012; Jan Ziekow, Frühe Öffentlichkeitsbeteiligung, NVwZ 2013, S. 754-760; Joachim Schwab, Frühe Öffentlichkeitsbeteiligung und behördliche Genehmigungsverfahren, UPR 2014, S. 281-290; Christoph Partsch, Der Auskunftsanspruch der Presse gegen Bundesbehörden, K&R 2014, S. 145-146.

103 Vgl. Udo Schäfer, Quod non est in actis, non est in mundo, in: VdA (Hrsg.), Alles was Recht ist. Archivische Fragen – juristische Antworten, Fulda 2012, S. 57-78, 68f; auch Grundmann/Greve, NVwZ 2015, S. 1726.

104 Vgl. Hermann Bannasch (Hrsg.), Archivrecht in Baden-Württemberg, Stuttgart 1990, S. 11 und 103; Georgios Trantas, Akteneinsicht und Geheimhaltung im Verwaltungsrecht, Berlin 1998, S. 257ff; Nau 2000, S. 100f; Manegold 2002, S. 48ff; Friedrich Schoch, Modernisierung des deutschen Archivrechts, Die Verwaltung 39 (2006), S. 463-491, 463f;

Staates fungieren öffentliche Archive primär als Dienstleistungsbetriebe für die Öffentlichkeit"; sie seien „damit Teil des auf Öffentlichkeit angelegten demokratischen Gemeinwesens."[105] Eine zentrale Begründung dafür fand sich im Wesen des öffentlichen Archivguts. Keine andere Art staatlicher Dokumente oder Unterlagen könne in einer vergleichbaren Breite, Vielfalt und Informationstiefe das Handeln ganz unterschiedlicher staatlicher und öffentlicher Stellen darstellen und nachvollziehbar machen, auch in kontextualisierten Zusammenhängen. Öffentliche Archivierung werde vor allem zum Zweck der Benutzung und der Informationsbeschaffung für den Bürger durchgeführt.[106]

Öffentliche Archivgüter stellen, den Erkenntnissen der archivrechtlichen Forschung zufolge, eine Informationsquelle über das in den Akten, Dokumenten und Registern festgehaltene Staatshandeln bereit. Konsequenterweise müsse das öffentliche Archivgut im Grundsatz auch frei zugänglich sein und das Archivrecht müsse einen subjektiven Benutzungsanspruch gewähren.[107] Seit der Archivgesetzgebung der 1980er und 1990er Jahre, so die Ansicht, bilde sich das Idealbild einer informierten Öffentlichkeit in der gesetzlich vorgegebenen Archivöffentlichkeit ab.[108]

Demokratie- und Öffentlichkeitselemente des gesetzlichen Archivwesens wurden überdies nicht nur in der Zugänglichkeit der Archivunterlagen erkannt, sondern auch in weiteren gesetzlichen Archivaufträgen. „Dazu gehört auch die wissenschaftliche Tätigkeit des Bundesarchivs selbst, die dazu beiträgt, die Politik früherer Regierungen des Deutschen Reiches und der Bundesrepublik Deutschland zum Beispiel durch fortlaufende Editionen besonders wichtiger Dokumen-

---

105 Friedrich Schoch/Michael Kloepfer/Hansjürgen Garstka, Archivgesetz, Berlin 2007, S. 52, Rn. 43.

106 Vgl. Richter, Der Archivar 41 (1988), Sp. 389 und 391.

107 Vgl. Klaus Oldenhage, Bemerkungen zum Bundesarchivgesetz, Der Archivar 41 (1988), Sp. 477-498, 478; Schoch/Kloepfer/Garstka 2007, S. 182, Rn. 9f; normativ: § 10 Abs. 1 S. 1 BArchG; § 10 Abs. 1 S. 1 ArchG LSA; § 12 Abs. 1 S. 1 HArchivG.

108 Vgl. Marcel Lepper/Ulrich Raulff, Archive und Öffentlichkeit, in: dies. (Hrsg.), Handbuch Archiv, Stuttgart 2016, S. 6-9, 8.

te [...] für die Allgemeinheit verständlich darzustellen."[109] In der Entwicklung des Archivrechts seit der Archivgesetzgebung zeigte sich, dass die Bedeutung der Archive für die öffentliche Meinungsbildung nicht nur theoretischer Natur war. Insbesondere aus der Rechtsprechung des Bundesverwaltungsgerichts der vergangenen Jahren wurde deutlich, wie häufig Journalisten ihre Informationsansprüche auf archivgesetzliche Zugangsnormen stützten und welche Rolle das öffentliche Archivrecht in wichtigen Rechtsstreitigkeiten spielte.[110] Die Entwicklung der Bedeutung des Archivrechts für die demokratische Öffentlichkeit zeigte sich neben gerichtlichen Verfahren auch in parlamentarischen Verfahren, in denen öffentliches Archivgut als Beweismittel fungierte.[111]

c) Das Archiv als kulturstaatliche Institution

Die rechtswissenschaftliche Beschäftigung mit dem Archivwesen seit der Archivgesetzgebung stellte schließlich noch eine dritte Funktion öffentlicher Archive heraus. Zwar werde der „Kulturstaat" im Grundgesetz nicht explizit als verfassungsrechtliches Strukturelement erwähnt, jedoch lasse sich einerseits aus den Landesverfassungen, andererseits auch aus der Verfassungstradition ein kulturstaatliches Element ableiten.[112] Bezugspunkte eines kulturstaatlichen Verfassungsprin-

---

109 Deutscher Bundestag, Drucksache 11/498, S. 8. Damit erfülle das Archiv eine „Aufgabe von staatspolitischer Bedeutung".

110 Siehe die teilweise hochpolitischen Verfahren in BVerwG, AfP 2012, S. 298-302 (Bundesnachrichtendienst); BVerwG, NVwZ 2013, S. 1285-1288 (Bundesnachrichtendienst); BVerwG, NJW 2013, S. 2538-2539 (Wiedergutmachung Israel); BVerwG, NJW 2014, S. 1126-1128 (Bundesnachrichtendienst); BVerwG, NVwZ 2016, S. 1014-1020 (Treuhand).

111 Bspw. stützte sich der 21. Untersuchungsausschuss des Niedersächsischen Landtages (Einlagerungen in der Schachtanlage Asse II) in umfassender Weise auf Archivunterlagen, vgl. Niedersächsischer Landtag, Drucksache 16/5300, S. 16, 24, 26, 31 und 33. Dazu auch der Beschluss des BVerwG 6 A 2.11 vom 8. März 2012, Rn. 3.

112 Vgl. Art. 36 Landesverfassung Sachsen-Anhalt; Art. 3 Abs. 1 Verfassung des Freistaates Bayern; Art. 13 Abs. 1 Landesverfassung Niedersachsen; Art. 36 Abs. 1 Saarländische Verfassung; Art. 62 Hessische Verfassung; Art. 11 Sächsische Verfassung. Zur Verfassungstradition siehe *Udo Steiner*, in Josef Isensee/Paul Kirchhof (Hrsg.), Handbuch des Staatsrechts, Bd. IV, 3. Aufl., Heidelberg 2006, § 86 Kultur, Rn. 1:

zips seien demnach zumeist „der Schutz und die Pflege der kulturellen Identität eines Landes“[113], die „Gewährleistung kultureller Aufgaben“ und deren Wahrnehmung[114] sowie der Zugang zu den Kulturgütern.[115] Kulturstaatlichkeit – eines der Beratungsthemen der Staatsrechtslehrertagung des Jahres 2005 – bedeute allem voran Kulturverantwortung und die „Pflege und Sichtbarmachung der vielfältigen kulturellen und geistesgeschichtlichen Einflüsse der Gesellschaft“[116].

Dass Archive eine kulturstaatliche Rolle einnehmen, wurde nicht bestritten. So formulierte bereits der Landesgesetzgeber des ersten Gesetzentwurfes für ein deutsches Archivgesetz in Baden-Württemberg im Jahr 1986: „Die bei Verwaltung und Rechtspflege anfallenden schriftlichen und sonstigen Unterlagen der Dokumentation und Information von heute sind [...] die historischen Quellen von morgen. Es muß daher sichergestellt werden, daß die bei den Behörden nicht mehr benötigten und ausgeschiedenen Unterlagen auch tatsächlich den Archiven angeboten werden, damit diese in die Lage versetzt werden, den archivwürdigen Teil zur umfassenden Dokumentation der politischen, gesellschaftlichen, wirtschaftlichen und kulturellen Verhältnisse zu übernehmen, dauerhaft zu erhalten und für die Nutzung zu erschließen.“ Archivgüter haben demzufolge nicht nur eine rechtsstaatliche Funktion für die Rechtssicherung und Nachvollziehbarkeit, sondern sind gleichwohl „die Grundlage für die Erforschung der Geschichte. Die aus dem Archivgut gewonnenen Erkenntnisse fördern das Verständnis für die historisch gewachsenen Bedingtheiten der Gegenwart und geben Orientie-

---

„Mit der Vorsorge für eine als staatsautonom verstandene Kultur um der Kultur willen steht die Bundesrepublik in einer politisch-staatlichen Tradition, die auf das 19. Jahrhundert zurückgeführt wird“ (mit weiterführender Literatur).

113 Bodo Wiegand, Die neuen Länder als Kulturstaaten, LKV 1995, S. 55-60, 55.

114 Vgl. Friedhelm Hufen, Kulturauftrag als Selbstverwaltungsgarantie, NVwZ 1983, S. 516-522, 520.

115 Vgl. Steiner, in: Isensee/Kirchhof 2006, § 86, Rn. 6.

116 Vgl. Karl-Peter Sommermann, Kultur im Verfassungsstaat, VVDStRL 65 (2006), S. 7-50, insbesondere 40-44, Zitat auf S. 43f.

rungshilfen für die Zukunft."[117] Insofern diene das Archiv neben mündlichen Überlieferungstechniken der Gesellschaft und anderen Überlieferungseinrichtungen (z. B. Bibliotheken oder Museen) in direkter Form der gesellschaftlichen Überlieferungssicherung. Das öffentliche Archivwesen sei deshalb integraler Bestandteil einer kulturstaatlichen Infrastruktur[118] und Teil der Kulturhoheit des Staates[119]. Die Archivgesetze formulierten nun für die öffentlichen Archive „ein Kernstück der archivischen Gegenwarts- und Zukunftsaufgaben"; durch die Gesetze erfassten die Archive die „Quellen von morgen".[120]

Diese kurzen Ausführungen zeigen, dasss der Archivgesetzgebung die Anzahl der Abhandlungen zum Archivrecht erkennbar anstieg. Die Verfassungsrechtswissenschaft lieferte seitdem wertvolle Systematisierungsleistungen und veränderte damit auch das verfassungsrechtliche Verständnis des öffentlichen Archivwesens nachhaltig. Die Relevanz der dabei hervorgebrachten Erkenntnisse zeigte sich nicht zuletzt in der gerichtlichen und parlamentarischen Praxis, die mit archivrechtlichen Rechtsgrundlagen und mit archivischen Beweismitteln befasst ist.

2. Debatten über den Grundrechtsschutz im Archivwesen

Die Rechtswissenschaft brachte auch zusehends Beiträge über Fragen des Grundrechtsschutzes im Archivwesen hervor. Waren die wenigen verfassungsrechtlichen Beiträge aus der Zeit vor der Archivgesetzgebung zumeist davon geprägt, dass sie insbesondere grundrechtliche Ansprüche der Bürger und der

117 Landtag von Baden-Württemberg, Drucksache 9/3345 vom 17. Juli 1986, abgedruckt bei: Bannasch 1990, S. 101-125, beide Zitate auf Seite 102f.

118 Vgl. Hartmut Weber, Archivische Grundversorgung – die Staatsarchive, in: Marcel Lepper/Raulff (Hrsg.), Handbuch Archiv, Stuttgart 2016, S. 90-98, insbesondere 91f: Archive als eine der vier Säulen des europäischen Kulturstaates (Archive, Museen, Bibliotheken und Hörsäle).

119 Vgl. Nau 2000, S. 3f.

120 Richter, Der Archivar 41 (1988), Sp. 389.

Forscher auf Archivbenutzung rundweg ablehnten[121], entwickelte die Grundrechtsforschung seit den 1980er Jahren eine ganz neue Dynamik und neue Grundrechtsverständnisse. Es entstand ein Bewusstsein dafür, dass staatliche Archivierungsprozesse ebenso eine Grundrechtsrelevanz besitzen.

Nach der Rechtsprechung des Bundesverfassungsgerichts des Jahres 1973 über die Reichweite der Wissenschaftsfreiheit ließen sich erstmals breitere archivrechtliche Diskussionsbeiträge erkennen, die eine eigene Grundrechtsrelevanz des Archivwesens feststellten und insbesondere der Frage nachgingen, inwiefern Art. 5 Abs. 3 GG für die Archive von Bedeutung ist. (a). Die im Anschluss an das Volkszählungsurteil des Jahres 1983 einsetzende Grundrechtsforschung stellte heraus, dass staatliche Archivierungen von personenbezogenen Unterlagen einen grundrechtlichen Eingriff in das Recht auf informationelle Selbstbestimmung der betroffenen Personen bedeuteten (b). Nach den ersten Ansätzen der 1970er Jahre und der hauptsächlich auf Datenschutz konzentrierten Verrechtlichungsphase des Archivwesens seit den 1980er Jahren wandelte sich die verfassungsrechtliche Debatte um das Archivrecht seit der Jahrtausendwende erneut und brachte mit neuen und gewichtigen Argumenten nun die Position des Informationsanspruchs des Bürgers aus Art. 5 Abs. 1 S. 1 Hs. 2 GG im Archivkontext in Position (c).

a) Wissenschaftsfreiheit und Archiv: Debatten seit 1973

Für die Entstehung und Herausarbeitung des Archivrechts als eigenständiges und grundrechtsrelevantes Rechtsgebiet trug das Bundesverfassungsgericht maßgeblich Verantwortung, ohne dies direkt zu implizieren oder archivrechtliche Fragen zu judizieren. Der Judikatur des Hochschulurteils aus dem Jahr 1973[122] wurden neue Aspekte der Wissenschaftsfreiheit entnommen und für neue Grundrechtsüberlegungen, die nicht nur die staatlichen Hochschulen, sondern auch das Archivwesen betreffen, aufbereitet.

121 Klassisch Lepper, DVBl. 1963, S. 317; aber erste Gegenposition bei *Heydenreuter*, Der Archivar 32 (1979), Sp. 161f.

122 BVerfGE 35, 79 = NJW 1973, S. 1176-1190.

(1) Konkretisierung des Schutzbereiches der Wissenschaftsfreiheit

Art. 5 Abs. 3 S. 1 GG enthält die ebenso knappe wie konsequenzenreiche Feststellung, dass Wissenschaft, Forschung und Lehre frei sind. Im Jahr 1973 formulierte die Bundesverfassungsrechtsprechung den Maßstab, wonach Wissenschaft als „alles, was nach Inhalt und Form als ernsthafter planmäßiger Versuch zur Ermittlung der Wahrheit anzusehen ist",[123] verstanden wird. Gemäß der Rechtsprechung schütze Art. 5 Abs. 3 GG in erster Hinsicht „als Abwehrrecht die wissenschaftliche Betätigung gegen staatliche Eingriffe und steht jedem zu, der wissenschaftlich tätig ist oder tätig werden will. Dieser Freiraum des Wissenschaftlers ist grundsätzlich ebenso vorbehaltlos geschützt, wie die Freiheit künstlerischer Betätigung gewährleistet ist. In ihm herrscht absolute Freiheit von jeder Ingerenz öffentlicher Gewalt. In diesen Freiheitsraum fallen vor allem die auf wissenschaftlicher Eigengesetzlichkeit beruhenden Prozesse, Verhaltensweisen und Entscheidungen bei dem Auffinden von Erkenntnissen, ihrer Deutung und Weitergabe."[124]

Diese Maßstabsbildung zur subjektiven Wissenschaftsfreiheit des Bundesverfassungsgerichts war der Anlass für eine Reihe an weitergehender Grundrechtsforschung, die insbesondere auch das Verhältnis von Forschungsfreiheit und öffentlichem Archivwesen zum Gegenstand hatte. Schon früh wurde aus der Judikatur abgeleitet, dass der sachliche Schutzbereich der Wissenschaftsfreiheit alle Tätigkeiten der methodischen Erkenntnissuche betreffe, wovon zweifelsfrei auch jene Vorarbeiten der Recherche und der Auswertung von Unterlagen umfasst sei.[125] Gestützt auf das Bundesverfassungsgericht wurde im Jahr 1979 erstmals vertreten, dass „die Archive vor allem als staatliche Forschungseinrichtungen anzusehen" seien; die „forschenden Archivbeamten, die forschenden Benutzer und die Institution des Archivs selbst genießen daher den Schutz der in Art. 5 Abs. 3 GG gewährleiste-

123 BVerfGE 35, 79, 112; wobei das Zitat auf Rudolf Smend, Das Recht der freien Meinungsäußerung, VVDStRL 4 (1928), S. 44-73, 67 zurückgeht.

124 BVerfGE 35, 79, 111.

125 Vgl. Schmitt Glaeser, WissR 1974, S. 111.

ten Wissenschaftsfreiheit."[126] Ab den 1970er Jahren wurden nun mehrere Stimmen laut, die die Nichtexistenz des Archivrechts angriffen und breite Kodifikationen der Rechtstellung der Archive, der Archivbenutzer und der von der Benutzung betroffenen Dritten anmahnten.[127]

(2) Verweigerung des Archivzugangs als Eingriff in die Wissenschaftsfreiheit

Anlass für eine anhaltende juristische Beschäftigung mit der Wissenschaftsfreiheit war neben der unumgänglichen Rechtsprechung des Bundesverfassungsgerichts[128] auch die im Raum stehende Frage, inwieweit Art. 5 Abs. 3 S. 1 GG die Forschung mit staatlichen Informationen umfasse und inwiefern der Staat Forschungsvorhaben beschränken dürfe.

Der Staat, so wurde ganz grundsätzlich festgestellt, könne ebenso ein frei wählbarer Forschungsgegenstand sein, wie alle anderen Forschungsobjekte auch.[129] Die Wissenschaftsfreiheit in ihrer subjektiven Dimension sei ein klassisches Abwehrrecht. Die abwehrrechtliche Position des Forschers trete immer dann hervor, wenn der Staat gewisse Forschungsvor-

126 Heydenreuter, Der Archivar 32 (1979), Sp. 161.

127 Vgl. Klaus Oldenhage, Archivrecht? Überlegungen zu den rechtlichen Grundlagen des Archivwesens in der Bundesrepublik Deutschland, in: Heinz Boberach/Hans Booms (Hrsg.), Aus der Arbeit des Bundesarchivs, Boppard 1978, S. 187-207, 190; Heydenreuter, Der Archivar 32 (1979), Sp. 159ff; Klaus Oldenhage, Brauchen wir Archivgesetze?, Der Archivar 33 (1980), Sp. 165-168; erste Bewertungen der Gesetzgebungsentwürfe dann bei Stefan König, Archivgesetzgebung zwischen Datenschutz und Informationsfreiheit, Der Archivar 38 (1985), Sp. 193-202.

128 Die Dogmatik zu Art. 5 Abs. 3 GG wurde maßgeblich bestimmt durch das Hochschulurteil des BVerfG aus dem Jahr 1973, BVerfGE 35, 79 und dann durch weitere frühe Rechtsprechung zur Wissenschaftsfreiheit in den 1980er und 1990er Jahren fortgeführt, vgl. BVerfGE 47, 327 (Jahr 1978), BVerfGE 55, 37 (Jahr 1980), BVerfGE 85, 360 (Jahr 1992), BVerfGE 88, 129 (Jahr 1993), BVerfGE 90, 1 (Jahr 1994).

129 Vgl. Wilfried Berg, Datenschutz und Forschungsfreiheit, JöR 33 (1984), S. 63-103, 89; Walter Bayer, Akteneinsicht zu Forschungszwecken, JuS 1989, S. 191-194, 192f; Hans Peter Bull/Ulrich Dammann, Wissenschaftliche Forschung und Datenschutz, DÖV 1982, S. 213-223, 214: „Der Informationsanspruch der Wissenschaft ist prinzipiell umfassend."

haben ganz oder teilweise unterbinde. Im Jahr 1986 bestätigte auch das Bundesverfassungsgericht, dass die Forschungsfreiheit das „Recht auf Abwehr jeglicher staatlicher Einwirkung auf den Prozeß der Gewinnung wissenschaftlicher Erkenntnisse" umfasse.[130] Dies aufgreifend, wurde nun vertreten, dass der Forscher, dem der begehrte Zugang zu staatlichen Informationen in der Verwaltung oder im öffentlichen Archiv durch den Staat verwehrt werde, einem Eingriff in sein Grundrecht auf Art. 5 Abs. 3 S. 1 GG ausgesetzt sei.[131] Und auch auf der Staatsrechtlehrertagung im Jahr 2005 hieß es resümierend: wenn „forschungsrelevante Informationen vom einfachen Recht ohne verfassungsrechtlich verankerten Grund (z. B. Daten- oder Staatsschutz) der Wissenschaft vorenthalten" würden, dann könne „das Abwehrrecht aus Art. 5 Abs. 3 GG berührt sein."[132]

Gegen diese Annahmen der Verfassungsrechtswissenschaft regten sich jedoch auch Einwände. Einen Eingriff in die Wissenschaftsfreiheit wollte eine Gegenmeinung in staatlichen Informationssperren schon deshalb nicht erkennen, weil staatliche Informationen gar nicht vom Schutzbereich der Wissenschaftsfreiheit umfasst seien.[133] Weiter wurde behauptet, dass ein Verständnis von Art. 5 Abs. 3 GG, das die Nutzung staatlicher Daten umfasse, „die Tatsache [negiere], daß der Staat Eigentümer der öffentlichen Archivalien ist und als solcher letztlich auch die Entscheidungsbefugnis hat, ob er staatliche Datenbestände in Form von Archivalien in öffentlichen Archiven dem Forscher oder gar der Allgemeinheit zugänglich machen will."[134] Diese Arkanauffassung der Wissenschaftsfreiheit geriet jedoch durch die neuen Grundrechtsforschungen ebenso in Bedrängnis wie jene älteren Ansichten

130 BVerfG, NJW 1986, S. 1277-1278, 1278.

131 Vgl. Thomas Mayen, Der grundrechtliche Informationsanspruch des Forschers gegenüber dem Staat, Berlin 1992, S. 180; Manegold 2002, S. 96

132 Matthias Ruffert, Grund und Grenzen der Wissenschaftsfreiheit, VVDStRL 65 (2006), S. 146-216, 185.

133 So etwa bei Johann Bizer, Forschungsfreiheit und Informationelle Selbstbestimmung, Baden-Baden 1992, S. 47.

134 Nau 2000, S. 110.

zur Nichtöffentlichkeit des Staates im Hinblick auf die Informationsfreiheit.[135]

Es schien sich vielmehr die neue Dogmatik durchzusetzen, nach der in das Grundrecht auf Wissenschaftsfreiheit immer dann eingegriffen werde, wenn Zugangsbeschränkungen zu staatlichen Informationen errichtet werden. Zulässig seien die Eingriffe in Art. 5 Abs. 3 GG nur, wenn sie sich aus kollidierenden Verfassungsgütern begründen ließen.[136] Dass die Forschungsfreiheit grundrechtliche Anspruchspositionden des Forschers gegenüber den öffentlichen Archiven eröffne, wurde dann auch von legislativer Seite im Rahmen der Archivgesetzgebung in Bund und Ländern aufgegriffen und befürwortet.[137]

(3) Unmittelbarer Informationsanspruch des Forschers aus Art. 5 Abs. 3 GG

Die sich durchsetzende Grundrechtsauffassung verfocht die Position, wonach ein forschender Archivbenutzer, dem der Zugang zu öffentlichem Archivgut verwehrt werde, einem absoluten und selektiven Forschungsverbot ausgesetzt sei.[138]

---

135 Ausführlich dazu weiter unten.

136 Vgl. Berg, JöR 33 (1984), S. 91; Joachim Scherer, Verfassungsrechtliche Probleme des „Musters für ein Krebsregistergesetz", ZRP 1982, S. 291-293, 293.

137 Beispielhaft zur Archivgesetzgebung Baden-Württembergs im Jahr 1987 die Debatte nachgezeichnet in Bannasch (Hrsg.), 1990, S. 231ff; Deutscher Bundestag, Drucksache 11/498, S. 1 (für das Jahr 1988); Landtag Nordrhein-Westfalen, Drucksache 10/3372, S. 12 (für das Jahr 1988); Sächsischer Landtag, Drucksache 1/2476, S. 18 (für das Jahr 1992); Landtag Mecklenburg-Vorpommern, Drucksache 2/2310, S. 2 (für das Jahr 1997).

138 Vgl. Berg, Jör 33 (1984), S. 90; Wilfried Berg, Informationelle Selbstbestimmung und Forschungsfreiheit, CR 1988, S. 234-240, 237; Reinhard Heydenreuter, Historische Forschung in Kommunalarchiven, CR 1988, S. 241-244, 243; Dieter Wyduckel, Archivgesetzgebung im Spannungsfeld von informationeller Selbstbestimmung und Forschungsfreiheit, DVBl. 1989, S. 327-337, 335: „selektive[s] Verbot freier Forschung"; Hans-Heinrich Trute, Die Forschung zwischen grundrechtlicher Freiheit und staatlicher Institutionalisiserung, Tübingen 1994, S. 155; vgl. auch *Bartholomäus Manegold*, Archivrecht? Archivrecht! in: VdA (Hrsg.), Alles was Recht ist. Archivische Fragen – juristische Antworten, Fulda 2012, S. 31-49, 39: „Würde einem Doktoran-

Dieser Eingriff in die Wissenschaftsfreiheit aktiviere die Eingriffsabwehr des Art. 5 Abs. 3 GG. Fraglich war jedoch, welche Wirkungen dieser Abwehranspruch zeitige. Der Schutzgegenstand der Wissenschaftsfreiheit sei die Freiheit zu jeglicher wissenschaftlichen Tätigkeit, die zweifelsfrei auch den Staat als Untersuchungsobjekt erfassen könne. Verweigere der Staat den Zugang zu staatlichen Informationen, dann entstehe eine Beeinträchtigung des Schutzgegenstandes der Wissenschaftsfreiheit und die abwehrrechtliche Wirkung des Art. 5 Abs. 3 GG werde aktiviert. Die Eingriffsabwehr umfasse dabei zuvörderst den Anspruch auf die Beseitigung der bestehenden Beeinträchtigung der Freiheitsausübung.[139] Zugleich bewirke die Abwehr auch den Anspruch auf die Unterlassung von weiteren gleichgearteten Grundrechtseingriffen.[140] Diese negatorische Abwehrwirkung des Art. 5 Abs. 3 GG habe das Ziel, der beeinträchtigten Forschungstätigkeit wieder zu voller Entfaltung zu verhelfen. Die freie Ausübung der Forschungsfreiheit werde durch die staatliche Informationsverweigerung negiert. Die Abwehr einer staatlichen Informationsverweigerung führe zur Negation der Negation und lasse die freie wissenschaftliche Betätigung wieder aufleben.[141] Dies geschehe eben durch die Beseitigung des staatlichen Rechtsaktes mit grundrechtsverletzender Rechtswirkung. Im konkreten Fall der Zugangsverweigerung zu öffentlichem Archivgut wurde durch die einschlägige Grundrechtsforschung abgeleitet, dass der betroffene Wissenschaftler „einen prinzipiellen Anspruch auf Beseitigung der Verbotswirkungen [habe], die durch die Verweigerung des Zugangs zu bestimmten ar-

---

den der Zugang zum Archiv als Forschungseinrichtung verwehrt, würde demzufolge die herrschende Meinung vermutlich keine bloße Leistungsverweigerung, sondern vielmehr einen Eingriff in dessen Forschungsfreiheit annehmen, die hohen Rechtfertigungsgründen unterliegt."

139 Zum Abwehrrecht als Nichtstörungsrecht siehe Schmitt Glaeser, WissR 1974, S. 129f.

140 Vgl. Herbert Bethge, Der Grundrechtseingriff, VVDStRL 57 (1998), S. 7-56, 11; *Manegold* in VdA 2012, S. 39.

141 Die „Beseitigung eines staatlichen Verbots der Nutzung staatlicher Datenbestände" führt als abwehrrechtliche Wirkung zum Informationsanspruch des Forschers aus Art. 5 Abs. 3 GG, so Mayen 1992, S. 180, der explizit auch die Archivbenutzung anführt.

chivierten Unterlagen entstanden sind. Dies [habe] prinzipiell durch Zugangsgewährung durch die Archivverwaltung zu geschehen."[142] Besitze der Staat, spezieller ein Archiv, Informationen und Unterlagen, die Gegenstand eines Forschungsinteresses seien, dann müsse „der Staat dem Forscher hierzu auch Informationen zugänglich machen"[143]. Eröffne der Staat diese Informationsquellen nicht, dann aktiviere die staatliche Restriktion die Abwehrwirkung der Wissenschaftsfreiheit, die die Beseitigung des Eingriffs zur Folge haben müsse.

Die Debatte um die Reichweite der Forschungsfreiheit begnügte sich im Weiteren jedoch nicht mit Fragen der subjektiven Abwehr staatlicher Eingriffe. Denn die Besonderheit des Hochschulurteils des Jahres 1973 war, dass das Grundrecht aus Art. 5 Abs. 3 GG gerade nicht auf subjektive Grundrechtspositionen beschränkt bleiben sollte. Das Bundesverfassungsgericht eröffnete mit seiner Rechtsprechung des Jahres 1973 ein neues Verständnis des Art. 5 Abs. 3 GG, wonach Freiheit der Wissenschaft nicht nur eine abwehrrechtliche Dimension umfasse, sondern darüberhinaus den Staat zu einem positiven Handeln verpflichte, mit dem er sich schützend und fördernd vor die Wissenschaftsfreiheit zu stellen habe.[144] Der Staat stehe demzufolge für die Verwirklichung der Wissenschaftsfreiheit ein und habe daher „die Pflege der freien Wissenschaft und ihre Vermittlung an die nachfolgende Generation durch Bereitstellung von personellen, finanziellen und organisatorischen Mitteln zu ermöglichen und zu fördern"[145]. Die öffentliche Förderung der Verwirklichung der freien Wissenschaft bezeichne eine Leistungskomponente des öffentlichen Gemeinswesens, wodurch „der Staat durch geeignete organisatorische Maßnahmen dafür zu sorgen [habe], daß das Grundrecht der freien wissenschaftlichen Betätigung soweit unangetastet bleibt, wie das unter Berücksichtigung der anderen legitimen Aufgaben der Wissenschaftseinrichtungen und der Grundrechte der verschiedenen Beteiligten

142 Manegold 2002, S. 104.

143 Berg, JöR 33 (1984), S. 89.

144 BVerfGE 35, 79, 113; Thomas Oppermann, Praktische Konsequenzen der Entscheidung des Bundesverfassungsgerichts zur Wissenschaftsfreiheit, JZ 1973, S. 433-441, 435.

145 BVerfGE 35, 79, 113f.

möglich ist“[146]. Art. 5 Abs. 3 S. 1 GG beinhalte demzufolge nicht nur eine subjektive Abwehrkomponente, sondern auch eine objektive Wertentscheidung zur Verwirklichung des Instituts der freien Wissenschaft, woraus dem subjektiven Forscher „Teilhabeberechtigungen“ zustünden.[147]

Die objektive Gewährleistungsdimension der Wissenschaftsfreiheit, so das Bundesverfassungsgericht, umfasse die staatliche Pflicht, durch geeignete Infrastrukturen und organisatorische Maßnahmen die individuelle Forschung zu ermöglichen.[148] Die rechtswissenschaftliche Forschung nahm diese neue Freiheitsdimension des Art. 5 Abs. 3 GG mit Interesse auf. Der Staat müsse als Teil seiner infrastrukturellen und organisatorischen Maßnahmen der Forschungsförderung auch ein öffentliches Archivwesen einrichten, das der Benutzung durch die Öffentlichkeit zur Verfügung steht.[149] Die objektive Gewährleistungsdimension des Art. 5 Abs. 3 S. 1 GG enthalte ebenso eine Pflicht des Staates, durch gesetzliche Grundlagen die Informations- und Benutzerrechte der Forschung in angemessene Abwägung mit anderen Rechtsgütern zu stellen.[150] Es wurde daher ein Teilhabeanspruch des Forschers auf staatlichen Informationszugang anerkannt, der über die einzelfallbezogene abwehrrechtliche Komponente hinausgehe und insbesondere für die Archivbenutzung anwendbar sei.[151] Von Seiten der Archivgesetzgebung wurden die Impulse aus der Rechtsprechung und der Rechtswissenschaft aufgenommen und vor der gleichzeitig im Hintergrund ablaufenden Datenschutzdebatte gefordert, dass die berech-

146 BVerfGE 35, 79, 114.

147 BVerfGE 35, 79, 114.

148 BVerfGE 35, 79, 115.

149 Vgl. Heydenreuter, Der Archivar 32 (1979), Sp. 162; weiterhin Schoch/Kloepfer/Garstka 2007, S. 36f.

150 Vgl. Heydenreuther Der Archivar 32 (1979), Sp. 164; Oldenhage, Der Archivar 33 (1980), Sp. 168; Bull/Dammann, DÖV 1982, S. 215f; Wyduckel, DVBl. 1989, S. 335.

151 Vgl. König, Der Archivar 38 (1985), Sp. 198: Archivzugang als „Teilhabeanspruch auf staatliche Leistungen“; Schmitt Glaeser, WissR 1974, S. 133: „objektivrechtliche Seite [umfasst] prinzipiell einen solchen Informationsanspruch“; Wyduckel, DVBl. 1989, S. 335; Walter Bayer, Akteneinsicht zu Forschungszwecken, JuS 1989, S. 191-194, 193; Günther Gollner, Wie weit reicht Forschungsfreiheit in der Praxis?, Recht und Politik 14 (1978), S. 8-18, 16.

tigten Persönlichkeitsschutzbelange zugleich in einen „sachgerechten Ausgleich mit der auf Artikel 5 Abs. 1 und 3 Grundgesetz beruhenden Informations- und Wissenschaftsfreiheit und den daraus abgeleiteten Nutzungsrechten“[152] gebracht werden müssen.[153]

Dass die Grundrechtswissenschaft aus Art. 5 Abs. 3 GG einen abwehrrechtlichen Zugangsanspruch und eine objektivrechtliche Teilhabeberechtigung der Forscher zu staatlichen Informationen ableitete, bedeutete jedoch nicht, dass diese Informationsansprüche des Forschers „grenzen- oder gar schrankenlos bestünde.“[154] Das OVG Rheinland-Pfalz hatte schon im Jahr 1983 im Hinblick auf die Einschränkung der Wissenschaftsfreiheit bei der Archivgutbenutzung durch kollidierende Grundrechte treffend ausgeführt, in dieser Situation müsse „die Abwägung den Wertprinzipien der Verfassung, insbesondere der Bedeutung der miteinander kollidierenden Grundrechte und dem rechtsstaatlichen Grundsatz der Verhältnismäßigkeit Rechnung tragen. Bei der Entscheidung, ob und unter welchen Voraussetzungen eine archivierte Urkunde mit Äußerungen zum persönlich-privaten Bereich einer wissenschaftlichen Benutzung durch Dritte zugänglich zu machen ist, steht dem Grundrecht aus Art. 5 Abs. 3 GG das durch Art. 2 Abs. 1 i.V.m. Art. 1 GG geschützte Persönlichkeitsrecht des durch den Urkundeninhalt betroffenen einzelnen gegenüber.“[155]

Die Grundrechtsdebatte um die Reichweite der Wissenschaftsfreiheit erhielt durch das Hochschulurteil des Jahres 1973 eine neue Dynamik, in deren Fortgang Anspruchs- und Teilhabepositionen der Forscher neu ausgerichtet wurden. Davon profitierten nicht zuletzt die rechtlichen Fragen rund um das Archivwesen. Die Forschung zur Wissenschaftsfreiheit, ihre Abwägung mit dem Persönlichkeitsschutz und ihr Einfluss auf die Archivgesetzgebung ab den 1980er Jahren

---

152 Landtag Mecklenburg-Vorpommern, Drucksache 2/2310, S. 2.

153 Siehe zur Grundrechtskolission zwischen Forschungsfreiheit und Persönlichkeitsschutz vor dem Hintergrund des ersten Landesarchivgesetzes in Baden-Württemberg des Jahres 1987 Richter, Der Archivar 41 (1988), Sp. 390.

154 Geis, JöR 33 (1984), S. 91.

155 OVG Rheinland-Pfalz, DVBl. 1983, S. 600-602, 601.

darf jedoch nicht isoliert betrachtet werden. Die Auseinandersetzung um subjektive und objektive Forschungsfreiheitsverbürgungen des Grundgesetzes lief seit den 1980er Jahren parallel zu Debatten rund um den Datenschutz. Die Maßstäbe der Wissenschaftsfreiheit und des Rechts auf informationelle Selbstbestimmung bewirkten erst zusammen die in den Archivgesetzen konkretisierten Abwägungspositionen zwischen Archivbenutzung und Archivdatenschutz.

b) Archivierung und die informationelle Selbstbestimmung

Nachdem bereits als Reaktion auf das Hochschulurteil des Jahres 1973 die Forderung nach einer gesetzlichen Ordnung des Archivwesens aus der Rechtswissenschaft gekommen war, setzte das Bundesverfassungsgericht mit seiner Rechtsprechung zum Daten- und Persönlichkeitsschutz einen zweiten, wenn nicht gar den maßgeblichen Impuls zur Schaffung des Archivrechts. Die Archivgesetzgeber in Bund und Ländern wurden daraufhin aktiv und die Rechtswissenschaft machte dieses neue Grundrechtsverständnis auch für das öffentliche Archivwesen handhabbar.

(1) Schutzbereich der informationellen Selbstbestimmung

Mit dem Recht auf informationelle Selbstbestimmung aus Art. 2 Abs. 1 i.V.m. Art. 1 Abs. 1 GG wurde das Grundrecht auf freie Entfaltung der Persönlichkeit auf die modernen Datenverarbeitungsmöglichkeiten übertragen. Das Bundesverfassungsgericht postulierte in seinem berühmten Volkszählungsurteil, dass es grundsätzlich jedem Einzelnen möglich sein müsse, über die Erhebung, Verarbeitung und Weitergabe von Daten, die seine Person betreffen, selbst entscheiden zu dürfen.[156] Gleichwohl, so die Rechtsprechung weiter, gehe das Grundgesetz in seinem Menschenbild nicht von einem isolierten Individuum, sondern von einem in der Gesellschaft ver-

156 Grundlegend BVerfGE 65, 1, 43; jüngere Entscheidungen BVerfGE 130, 151, 183; BVerfGE 133, 277, 320ff.

flochtenen Subjekt aus.[157] Personenbezogene Datenverarbeitungen müssten deshalb möglich sein, da die gesamte Gesellschaft zentral auf Kommunikation angewiesen sei. Für das Funktionieren des Staates seien daher auch Erhebungen und Verarbeitungen von personenbezogenen Daten in einem verhältnismäßigen Rahmen notwendig.[158]

(2) Eingriff und verfassungsrechtliche Rechtfertigung

In der an das Volkszählungsurteil anschließenden Weiterentwicklung der Grundrechtsdogmatik wurde nun herausgearbeitet, dass der Staat personenbezogene Daten ausschließlich zur Erreichung legitimer verfassungsmäßiger Zwecke und unter strenger Beachtung der Verhältnismäßigkeit erheben und verarbeiten dürfe.[159] Um Klarheit und Orientierung des Einzelnen auch unter modernen Datenverarbeitungen zu ermöglichen, sei jede staatliche personenbezogene Datenverarbeitung auf eine Rechtsgrundlage angewiesen.[160]

Sowohl die Verfassungsrechtsprechung als auch die Verfassungsrechtskommentierung arbeiteten im Fortgang die Voraussetzungen öffentlicher personenbezogener Datenverarbeitungen detaillierter heraus. Vorschriften über die Erhebung und Verarbeitung von personenbezogenen Daten müssten sich demzufolge hervorgehoben am „rechtsstaatlichen

---

157 BVerfGE 65, 1, 44. Dazu auch Günter Dürig, Die Menschenauffassung des Grundgesetzes, JuRu 1952, S. 259-263.

158 Einschlägige Beiträge bei Spiros Simitis, Die informationelle Selbstbestimmung – Grundbedingung einer verfassungskonformen Informationsordnung, NJW 1984, S. 398-405; Ruppert Scholz/Rainer Pitschas, Informationelle Selbstbestimmung und staatliche Informationsverantwortung, Berlin 1984; Bernhard Schlink, Das Recht der informationellen Selbstbestimmung, Der Staat 25 (1986), S. 233-250, 250; Klaus Vogelsang, Grundrecht auf informationelle Selbstbestimmung?, Baden-Baden 1987; Thilo Weichert, Informationelle Selbstbestimmung und strafrechtliche Ermittlung, Pfaffenweiler 1990; Bizer, Baden-Baden 1992; Margit Langer, Informationsfreiheit als Grenze informationeller Selbstbestimmung, Berlin 1992; Frank Riepl, Informationelle Selbstbestimmung im Strafverfahren, Tübingen 1998.

159 Vgl. Udo Di Fabio, in: Theodor Maunz/Günter Dürig (Hrsg.), Grundgesetz. Kommentar, München 2001, Art. 2, Rn. 181.

160 Vgl. Christian Starck, in: Hermann von Mangoldt/Friedrich Klein/Christian Starck (Hrsg.), Das Bonner Grundgesetz, Bd. I, 4. Aufl., München 1999, Art. 2 Abs. 1, Rn. 108.

Gebot der Normenklarheit" und am Bestimmtheitsgebot messen lassen.[161] Mit dem Grad der Ungenauigkeit der Rechtsgrundlage steige sodann auch die Schwierigkeit, die Geeignetheit und Erforderlichkeit einer staatlichen Maßnahme zu beurteilen.[162]. Die Eingriffsschwere, so das Bundesverfassungsgericht, werde dabei insbesondere vom Grad der Persönlichkeitsrelevanz und der möglichen Folgen einer weiteren Verarbeitung der Daten für die Betroffenen beeinflusst.[163]

(3) Staatliche Archivierung und informationelle Selbstbestimmung

Die Weiterentwicklung des Schutzbereiches des Art. 2 Abs. 1 GG zur Begründung des Rechts auf informationelle Selbstbestimmung durch das Bundesverfassungsgericht hatte auf das Archivwesen und die Notwendigkeit eigener Archivgesetze einen maßgeblichen Einfluss.[164] Denn es wurde den Beteiligten bewusst, dass die Archivierung von staatlichen Unterlagen in einer Vielzahl von Fällen einen Eingriff in dieses Grundrecht darstellte und hierfür eine den verfassungsrechtlichen Anforderungen genügende Rechtsgrundlage benötigt wurde.[165] Es nimmt deshalb nicht wunder, dass die „weitreichende[n] Folgen" des Volkszählungsurteils und der explizite

---

161 BVerfGE 65, 1, 44; Simitis, NJW 1984, S. 400; Schlink, Der Staat 25 (1986), S. 249.

162 BVerfGE 110, 33, 55. Siehe ebenfalls die Ausführungen zur Bestimmtheit der Normen, die sich an die gesetzesausübende Exekutive richtet und zur Normenklarheit, die sich an den Bürger richtet, in BVerfGE 120, 274, 315ff.; BVerfGE 120, 378, 401f.

163 BVerfGE 120, 378, 402 und 427; auch BVerfGE 125, 260, 328 mahnt eine entsprechend bereichsspezifische und präzise Gesetzesregelung für eingriffsintensive Datenverarbeitungen an.

164 Polley, in Becker/Rehm 2017, S. 27 spricht von der „Geburtsstunde der Archivgesetzgebung".

165 Bezug auf das Urteil des Bundesverfassungsgerichts nahm dann etwa die Gesetzesbegründung für das erste Bundesarchivgesetz von 1988: „Für den Bereich des Bundes kommt es vor allem darauf an, in Bezug auf personenbezogene Unterlagen bereichsspezifische Regelungen zur Ergänzung des Datenschutzrechts zu treffen, welche die archivfachlichen Belange und das Nutzungsrecht des Bürgers angemessen berücksichtigen, ohne die schutzwürdigen Interessen der Betroffenen zu beeinträchtigen", siehe *Deutscher Bundestag*, Drucksache 11/498, S. 7.

Anlass für eine neue „Vergesetzlichung“[166] die Archivgesetzgebung ab dem Jahr 1987 erfassten und dadurch eine neue juristische Aufmerksamkeit für archivrechtliche Fragen im Zuge der Sensibilisierung für Datenschutzanliegen auslösten.

Die ersten großen Untersuchungen zur Grundrechtsrelevanz der öffentlichen Archivierung kamen sodann auch zu dem Ergebnis, dass ein Grundrechtseingriff vor allem darin liege, dass dem Einzelnen durch die Archivierung in Teilen die Möglichkeit genommen werde, über die ihn betreffenden Verwaltungsdaten und deren Verarbeitung und Weitergabe in den öffentlichen Archiven zu befinden.[167] Indem staatlich erhobene personenbezogene Daten nach einer gewissen Aufbewahrungsfrist nicht vernichtet, sondern dem Grundsatz nach den öffentlichen Archiven angeboten werden müssen, liege ein eindeutiger Eingriff in die informationelle Selbstbestimmung vor. Die Übergabe an die Archive sei eine Zweckänderung der Verwendung; diese sei „jedoch weder von der ursprünglichen gesetzlichen Ermächtigung gedeckt“ noch habe der „Betroffene hierzu in der Regel eingewilligt, denn von der Weitergabe an die öffentlichen Archive ist er grundsätzlich nicht informiert worden.“[168]

Als das Bundesverfassungsgericht im Jahr 1983 befand, dass nunmehr jede staatliche Datenverarbeitung mit Personenbezug eine gesetzliche Grundlage benötige, erwuchs der Archivierung staatlicher personenbezogener Unterlagen gleich in doppelter Hinsicht ein verfassungsrechtliches Problem. Denn weder die Übergabe der personenbezogenen Unterlagen von den öffentlichen Stellen und Gerichten an die öffentlichen Archive noch die Verarbeitung oder die öffentliche Benutzung der Unterlagen in den Archiven waren gesetzlich verankert. Die personenbezogene Archivpraxis war seit dem Urteil nicht mehr mit den Verfassungsrechtlichen Vorgaben vereinbar.[169] Die verwaltungsinternen Benutzungsord-

---

166 Schlink, Der Staat 25 (1986), S. 249.

167 Eines der zentralen Ergebnisse der Untersuchung von Nau 2000, S. 83 sowie bei Freys 1989, S. 50-54, der anmahnte, dass auch nach über fünf Jahren nach dem Volkszählungsurteil die Gesetzgeber in Fragen der gesetzlichen Archivregelung nicht aktiv geworden sind.

168 Nau 2000, S. 80.

169 Vgl. Manegold 2002, S. 59.

nungen erfüllten bei Weitem nicht die Anforderungen an die verhältnismäßigen Garantien und Schutzvorkehrungen für die Betroffenen, die durch das Bundesverfassungsgericht aufgestellt worden waren. Eine verfassungsrechtskonforme Archivierung dieser Unterlagen wäre ohne gesetzliche Regelung nicht weiter möglich gewesen.[170]

Die ab dem Jahr 1987 erlassenen Archivgesetze in Bund und Ländern stellten fortan die für Eingriffe in das Recht auf informationelle Selbstbestimmung notwendige formelle und materielle Rechtsgrundlage dar. Die darin begründete gesetzliche Pflicht zur Übergabe aller als archivwürdig bewerteten Unterlagen der staatlichen Stellen an das Archiv, die Weiterverarbeitung der Unterlagen im Archiv sowie die Zugänglichmachung der Archivunterlagen für Benutzer stellten fortan immer dann einen Eingriff in das Grundrecht auf informationelle Selbstbestimmung dar, wenn die Unterlagen personenbezogene Inhalte aufwiesen. Dementsprechend wurde von legislativer Seite etwa mit Versuchen der Legaldefinierung für personenbezogene Archivgüter reagiert.[171] Der Rechtsbegriff des personenbezogenen Archivguts war dabei keine gänzliche Neuerung, da er in den früheren Archivbenutzungsordnungen zumindest rudimentär umschrieben worden war.[172]

Die archivrechtliche Forschung befand, dass die mit der Archivierung verfolgten Zwecke der Erforschung der Geschichte, der Sicherung von Dokumenten für Belange der Bürger und der Bereithaltung von wertvollen Informationen für die Gesetzgebung, Verwaltung und Rechtsprechung legitime Allgemeininteressen darstellten, die Eingriffe in die informationelle Selbstbestimmung der Betroffenen grundsätzlich rechtfertigen.[173] Weiterhin befanden die Untersuchungen

---

170 Vgl. Becker/Oldenhage 2006, Einleitung, Rn. 10.

171 Siehe beispielsweise § 6 Abs. 2 S. 3 LArchG BW von 1987 und Art. 10 Abs. 3 S. 2 BayArchivG von 1989. Hintergründe bei Bannasch 1990, S. 97f und 111; Christine Axer, Zugangsbeschränkungen durch Archivrecht, in: Irmgard Becker/Clemens Rehm (Hrsg.), Archivrecht für die Praxis, München 2017, S. 142-152, 147.

172 Die Benutzungsordnung für das Bundesarchiv vom 11. September 1969 umschrieb diese Form der Archivgüter in § 5 Abs. 3 als „Amtliches Schriftgut, das sich auf einzelne natürliche Personen bezieht (z. B. Personalakten, Prozeßakten)", vgl. Der Archivar 23 (1970), Sp. 70.

173 Vgl. Nau 2000, S. 230f; Manegold 2002, S. 61f.

im Nachgang an die Archivgesetzgebung, dass auch die Verhältnismäßigkeit der personenbezogenen Archivierungsschritte gegeben sei.[174] Die Verhältnismäßigkeit der Eingriffe werde durch die archivgesetzlichen Rechtsgrundlagen zunächst deshalb gewahrt, weil nur jene personenbezogenen Unterlagen, die einen bleibenden Wert für ebenjene Nachweissicherung, Rechtsprechung, Regierungstätigkeit oder kulturelle Belange besitzen, archiviert werden dürften und alle übrigen personenbezogenen Unterlagen demzufolge kassiert, also vernichtet werden müssten.[175] Die Weiterverarbeitung der personenbezogenen Archivgüter im Archiv, terminologisch die Erschließung, sei ebenfalls solange verhältnismäßig wie sie nicht zur Verknüpfung und Erstellung ganzer Persönlichkeitsprofile führe. Angesichts der Zwecke für Forschung, Rechtsprechung, Verwaltung, Gesetzgebung und die Belange der Bürger liege die Erschließung im ganz überwiegenden Allgemeininteresse.[176] Die Forschung bestätigte zudem auch die Verhältnismäßigkeit der Benutzungsvorschriften für personenbezogene Archivgüter. Einerseits sei die Benutzung von personenbezogenem Archivgut nach Ablauf der personenbezogenen Schutzfristen gar kein Eingriff in das Recht auf informationelle Selbstbestimmung, da die Benutzung erst nach dem Tod der Betroffenen stattfände[177]; andererseits stütze selbst die schutzfristenverkürzte Benutzung personenbezogener Archivgüter[178] sich entweder auf die datenschutzrechtliche Einwilligung der Betroffenen[179] oder legitimiere sich durch strenge Schutzmaßnahmen, Nebenbestimmungen sowie die Begrenzung auf einzelne Forschungsvorhaben im öffentlichen Interesse oder auf überragende Belange anderer Personen.[180] Zur Verhältnismäßigkeit der Be-

174 Vgl. Oldenhage, Der Archivar 41 (1988), Sp. 489 und 491.
175 Vgl. Becker/Oldenhage 2006, § 3, Rn. 10.
176 Vgl. Nau 2000, S. 274f.
177 Vgl. Nau 2000, S. 282; Manegold 2002, S. 119-123.
178 Also noch zu Lebzeiten der Betroffenen.
179 Bei der Einwilligung scheide bereits der Eingriffscharakter in die informationelle Selbstbestimmung aus, vgl. Manegold 2002, S. 305.
180 Vgl. Nau 2000, S. 277-308; Manegold 2002, S. 301-317.

nutzung von personenbezogenen Archivgütern trügen vor allem die vorgesehenen Schutzmaßnahmen bei.[181]

Die verfassungsrechtlichen Forschungsergebnisse wurden sodann auch durch die Rechtsprechung bestätigt, die befand, dass den verfassungsrechtlichen Anforderungen des Rechts auf informationelle Selbstbestimmung durch die Archivgesetze Rechnung getragen wurde und insbesondere das Schutzfristenrecht zur Angemessenheit der Archivgesetze beitrage.[182]

c) Zugang zu Archivgut als Anspruch aus der Informationsfreiheit

Die archivrechtliche Forschung erörterte seit den 1970er Jahren Fragen der Wissenschaftsfreiheit und seit den 1980er Jahren die Anforderungen des Datenschutzes und der gesetzlichen Ausgestaltung des Archivwesens. Seit der Jahrtausendwende trat eine neue dogmatische Auseinandersetzung hinzu. Die grundrechtsdogmatischen Debatten um die Reichweite der Informationsfreiheit des Grundgesetzes erstreckten sich auch auf den Zugang zu öffentlichen Archivinformationen.

(1) Schutzbereich der Informationsfreiheit

Der Schutzbereich der sogenannten Informationsfreiheit des Grundgesetzes aus Art. 5 Abs. 1 S. 1 Hs. 2 GG erstreckt sich dem Wortlaut zufolge darauf, „sich aus allgemein zugänglichen Quellen ungehindert zu unterrichten."

Der verfassungsgerichtlichen Rechtsprechung und der einschlägigen verfassungsrechtlichen Literatur zufolge handelt es sich dabei um solche Informationen, „die (nach tatsächlichen Gegebenheiten) technisch geeignet und die rechtlich dazu bestimmt sind, einem individuell nicht bestimmba-

181 Z. B. die Anonymisierung oder Verpflichtungserklärungen der Forscher. Zur verfassungsmäßigen Abwägung zwischen informationeller Selbstbestimmung und Forschungsvorhaben Becker/Oldenhage 2006, § 5, Rn. 69-80.

182 Für das Hessische Archivgesetz: VG Darmstadt, NJW 2004, S. 1472.

ren Personenkreis Informationen zu verschaffen."[183] Abseits der technischen Eignung einer Quelle zur allgemeinen Zugänglichkeit komme es gemäß der weithin vertretenen Ansicht für die Eröffnung des Schutzbereiches der Informationsfreiheit wesentlich darauf an, dass der Verfügungsberechtigte für diese Information bestimmt, sie solle allgemein zugänglich sein. Erst diese Bestimmung mache eine Quelle zu einer allgemein zugänglichen Quelle. Wer über eine Information das Bestimmungsrecht innehat, müsse aus der Rechtsordnung ermittelt werden[184], dies ergebe „sich für Privatpersonen aus dem Bürgerlichen Recht, für Hoheitsträger aus dem Öffentlichen Recht."[185]

Öffentliche Archivgüter sind staatliche Informationen. Seit der Verabschiedung der Archivgesetze ist in der Grundrechtsdogmatik jedoch bis heute umstritten, inwieweit sich ein Grundrechtsanspruch auf Zugang zu Archivgut herleiten lässt. Im Mittelpunkt der Debatte steht die Frage, ob Art. 5 Abs. 1 S. 1 Hs. 2 GG einen verfassungsunmittelbaren Zugangsanspruch auf staatliche Informationen eröffnet oder nicht.

Die eine, wohl herrschende, Ansicht vertritt, dass weder aus der historischen Genese noch aus dem Wortlaut des Grundrechts ein unmittelbarer Zugangsanspruch auf staatliche Informationen eröffnet werde. Staatliche Informationen seien grundsätzlich keine allgemein zugänglichen Quellen.[186]

---

183 Friedrich Schoch, Informationsfreiheitsgesetz. Kommentar, 2. Aufl., München 2016, Einl., Rn. 69; BVerfGE 103, 44, 60; BVerfGE 90, 27, 32.

184 BVerfGE 103, 44, 60.

185 Schoch 2016, Einl., Rn. 69.

186 Siehe Franz Schemmer, in: Volker Epping/Christian Hillgruber (Hrsg.), Grundgesetz. Kommentar, 2. Aufl., München 2013, Art. 5, Rn. 28; Helmuth Schulze-Fielitz, in: Horst Dreier (Hrsg.), Grundgesetz. Kommentar, Bd. I, 3. Aufl., Tübingen 2013, Art. 5 I, II, Rn. 81; Michael Antoni, in: Dieter Hömig/Heinrich Amadeus Wolff (Hrsg.), Grundgesetz für die Bundesrepublik Deutschland. Kommentar, 11. Aufl., Baden-Baden 2016, Art. 5, Rn. 10; Christian Starck, in: Hermann von Mangoldt/Friedrich Klein/Christian Starck (Hrsg.), Kommentar zum Grundgesetz, Bd. I, 6. Aufl., München 2010, Art. 5 Abs. 1, 2, Rn. 50; Kerstin Odendahl, in: Bruno Schmidt-Bleibtreu/Hans Hofmann/Hans-Günter Henneke (Hrsg.), Grundgesetz. Kommentar, 13. Aufl., Köln 2014, Art. 5, Rn. 13; Christoph Degenhart, in: Wolgang

Die Informationsfreiheit ist dieser Meinung zufolge ein klassisches Abwehrrecht, das verhindern soll, dass der Staat unzulässig die freie Informierung der Bürger über allgemeine Quellen beschränkt oder verhindert.[187] Dieses Abwehrrecht könne nicht zu einem Rechtsanspruch auf eine aktive, zu schaffende Eröffnung einer bestimmten Informationsquelle umgedeutet werden. Die Allgemeinzugänglichkeit staatlicher Informationen sei solange ausgeschlossen, wie nicht der Staat etwas Anderes bestimme.[188] Insofern erstrecke sich das Abwehrrecht nur auf bestehende allgemein zugängliche Quellen. Auch staatliche Quellen können dieser Ansicht zufolge allgemein zugängliche Quellen sein, wenn der Staat der zutreffende Verfügungsberechtigte über die entsprechende Information sei und durch rechtliche Vorgaben eine öffentliche Zugänglichkeit bestimme.[189] Bestimme der Staat jedoch keine allgemeine Zugänglichkeit, blieben die Informationen geheim: „Alles, was die staatlichen Behörden zu Recht oder zu Unrecht geheim oder vertraulich behandeln, ist nicht allgemein zugänglich.“[190]

Kahl/Rudolf Dolzer (Hrsg.), Bonner Kommentar zum Grundgesetz, 122. Aktual. (Juli 2006), Art. 5 Abs. 1 und 2, Rn. 292.

187 BVerfGE 27, 71, 84.

188 Literatur: Edzard Schmidt-Jortzig, in: Josef Isensee/Paul Kirchhof (Hrsg.), Handbuch des Staatsrechts, Bd.VII, 3. Aufl., Heidelberg 2009, § 162 Meinungs- und Informationsfreiheit, S. 875-907, 893, Rn. 39; Schoch 2016, Einl., Rn. 69; Wirtz/Brink, NVwZ 2015, S. 1169; Johannes Caspar, Informationsfreiheit, Transparenz und Datenschutz, DÖV 2013, S. 371-375, 372f; Helge Sodan, in: ders. (Hrsg.), Grundgesetz, München 2009, Art. 5, Rn. 14; Anette Guckelberger, Informatisierung und Zugang zu Verwaltungsinformationen, VerwArch 97 (2006), S. 62-88, 75; Siegfried Becker/Klaus Oldenhage, Bundesarchivgesetz. Handkommentar, Baden-Baden 2006, § 5 Rn. 2 – insofern aber falsch, da sie auf die „Publikation“ der Information als Voraussetzung abstellen, worum es aber verfassungsrechtlich nicht geht, sondern um die Bestimmung der Zugänglichkeit; Michael Kloepfer/Kai von Lewinski, Das Informationsfreiheitsgesetz des Bundes, DVBl. 2005, S. 1277-1288, 1277. Rechtsprechung: BVerfGE 103, 44, 60; BVerfGE 119, 309, 319; VGH Mannheim, Urteil vom 30. Juli 2009 6 S 7/09 = NJOZ 2009, S. 4243-4249, 4247; VGH München, NJW 1985, S. 1663-1664, 1664.

189 BVerfGE 103, 44, 60; BVerfGE 119, 309, 319.

190 Starck, in: Mangoldt/Klein/Starck 2010, Art. 5 Abs. 1, 2 Rn. 50.

Doch die jüngere Verfassungsrechtswissenschaft zeigte sich immer weniger bereit, dieser dogmatischen Auslegung der Informationsfreiheit zu folgen. Seit der deutschen Wiedervereinigung und unter dem Eindruck von informationsfreiheitlichen und archivrechtlichen Gesetzgebungsimpulsen und supranationalen Einwirkungen ficht eine mit immer breiteren Argumenten auffahrende Gegenströmung die herrschende Dogmatik an. Die Gegenauffassung vertritt, dass im demokratischen Rechtsstaat der Zugang zu staatlichen Informationen nicht davon abhängen könne, ob staatliche Stellen „wie ein Eigentümer frei über die Zugänglichkeit ihrer Informationen entscheiden"[191]. Dass staatliche Akten und Informationen grundsätzlich nicht zugänglich seien solange nicht der Staat etwas anderes bestimme, stünde in einer „vordemokratischen" Verwaltungstradition[192], die angesichts der Grundprinzipien von Demokratie und Rechtsstaat aus Art. 20 Abs. 1 bis 3 GG nicht mehr aufrechterhalten werden könne.[193]

---

191 Alexander Roßnagel, Möglichkeiten für Transparenz und Öffentlichkeit im Verwaltungshandeln, in: Wolfgang Hoffmann-Riem/Eberhard Schmidt-Aßmann (Hrsg.), Verwaltungsrecht in der Informationsgesellschaft, Baden-Baden 2000, S. 257-332, 267.

192 Bernhard Wegener, Der geheime Staat, Göttingen 2006, S. 481. Deutliche Kritik am Festhalten des Arkanprinzips in Verwaltung, Rechtsprechung und Kommentarliteratur findet sich auch bei Rolf Gröschner, Transparente Verwaltung: Konturen eines Informationsverwaltungsrechts, VVDStRL 63 (2004), S. 344-376, 363f: „mehr behauptete als begründete Ablehnung eines grundrechtlichen Zugangsanspruchs".

193 Vgl. Jürgen Kühling, in: Hubertus Gersdorf/Boris Paal (Hrsg.), Beck´scher Online-Kommentar Informations- und Medienrecht, 12. Edition, München 2016, Art. 5 GG, Rn. 42; Thorsten Kingreen/Ralf Poscher, Grundrechte – Staatsrecht II, 32. Aufl., Heidelberg 2016, § 13, Rn. 629; Helge Rossen-Stadtfeld, in: Wolfgang Hoffmann-Riem/Eberhard Schmidt-Aßmann/Andreas Voßkuhle (Hrsg.), Grundlagen des Verwaltungsrechts, Bd. II; 2. Aufl., München 2012, § 29 Beteiligung, Partizipation und Öffentlichkeit, Rn. 103; David Lukaßen, Die Fallpraxis der Informationsbeauftragten und ihr Beitrag zur Entwicklung des Informationsfreiheitsrechts, Berlin 2010, S. 43; Wegener 2006, S. 483-488; Arno Scherzberg, Von den arcana imperii zur freedom of information, ThürVBl. 2003, S. 193-203, 200; Arno Scherzberg, Die Öffentlichkeit der Verwaltung, Baden-Baden 2000, S. 403; Roßnagel, in: Hoffmann-Riem/Schmidt-Aßmann 2000, S. 43.

Entgegen der Arkantradition des Staates[194] müsse die Öffentlichkeit der Verwaltung einen objektiven Verfassungsauftrag darstellen, weshalb sich bereits aus der Verfassung ergebe, dass die Informationen des Staates als grundsätzlich öffentlich zugängliche Quellen anzusehen seien[195] und sich daraus ein grundrechtlicher Zugangsanspruch ergeben müsse.[196] Aus dem Demokratieprinzip des Art. 20 Abs. 1 und 2 GG leite sich her, dass die politische Meinungsbildung des Bürgers nur gewährleistet sei, wenn die Bürger die Möglichkeit der umfassenden Informierung haben. Daher müsse es zu einer im Lichte des Demokratieprinzips stehenden Neuinterpretation der Informationsfreiheit kommen, die einen unmittelbaren verfassungsrechtlichen Zugangsanspruch auf staatliche Informationen zum Ergebnis habe.[197] Der Staat als durch das Volk legitimiertes Instrument zur Selbstregierung[198] könne seine Informationen nicht im Grundsatz unzugänglich halten und nur durch eigene Entscheidung seinen Bürgern eröffnen. Das Grundgesetz verstehe die Volkssouveränität des Art. 20 Abs. 2 S. 1 GG, wonach sich grundsätzlich jede staatliche Gewalt auf eine Legitimation durch das Volk berufen muss, als eine fortlaufende Verwirklichung kollektiver Willensentscheidungen. „Nimmt das Volk in öffentlicher Kommunikation seine politischen Informations- und Einflussmöglichkeiten wahr, manifestiert sich in ihr die Volkssouveränität als Anspruch der Bürgergemeinschaft, die Angelegenheiten des

---

194 Dazu Matthias Jestaedt, Das Geheimnis im Staat der Öffentlichkeit, AöR 126 (2001), S. 204-243, 212ff.

195 Herbert Bethge, in: Michael Sachs (Hrsg.), Grundgesetz. Kommentar, 7. Aufl., München 2014, Art. 5, Rn. 56a hält es für eine „denkbare Alternative“, dass Informationen allgemein zugängliche Quellen sind „wenn und weil sie sich in der Hand des Staates“ befinden.

196 Vgl. Rossen-Stadtfeld, in: Hoffmann-Riem/Schmidt-Aßmann/Voßkuhle 2012, § 29 Beteiligung, Partizipation und Öffentlichkeit, Rn. 102: „Verwaltungsöffentlichkeit ist, gerade in ihrer Ausprägung als Zugangsoffenheit, Voraussetzung, Form und Medium der Verwirklichung sowohl des Demokratieprinzips wie auch eines um Grundrechtsbezüge erweiterten Rechtsstaatsprinzips geworden“.

197 Vgl. Lothar Michael/Martin Morlok, Grundrechte, 6. Aufl., Baden-Baden 2017, § 9, Rn. 212-215; Wegener 2006, S. 485ff; Lukaßen 2010, S. 42f.

198 Vgl. Kingreen/Poscher 2016, § 13, Rn. 629; Scherzberg, ThürVBl. 2003, S. 196f.

Gemeinwesens selbst zu verhandeln."[199] Der Staat des Grundgesetzes sei dieser neuen Sichtweise zufolge ein demokratischer, das heißt auf Öffentlichkeit basierender Staat. Eröffne die Informationsfreiheit das Recht, sich aus allgemein zugänglichen Quellen zu informieren, dann müsse dieser gewährte Schutzbereich sich gerade auf die Informationen des öffentlichen Staatswesens erstrecken.[200] Dem stets rechtfertigungsbedürftigen Staat könne nicht die „Definitionsmacht über die Zugänglichkeit von Informationsquellen"[201] zustehen. Dass die herrschende Meinung behauptet, staatliche Informationen seien keine allgemein zugänglichen Quellen, weil sie nicht öffentlich seien, wurde von der Gegenmeinung als unzulässiges Zirkelargument zurückgewiesen.[202]

Dieser Dogmatikstreit brachte für das öffentliche Archivwesen zwei mögliche Konsequenzen. Folgte man der jüngeren Grundrechtsinterpretation, dann musste sich bereits aus der Informationsfreiheit nach Art. 5 Abs. 1 S. 1 Hs. 2 GG ein unmittelbarer Zugangsanspruch zu öffentlichem Archivgut ergeben, da dieses im demokratischen Rechtsstaat grundsätzlich allgemein zugänglich sei.[203] Diese jüngere Strömung der Grundrechtsdogmatik brachte eine Reihe plausibler Argumente hervor, wird mittlerweile gar in der juristischen Ausbildungsliteratur gelehrt und konnte sich darüberhinaus in der Informationsfreiheitsgesetzgebung und der Archivgesetzgebung bestätigt fühlen.

Doch auch soweit man sich von der älteren herrschenden Interpretation der Informationsfreiheit überzeugt sah, ließ sich seit der Archivgesetzgebung ein grundrechtlicher Archivzugang herleiten. Denn die herrschende Meinung, die die allgemeine Zugänglichkeit von staatlichen Informationen im Grundsatz ablehnte, stützte sich insbesondere auf das Autori-

---

199 Scherzberg, ThürVBl. 2003, S. 197.

200 Vgl. Wegener 2006, S. 474f und 480; Kühling, in: Gersdorf/Paal 2016, Art. 5 GG, Rn. 42.

201 Wegener 2006, S. 484.

202 Vgl. Wegener 2006, S. 480, darauf verweisend Kühling, in: Gersdorf/Paal 2016, Art. 5 GG, Rn. 42; Lukaßen 2010, S. 42.

203 Vgl. Hans Jarass, in: Hans Jarass/Bodo Pieroth, Grundgesetz. Kommentar, 13. Aufl., München 2014, Art. 5, Rn. 24: „Bei öffentlichen Archiven ist die Zugänglichkeit unproblematisch zu bejahen." Bereits Wyduckel, DVBl. 1989, S. 334.

tätsargument, welches das Bundesverfassungsgericht durch seine Rechtsprechung zur Informationsfreiheit vertrat. Hiernach seien staatliche Informationen keine allgemein zugänglichen Quellen, solange der Staat als Verfügungsberechtigter seine Informationen nicht als allgemein zugänglich bestimmt habe.[204] Die Rechtssprechung des Bundesverfassungsgerichtes arbeitete jedoch konkretisierend heraus, dass die Informationsfreiheit „ein gegen den Staat gerichtetes Recht auf Zugang in Fällen [eröffne], in denen eine im staatlichen Verantwortungsbereich liegende Informationsquelle auf Grund rechtlicher Vorgaben zur öffentlichen Zugänglichkeit bestimmt ist".[205] Hatte der Staat dieser Auslegung zufolge eine rechtliche Vorschrift über die allgemeine öffentliche Zugänglichkeit zu Informationen aus seinem Verfügungsbereich erlassen, dann wandelten sich diese Informationen auch zu allgemein zugänglichen Quellen im Sinne des Art. 5 Abs. 1 S. 1 Hs. 2 GG.[206] In einem Beschluss vom Juni 2017 hat der Erste Senat des Bundesverfassungsgerichts diese Auslegung im Hinblick auf das Informationsfreiheitsgesetz des Bundes eindeutig bestätigt: „Legt der Gesetzgeber die grundsätzliche Zugänglichkeit von staatlichen Vorgängen und damit zugleich deren Öffnung als Informationsquelle fest, wird in diesem Umfang auch der Schutzbereich der Informationsfreiheit eröffnet. [...] § 1 Abs. 1 Satz 1 IFG eröffnet demnach grundsätzlich einen Anspruch auf Zugang zu amtlichen Quellen im Sinne des Art. 5 Abs. 1 Satz 1, Halbsatz 2 GG."[207] Verglich man seither, stellvertretend für das Verhältnis der Informationsfreiheitsgesetze mit den Archivgesetzen insgesamt, die einschlägigen Normen der beiden Bundesgesetze, dann ging daraus hervor, dass der Bundesgesetzgeber die gleiche Festlegung der allgemeinen Zugänglichkeit von amtlichen Informationen auch für den spezielleren Bereich der Archivinformati-

204 BVerfGE 103, 44, 60.

205 BVerfGE 103, 44, 60.

206 Vgl. Marion Albers, Die Komplexität verfassungsrechtlicher Vorgaben für das Wissen der Verwaltung, in: Indra Spiecker gen. Döhmann/Peter Collin (Hrsg.), Generierung und Transfer staatlichen Wissens im System des Verwaltungsrechts, Tübingen 2008, S. 50-69, 63.

207 BVerfG, Beschluss vom 20. Juni 2017, EuGRZ 2017, S. 475-479, 477.

onen getroffen hatte. § 1 Abs. 1 S. 1 IFG-Bund lautet: *„Jeder hat nach Maßgabe dieses Gesetzes gegenüber den Behörden des Bundes einen Anspruch auf Zugang zu amtlichen Informationen.“* Und § 10 Abs. 1 S. 1 BArchG lautet: *„Jeder Person steht nach Maßgabe dieses Gesetzes auf Antrag das Recht zu, Archivgut des Bundes zu nutzen.“* Der Normzweck beider Bundesgesetze ist seither die Eröffnung eines einfachgesetzlichen subjektiven Rechtsanspruches auf Zugang zu einer bestimmten Art von staatlichen Informationen.

Wiederum sekundierte auch hier die jüngere Rechtsprechung die vorangegangene verfassungsrechtliche Auseinandersetzung: „Nach Tatbestand, Rechtsfolge und Zweck der Regelungen in beiden Gesetzen“ sei „das Bundesarchivgesetz ein das Informationsfreiheitsgesetz verdrängendes Spezialgesetz [...].“ Das Bundesarchivgesetz erstrecke sich auf „eine Teilmenge der vom Informationsfreiheitsgesetz erfassten amtlichen Informationen, nämlich die in Archivgut des Bundes überführten (amtlichen) Informationen.“[208] Stimmten demzufolge der allgemeine Informationszugangsanspruch nach dem IFG und der speziellere Archivzugangsanspruch gemäß BArchG in ihrem Normzweck überein und wurde durch höchstrichterliche Rechtsprechung in der Regelung des IFG eine Bestimmung amtlicher Informationen zu allgemein zugänglichen Quellen im Sinne des Art. 5 Abs. 1 S. 1 Hs. 2 GG anerkannt, dann konnte dies auch auf den archivrechtlichen Zugang übertragen werden. Folgte man seit der Archivgesetzgebung also der Auffassung der herrschenden Meinung zur Informationsfreiheit, dann wäre öffentliches Archivgut aufgrund der Zugangsrechte der Archivgesetze[209] zu allgemein zugänglichen Quellen aufgrund einer staatlichen Festlegung

208 VG Berlin, Urteil vom 12. Oktober 2009, BeckRS 2009, 42119, S. 9/12. Bestätigt durch BVerwG, NVwZ 2016, S. 1014-1019, 1018f, Rn. 42.

209 § 10 Abs. 1 S. 1 BArchG; Art. 10 Abs. 2 S. 1 BayArchivG; § 6 Abs. 1 LArchG BW; § 9 Abs. 1 ArchGB; § 9 Abs. 1 BbgArchivG; § 7 Abs. 1 S. 1 BremArchivG; § 5 Abs. 1 HmbArchG; § 12 Abs. 1 S. 1 HArchivG; § 9 Abs. 1 S. 1 LArchivG MV; § 6 Abs. 1 ArchivG NRW; § 5 Abs. 1 S. 1 NArchG; § 3 Abs. 1 S. 1 LArchG Rlp; § 11 Abs. 1 S. 1 SArchG; § 9 Abs. 1 SächsArchivG; § 10 Abs. 1 S. 1 ArchG LSA; § 9 Abs. 1 LArchG SH; § 16 Abs. 1 S. 1 ThürArchivG.

bestimmt worden.[210] Der Schutzbereich der Informationsfreiheit des Art. 5 Abs. 1 S. 1 Hs. 2 GG wäre demzufolge selbst nach Ansicht der herrschenden Meinung hinsichtlich des Zugangs zu öffentlichen Archivgütern eröffnet. Dieser Zugangsanspruch bestünde jedoch stets nur im Rahmen der staatlichen Festlegung der Zugänglichkeit und befände sich jederzeit in der potentiellen Disposition durch den einfachen Gesetzgeber, sobald er Änderungen an den einfachgesetzlichen Zugangsbestimmungen in den Archivgesetzen vornimmt. Denn, so wiederum die Rechtsprechung, der „Bestimmungsberechtigte kann sein Bestimmungsrecht auch in differenzierender Weise ausüben und Modalitäten des Zugangs festlegen [...]. Auch soweit der Staat bestimmungsberechtigt ist, kann er im Rahmen seiner Aufgaben und Befugnisse Art und Umfang des Zugangs bestimmen."[211] Der grundrechtlich eröffnete Informationszugang zu staatlichen Informationen und Archivgütern befände sich gemäß der herrschenden Meinung immer in Abhängigkeit der staatlichen Festlegung der Reichweite der Zugangseröffnung.

Unbenommen, ob man der hergebrachten herrschenden Meinung oder der seit der Jahrtausendwende vordrängenden und mit plausiblen Argumenten ausgestatteten jüngeren Grundrechtsdogmatik folgen mochte, wurde deutlich, dass sich seit der Archivgesetzgebung der Jahre 1987 bis 1997 das Grundrechtsverständnis auf Zugang zu staatlichen Informationen deutlich gewandelt hatte. Einen grundrechtlichen Informationszugang zu öffentlichen Archivgütern konnte nun niemand mehr bestreiten.

(2) Eingriff und verfassungsrechtliche Rechtfertigung

War der Schutzbereich des Art. 5 Abs. 1 S. 1 Hs. 2 GG gegenüber öffentlichen Archivgütern einmal eröffnet, stellten sich auch die Folgefragen der Beschränkungen der Informationsfreiheit im Archivkontext. Hierfür musste die jüngere Verfas-

---

210 In der Grundrechtskommentierung vertreten bei Schulze-Fielitz, in: Dreier 2013, Bd. I, Art. 5 I, II, Rn. 79; Starck, in: v. Mangoldt/Klein/Starck 2010, Bd. I, Art. 5 Abs. 1, 2, Rn. 46; Degenhart, in: Kahl/Dolzer 2006, 122. Aktual., Art. 5 Abs. 1 und 2, Rn. 292 und 295.

211 BVerfGE 103, 44, 60f.

sungsrechtswissenschaft neue Antworten entwickelt. Einen Eingriff in die Informationsfreiheit erkannte man stets dann, wenn durch staatliches Handeln die Verwirklichung des Anspruchs auf Zugang zu diesen Informationen beeinträchtigt, „endgültig verwehrt oder nur zeitlich verzögert wird."[212] Die Grundrechtsverpflichteten, also im vorliegenden Problemkreis die öffentlichen Archive, würden in die Informationsfreiheit der Archivbenutzer immer dann eingreifen, wenn sie den Zugang versagen, einschränken oder verzögern.[213] Eingriffe in die Informationsfreiheit des Bürgers müssten verfassungsrechtlich gerechtfertigt werden. In Übertragung der Grundrechtsdogmatik des Art. 5 Abs. 1 und 2 GG auf das öffentliche Archivwesen müsse gelten, dass die Grundrechtseingriffe sich mittels der Schrankenregelung des Art. 5 Abs. 2 GG[214] oder aufgrund kollidierender Verfassungsgüter[215] wie dem Recht auf informationelle Selbstbestimmung aus Art. 2 Abs. 1 i.V.m. Art. 1 Abs. 1 GG rechtfertigen lassen und in einem verhältnismäßigen und schonenden Ausgleich münden. Von der Gesetzgebung[216] und der Rechtswissenschaft[217] anerkannt und durch die Rechtsprechung[218] seither bestätigt, gilt, dass der Zugangsanspruch auf öffentliches Archivgut beispielsweise seine Schranke im Recht auf informationelle

---

212 Kingreen/Poscher, 2016, § 13, Rn. 649f hier auch mit dem Beispiel, wonach bloße Öffnungszeiten oder Gebühren in staatlichen Archiven keinen Eingriff darstellen.

213 Vgl. Jarass, in: Jarass/Pieroth 2016, Art. 5, Rn. 27.

214 Archivgesetze mit Regelungen zu Benutzungseinschränkung, Schutzfristen und Schutzfristenverkürzung sind allgemeine Gesetze des Art. 5 Abs. 2 GG.

215 BVerfGE 66, 116, 136: „Schranken können sich aus den in Art. 5 Abs. 2 GG genannten Gesetzen, aber auch unmittelbar aus der Verfassung selbst ergeben."

216 Etwa Deutscher Bundestag, Drucksache 11/498, S. 1 (Konflikt zwischen Informations- und Forschungsfreiheit mit Persönlichkeitsschutz) und S. 11 (Einschränkung bei Geheimhaltungsbedürftigkeit); Hessischer Landtag, Drucksache 18/6067, S. 21 (Einklang der Archivbenutzung mit informationeller Selbstbestimmung muss hergestellt werden).

217 Vgl. Wyduckel DVBl. 1989, S. 333-337 (Beschränkung und Ausgleich zwischen Informationsfreiheit, Forschungsfreiheit und informationeller Selbstbestimmung).

218 VG Darmstadt, NJW 2004, S. 1472 (Ausgleich mit informationeller Selbstbestimmung).

Selbstbestimmung von anderen Personen finden könne, wenn personenbezogene Daten in den Archivunterlagen enthalten sind.[219] Eine andere Grenze wird dort gesehen, wo durch Benutzungsanträge ein unverhältnismäßiger Archivaufwand entstünde[220], wodurch die Funktionsfähigkeit des öffentlichen Archivs gefährdet werden könnte. Ebenso kann anerkanntermaßen eine Archivbenutzung dort eingeschränkt werden, wo die zur Einsicht beantragten Unterlagen staatliche oder private Geheimnisse enthalten, was zu einer potentiellen Gefährdung des Staatswohls oder zu einem Verstoß gegen Geheimhaltungsvorschriften führen könnte.

Letztlich werden die potentiellen Grundrechtskolissionen im Archivwesen durch die Anwendung der Archivgesetze im Einzelfall aufgelöst, bei der sich Benutzerrechte und Betroffenenrechte gegenüberstehen und durch ein Abwägungsregime aus Schutzfristen und Einschränkungsgründen ausgeglichen werden.

3. Archivrecht als Ergebnis von Verfassungsrechtsprechung und Verfassungsrechtswissenschaft

Dass das deutsche Archivrecht ab den 1980er Jahren eine zehnjährige Verrechtlichungsepisode erlebte, wird erst vor dem Hintergrund der Verfassungs- und Grundrechtsdebatten dieser Zeit verständlich. Die Rolle des Bundesverfassungsgerichts, das im Jahr 1973 einerseits einen maßgeblichen Anstoß für eine neue Dogmatik der Forschungsfreiheit gab, andererseits durch das Volkszählungsurteil von 1983 den entscheidenen Impuls für die Gesetzgeber in Bund und Ländern setzte, das Archivwesen gesetzlich zu regeln, kann für die Entwicklung des Archivrechts in Deutschland nicht stark genug betont werden. Die Archivgesetzgeber sahen sich seit den 1980er Jahren der Aufgabe ausgesetzt, die „natürlichen Zielkonflikte“[221] des Grundrechts auf informationelle Selbstbestimmung auf der einen und der Informationsfreiheit und

---

219 Vgl. Oldenhage, Der Archivar 41 (1988), Sp. 488: Durch die Archivgesetze bestehe Waffengleichheit zwischen Datenschutz und Informations- und Wissenschaftsfreiheit.

220 Die Ausführungen bei BVerwG, NVwZ 2016, S. 1014f.

221 Deutscher Bundestag, Drucksache 11/498, S. 1.

Wissenschaftsfreiheit auf der anderen Seite auszugleichen. Anforderungen des Datenschutzes für personenbezogenes Archivgut ergaben sich unmittelbar aus dem Volkszählungsurteil. Das Feld für weitgehende Zugangsansprüche in den zu schaffenden Archivgesetzen wiederum hatte die Grundrechtsforschung seit den 1970er Jahren bestellt. Das Archivrecht in Bund und Ländern mit seinen Zugangsansprüchen, Betroffenenrechten und Schutzfristen entstand als konkrete Umsetzung dieser Anforderungen. Unter dem Eindruck dieser Verrechtlichung wiederum ist es nicht verwunderlich, dass sich seit den 2000er Jahren eine immer intensivere Auseinandersetzung mit der Informationsfreiheit entwickelte, deren Ergebnisse und Positionen sich wiederum auch auf das moderne Archivrechtsverständnis auswirken. Das deutsche Archivrecht seit der Jahrtausendwende war damit das Ergebnis eines fortwährenden Dreiergesprächs zwischen Rechtsprechung, einschlägiger Wissenschaft und Gesetzgebung.

III. Wandel der Rahmenbedingungen für Archive

Zu Beginn des 21. Jahrhunderts lässt sich von einer gewissen Konsolidierung des Archivrechts in Deutschland sprechen. Die wesentlichen Fragen des Grundrechtsschutzes im Archiv waren ebenfalls geklärt. Doch eine längerfristige Verfestigung war dem deutschen Archivrecht nicht vergönnt. Denn bereits nach der ersten Dekade des neuen Jahrhunderts wurde deutlich, dass sich äußere Rahmenbedingungen in Staat, Verwaltung und Gesellschaft derartig umwälzten, dass sie auch das deutsche Archivrecht verändern musste. Supranationale Auswirkungen der Europäischen Union auf das nationale Recht und die immer komplexer werdenden rechtlichen Austauschbeziehung des Archivrechts mit anderen gleichrangigen Rechtsnormen etwa des Urheber-, Datenschutz- und Informationszugangsrechts ließen mit Beginn des 21. Jahrhunderts deutlich werden, dass die Anwendung des deutschen Archivrechts zugleich eine Anwendung komplexer rechtlicher Regelungsstrukturen bedeutete. Die Rahmenbedingungen des modernen Archivwesens begnügten sich also nicht in dem Erlass von siebzehn verschiedenen Archivgesetzen und einer mehr oder weniger abgeschlossenen Grundrechtsdebatte. Der erreichte Normenbestand des Archivrechts hatte nur wenige Jahre als etablierte Rechtsmaterie, bevor die Europäisierung und die Digitalisierung das junge Rechtsgebiet in seinen Grundannahmen und Begriffen bereits wieder in Frage stellten. Diese gewandelten Rahmenbedingungen waren der Auslöser für eine breite Reformwelle der Archivgesetze, die seit dem Jahr 2009 begann und die nach wie vor nicht abgeschlossen ist.

Zu Begin des 21. Jahrhunderts sehen sich Staat und Gesellschaft in der Bundesrepublik Deutschland spürbaren Veränderungs- und Wandlungsprozessen ausgesetzt. Der Prozess der Europäischen Integration, der zur teilweisen Souveränitätsabgabe des deutschen Staates an die Europäische Union geführt hat, bedingt eine stärkere Prägung der nationalen Rechtsordnung durch europäische Rechtsakte. Zwar wird die Europäische Union dem Grundsatz der begrenzten Einzelermächtigung gemäß Art. 5 Abs. 1 S. 1 und Abs. 2 EUV zufolge nur in jenen einzelnen Bereichen tätig, in denen sie von ihren Mitgliedstaaten Hoheitsbefugnisse übertragen bekommen hat. Die Zuständigkeitsbereiche der Europäischen Union sind aufgrund der Verträge jedoch umfassend genug, um selbst ein so rein nationales Aufgabengebiet wie das Archivwesen in verschiedenen Aspekten berühren zu können.

Neben den Integrationsprozessen der europäischen Staaten ist es weiterhin die Digitalisierung von Staat, Wirtschaft und Gesellschaft, die zu ungeahnten Umbrüchen führt. Der gezielte Einsatz von Informationstechnologie im privaten Alltag wie im Arbeitsleben, die Vernetzung von staatlichen Behörden und Stellen, die computer- und algorithmengesteuerte Produktion von Waren und die Analyse von Kommunikationsvorgängen durch Unternehmen oder Sicherheitsbehörden lassen sich hierfür stichpunktartig nennen. Dabei ist es insbesondere der Staat, der sich durch die Digitalisierung zu modernisieren versucht. Die vernetzte Verwaltung löst das starre Eingriffsverwaltungsdenken des 20. Jahrhunderts ab. Das E-Government entwickelt gänzlich neue Wege der Kommunikation innerhalb der Behörden sowie zwischen Staat und Bürger. Werden Kommunikation, Verfahren und Entscheidungen der Verwaltung dementsprechend zumeist auf elektronischem Wege durchgeführt, dann müssen auch diese Vorgänge rechtsstaatlich dokumentiert werden. Das öffentliche Archivwesen bleibt auch dann die Institution, die die Rechtssicherung und die Überlieferungssicherung gewährleisten muss. Werden aber all jene Vorgänge in elektronischen Akten, Registern, Unterlagen und Homepages gespeichert, dann wird es das Archiv sein, das sich auf die digitalisierte Speicherung und Archivierung umstellen muss, was zu neuen Ausgaben und Herausforderungen für das Archivwesen führt.

In engem Zusammenhang mit dem Prozess der Europäisierung und der Digitalisierung von Staat und Gesellschaft steht außerdem die Herausbildung der Wissensgesellschaft. Informationen und Wissen besitzen in der heutigen Gesellschaft einen hohen Stellenwert. Sie dienen als Wirtschaftsfaktor, als Grundlage für die öffentliche Meinungsbildung, als Entscheidungsgrundlage in Politik, Verwaltung und Justiz und als Voraussetzung für moderne Kommunikationsstrukturen. Damit verbunden ist die lauter werdende Forderung nach verbesserter staatlicher Transparenz, auf die etwa durch Informationsfreiheitsgesetze reagiert wird. Sind Informationen und Wissen der Treibstoff moderner Gesellschaften, dann ist der gedankliche Weg zur öffentlichen Gedächtnisinstitution Archiv nicht weit.

1. Einfluss des Europäischen Rechts

Der Prozess der Europäischen Integration führt in fortschreitendem Maße zu Rechtsakten der Europäischen Union, die die nationalen Rechtsordnungen berühren und beeinflussen. Das nationale Archivwesen wird ebenfalls von dieser Entwicklung berührt. Soweit ersichtlich, ist die Frage des Einflusses des europäischen Rechts auf das nationale Archivrecht beinahe ein wissenschaftlich unbearbeitetes Feld.[222] Friedrich

222 Beispielsweise behandelten Studien zum Einfluss des europäischen Rechts und der europäischen Kompetenzen auf das nationale Kulturrecht, soweit ersichtlich, das Archivwesen für lange Zeit nicht. Keine Behandlung des Einflusses auf das Archivrecht findet sich beispielsweise in Stefanie Schmahl, Die Kulturkompetenz der Europäischen Gemeinschaft, Baden-Baden 1996; insb. Kapitel 1, S. 40-87, geht nur auf das allgemeine Kulturgüterschutzrecht ein. Auch *Matthias Niedobitek*, Kultur und Europäisches Gemeinschaftsrecht, Berlin

Schoch beispielsweise konstatierte noch im Jahr 2006 ein beinahe gänzliches Fehlen europarechtlicher Vorgaben für das nationale Archivrecht.[223]

Auch die europäischen Impulse für das Kulturgüterschutzrecht, das insbesondere zum Zwecke des Erhalts von nationalen Kulturgütern und des Schutzes vor deren Abwanderung Beschränkungen der Warenverkehrsfreiheit in Form von Ein-, Aus- und Durchfuhrverboten zulässt[224], konnten nur geringen Einfluss auf das Archivwesen verzeichnen. Das liegt vor allem daran, dass Archivgüter ihren Ursprung in staatlichen Dokumentationen haben, die in erster Linie keine Kulturentstehung bezwecken und die so gut wie keine Rolle

---

1992, insb. S. 75-186 geht eher auf Bildung, Wissenschaft, und einzelne Kulturbereiche wie Sport, Architektur oder Malerei ein, nicht auf das Archivwesen. Immerhin *Hermann-Josef Blanke*, Europa auf dem Weg zu einer Bildungs- und Kulturgemeinschaft, Köln 1994, S. 90ff betont die kulturellen Aktivitäten der damaligen EG hinsichtlich des Zugangs zu kulturellen Ressourcen und der Bewahrung des kulturellen Erbes, freilich ohne das Archivwesen explizit aufzugreifen; *Martin Nettesheim*, Das Kulturverfassungsrecht der Europäischen Union, JZ 2002, S. 157-166. Der Aufsatz von *Udo Schäfer*, Rechtsvielfalt und Rechtseinheit in Europa. Zum Einfluss des europäischen Rechts auf das nationale Archivwesen, Archivalische Zeitschrift 88 (2006), S. 819-846 verspricht mehr als er letztlich hält, da er allein auf das Verwaltungsöffentlichkeitsprinzip der EU und die nationalen Informationsfreiheitsgesetze (S. 827ff) und auf die Einführung elektronischer Register, die später archiviert werden können (S. 843ff), eingeht. Dies hat unbestritten großen Einfluss auf Archivierung und Zugang zu Archivgütern, wie er auch nachweist, bleibt aber angesichts des viel umfangreicheren Einflusses des europäischen Rechts auf das nationale Archivwesen ein zu kurz gesteckter Ansatz.

223 Vgl. Schoch 2006, S. 467f; zum gleichen Ergebnis, jedoch mit Verweis auf politische Versuche der Kommission, Einzelfragen des Archivwesens der Mitgliedstaaten anzusprechen, kommen Friedrich Schoch/Michael Kloepfer/Hansjürgen Garstka, Archivgesetz, Berlin 2007, S. 39-41.

224 Siehe Art. 36 AEUV/ex-Art. 30 EGV; weiterhin Thorsten Kingreen, in: Christian Calliess/Matthias Ruffert (Hrsg.), EUV/AEUV. Kommentar, 5. Aufl., München 2016, Art. 36 AEUV, Rn. 206; Ignaz Seidl-Hohenveldern, Kulturgüterschutz durch die Europäische Union versus Warenverkehrsfreiheit, in: Frank Fechner/Thomas Oppermann/Lyndel Prott (Hrsg.), Prinzipien des Kulturgüterschutzes, Berlin 1996, S. 113-121; Frank Fechner, Rechtlicher Schutz archäologischen Kulturguts, Berlin 1991, S. 81ff.

beim Handel mit Kulturgütern spielen.[225] Gleichwohl ähneln sich die Schutzregelungen im Archivrecht etwa mit jenen des Denkmalschutzrechts, indem sie auf den Erhalt älterer Objekte und Artefakte abzielen. Zudem finden sich auch in Archivgesetzen spezielle auf das Archivgut gerichtete Veräußerungsverbote, die Parallelen zum Kulturgüterschutzrecht aufweisen.[226] Das Kulturgüterschutzrecht wiederum erkennt Archive als „Kulturgut bewahrende Einrichtungen“ und Archivbestände als zusammenhängende Kulturgüter an.[227]

Breitere Untersuchungen zum Verhältnis von Europäischer Union und nationalem Archivwesen blieben lange aus. Erst mit dem Erlass der Europäischen Datenschutzgrundverordnung im Jahr 2016, die sich in einer großen Anzahl von Regelungen direkt auf öffentliche Archivtätigkeiten bezieht, wurden vermehrt Forschungsbeiträge entwickelt und veröffentlicht, die die Verbindung zwischen Europäischem Recht und Archivrecht zogen.[228] Der Einfluss des Europäischen Rechts auf das deutsche Archivrecht reicht jedoch bereits wesentlich länger als nur in das Jahr 2016 zurück und betrifft außerdem weit mehr Aspekte als nur den Datenschutz.

a) Frühe Entschließungen und Empfehlungen zur Unterstützung des Archivwesens

Noch in den letzten Jahren der Europäischen Wirtschaftsgemeinschaft (EWG), also noch vor dem Vertrag von Maastricht, wurden vereinzelte europäische Maßnahmen angeregt,

---

225 Vgl. Sophie-Charlotte Lenski, Öffentliches Kulturrecht, Tübingen 2013, S. 231.

226 Beispielsweise § 9 Bundesarchivgesetz. weiterhin Lenski 2013, S. 231f; zum Abwanderungsschutz nach dem Kulturgutschutzgesetz siehe Frank Fechner/Heike Krischok, Quo vadis Kulturgüterschutz?, JZ 2014, S. 237-240, 238.

227 Vgl. § 2 Abs. 1 Nr. 11 und 16 Kulturgutschutzgesetz.

228 Etwa Isabel Taylor, Archive und die Entwicklung der Europäischen Datenschutz-Grundverordnung, Archivar 67 (2014), S. 32-39; Paul C. Johannes, Archivierung, in: Alexander Roßnagel (Hrsg.), Europäische Datenschutz-Grundverordnung, Baden-Baden 2017, S. 254-263; Bertram Raum, in: Eugen Ehrmann/Martin Selmayr (Hrsg.), DS-GVO. Kommentar, München 2017, Art. 89, Rn.15ff; Hannes Berger, Die Anwendbarkeit der Datenschutz-Grundverordnung in öffentlichen Archiven, RDV 2018, S. 201-206.

um die nationalen Archivpolitiken der Mitgliedstaaten zu unterstützen. In Fragen der Unterstützung und der Zusammenarbeit der Mitgliedstaaten auf dem Gebiet des Bibliotheks- und Archivwesens wurden vornehmlich Entschließungen des Rates der Jahre 1985 und 1991 verabschiedet. Die Entschließung des Rates vom 27. September 1985 sprach sich für ein gemeinsames Programm zur informationstechnischen Zusammenarbeit der Bibliotheken in Europa aus.[229] Die Entschließung des Rates vom 14. November 1991 forderte sodann angesichts der demokratischen, rechtsstaatlichen und kulturellen Funktion der Archive sowie deren unverzichtbare Zugänglichkeit die Kommission auf, zu prüfen, inwiefern die Archivpolitik und die Archivpraktiken der Mitgliedstaaten stärker aufeinander abgestimmt werden sollten.[230] Interessanterweise konnte die EWG sich zu diesen Zeitpunkten noch nicht auf eine explizite Kulturzuständigkeit berufen, da diese erst durch den Vertrag von Maastricht aus dem Jahr 1992 in den neuen EG-Vertrag aufgenommen wurde.[231] Ausweislich der Entschließungen waren es die Minister für Kultur und Bildung, die im Rat zusammenkamen, weshalb die EWG wohl aufgrund ihrer Zuständigkeit für die Förderung der Zusammenarbeit der Mitgliedstaaten in sozialen Fragen wie etwa Aus- und Fortbildung nach dem damaligen Art. 118 EWG-Vertrag handelte.[232]

---

229 Rat der Europäischen Union, Entschließung über die Zusammenarbeit der Bibliotheken im Bereich der Informatik vom 27. September 1985 (85/C 271/01).

230 Rat der Europäischen Union, Entschließung betreffend das Archivwesen vom 14. November 1991 (91/C 314/02).

231 Die begrenzte und eingeschränkte Zuständigkeit der EG für Kulturpolitik wurde zunächst in Art. 128 EG-Vertrag (Maastricht 1992) aufgenommen, und später durch die Neunummerierung durch den Vertrag von Amsterdam (Art. 12 i.V.m. Anhang Vertrag von Amsterdam 1997) in Art. 151 EG-Vertrag verschoben. Die Beschränkung europäischer Kulturpolitik auf unterstützende und koordinierende Maßnahmen unter Ausschluss von Harmonisierungen ist seit 1992 bis zum heutigen Art. 167 AEUV gleichgeblieben.

232 Vgl. zu kulturpolitischen Tätigkeiten der EWG vor dem Inkrafttreten des EG-Vertrages Gabriele Britz, Die Freiheit der Kunst in der europäischen Kulturpolitik, EuR 2004, S. 1-26, 1; Kurt Bohr/Helmut Albert, Die Europäische Union - Das Ende der eigenständigen Kulturpolitik der deutschen Bundesländer?, ZRP 1993, S. 61-66, 61.

Die europäische Ebene konnte sich für Archivfragen primärrechtlich erst seit dem Vertrag von Maastricht 1992 (Art. 128 EG-Vertrag), später dem Vertrag von Amsterdam 1997 (Art. 151 EG-Vertrag) und schließlich seit dem Vertrag von Lissabon des Jahres 2009 auf ihre eingeschränkte Zuständigkeit für Kulturfragen aus den Artikeln 6 lit. c und 167 AEUV berufen. Seither hat die Europäische Union für Fragen der Kulturpolitik die unterstützende Zuständigkeit, mittels der sie kulturelle Tätigkeiten der Mitgliedstaaten unterstützen und koordinieren kann sowie das gemeinsame europäische Kulturerbe schützen kann. Ein einheitlicher europarechtlicher Kulturbegriff besteht jedoch nicht. Vielmehr werden bestimmte Objekte dann als Kulturgüter bezeichnet, wenn sie durch eine europarechtliche Norm als solche definiert und geschützt werden, was beispielsweise im Hinblick auf Güter von künstlerischem, geschichtlichem oder archäologischem Wert durch Art. 36 AEUV geschieht.[233] Gemäß Art. 167 Abs. 1 AEUV leistet die Union „einen Beitrag zur Entfaltung der Kulturen der Mitgliedstaaten unter Wahrung ihrer nationalen und regionalen Vielfalt sowie gleichzeitiger Hervorhebung des gemeinsamen kulturellen Erbes." Nach Art. 167 Abs. 2 AEUV fördert die Union „durch ihre Tätigkeit die Zusammenarbeit zwischen den Mitgliedstaaten und unterstützt und ergänzt erforderlichenfalls deren Tätigkeit in folgenden Bereichen: [...] Erhaltung und Schutz des kulturellen Erbes von europäischer Bedeutung". Die Kulturkompetenz der Europäischen Union ist damit nicht auf die Entstehung einer Europakultur, sondern auf die Erhaltung und Entfaltung der nationalen Kulturen gerichtet.[234] Um diese unterstützende Kompetenz auszuüben kann die Europäische Union gemäß Art. 167 Abs. 5 AEUV im ordentlichen Gesetzgebungsverfahren Rechtsakte erlassen und durch den Rat Empfehlungen zur Förderung der Ziele aus Art. 167 AEUV abgeben. Ausgeschlossen sind dabei aber jegliche Harmonisierungen der nationalen Rechts- und

233 Vgl. Heike Krischok, Der rechtliche Schutz des Wertes archäologischer Kulturgüter, Göttingen 2016, S. 29f.

234 Vgl. Frank Fechner, Vom Kulturverwaltungsrecht zu einem europäischen Kulturrecht, in: Claus Dieter Classen et al. (Hrsg.), In einem vereinten Europa dem Frieden der Welt zu dienen..., FS Thomas Oppermann, Berlin 2001, S. 687-703, 698f.

Verwaltungsvorschriften im Bereich der Kulturpolitik. Unter die unterstützende Zuständigkeit der Europäischen Union für die Kultur fällt auch das Archiv- und Bibliothekswesen.[235] Hatte die EWG bereits vor der Übertragung der begrenzten Kulturkompetenz auf die europäische Ebene erste Empfehlungen zu mitgliedstaatlichen Gedächtnisinstitutionen verabschieden, so wuchs der Einfluss der EG nach Maastricht und später der EU auf das nationale Archivwesen noch weiter an.

b) Einfluss auf das archivische Urheberrecht

Dass die Europäische Ebene von der ihr übertragenen Kulturzuständigkeit Gebrauch machte, zeigte sich auf dem Gebiet des Urheberrechts. Die Europäische Gemeinschaft nahm die Entwicklung der Informationstechnik, deren Auswirkungen gerade auch im öffentlichen Bereich deutlich wurden, zum Anlass, um Entschließungen und Rechtsakte im Bereich der elektronischen Datenverarbeitung und des Urheberrechts zu erlassen. Die Entschließung des Rates vom 25. Juli 1996 etwa forderte die Kommission auf, die „rechtlichen, technischen und kulturellen Aspekte der elektronischen Dokumente von ihrer Schaffung bis zu ihrer Nutzung zu prüfen und die neuen kulturellen und sozialen Herausforderungen zu ermitteln, denen insbesondere die öffentlichen Bibliotheken in dem neuen wirtschaftlichen und technologischen Umfeld gegenüberstehen“[236]. Einen Einfluss verzeichnete daraufhin die Urheberrechts-Richtlinie in der Informationsgesellschaft aus dem Jahr 2001. Mit der Richtline 2001/29/EG vom 22. Mai 2001 wurde die Angleichung des Urheberrechts der Mitgliedstaaten durch weitreichende Vorgaben verfolgt. Im Rahmen der Urheberrechtsrichtlinie wurde unter anderem ermöglicht, dass die Mitgliedstaaten Schranken des Urheberrechts zugunsten von Vervielfältigungen in öffentlichen Archiven er-

---

235 Vgl. Frank Fechner, in: Hans von der Groeben/Jürgen Schwarze/Armin Hatje (Hrsg.), Europäisches Unionsrecht, 7. Aufl., Baden-Baden 2015, Bd. III, Vor. Art. 167 AEUV, Rn. 54.

236 Rat der Europäischen Union, Entschließung zum Thema elektronische Publikation und Bibliotheken vom 25. Juli 1996 (96/C242/02).

lassen können.[237] Diese Beschränkungen grenzen das Recht des Urhebers an seinem Werk ein zugunsten der Interessen der Öffentlichkeit oder zugunsten der notwendigen Interessen der Werksvermittler.[238] Öffentliche Archive gelten als solche Werksvermittler, zu deren Gunsten Urheberrechtsschranken einzuführen waren. Dies wurde insbesondere deshalb notwendig, weil an vielen Archivgütern zugleich Urheberrechte bestehen, die grundsätzlich eine Bearbeitung oder Vervielfältigung untersagen. Gleichzeitig haben die öffentlichen Archive jedoch den gesetzlichen Auftrag, die Archivgüter auf Dauer zu erhalten, weshalb die Anfertigung von Vervielfältigungen dem Schutz der Archivgüter, beispielsweise bei drohendem Verlust durch physischen Verfall, dient.[239] Art. 5 Abs. 2 lit. c RL 2001/29/EG eröffnete deshalb den Mitgliedstaaten die Möglichkeit, entsprechende Ausnahmen des Urheberrechts zugunsten von Archiven im nationalen Recht einzuführen.[240] Diese Möglichkeit nutzte der Bundesgesetzgeber zunächst mit seinem Gesetz zur Regelung des Urheberrechts in der Informationsgesellschaft, indem er § 53 Abs. 2 UrhG um Vervielfältigungsbefugnisse für Archive ergänzte.[241] In einem zweiten Schritt wurde das Urhebergesetz durch den Bundesgesetzgeber im Jahr 2007 erneut überarbeitet, indem der eingefügte § 52b UrhG eine weitere Archivschranke gegenüber dem Recht des Urhebers einführte.[242] Seither war es zulässig, (analoge) Werke aus dem Archivbestand gleichzeitig auch an elektronischen Arbeitsplätzen im Archiv zugänglich zu machen. Ein Archiv durfte demzufolge urheberrechtlich

---

237 Art. 5 Abs. 2 lit. c der Richtline 2001/29/EG zur Harmonisierung bestimmter Aspekte des Urheberrechts und der verwandten Schutzrechte in der Informationsgesellschaft vom 22. Mai 2001.

238 Vgl. Thomas Dreier, in: Thomas Dreier/Gernot Schulze (Hrsg.), Urheberrechtsgesetz. Kommentar, 5. Aufl., München 2015, Vorbemerkung § 44a, Rn. 1.

239 Vgl. Frank Bayreuther, Beschränkungen des Urheberrechts nach der neuen EU-Urheberrechtsrichtlinie, ZUM 2001, S. 828-839833; siehe auch Erwägungsgründe 34 und 40 der Richtlinie 2001/29/EG.

240 Vgl. Dreier, in: Dreier/Schulze 2015, Vorbemerkung § 44a, Rn. 5.

241 Gesetz zur Regelung des Urheberrechts in der Informationsgesellschaft vom 10. September 2003 (BGBl. I 2003, S. 1774); weiterhin Deutscher Bundestag, Drucksache 15/38, S. 21.

242 Zweites Gesetz zur Regelung des Urheberrechts in der Informationsgesellschaft vom 26. Oktober 2007 (BGBl. I 2007, S. 2513).

geschützte Werke aus seinem Archivbestand digitalisieren und über die internen elektronischen Arbeitsplätze den Benutzern zugänglich machen. Auch für diese zweite archivrechtlich relevante Refom des Urheberrechtsgesetzes berief sich der Bundesgesetzgeber direkt auf die Vorgaben der Richtlinie 2001/29/EG, nunmehr speziell auf deren Art. 5 Abs. 3 lit. n.[243] Jüngst hat der Bundesgesetzgeber das archivische Urheberrecht in einem dritten Schritt erneut verändert, indem durch den neu eingefügten § 60f i.V.m. § 60e UrhG öffentliche Archive nunmehr auch Vervielfältigungen an urheberrechtlichen Werken zu den Zwecken der Zugänglichmachung, Indexierung, Katalogisierung, Erhaltung und Restaurierung vornehmen können. Dabei dürfen auch technische Veränderungen und Datenkonvertierungen durchgeführt werden, was eine wichtige Voraussetzung für die Bestandserhaltung in digitalen Archiven ist. Als Rechtsgrundlage für dieses archivische Urheberrecht wurde erneut Art. 5 Abs. 2 lit. c der Richtlinie 2001/29/EG herangezogen.[244]

Die Bestrebungen des europäischen Rechts, zu einer Angleichung des Urheberrechts in der EU zu gelangen, hatten demzufolge einen erkennbaren Einfluss auf archivrechtliche Normen im deutschen Urheberrecht. Darin zeigt sich eine Facette des Einflusses des europäischen Kulturrechts auf das nationale Archivwesen und dessen Rechtsgrundlagen.

c) Europäische Archivgruppe

Bedeutsam für den europäischen Einfluss auf das nationale Archivwesen wurde weiterhin die Gründung der Europäi-

243 Vgl. Dreier, in: Dreier/Schulze 2015, § 52b, Rn. 2; Gerald Spindler, Reform des Urheberrechts im „Zweiten Korb", NJW 2008, S. 9-16, 13; Christian Berger, Die öffentliche Wiedergabe von urheberrechtlichen Werken an elektronischen Leseplätzen in Bibliotheken, Museen und Archiven, GRUR 2007, S. 754-760, 759; Deutscher Bundestag, Drucksache 16/1828, S. 25f.

244 Gesetz zur Angleichung des Urheberrechts an die aktuellen Erfordernisse der Wissensgesellschaft (BGBl. I 2017, S. 3346); Deutscher Bundestag, Drucksache 18/12329, S. 42; Christian Berger, Urheberrecht in der Wissensgesellschaft, GRUR 2017, S. 953-964, 963; Thomas Pflüger/Oliver Hinte, Das Urheberrechts-Wissensgesellschafts-Gesetz aus Sicht von Hochschulen und Bibliotheken, ZUM 2018, S. 153-161, 157.

schen Archivgruppe, deren Arbeit Auswirkungen auf archivische Standards erzielt. Die Empfehlung des Rates vom 14. November 2005 sah die Schaffung dieser „Europäische[n] Archivgruppe aus von den Mitgliedstaaten und den EU-Organen benannten Experten“ vor, die die Zusammenarbeit und Koordinierung im Archivwesen gewährleisten soll. Die Tätigkeit der Archivgruppe soll einheitliche Normen und Standards für Archivbauten, für die Anforderungen an die Authentizität archivierter elektronischer Dokumente, für Archiv-Internetportale oder auch für Maßnahmen gegen Diebstahl von Archivgütern hervorbringen.[245] Die von der Union daraufhin im Jahr 2006 eingesetzte Europäische Archivgruppe begann anschließend in verschiedenen Sektoren die europäische Archivlandschaft zu untersuchen und hinsichtlich der in der Ratsempfehlung aufgestellten Punkte Lösungsansätze zu finden. In ihrem am 1. August 2008 vorgelegten ersten Fortschrittsbericht „über vorrangige Aktionen zur Stärkung der Zusammenarbeit im europäischen Archivwesen“[246] konnte die Archivgruppe erste Lösungskonzepte und Maßnahmen präsentieren. Hinsichtlich der Bedrohung von Archivgütern durch Naturkatastrophen, wie beispielsweise Hochwasser, wurde eine eigene Untergruppe unter der Leitung des deutschen Bundesarchives gegründet. Sie brachte praktische Ergebnisse in der Zusammenarbeit von Archiven Polens, der Tschechischen Republik und der Bundesrepublik Deutschland hervor. Zudem förderte sie den Aufbau eines europaweit vernetzten Internetdienstes für archivarisches Schadensmanagement in Katastrophenfällen.[247] Die Europäische Archivgruppe beteiligte sich weiterhin an der Erstellung „und Ausweitung der derzeitigen Anforderungen für die Schaffung von elektronischen Schrift- und Archivgutverwaltungssystemen“[248], was eine Mitsprache in Fragen der Entwicklung von Standards für die Digitalisierung im öffentlichen Sektor be-

245 Maßnahmen nach Buchstabe B der Empfehlung des Rates über vorrangige Aktionen zur Stärkung der Zusammenarbeit im europäischen Archivwesen vom 14. November 2005 (2005/835/EG).

246 Europäische Kommission, Mitteilung vom 1. August 2008 (COM/2008/500).

247 Europäische Kommission, COM/2008/500, S. 4.

248 Europäische Kommission, COM/2008/500, S. 4.

deutet. Ein anderer Fokus der Arbeit der Europäischen Archivgruppe war die Planung und Schaffung europaweiter Archiv-Internetportale.[249] Diese Datenbanken sollen einerseits den europaweiten Onlinezugang zu elektronischen Archivgütern, etwa zu Studien- oder Arbeitszwecken, ermöglichen. Andererseits sollen sie für die Archivverwaltungen eine Informationssammlung über alle Rechtsnormen, die für den Archivbereich bedeutsam sind, beinhalten.[250] Sehr konkret sprach sich schließlich die Europäische Archivgruppe dafür aus, die Vorschriften über die Weiterverwendung von Informationen des öffentlichen Sektors durch die Wirtschaft gemäß der europäischen PSI-Richtlinie auch auf die Informationen der öffentlichen Archive auszuweiten.[251] Dieser Vorschlag wurde durch die Überarbeitung der Richtline im Jahr 2013 sodann auch umgesetzt.

In ihrem zweiten Fortschrittsbericht vom 21. September 2012 betonten die Europäische Archivgruppe und die Europäische Kommission die gewandelte Rolle der öffentlichen Archive in Zeiten der Herausforderungen durch den digitalen Wandel. Die Entstehung digitaler Archive macht es demnach nicht nur notwendig, elektronische Unterlagen authentisch und sicher zu speichern. Vielmehr seien die öffentlichen Archive gefordert, neue Zugangsmöglichkeiten für den Bürger zu schaffen, um ihrer Rolle als Informationsmittler gerecht zu werden. Damit die digitalen Archive ihren Anforderungen an eine vertrauensvolle Einrichtung auch in digitalen Zeiten gerecht werden, wird daher gefordert, dass die öffentlichen Archive bereits frühzeitig bei der Erstellung von Vorschriften über die elektronische Schriftgutverwaltung beteiligt werden und stärker in die Steuerung von Geschäftsabläufen der Regierungen einbezogen werden.[252]

---

249 Siehe https://www.archivesportaleurope.net/web/guest.

250 Europäische Kommission, COM/2008/500, S. 5: „Archivrechtsdatenbank“.

251 Europäische Kommission, COM/2008/500, S. 6.

252 Europäische Kommission, Bericht vom 21. September 2012 (COM/2012/513), S. 5.

d) Einfluss auf Zugangsrechte zu staatlichen Informationen

Das europäische Recht hat die Mitgliedstaaten bereits mehrfach dazu verpflichtet, rechtliche Zugangsansprüche zu verschiedenen Formen staatlicher Informationen für die Bürger zu gewähren. Dazu zählt einerseits die Umweltinformationsrichtlinie[253], die den Mitgliedstaaten aufgibt, die bei den Behörden vorliegenden Informationen über die Umwelt auf Antrag jeder natürlichen und juristischen Person zugänglich zu machen.[254] Die Richtlinie wurde durch Bundes- und Landesumweltinformationsgesetze in nationales Recht umgesetzt. Andererseits muss auch die sogenannte INSPIRE-Richtlinie der Europäischen Union[255] zu diesen europarechtlich initiierten Informationsrechten hinzugezählt werden, da sie einen freien Zugang zu amtlichen Geodaten durch aktive Zugänglichmachung über sogenannte Geodaten-Portale öffentlicher Stellen fordert.[256] Die Richtlinie wurde ebenfalls in Bundes- und Landesgeodatengesetzen umgesetzt.[257] Sowohl die Umweltinformationsrichtlinie als auch die INSPIRE-Richtlinie üben einen mittelbaren Einfluss auf das deutsche Archivrecht aus. Im Rahmen des Benutzungsrechts der deutschen Archivgesetze kommt es für die Zugangseröffnung zu Archivinformationen im Wesentlichen darauf an, ob vor der Benutzung eine Schutzfrist verstrichen sein muss. Keine Schutzfristen bestehen für Archivgüter, die vor ihrer Archivierung bereits durch einen anderen rechtlichen Informationszugang zugänglich gewesen waren. Ein solcher rechtlicher Informationszugang besteht für staatliche Unterlagen, die Umwelt- oder Geoinformationen enthalten. Die entsprechenden deutschen Rechtsgrundlagen, z. B. § 3 Umweltinformationsgesetz des Bundes bzw. § 11 Abs. 1 Geodatenzugangsgesetz des Bundes haben die europäischen Richtlinienvorgaben umgesetzt. Gelangen die entsprechenden Umwelt- oder Geodaten der Behörden zu einem späteren Zeitpunkt in ein öffentliches Ar-

---

253 RL 90/313/EWG vom 7. Juni 1990, später abgelöst von der RL 2003/4/EG vom 28. Januar 2003.

254 Art. 3 Abs. 1 RL 2003/4/EG.

255 RL 2007/2/EG.

256 Art. 11 RL 2007/2/EG.

257 Zur Entwicklung des europarechtlich beeinflussten Informationsrechts insgesamt m.w.N. Schoch 2016, Einleitung, Rn. 156-178.

chiv, dann darf hinsichtlich einer Benutzung dieser umwelt- oder geodatenbezogenen Archivgüter keine Schutzfrist angewendet werden, was sich beispielsweise aus § 11 Abs. 5 BArchG ergibt. Die Benutzung ist ohne Fristenablauf zulässig. Diese Auswirkung auf das deutsche Archivrecht, die von den europäischen Informationsrichtlinien ausgehen, hat der Bundesgesetzgeber unmittelbar als Begründung herangezogen, als er das Schutzfristenrecht mit der Novelle des Bundesarchivgesetzes im Jahr 2017 dahingehend veränderte, dass die Ausnahme der Schutzfristen nicht nur für das Informationsfreiheitsgesetz des Bundes, sondern für alle Informationszugangsgesetze gilt.[258]

Neben der Umweltinformationsrichtlinie und der INSPIRE-Richtlinie hat schließlich die Richtlinie über die Weiterverwendung von Informationen des öffentlichen Sektors 2013/37/EU[259] Auswirkungen auf das nationale Archivrecht. Ziel der Richtlinie ist es, insbesondere wirtschaftlichen Akteuren den Zugang und die Weiterverwendung öffentlicher Informationen zu ermöglichen. Dies gilt gemäß Art. 1 Abs. 2 lit. f PSI-Richtlinie 2013 auch für Bibliotheken, Museen und Archive.[260] Laut Art. 5 PSI-Richtlinie 2013 müssen die öffentlichen Stellen die vorhandenen Informationen in allen Formaten und soweit möglich in digitaler Form und mitsamt den zugehörigen Metadaten bereitstellen und zur freien Weiterverwendung durch Personen, wirtschaftliche Akteure und andere zugänglich machen. Gemäß Art. 1 Abs. 2 lit. b und c sowie Abs. 4 PSI-Richtlinie 2013 gilt die Richtlinie nicht, wenn es sich um urheberrechtlich geschützte Dokumente, um personenbezogene Dokumente oder um Dokumente handelt, für die im Recht der Mitgliedstaaten speziellere Zugangsregeln gelten. Für die archivrechtliche Praxis bedeutet die PSI-Richtlinie hauptsächlich, dass ein Nutzer über Reproduktionen und Kopien von Archivgut, das keinen weiteren rechtli-

---

258 Vgl. Deutscher Bundestag, Drucksache 18/9633, S. 66 und 70.

259 Die sogenannte PSI-Richtlinie (Re-Use of Public Sector Information) 2003/98/EG wurde durch die PSI-Richtlinie vom 26. Juni 2013 überarbeitet und entfaltete fortan auch Wirkung für Informationen kultureller Einrichtungen.

260 Zur Ausweitung des Anwendungsbereichs der Richtlinie siehe auch Erwägungsgrund 18 der RL 2013/37/EU.

chen Vorbehalten mehr unterliegt, frei verfügen darf. Erst wenn keine weiteren Zugangssperren, etwa aus dem deutschen Urheberrecht oder dem Archivrecht, bestehen, gilt die Informationspflicht der PSI-Richtlinie für die öffentlichen Archive mit der Folge, dass der (wirtschaftliche) Nutzer der Kopien und Scans diese Archivreproduktionen anschließend beliebig weiterverwenden darf.[261] Gemäß Art. 6 Abs. 4 PSI-Richtlinie 2013 dürfen die öffentlichen Archive für die Weiterverwendung ihrer Informationen eine „angemessene Gewinnspanne“ erheben. Umgesetzt wurde die Richtlinie durch das deutsche Informationsweiterverwendungsgesetz.[262] Dessen §§ 3a, 4 und 5 treffen der Richtlinie entsprechende Vorschriften, die auch für die deutschen öffentlichen Archive gelten. Weder die PSI-Richtlinie noch das Informationsweiterverwendungsgesetz eröffnen einen subjektiven Rechtsanspruch auf Zugang zu Archivgut außerhalb der Regeln des Archivrechts. Gleichwohl hat die Archivverwaltung innerhalb des Archivbenutzungsrechts diese Vorschriften über den gleichen Zugang, die Nutzung und die Weiterverwendung der Archivinformationen durch die Wirtschaft anzuwenden und zu berücksichtigen.[263]

e) Einfluss auf das Recht der elektronischen Dokumente

Nicht zuletzt hat die europäische Verordnung über die elektronische Identifizierung und Vertrauensdienste (eIDAS-Verordnung)[264] bedeutsame Auswirkungen auf die nationale Rechtsordnung und das sich entwickelnde digitale Archivwesen und Archivrecht gezeigt. Das bisherige deutsche Signatur-

---

261 Vgl. Clemens Rehm, Rahmenbedingungen für den Zugang zu Archivgut, in: Irmgard Becker/Clemens Rehm (Hrsg.), Archivrecht für die Praxis, München 2017, S. 135-141, 137.

262 Informationsweiterverwendungsgesetz (IWG) vom 13. Dezember 2006 (BGBl. I S. 2913), das durch Artikel 1 des Gesetzes vom 8. Juli 2015 (BGBl. I S. 1162) geändert worden ist.

263 Deutlich § 1 Abs. 2a IWG; weiterhin Rehm, in: Becker/Rehm 2017, S. 135 und 137.

264 Verordnung (EU) Nr. 910/2014 des Europäischen Parlaments und des Rates vom 23. Juli 2014 über elektronische Identifizierung und Vertrauensdienste für elektronische Transaktionen im Binnenmarkt und zur Aufhebung der Richtlinie 1999/93/EG.

recht[265], das die Vorschriften über Beweissicherung und Signaturerstellung für den elektronischen Rechtsverkehr enthielt, wurde von der direkt geltenden eIDAS-Verordnung abgelöst und der deutsche Gesetzgeber reagierte mit der Aufhebung des Signaturgesetzes und der Signaturverordnung[266] und erließ lediglich das Vertrauensdienstegesetz[267], das der genaueren Anwendung der eIDAS-Verordnung in Deutschland dient. Auch die eIDAS-Verordnung und das begleitende Vertrauensdienstegesetz haben rechtliche Auswirkungen auf das deutsche Archivwesen und Archivrecht. Das sich entwickelnde und zukünftig immer bedeutsamer werdende Recht der elektronischen Archivierung ist maßgeblich auf Vorschriften angewiesen, die Instrumente bereithalten, um auch in digitalen Zeiten Vertrauen und Beweiskraft von Dokumenten zu garantieren. Das Archivrecht verlangt von den Archiven, ihre Bestände im ursprünglichen Zustand zu erhalten, sofern dies möglich ist und nicht archivwissenschaftliche Gründe entgegenstehen. Nur auf diese Weise kann das Vertrauen in die Authentizität und Beweiskraft der archivierten elektronischen Daten aufrechterhalten werden. Da elektronische Daten jedoch leichter zu manipulieren sind als klassische Unterlagen, wurden eigene technische Sicherungsmechanismen entwickelt, die die Echtheit und Unverändertheit eines elektronischen Dokumentes bestätigen können. Der Nachweis gelingt zumeist durch das Anbringen sogenannter qualifizierter elektronischer Signaturen. Solche elektronischen Signaturen werden auch im digitalen Archivwesen eingesetzt. Bisher ergaben sich die Vorschriften über die elektronischen Sicherungsmaßnahmen und Signaturen, die auch die öffentlichen Archive anwendeten, aus dem nationalen Signaturrecht. Nunmehr gilt dafür die eIDAS-Verordnung der Europäischen Union. Werden die Rechtsgrundlagen für diese elektronischen Signaturtechniken durch die Europäische Union harmonisiert, so wird das deutsche Archivrecht in diesem Aspekt ebenfalls europarechtlich beeinflusst. Denn das Recht der

265 Gesetz über Rahmenbedingungen für elektronische Signaturen (BGBl. I 2001, S. 876); Signaturverordnung (BGBl.I 2001, S. 3074).

266 Vgl. Deutscher Bundestag, Drucksache 18/12494, S. 30.

267 Siehe § 1 Abs. 1 Vertrauendienstegesetz, vom 18. Juli 2017 (BGBl. I S. 2745).

elektronischen Sicherungsmaßnahmen spielt im Komplex der elektronischen Archivierung eine bedeutende Rolle. Nunmehr wenden Archive im Rahmen digitaler Bestandserhaltungsmaßnahmen das direkt geltende europäische Recht der Vertrauensdienste an.

Es ist nach alledem nicht zu bestreiten, dass die Europäische Union insbesondere auf der Grundlage der begrenzten Zuständigkeit für die Kultur gemäß Art. 6 lit. c und Art. 167 AEUV auch koordinierende und unterstützende Kompetenzen im Bereich des Archivwesens besitzt.[268] Die Entschließungen, Empfehlungen, Richtlinien und Verordnungen zeigen, dass das Archivwesen von europäischen Maßnahmen betroffen ist und beeinflusst wird. Archivische Digitalisierung, archivisches Urheberrecht und spezielle archivische Informationszugänge können als vordergründige Themen erkannt werden.

f) Einfluss des europäischen Datenschutzrechts

Den wohl herausragendsten Einfluss des europäischen Rechts auf das nationale Archivrecht verzeichnet jedoch der europäische Datenschutz. Die unmittelbar geltende Datenschutzgrundverordnung (DSGVO) überträgt seit Mai 2018 in vielen Bereichen direkte Rechte und Pflichten auf die nationalen Archive und übt insofern Einfluss auf das nationale Archivrecht aus.[269] Es stellt sich dabei jedoch die Frage, inwiefern das Europarecht nationale Tätigkeiten in öffentlichen Archivbehörden regulieren kann und wie weit die Kompetenzen der Europäischen Union für das Datenschutzrecht reichen.[270]

---

268 Vgl. Hans Georg Fischer, in: Carl Otto Lenz/Klaus-Dieter Borchardt (Hrsg.), EU-Verträge Kommentar, 6. Aufl., Köln 2012, Art. 167 AEUV, Rn. 18.

269 Vgl. Thüringer Landtag, Drucksache 6/4942, S. 1.

270 Siehe zu den nachstehenden Ausführungen ebenfalls den Beitrag Berger, RDV 2018, S. 201-206.

(1) Anwendungsbereich der DSGVO

Das Datenschutzrecht in Europa war bereits seit geraumer Zeit von der Datenschutz-Richtline[271] der Europäischen Union geprägt, und fand seine Umsetzung (Art. 288 Abs. 3 AEUV) in den nationalen Datenschutzgesetzen. Um das Datenschutzrecht innerhalb der Union weiter zu harmonisieren[272] und die unterschiedlichen nationalen Datenschutzstandards anzupassen, hat die Europäische Union im Jahr 2016 die Datenschutzgrundverordnung erlassen.[273] Seit Mai des Jahres 2018 entfaltet die DSGVO unmittelbare Wirkung. Denn sie genießt als EU-Verordnung gemäß Art. 288 Abs. 2 S. 1 AEUV Allgemeingültigkeit und bedarf keines sie umsetzenden Rechtsaktes durch die Mitgliedstaaten. „Sie ist in all ihren Teilen verbindlich und gilt unmittelbar in jedem Mitgliedstaat" (Art. 288 Abs. 2 S. 2 AEUV).[274]

Damit ist jedoch noch nicht festgestellt, ob sich der Anwendungsbereich der europäischen Datenschutzgrundverordnung auch auf Datenverarbeitungen in nationalen Behörden, beispielsweise öffentlichen Archiven, erstrecken kann. Hierfür muss einerseits die Reichweite der Hoheitskompetenzen der Union und andererseits der konkrete Anwendungsbereich der DSGVO herangezogen werden. Der sachliche Anwendungsbereich der Verordnung gilt gemäß Art. 2 Abs. 1 DSGVO „für die ganz oder teilweise automatisierte Verarbeitung personenbezogener Daten sowie für die nichtautomatisierte Verarbeitung personenbezogener Daten, die in einem Dateisystem gespeichert sind oder gespeichert werden sollen." Damit wird zunächst ein denkbar weiter sachlicher Anwendungsbereich eröffnet. Es wird nicht danach differenziert,

271 Richtlinie 95/46/EG des Europäischen Parlaments und des Rates vom 24. Oktober 1995 zum Schutz natürlicher Personen bei der Verarbeitung personenbezogener Daten und zum freien Datenverkehr.

272 Das ergibt sich beispielsweise auch aus den Erwägungsgründen 3 und 53 zur DSGVO.

273 Verordnung des Europäischen Parlaments und des Rates vom 04. Mai 2016 zum Schutz natürlicher Personen bei der Verarbeitung personenbezogener Daten, zum freien Datenverkehr und zur Aufhebung der Richtlinie 95/46/EG.

274 So bereits EuGH, Rs. 43/71, Sammlung der Rechtsprechung 1971, 1039, Rn. 9; weiterhin Alina Berger, Anwendungsvorrang und nationale Verfassungsgerichte, Tübingen 2015, S. 34f.

ob der Verarbeiter eine privatrechtliche oder öffentlich-rechtliche Person ist. Gleichwohl wird eine Ausnahme von diesem Anwendungsbereich in Art. 2 Abs. 2 lit. a DSGVO festgelegt. Demnach gilt die Verordnung gänzlich *nicht* für alle Verarbeitungen personenbezogener Daten, die „im Rahmen einer Tätigkeit [stattfinden], die nicht in den Anwendungsbereich des Unionsrechts fällt.“[275] Datenverarbeitungen in unionsrechtlich nicht erfassten Bereichen werden von der DSGVO gar nicht berührt.[276] Mit anderen Worten kann auch das europäische Recht keine Datenschutzvorgaben für Verarbeitungen machen, die in einem rein nationalen Rechtsrahmen stattfinden. Das europäische Datenschutzrecht findet folglich seine Grenze dort, wo der übertragene Hoheitsbereich der Europäischen Union gemäß den Verträgen endet. Um zu klären, ob die DSGVO auch von nationalen Archivbehörden anzuwenden ist, muss also bestimmt werden, ob und wann Tätigkeiten der nationalen öffentlichen Archivbehörden im Anwendungsbereich des Unionsrechts liegen.

(2) Harmonisierungskompetenzen der Europäischen Union für Archivfragen

Die primärrechtliche Gesetzgebungskompetenz der Union für das Datenschutzrecht ergibt sich aus Art. 16 Abs. 2 AEUV. Die Union darf ein Datenschutzrecht erlassen, das auch für die Mitgliedstaaten gilt, soweit sie Tätigkeiten im Anwendungsbereich des Unionsrechts ausüben.[277] Wann der Anwen-

---

275 Vgl. Maximilian von Grafenstein, in: Sibylle Gierschmann/Katharina Schlender/Rainer Stentzel/Winfried Veil (Hrsg.), Kommentar Datenschutz-Grundverordnung, Köln 2018, Art. 2, Rn. 31; Stefan Ernst, in: Boris Paal/Daniel Pauly (Hrsg.), Datenschutz-Grundverordnung. Kommentar, München 2017, Art. 2, Rn. 11.

276 Vgl. Alexander Roßnagel, Anwendungsvorrang des Unionsrechts, in: Alexander Roßnagel (Hrsg.), Europäische Datenschutz-Grundverordnung, Baden-Baden 2017, S. 67-78, 76.

277 Vgl. Thomas Zerdick, in: Eugen Ehmann/Martin Selmayr (Hrsg.), Datenschutz-Grundverordnung. Kommentar, München 2017, Art. 2, Rn. 5; Thorsten Kingreen, in: Christian Calliess/Matthias Ruffert (Hrsg.), EUV/AEUV. Kommentar, 4. Aufl., München 2011, Art. 16, Rn. 5: nicht nur zur bloßen Binnenmarktdurchsetzung. Die Abhängigkeit der Reichweite der Datenschutzkompetenz von den übrigen Zuständigkeiten der Europäischen Union ergibt sich bereits aus dem Wort-

dungsbereich des Unionsrechts eröffnet ist, in dessen Rahmen folglich auch korrespondierende Datenschutzvorschriften erlassen werden dürfen, muss aus den europäischen Verträgen und den dort verankerten Kompetenzen der Union ermittelt werden,[278] insbesondere aus den Kompetenztiteln der Artikel 4 und 6 AEUV.[279] Das bedeutet, dass sich die Gesetzgebungskompetenz der Union für den Datenschutz stets in Abhängigkeit zu den materiellen Zuständigkeiten der Union befindet. Datenschutz ist eine *Querschnittsmaterie*[280], deren Reichweite sich erst durch die *weiteren* Zuständigkeiten der Union ergibt.[281] Konsequenterweise bedeutet das auch, dass immer dann, wenn die europäischen Verträge *Grenzen* der Zuständigkeiten der Union für bestimmte Materien festlegen – insbesondere Harmonisierungsverbote des AEUV[282] – über diese Grenzen hinaus auch keine Datenschutzvorschriften erlassen werden dürfen.[283] Dies ergibt sich logischerweise aus dem Umstand, dass Überschreitungen der

laut des Art. 16 Abs. 2 AEUV: „im Rahmen der Ausübung von Tätigkeiten, die in den Anwendungsbereich des Unionsrechts fallen"; der englische Wortlaut: „when carrying out activities which fall within the scope of Union law".

278 Vgl. Zerdick, in: Ehmann/Selmayr 2017, Art. 2, Rn. 5.

279 Vgl. von Grafenstein, in: Gierschmann et al. 2018, Art. 2, Rn. 31.

280 Vgl. Meinhard Schröder, in: Rudolf Streinz/Walther Michl (Hrsg.), EUV/AEUV. Kommentar, 3. Aufl., München 2018, Art. 16 AEUV, Rn. 6: eine „objektiv-rechtliche Querschnittsverpflichtung der Unionsorgane auf den Datenschutz [...], die dazu dient, dessen besondere Bedeutung für das gesamte Unionsrecht in der heutigen digitalen Welt zu betonen."

281 Vgl. Jan Henrik Klement, Öffentliches Interesse an Privatheit, JZ 2017, S. 161-170, 165; Kai von Lewinski, Europäisierung des Datenschutzrechts, DuD 2012, S. 564-570, 565; Schröder, in: Streinz/Michl 2018, Art. 16 AEUV, Rn. 8.

282 Bereits durch Art. 2 Abs. 5 AEUV geht hervor, dass Harmonisierungsverbote die Zuständigkeiten und Kompetenzen der Europäischen Union begrenzen und diese auch nicht über Art. 352 Abs. 3 oder Art. 114 AEUV umgangen werden dürfen, vgl. Rudolf Streinz, in: Rudolf Streinz/Walther Michl (Hrsg.), EUV/AEUV. Kommentar, 3. Aufl., München 2018, Art. 2 AEUV, Rn. 12; zu Harmonisierungsverboten für alle koordinierenden und unterstützenden Kompetenzen der Union siehe Walter Frenz, Europarecht, 2. Aufl., Wiesbaden 2016, S. 33.

283 Vgl. Klement, JZ 2017, S. 165: „Wille des Gesetzgebers erkennbar, die primärrechtlich gesetzten Grenzen nicht zu überschreiten".

Kompetenzgrenzen gerade nicht mehr zum Anwendungsbereich des Unionsrechts gehören können. „Dementsprechend ist auch der Begriff »Anwendungsbereich des Unionsrechts« restriktiv auszulegen und erfasst grundsätzlich keine rein innerstaatlichen, vom Unionsrecht völlig unberührten Fälle der Datenverarbeitung durch öffentliche Stellen."[284]

Die Datenschutzgrundverordnung erhebt den Anspruch, die maßgebliche und harmonisierende Rechtsgrundlage für personenbezogene Datenverarbeitungen zu sein. Ihre Harmonisierungswirkung geht beispielsweise von den abweichungsfesten Grundsatzvorschriften aus Art. 5 und 6 DSGVO und aus bestimmten Pflichten der Verarbeiter, etwa die Dokumentationspflicht nach Art. 30 oder die Datensicherheit aus Art. 32 DSGVO, hervor. Artikel 89 Abs. 1 und 3 DSGVO bestimmen, dass auch Datenverarbeitungen zu öffentlichen Archivzwecken von diesen Vorgaben und Garantien der Verordnung nicht abweichen dürfen. Im Hinblick auf diesen *Harmonisierungsanspruch der DSGVO*, der durch Art. 89 DSGVO auch gegenüber nationalen Archivbehörden erhoben wird, muss die Frage beantwortet werden, auf welcher Kompetenzgrundlage die Union im Zusammenspiel mit Art. 16 Abs. 2 AEUV[285] solche harmonisierenden Datenschutzregeln für das Archivwesen erlassen durfte.

Vordergründig drängt sich die Möglichkeit einer europäischen Regelungsbefugnis für das Archivwesen aus der *Kulturkompetenz* der Europäischen Union auf. Es wurde bereits ausgeführt, dass die Europäische Union aufgrund des Art. 6 lit. c und des Art. 167 AEUV zuständig ist für koordinierende und unterstützende Maßnahmen im Rahmen der Kulturpolitik. Es zeigte sich, dass diese Maßnahmen auch das nationale Archivwesen in verschiedenen Teilaspekten berühren und unterstützen können.[286] Gleichwohl muss in Zweifel gezogen

---

284 Schröder, in: Streinz/Michl 2018, Art. 16 AEUV, Rn. 9. Zu Ausführungen am Beispiel der nationalen Datenverarbeitung im Meldewesen und im Personenstandsrecht siehe Annika Kieck/Dirk Pohl, Zum Anwendungsbereich des europäischen Datenschutzrechts, DuD 2017, S. 567-571, 568ff.

285 Vgl. Klement, JZ 2017, S. 165; von Lewinski, DuD 2012, S. 565.

286 Auf die allgemeine kulturpolitische Gesetzgebungskompetenz der EU aus Art. 6 AEUV zur Bestimmung des Anwendungsbereiches der

werden, ob über diese einzelnen Berührungspunkte zugleich das Archivwesen als gesamte Regelungsmaterie in den Anwendungsbereich des Unionsrechts fällt. Denn Art. 167 AEUV begründet zwar eine Zuständigkeit der Europäischen Union für Kulturfragen, begrenzt jedoch zugleich die Reichweite der Kulturzuständigkeit.[287] Durch das ausdrückliche Harmonisierungsverbot des Art. 167 Abs. 5 AEUV wird festgestellt, „dass Art. 167 keine Grundlage zur Harmonisierung nationalen Rechts im kulturellen Bereich darstellt" und insbesondere nicht durch Richtlinien oder Verordnungen in die nationale (Kultur-)Rechtsordnung eingegriffen werden darf.[288]

Deshalb wird bestritten, dass das Archivwesen als Regelungsmaterie in den Hoheitsbereich des Unionsrechts übertragen wurde.[289] Das Archivrecht als solches ist dem europäischen Primär- und Sekundärrecht fremd und die Ausgestaltung der Kulturkompetenz der Union als eine nur unterstützende Zuständigkeit spricht dafür, dass eine allgemeine Einbindung des Archivrechts in den Anwendungsbereich des Unionsrechts verneint werden muss.[290] Das Archivrecht wird stattdessen als eine ausschließlich nationale Bundes- und Landeskompetenz verstanden.[291] Der zentrale Grund dafür liegt in der klaren Beschränkung, der die Kulturkompetenz der Union nach Art. 167 AEUV unterliegt.[292] Die Europäische

---

DSGVO verweist auch von Grafenstein, in: Gierschmann et al. 2018, Art. 2, Rn. 31.

287 Vgl. Fechner, in: von der Groeben/Schwarze/Hatje 2015, Art. 167, Rn. 4; Roland Bieber/Markus Kotzur, Bildung, Kultur und Sport, in: Roland Bieber et al., Die Europäische Union, 13. Aufl., Baden-Baden 2019, S. 586-592, 586f, Rn. 2 und 3; gleichlautend zur Rechtslage unter dem EG-Vertrag Thomas von Danwitz, Die Kultur in der Verfassungsordnung der Europäischen Union, NJW 2005, S. 529-536, 531 und 534.

288 Vgl. Fechner, in: von der Groeben/Schwarze/Hatje 2015, Art. 167, Rn. 42; Schmahl 1996, S. 211f

289 Vgl. Schoch/Kloepfer/Garstka 2007, S. 37, Rn. 17; Schoch, Die Verwaltung 39 (2006), S. 467.

290 Vgl. Schoch/Kloepfer/Garstka 2007, S. 37, Rn. 17 und S. 39, Rn. 20.

291 Vgl. Becker/Oldenhage 2006, § 1, Rn. 4ff und 13.

292 Vgl. Christoph Vedder, in: Christoph Vedder/Wolff Heintschel von Heinegg (Hrsg.), Europäisches Unionsrecht, Baden-Baden 2012, Art. 167 AEUV, Rn. 9; Hermann-Josef Blanke, in: Christian Calliess/Matthias Ruffert (Hrsg.), EUV/AEUV, 5. Aufl., München 2016,

Union darf „nach Art. 167 AEUV keine eigene Kulturpolitik entwickeln oder durchführen."[293] Auch der Deutsche Bundesrat hatte im Jahr 2012 Bedenken hinsichtlich einer Kompetenzüberschreitung der Europäischen Union durch die DSGVO in Kultur- und Bildungsfragen angemeldet.[294]

Da die DSGVO eine Reihe harmonisierender Vorschriften aufstellt, die die deutschen Archivgesetze augenscheinlich einem Anpassungsdruck unterwerfen[295], stellt die DSGVO genau den Fall eines Eingriffs in die nationale Rechtsordnung dar, der von Art. 167 Abs. 5 AEUV verboten wird. Die Kulturkompetenz der EU kann demzufolge zwar einen „weichen" Einfluss auf das Archivwesen etwa durch Empfehlungen und Richtlinien ausüben. Sie kann und darf jedoch nicht als Kompetenzgrundlage für direkt geltende und harmonisierende europäische Datenschutzregeln für das deutsche Archivwesen

---

Art. 167 AEUV, Rn. 19; Fechner, in: von der Groeben/Schwarze/Hatje 2015, Art. 167, Rn. 42f; früh bereits zu Art. 128 EGV Georg Ress, Die neue Kulturkompetenz der EG, DÖV 1992, S. 944-955, 947.

293 Matthias Herdegen, Europarecht, 18. Aufl., München 2016, S. S. 494; vgl. auch Nettesheim, JZ 2002,S. 162; zu Auseinandersetzungen zwischen Kommission und Mitgliedstaaten über die Reichweite der Kulturkompetenz siehe bereits Ingo Hochbaum, Der Begriff der Kultur im Maastrichter und Amsterdamer Vertrag, BayVBl 1997, S. 641-654, 649.

294 Vgl. Deutscher Bundesrat, Drucksache 52/12, S. 2. Er brachte die gleichen Bedenken für die Harmonisierungstendenzen durch die DSGVO an, z.B. für den Bildungsbereich, für den eine europäische Harmonisierung vergleichbar wie im Kulturbereich verboten ist (S. 3): „Mit der Erstreckung der vorge-schlagenen Verordnung auf sämtliche Tätigkeiten im Geltungsbereich des Unionsrechts (Artikel 2 Absatz 2 Buchstabe a des Vorschlags) beansprucht die Kommission außerdem datenschutzrechtliche Regelungskompetenzen zu einer verbindlichen Regelung von Sachbereichen, wie z. B. dem Bildungssystem, in denen eine Kompetenz zur Harmonisierung von Rechts- und Verwaltungsvorschriften sogar ausdrücklich ausgeschlossen ist (z. B. Artikel 165 Absatz 4 AEUV)."

295 Das zeigt sich in den vermehrten Rechtsanpassungen der Archivgesetze an die DSGVO seit dem Jahr 2018, vgl. etwa Landtag Schleswig-Holstein, Drucksache 19/429, S. 195; Landtag Mecklenburg-Vorpommern, Drucksache 7/1569, S. 15; Landtag Brandenburg, Drucksache 6/7947, S. 33; Deutscher Bundestag, Drucksache 18/11325, S. 100; Thüringer Landtag, Drucksache 6/4942, Begründung S. 20; Paul C. Johannes/Philipp Richter, Privilegierte Verarbeitung im BDSG-E, DuD 2017, S. 300-305, 304.

herangezogen werden, da gerade diese Harmonisierung durch Art. 167 Abs. 5 AEUV ausgeschlossen wird und nicht von der Zuständigkeit der EU gedeckt ist. Die Anwendbarkeit der DSGVO in öffentlichen Archivbehörden kann sich demnach nicht auf die Kulturkompetenz der Union im Sinne des Anwendungsbereiches des Unionsrechts nach Art. 16 Abs. 2 AEUV stützen.

Gleichwohl gilt das Harmonisierungsverbot nach Art. 167 Abs. 5 AEUV nicht für Maßnahmen anzuwenden, die zwar kulturelle Auswirkungen haben, sich jedoch auf einen *anderen* Kompetenztitel der Union stützen.[296] Deshalb kommen auch die weiteren Zuständigkeiten der Union als Grundlage für europäische Datenschutzvorschriften für nationale Archivbehörden in Betracht.

In diesem Sinne kann weiter untersucht werden, ob die europäische *Forschungskompetenz* aus den Art. 179ff. AEUV als Grundlage zur Harmonisierung des Datenschutzes in Archivbehörden herangezogen werden kann. Dies wäre der Fall, wenn die Kompetenz harmonisierende Maßnahmen der EU auf dem Gebiet der Forschung für zulässig erklärt. Grundsätzlich ließen sich Archivfragen auch über Forschungszuständigkeiten regeln, denn die Forschung anhand von Archivgütern und die Forschung, die durch die Archive selbst erbracht wird, ist ein wesentlicher Bestandteil der öffentlichen Archivprozesse. Art. 179 Abs. 1 AEUV verfolgt das Ziel, einen europäischen Raum der Forschung zu schaffen, womit eine eigenständige europäische Forschungspolitik zulässig ist. Da Forschung und technologische Entwicklung gemäß Art. 4 Abs. 3 AEUV zu den zwischen EU und Mitgliedstaaten geteilten Zuständigkeiten fällt, bleibt die Eigenständigkeit der nationalen Forschungspolitik jedoch selbst dann bestehen, wenn die EU bereits eigene forschungspolitische Maßnahmen und Rechtsakte vorgenommen hat. Auch Art. 180 AEUV erklärt, dass die europäischen Forschungspolitiken zur Ergänzung der nationalen Forschungspolitik dienen sollen. Damit bestehen zwischen der EU und den Mitgliedstaaten parallele und eigenständige Forschungskompetenzen, die gemäß Art. 181 Abs. 1 AEUV zum Zwecke der Vermeidung von gegenläufigen Ent-

296 Vgl. Lenski 2013, S. 145.

wicklungen koordiniert werden sollen. Da das Primärrecht an mehreren Stellen die Eigenständigkeit der nationalen Forschungspolitik hervorhebt, wird in der Literatur davon ausgegangen, dass die Europäische Union auch im Bereich der Forschung einem Harmonisierungsverbot der mitgliedstaatlichen Regelungen unterliegt.[297] Damit kann im Zweifel auch die Forschungskompetenz der EU nicht als Grundlage für harmonisierende Datenschutzregeln der DSGVO für im öffentlichen Interesse liegende Archivzwecke herangezogen werden.

Weder die Kulturkompetenz aus Art. 167 AEUV noch die Forschungskompetenz aus Art. 179ff. AEUV erlauben es daher der Europäischen Union, harmonisierende Datenschutzvorschriften für Archive der Mitgliedstaaten zu erlassen. Doch selbst wenn die Harmonisierungsverbote für Kultur und Forschung die Zuständigkeit der Union beschränken, heißt dies nicht, dass nicht auch andere Handlungsbereiche und Maßnahmen der Union kulturelle Aspekte beinhalten, ohne zugleich unter die Kulturkompetenz zu fallen.[298] Bei differenzierter Betrachtung wird erkennbar, dass einzelne öffentliche Archivierungstätigkeiten vom europäischen Primär- und Sekundärrecht berührt werden. Dabei sind es hauptsächlich die Unionszuständigkeiten für den Binnenmarkt und für die Umwelt, die Tätigkeiten der nationalen Archivbehörden in den Anwendungsbereich des Unionsrechts heben. Öffentliche Archivtätigkeiten können daher in spezifischen Konstellationen in den Anwendungsbereich des Unionsrechts fallen, was insoweit auch die Anwendung der Vorschriften der DSGVO in öffentlichen Archiven auslöst. Diese spezifischen Konstellationen müssen genau benannt werden. Es lassen sich zwei Fallgruppen ausmachen.

---

297 Vgl. Kerstin Odendahl, Bildung, Kultur, Forschung und technologische Entwicklung, in: Matthias Niedobitek (Hrsg.), Europarecht, Berlin 2014, S. 1005-1064, 1058, Rn. 110; weiterhin Herdegen 2018, S. 498f und Josef Franz Lindner, Die Europäisierung des Wissenschaftsrechts, in: WissR, Beiheft 19/2009, S. 50.

298 Vgl. Antje Behrens, Kultur in der Europäischen Union, Berlin 1999, S. 59f.

Fallgruppe 1: Archivierung im Rahmen der Ausübung von Europarecht. Die erste Fallgruppe umfasst alle Tätigkeiten, in denen ein öffentliches Archiv personenbezogene staatliche Unterlagen archiviert, die im Rahmen der Ausübung von europarechtlichen Vorgaben entstanden sind. Die Europäische Union hat verschiedene Einzelkompetenzen erhalten, die sie nutzt, um rechtliche Vorgaben für die Verwaltungstätigkeit der Mitgliedstaaten zu machen. Im Rahmen dieser Anwendung des europäischen Rechts kann es verschiedentlich auch zu personenbezogenen Datenverarbeitungen kommen. Hierfür lassen sich mehrere Fallbeispiele nennen.

Zur Verwirklichung des *europäischen Binnenmarktes*[299] macht die Europäische Union im Bereich des Wirtschaftsverwaltungsrechts viele Vorgaben, die durch die nationale öffentliche Verwaltung umgesetzt werden müssen.[300] Beispielsweise lässt sich die Anerkennung von Staatsangehörigen eines anderen Mitgliedstaates der EU für die Zulassung zu einem in Deutschland niedergelassenen Handwerksbetrieb nennen. Diese Anerkennung geht maßgeblich auf die Richtlinie 2005/36/EG über die Anerkennung von Berufsqualifikation zurück.[301] Diese dementsprechend vorgenommene Eintragung eines EU-Bürgers in die Handwerksrolle gemäß der deutschen Vorschriften in § 7 Abs. 3 und § 9 Abs. 1 Nr. 1 der Handwerksordnung i.V.m. § 1 EU/EWR-HwV[302] ist eine personenbezogene Datenverarbeitung, die auf europäische Vorgaben zurückgeht und insofern im Anwendungsbereich des Unionsrechts, spezieller im Rahmen der Verwirklichung des Binnenmarktes, stattfindet.

Personenbezogene Datenverarbeitungen einer nationalen Behörde im Anwendungsbereich des Unionsrechts finden sich weiterhin bei der Anerkennung ausländischer Fahrerlaubnisse nach § 29 Abs. 1 Fahrerlaubnis-Verordnung

---

299 Die weitreichenden Kompetenzen für die Verwirklichung des Binnenmarktes ergeben sich aus Art. 3 Abs. 1 lit. b und Art. 4 Abs. 2 lit. a AEUV.

300 Vgl. für weitere Beispiele Thorsten Siegel, Europäisierung des Öffentlichen Rechts, Tübingen 2012, S. 129ff.

301 Vgl. RL 2005/36/EG; dazu Jan Ziekow, Öffentliches Wirtschaftsrecht, 4. Aufl., München 2016, S. 253.

302 EU/EWR-Handwerk-Verordnung vom 18. März 2016 (BGBl. I S. 509).

(FeV).[303] Deren Regelungen dienen zur Umsetzung der europäischen Führerscheinrichtlinie, die eine gegenseitige Anerkennung der Fahrerlaubnisse der Mitgliedstaaten verlangt.[304] Personenbezogene Daten, die im Rahmen dieser Fahrerlaubnisanerkennung nach § 29 FeV erhoben werden[305], werden gemäß § 57 FeV und § 50 StVG in den örtlichen Fahrerlaubnisregistern gespeichert.

Nationale Behörden verarbeiten personenbezogene Daten nicht nur im Rahmen der Binnenmarktverwirklichung, sondern etwa auch im stark durch das Europarecht geprägten *Umweltrecht*. Die Kompetenz der Europäischen Union für die Umwelt stützt sich dabei auf Art. 4 Abs. 2 lit. e AEUV. Personenbezogene Datenverarbeitungen der nationalen Umweltbehörden finden sich etwa bei den Eintragungen von erteilten Erlaubnissen und Bewilligungen in die elektronisch geführten Wasserbücher[306], deren Einrichtung und deren Informationszugänglichkeit sich ebenfalls durch europarechtliche Vorgaben bestimmen. Die Wasserrahmenrichtlinie[307] sowie die Umweltinformationsrichtlinie[308] bilden hierfür den europäischen Rechtsrahmen, der durch die nationalen Behörden ausgeübt wird. Auch die im Rahmen einer Umweltverträglichkeitsprüfung erhobenen Daten können Personenbezüge aufweisen[309], die eine nationale Umweltbehörde verarbeitet, während sie sich im europarechtlichen Anwendungsbereich

303 Fahrerlaubnis-Verordnung vom 13. Dezember 2010 (BGBl. I S. 1980).

304 Art. 2 der Richtlinie 2006/126/EG vom 20. Dezember 2006 über den Führerschein.

305 Die Liste des § 57 FeV umfasst neben vielen weiteren Angaben etwa den Namen, die Anschrift, die Staatsangehörigkeit, die Fahrerlaubnisklasse, die Führerscheinnummer oder Auflagen und Beschränkungen zur Fahrerlaubnis.

306 Z. B. § 87 WHG; § 88 SächsWG.

307 Richtline 2000/60/EG vom 23. Oktober 2000 zur Schaffung eines Ordnungsrahmens für Maßnahmen der Gemeinschaft im Bereich der Wasserpolitik.

308 Richtline 2003/4/EG vom 28. Januar 2003 über den Zugang der Öffentlichkeit zu Umweltinformationen.

309 § 23 UVPG.

der UVP-Richtlinie bewegt.[310] Personenbezogene Datenverarbeitungen können außerdem immer dann stattfinden, wenn bestimmte personenbezogene Umweltinformationen der Öffentlichkeit zugänglich gemacht werden sollen. Die Entscheidungen der Behörden über die Zugangseröffnung. z. B. die Einsicht in die Wasserbücher, aber auch in andere bei der Umweltverwaltung vorliegende personenbezogene Informationen, richtet sich nach Art. 4 Abs. 2 lit. f und Unterabsatz 3 der Umweltinformationsrichtlinie.[311]

Diesen Darlegungen zufolge ist erkennbar, dass sich verschiedene nationale Behördentätigkeiten, die mit der Verarbeitung personenbezogener Daten verbunden sind, im Anwendungsbereich des Unionsrechts bewegen können. Werden nun die entsprechenden personenbezogenen Daten etwa von der Fahrerlaubnisbehörde[312], von der Handwerkskammer[313], von der Umwelt- oder der Wasserbehörde verarbeitet, dann hat dies auch Auswirkungen auf die öffentlichen Archivbehörden. Denn gemäß den Archivgesetzen des Bundes und der Länder sind alle Behörden, Gerichte und andere öffentliche juristische Personen verpflichtet, ihre Unterlagen an das Archiv anzubieten, sobald diese Unterlagen nicht mehr benötigt werden. Wenn nun personenbezogene Unterlagen im Rahmen der Anwendung von europäischen Rechtsvorschriften entstanden sind – hier beispielhaft bei der Anerkennung von europäischen Fahrerlaubnissen, der Führung von Wasserbüchern, der Eintragung europäischer Staatsbürger in die Handwerksrolle, oder der Erhebung von personenbezogenen Umweltdaten – und daraufhin an ein öffentliches Archiv übergeben werden, dann findet auch die *Archivierung im*

310 Richtlinie 2011/92/EU vom 13. Dezember 2011 über die Umweltverträglichkeitsprüfung bei bestimmten öffentlichen und privaten Projekten.

311 Vgl. Deutscher Bundestag, Drucksache 15/3406, S. 20.

312 Die Fahrerlaubnisbehörde ist zumeist die kommunale Ordnungsbehörde. Vgl. etwa § 4 Abs. 1 Brandenburgische Straßenverkehrsrechts-Zuständigkeits-Verordnung; § 6 Sächsisches Straßenverkehrszuständigkeitsgesetz.

313 Die Handwerkskammern sind nach § 90 Abs. 1 HwO Körperschaften des Rechts, die gemäß § 115 Abs. 1 HwO der Aufsicht des Landes unterstehen, und sind als solche gemäß dem jeweiligen Archivgesetz anbietungspflichtige öffentliche Stellen, vgl. § 2 Abs. 3 HArchivG.

Anwendungsbereich des Unionsrechts statt. Denn ohne die Vorgaben des Unionsrechts wären diese personenbezogenen Archivgüter nie entstanden. Die Archivierung wird also europarechtlich ausgelöst und bildet einen Teil der Umsetzung der europäischen Vorgaben. Die Archivierung personenbezogener staatlicher Unterlagen, die bei der Anwendung von europäischem Unionsrecht entstanden sind, muss sich gemäß Art. 89 DSGVO an die Vorgaben des europäischen Datenschutzrechts halten. Denn die öffentliche Archivierung findet in diesen konkreten Fällen im Sinne des Art. 2 Abs. 2 lit. a DSGVO im Rahmen von Tätigkeiten statt, die in den Anwendungsbereich des Unionsrechts fallen. Beispiele konnten in den Zuständigkeiten der Union für den Binnenmarkt und für die Umwelt gefunden werden.

Fallgruppe 2: Europarechtlich normierte Archivtätigkeiten. Die zweite Fallgruppe, in denen ein öffentliches Archiv personenbezogene Daten im Anwendungsbereich des Unionsrechts verarbeitet, betrifft Archivtätigkeiten, die direkt von europäischen Rechtsvorschriften normiert werden. Damit wird das nationale Archivrecht in Einzelfällen durch das europäische Recht beeinflusst und verändert. Dies ist vor allem dann der Fall, wenn sich der *Zugang* zu personenbezogenen Archivgütern *nach europäischen Vorgaben* richtet. Die Umweltinformationsrichtlinie sowie die INSPIRE-Richtlinie verpflichten die Mitgliedstaaten, ungehinderte Zugänge zu Umwelt- bzw. Geodaten der öffentlichen Behörden zu eröffnen. Das betrifft auch die öffentlichen Archive, wenn sie Umwelt- oder Geodaten als Archivgüter übernommen haben.[314] Die Zugangsrechte nach dem europäischen Umwelt- und Geodatenrecht derogieren insofern die archivgesetzlichen Zugangsbestimmungen.[315] Sind diese Umwelt- oder Geodaten zugleich

---

314 Deutlich auch Deutscher Bundestag, Drucksache 18/9633, S. 66 zum zwingenden Einfluss der europäischen Umweltinformationsrichtlinie auf den Zugang zu Bundesarchivgut.

315 Vgl. Clemens Rehm, Rahmenbedingungen für den Zugang zu Archivgut, in: Irmgard Becker/Clemens Rehm (Hrsg.), Archivrecht für die Praxis, München 2017, S. 135-141, 135ff (zur PSI-Richtlinie); Friedrich Schoch, Informationsfreiheitsgesetz, 2. Aufl., München 2016, Einl., Rn. 161f und § 1, Rn. 306 (Umweltinformationsrecht); Bettina Martin-Weber, Informationsfreiheitsgesetz des Bundes und Bundesarchivge-

personenbezogene Daten, was durchaus üblich ist[316], dann ist auch die Zugangseröffnung zu diesen Archivgütern eine personenbezogene Verarbeitung[317] im Anwendungsbereich des Unionsrechts. Die Folge ist, dass die Regelung des Art. 89 Abs. 1 DSGVO in diesen Fällen von den öffentlichen Archiven angewendet werden müssen. Der Zugang zu diesen Archivgütern erfolgt nicht mehr nach nationalem Recht, sondern nach Vorgaben des europäischen Rechts. In diesen Situationen wird der Archivzugang im Anwendungsbereich des Unionsrechts eröffnet und die Voraussetzung für die Anwendbarkeit der DSGVO aus Art. 16 Abs. 2 AEUV und Art. 2 Abs. 2 lit. a DSGVO sind gegeben.

Nach alledem kann zusammengefasst werden, dass seit Mai 2018 ein einheitliches und in weiten Teilen harmonisierendes europäisches Datenschutzrecht existiert, das für alle personenbezogenen Datenverarbeitungen gilt, die gemäß Art. 2 Abs. 2 lit. a DSGVO im Anwendungsbereich des Unionsrechts stattfinden. Die DSGVO entfaltet ihre Anwendbarkeit auch gegenüber nationalen öffentlichen Archivbehörden. Zwar sind die Kulturkompetenz der Union aus Art. 167 AEUV und die Forschungskompetenz aus Art. 179ff AEUV dafür

---

setz, in: Clemens Rehm/Nicole Bickhoff (Hrsg.), Rechtsfragen der Nutzung von Archivgut, Stuttgart 2010, S. 17-31, 17 (Umweltinformationsrecht); Becker/Oldenhage 2006, § 5, Rn. 24 (allgemein zum Vorrang spezieller Zugangsrechte).

316 Zu personenbezogenen Umweltdaten gehören etwa Gesundheitsuntersuchungen im Zusammenhang mit Umweltbeeinträchtigungen oder Umweltdaten, die mit bestimmten Grundstücken eines Eigentümers zusammenhängen, oder die Auskunft über Subventionszahlungen an einzelne Personen geben, vgl. Roman Götze/Gernot-Rüdiger Engel, Umweltinformationsgesetz. Kommentar, Berlin 2017, § 9, Rn. 10f. Ein Personenbezug von Geodaten kann sich ergeben, wenn die Daten aus kartografischen Modellen, etwa Flurstücksgrenzen, über Hausnummern mit einzelnen Personen in Verbindung gebracht werden können. Auch detaillierte Satellitenbilder oder statistische Rasterkarten können personenbezogene Informationen über die Nutzung baulicher Anlagen beinhalten. Vgl. dazu Interministerieller Ausschuss für Geoinformationswesen, Behördenleitfaden zum Datenschutz bei Geodaten und -diensten, https://tinyurl.com/y9jnxkjy, S. 11ff; Nikolaus Forgo/Tina Krügel, Der Personenbezug von Geodaten, MMR 2010, S. 17-23, 20.

317 Im Sinne einer Verbreitung und Bereitstellung gemäß Art. 4 Nr. 2 DSGVO.

nicht einschlägig, da sie ein Harmonisierungsverbot gegenüber der nationalen Rechtsordnung beinhalten, das die harmonisierenden Effekte der DSGVO auf die Archivgesetze gerade nicht zulässt. Gleichwohl regelt die Europäische Union im Rahmen ihrer Zuständigkeiten für den Binnenmarkt und die Umwelt auch Fragen und Aktivitäten des öffentlichen Archivwesens, die den Anwendungsbereich des Unionsrechts eröffnen. Dies ist erstens dann der Fall, wann immer personenbezogene Unterlagen von öffentlichen Archiven übernommen werden, die im Rahmen der Anwendung europarechtlicher Vorgaben durch nationale Behörden entstanden sind. Dies ist zweitens auch dann der Fall, wenn personenbezogene Archivtätigkeiten direkt von europäischem Recht berührt werden, was zumeist den europarechtlich geregelten Zugang zu personenbezogenen Umwelt- oder Geoinformationen in Archivbehörden betrifft. Personenbezogene Archivtätigkeiten werden nunmehr nicht nur durch nationales Recht, sondern auch durch europäisches Datenschutzrecht normiert.[318]

(3) Rechtsfolgen der Anwendbarkeit der DSGVO in öffentlichen Archiven

Da die Datenschutzgrundverordnung auch in den öffentlichen Archivbehörden anzuwenden ist, werden sich einige Konsequenzen für den Datenschutz im Archiv ergeben. Grundsätzlich müssen die Archivbehörden gemäß Art. 89 Abs. 1 S. 1 DSGVO beachten, dass jede personenbezogene Datenverarbeitung zu einem im öffentlichen Interesse liegenden Archivzweck mit den Garantien und Grundsätzen der DSGVO im Einklang stehen muss. Das bedeutet, dass insbesondere die Anforderungen der Art. 5 und 6 DSGVO, die die Grundlagen für die Zulässigkeit, Treu und Glauben, Transparenz und Rechtsmäßigkeit von personenbezogenen Datenverarbeitungen festlegen, in den öffentlichen Archiven eingehalten werden müssen.[319] Zwar können gemäß Art. 89 Abs. 3 DSGVO

318 Vgl. Johannes, in Roßnagel 2017, S. 255; Thüringer Landtag, Drucksache 6/4942, Begründung, S. 2f.

319 Vgl. Johannes, in: Roßnagel 2017, S. 257.

speziellere nationale Rechtsgrundlagen für die Datenverarbeitung in Archiven erlassen werden. Dies darf jedoch nur „vorbehaltlich“ der Garantien des Absatzes 1 geschehen, weshalb nationale Regelungen nicht unter den Schutzstandard der DSGVO absinken dürfen.[320] Weiterhin müssen die Archivbehörden gemäß Art. 30 DSGVO ein detailliertes Verzeichnis über alle ihre personenbezogenen Verarbeitungstätigkeiten führen. Darüber hinaus stellt Art. 32 DSGVO strenge Anforderungen an die Datensicherheit und die Datenspeichersysteme auf, die auch von den Archiven umgesetzt werden müssen.[321] Aus Art. 37 Abs. 1 und 3 DSGVO kann zudem hervorgehen, dass die Archivbehörden einen eigenen Datenschutzbeauftragten benennen müssen. Besonders herausfordernd für die öffentlichen Archive werden zudem neue Rechtsfragen zu den Informationspflichten des Archivs nach Art. 12 und 14 DSGVO sowie zur Reichweite der Betroffenenrechte im Archiv nach den Art. 15 bis 23 DSGVO sein. Für diese Pflichten und Rechte können zwar verschiedene Ausnahmen und Einschränkungen zugunsten der Verwirklichung der öffentlichen Archivzwecke gemacht werden.[322] Die Abweichungen von diesen Vorgaben der DSGVO, die durch neue Reformen in die Archivgesetze aufgenommen werden, müssen sich jedoch streng im Rahmen dessen bewegen, was die Öffnungsklauseln der DSGVO als zulässig ansehen.[323]

Nachdem die Europäische Union bereits in so verschiedenen Bereichen wie dem Urheberrecht, dem Informationszugangsrecht, der Koordination der Archivpolitiken oder dem Recht der elektronischen Dokumente auf das nationale Archivwesen einwirkte, stellt der Einfluss der europäischen Datenschutzgrundverordnung eine neue Stufe der Europäisie-

---

320 Deswegen muss die Zulässigkeit einer personenbezogenen Datenverarbeitung im öffentlichen Archiv im Anwendungsbereich des Unionsrechts stets zunächst anhand der Grundsätze der DSGVO ermittelt werden, vgl. Daniel Pauly, in: Boris Paal/Daniel Pauly (Hrsg.), Datenschutz-Grundverordnung. Kommentar, München 2017, Art. 89, Rn. 2.

321 Vgl. Jörg Hladjk, in: Eugen Ehmann/Martin Selmayr, DS-GVO. Kommentar, 2. Aufl., München 2018, Art. 32, Rn. 4-10.

322 Siehe etwa Art. 14 Abs. 5 lit. b, Art. 89 Abs. 3, Art. 17 Abs. 3 lit. d, Art. 5 Abs. 1 lit. e DSGVO; dazu Johannes, in: Roßnagel 2017, S. 257.

323 Diese problematischen Abweichungen von der DSGVO in den Archivgesetzen werden in Kapitel 3 ausführlich analysiert.

rung des Archivwesens dar. Mit der DSGVO werden weite Teile des bereichsspezifischen Datenschutzrechts innerhalb des nationalen Archivrechts neu geordnet. Die Anpassungsvorgänge der deutschen Archivgesetze haben gerade erst begonnen, werfen eine Reihe von Anpassungs- und Umsetzungsfragen auf und werden auch die Archivrechtswissenschaft noch lange Zeit beschäftigen. Insgesamt gesehen, kann der Einfluss des europäischen Rechts auf das nationale Archivwesen nicht mehr ignoriert werden.

(4) Auswirkungen auf den Grundrechtsschutz

Da die DSGVO sowohl im allgemeinen als auch im bereichsspezifischen Datenschutz die maßgebliche Rechtsgrundlage in Europa darstellt und vielfach auch öffentliche Behörden der Mitgliedstaaten an die europäische Verordnung gebunden sind, ergibt sich nicht nur ein größerer Einfluss der europäischen Ebene, etwa auf das nationale Archivwesen, sondern es kommt auch zu einer Verschiebung des maßgeblichen Grundrechtsschutzes. Wenden die nationalen Behörden unmittelbar geltendes europäisches Datenschutzrecht an, dann bestimmt sich auch der hierbei geltende Grundrechtsschutz gegenüber dem nationalen Behördenhandeln nach dem europäischen Recht, genauer nach Art. 8 und Art. 51 Abs. 1 S. 1 GRCh.[324]

Es ist hinlänglich anerkannt, dass der Anwendungsbereich der deutschen Grundrechte des Grundgesetzes dann zurücktritt, wenn hoheitliches Handeln deutscher Behörden durch Unionsrecht determiniert ist[325], es also an deutliche Vorgaben sowohl hinsichtlich des Zieles als auch der Mittel der Umsetzung gebunden ist und keine Möglichkeiten der Abweichung besitzt. Nach Art. 51 Abs. 1 S. 1 GRCh sind nicht nur die Unionsorgane, sondern auch die Mitgliedstaaten an die Grundrechte der Grundrechte-Charta gebunden, wenn sie

324 Vgl. Boris Paal/Daniel Pauly, in: dies. (Hrsg.), Datenschutz-Grundverordnung/Bundesdatenschutzgesetz. Kommentar, 2. Aufl., München 2018, Einleitung, Rn. 19; Heribert Johlen, in: Klaus Stern/Michael Sachs (Hrsg.), Europäische Grundrechte-Charta. Kommentar, München 2016, Art. 8, Rn. 21.

325 Vgl. Matthias Bäcker, Das Grundgesetz als Implementationsgarant für Unionsgrundrechte, EuR 2015, S. 389-415, 390f.

das Recht der Union durchführen. „Durchführung“ ist hierbei weit auszulegen und umfasst nicht nur die Umsetzung in einen innerstaatlichen Rechtsakt, sondern alle Formen der Anwendung von Unionsrecht durch nationalstaatliche Behörden und Gerichte. Der EuGH urteilte hierzu, „dass der Begriff der »Durchführung des Rechts der Union« iSv Art. 51 der Charta einen hinreichenden Zusammenhang von einem gewissen Grad verlangt, der darüber hinausgeht, das die fraglichen Sachbereiche benachbart sind oder der eine von ihnen mittelbare Auswirkungen auf den anderen haben kann [...].[326] Indem die Datenschutzgrundverordnung für die nationalen Archivbehörden eine Reihe von abweichungsfesten und unmittelbar geltenden Datenschutzvorschriften und Handlungsanweisungen für personenbezogene Archivierungsvorgänge aufstellt, ist von einem solchen „hinreichenden Zusammenhang“ zweifelsfrei auszugehen.

Das hat zur Folge, dass öffentliche Archive in den oben beschriebenen Fällen Unionsrecht durchführen, nämlich die Datenschutzbestimmungen der DSGVO, und somit an die Grundrechte der GRCh gemäß Art. 51 Abs. 1 S. 1 gebunden sind. „Die Bindung an die GRCh setzt sich beim Vollzug der DS-GVO für die Organe und sonstigen Stellen der EU fort. Soweit die Mitgliedstaaten die DS-GVO anwenden, unterliegen sie nach Art. 51 Abs. 1 S. 1 GRCh ebenfalls der Grundrechtsbindung, weil sie dann Recht der Union durchführen.“[327] Im Ergebnis bedeutet dies, dass Personen, die von Datenverarbeitungen durch nationale Archivbehörden betroffen sind, sich auf den Grundrechtsschutz des Art. 8 Abs. 1 GRCh berufen können.

---

326 EuGH, Urteil vom 6. März 2014 – C-206/13, NVwZ 2014, S. 575-577, 576, Rn. 24f.

327 Eike Michael Frenzel, in: Boris Paal/Daniel Pauly (Hrsg.), Datenschutz-Grundverordnung. Kommentar, München 2017, Art. 5, Rn. 4; Stephan Pötters, in: Peter Gola (Hrsg.), Datenschutz-Grundverordnung. Kommentar, München 2017, Art. 1, Rn. 11: Die „GRCh rückt in der aktuellen Rechtsprechung immer stärker in den Vordergrund“; Markus Vordermayer, Ein „Abschied von den Grundrechten“?, rescriptum 2012, S. 24-27, 25; ebenso Johannes Masing, Herausforderungen des Datenschutzes, NJW 2012, S. 2305-2311, 2310; Robin Geiß, Europäischer Grundrechtsschutz ohne Grenzen?, DÖV 2014, S. 265-272, 266.

Auch das Bundesverfassungsgericht hat klar zum Ausdruck gebracht, es übe seine Gerichtsbarkeit gegenüber „Unionsrecht, das als Grundlage für ein Verhalten deutscher Gerichte und Behörden im Hoheitsbereich der Bundesrepublik Deutschland in Anspruch genommen wird, grundsätzlich nicht aus und überprüft dieses Recht nicht am Maßstab der Grundrechte des Grundgesetzes, solange die Europäischen Gemeinschaften [...] einen wirksamen Schutz der Grundrechte generell gewährleisten, der dem vom Grundgesetz jeweils als unabdingbar gebotenen Grundrechtsschutz im Wesentlichen gleich zu achten ist, zumal den Wesensgehalt der Grundrechte generell verbürgt“[328]. Zwar ist das europäische Grundrecht auf Datenschutz aus Art. 8 GRCh nicht identisch mit dem Grundrecht auf informationelle Selbstbestimmung. Dem Schutzniveau des Art. 8 GRCh wird jedoch eine im Wesentlichen gleiche Wirkung wie dem deutschen Grundrecht zugerechnet.[329]

Damit dürfte es auch zu einer Stärkung der verfassungsrechtlichen Prüfungskompetenz des EuGH kommen.[330] Diese

328 BVerfGE 125, 260, 306 unter Verweis auf BVerfGE 73, 339, 387 und BVerfGE 102, 147, 162f. Ablehnend: Claus Dieter Classen, Zu wenig, zu fundamentalistisch – zur grundrechtlichen Kontrolle „unionsrechtlich determinierter“ nationaler Hoheitsakte, EuR 2016, S. 304-312, 310f. Das BVerfG bestätigte seine Haltung gegenüber unionsrechtlich determinierten Rechtsakten zuletzt wieder in BVerfG, NJW 2016, S. 1149-1162, 1150, Rn. 36.

329 Vgl. Indra Spiecker gen. Döhmann/Markus Eisenbarth, Kommt das »Volkszählungsurteil« nun durch den EuGH? - Der Europäische Datenschutz nach Inkrafttreten des Vertrages von Lissabon, JZ 2011, S. 169-177, 171; Gabriele Britz, Europäisierung des grundrechtlichen Datenschutzes? EuGRZ 2009, S. 1-11, 4; Masing, NJW 2012, S. 2305 sieht die deutsche Grundrechtsausprägung des Datenschutzes im Grundrechtsschutz der GRCh und der EGMR sowie teilweise in der Rechtsprechung europäischer Gerichte zumindest „rezipiert“. Matthias Knauff, Das Verhältnis zwischen Bundesverfassungsgericht, Europäischem Gerichtshof und Europäischem Gerichtshof für Menschenrechte, DVBl 2010, S. 533-542, 539 betont die Einschätzung des BVerfG, wonach der EuGH einen ausreichenden Grundrechtsschutz gewährleistet. So auch Polzin, JuS 2012, S. 2; Jan-Peter Schneider, Stand und Perspektiven des europäischen Datenverkehrs- und Datenschutzrechts, Die Verwaltung 44 (2011), S. 499-524, 502

330 So Thorsten Kingreen, in: Christian Callies/Matthias Ruffert (Hrsg.), EUV-AEUV. Kommentar, 5. Aufl., München 2016, Art. 16 AEUV, Rn. 5f.

wachsende Rolle des europäischen Rechtsschutzes ist nicht unumstritten.[331] Angesichts des Fehlens eines der Individualverfassungsbeschwerde vergleichbaren Rechtsschutzes vor dem EuGH[332] sowie in Anbetracht der Auslastung des EuGH mit Verfahren[333] wird ein angemessener Rechtsschutz auf europäischer Ebene durchaus kritisiert.[334]

Durch die Ausweitung des europäischen Grundrechtsschutzes auf personenbezogene Archivtätigkeiten kommt es jedoch keineswegs zu einer Marginalisierung der deutschen Grundrechte des Grundgesetzes. Die DSGVO enthält an vielen Stellen sogenannte Öffnungsklauseln für den Erlass von konkretisierenden Rechtsgrundlagen für bereichsspezifische Verarbeitungssituationen durch die Mitgliedstaaten.[335] In den Fällen, in denen das Unionsrecht einerseits zwingende Vorgaben macht, andererseits aber nationale Spielräume zulässt, kann sich der betroffene Bürger auch weiterhin „auf die Grundrechte des Grundgesetzes insoweit berufen, als der Gesetzgeber bei der Umsetzung von Unionsrecht Gestaltungsfreiheit hat, das heißt durch das Unionsrecht nicht determiniert ist“[336]. In den Fällen also, in denen die nationalen Gesetzgeber durch Vorschriften des Unionsrechts freie Entscheidungsräume erhalten und daraufhin hoheitliche Maßnahmen erlassen haben, liegt weiterhin ein Akt der öffentlichen Gewalt des nationalen Hoheitsträgers vor.[337] Der Prüf-

---

331 Vgl. Vordermayer, rescriptum 2011, S. 27.

332 Vgl. Thorsten Kingreen, Die Grundrechte des Grundgesetzes im europäischen Grundrechtsföderalismus, JZ 2013, S. 801-911, 808.

333 Vgl. Matthias Jestaedt, Der „Europäische Verfassungsgerichtsverbund“ in (Verfahrenskenn-)Zahlen, JZ 2011, S. 872-879, 873f; auch Masing NJW 2012, S. 2310.

334 Vgl. Bengt Beutler, in: Hans von der Groeben/Jürgen Schwarzel/Armin Hatje (Hrsg.), Europäisches Unionsrecht, Bd. 1, 7. Aufl., Baden-Baden 2015, Art. 6 EUV, Rn. 31.

335 Siehe ganz grundlegend die Auseinandersetzung mit den Öffnungsklauseln Jürgen Kühling/Mario Martini et al., Die Datenschutz-Grundverordnung und das nationale Recht, Münster 2016, S. 1: vier Duzend Öffnungsklauseln.

336 BVerfGE 125, 260, 306f unter Verweis auf BVerfGE 121, 1, 15.

337 Steffen Augsberg, Von der Solange- zur Soweit-Rechtsprechung: Zum Prüfungsumfang des Bundesverfassungsgerichts bei richtlinienumsetzenden Gesetzen, DÖV 2010, S. 153-160, 156

maßstab bleibt für diese Maßnahmen in jedem Fall (auch) das Grundgesetz.[338]

Die Datenschutzgrundverordnung zeigt gerade in dieser Hinsicht eine schwierige Doppelstruktur auf. Einerseits gilt sie als Verordnung unmittelbar in den Mitgliedstaaten und verfügt Rechte und Pflichten auch gegenüber öffentlichen Behörden. Andererseits eröffnet die DSGVO eine Vielzahl von Öffnungsklauseln für den öffentlichen Bereich, die spezifischere nationale Rechtsgrundlagen für besondere Datenverarbeitungen zulassen, beispielsweise in Art. 6 Abs. 2 und 3 oder in Art. 89 Abs. 3 DSGVO.[339] Diese Öffnungsklauseln lassen den nationalen Gesetzgebern insbesondere für die gesetzliche Ausgestaltung des bereichsspezifischen Datenschutzes im Archivwesen viele freie Entscheidungsräume.[340]

Angesichts dieses problematischen aber eben faktisch bestehenden Doppelcharakters der Datenschutzgrundverordnung wird in der Literatur verstärkt vertreten, dass ein Nebeneinander der Grundrechtskataloge hinzunehmen sei.[341] Der Verordnungscharakter der DSGVO führt zunächst zur Anwendung des europäischen Grundrechtsschutzes. Aufgrund der vorhandenen Öffnungsklauseln kann es trotzdem dazu kommen, dass etwa öffentliche Behörden der Mitglied-

338 Vgl. Bäcker, EuR 2015, S. 391; Claus Dieter Classen, Eine deutsche Perspektive, in: Johannes Masing/Olivier Jouanjan (Hrsg.), Verfassungsgerichtsbarkeit, Tübingen 2011, S. 125-150, 130: Die Prüfung erfolgt auch für „nationale Maßnahmen nur noch insoweit am Maßstab des Grundgesetzes, wie dieses nicht durch Gemeinschaftsrecht vorgegeben ist [Hervorh. durch d. Verf.]."

339 Zur schwierigen Gemengelage zwischen Unionsrecht und deutschem Recht siehe Alexander Roßnagel, Anwendungsvorrang des Unionsrechts, in: ders. (Hrsg.), Europäische Datenschutz-Grundverordnung, Baden-Baden 2017, S. 67-78, 78.

340 Vgl. Johannes, in: Roßnagel 2017, S. 257; Peter Schantz, Die Datenschutz-Grundverordnung, NJW 2016, S. 1841-1847, 1842; Jürgen Kühling/Mario Martini, Die Datenschutz-Grundverordnung: Revolution oder Evolution im europäischen und deutschen Datenschutzrecht?, EuZW 2016, S. 448-454, 449.

341 Vgl. Marita Körner, Die Datenschutzgrundverordnung der Europäischen Union: Struktur und Ordnungsprinzipien, Rechtswissenschaftliche Beiträge der Hamburger Sozialökonomie Heft 12/2017, S. 10f; Thorsten Kingreen, Die Grundrechte des Grundgesetzes im europäischen Grundrechtsföderalismus, JZ 2013, S. 801-811, 806 nennt dies den Überschneidungsbereich im Grundrechtsföderalismus.

staaten nicht nur die allgemeinen Vorgaben der DSGVO, sondern zusätzlich die korrespondierenden spezifischen nationalen Datenschutzvorschriften anwenden. In diesen Fällen wird man von der zusätzlichen Anwendung der nationalen Grundrechte ausgehen müssen[342], „frei nach dem Motto: Das Unionsrecht hat zwar irgendetwas mit dem Fall zu tun, determiniert ihn aber nicht abschließend. Es kommt daher zu einer Doppelbindung."[343] Insofern besteht im Bereich der Öffnungsklauseln der DSGVO sowohl ein Nebeneinander des Grundrechtsschutzes durch Art. 8 Abs. 1 GRCh und Art. 2 Abs. 1 i.V.m. Art. 1 Abs. 1 GG als auch eine gemeinsame Zuständigkeit des Europäischen Gerichtshofs und des Bundesverfassungsgerichts.[344]

Der Prozess der europäischen Integration hat insgesamt viele Auswirkungen auf das nationale Archivwesen. Wichtige Impulse für die freie Zugänglichkeit zu Archivinformationen, für einen sicheren Rechtsrahmen bei der Bestandserhaltung elektronischer Archivgüter sowie für den Datenschutz im Archiv wirken von der Europäischen Union auf das nationale Archivwesen und Archivrecht ein. Dieser Einfluss ist grundsätzlich sehr positiv zu bewerten, da er in verschiedener Hinsicht erst eine ordnungsgemäße Aufgabenerfüllung der Archive unter heutigen Bedingungen der Informationsfreiheit und Digitalisierung ermöglicht. Inwiefern die Datenschutzgrundverordnung mit ihrer komplexen Regelungsstruktur Einfluss

---

342 Vgl. Körner, Rechtswissenschaftliche Beiträge der Hamburger Sozialökonomie Heft 12/2017, S. 10f. m.w.N. sieht eine Arbeitsteilung der Verfassungsgerichte.

343 Kingreen, JZ 2013, S. 807; siehe auch Hoidn, in: Roßnagel 2017, S. 98, Rn. 106: „Dort, wo dadurch Regelungsspielräume eröffnet sind, ist aber eine Überprüfung des Datenschutzes anhand nationaler Grundrechte aus Sicht des Bundesverfassungsgerichts weiterhin möglich."

344 Kühling/Raab, in: Kühling/Buchner 2017, Einführung, Rn. 76 sprechen vom effektiven Grundrechtsschutz des EuGH im Zusammenspiel mit den nationalen Gerichten; Wolfram Cremer, Grundrechtsverpflichtete und Grundrechtsdimensionen nach der Charta der Grundrechte der Europäischen Union, EuGRZ 2011, S. 545-554, 554 spricht hier von einem „Wahlrecht"; Kingreen, JZ 2013, S. 806 sieht „kompetenzrechtlich [...] parallele Interpretationsbefugnisse der Verfassungsgerichte". Andere Ansicht bei Christian Burkiczak, Eine neue Zuständigkeit für das BVerfG?, ZRP 2015, S. 21-24, 23, der sich für die nationalen Verwerfungsmonopole ausspricht.

auf das Archivwesen haben wird, muss sich in den kommenden Jahren noch zeigen. Festzuhalten bleibt, dass sich wenige Jahre nach den nationalen Grundrechtsdebatten im Archivwesen, die sich von den 1980er bis in die 2000er Jahre intensiv um das Recht auf informationelle Selbstbestimmung, die Informationsfreiheit und die Forschungsfreiheit im Archiv drehten, nunmehr auf europäischer Grundrechtsebene neue Fragen und Auseinandersetzungen erheben, die das Archivwesen nicht unberührt lassen. Das nationale Archivwesen wird durch vielfältige europäische Rechtsvorschriften und durch eine Grundrechtsdebatte auf ganz neuer Ebene verändert. Die europäische Integration bedeutet für das deutsche Archivwesen eine dynamische Rahmenbedingung, die längst nicht abgeschlossen ist, sich aber bereits jetzt unverkennbar auf die deutschen Archivgesetze auswirkt. Diese Dynamik verursacht auch eine Fortentwicklung des Archivrechts.

2. Digitalisierung und Herausbildung der Wissensgesellschaft

Nicht nur der Einfluss des europäischen Rechts verzeichnet eine Veränderung des deutschen Archivwesens. Es ist die Digitalisierung aller Lebensbereiche, die die Bildung einer Wissens- bzw. Informationsgesellschaft erst ermöglicht hat, die das Archivwesen und seine normativen Grundlagen nicht nur beeinflusst, sondern die das Potential hat, ein völlig neues Archivverständnis zu provozieren.[345] Die Digitalisierung kann hierbei nicht nur als der Einsatz von Informationstechnik anstatt analoger Medien- und Kommunikationsformen verstanden werden. Digitalisierung verdeutlicht vielmehr auch einen Wandel der Strukturen und der Organisation gesellschaftlicher Teilsysteme. Der Bedarf an Informationen als Ressource für die Handlungs- und Produktionsfähigkeit der Gesellschaft führt zu neuen gesellschaftlichen und staatlichen Strukturen, die bisherige hierarchische Ordnungsmuster ablösen. Innerhalb solcher eher netzartig organisierten Strukturen sind der Austausch und die Generierung von Informationen und Wis-

345 Vgl. Peter Collin, Archive und Register, in: Gunnar Folke Schuppert/Andreas Voßkuhle (Hrsg.), Governance von und durch Wissen, Baden-Baden 2008, S. 75-86, 76.

sen fundamental auf neue Übertragungs- und Kommunikationsformen angewiesen, die erst die Digitalisierung möglich machte. Die Digitalisierung des Staates wird das öffentliche Archivwesen in besonderer Intensität berühren und verändern.

a) Staatlichkeit in der Wissensgesellschaft

Die Erzeugung und der Transfer von Wissen und Informationen des Staates sind eingebettet in einen größeren Kontext der Wissensgesellschaft.[346] Die Herausbildung der Wissensgesellschaft ist der Bezugsrahmen des dabei entstehenden staatlichen Wissensmanagements.[347] Gemeinsamer Nenner der Wissensgesellschaft ist, „dass hiermit eine Gesellschaft gemeint ist, in der die Einwirkung von Wissen auf Wissen – und dazu gehört auch die Erzeugung von Wissen, die Organisation von Wissen, die Vermittlung und Vermarktung von Wissen, der Schutz von Wissen – die Hauptquelle der Produktivität ist. Handlungsfähigkeit bemisst sich in dieser Gesellschaft an der Fähigkeit, mit Wissen umzugehen. Damit wird klar, dass auch die Fähigkeit des Staates, auf gesellschaftliche Prozesse steuernd Einfluss zu nehmen, zunehmend von seiner Wissensbasis abhängt."[348] Die Wissensgesellschaft weist deshalb dem Wissen eine „überragende Bedeutung" als Ressource zu.[349]

Fragt man nach der Rolle des Staates in dieser Wissensgesellschaft, dann stellt man fest, dass dieser durchaus von den neuen Strukturen in die Verantwortung genommen wird.

---

346 Vgl. Jochen Steinbicker, Der Staat der Wissensgesellschaft, in: Peter Collin/Thomas Horstmann (Hrsg.), Das Wissen des Staates, Baden-Baden 2004, S. 90-120, 90.

347 Vgl. Peter Collin/Indra Spiecker gen. Döhmann, Problemaufriss, in: Indra Spiecker gen. Döhmann/Peter Collin (Hrsg.), Generierung und Transfer staatlichen Wissens im System des Verwaltungsrechts, Tübingen 2008, S. 3-25, 3.

348 Collin/Spiecker gen. Döhmann, in: Spiecker gen. Döhmann 2008, S. 3.

349 Vgl. Peter-Tobias Stoll, Wissensarbeit als staatliche Aufgabe, in: Indra Spiecker gen. Döhmann/Peter Collin (Hrsg.), Generierung und Transfer staatlichen Wissens im System des Verwaltungsrechts, Tübingen 2008, S. 34-49, 34.

Staatliche Machtausübung und das Treffen allgemeinverbindlicher Entscheidungen fußen zunehmend auf einer notwendig breiten Wissensbasis.[350] An die moderne Staatstätigkeit werden von der pluralisierten, informatisierten und vernetzten Gesellschaft neue Anforderungen an die Steuerung, Regulierung und politische Teilhabe gestellt. Einerseits setzt ein ausdifferenziertes Wirtschafts- und Kommunikationsverhalten einen erhöhten Regulierungsbedarf der neuen Strukturen durch den Staat voraus.[351] Andererseits ist der Staat längst nicht mehr in der Lage, allein das notwendige Entscheidungs- und Regulierungswissen zu generieren. Das hat zur Folge, dass hoheitliches, allgemeinverbindliches Handeln kaum ohne die Einbindung der Regelungsadressaten funktionieren kann. Die gestiegenen Anforderungen an den Staat, ausdifferenzierte und pluralisierte Teilsysteme zu regulieren, z. B. durch das Wirtschaftsverwaltungsrecht, das Sozialrecht, das Umweltrecht oder das Telekommunikationsrecht, führen deshalb auch zu einem vermehrten internen Bedarf an Abstimmung, Kooperation und Informationsverteilung zwischen mehreren entscheidungsbefugten Stellen des Staates.[352]

Der Umgang mit Wissen und Informationen im modernen Staat, oft auch als staatliches Wissensmanagement[353] bezeichnet, kehrt sich ab von der Vorstellung, dass das Wissen einer ganzen Organisation an einem zentralen Ort gespeichert und verwahrt wird. Vielmehr wird in der Tatsache, dass verschiedene Wissensbestände an mehreren Orten verteilt vor-

---

350 Vgl. Steinbicker, in: Collin/Horstmann 2004, S. 108.

351 Zur Regulierung der Telekommunikation etwa Jan-Peter Schneider, Telekommunikation, in: Michael Fehling/Matthias Ruffert (Hrsg.), Regulierungsrecht, Tübingen 2010, S. 365-428; zur jüngeren Debatte um das Netzwerksdurchsetzungsgesetz Hubertus Gersdorf, Hate Speech in sozialen Netzwerken. Verfassungswidrigkeit des NetzDG-Entwurfs und grundrechtliche Einordnung der Anbieter sozialer Netzwerke, MMR 2017, 439-447; Karl-Heinz Ladeur/Tobias Gostomzyk, Gutachten zur Verfassungsmäßigkeit des Entwurfs eines Gesetzes zur Verbesserung der Rechtsdurchsetzung in sozialen Netzwerken, Bundestagsdrucksache 18/12356, insbesondere S. 76-96.

352 Vgl. Steinbicker, in: Collin/Horstmann 2004, S. 115.

353 Vgl. Klaus Lenk/Ulrich Meyerholt/Peter Wengelowski, Wissen managen in Staat und Verwaltung, Berlin 2014, S. 79ff; Augsberg 2014, Kapitel 1; Bundesministerium des Innern, Digitale Verwaltung 2020, Berlin 2014, S. 13.

handen sind, ein Vorteil gesehen, was aber nur zu größerem Nutzen führt, wenn diese Wissensbestände auch in einem regen Austausch stehen können. Staatliches Wissensmanagement fragt folglich nach den Voraussetzungen und Bedingungen der Verteilung des Wissens, des Zugangs zu Wissen und der Nutzbarmachung des Wissens. Verbunden mit der technischen Perspektive dreht sich die Thematik zudem um die Hard- und Softwareinfrastrukturen, die das Wissen des Staates nutzbar machen können.[354]

Den Wissensspeichern wie z. B. Datenbanken oder Registern kommt so die Rolle zu, Verknüpfungen darüber herzustellen, welche Stellen einer Organisation oder Administration über welche Informationen und welches Wissen verfügen. Indem Wissen in eine Wissensspirale eingefügt wird, wird der Zustand erreicht, dass einmal generiertes Wissen immer wieder neu aufgenommen und in neuen Kontexten weiterverarbeitet werden kann.[355] Datensammlungen unter diesen neuen Vorzeichen des Wissensmanagements im Staat der Wissensgesellschaft zeichnen sich dadurch aus, dass sie nicht nur spezifische Strukturen zum Lagern von Daten und Informationen darstellen, sondern, dass sie die Aufgabe haben, dieses Wissen zu ordnen und für neue Verwendungen und Abfragen systematisiert bereitzuhalten. Für den Umgang mit Wissen in einer größeren Organisation oder Administration können insbesondere elektronische Archive Unterstützungsleistungen erbringen. Ihre Funktionsweise erlaubt es, dezentrale und kontextabhängige Informationen neu zu verknüpfen und in andere Relevanzkontexte einzubringen.[356] Spielen Informationen und Wissen für den Staat der Wissensgesellschaft eine bedeutende Rolle, dann wirkt sich das auf die öffentlichen Archive, die als die zentralen Wissensspeicher des Staates gelten, aus. Es wird eine Aufgabe dieser Arbeit sein, herauszu-

---

354 Vgl. Harald Mehlich, Von der Offline-Verwaltung zum eGovernment, in: Peter Collin/Thomas Horstmann (Hrsg.), Das Wissen des Staates, Baden-Baden 2004, S. 388-411, 388.

355 Vgl. Lothar Beyer, Aus dem Aktenkeller in die Wissensspirale, in: Peter Collin/Thomas Horstmann (Hrsg.), Das Wissen des Staates, Baden-Baden 2004, S. 361-376, 365ff.

356 Vgl. Beyer, in: Collin/Horstmann 2004, S. 369f.

stellen, wie diese neue Bedeutung der Archive für den Staat normativ umgesetzt wird.

b) E-Government und Digitalisierung des Staates

Die Herausbildung der heutigen Informations- und Kommunikationsstrukturen der Gesellschaft und des Staates wäre ohne die technische Entwicklung nicht denkbar gewesen. „Bedingt durch moderne Informations- und Kommunikationstechnik ist heute eine rasante quantitative Zunahme und Ausbreitung von Wissen zu beobachten. Das Wissen des Staates unterliegt damit grundlegenden Wandlungstendenzen. Zunehmend größere Wissensbestände existieren heute ausschließlich in elektronischer Form, etwa als elektronisches Buch, als Datenbank oder als elektronische Akte."[357] Indem das staatliche Wissen zunehmend elektronisch angelegt, verwaltet und verteilt wird, steigt auch die Notwendigkeit, ausreichende elektronische Methoden und Strukturen in der staatlichen Organisation einzuführen.[358] Der wesentliche Durchbruch des heutigen E-Governments im Vergleich zu den früheren EDV-gestützten Verwaltungsreformen entstand erst durch die umfangreiche Vernetzung der staatlichen Stellen durch die Internet-Struktur. Nunmehr können tatsächlich komplexe Fachanwendungen von mehreren Behörden, Referaten und Sachbearbeitern über räumliche und zeitliche Grenzen hinweg gemeinsam genutzt werden.

Die staatlichen Ebenen in Deutschland sind seit vielen Jahren mit der Herausforderung konfrontiert, die eigene Verwaltungsorganisation durch übergreifende Digitalisierungsstrategien zu reformieren.[359] Die darin beschriebenen

---

357 Mehlich, in: Collin/Horstmann 2004, S. 389.

358 Vgl. Mehlich, in: Collin/Horstmann 2004, S. 389.

359 Z. B. Bundesministerium des Innern, Digitale Verwaltung 2020, Berlin 2014; Ministerium für Inneres, Digitalisierung und Migration Baden-Württemberg, Digitalisierungsstrategie, Stuttgart 2017, S. 59ff; Die Senatorin für Finanzen, Verwaltung 4.0, Bremen 2016, S. 10ff; Hessisches Ministerium für Wirtschaft, Energie, Verkehr und Landesentwicklung, Stratiegie Digitales Hessen, Wiesbaden 2016, S. 16ff; Niedersächsisches Ministerium für Inneres, Digitale Verwaltung 2025, Hannover 2016, S. 14f; Landesregierung Nordrhein-Westfalen, NRW 4.0: Digitaler Wandel in Nordrhein-Westfalen, Düsseldorf 2015; Säch-

Zielvorstellungen werden zum großen Teil in sogenannten E-Government-Gesetzen normativ ausgestaltet. E-Government wird zunächst verstanden als „die Abwicklung geschäftlicher Prozesse im Zusammenhang mit Regieren und Verwalten mit Hilfe von Informations- und Kommunikationstechniken über elektronische Medien“[360]. Darunter darf jedoch nicht nur der Einsatz von elektronischer Informationstechnik gesehen werden. E-Government soll hoheitliche Regierungs- und Verwaltungsprozesse gegenüber dem Bürger und den Unternehmen neu ausgestalten und im optimalen Sinne verbessern.[361] Verfahren sollen einfacher, nutzerfreundlicher und effizienter werden[362] und durch verschiedene Aspekte des E-Governments sollen Bund, Länder und Kommunen insgesamt bessere Transparenz über ihre Informationen und ihr Handeln sowie eine bürgerfreundlichere Zugänglichkeit zu ihren Verwaltungen herstellen.[363]

Anknüpfungspunkte für eine Digitalisierung der öffentlichen Verwaltung richten sich selbstverständlich in erster Linie auf die Einführung und den Einsatz von Informations- und Kommunikationstechnik in den Administrationen. Die papierbasierte Verwaltungsarbeit soll zunehmend auf die elektronische Aktentätigkeit übertragen werden. Die zeitlichen Vorgaben der E-Government-Gesetze bestimmen, dass die elektronische Aktenführung in der Bundesverwaltung ab dem Jahr 2020[364], in einigen Landesverwaltungen ab dem

---

sisches Staatsministerium für Wirtschaft, Arbeit und Verkehr, Sachsen Digital 2017, 2. Aufl., Dresden 2017, S. 46ff und 180ff; Thüringer Ministerium für Wirtschaft, Wissenschaft und Digitale Gesellschaft, Grundlagenpapier Thüringer Strategie für die digitale Gesellschaft, Erfurt 2016, S. 41f.

360 Landtag Nordrhein-Westfalen, Drucksache 16/10379, S. 1.

361 Grundlegende Forschung bei Martin Eifert, Electronic Government. Das Recht der elektronischen Verwaltung, Baden-Baden 2006, hier S. 21, der in seinem Begriffsverständnis auch auf eine Demokratisierungswirkung des E-Governments hinweist.

362 Vgl. Deutscher Bundestag, Drucksache 17/11473, S. 20.

363 Vgl. Sächsischer Landtag, Drucksache 5/13651, Vorblatt, Punkt B; Ralf Müller-Terpitz/Alexandra Rauchhaus, Das E-Government-Gesetz des Bundes – ein Schritt in Richtung „Verwaltung 2.0“, MMR 2013, S. 10-16, 11f.

364 § 6 S. 1 EGovG Bund.

Jahr 2022[365] bzw. 2023[366] und teilweise bereits zu einem früheren Zeitpunkt[367] eingeführt werden soll und damit die bisherige Aktenführung ablösen soll. Die elektronische Aktenführung ermöglicht nicht nur den Verzicht auf Papierressourcen in der Verwaltung, sondern sie ermöglicht aufgrund der dahinterstehenden Softwarefunktionen der Dokumentenmanagementsysteme auch neuartige Verarbeitungsschritte. Die E-Akte verdeutlicht einen auf Informationstechnik basierenden Prozess der Vorgangsbearbeitung in der öffentlichen Verwaltung. Sie ermöglicht es, nicht nur, ein einzelnes Dokument oder Schriftstück digital abzulegen, sondern umfasst eine Vielzahl von Bearbeitungsvorgängen. Eingehende E-Mails können dem entsprechenden Verwaltungsvorgang zugeordnet werden, Papierakten können eingescannt und beigefügt werden, der Zugang zu den elektronischen Dokumenten kann von verschiedenen Arbeitsplätzen je nach Reichweite der Zugangsrechte gewährt werden. Letztlich bietet die E-Akte die Möglichkeit, einen gesamten Verwaltungsvorgang von der Anlegung der Akte über die Bearbeitung bis hin zum elektronischen Erlass einer Verwaltungsentscheidung und der letztlichen Aussonderung der elektronischen Unterlagen durch Übertragungsprozess an das elektronische Aktenregister oder das elektronische Archiv abzubilden. Die E-Akte enthält Funktionen, die die klassische Papierakte nicht verwirklichen konnte, beispielsweise eine Suchfunktion mittels Suchwörtern, die die gesamten in der E-Akte abgelegten Dateien durchforstet. Ebenso ermöglicht die elektronische Speicherung und elektronische Zugänglichkeit der E-Akte eine leichtere Bearbeitung durch verschiedene Sachbearbeiter sowie die leichtere Weiterleitung an andere zu beteiligende Behörden und Stellen.[368] Die vernetzte und auf Informationstech-

---

365 § 3 Abs. 1 S. 1 EGovG-Entwurf Sachsen-Anhalt, vgl. Landtag Sachsen-Anhalt, Drucksache 7/1877, S. 28; § 6 Abs. 1 S. 1 EGovG BW; § 9 Abs. 3 S. 1 EGovG NRW.

366 § 7 Abs. 1 S. 1 EGovG Bln; § 16 Abs. 3 S. 1 ThürEGovG.

367 Sachsen ab August 2018: § 12 Abs. 1 S. 1 SächsEGovG; Bayern ab Juli 2017: Art. 7 Abs. 1 S. 1 i.V.m. Art. 19 Abs. 2 Nr. 2 BayEGovG.

368 Vgl. Landtag Sachsen-Anhalt, Drucksache 7/1877, S. 56; Jutta Keller-Herder/Martin Schallenbach, § 6 Elektronische Aktenführung, in: Rainer Bauer/Dirk Heckmann/Kay Ruge/Martin Schallbruch, Verwaltungsverfahrensgesetz und E-Government. Kommentar, 2. Aufl.,

nik gestützte Verwaltung kann mittels des Einsatzes intelligenter Systeme ganze Verwaltungsvorgänge und Kommunikationsgeschehen virtuell abwickeln. Die Arbeit mit Dokumentenmanagementsystemen ermöglicht die von Ort, Zeit und Organisationsgrenzen unabhängige Bearbeitung von Verwaltungsverfahren und ersetzt aufwändige Papieraktenhaltung. Errichtet die Verwaltung einheitliche Verwaltungsportale im Internet als kumulierende Kommunikationsschnittstelle zum Bürger, dann kümmern sich diese einheitlichen Ansprechpartner „um das gesamte Anliegen der Bürger und Unternehmen, ohne diese mit administrativen Kenntnissen zu überfordern."[369] Das bedeutet jedoch auch, dass an die E-Akte besondere normative Anforderungen gestellt werden, wie sie sich aus dem Datenschutz und aus den Grundsätzen der ordnungsgemäßen Aktenführung ergeben.[370]

Mit der Digitalisierung des Staates und der Einführung der elektronischen Verwaltungstätigkeit wird nicht nur die Nutzung von elektronischen Aktenführungstechniken umgesetzt. Das E-Government soll Bund, Länder und Kommunen zu modernen und am Bürger ausgerichteten öffentlichen Dienstleistern weiterentwickeln.[371] Ein besonderes Element hierbei wird die Einrichtung von zentralen Online-Portalen der Verwaltungsträger sein, über die nicht nur allgemeine Informationen für Bürger und Unternehmen bereitgestellt werden[372], sondern über die ganze Verwaltungsverfahren und

---

Wiesbaden 2014, Rn. 11; Hannes Berger, Aktuelle Entwicklungen der elektronischen Verwaltungstätigkeit und Archivierung in Thüringen, ZLVR 2017, S. 139-144, 142f; Moritz Karg, Datenschutzrechtliche Anforderungen an die E-Akte, in: DuD 2013, S. 702-708, 704f. Müller-Terpitz/Rauchhaus, MMR 2013, S. 14f.

369 Jörn von Lucke, Intelligentes vernetztes Regierungs- und Verwaltungshandeln, in: Hermann Hill/Dieter Kugelmann/Mario Martini (Hrsg.), Perspektiven der digitalen Lebenswelt, Baden-Baden 2017, S. 99-123, 108.

370 Ausführlich dazu Abgeordnetenhaus Berlin, Drucksache 17/2513, S. 26f.

371 Vgl. Deutscher Bundestag, Drucksache 17/11473, S. 20.

372 § 3 EGovG BW; § 6 EGovG NRW; § 8 Abs. 2 EGovG SH; § 3 EGovG Bund; Art. 6 Abs. 2 BayEGovG; § 2 Abs. 2 S. 3 SächsEGovG: Informationen über Anschrift, Zuständigkeit, Öffnungszeiten, postalische und elektronische Erreichbarkeit sowie die damit verbundenen Gebühren

sonstige Kommunikationsvorgänge zwischen Staat und Bürger elektronisch verlaufen sollen.[373] Ziel ist es, elektronische Verwaltungsverfahren von der Antragstellung bis zur Bekanntgabe der Entscheidung über einen elektronischen Zugang abzuwickeln.[374] Die rechtliche Grundlage für die elektronische Bekanntgabe eines Verwaltungsaktes über ein Behördenportal im Internet wurde im Jahr 2016 mit der Ergänzung des § 41 Abs. 2a VwVfG geschaffen.[375] Durch das im Jahr 2017 verabschiedete Onlinezugangsgesetz[376] werden Bund und Länder zusätzlich verpflichtet, ihre Verwaltungsleistungen auch elektronisch über Verwaltungsportale anzubieten und einen gemeinsamen Portalverbund zu gründen. Ein besonderes Element des elektronischen Zugangs zu Verwaltungsleistungen ist es, dass sich Bürger und Unternehmen individuelle Servicekonten[377] einrichten können, in denen sie einmalig ihre Person identifizieren und wichtige Antragsdokumente und Informationen hinterlegen können.[378] Auf der Grundlage der datenschutzrechtlichen Einwilligung der Person können diese Daten fortan gespeichert werden und unter Einwilligung in späteren Verwaltungsverfahren als Antragsdokumente herangezogen werden.[379] Auf diese Weise lassen sich Verfahrensschritte wie die Antragstellung oder das Einreichen von Nachweisen wesentlich einfacher und weniger redundant gestalten, jedoch immer unter der besonderen Beachtung des Datenschutzrechts.

---

und beizubringenden Unterlagen und schließlich die Bereitstellung elektronisch ausfüllbarer Formulare für Verwaltungsverfahren.

373 Vgl. § 5ff. ThürEGovG zu den zentralen E-Government-Portalen; Deutscher Bundestag, Drucksache 17/11473, S. 21.

374 Z. B. § 3 Abs. 2 EGovG BW; § 5 EGovG NRW; Art. 6 BayEGovG.

375 BGBl. I 2016, S. 1679, dazu Nadja Braun Binder, Vollständig automatisierter Erlass eines Verwaltungsaktes und Bekanntgabe über Behördenportale, DÖV 2016, S. 891-898, 896.

376 Gesetz zur Verbesserung des Onlinezugangs zu Verwaltungsleistungen vom 14. August 2017 (BGBl. I S. 3122, 3138)

377 Geplant in § 5 ThürEGovG; in Baden-Württemberg bereits existierend unter www.service-bw.de.

378 Z.B.: Name, Meldedaten, der elektronische Personalausweis, Steueridentifikationsnummer, Zeugnisse oder bestimmte Genehmigungen.

379 Hierzu Mario Martini/Michael Wenzel, Once only versus only once: Das Prinzip einmaliger Erfassung zwischen Zweckbindungsgrundsatz und Bürgerfreundlichkeit, DVBl. 2017, S. 749-758.

Der Zugang zur öffentlichen Verwaltung über einheitliche Stellen oder Portale, die eine einzige Schnittstelle für den Bürger zur Kommunikation mit der gesamten Verwaltung eröffnen, wird auch als One-Stop Government bezeichnet. Interne Zuständigkeitsabgrenzungen können so in der Außenperspektive für den Bürger überspielt und irrelevant werden. Von außen stellt die Verwaltung sich als einheitlicher Ansprechpartner dar.[380]

E-Government kann weiterhin Informations- und Beteiligungselemente beinhalten, die über die bloße Zurverfügungstellung von Informationen über die Adresse, Öffnungszeiten oder von Downloads der benötigten Antragsformulare der Behörden hinausgehen. Die sogenannte elektronische Partizipation von Bürgern nutzt die Informationstechnik, um die Bürger in öffentliche Diskurse und Verfahren einzubinden. Die Partizipation über Onlinenetze und Verwaltungsportale gibt den Beteiligten die Möglichkeit, sich einzubringen und eigene Informationen bereitzustellen.[381] Die elektronische Partizipation verläuft jedoch nicht nur in dem Sinne, dass Bürger sich und ihr Wissen in Verwaltungsvorgänge einbringen. Der Informationsfluss kann auch in entgegengesetze Richtung verlaufen, indem der moderne Informationsstaat die Informationstechnik nutzt, um verstärkt Rechenschaft über sein Handeln abzulegen. Die Zugänglichkeit öffentlicher Informationen führt im besten Fall zu einer besseren Informationslage der Öffentlichkeit, was sodann einer öffentlichen Meinungsbildung förderlich ist.[382]

Solche partizipativen Vorstellungen des E-Governments wurden mittlerweile verschiedentlich in normative Programme übersetzt. In individueller Hinsicht eröffnen die technischen Möglichkeiten der E-Akte dem beteiligten Bürger mehr Einsicht und Transparenz im Verwaltungsverfahren. Die

---

380 Vgl. Klaus Lenk, Außerrechtliche Grundlagen für das Verwaltungsrecht in der Informationsgesellschaft, in: Wolfgang Hoffmann-Riem/Eberhardt Schmidt-Aßmann (Hrsg.), Verwaltungsrecht in der Informationsgesellschaft, Baden-Baden 2000, S. 59-99, S. 89.

381 Vgl. Ron Davies, e-Government. Anwendung von Technologien zur Verbesserung öffentlicher Dienstleistungen und demokratischer Partizipationen, Luxemburg 2015 (= Wissenschaftlicher Dienst des Europäischen Parlaments PE 565.890), S. 22.

382 Vgl. Davies 2015, S. 24.

elektronische Aktenführung erlaubt es, auch einen beschränkten elektronischen Zugang des Bürgers zu den ihn betreffenden Verfahrensunterlagen i.S.d. der Akteneinsicht nach § 29 VwVfG einzurichten.[383] Darüberhinaus kann die öffentliche Verwaltung im Rahmen des Transparenzgedankens des E-Governments dazu angehalten sein, Informationen über den Stand und den Fortschritt eines Verwaltungsverfahrens für die Beteiligten bereitzustellen. Auch dieser Informationszugang soll medienbruchfrei und automatisiert über die zentralen Behördenportale eröffnet werden.[384]

Unter dem Stichwort des elektronischen Open Governments wird abseits dieser individuellen Informationsrechte verstanden, dass staatliche Stellen Bestände ihrer Informationssammlungen über das Internet zur allgemeinen Weiterverwendung durch Unternehmen und Bürger offen bereitstellen, sofern keine persönlichkeitsrechtlichen oder andere rechtlichen Vorbehalte dem entgegenstehen.[385] Open Government Ansätze wurden mittlerweile an verschiedenen Stellen normativ verankert. Zu nennen sind beispielsweise die Umweltinformations- und Geoinformationsgesetze[386] sowie das Informationsweiterverwendungsgesetz[387], die jeweils als Umsetzung europarechtlicher Vorgaben ergangen sind. Auch das E-Government-Recht regelt Fragen des Open Governments und verpflichtet dabei staatliche Behörden, Daten zur Weiterverwendung über öffentliche Netze bereitzustellen. Die Vorschriften stellen dabei nicht nur darauf ab, ob an den zugänglich gemachten Daten noch datenschutzrechtliche oder

383 Z. B. normiert in § 9 Nr. 4 EGovG Berlin, dazu Abgeordnetenhaus Berlin, Drucksache 17/2513, S. 31.

384 Siehe § 9 Abs. 1 EGovG BW, § 9 Abs. 1 EGovG Bund, § 10 Abs. 2 EGovG Berlin, zur Begründung in Abgeordnetenhaus Berlin, Drucksache 17/2513, S. 32 werden Zeitersparnis, Verwaltungstransparenz und Nutzerfreundlichkeit angeführt.

385 Bundesministerium des Innern 2014, S. 31ff; Sächsisches Staatsministerium für Wirtschaft, Arbeit und Verkehr 2017, S. 48.

386 Zum geförderten Zugang zu Umweltinformationen über elektronische Datenbanken der staatlichen Stellen siehe § 7 UIG; zum Zugang zu nationalen Geodaten über das Geodatenportal siehe § 9 GeoZG.

387 Vgl. § 2a S. 1 IWG: Informationen, an denen keine Zugangsbeschränkungen oder andere Rechtsvorbehalte bestehen, dürfen grundätzlich weiterverwendet werden.

andere Vorbehalte bestehen, sondern auch darauf, in welcher Form die Regierungs- und Verwaltungsdaten zugänglich gemacht werden. Gemäß § 12a Abs. 1 bis 5 EGovG Bund sind die offenen Daten der Bundesbehörden unmittelbar nach ihrer Erhebung, sofern dies den Erhebungszweck nicht beeinträchtigt, in öffentliche Netze einzustellen. Dabei sind sie in elektronischer Form und in Listen oder Tabellen zu strukturieren und mitsamt der sie beschreibenden Metadaten zu versehen. Gemäß § 12a Abs. 6 EGovG Bund soll der Abruf zudem gebührenfrei und ohne Registrierung oder Begründung erfolgen.

Gewisse Demokratisierungseffekte bringt das E-Government zudem dann mit sich, wenn die informationstechnischen Fortschritte genutzt werden, um neue partizipative Elemente einzuführen. Das Verwaltungsrecht kennt verschiedene förmliche Beteiligungsverfahren, typischerweise im Umwelt- und Planungsrecht oder im Baurecht, in denen die betroffene Bevölkerung in die Entscheidungsfindung eingebunden wird, um einen breiteren Entscheidungsfindungsprozess und ein größeres Entscheidungswissen herzustellen. Elektronische Verwaltungstätigkeit kann den Zugang der Bürger zu diesen Beteiligungsverfahren weiter erleichtern und gibt dem Individuum die Möglichkeit, selbst zu entscheiden, über welchen Mitbestimmungsweg – analog oder digital – es sich einbringen möchte. „Durch die Erweiterung klassischer Beteiligungsformate um digitale Kommunikationsmittel wie das Internet entsteht ein größtmögliches Beteiligungsangebot an die Bevölkerung, da unterschiedliche Teilnahmemöglichkeiten genutzt werden können.“[388] Weit fortgeschritten ist in diesem Zusammenhang die Beteiligungsplattform des Landes Berlin, das jedem registrierten Nutzer die Möglichkeit gibt, über den Onlinezugang zu städtebaulichen und anderen Beteiligungsverfahren in Berlin Äußerungen und Stellungnahmen abzugeben, die entsprechend der fachrechtlichen Vorgaben im weiteren Verfahren Berücksichtigung finden müssen.[389]

388 Landtag Sachsen-Anhalt, Drucksache 7/1877, S. 72 zu § 13 EGovG-Entwurf Sachsen-Anhalt.

389 Beteiligungsplattform des Landes Berlin, https://mein.berlin.de.

Die Digitalisierung des Staates begrenzt sich jedoch nicht nur auf die elektronische Abwicklung von Verwaltungsverfahren. Digitale Technik in staatlicher Nutzung differenziert sich immer weiter aus. Sie bringt großen Nutzen bei der Aufgabenerfüllung der staatlichen Stellen. Das Polizei- und Sicherheitsrecht kann und muss angesichts der digitalisierten Formen gesellschaftlicher Kommunikationsformen selbst auch auf besondere elektronische Befugnisse zurückgreifen, wenn es auf neue Formen von Kriminalität und Anforderungen an die Gefahrenabwehr und Strafverfolgung reagieren soll. Angesichts des gesteigerten Eingriffspotentials werden elektronische Maßnahmen wie die Vorratsdatenspeicherung[390], die sogenannte Quellen-Telekommunikationsüberwachung[391], oder der Eingriff in informationstechnische Systeme[392] heftig diskutiert.[393] Die verfassungsgerichtliche Rechtsprechung hat auf die gewachsenen Eingriffspotentiale des Staates wiederum mit strengen Anforderungen an die Zulässigkeit staatlicher Datenverarbeitungen und entsprechender Grundrechtseingriffe[394] sowie mit der Weiterentwicklung des Grundrechtsschutzes, etwa durch das Grundrecht auf Vertraulichkeit und Integrität informationtechnischer Systeme[395], reagiert.

---

390 §§ 113a bis 113g TKG. Dazu Alexander Roßnagel, Vorratsdatenspeicherung rechtlich vor dem Aus?, NJW 2017, S. 696-698; Christine Libor, Keine Umsetzung der Vorratsdatenspeicherung, AfP 2017, S. 299.

391 Etwa nach § 51 Abs. 2 BKA-Gesetz. Zur Debatte um staatliche Infiltrationsprogramme siehe Dennis-Kenji Kipker, Vom Staatstrojaner zum staatseigenen Bundestrojaner, ZRP 2016, S. 88-89; Andreas Popp, Die „Staatstrojaner"-Affäre, ZD 2012, S. 51-55; Wolfgang Schmale/Marie-Theres Tinnefeld, „Der Bau" von Kafka und die (Staats)Trojaner-Architektur, DuD 2012, S. 401-405; Felix Hermonies, Online-Durchsuchung mittels Staatstrojanern, RuP 2011, S. 193-195.

392 § 49 BKA-Gesetz.

393 Zur Vorratsdatenspeicherung zuletzt OVG Nordrhein-Westfalen, K&R 2017, S. 597; zur Quellen-TKÜ siehe Hessischer Landtag, Ausschussvorlage INA 19/63, S. 181ff sowie Marcus Heinemann, Grundrechtlicher Schutz informationstechnischer Systeme, Berlin 2015, S. 98ff.

394 Vgl. die Rechtsprechungslinien in BVerfGE 125, 260, 316ff; BVerfGE 120, 378, 401f und 427; BVerfGE 120, 274, 302; BVerfGE 110, 33, 52ff; BVerfGE 65, 1, 43ff.

395 BVerfGE 120, 274, 314ff.

Eine gänzlich neue und ohne Datenmengen und Analysetechniken nicht denkbare Form staatlicher Datenverarbeitung stellt weiterhin das sogenannte Predictive Policing dar. Auf der Grundlage verschiedener Datenbestände und Bevölkerungs- sowie Kriminalitätsstatistiken können Sicherheitsbehörden einen Wahrscheinlichkeitswert errechnen, mit dem versucht wird, eine Vorhersage bzw. eine möglichst verwendbare Aussage über zukünftiges Kriminalitätsverhalten in einem bestimmten Gebiet, z. B einem Stadtteil, zu treffen.[396] Ohne die moderne Rechenleistung heutiger Computersysteme wären solche Wahrscheinlichkeitsberechnungen kaum möglich.[397] Die Berechnung und Identifizierung von Riskobereichen der Kriminalität findet auch in Deutschland Interesse und wird in verschiedenen Landesbehörden eingesetzt.[398]

Digitalisiertes staatliches Handeln findet außerdem immer dort statt, wo Behörden oder Gerichte eine große Menge an Daten und Informationen sammeln und verarbeiten, um ihre jeweiligen gesetzlichen Aufgaben zu erfüllen. Während man dafür in vergangenen Zeiten Akten, Behördenbücher und analoge Register einsetzte, stellte man in den vergangenen beiden Dekaden massiv auf die elektronische Datenverarbeitung um. Mittlerweile existiert eine kaum überschaubare Fülle an bundesweit geführten und für viele Behörden zugänglichen zentralen Registern[399] (z. B. das Bundeszentralregister, das Ausländerzentralregister oder die Verkehrsregister) und Verbunddateien (z. B. die Antiterrordatei oder die Rechtsextremismusdatei). Auf der Ebene der Länder und

396 Vgl. Alexander Dix, Datenschutz im Zeitalter von Big Data, Stadtforschung und Statistik 1/2016, S. 59-64, 63.

397 Vgl. Dominik Gerstner, Predictive Policing als Instrument zur Prävention von Wohnungseinbruchdiebstahl, Max-Planck-Institut für ausländisches und internationales Strafrecht, Forschung aktuell 50/2017, Freiburg 2017, S. 3 m.w.N.

398 Vgl. Gerstner 2017, S. 4f; Alexander Gluba, Predictive Policing, in: Bundeskriminalamt, Forum KI 2015, S. 3, https://tinyurl.com/yawkfb9q.

399 Vgl. Bernd Holznagel, in: Wolfgang Hoffmann-Riem/Eberhard Schmidt-Aßmann/Andreas Voßkuhle (Hrsg.), Grundlagen des Verwaltungsrechts, Bd. II, 2. Aufl., München 2012, § 24 Informationsbeziehungen in und zwischen Behörden, Rn. 51-56.

Kommunen werden Bücher, Register und Informationssysteme (z. B. die Wasserbücher, die Melderegister, die Personenstandsregister oder die beim Amtsgericht geführten Handels- und Vereinsregister sowie die Umweltinformationssysteme) eingesetzt. Diese staatlichen Instrumente der Informationsverarbeitung werden mittlerweile allesamt elektronisch geführt.[400]

Der digitalisierte Staat besitzt nach alledem durch die Möglichkeiten der heutigen Informationstechnik ein breites Set an neuen Handlungsformen und Instrumenten zur Aufgabenerfüllung. Der Staat, im Falle einer idealen Umsetzung, tritt im Rahmen der sich etablierenden E-Governmentstrukturen bürgerfreundlicher und transparenter gegenüber der Bevölkerung auf. Er bietet eine Fülle an frei zugänglichen Informationen und leichtere und nutzerfreundliche Beteiligungsformen an, was das Entscheidungswissen und die Legitimation in einzelnen Verwaltungsverfahren vergrößern kann. Die digitalisierte Technik bietet dem Staat jedoch auch einen breiteren und intensiveren Zugriff auf die Gesellschaft und lässt ihn neue Methoden der Überwachung in digitalen Netzen einsetzen. Damit steigt auch die Steuerungsfähigkeit des Staates und lässt ihn mehr Informationen über die Gesellschaft generieren. Für diese Informationsfülle und für den Bedarf an zielgerichtetem und weit verzweigtem Informationsaustausch innerhalb seiner Organisationen nutzt der Staat nunmehr eine eigene Informationsinfrastruktur, die sich mit der fortschreitenden Entwicklung der Digitalisierung weiter ausdifferenziert.

Wie die Verbreitung von Schrift und Papier zunächst die staatliche Herrschaft und Verwaltung der Frühen Neuzeit und, anschließend, die Archive rationalisierte und systematisierte, so ist es in der heutigen Zeit die Digitalisierung, die die Arbeitsweise der Verwaltung, und nun mit einigen Jahren Verzögerung, die Archive verändert. „[I]nsgesamt scheint das Digitale handstreichartig eine analoge Bastion nach der ande-

400 Ausführlich zur Systematisierung, zu den entsprechenden Rechtsgrundlagen und zur Auswirkung der elektronischen Register und Informationssysteme des Staates auf das Archivwesen vgl. Hannes Berger, Öffentliche Register und Verwaltungsinformationssysteme, KomJur 2017, S. 169-172.

ren einzunehmen, auch die der Archive. Es wäre dann mithin normal, auch auf diesem Feld digitale Tendenzen zu erwarten."[401] Tatsächlich hatten öffentliche Archive nicht erst seit der Verwendung von elektronischem Mailverkehr in der Verwaltung Überlegungen anzustellen, wie man den digitalen Schriftverkehr in Archivgut umwidmet. Die Problematik ist wesentlich weitreichender. Die Auswirkungen der Digitalisierung des Staates auf das staatliche Archivwesen sind offensichtlich. Jene Betroffenheit der Archive ergibt sich zunächst daraus, dass das Archivrecht bestimmt, dass alle staatlichen Unterlagen an das zuständige Archiv angeboten werden müssen, sobald sie nicht mehr benötigt werden. Wandeln sich die Unterlagenformen des Staates, dann muss sich auch die Archivtätigkeit hinsichtlich dieser Unterlagen wandeln. E-Akten, elektronische Register und Datenbestände aus Informationssystemen sind ebenso unter den archivrechtlichen Begriff der Unterlage zu fassen, wie auch die durch das E-Government eingesetzten Behördenportale und die staatlichen Homepages. Stellt sich der Staat in diesen Bereichen neu auf, hat dies Auswirkungen auf das Archivwesen. Es müssen für elektronische Daten ganz neue Übergabeprozesse an das Archiv entwickelt werden, es muss das informationstechnische Wissen für die Beurteilung und Bewertung solcher Datenformen in den Archiven vorhanden sein und es muss letztlich im Archiv eine angepasste Speicherinfrastruktur für diese Daten entstehen. Maßnahmen der Bestandserhaltung, die für Jahrhunderte gegen Feuchtigkeit, Schimmel, Licht oder physische Zerstörung von Papierakten, Karten oder Microfilmen zu kämpfen hatten, sind nutzlos angesichts elektronischer, also eben körperloser Daten. Digitale Archivgüter auf Dauer zu sichern wird eine Herausforderung sui generis für die modernen Archive sein. Auswirkungen haben die Digitalisierung und das E-Government auch auf den archivischen Informationszugang, etwa dann, wenn Behörden eigene Informationen über Behördenportale frei zugänglich machen, wie das bei Umweltinformationen der Fall ist. Das Archiv und das Ar-

401 Martin Warnke, Digitale Archive, in: ders., Kulturinformatik. Schriften 1997 bis 2007, Lüneburg 2009, S. 171-190, 171. Leicht verändert, aber ohne die zitierte Stelle, abgedruckt in: Hedwig Pompe/Leander Scholz (Hrsg.), Archivprozesse, Köln 2002, S. 269-281.

chivrecht können für diese freien Informationen keine strengeren Zugangsregeln, etwa in Form von Schutzfristen, aufstellen. Ebenso kommt der Funktion der öffentlichen Archive, eine nachträgliche Verwaltungs- und Regierungskontrolle hinsichtlich fehlerhaften Behördenverhaltens zu ermöglichen, neue Bedeutung zu. Besitzt der Staat dank der Digitalisierung einen wesentlich größeren Zugriff auf die Bevölkerung und kommt es dabei zu Grundrechtsverletzungen, dann können diese aus der Dokumentation seines Handelns und aus den archivierten Informationen hervorgehen. Werden die entsprechenden Akten und Informationen im Archiv aufbewahrt, kann solches Fehlverhalten nachträglich aufgedeckt werden, wofür angesichts der elektronischen Speicherformen wiederum neue elektronische Auswertungs- und Benutzungsfunktionen im modernen Archiv benötigt werden. Die über Jahrhunderte hinweg analog arbeitende Gedächtnisinstitution Archiv wird aufgrund der Digitalisierung vor die Herausforderung gestellt, ihre gesamten Archivprozesse zu modernisieren.

c) Vernetzte Verwaltung

Die Veränderungen, die in der Verwaltung und im Staat stattfinden, sind Teil eines größeren Wandlungsprozesses der Gesellschaft hin zu einer Wissens- und Informationsgesellschaft.[402] Die Pluralisierung der Gesellschaft führt zu einer Vermehrung der Staatsaufgaben und zu hohen Anforderungen an die Ordnungsleistung der Verwaltungsentscheidungen. Die Verwaltung allein wird es jedoch kaum noch vollbringen, die Komplexität und die Informationsbedürfnisse zu bearbeiten und droht ohne die Einbindung weiterer Akteure an der Aufgabenlast zu versagen.[403] Angesichts der beschleunigten Dynamik durch den Einsatz von Informationstechnik und jenem wachsenden Benötigen einer breiten Informati-

---

402 Vgl. Thomas Vesting, Zwischen Gewährleistungsstaat und Minimalstaat, in: Wolfgang Hoffmann-Riem/Eberhardt Schmidt-Aßmann (Hrsg.), Verwaltungsrecht in der Informationsgesellschaft, Baden-Baden 2000, S. 101-131, 101.

403 Vgl. Karl-Heinz Ladeur, Von der Verwaltungshierarchie zum administrativen Netzwerk, Die Verwaltung 26 (1993), S. 137-165, 150.

onsbasis für hoheitliche Entscheidungen in komplexen Verfahrens- oder Planungssituationen in immer detaillierteren Rechtsgebieten stößt das klassische „hierarchische Modell der gesetzesvollziehenden Verwaltung an seine Grenzen".[404] Die Pluralisierung der Gesellschaft, die sich beispielsweise in starken Kontrasten zwischen Stadt und Land oder in immer höheren Kommunikationsbedürfnissen zeigt, führt dazu, dass die einfache Subsumtion eines Lebenssachverhaltes unter eine rechtliche Norm nicht mehr für eine angemessene Verwaltungstätigkeit ausreicht, weshalb die Anforderungen an eine funktionsgerechte Verwaltung(sorganisation) in der modernen Gesellschaft steigen.[405] Hergebrachte Routinen innerhalb der standardisierten Weisungshierarchien reichen angesichts dieser gesellschaftlichen und rechtlichen Dynamik und Komplexität nicht mehr aus.[406] Die Informationstechnik führt dazu, dass die Verwaltung ihre Struktuen und Handlungsformen effizienter, transparenter und nachvollziehbarer ausgestalten kann, mit dem Ergebnis, dass die klassische Verwaltungsorganisation und -struktur und ihre Institutionen als überholt angesehen werden können.[407] Netzwerke und Vernetzung im technischen Sinne sind dabei nur die Grundlage für eine vernetzte Verwaltung im Sinne einer reformierten, prozesshaften und arbeitsteiligen Organisations- und Handlungsstruktur.[408] „Die Vollzugsverwaltung war und ist eine Bürokratie des Staates. Die Verwaltung der »Informations- und Wissensgesellschaft« kann nur eine Verwaltung der laufenden Kooperation zwischen Politik und anderen autonomen Systemen der modernen Gesellschaft sein."[409] Das für angemessene Entscheidungen der Verwaltung benötigte komple-

404 Vgl. Vesting, in: Hoffmann-Riem/Schmidt-Aßmann 2000, S. 128; auch Collin/Spiecker gen. Döhmann, in: Spiecker gen. Döhmann 2008, S. 5; Steinbicker, in: Collin/Horstmann 2004, S. 90f.

405 Vgl. Vesting, in: Hoffmann-Riem/Schmidt-Aßmann 2000, S. 129.

406 Vgl. Peter Collin, Ordnungsüberlegungen zum Organisationsrecht des binnenadministrativen Wissenstransfers, in: Indra Spiecker gen. Döhmann/Peter Collin (Hrsg.), Generierung und Transfer staatlichen Wissens im System des Verwaltungsrechts, Tübingen 2008, S. 136-155, 153.

407 Vgl. Lenk, in: Hoffmann-Riem/Schmidt-Aßmann 2000, S. 60.

408 Vgl. Lenk/Meyerholt/Wengelowski, 2014, S. 27.

409 Vgl. Vesting, in: Hoffmann-Riem/Schmidt-Aßmann 2000, S. 129.

xere Entscheidungswissen muss unter diesen Vorzeichen vermehrt durch Koppelung und Austausch verschiedener Stellen und Experten generiert werden[410], da es in der Verwaltung verstreut und nicht konzentriert vorhanden ist.[411] Das eröffnet selbstverständlich Gestaltungsspielräume für die öffentliche Verwaltung.[412] Verwaltungsnetzwerke schaffen damit „multidisziplinäre Kompetenz", die sich sodann auch komplexen Problemlagen moderner Ausprägung stellen kann.[413] Bei der Herausbildung dieser vielfältigen Netzwerkstrukturen kommt der Regulierung der Informationsgenerierung und des Wissenstransfers durch entsprechende verwaltungsorganisatorische Normen eine große Bedeutung zu.[414]

Die Informationsbeziehungen in Netzwerken sind nicht automatisch ein „Einheitsmodus" des Datenaustausches. Auch in der netzwerkartigen Struktur der öffentlichen Verwaltung finden sich hierarchische Beziehungen, Kontrollmechanismen, Abhängigkeiten und stärkere oder schwächere Informationsflüsse. Ebenso lassen sich auch in Netzwerkstrukturen die Funktionen der Informationsbeziehungen analysieren, die etwa auf Kooperation, Kontrolle oder Assistenz abzielen.[415] Die informationelle Vernetzung zwischen staatlichen Stellen kann in ganz unterschiedlicher Ausprägung auftreten. Register und Verbunddateien stellen stärker institutionalisierte Informationsgeflechte für verschiedene Behörden dar, die die Bestände für ihre Aufgaben abrufen, bearbeiten und einstellen können. Einzelfallbezogen kann dagegen die informationelle Vernetzung zwischen Behörden im Rahmen der (informationellen) Amtshilfe oder im Rahmen der Verfahrensbeteiligung stattfinden, ohne, dass es dafür eines permanenten und standardisierten Austausches bedürfte. Das

410 Vgl. Vesting, in: Hoffmann-Riem/Schmidt-Aßmann 2000, S. 129.

411 Vgl. Augsberg 2014, S. 79.

412 Vgl. Lenk, in: Hoffmann-Riem/Schmidt-Aßmann 2000, S. 60.

413 Vgl. Collin/Spiecker gen. Döhmann, in: Spiecker gen. Döhmann 2008, S. 5.

414 Vgl. Winfried Kluth, Die Strukturierung von Wissensgenerierung durch das Verwaltungsorganisationsrecht, in: Indra Spiecker gen. Döhmann/Peter Collin (Hrsg.), Generierung und Transfer staatlichen Wissens im System des Verwaltungsrechts, Tübingen 2008, S. 73-92, 74.

415 Vgl. Collin, in: Spiecker gen. Döhmann/Collin 2008, S. 153f.

Informationsnetz der modernen Verwaltung stützt sich in diesem Sinne mehr auf von üblichen Organigrammen unabhängig verlaufende Daten- und Kommunikationsströme und „existiert unabhängig von dem für den formalen Informationszugang geltenden Dienstweg".[416] Diese netzartigen Verbindungen können kurzfristig und einzelfallbezogen sein und müssen nicht zugleich fest institutionalisiert werden.

Informationstechnische Vernetzungsstrukturen der Verwaltung ermöglichen es, gemeinsame Verhandlungen und Entscheidungen unabhängig von räumlichen oder zeitlichen Barrieren zu treffen.[417] Für die Aufgabenerfüllung und Entscheidungsfindung wird entsprechend der vernetzten Dezentralität ein geeignetes inner- und interbehördliches Informationsnetz gesponnen, mittels dessen die an einer Entscheidung beteiligten Fachbehörden, Experten und Betroffenen Informationen austauschen, neue Informationen generieren und Entscheidungen auf breiter Wissensbasis treffen.[418] Ein Kennzeichen der Vernetzung „sind verselbständigte Wissensbestände mit der damit erforderlichen Rechteverwaltung, was den Zugang zu ihnen und ihre Veränderung betrifft"; diese zusammengetragenen und letztlich eigenständig bestehenden Wissensbestände führen „zu einer Entäußerung des von [einzelnen staatlichen Stellen] erarbeiteten Wissens in externe Speicher [...], was dann eine Sekundärnutzung durch andere Akteure" ergeben kann.[419] Diese externe und verselbständigte Speicherung des staatlichen Wissens findet bereichsspezifisch durch Datenbanken und Register statt und generalisiert in den öffentlichen Archiven. Letztlich wird das Archiv zum umfassend mit allen staatlichen Stellen vernetzten Wissensspeicher par excellence. Denn schon der Normbefehl der Archivgesetze verpflichtet jede staatliche Stelle im Anwendungsbe-

416 Vgl. Arno Scherzberg, Die öffentliche Verwaltung als informationelle Organisation, in: Wolfgang Hoffmann-Riem/Eberhardt Schmidt-Aßmann (Hrsg.), Verwaltungsrecht in der Informationsgesellschaft, Baden-Baden 2000, S. 195-223, 197.

417 Vgl. Lenk, in: Hoffmann-Riem/Schmidt-Aßmann 2000, S. 93; Scherzberg, in: Hoffmann-Riem/Schmidt-Aßmann 2000, S. 197.

418 Vgl. Scherzberg, in: Hoffmann-Riem/Schmidt-Aßmann 2000, S. 205.

419 Beide Zitate Lenk/Meyerholt/Wengelowski 2014, S. 28.

reich, ihr gesammeltes Wissen in der Form der begrifflich weit verstandenen Unterlage an die Archive abzugeben.

Die Kommunikationsverbindungen zwischen Behörden, Gerichten und öffentlichen Stellen mit den Archiven verlaufen jedoch nicht nur einseitig in Richtung Archiv als Wissensverschiebung an einen Speicherort. Die Vernetzung der Verwaltung mit den Archiven verläuft auch umgekehrt, was sich beispielhaft in der einzuholenden Beratung des archivischen Expertenwissens bei Fragen der Schriftgutverwaltung oder dem Aufbau von E-Government-Strukturen verdeutlicht. Die Verwaltung von Wissen kann deshalb nicht mehr nur die Archivierung im Sinne einer Ablage oder Speicherung von Verwaltungswissen bedeuten, sondern muss umfassender im Komplex von Erzeugung, Verteilung und Veränderung betrachtet werden.[420] Unbestreitbar ist durch eine zunehmende Vernetzung und informationelle Kooperation der öffentlichen Verwaltung ein erheblicher Bedeutungszuwachs für die öffentlichen Archive anzunehmen. Dies muss zumindest dann gelten, wenn die Archivbehörden der Entwicklung der Digitalisierung folgen und die öffentlichen Behörden, Gerichte und Parlamente ihre Informationsbedürfnisse verstärkt auf die Informationssammlungen der Archive ausrichten.

IV. Zwischenergebnis

Mit dieser Skizzierung der historischen Entwicklungslinien des deutschen Archivrechts konnte gezeigt werden, dass die rechtlichen Grundlagen des öffentlichen Archivwesens für eine lange Zeit unspezifisch waren und auf die Sicherung des Herrschaftswissens abstellten. Im Unterschied zur Archivgesetzgebung in Frankreich gab es seit dem 19. Jahrhundert in Deutschland zwar regelmäßige und ernstzunehmende Versuche, das Archivwesen gesetzlich zu normieren und seine historischen Funktionen zu stärken. Doch es sollte letztlich bis in die 1980er Jahre hinein dauern, bis erste umfängliche archivgesetzliche Vorschriften durch die Parlamente erlassen wurden. Dabei war es weniger der exklusive politische Wille, der zur Archivgesetzgebung in Deutschland führte, sondern eher

420 Vgl. Kluth, in: Spiecker gen. Döhmann/Collin 2008, S. 74.

der Umsetzungsdruck höchstrichterlicher Rechtsprechung des Bundesverfassungsgerichts. Auch die deutsche Rechtswissenschaft ignorierte das Archivwesen weitgehend, was sich ebenfalls erst mit der Rechtsprechung und der anschließenden Gesetzgebungstätigkeit änderte. Immerhin arbeiteten verschiedene juristische Autorinnen und Autoren das Forschungsversäumnis in der Folgezeit nach und erbrachten eingängige und tiefgehende Analysen der verfassungsrechtlichen, grundrechtsdogmatischen und einfachgesetzlichen Funktionen und Strukturen des Archivrechts. Im Nachgang offenbarte sich zudem eine gestiegene Relevanz des Archivrechts in Justizverfahren.

Zwar war die Archivgesetzgebung zum Ende der 1990er Jahre zunächst abgeschlossen und die juristischen Auseinandersetzungen in den Jahren um die Jahrtausendwende hatten ihre maßgeblichen Ergebnisse zum Archivrecht hervorgebracht. Für eine längere Phase der Konsolidierung des deutschen Archivrechts war jedoch keine Zeit, denn nur wenige Jahre nach der Jahrtausendwende wirkten bereits neue Einflüsse und Rahmenbedingungen auf dieses noch junge Rechtsgebiet ein. Die Europäische Union schickte sich an, eigene kulturpolitische Ansätze zu verabschieden, die, gepaart mit zusätzlichen nationalen Rechtsvorschriften, die Ausübung des Archivrechts zu einer komplexen Rechtsanwendungstätigkeit anwachsen ließ. Darüber hinaus wirken neue gesellschaftliche und staatliche Veränderungsprozesse unmittelbar auf das Archivwesen ein. Die Digitalisierung birgt das Potential, den gesamten Arbeitsgegenstand der Archive, die staatliche Unterlage, in völlig neue und kaum überschaubare Erscheinungsformen zu übertragen. Außerdem werden die vernetzte Verwaltung und das gestiegene Bedürfnis nach Informationen in Gesellschaft und Staat die Archive zu neuen Funktionen im öffentlichen Gemeinwesen führen. Auf diese neuen Rahmenbedingungen reagieren die Archivgesetzgeber seit dem Jahr 2009 mit einer Reformoffensive.

Betrachtet man die Entwicklung des deutschen Archivrechts allein für die Zeit der Bundesrepublik, dann muss man feststellen, dass es sich von einer nahezu unreglementierten Materie über erste rudimentäre untergesetzliche Verwaltungsvorschriften der 1960er Jahre hin zu einem eigenständigen Rechtsgebiet ab den 1980er Jahren entwickelte und zum heutigen Zeitpunkt Merkmale eines vernetzten und dynamischen Teiles des Besonderen Verwaltungsrechts aufweist.

Kapitel 2: Archivrecht als Teil des Informationsverwaltungsrechts

I. Funktionen des Informationsverwaltungsrechts in Staat und Verwaltung

Die nomativen Grundlagen des informationsbezogenen Handelns des Staates bilden keine abschließende Informationsordnung im Sinne eines eigenständigen Rechtsgebietes.[1] Vielmehr sind die rechtlichen Ausführungen über das Informationshandeln immer verflochten mit „entscheidungs- oder mit den institutionsbezogenen Beschreibungs- und Regelungsformen", also mit unterschiedlichen staatlichen Handlungsbereichen und spezifischen Rechtsgebieten.[2] Die Information wird zur spezifischen Dimension des Rechts[3], die bei wesentlichen Aspekten etwa des Verwaltungshandelns mitgedacht werden muss. Daten, Informationen und Wissen prägen zunehmend die Handlungsweisen und die normativen

---

1 So aber wohl Michael Kloepfer, Informationsrecht, München 2002, S. V; Friedrich Schoch, Öffentlich-rechtliche Rahmenbedingungen einer Informationsordnung, VVDStRL 57 (1998), S. 158-212, insb. S. 163-166.

2 Marion Albers, Die Komplexität verfassungsrechtlicher Vorgaben für das Wissen der Verwaltung, in: Indra Spiecker gen. Döhmann/Peter Collin (Hrsg.), Generierung und Transfer staatlichen Wissens im System des Verwaltungsrechts, Tübingen 2008, S. 50-69, 51; Johannes Masing, Transparente Verwaltung: Konturen eines Informationsverwaltungsrechts, VVDStRL 63 (2004), S. 377-441, 432.

3 Vgl. Marion Albers, Information als neue Dimension im Recht, Rechtstheorie 33 (2002), S. 61-89, 82.

Grundlagen der Verwaltung – typische Beispiele sind der Datenschutz, der Umgang mit Nichtwissen, das Vorhalten und Pflegen staatlicher Informationssammlungen oder zu Zugang zu staatlichen Informationen.[4]

1. Informationsverwaltungsrecht und neue Verwaltungsrechtsdogmatik

Entgegen der Vorstellung der Informationsordnung als ein abgeschlossenes und eigenständiges Rechtsgebiet bildet das *Informationsverwaltungsrecht* die Vorstellung einer neuen Dogmatik ab, die die Rechtsfiguren des klassischen allgemeinen und besonderen Verwaltungsrechts um neue Kategorien der Kommunikation, der Daten, der Information und des Wissens anreichert und auf diesem Weg die gängigen Rechtsfiguren weiterentwickelt. Die informationsbezogene Betrachtung des Verwaltungsrechts führt zu einer neuen Systematisierung und einer neuen Gestaltung des Verwaltungsrechts.[5] „Informations-(verwaltungs-)recht in diesem Sinne bedeutet dann die Gesamtheit jener öffentlich-rechtlichen Normen, die sich auf den staatlichen Umgang mit Informationen und Kommunikationshandeln beziehen und die das Informationshandeln der Behörden untereinander sowie gegenüber dem Bürger regeln."[6] Anstatt das Informationsrecht im Sinne einer Informationsordnung in einem zusammengefassten und in sich abgeschlossenen Regelwerk zu kodifizieren, verfolgt das Informationsverwaltungsrecht die Absicht, die verstreuten informationsbezogenen Regelungen im öffentlichen Recht zu systematisieren und dadurch zu einer neuen Systembildung des Verwaltungsrechts als ein umfassend auf Informationsgenerierung und Informationstransfer basierendes System zu gelangen.[7] Eine Beurteilung der dogmatischen Veränderungsansätze des Informationsverwaltungsrechts setzt ein

4 Vgl. Albers, in: Spiecker gen. Döhmann/Collin 2008, S. 52.
5 Vgl. Albers, in: Spiecker gen. Döhmann/Collin 2008, S. 53.
6 Rainer Pitschas, Allgemeines Verwaltungsrecht als Teil der öffentlichen Informationsordnung in: Wolfgang Hoffmann-Riem/Eberhard Schmidt-Aßmann/Gunnar Folke Schuppert (Hrsg.), Reform des Verwaltungsrechts 1993, S. 219-305, 242.
7 Vgl. Albers, in: Spiecker gen. Döhmann/Collin 2008, S. 53f.

Verständnis der zugrundeliegenden Kategorien und Begriffe voraus.

Stützt sich modernes Verwaltungshandeln auf vorhandene Daten-, Informations- und Wissensbestände und ist der Staat in der Wissensgesellschaft vor allem auf die Generierung und Verarbeitung von Entscheidungswissen angewiesen, dann fragt sich, was unter diesen Begriffen zu verstehen ist. Daten, Informationen und Wissen sind nicht unterschiedliche Begriffe, die denselben Sachverhalt meinen, sondern sie stehen für zu unterscheidende Sinngehalte. Daten sind zunächst Zeichen, die auf einem Datenmedium festgehalten sind. Daten allein haben kaum einen Aussagewert. Aus Daten wird erst Information, wenn sie von der sich informierenden Person interpretiert und in einen sozialen Kontext gestellt werden.[8] „Erst die Zuweisung von Bedeutung macht das Datum zur Information."[9] Daten sind für sich genommen dekontextualisierte Zeichen oder Mitteilungen. Werden Daten aber in einen grundlegenden Sinn- oder Relevanzkontext eingefasst, entsteht eine breitere Aussagekraft.[10] Die Information wiederum ist die Neuigkeit, die Überraschung, die über den bereits vorhandenen Erwartungshorizont der empfangenden Person hinausgeht. Informationen müssen also immer auf ein vorhandenes Set von Strukturen und Erwartungen treffen, um den Informations- oder Neuigkeitsgehalt erkennen und verarbeiten zu können.[11] „Information ist in diesem Sinne wesentlich ein durch den Rezipientenhorizont beeinflusster Prozess."[12] Verwaltungsinformationen sind daraufhin die interpretierten und kontextualisierten Daten, Beobachtungen oder Mitteilungen im Bereich der Verwaltung.[13] Von der Information ist zudem das Wissen abzugrenzen. Wissen ist „eine

---

8 Vgl. Albers, in: Spiecker gen. Döhmann/Collin 2008, S. 54.

9 Arno Scherzberg, Die öffentliche Verwaltung als informationelle Organisation, in: Wolfgang Hoffmann-Riem/Eberhardt Schmidt-Aßmann (Hrsg.), Verwaltungsrecht in der Informationsgesellschaft, Baden-Baden 2000, S. 195-223, 199.

10 Vgl. Ino Augsberg, Informationsverwaltungsrecht, Tübingen 2014, S. 32f.

11 Vgl. Augsberg 2014, S. 30.

12 Augsberg 2014, S. 31.

13 Vgl. Albers, in: Spiecker gen. Döhmann/Collin 2008, S. 54.

Form verarbeiteter, interpretierter Information.“[14] Wissen wird dann generiert, wenn Informationen zu einem Erfahrungskontext zusammengefügt werden, oder Information in einen bestehenden Erfahrungskontext eingefügt wird.[15] Verändert die neue Information diesen Kontext, dann entsteht neues Wissen. Wissen wird somit als „dynamischer, selbstreferenzieller Prozess der fortlaufenden Informationsverarbeitung“[16] verstanden. Das auf diesem Weg generierte Wissen konserviert sich als Erfahrungs- und Erwartungsstruktur in den menschlichen Verfahren, Praktiken oder den dafür benötigten Infrastrukturen. Deshalb ist Wissen eine dynamische und an Situationen anzupassende Form von Informationsverarbeitung und ist insofern zu unterscheiden von seiner Speicherform. Wissen ist auf permanente Veränderung und Ergänzung angelegt. Das Wissen muss von seinem Wissensspeicher, z. B. dem Archiv, getrennt voneinander verstanden werden. Das Archiv, ebenso wie Register oder Datenbanken, verwaltet, sammelt, ergänzt und verändert seinen Wissensbestand und macht ihn zugänglich. Das Archiv selbst ist aber nicht das Wissen des Staates, sondern seine institutionelle und infrastrukturelle Speicherform.[17]

2. Funktionen des Informationsverwaltungsrechts

Zu hinterfragen ist weiterhin, welche spezifischen Funktionen vom dogmatisch neu ausgerichteten Informationsverwaltungsrecht ausgeübt werden sollen und welche Erwartungen es erfüllen kann. Die Veränderlichkeit von Informationen, die darin zum Ausdruck kommt, dass sie aus der einen Perspektive banal, aus einer anderen jedoch sehr relevant und von großer Bedeutung sein kann, bedeutet, dass die Weitergabe und die Weiterverarbeitung von Informationen stets die Generierung neuer Informationen bewirken können.[18] Im Hinblick

14 Augsberg 2014, S. 29.
15 Vgl. Albers, in: Spiecker gen. Döhmann/Collin 2008, S. 54f.
16 Augsberg 2014, S. 29.
17 Vgl. Albers, in: Spiecker gen. Döhmann/Collin 2008, S. 55.
18 Vgl. Ino Augsberg, Informationszugang und -weiterverarbeitung als gesellschaftliche Grundprinzipien, in: Thomas Dreier et al. (Hrsg.), Informationen der öffentlichen Hand, Baden-Baden 2016, S. 37-55, 46.

auf diese potentielle Wichtigkeit und den hohen Stellenwert von Informationen stellt sich die Frage, wie ihre Zugänglichkeit und ihre Weiterverarbeitung für die moderne Gesellschaft und ihren Staat normativ abgesichert und ermöglicht werden kann. Die Aufgabe an das Recht ist dabei mehrschichtig. „Einerseits muss der hohen Relevanz der Information für die gegenwärtige Gesellschaft Rechnung getragen werden.“[19] Andererseits müssen aber auch Grenzen und Schutzmechanismen durch das Recht errichtet werden. Dem neuen informationsbezogenen Verwaltungsrecht liegen dabei deutliche demokratietheoretische Zwecke zugrunde. Tranzparenz des Verwaltungshandelns soll hierbei die Überprüfbarkeit des staatlichen Handelns und die Rückkoppelung an die Volkssouveränität verwirklichen.[20] Das Informationsverwaltungsrecht existiert jedoch nicht nur, um den Zugang und die (wirtschaftliche) Weiterverwendung von Informationen als Ausdruck demokratisch-rechtsstaatlicher Zwecke zu normieren, sondern außerdem auch, um Möglichkeiten und Grenzen des Informationshandelns des Staates festzulegen.[21] Es muss dabei einerseits das Ziel sein, den staatlichen Behörden und Gerichten ein ausreichendes rechtliches Instrumentarium zur Hand zu geben, um auch in der heutigen Gesellschaft wirksame, begründete und mit Entscheidungswissen unterfütterte allgemeinverbindliche Entscheidungen zu treffen. Die dafür notwendigen Informationserhebungs- und Wissensgenerierungsrechte muss das Informationsverwaltungsrecht bereitstellen. Andererseits muss das informationsbezogene öffentliche Recht auch die Grenzen der staatlichen Wissensgenerierung und der Wissensweitergabe, die sich etwa aus dem Ver-

19 Augsberg, in: Dreier et al. 2016, S. 48.

20 Vgl. Augsberg, in: Dreier et al. 2016, S. 49.

21 Nicht nur die staatlichen Informationsbegehren werden etwa durch den Datenschutz oder spezifische Grundrechtsgehalte begrenzt, sondern ebenso auch die Informationsbegehren der Bürger gegenüber dem Staat. Auch gesetzlich verankerte Informationszugangsansprüche für jedermann finden ihre Grenzen in Geheimhaltungspflichten und anderen Schutzinteressen privater Dritter oder des Staates, vgl. dazu Elke Gurlit, Das Informationsverwaltungsrecht im Spiegel der Rechtsprechung, Die Verwaltung 44 (2011), S. 75-103, 91ff.

fassungsrecht ergeben, abbilden.[22] Auch wenn Informationen als der Rohstoff, die Entscheidungs- und Handlungsgrundlage, der heutigen Gesellschaft gelten, bedeutet das nicht, dass Schutzpositionen des Einzelnen, etwa die informationelle Selbstbestimmung oder das Fernmeldegeheimnis, die Vertraulichkeit privater IT-Systeme oder die Unverletztlichkeit der Wohnung sowie der Schutz von Geschäfts- und Betriebsgeheimnissen, Gegenstandslos geworden sind.[23]

Die Funktionen des Informationsverwaltungsrechts zeigen sich darin, dass ein normatives Instrumentarium für die Informationsgewinnung des Staates, für den Austausch und für die Speicherung dieser Informationen aufgestellt wird und dabei gleichzeitig die rechtsstaatlichen Grenzen für diese Informationsgenerierungen ausgestaltet werden sowie, dass für einen demokratisch-rechtsstaatlichen Informationszugang des Bürgers gegenüber dem Staat und seinen Informationsbeständen garantiert wird. Unter dem Begriff des Informationsverwaltungsrechts können folglich übergreifende Strukturmerkmale des administrativen Umgangs mit Informationen verstanden werden.[24] Das staatliche Wissensmanagement bzw. das Informationsverwaltungsrecht besitzt, abgeleitet aus dem Voranstehenden, mehrere Grundfunktionen, die verallgemeinernd unter die Bereiche der *Wissensgenerierung*, der *innerstaatlichen Informationsbeziehungen*, der *Informationsbeziehungen zwischen Staat und Bürger* sowie der *Wissensspeicherung* gefasst werden können.[25] Diese Grundfunktionen werden zwar analytisch getrennt voneinander behandelt, um ihre jeweiligen Spezifika des Umgangs mit

22 Das Recht muss gezielt Informationsgewinnungsverbote einrichten, die Eingriffe in Individualrechte und Gemeinwohlschäden verhindern. Das Recht muss hierbei Systematisierungsleistungen erbringen, die die Grenzen der Informationsgewinnung entsprechend der Möglichkeiten der Informationsweiterverarbeitung, der alternativen Informationserhebung und der Intensität des Rechteeingriffes bestimmen. Dazu Indra Spiecker gen. Döhmann, Wissensverarbeitung im Öffentlichen Recht, RW 2010, S. 247-282, 268ff.

23 Vgl. Elke Gurlit, Konturen eines Informationsverwaltungsrechts, DVBl 2003, S. 1119-1134, 1121f.

24 Vgl. Masing, VVDStRL 63 (2004), S. 432.

25 Vgl. Klaus Lenk/Ulrich Meyerholt/Peter Wengelowski, Wissen managen in Staat und Gesellschaft, Berlin 2014, S. 65ff.

Informationen herauszuarbeiten. Sie bleiben trotzdem verschiedene Aspekte desselben Bezugspunktes, der öffentlich-rechtlichen Behandlung von Informationen.[26] Diese aufgezählten Funktionen und Aufgaben des Informationsverwaltungsrechts werden sich „in unterschiedlichen Zusammenhängen manifestieren, etwa beim Umgang mit personenbezogenen Informationen und Daten, in den Informationsbeziehungen zwischen Staat und Bürger [und] beim intrabehördlichen Informationsaustausch“[27]. Demzufolge besteht die zentrale Aufgabe des Informationsverwaltungsrechts darin, „deutlich zu machen und zu zeigen, dass Verwaltungshandeln Umgang mit und Verarbeitung von Informationen und Wissen in einer Verwaltungsorganisation ist, die selbst wiederum nichts anderes als eine informationsverarbeitende Organisation ist“; deshalb muss das Informationsverwaltungsrecht die genaue Bestimmung der Möglichkeiten und Grenzen des informationsbezogenen Verwaltungshandelns bestimmen.[28] Das Informationsverwaltungsrecht wird damit zur notwendigen rechtlichen Grundlage für die staatliche Verarbeitung von Wissen und Informationen.

Diese Wissensarbeit des Staates, die sich auf normativer Ebene im Informationsverwaltungsrecht widerspiegelt, kann nach alledem als „eine auf Dauer angelegte organisatorische und personelle Aspekte verknüpfende Tätigkeit sein [...], zu der die Sammlung, Formalisierung, Pflege und Zurverfügungstellung von Wissen und Wissensressourcen gehört.“[29] Diese Definition, die generell der Wissensarbeit des Staates

---

26 Vgl. Augsberg 2014, S. 38: Teilfunktionen des Informationsverwaltungsrechts werden „weniger als real getrennte Phänomene verstanden, aber in analytischer Absicht dennoch unterschieden“.

27 Thomas Vesting, in: Wolfgang Hoffmann-Riem/Eberhard Schmidt-Aßmann/Andreas Voßkuhle (Hrsg.), Grundlagen des Verwaltungsrechts, Bd. II, 2. Aufl., München 2012, § 20 Die Bedeutung von Information und Kommunikation für die verwaltungsrechtliche Systembildung, S. 1-34, 6, Rn. 6.

28 Vesting, in: Hoffmann-Riem/Schmidt-Aßmann/Voßkuhle 2012, S. 29f, Rn. 49f, Zitat in Rn. 49.

29 Peter-Tobias Stoll, Wissensarbeit als staatliche Aufgabe, in: Indra Spiecker gen. Döhmann/Peter Collin (Hrsg.), Generierung und Transfer staatlichen Wissens im System des Verwaltungsrechts, Tübingen 2008, S. 34-49, 39.

gewidmet ist, lässt sich passgenau auf die Wissensarbeit öffentlicher Archive übertragen. Indem an die Archive vielfältige Verwaltungsinformationen übertragen werden und diese Informationen dort in einen neuen über den Einzelfall hinausgehenden Archivkontext eingefügt werden, geordnet und erschlossen, geschützt und für breite Benutzungen durch Bürger, Forscher, Behörden, Gerichte und Gesetzgebung bereitgestellt werden, erbringen die Archive staatliche Wissensarbeit in besonders hohem Maße.

Das Archivrecht als ein öffentlich-rechtliches Rechtsgebiet, das für einen besonderen Bereich des staatlichen Informationshandelns Vorschriften trifft, bildet hiernach einen Teil des Informationsverwaltungsrechts. Als solcher Teil trägt es zur neuen Verwaltungsrechtsdogmatik und zu einer informationsbezogenen Systemgestaltung bei. Dieses Kapitel wird dem Beitrag des Archivrechts zur neuen Verwaltungsrechtsdogmatik nachspüren.

II. Archivverwaltungsrecht als spezifisches Informationsverwaltungsrecht

Die normativen Grundlagen des Archivwesens enthalten eine Fülle an informations- und wissensbezogenen Handlungsvorschriften. Stellen Informationen und Wissen *neue Kategorien* des Verwaltungsrechts dar, die zu einer angepassten Dogmatik und zu Veränderungen der Handlungs- und Rechtsfiguren des öffentlichen Rechts im Sinne einer systematischen Umbildung oder Fortentwicklung führen, dann muss dieser Befund umso mehr für den spezifischen Bereich des Archivrechts gelten. Das öffentliche Archivrecht in Form der Archivgesetze und der Archivbenutzungsverordnungen in Bund und Ländern eröffnet gleich in mehrer Hinsicht informationsverwaltungsrechtliche Normbefehle und Normansprüche, die für die *Generierung*, die *Sammlung* und *Aufbereitung*, den *Austausch* und die *Zugänglichkeit von Wissens- und Informationsbeständen* einerseits zwischen Behörden und Archiv und andererseits zwischen Bürger und Archiv Geltung beanspruchen. Das Archiv ist seit jeher ein Ordnungsmodell der Strukturierung und des Transfers von Informationen und Wissen; unter modernen Vorzeichen werden die Archive jedoch mehr als je zuvor zu „Informationsserviceeinrichtungen“[30]. Indem die öffentlichen Archive zu jenen spezifischen Stellen erkoren werden, die die Gesamtheit der staatlichen Unterlagen begutachten und bei einem festgestellten bleibenden Wert übernehmen, treten sie faktisch mit allen staatlichen Behörden und Gerichten in Kommunikations- und Informationsaustauschbeziehungen. Der Informationsstrom fließt jedoch nicht nur von den staatlichen Stellen in die Richtung der Archive. Auch in entgegengesetzter Richtung bietet das Archiv umfassende Beratungsleistungen für die staatlichen Stellen und eröffnet seine Wissensbestände für die Benutzung zu amtlichen, gesetzgeberischen oder justiziellen Zwecken, implementiert Informationen also wieder in neue Verwendungszwecke. Der Umgang mit staatlichen Informationen und Wissenbeständen im Archiv ist wesentlich durch die Speicherung und die Aufbereitung geprägt. Die Eingliederung von staatlichen Informationen in den Archivkontext führt dabei zu ganz neuen Wissenszusammenhängen und Verbindungen, die zu neuem Wissen führen können. Die archivische Auswertung der Unterlagen, die sich auf spezielle Forschungsklauseln der Archivgesetze stützt, generiert ebenfalls neues staatliches Wissen über die Regierungs- und Verwaltungstätigkeit und die Gesellschaft. Schließlich finden nicht nur zwischen Behörden und Archiven Informationswechselwirkungen statt, sondern in intensiver Weise auch zwischen Bürgern und Archiven. Das Benutzungsrecht im Archiv ist dabei in erster Linie ein Informationszugangsrecht, das bereits während des Genehmigungsverfahrens auf einem Informationsaustausch aufbaut. Zwischen Bürger und Archiv findet ebenfalls kein einseitiger Informationsfluss statt. Die Informationseröffnung in Richtung Benutzer wird durch das Beibringen von Entscheidungswissen durch den Benutzer sowie durch die spätere, rückgekoppelte Einspeisung der neu entstandenen Auswertungserkenntnisse in den Archivkontext begleitet.

---

30 Peter Collin, Archive und Register, in: Gunnar Folke Schuppert/Andreas Voßkuhle (Hrsg.), Governance von und durch Wissen, Baden-Baden 2008, S. 75-86, 75.

Unter Rückgriff auf die Definition nach *Rainer Pitschas*[31], wonach Informationsverwaltungsrecht jene öffentlich-rechtlichen Normen umfasst, die sich auf den staatlichen Umgang mit Informationen beziehen sowie den Informationsaustausch zwischen Behörden und zwischen Behörde und Bürger regeln, kann konstatiert werden, dass Archivrecht wie kaum ein zweites Rechtsgebiet des öffentlichen Rechts Informationsverwaltungsrecht ist. Im Nachstehenden werden einzelne Teilkapitel die analytisch unterschiedenen Funktionen des Informationsverwaltungsrechts auf ihre konkrete Ausgestaltung im Archivverwaltungsrecht untersuchen. Wurde die Informationsverarbeitung in den öffentlichen Archiven – wie es auch naheliegt – in der Vergangenheit zumeist nur der Funktion der Wissensspeicherung zugeordnet[32], so wird an dieser Stelle ein breiteres analytisches Verständnis der Informationsverarbeitung in und durch die Archive verfolgt.[33] Zwar bleibt die *Wissensspeicherung im Archiv* die zentrale Aufgabe; sie muss jedoch vor dem Hintergrund von neuen Technologien und gewachsenen Informationsbedürfnissen nicht als eine statische Verwahrung, sondern als eine dynamische Informationsaufbereitung verstanden werden. Ausgehend von der Wissensspeicherung wird sich zeigen, dass in öffentlichen Archiven eine spezifische eigene Form der *Wissensgenerierung* auf verschiedene Weise stattfindet. Wissensgenerierung erfolgt im Archiv nicht nur im Rahmen des allgemeinen Genehmigungsverfahrens mit dem Ziel der Produktion von Entscheidungswissen. Vielmehr gehören Archivbehörden zu jenen wenigen staatlichen Verwaltungseinrichtungen, die mit spezifischen gesetzlichen Forschungsaufträgen ausgestattet wurden und Wissensproduktion für die Ge-

31 Vgl. Pitschas, in: Hoffmann-Riem/Schmidt-Aßmann/Schuppert 1993, S. 242.

32 Vgl. Albers, in: Spiecker gen. Döhmann/Collin 2008, S. 55; Spiecker gen. Döhmann, RW 2010, S. 281; Lenk/Meyerholt/Wengelowski 2014, S. 69.

33 Der Ansatz, der in Archiven auch die Funktion der Wissensverarbeitung und Wissensvermittlung erkennt, wurde bei Winfried Kluth, Die Strukturierung von Wissensgenerierung durch das Verwaltungsorganisationsrecht, in: Spiecker/Collin 2008, S. 73-92, 74, Fn. 5 angemerkt und bei Collin, in: Schuppert/Voßkuhle 2008, S. 76 sowie bei Augsberg 2014, S. 157ff intensiver weiterverfolgt.

sellschaft und die staatlichen Stellen vornehmen. Aufgrund der Übergabebestimmungen des Archivrechts für öffentliche Behörden, Gerichte und Stellen entwickelten sich intensive Kontakte dieser Einrichtungen mit den für sie zuständigen Archiven. Doch nicht nur das Übergabe- und Archivierungsrecht, sondern zugleich auch die Möglichkeit der Verwaltung und der Gerichte, auf öffentliches Archivgut für ihre Aufgabenerfüllung zuzugreifen, lässt einen regen *Informationsaustausch innerhalb dieser staatlichen Organisationen* aufleben. Nicht nur für staatliche Stellen, sondern für die Öffentlichkeit insgesamt stellen die Archive ihre verwahrten Informationen zur Benutzung bereit. Die Folge ist ein gegenseitiger *Informationsaustausch zwischen Archiven und Bürgern*, für den das Archivbenutzungsrecht klare Vorschriften enthält.

1. Wissensspeicherung im Archiv

Mit dem informationsverwaltungsrechtlichen Funktionsbereich der Wissensspeicherung ist man zunächst bei der klassischen Aufgabe des Archives angelangt: die Speicherung der Archivgüter. Bereits in einem allgemeinen Wortsinn wird deutlich, dass das Speichern einer Sache kein Selbstzweck ist und sich in den Synonymen der Aufbewahrung, Einlagerung, Bunkerung oder Unterbringung keinesfalls erschöpft. Speicherung bedeutet nicht den Endpunkt der Verwendung der gespeicherten Sachen. Der Bedeutungsinhalt des Speicherns oder des Speichers besteht vielmehr darin, eine bestimmte Menge von Sachen oder Dingen „in einem Speicher *zur späteren Verwendung*“ aufzubewahren oder zu lagern.[34] Die Zielrichtung der Aufbewahrung ist demnach nicht allein das Einlagern und Ablegen von Gegenständen – unbenommen, ob es sich dabei um körperliche Sachen, um Nahrungsmittel im Vorratsschrank, um ein Fotoalbum, um Streusalz für den Winterdienst, um Akten in der Behördenregistratur oder um elektronische Daten auf einer Festplatte handelt. Die Speicherung erfolgt stets mit Blick auf eine spätere Verwendung der gespeicherten und eingelagerten Sachen oder Daten. Es soll ein Vorrat an Dingen angelegt werden, in der prognostizie-

---

34 Duden, Stichwort »speichern«, www.duden.de/rechtschreibung/speichern.

renden Annahme, die eingelagerten und somit für eine gewisse Dauer gesicherten Sachen oder Daten würden zu einem bestimmten späteren Zeitpunkt wieder eine Verwendung finden. Da dieser Zeitpunkt und auch die Art und Weise der späteren Verwendung der gespeicherten Sachen keineswegs in jedem Fall vorab sicher bestimmt werden können, sondern durchaus unsicher und nicht absehbar bleiben, erfüllt die Speicherung von Sachen oder Daten eine Sicherungsfunktion, die den Zeitraum bis zur späteren Verwendung überbrücken und Schäden sowie Verlust der zu speichernden Sachen oder Daten verhindern soll. Je unbestimmter die spätere Art der Wiederverwendung und je ferner der Zeitpunkt der späteren Verwendung sind, desto größer sind die Anforderungen, die der Speicher und seine Infrastruktur sowie seine Schutzmaßnahmen für die gespeicherten Sachen und Daten erfüllen müssen. Denn je länger eine Speicherdauer anhält, desto größer wird das Risiko des Verfalls, der Beschädigung oder des gesamten Verlustes der verwahrten Objekte. Weiterhin muss ein Speicher seine Speicherobjekte möglichst unverändert aufbewahren und in ihrem Zustand erhalten, um die Merkmale der gespeicherten Sachen zu erhalten (Genießbarkeit bei Lebensmitteln, Erkennbarkeit bei Fotografien, Lesbarkeit bei Urkunden, Interpretierbarkeit bei elektronischen Daten). Mit einer einfachen Einlagerung wird es deshalb in den meisten Fällen nicht getan sein. Speicher bedürfen Ordnungsprinzipien zur Wiederauffindbarkeit und Schutzmechanismen zur Erhaltung des Bestands.

Überträgt man diese allgemeinen Überlegungen auf die Wissensarbeit des Staates, dann lassen sich die gleichen Prinzipien wiederfinden. Bereits die fürstlichen Archivkeller der Staaten der Frühen Neuzeit waren keineswegs nur Ablageräume für hoheitliche Dekrete, Verträge und Urkunden. Die Archive der Fürsten waren ein Instrument der Herrschaftssicherung. Die Verwahrung der rechtlichen Urkunden und der abgeschlossenen Verträge in Räumlichkeiten, die der Hoheitsgewalt jederzeit zugänglich waren, dienten in erster Linie der Rechtssicherung des Fürsten. Den dort hinterlegten Urkunden kam großes Vertrauen und öffentlicher Glaube zugute, so dass sich bei Streitigkeiten letztlich auf den Inhalt der archivierten Urkunden berufen wurde. Das setzte aber voraus, dass die archivierten Urkunden jederzeit wieder Verwendung finden konnten.[35] So fragte etwa *Josef Anton Oegg* in seiner Archivwissenschaft aus dem Jahr 1804, „welche Facta der Archivar aus den Urkunden ausheben soll" und antwortete zugleich, „nämlich: alle diejenigen, welche irgend ein Interesse für den Staat — das ist, solche, welche entweder auf Beweis oder Belehrung über staatsrechtliche Verhältnisse irgend einen Bezug haben."[36] Archivierung betraf das Entnehmen von Fakten aus den archivierten Unterlagen und das Befriedigen staatlicher Interessen durch die archivierten Beweise, also nichts anderes als eine weitere Verwendung der Unterlagen. Das heutige Verständnis des staatlichen Wissensmanagements erfindet demzufolge den Zweck der Informations- und Wissensspeicherung nicht neu. Nach wie vor wird in der effektiven und funktionsgerechten Speicherung von staatlichen Informationen einerseits der Wert der Bewahrung des staatlich generierten Wissens betont, andererseits versteht sich dieser Wert erst dann als verwirklicht, wenn die gespeicherten Informationen später auch wieder und mehrfach Verwendung und Nutzung finden können.[37] Voraussetzung dieser späteren und zum Zeitpunkt der Verwahrung noch nicht bekannten Wiederverwendung ist eine Wissensbewahrung, die den verschiedenen Verlustrisiken der Informationen während der Spanne der Aufbewahrung vorbeugt und mit Gegenmaßnahmen begegnet.[38] Wissensspeicherung in Regierung, Verwaltung und Justiz tritt angepasst an die jeweiligen Bedingungen auf. Doch ungeachtet der jeweiligen Ausprägung bleibt die Grundfunktion der Speicherung, namentlich die spätere Weiterverwendung der gespeicherten Objekte zu noch nicht absehbaren Zeitpunkten und Verwendungszwecken, die selbe. Behörden verwahren und ordnen ihre Verfahrensunterlagen lange vor der Archivierung in eigenen Behör-

35 Vgl. Cornelia Vismann, Akten. Medientechnik und Recht, 3. Aufl., Frankfurt/Main 2011, S. 176ff; Sabine Brenner-Wilczek/Gertrude Cepl-Kaufmann/Max Plassmann, Einführung in die moderne Archivarbeit, Darmstadt 2006, S. 16f.

36 Josef Anton Oegg, Ideen einer Theorie der Archivwissenschaft, Gotha 1804, S. 18.

37 Vgl. Lenk/Meyerholt/Wengelowski 2014, S. 66.

38 Vgl. Lenk/Meyerholt/Wengelowski 2014, S. 66.

denregistern, um die eigenen Akten zugänglich und im eigenen Verfügungsbereich zu behalten. Mögliche spätere Verwendungen können dabei die Akteneinsicht von Verfahrensbeteiligten oder die Wiederaufnahme von Verfahren ermöglichen oder andere Informationsbedarfe der laufenden Verwaltung abdecken. Gerichte verwahren ihre Gerichtsunterlagen ebenfalls vor der Archivierung im eigenen Verfügungsbereich, legen darüber hinaus aber noch andere Formen der justiziellen Wissensspeicher an, man denke etwa an die Entscheidungsdatenbanken, in denen seit einigen Jahren die Urteile und Beschlüsse vieler Gerichte zur allgemeinen Informierung und Weiterverwendung eingestellt werden.[39] Darüber hinaus existieren neue Formen von dynamisch angelegten Informationsspeichern, die Entscheidungswissen an öffentliche Stellen für deren Aufgabenerfüllung anbieten. Dazu sind etwa die öffentlichen Register oder die von verschiedenen Behörden und Gerichten gemeinsam genutzte Datenbanken und Verbunddateien zu zählen. Indem die dort hinterlegten Informationen gespeichert und aufbereitet werden, um für verschiedene Stellen und verschiedene Zwecke abrufbar zu sein, verdeutlicht sich, dass die Speicherung von staatlichen Informationen immer auf die spätere Wiederverwendung abzielt. Öffentliche Wissensspeicher sollen das Missverhältnis zwischen den vorhandenen Informationsbeständen einer Stelle und den Informationsbedüfnissen anderer Stellen ausgleichen und über diese Informationsdifferenzen hinweghelfen.[40] Im Folgenden werden die rechtlichen Anforderungen und Bedingungen an die Speicherung des öffentlichen Archivguts erörtert.

a) Entstehung des Archivbestandes

Archivierung ist eine besondere Form der Speicherung. Sie kann als eine zielgerichtete und systematisch ordnende Tätigkeit verstanden werden, die bestimmte Speicherungsobjekte

39 Beispiele für Entscheidungsdatenbanken im Internet: Bundesgerichtshof, http://tinyurl.com/y9o89m4f; Nordrhein-Westfalen, http://tinyurl.com/ycm4hknp; Thüringer Verwaltungsgerichtsbarkeit, http://tinyurl.com/ycajerzn.

40 Vgl. Augsberg 2014, S. 157.

in die Speicherstruktur eines Archives einfügt und sich dabei an die von dieser Struktur vorgegebenen Ordnungsprinzipien hält. Der Bestand der öffentlichen Archive wird entsprechend der Regelungen der Archivgesetze sowie einzelner Sondervorschriften[41] über die Abgabe von staatlichen Unterlagen an die Archive bestimmt.[42] Archivgut entsteht aus staatlichen Unterlagen, die bei Parlamenten, Regierungen, Behörden, Gerichten sowie allen weiteren öffentlich-rechtlichen Körperschaften, Anstalten und Stiftungen des Bundes oder der Länder erstellt und bearbeitet wurden[43] und zu einem bestimmten Zeitpunkt[44] nicht mehr benötigt werden. Tritt dieser Moment ein, dann haben die benannten Stellen keinesfalls das Recht, diese Unterlagen ohne weiteres zu löschen oder zu vernichten, sondern sie müssen die Unterlagen an die jeweils zuständigen öffentlichen Archive – Bundesarchiv, Landesarchive, Kommunalarchive oder Parlamentsarchive – zur Bewertung und Übergabe anbieten. Das Archiv untersucht die angebotenen Dokumente auf ihre Archivwürdigkeit, also ihren bleibenden Wert für Politik, Rechtsprechung, Verwaltung, Forschung und Gesellschaft.[45] Die Bewertungsentscheidung ist der bedeutende Akt des Archives, der über die dauerhafte Aufnahme einer Information des Staates in den Archivbestand bestimmt.[46] Mit der positiven Bewertungsentscheidung des Archives wird aus der Anbietungspflicht einer öffentlichen Stelle eine Übergabepflicht. Die entsprechenden Unterlagen sind an das Archiv endgültig zu übergeben und die öffentliche Stelle verliert ihre Verfügungsmacht über die Unter-

41 Beispielsweise § 78 Abs. 4 BKAG.

42 Z. B. § 5 Abs. 1 ArchGB; § 8 Abs. 1 HArchivG; § 7 Abs. 1 LArchG Rlp.

43 Z. B. § 4 Abs. 1 S. 1 BbgArchivG; § 3 Abs. 1 S. 1 LArchG BW; § 1 Abs. 1 ArchivG NRW; § 8 Abs. 1 S. 1 SArchG.

44 Vgl. Jost Hausmann, Archivrecht, Frankfurt/Main 2016, S. 43; Friedrich Schoch/Michael Kloepfer/Hansjürgen Garstka, Archivgesetz, Berlin 2007, S. 113, Rn. 16.

45 Hierzu etwa der Wortlaut in § 2 Abs. 2 ThürArchivG: „Archivwürdig sind Unterlagen, denen insbesondere aufgrund ihres rechtlichen, politischen, wirtschaftlichen, sozialen und kulturellen Wertes besondere Bedeutung zukommt“.

46 Vgl. Irmgard Becker, Bewertungshoheit – Bewertungskompetenz, in: Irmgard Becker/Clemens Rehm (Hrsg.), Archivrecht für die Praxis, München 2017, S. 58-71, 67.

lagen. Nach der Übergabe beginnt das öffentliche Archiv, die neu hinzugekommenen Informationen in die Archivspeicherstruktur einzubinden, das heißt, sie entsprechend des verwendeten Ordnungssystems der Erschließung zu analysieren und in den bereits vorhandenen Bestand einzufügen. Die neuen Archivinformationen ergänzen an der passenden Stelle das bisherige Archivgut und vermehren damit das Archivwissen an dieser spezifischen Stelle des Archivbestandes, es werden neue Zusammenhänge, neue Details und neue Wissenskontexte geschaffen.[47] Die neuen Archivinformationen werden nicht nur in die vorhandene Struktur eingepflegt, sondern ihre Auffindbarkeit und ihr Inhalt werden überblicksartig in Verzeichnisse, Findbücher und deren Suchindices sowie in elektronisch auswertbare Metadatenverzeichnisse aufgenommen. Damit wird auch die neue Archivinformation für eine spätere Verwendung aufbereitet und handhabbar gemacht. Insofern kommt der Analyse der an das Archiv übertragenen Informationen ein hoher Stellenwert zu. Der Entstehungskontext der neuen Informationen, ihre Lesbarkeit und ihr Format tragen wesentlich dazu bei, in welchen Teil des Archivbestandes die neue Information eingepflegt wird und welche Verknüpfungen, Indexeinträge und Datenbankeneinträge – analog oder digital durch Metadaten – über sie erstellt werden.[48] An dieser Stelle zeigt sich, dass die analytisch getrennten Funktionen des Informationsverwaltungsrechts – Wissenstransfer zwischen staatlichen Stellen, Wissensgenerierung, Wissenszugang des Bürgers und Wissensspeicherung – letztlich eng verzahnt auftreten und zusammenhängende Teilaspekte des öffentlich-rechtlichen Umgan-

---

47 Zur Vermehrung von Wissen und Informationen durch Transferprozessen von Informationen siehe Augsberg 2014, S. 80.

48 Dazu Nils Brübach, Das Referenzmodell OAIS, in: Heike Neuroth et al. (Hrsg.), nestor Handbuch. Eine kleine Enzyklopädie der digitalen Langzeitarchivierung, Glückstadt 2016, Kapitel 4, S. 3-14, 10f; Burkhard Nolte/Karsten Huth, Einführung der elektronischen Archivierung im Sächsischen Staatsarchiv, in: Landesarchiv Baden-Württemberg (Hrsg.), Digitale Archivierung in der Praxis, Stuttgart 2013, S. 119-127, 125f; Sigrid Schieber, Das Digitale Archiv der hessischen Staatsarchive, in: Staatliche Archive Bayerns (Hrsg.), Neue Entwicklungen und Erfahrungen im Bereich der digitalen Archivierung, München 2010, S. 37-42, 40.

ges mit Informationen darstellen. Die Übergabe von staatlichen Informationen an ein öffentliches Archiv ist in erster Linie eine Informationsbeziehung zwischen zwei staatlichen Stellen. Gleichwohl bedingt die Übergabe die Entstehung und Ausdifferenzierung des staatlichen Archivspeichers und ermöglicht daraufhin die Einbindung der Informationen in einen neuen (Archiv-)Wissenskontext, der sodann durch spätere Benutzungen neues Wissen und neue Informationsbeziehungen zum Bürger und Forscher herstellen kann. Auch die Unterhaltung und die permanente Ergänzung der öffentlichen Archivinformationsspeicher haben ihren Zweck in der späteren Verwendung der dort festgehaltenen und geordneten Informationen und nicht in der bloßen Aufbewahrung der Dokumentierung früherer Verhältnisse. Die Zielrichtung der Unterhaltung von öffentlichen Archivbeständen ist es, ein gut geordnetes und benutzbares Reservoir an Informationen bereitzuhalten, die für eine kontinuierliche Verwaltungsarbeit, für Fragen der Rechtsprechung und der Kontrolle der Exekutive dienlich sind. Archivgut kommt zudem der Rechtswahrung des Bürgers, der Eigentumsverhältnisse, familiäre Abstammungen oder alte Rechte nachweisen muss, zugute und eröffnet nicht zuletzt der breiten Forschung einen immensen Bestand an geordneten Daten über Staat, Verwaltung und öffentliches Gemeinwesen aus mehreren Jahrhunderten. Erst der Transfer und die Speicherung staatlicher Informationen im Archiv ermöglicht die Ausübung der verfassungsrechtlichen Funktionen des Archivwesens.

b) Archivrechtliche Regulierung der Bestandserhaltung

Die Archive sind im Anschluss an die Übernahme der staatlichen Unterlagen verpflichtet, das Archivgut „ordnungs- und sachgemäß auf Dauer aufzubewahren, zu erhalten und zu erschließen"[49]. Die *Erschließung* von Archivgut besteht aus mehreren im Detaillierungsgrad steigenden Phasen. Im Rahmen der Zuständigkeit eines öffentlichen Archivs ist die „Ordnung des Gesamtbestandes durch Gliederung und Rei-

49 So beispielsweise § 9 Abs. 1 S. 1 LArchG Rlp.

hung seiner Bestände und Sammlungen“[50] wesentlich. Je nach Ursprung einer Unterlage wird sie in den entsprechenden Teilbestand des Archivs eingefügt, z. B. Unterlagen des Ministeriums für Umwelt, Unterlagen des Bauplanungsamtes. Dadurch entsteht die sogenannte Archivtektonik. Für einzelne Bestände eines Archivs werden in ausdifferenzierter Weise Findbücher erstellt. Die Findbücher beschreiben die Zugehörigkeit, Verknüpfung und Auffindbarkeit von Einzeldokumenten und Informationen.[51] Die Phase der Erschließung, die aus der systematischen Ordnung der Unterlagen und der Verzeichnung in Findmitteln besteht, dient der ordnungsgemäßen Nutzung von Archivgut.[52] Die Findbücher enthalten in ihrer Einleitung Angaben über Herkunft und Gegenstand des Bestandes, im Hauptteil wird jede zum Bestand zugehörige Sachakte mit laufender Nummer und Titel auflistet und im Anhang der Findbücher kann anhand von Personen-, Orts- und Sachregistern genauer nach Einzeldokumenten recherchiert werden.[53] Das Archivrecht kann für solche Tätigkeiten des Ordnens und Erschließens, die „nach archivfachlichen Erkenntnissen“[54] auszuüben sind, nur Grundzüge festlegen. Eine normative Verankerung detaillierter Erschließungsmethoden ist hingegen kaum möglich und stieße an Steuerungsgrenzen.[55] Insofern ist die rechtsstaatliche Archi-

50 Brigitta Nimz, Archivische Erschließung, in: Norbert Reimann (Hrsg.), Praktische Archivkunde, Münster 2004, S. 97-125, 103.

51 Vgl. Nimz, in: Reimann 2004, S. 116f.

52 Vgl. Jörn Brinkhus, Erschließung und Findmittel, in: Irmgard Becker/Clemens Rehm (Hrsg.), Archivrecht für die Praxis, München 2017, S. 117-131, 117; Angelika Menne-Haritz, Erschließung, in: Marcel Lepper/Ulrich Raulff (Hrsg.), Handbuch Archiv, Stuttgart 2016, S. 207-217.

53 Dazu Eckhart Franz, Einführung in die Archivkunde, 8. Aufl., Darmstadt 2007, S. 87ff; Brenner-Wilczek/Cepl-Kaufmann/Plassmann 2006, S. 36.

54 Etwa § 5 Abs. 2 S. 3 ArchivG NRW. Gleichlautende Verweise auf archivwissenschaftliche Kriterien etwa in Art. 9 Abs. 1 S. 2 BayArchivG; § 8 Abs. 1 ArchG LSA; § 8 Abs. 2 S. 1 LArchG SH; § 15 Abs. 3 ThürArchivG.

55 Allein der methodische Streit der Erschließung zwischen dem Pertinenzprinzip (Ordnung nach Sachbetreff) und dem Provinienzprinzip (Ordnung nach Entstehungszusammenhang) hat das Archivwesen und seine praktische Benutzbarkeit bis heute geprägt, vgl. dazu Brenner-

vierung auf zusätzliche außerrechtliche Bedingungen, Methoden und Erkenntnisse angewiesen.[56]

Ist der Archivbestand systematisch geordnet und mittels der Anlage von Findmitteln erschlossen und recherchierbar gemacht, dann kommt dem Archiv eine weitere wichtige Aufgabe zu: die *Sicherung der Bestände*. Papierakten, Karten, Pläne, Wachssiegel und der gleichen mehr sind über Jahrzehnte und Jahrhunderte dem Verfall ausgesetzt. Selbst an langlebigen Microfilmen geht die Zeit nicht spurlos vorbei. Die Archive stehen demzufolge vor der Herausforderung, Sicherungsmaßnahmen unterschiedlichster Art anzuwenden, um den Verfall zu verhindern und möglichst viele Risiken der Beschädigung zu vermeiden. Die Archivgesetze können hierfür wiederum nur einen normativen Rahmen setzen, der keine einzelnen Sicherungsmaßnahmen und Bestandserhaltungsmethoden vorschreibt, wodurch ein an örtlichen Begebenheiten ausgerichteter Pluralismus an Erhaltungsmethoden ebenso garantiert wird, wie deren Fortentwicklung durch neue Erkenntnisse. Wiederkehrend findet sich eine übergeordnete Methodentrias der organisatorischen, technischen und personellen Maßnahmen zum Schutz der Archivgüter in den Archivgesetzen.[57] *Organisatorische Maßnahmen* zum Schutz des Archivguts finden sich beispielsweise in den Benutzungsordnungen wieder. Die geordnete Einsichtnahme, die persönlich und vor Ort in den dafür vorgesehenen Lesesälen stattfindet, das Verbot der Benutzung von Kameras, die Vorlage von Reproduktionen anstatt der originalen Archivunterlage, die rechtliche Sorgfaltspflicht des Benutzers oder die zwingende Registrierung als Benutzer im Archivsystem, der Ausschluss bei groben Verstößen gegen die Benutzerordnung usw. stellen entsprechende Schutzmaßnahmen dar.[58] *Technische Maßnahmen* betreffen oft die physischen und chemi-

---

Wilczek/Cepl-Kaufmann/Plassmann 2006, S. 34ff; Michael Hochedlinger, Österreichische Archivgeschichte, Wien/Köln/Weimar 2013, S. 378ff; eine normative Festlegung der Archivmethoden dürfte allenfalls zu holzschnittartigen Anforderungen führen.

56 Vgl. Menne-Haritz, in: Lepper/Raulff 2016, S. 209.

57 Beispielsweise § 8 Abs. 1 S. 1 ArchGB; § 9 Abs. 2 ArchG Rlp; § 4 LArchG BW; § 15 Abs. 1 und 2 ThürArchivG.

58 Siehe z. B. §§ 2, 4 und 5 BArchBV; §§ 2, 3, 7 und 10 Nutzungsordnung für die Hessischen Staatsarchive; weiterhin Hausmann 2016, S. 56.

schen Gefährdungslagen für das Archivgut, die mit zu hohen Temperaturen, Luchtfeuchtigkeit, Schimmel, Lichteinstrahlung, oder größeren Katastrophen wie Erdbeben, Hochwasser oder Gebäudeeinsturz sowie Bränden einhergehen. Der Einsturz des Kölner Stadtarchivs im Jahr 2009 hat gezeigt, wie verwundbar und vergänglich staatliche Wissensbestände sein können.[59] Dementsprechend wird an die technische Ausstattung der Archivgebäude eine hohe Anforderung gestellt. Brandschutzsysteme, Einbruchssicherheit, eine kühle, trockene, dunkle Lagerung der Unterlagen sowie eine strenge Zugangssicherung sind Maßnahmen, um Risiken zu vermindern. Das Archivgut des Landesarchivs Thüringen in Weimar wird beispielsweise durch eine unter das Marstallgebäude installierte Hochwasserschutzbarriere geschützt. *Personelle Maßnahmen* finden sich in erster Linie in der fachlichen Ausbildung des Archivpersonals sowie in der Beratung der Archivbenutzer und der Aufsicht in den Lesesälen.[60] Das rechtliche Schutzziel der Archivmaßnahmen umfasst die Sicherstellung des dauerhaften Erhalts und der Benutzbarkeit[61], den Schutz vor unbefugter Benutzung sowie den Schutz vor Beschädigungen oder gesamten Verlust[62] des Archivguts. Grundsätzlich ist das Archivgut in seinem originalen Zustand zu erhalten, um die Authentizität und den Beweiswert der Archivgüter zu bewahren. Über die Zeit der Archivierung kann es trotzdem durch Benutzung, Schimmel oder andere Ursachen zu Beschädigungen am Archivgut kommen. Für diese Fälle hält das Archivrecht die Ausnahme bereit, Maßnahmen zu treffen, die zwar den ursprünglichen Zustand des Archiv-

59 Dazu Hanns Peter Neuheuser, Der Einsturz des Kölner Stadtarchivs, ZfBB 56 (2009), S. 149-158. Weiterhin Friedrich Schoch/Michael Kloepfer/Hansjürgen Garstka, Archivgesetz, Berlin 2007, S. 151f.

60 Zur Beratung und zur Aufsicht siehe etwa § 7 Nutzungsordnung für die Hessischen Staatsarchive; Hausmann 2016, S. 56.

61 Etwa § 8 Abs. 3 S. 1 SächsArchivG.

62 Archivgut als staatliches Kulturgut ist unveräußerlich, z. B. § 9 BArchG. Droht zudem ein vollständiger Verlust von Archivgütern durch zu große Beschädigung jedweder Art, so ist zumindest die Übertragung auf Reproduktionen vorzunehmen.

guts verändern, dafür aber insgesamt das Archivgut erhalten können.[63]

c) Archivspeicher als Ressource der Wissensgenerierung

Es ist bereits in den Archivgesetzen und im gezielten Bewertungszweck der Archive, nur jene Unterlagen von bleibendem Wert zu übernehmen, angelegt, dass öffentliches Archivgut, also archivierte Informationen aller Art und Form, für eine umfangreiche und vielfältige Benutzung und Weiterverwendung offen stehen soll. Die Archive bieten dadurch eine umfangreiche und für neue Verwendungskontexte offene Informationsquelle für öffentliche Belange der Verwaltung, Regierung oder Justiz.[64] Die öffentlichen Hoheitsträger unterhalten die Archive ganz bewusst nicht nur als dauerhafte Ablage. Die modernen öffentlichen Archive haben eine klare Distributionsaufgabe zu erfüllen.[65] Das Archivwissen, also das „geronnene" staatliche Wissen, soll zugänglich sein, soll weiterverwendet, weiterverteilt werden. Analoges und elektronisches Archivgut wird nicht mehr nur verwahrt, es wird bereitgestellt. Die Bestände des Archivwissens „bilden die Arbeitsgrundlage für alle Zweige der historischen Forschung und fördern damit Bildung und Wissenschaft. Sie gewährleisten den gleichberechtigten Zugang zu Informationen, bewahren die Rechte der Bürgerinnen und Bürger und der Archivträger und sorgen als Einrichtung der Rechtssicherung für die andauernde Nachvollziehbarkeit von Verwaltungsentscheidungen."[66] Der eigentliche Zweck öffentlicher Archive ist nunmehr die Erfüllung eines *Gewährleistungsauftrages* in der heutigen Informationsgesellschaft.[67] Dementsprechend versorgen sie staatliche Stellen, Forschungseinrichtungen und

---

63 Siehe z. B. § 8 Abs. 3 SächsArchivG; § 5 Abs. 2 S. 2 ArchivG NRW. Hierin können etwa die Restaurierungsmaßnahmen bei Papierrissen und -brüchen, Wachssiegelbrüchen, der Übertragung auf Microfilm usf. gesehen werden. Dazu Andrea Pataki-Hundt, Bestandserhaltung, in: Marcel Lepper/Ulrich Raulff (Hrsg.), Handbuch Archiv, Stuttgart 2016, S. 218-224, 219 und 222.

64 Vgl. Collin, in: Schuppert/Voßkuhle 2008, S. 77.

65 Vgl. Deutscher Bundestag, Drucksache 11/498, S. 7.

66 Abgeordnetenhaus Berlin, Drucksache 17/2402, S. 11.

67 Vgl. Deutscher Bundestag, Drucksache 18/9633, S. 46.

einzelne Bürger mit Informationen aus ihren stetig wachsenden und zur Weiterverwendung geordneten Archivspeichern. Insbesondere unter dem Eindruck der elektronischen Umwälzung der modernen Verwaltung, die elektronische Akten und Daten in die heutigen Archivspeichersysteme einbringt und mit gänzlich neuen Auswertungs- und Verknüpfungsmethoden auswertet, kann dieser Informationsversorgungsauftrag der Archive in neuer Qualität erfüllt werden. Ganz in diesem Sinne sind die Ausführungen von *Aleida Assmann* zu verstehen: „Das Archiv wird zu einem selbstregulierenden, d. h. sich selbst lesenden und schreibenden Gedächtnis. [...] Durch vollautomatischen Zugriff auf alle Informationen läßt sich die Datenmenge, die als Schrift, Bild oder Ton in die digitale Domäne hinein gewandelt ist, auf neuartige Weise organisieren und vernetzen. [...] Die digitalen Massenspeicher versprechen, das Wissen von seiner Gebundenheit an Raum und Materie zu befreien und ubiquitär verfügbar zu machen. In diesem Szenario, das als eine absehbare Zukunftsperspektive beschrieben wird, löst sich das Bild vom Archiv als einem räumlich abgeschlossenen kulturellen Gedächtnis-Ort des Festhaltens auf.“[68] Der Archivspeicher bleibt zwar auch dann noch der Ort der zentralen Zusammenführung und Aufbereitung von Daten und Informationen. Insofern schaffen die elektronische Vernetzung und die Informationsflüsse der Informationsgesellschaft die Archive keineswegs ab. Der Archivspeicher kann aber längst nicht mehr als ein Endlagerpunkt des Wissens betrachtet werden. Vielmehr wird die Speicher- und Vorratsfunktion im modernen Archiv immer stärker im Hinblick auf eine Wiedereinbringung der aufbereiteten Informationen in neue Informationszyklen und Verwendungszwecke ausgeführt.

2. Wissensgenerierung im Archivrecht

Wollen Regierung und Verwaltung das Gemeinwesen steuern, um das Zusammenleben und die gesellschaftliche Entwicklung sicher, friedlich, freiheitlich, gerecht usf. zu gestalten, dann nutzen sie das Setzen und Ausführen von allgemeinver-

68 Aleida Assmann, Erinnerungsräume. Formen und Wandlungen des kulturellen Gedächtnisses, 3. Aufl., München 2006, S. 355.

bindlichen Normen. Im Vorfeld der Normgebung und Normdurchführung waren Regierung und Verwaltung im Grunde schon immer, jedoch unter den Vorzeichen der Digitalisierung und Informatisierung aller gesellschaftlicher Lebensbereiche nun noch intensiver, auf das Aufnehmen, Speichern und Verarbeiten von Informationen über die Gesellschaft angewiesen. Erst eine ausreichende Wissensbasis ist die Voraussetzung, um Rationalität, Effizienz und Effektivität der öffentlichen Aufgabenerfüllung herzustellen.[69] „Daher ist der rationale Staat notwendigerweise ein Staat des rationalen Wissens: »Rational« oder »sachlich« lassen sich Regeln nur auf der Grundlage gesicherten Wissens oder wissensmäßig begründeter Prognosen setzen und anwenden. [...] Das Vorhandensein von Wissen gehört zu den Grundlagen, den Voraussetzungen staatlichen Handelns"[70]. Die moderne Verwaltung benötigt zur Erfüllung komplexer und dynamischer Gesellschaftsgestaltung eine Vielzahl unterschiedlicher Informationen, was sich beispielsweise in den Regelungen für Planungsverfahren, die die Einbeziehung anderer Behörden und der betroffenen örtlichen Bevölkerung zur Wissensgenerierung voraussetzen, verdeutlicht.[71]

Unter *Wissensgenerierung im öffentlichen Recht* kann daher jeder Prozess verstanden werden, der auf die Behebung und Bewältigung von Wissensdefiziten einer öffentlichen Stelle abzielt, um daraufhin in einem weiten Sinne eine öffentliche Aufgabe zu erfüllen oder um in einem engeren Sinne über eine ausreichende rationale Wissensbasis für eine Entscheidungsfinung im Einzelfall zu verfügen.[72]

Das Archiv als moderner staatlicher Wissensspeicher kann seine Aufgabe nicht allein darin erfüllt sehen, massenhaft Daten der vielen staatlichen Stellen zu sammeln und an

---

69 Vgl. Burkhard Wollenschläger, Wissensgenerierung im Verfahren, Tübingen 2009, S. 3.

70 Bardo Fassbender, in: Josef Isensee/Paul Kirchhof (Hrsg.), Handbuch des Staatsrechts, Bd. IV, 3. Aufl., Heidelberg 2006, § 76 Wissen als Grundlage staatlichen Handelns, S. 243-312, 245, Rn. 2.

71 Vgl. Klaus Lenk, Außerrechtliche Grundlagen für das Verwaltungsrecht in der Informationsgesellschaft, in: Wolfgang Hoffmann-Riem/Eberhardt Schmidt-Aßmann (Hrsg.), Verwaltungsrecht in der Informationsgesellschaft, Baden-Baden 2000, S. 59-99, S. 66f.

72 Vgl. Wollenschläger 2009, S. 23.

einem Ort abzuspeichern. „Eine effektive informationelle Ordnung der Verwaltung wird [...] statt auf die Anhäufung von Daten auf die Vermehrung des Wissens zielen und einen situations- und fallbezogenen Austausch darüber ermöglichen, welche Beobachtung einer Aufzeichnung zugrundeliegt, von welchem Standpunkt sie erfolgte und wie sie sich interpretieren lässt.“[73]

Soll das Archiv als wissensgenerierender Dienstleister für die Gesetzgebung, Verwaltung und Rechtsprechung auftreten, wie es auch in der Archivgesetzgebung so vorgesehen ist[74], dann erfordert dies eine enge und vernetzte Zusammenarbeit von staatlichen Stellen und den Archiven. Denn erst dann, wenn das Archiv tatsächlich mit den unstrukturierten staatlichen Informationen versorgt wird, kann es diese für neue Verwendungskontexte aufbereiten und anschließend wieder zur Weiterverwendung bereitsstellen.[75] Es soll deshalb im Nachstehenden anhand einzelner Bereiche gezeigt werden, welche wissensgenerierenden Prozesse speziell in öffentlichen Archiven stattfinden und wie sie normativ unterlegt sind. Zuvor wird jedoch noch auf die notwendigen verwaltungsorganisatorischen Voraussetzungen eingegangen, die es überhaupt erst ermöglichen, dass moderne Informationsverarbeitungen in heutigen Archiven vorgenommen werden können.

a) Verwaltungsorganisatorische Voraussetzungen für die Wissensgenerierung im Archiv

Damit Wissensgenerierung und Wissensverwaltung angemessen im Rahmen behördlicher Aufgaben stattfinden können, braucht es die Schaffung des entsprechenden Organisationsrechts.[76] Die Verwaltung benötigt zur Wahrnehmung ihrer Aufgaben natürliche Personen. Für die angemessene Aufgabenerfüllung sind die Beschäftigten der öffentlichen Verwaltung auf eine notwendig ausreichende Wissensbasis als Entscheidungsgrundlage angewiesen, die sie durch verschiedene

73 Scherzberg, in: Hoffmann-Riem/Schmidt-Aßmann 2000, S. 201f.

74 Vgl. Deutscher Bundestag, Drucksache 18/9633, S. 46; Thüringer Landtag, Drucksache 6/4942, Begründung S. 18.

75 Vgl. Collin, in: Schuppert/Voßkuhle 2008, S. 77.

76 Vgl. Kluth, in: Spiecker gen. Döhmann/Collin 2008, S. 74.

Verfahrensschritte (z. B. die Amtsermittlung nach § 24 Abs. 1 VwVfG oder die Anhörung der Beteiligten nach § 28 VwVfG) erlangen.[77] Für die Qualität und Quantität der Verarbeitung von relevanten Informationen innerhalb einer Verwaltungsorganisation und ebenso für eine in den Kontext von speziellen Aufgaben eingefügte Weitergabe von Informationen an andere staatliche Behörden werden notwendigerweise hohe kognitive Anforderungen an das Verwaltungspersonal gestellt und ein breits Set an Fähigkeiten verlangt.[78] Die Qualifikationserwartungen an modernes staatliches Personal steigern und verbreitern sich im heutigen Staat der Wissensgesellschaft.[79] Denn der Umgang mit Informationstechnik, die Fähigkeit einer gewissen resilienten Reaktion auf die Veränderungen, die mit der Digitalisierung einhergehen, breite Medienkompetenzen und die Fähigkeit, relevante und seriöse Informationen vom „Rauschen" der Kommunikation zu trennen sowie schließlich ein politisches und verwaltungsorganisatorisches Kontextwissen sind neue Anforderungen, die das Verwaltungspersonal vorweisen muss. Die Geeignetheit der Personalstruktur des Informationsstaates bemisst sich nicht allein anhand klassischer Qualifikationen und Fähigkeiten wie Rechtskenntnis, Ordnungssinn, Teamfähigkeit oder Pünktlichkeit. Gerade die auf Information und Technik gerichteten Qualitäten des Personals werden sich unmittelbar auf die gesamte Fähigkeit einer Verwaltungsorganisation, Wissen adäquat zu generieren, zu verarbeiten und zu verstehen, auswirken.[80] Die Qualifikationsanforderungen richten sich dabei an alle Ebenen der Personalstruktur. Sowohl der typische Sachbearbeiter muss auf die für ihn relevante Informationsbasis zugreifen und sie verwenden können als auch der Amts- oder Behördenleiter. Dieser muss zudem im Bilde sein, welchen Informations- und welchen Informationstechnikbedarf seine Behörde aufweist und welche Informationskanäle seine Organisation zu anderen Verwaltungsstellen le-

77 Vgl. Kluth, in: Spiecker gen. Döhmann/Collin 2008, S. 79.

78 Vgl. Kluth, in: Spiecker gen. Döhmann/Collin 2008, S. 80.

79 Vgl. Thomas Groß, Ressortforschung, Agenturen und Beiräte – zur notwendigen Pluralität der staatlichen Wissensinfrastruktur, Die Verwaltung, Beiheft 9/2010, S. 135-155, 139.

80 Vgl. Kluth, in: Spiecker gen. Döhmann/Collin 2008, S. 80.

gen muss. Dabei ist dem Staat durch die gesetzliche Festlegung von Berufsausbildungsinhalten und durch die Ausgestaltung der verwaltungsinternen Ausbildung der Bediensteten und Beamten ein wichtiges Werkzeug zur Hand gereicht, um diese Fähigkeiten und Qualifikationen seines Personals zu vermitteln und zu fördern.

Für die öffentlichen Archive sind die gestiegenen Qualifikations- und Fähigkeitenanforderungen an das eigene Archivpersonal von wichtiger Bedeutung.[81] Denn das Archiv bzw. sein Personal ist auf eine breite und intensive Art und Weise mit der Digitalisierung, Vernetzung und der Verarbeitung von Informationen konfrontiert.[82] Während sich eine Fachbehörde für ihre spezifische Aufgabenerfüllung eine bestimmte und an die dortigen Bedingungen angepasste informationstechnische Lösung einrichtet, beispielsweise das elektronische Melderegister der Meldebehörden oder das elektronische Wasserbuch der Wasserrechtsverwaltung, müssen die Archivbediensteten sich nicht nur in ihr spezielles Archivinformationssystem einarbeiten, sondern zugleich auch in alle anderen in der Verwaltung und bei den Gerichten vorhandenen IT-Strukturen. Nur unter der Bedingung, dass das Archivpersonal die Strukturen, Funktionen und Datenformate der in der Administration und Justiz verwendeten technischen Systeme versteht, kann das Archiv auch eine belastbare und valide Entscheidung über den bleibenden Wert der in diesen Informationssystemen entstehenden Unterlagen treffen. Nicht nur im Rahmen der Bewertung elektronischer Unterlagen werden viele Fähigkeiten von heutigem Archivpersonal abverlangt, sondern auch bei der Übernahme, Erschließung und der Bestandserhaltung elektronischer Archivgüter. Die archivierten elektronischen Daten müssen die relevanten

81 Vgl. Ivar Fonnes, Methoden der Langzeiterhaltung elektronischer Informationen, in: Udo Schäfer/Nicole Bickhoff (Hrsg.), Archivierung elektronischer Unterlagen, Stuttgart 1999, S. 213-222, 215.

82 Zur Vielfalt der elektronischen staatlichen Unterlagen und der Konfrontierung mit dieser Datenvielfalt im Archiv vgl. Hannes Berger, Öffentliche Register und Verwaltungsinformationssystem, KomJur 2017, S. 169-172; Peter Sandner, 10 FAQs. Argumente zu Bedarf und Notwendigkeiten der digitalen Archivierung, in: Landesarchiv Baden-Württemberg (Hrsg.), Digitale Archivierung in der Praxis, Stuttgart 2013, S. 57-70, 60ff.

Informationen (Primärdaten und beschreibende Metadaten) enthalten und unter Umständen müssen ganze Softwareelemente mit übernommen werden. Ein bloßer Kopiervorgang reicht hierfür keinesfalls aus.[83] Die Ordnung in digitalen Archivsystemen erfolgt ebenfalls über die Verwendung und Verknüpfung von Metadaten. Und letztlich muss die ganze Archivspeicherinfrastruktur permanent betrieben und gewartet werden, was auch die Implementierung von neuen Archivierungs- und Bestandserhaltungstechniken umfasst. Die neuen Informationstechniken verändern demzufolge die Arbeitsmethoden der Archivare und führen zu einem deutlichen Anstieg der geforderten Fähigkeiten des Archivpersonals. Das erfordert eine spezifische und moderne Ausbildung sowie regelmäßige Weiterbildungen auf dem neuesten Stand der Technik.[84]

Um diese Voraussetzung zu erfüllen muss das Fachrecht dieses Verwaltungsbereiches auch auf die notwendigen Fachkenntnisse des Personals hinwirken.[85] Das Archivrecht ist in diesem Punkt gut aufgestellt. Einerseits wird die Ausbildung des Archivpersonals durch die Archivgesetze zur gesetzlichen Aufgabe der Landes- oder Staatsarchive erhoben[86], wodurch die Ausbildungsinhalte an die spezifischen Anforderungen und Fähigkeiten der Archivtätigkeiten angepasst werden. Andererseits verlangen die Archivgesetze zum Teil, dass die Errichtung eines öffentlichen, z. B. eines kommunalen, Archives an das Vorhandensein von hauptamtlich tätigem Archivpersonal mit fachlicher Ausbildung gebunden ist.[87]

Das Verwaltungsorganisationrecht und das Ausbildungsrecht für Archivbedienstete müssen demzufolge dazu beitragen, die neuen Anforderungen an die modernen Archive erfüllen zu können. Es lässt sich deshalb fragen, inwiefern die Ausbildungsordnungen hieran angepasst wurden.

---

83 Vgl. Thüringer Landtag, Drucksache 6/4942, Begründung S. 7.

84 Vgl. Sandner, in: Landesarchiv Baden-Württemberg 2013, S. 60.

85 Vgl. Kluth, in: Spiecker gen. Döhmann/Collin 2008, S. 80.

86 Vgl. § 4 Abs. 5 HArchivG; § 4 Abs. 7 SächsArchivG; § 3 Abs. 7 ArchivG NRW.

87 Vgl. § 16 Abs. 3 i.V.m. § 2 Abs. 8 BbgArchivG; § 10 Abs. 3 ArchivG NRW; § 13 Abs. 2 SächsArchivG.

Der öffentliche Archivdienst lässt sich in drei Ebenen einteilen. Auf der Ebene des mittleren Dienstes werden die sogenannten Fachangestellten für Medien- und Informationsdienste in der besonderen Fachrichtung Archiv (FaMI) eingesetzt. Den Ausbildungsrahmen dieser Berufsausbildung im öffentlichen Dienst bildet eine entsprechende Berufsausbildungsverordnung.[88] Die dreijährige Berufsausbildung (§ 3 MedInfoFAngAusbV) schreibt fest, welche beruflichen Kenntnisse und Fähigkeiten durch die Ausbildung angeeignet werden müssen. Dazu zählen im Allgemeinen die Organisation und die Rechtsgrundlagen des Archivwesens (§ 3 Abs. 1 Nr. 1.1 und 1.2 MedInfoFAngAusbV), Kommunikation und Kooperation (§ 3 Abs. 1 Nr. 3 und 5 MedInfoFAngAusbV). Speziell für die Fachrichtung Archiv müssen weiterhin folgende Fähigkeiten vermittelt werden: Übernahme von Informationsträgern, Erschließung, technische Bearbeitung und Aufbereitung sowie Informationsvermittlung (§ 3 Abs. 2 Nr. 1.1 bis 1.4 MedInfoFAngAusbV). Es zeigt sich, dass dem Verordnungsgeber bereits im Jahr 1998 sehr bewusst war, dass die moderne Archivtätigkeit im Grunde Informationsverwaltungstätigkeit war. Die Fähigkeiten, die der mittlere Dienst besitzen muss, sind klar erkennbar auf die Übernahme, die (technische) Bearbeitung und die anschließende Weitergabe von Informationen ausgerichtet.

Die zweite und dritte Ebene des öffentlichen Archivdienstes, der gehobene und der höhere Archivdienst sind zumeist Teil des beamtenrechtlichen Laufbahnschwerpunktes Allgemeine Verwaltung.[89] Die für diese beamtenrechtlichen Laufbahnen geltenden Ausbildungs- und Prüfungsordnungen, die den entsprechenden Erwartungshorizont an Ausbildung und Fähigkeiten der Archivbeamten festlegen, wurden wie die Archivgesetze in den vergangenen Jahren reformiert und über-

88 Verordnung über die Berufsausbildung zum Fachangestellten für Medien- und Informationsdienste/zur Fachangestellten für Medien- und Informations/dienste (MedInfoFAngAusbV), BGBl. I 1998, S. 1257, 2426.

89 Vgl. Anlage 1, Nr. 1 zu § 6 Abs. 1 Hessische Laufbahnverordnung; § 4 Nr. 2 lit. b Sächsische Laufbahnverordnung.

arbeitet.[90] Das Ziel der besonderen verwaltungsinternen Ausbildung im gehobenen und höheren Archivdienst ist, den „Nachwuchskräften für den Laufbahnzweig des Archivdienstes die wissenschaftlichen Erkenntnisse und Methoden sowie die berufspraktischen Kenntnisse und Fähigkeiten zu vermitteln, die erforderlich sind, um die Aufgaben des Archivdienstes bei der Förderung der Transparenz öffentlichen Handelns, der Bewahrung des Archivguts als authentische Quelle und als Teil des schriftlichen kulturellen Erbes sowie der Herstellung der Zugänglichkeit des Archivguts wahrnehmen zu können."[91] Auf welche Fähigkeiten- und Fertigkeitenschwerpunkte konzentrieren sich die neuen Ausbildungs- und Prüfungsordnungen für das Archivwesen? Während der berufspraktischen Ausbildungsanteile vor Ort in den Archiven wird darauf abgestellt, dass neben der Anwendung des geltenden Archivrechts und des übrigen Bundes- und Landesrechts[92] vor allem die Anwendung der archivischen Aufgabenvielfalt vermittelt wird. Insbesondere wird hierbei auf die praktische Vermittlung von Kenntnissen in den Bereichen „Einsatz von Informationstechnologie in Behörden und Archiven", „Informations- und Kommunikationstechnik", „Records Manage-

90 Beispielsweise im Bund: Verordnung über den Vorbereitungsdienst für den gehobenen Archivdienst des Bundes vom 18. Dezember 2015, BGBl. I S. 2478, zuletzt geändert am 19. Juni 2017, BGBl. I S. 1896; Baden-Württemberg: Verordnung des Wissenschaftsministeriums über die Ausbildung und Prüfung für den gehobenen Archivdienst (Ausbildungs- und Prüfungsordnung für den gehobenen Archivdienst – APrOArch-gD) vom 21. November 2014, GBl. 2014, S. 698; Hessen: Ausbildungs- und Prüfungsordnung für den Laufbahnzweig Archivdienst im gehobenen allgemeinen Verwaltungsdienst in Hessen (APOgDArch) vom 24. November 2016, Staatsanzeiger für das Land Hessen Nr. 51/2016, S. 1619; Niedersachsen: Verordnung über die Ausbildung und Prüfung für den Archivdienst in der Laufbahn der Laufbahngruppe 2 der Fachrichtung Allgemeine Dienste (APVO-AD Archiv) vom 7. Januar 2013, NiedersGVBl. 2013, S. 10; Sachsen: Sächsische Ausbildungs- und Prüfungsordnung Archivdienst vom 28. März 2017, SächsGVBl. S. 197.

91 So stellvertretend § 3 APO-ArchivD Hamburg.

92 Vgl. § 7 Abs. 2 Nr. 10 APO-ArchivD Hamburg; § 10 Abs. 3 Nr. 2 SächsAPOArchiv; § 7 Abs. 3 Nr. 3 APro-Arch-gD Baden-Württemberg; § 15 Abs. 1 Nr. 3 GArchDVDV Bund.

ment“ und „Erhaltung digitalen Archivguts“ Wert gelegt.[93] Die Anwärter des Archivdienstes sollen demzufolge während der mehrmonatigen Praxisausbildung bereits mit den archivischen Tätigkeiten und den neuen Aufgabenfeldern der Informationsverarbeitung vertraut werden. Noch deutlicher zeigt sich der Wandel der Anforderungen an das moderne Archivpersonal in der angepassten *Studienordnung* an der Archivschule Marburg. Für die Archivarsausbildung im gehobenen und höheren Dienst in Deutschland wird im jeweiligen Vorbereitungsdienst eine mehrere Semester dauernde zentrale Theorieausbildung an dieser Fachhochschule absolviert.[94] Das bedeutet auch, dass die durch dieses archivwissenschaftliche Fachstudium vermittelten Kenntnisse und Fähigkeiten ganz maßgeblich den Fähigkeitenstand der deutschen Archivarinnen und Archivare im gehobenen und höheren Archivdienst insgesamt beeinflusst. In der Studienordnung für den höheren Archivdienst, also für jenes Personal, das später in leitender Archivposition arbeiten wird, sind unter anderem folgende Lehrinhalte und Lehrziele verankert. Im Bereich der *informationstechnischen Kenntnisse* gilt: „Mit der Einführung in die fachbezogene Informatik wird den Archivreferendarinnen und Archivreferendaren der Einstieg in Themen der Informationstechnik gegeben, soweit diese Geschäftsprozesse im Archiv betreffen. Das Spektrum reicht von Hardware, Betriebssystemen und Netzwerktechnik bis zu HTML- und Datenbank-Technologien.“[95] Die *rechtswissenschaftliche Ausbildung* schreibt vor: „Rechtsmaterien des Öffentlichen Rechts und des Privatrechts sind Gegenstand des Unterrichts soweit sie für die öffentlichen Archive und ihre Fachaufgaben von Relevanz sind (z. B. das Datenschutz- und Informationsrecht, das Schuld- und Sachenrecht, das Urheber- und Verwertungsrecht, das internationale und nationale Kultur- und

93 Vgl. § 7 Abs. 3 Nr. 4 APro-Arch-gD Baden-Württemberg; § 7 Abs. 2 Nr. 3, 4 und 6 APO-ArchivD Hamburg.

94 Vgl. etwa § 13 Abs. 2 GArchDVDV Bund; § 8 APro-Arch-gD Baden-Württemberg; § 11 Abs. 2 APVO-AD-Archiv Niedersachsen; § 13 SächsAPOArchiv.

95 Anlage 2 Modul M-A 1, Nr. 2 Studienordnung für das Referendariat im höheren Archivdienst an der Archivschule Marburg, Staatsanzeiger für das Land Hessen Nr. 3/2018, S. 123.

Denkmalschutzrecht, Rechtsfragen der Nutzung neuer Medien und weitere Rechtsgebiete).“[96] Letztlich sollen den Referendarinnen und Referendaren des höheren Archivdienstes Kenntnisse vermittelt werden, die es ihnen erlauben, den Stellenwert der Schriftgutverwaltung in Verwaltung und Archiv einzuschätzen. Speziell soll ihnen dabei vermittelt werden, technisch, organisatorisch und juristisch mit den abgebenden Behörden zu interagieren.[97] Betrachtet man diese Zielbeschreibungen einzelner Module der Ausbildungsinhalte des höheren Archivdienstes und zusätzlich den vorgesehenen Workload (Präsenzstunden und Selbststudium) für einzelne Aspekte des modernen Archivwesens[98] (z. B. Einführung in die fachbezogene Informatik: 57, 5 Studienstunden, digitale Langzeitarchivierung: 57, 5 Studienstunden, Instrumente und Prozesse des Records Management: 46 Studienstunden), dann wird deutlich, dass die Ausbildungsinhalte in einer systematischen Weise an die heutigen Bedingungen der Archive im informationsbasierten Staat angepasst wurden. Das verwaltungsorganisatorische Fachrecht des Archivwesens versucht erkennbar, den modernen Anforderungen an das Archivpersonal durch die entsprechend aktuellen Ausbildungsinhalte nachzukommen. Indem das gesetzliche Berufsausbildungsrecht der Archivare und die Beamtenausbildung an der Archivschule in Marburg deutschlandweit einheitliche Inhalte und Fähigkeiten vermittelt, wird eine wesentliche Voraussetzung dafür geschaffen, dass das Berufsbild des Archivars und dessen informationsbezogene Kenntnisse und Fähigkeiten mit der Entwicklung der Informationsgesellschaft Schritt halten. Für alle im Nachstehenden behandelten wissensgenerierenden und informationsverarbeitenden Tätigkeiten im Archivrecht bildet das skizzierte reformierte Ausbildungsrecht eine unerlässliche Grundlage.

---

96 Anlage 2, Modul M-V 3, Nr. 2 Studienordnung höherer Archivdienst.
97 Anlage 2, Modul M-V 1, Nr. 3 Studienordnung höherer Archivdienst.
98 Im Detail Anlage 1 Studienordnung höherer Archivdienst.

b) Archivbenutzungsrecht und verfahrensbezogene Wissensproduktion

In einem engen Begriffsverständnis richtet sich die Wissensgenerierung im öffentlichen Recht auf die Beseitigung eines Informations- oder Wissensdefizits und auf die Schaffung einer ausreichenden sachlichen Grundlage an Entscheidungswissen.[99] Der typische Fall der auf eine hoheitliche Entscheidung hinauslaufenden Wissensgenerierung ist das Verwaltungsverfahren, in dem die zuständige Stelle alle notwendigen Informationen für den Sachverhalt zusammenträgt und gestützt auf diese Erkenntnisse eine rechtmäßige Entscheidung trifft.[100] Solche durch Verfahren stattfindenden wissensgenerierenden Prozesse werden, vergleichbar zu Verwaltungsverfahren in anderen öffentlichen Fachbehörden, von der öffentlichen Archivverwaltung im Rahmen des Archivbenutzungsrechts durchgeführt. Die Archivbenutzung wird grundsätzlich nur auf Antrag eines Benutzers gewährt.[101] Die Antragstellung leitet ein Verwaltungsverfahren im Sinne des Verwaltungsverfahrensrechts ein.[102] Die Archivverwaltung muss gemäß § 24

99 Vgl. Wollenschläger 2009, S. 23.

100 Vgl. Indra Spiecker gen. Döhmann, Die informationelle Inanspruchnahme des Bürgers im Verwaltungsverfahren, in: Indra Spiecker gen. Döhmann/Peter Collin (Hrsg.), Generierung und Transfer im System des Verwaltungsrechts, Tübingen 2008, S. 196-216, 196f; Augsberg 2014, S. 42f; zur Kritik an diesem zu engen und allein auf Entscheidungsfindung abzielenden Verständnis siehe Lenk/Meyerholt/Wengelowski 2014, S. 81.

101 Siehe zum Erfordernis der Antragstellung Art. 10 Abs. 1 BayArchivG; § 9 Abs. 1 ArchGB; § 9 Abs. 1 S. 2 LArchivG MV; § 10 Abs. 1 S. 1 ArchG LSA; § 5 Abs. 1 S. 1 NArchG. Ausführlicher wird das Antragserfordernis in den Archivbenutzungsverordnungen geregelt. Etwa § 5 Abs. 1 Archivbenutzungsordnung NRW: „Der Antrag auf Benutzungsgenehmigung ist schriftlich bei dem Landesarchiv zu stellen. Dabei sind Angaben zur Person zu machen, der Benutzungszweck sowie der Gegenstand der Nachforschungen möglichst genau anzugeben. Bei persönlicher Benutzung ist ein Vordruck zu verwenden"; weiterhin Punkt 2 Benutzungsordnung für das Niedersächsische Landesarchiv; § 3 Bundesarchiv-Benutzungsverordnung.

102 Das Verwaltungsverfahren wird gemäß § 22 S. 2 Nr. 1 VwVfG eingeleitet, wenn die Behörde, hier das Archiv, auf Antrag hin tätig werden muss. Da der Benutzer aufgrund der Archivgesetze einen subjektivrechtlichen Anspruch auf Archivzugang vorweisen kann, muss die Ar-

VwVfG alle für den Sachverhalt relevanten Informationen von Amts wegen ermitteln[103], sie wird also genauso wie andere Fachbehörden[104], selbst informationssammelnd und wissensgenerierend tätig. Es ist der Zweck der Wissensgenerierung im Verwaltungsverfahren, eine rationale und rechtmäßige Entscheidung gegenüber dem Bürger, hier dem Archivbenutzer, zu erzeugen. Dabei hat die Archivverwaltung in einem solchen Entscheidungs- bzw. Genehmigungsverfahren über den Archivzugang verschiedene Angaben und Informationen sowie rechtliche Einschätzungen zusammenzutragen. Neben *allgemeinen Informationen* über den Antragsteller (Name, Adresse, Forschungseinrichtung, eventuell Benutungsinteresse)[105] muss die Archivverwaltung insbesondere ermitteln, ob sie die begehrten Archivunterlagen überhaupt in ihren Archivbeständen besitzt.[106] Kann sie dies bejahen, dann muss sie weiterhin Informationen darüber zusammentragen, ob die zur Einsicht begehrten Informationen bestimmten rechtlichen Schranken unterliegen. Hierbei kommen in erster

---

chivverwaltung einen an sie gestellten Benutzungsantrag auch bearbeiten.

103 Augsberg 2014, S. 42f bezeichnet den Amtsermittlungsgrundsatz nach § 24 VwVfG als „[m]aßgeblich für die Regelung der hinreichenden administrativen Wissensproduktion".

104 Im Polizeirecht ist die Polizeibehörde regelmäßig dazu angehalten, einen Sachverhalt hinreichend aufzuklären, um sicher zu gehen, ob eine Gefahr für ein geschütztes Rechtsgut vorliegt, um daran anschließend Gefahrenabwehrmaßnahmen zu ergreifen, vgl. dazu Markus Thiel, Polizei- und Ordnungsrecht, Baden-Baden 2013, S. 96f; Wollenschläger 2009, S. 9ff. Im Umweltrecht finden solche Wissensgenerierungen im Verfahren beispielsweise durch die Überwachungs- und Prüfungsrechte der Umweltbehörden gegenüber Emissionen von Anlagen gemäß § 26 und § 52 BImSchG statt, vgl. dazu Reiner Schmidt/Wolfgang Kahl/Klaus Ferdinand Gärditz, Umweltrecht, 9. Aufl., München 2014, S. 139, Rn. 57.

105 Vgl. § 2 Abs. 2 Thüringer Archiv-Benutzungsordnung sowie das dafür vorgesehene offizielle Formular unter https://tinyurl.com/y8xxk9rr.

106 Zu dem komplizierten Fall eines Benutzungsantrags gegenüber dem Bundesarchiv auf Benutzung von Unterlagen, die noch nicht zu Archivgut gewidmet werden konnten, weil sie vom Bundeskanzleramt an private Stiftungen weitergegeben wurden siehe BVerfG, NVwZ 2017, S. 1618-1621; Kathrin Wrede, Verfassungsbeschwerde auf Bereitstellung von Akten im Gewahrsam Privater mangels Rechtswegserschöpfung unzulässig, npoR 2017, S. 252-253.

Linie die archivrechtlichen Schutzfristen, insbesondere über personenbezogenes oder geheimhaltungsbedürftiges Archivgut in Frage.[107] Eine von Amts wegen vorgenommene Informationsgenerierung durch die Archivbehörden wird gerade in den Fällen notwendig werden, wenn bestimmte Geburts- oder Sterbedaten von Personen, über die Archivgut existiert, nicht bekannt sind. Hier sind es ebenfalls der Amtsermittlungsgrundsatz nach § 24 VwVfG und das Beweiserhebungsrecht nach § 26 VwVfG, die die Archivverwaltung verpflichten, im Rahmen eines Antragsverfahrens die notwendigen Informationen zusammenzutragen, die für die Berechnung der Schutzfristen benötigt werden.[108] Ohne diese Angaben, die das Archiv beispielsweise über Datenabfragen bei den Standesämtern[109] und den Meldeämtern[110] oder über Kontakte zu Angehörigen zusammentragen kann, wird eine rechtmäßige Archivbenutzungsgenehmigung mit korrekter Schutzfristenberechnung als Abschluss des Archivverwaltungsverfahrens nicht zustande kommen können.

Hat die Archivverwaltung die Informationen eingeholt und bestehen für eine beantragte Archivbenutzung bestimmte Schutzfristen, dann wird die Archivverwaltung im Zusammenspiel mit dem Antragsteller weitere Möglichkeiten prüfen müssen, ob im vorliegenden Einzelfall die rechtlichen Möglichkeiten der Verkürzung solcher Schutzfristen bestehen.[111]

---

107 Etwa nach § 17 ThürArchivG.

108 Denn die personenbezogenen Schutzfristen des Archivrechts berechnen sich ab dem Zeitpunkt des Sterbe- oder des Geburtsdatums einer betroffenen Person, vgl. § 9 Abs. 3 ArchGB. Zum Problem des Amtsermittlungsgrundsatzes im Archivbenutzungsrecht vgl. Rainer Polley, Der Grundsatz der Amtsuntersuchung im Archivbenutzungsrecht, in: Hermann Bannasch, Zeitgeschichte in den Schranken desa Archivrechts, Stuttgart 1995, S. 71-78, insbesondere 74ff.

109 Behördliche Datenabfragen der Personenstandsregister sind nach § 65 Abs. 1 PStG zulässig.

110 Datenübermittlungen aus den Melderegistern an andere öffentliche Stellen sind gemäß § 34 Abs. 1 BMG zulässig.

111 Die Schutzfristen können beispielsweise nach § 9 Abs. 4 ArchGB verkürzt werden, wenn die dortigen Voraussetzungen erfüllt sind. Das Landesarchiv Berlin bietet für die Benutzung von Archivgut vor Ablauf der entsprechenden Schutzfrist ein spezielles Antragsformular, in dem der Benutzer eine Fülle an Informationen und Begründungen abgeben

Da an die Schutzfristenverkürzung im Archivrecht eine Reihe von Tatbestandsvoraussetzungen geknüpft werden benötigt die Archivverwaltung aber ein wesentlich größeres Set an Entscheidungswissen[112], was wiederum nur im Zusammenspiel mit der Informationsbeibringung durch den Antragsteller gewonnen werden kann. Desweiteren muss die Archivverwaltung ebenfalls im Rahmen des Verfahrens klären, ob die Benutzung eines Archivgutes beispielsweise das Wohl des Bundes oder eines der Länder gefährden könnte[113], was je nach Natur der Archivunterlage zu intensiven Abstimmungen zwischen öffentlichem Archiv und der Fachbehörde, bei der diese Unterlage einst entstanden ist, führen kann.[114]

Es zeigt sich, dass bereits im Standardfall der Archivbenutzung, die ein übliches Verwaltungs- und Genehmigungsverfahren repräsentiert, eine Reihe an wissensgenerierenden Tätigkeiten vorgenommen werden muss, um überhaupt eine rechtmäßige Entscheidung über die Archivbenutzung des Antragstellers, der ja immerhin einen subjektiv-rechtlichen Benutzungsanspruch vorweisen kann, zu treffen. Öffentliche Archive verzeichnen darüber hinaus noch weitere Prozesse der Wissensgenerierung. Die öffentlichen Archivbehörden zählen zu jenen Fachbehörden, deren Fachrecht besondere, über die verfahrensbezogene Informationsgenerierung hinausgehende, wissensproduzierende Forschungsaufträge vorschreibt. Dies liegt in der Natur der Archivaufgabe begründet. Wissensproduzierende Aufgaben ganz eigener – nämlich

---

muss, die eine Schutzfristenverkürzung rechtfertigen. Siehe Landesarchiv Berlin, https://tinyurl.com/y7wyd3u5.

112 Das können etwa Informationen über den dahinterstehenden Forschungszweck, die Dringlichkeit einer Beweisnot, die durch den vorfristigen Zugang zu Archivgut gelindert werden kann oder die Wahrnehmung eines besonders wichtigen Belanges einer Person oder einer öffentlichen Stelle sein. Hier wird deutlich, dass sich Teilbereiche des Informationsverwaltungsrechts, namentlich die Wissensgenerierung und die Informationsbeziehung zwischen Staat und Bürger, in vielen Aspekten überschneiden und ergänzen können.

113 Ist dies der Fall, so schreibt das Archivrecht eine Einschränkung oder Versagung der Archivbenutzung vor, bspw. § 13 BArchG; § 9 Abs. 9 ArchGB.

114 Auch hier wird die Verquickung von Teilaspekten des Informationsverwaltungsrechts deutlich; Wissensgenerierung und Informationsbeziehungen zwischen staatlichen Stellen gehen oft ineinander über.

archivischer – Art finden sich zunächst in der Erschließung der Archivinformationen sowie im bereichsspezifischen Forschungs- und Auswertungsauftrag der Archive.

c) Erschließung als Voraussetzung für Wissensgenerierung aus archivischen Quellen

Eine der wichtigsten informationsverarbeitenden Tätigkeiten der öffentlichen Archive ist die – bereits im Rahmen der Wissenspeicherung angesprochene – gesetzliche Aufgabe der Erschließung.[115] Zweck der Erschließung ist, die Fülle der Archivinformationen nach sinnvollen Kriterien zu ordnen und von dieser Systematisierungsleistung ausgehend eine weiterführende Benutzung der Informationen zu ermöglichen. „Die Erschließung von Archivgut beschreibt, welche Unterlagen vorhanden sind und zur Einsicht bereitgestellt werden, welche Aussagen darin erwartet werden können, und sie liefert Informationen darüber, wie verlässlich möglicherweise darin gefundene Antworten sind. Sie ist die wichtigste Voraussetzung dafür, dass in alten Akten neue Erkenntnisse zur Gestaltung der Zukunft gefunden werden können."[116] Öffentliche Archive stehen mit ganz unterschiedlichen Behörden und Gerichten in Kontakt und übernehmen entsprechend der Vielfalt der staatlichen Aufgaben auch eine breite Vielfalt an dabei entstandenen Unterlagen. Um das Archiv mitsamt seinen vielen Archivunterlagen und Archivinformationen überhaupt sinnvoll benutzbar zu machen, muss hinsichtlich der vielen Archivgüter eine Systematisierungsleistung erbracht werden. Erst eine nach sachlichen und logischen Kategorien und Gesichtspunkten geordnete Archivierung und Verzeichnung der Archivgüter gibt dem Archivbenutzer die Möglichkeit, sich in den Beständen zurechtzufinden und die für sein Benutzerinteresse einschlägigen Unterlagen und Informationen zu finden.[117] Insofern bedeutet archivarische Erschließung von staatlichen Informationen in erster Linie archivarische Ver-

115 Z.B. Art. 2 Abs. 3 BayArchivG; § 3 Abs. 1 S. 1 ArchGB; § 1 Abs. 1 S. 1 HmbArchG; § 7 Abs. 1 S. 2 ThürArchivG.

116 Angelika Menne-Haritz, in: Marcel Lepper/Ulrich Raulff (Hrsg.), Handbuch Archiv, Stuttgart 2016, S. 207-217, 207.

117 Vgl. Manegold 2002, S. 169.

zeichnung jeder einzelnen Archivunterlage. Hierfür wird für jede Archiveinheit ein eigener Titel gebildet, aus dem sich der zentrale Inhalt und der Entstehungszweck der Unterlage ergeben. Zudem werden verschiedene Vermerke angebracht, aus denen präzisere Informationen über das Archivgut hervorgehen, z. B. der Umfang oder die Laufzeit der Unterlage.[118] Die Erschließung und die Verzeichnung der vorhandenen Archivgüter mit ihrem kurz gefassten wesentlichen Inhalt erbringen damit eine Hilfeleistung für den Benutzer. Sie reduzieren einerseits die Komplexität der Archivbestände und machen die Archivbestände andererseits anhand systematischer Stichworte und Bestandskategorien durchsuchbar. Die Erschließung ist damit eine Praktik der Informationsverarbeitung; eine Aufbereitung, die für eine Neu- und Weiterverwendung der archivierten Informationen eine zwingende Voraussetzung ist. Sie ist der notwendige Wegweiser zu den gesuchten Archivinformationen, ohne diese Informationen selbst bereits zu enthalten.[119]

Die Methode der Erschließungstechniken läuft auf die Erstellung von Findbüchern hinaus. „Die wichtigsten Bestandteile der Methodik für die Erschließungsarbeit sind die Analyse des vorgefundenen Materials und seines Zustands und die Erfassung aller wichtigen Angaben bei der Verzeichnung und Ordnung der Einheiten. Ergebnis ist die Bereitstellung mit Findbüchern auf der Detailebene und mit Beständeübersichten auf der Überblicksebene aller Bestände eines Archivs."[120] Die durch die Erschließung entstehenden Findbücher lassen sich entweder in analoger oder mittlerweile oft in digitaler Form[121] nutzen.

Es wird deutlich, dass die archivische Erschließung der großen Menge an heterogenen staatlichen Unterlagen und Informationen ein unverzichtbarer Verarbeitungsschritt des Archives ist, um eine Weiterverwendung der Archivinforma-

---

118 Vgl. Brenner-Wilczek/Cepl-Kaufmann/Plassmann 2006, S. 143.

119 Vgl. Menne-Haritz, in: Lepper/Raulff 2016, S. 207.

120 Menne-Haritz, in: Lepper/Raulff 2016, S. 210.

121 Beispielsweise das digitale Findbuch des Stadtarchives Gera unter: https://tinyurl.com/ybup4qrw; das umfassende Online-Findbuch des Landesarchives Sachsen-Anhalt ist unter https://tinyurl.com/y9e56gnz zu finden.

tionen zu ermöglichen. Dabei wird von den Archivbediensteten viel verlangt, denn es ist notwendig, dass jede einzelne an das Archiv übergebene Unterlage analysiert und kategorisiert wird. Die Erschließung ist damit der erste Schritt, durch den die Behörden- und Gerichtsunterlagen aus ihrem engen Entstehungskontext herausgenommen und unter einer breiteren Perspektive neu geordnet werden. Die Erschließungstechnik im öffentlichen Archiv bedingt die Dekontextualisierung von staatlichen Informationen.[122] Erst die Herausnahme der einzelnen Information aus ihrem engen Entstehungs- und Sachkontext und die Einbindung in größere Wissenskontexte schafft die Voraussetzung dafür, dass die im Archiv zusammenlaufenden Informationsbestände neu verwendet werden können. Indem die Erschließung die Analyse jeder einzelnen Archivunterlage erzwingt und die Unterlage daraufhin einer Bestandssektion zugeordnet wird, erweitert sich dieser Bestand um neue Informationen. Diese Erweiterung lässt einerseits die bisherige thematische Informationssammlung um neue Informationen anwachsen. Andererseits wird durch die Einpflegung der neuen Information in die zur Suche und Benutzung bereitstehenden Findbücher eine neue Verknüpfung der Informationsbestände erzielt. So wachsen mit jeder neu archivierten Archivinformation zugleich der gesamte Archivbestand und die Verknüpfung der einzeln darin enthaltenen Archivunterlagen. Je größer der Informationsbestand des Archives ist und je verflochtener die Einzelinformationen miteinander sind, desto größer wird die Auswertungserkenntnis des Archivbenutzers. Denn die thematische Suche nach spezifischen Kriterien und Benutzungsinteressen wird aufgrund der Verknüpfungen im Ergebnis zu immer mehr Informationen führen, die, ohne dass dies zuvor bekannt war, mit der ursprünglichen gesuchten Unterlage in einem Zusammenhang stehen.

122 Vgl. Sophie-Charlotte Lenski, Öffentliches Kulturrecht, Tübingen 2013, S. 231.

d) Wissenschaftliche Auswertung als archivische Wissensgenerierung

Eine besondere Form der staatlichen Wissensgenerierung findet sich dort, wo durch gesetzlichen Auftrag staatliche Forschungseinrichtungen unterhalten werden, die für bestimmte Bedürfnisse an Wissen und Informationen und festgelegte Zwecke Forschungsdienstleistungen erbringen.[123] Staatlich veranlasste Forschung kann bereichsspezifische Studien hervorbringen und dadurch gezielt aufbereitetes Wissen für Ministerien und politisch Verantwortliche produzieren, das über das Alltagswissen der Entscheidungsträger hinausgeht.[124] Für die Zielrichtung der staatlich eingerichteten Forschungsdienstleistungen kommt es insbesondere auf die gesetzliche Grundlage an. Aus der Sichtweise der Ministerien und der politischen Entscheidungsträger gilt eine Ressortforschung dann als verwertbar, wenn deren Erkenntnisse einen Einfluss auf einen Entscheidungsprozess nehmen können und als gesichertes, sachliches und fundiertes Wissen anerkannt werden.[125] Traditionell wurden deshalb für verschiedene besondere staatliche Informationserfordernisse eigene Verwaltungsstrukturen geschaffen, „die die Aufgabe haben, Wissensgrundlagen für bestimmte Verwaltungsaufgaben zu generieren und bereitzustellen, dabei weitestgehend nach wissenschaftlichen Methoden zu arbeiten und in vielen Fällen sogar in begrenztem Umfang Eigenforschung – sog. Ressortforschung – zu betreiben."[126] Staatlich eingerichtete und vollzogene Forschung ist demzufolge eine spezielle und intensive Form der Wissensgenerierung, die in ihrem Aufwand und in

---

123 Die klassische Ressortforschung zeichnet sich meist durch eine besondere Nähe zur Politik aus, fungiert als zielgerichtete und auftragsgeleitete Politikberatung, wird durch gesetzliche Grundlage eingerichtet und oftmals in oberen Bundes- oder Landesbehörden organisiert; dazu Arne Pautsch/Anja Dillenburger, Kompendium zum Hochschul- und Wissenschaftsrecht, Berlin 2011, S. 139.

124 Vgl. Dieter Strempel, Empirische Rechtsforschung als Ressortforschung im Bundesministerium der Justiz, Zeitschrift für Rechtssoziologie 1988, S. 190-201, 191.

125 Vgl. Eva Barlösius, Zwischen Wissenschaft und Staat? Die Verortung der Ressortforschung, Berlin 2008, S. 15f: https://tinyurl.com/ybe5v5m3.

126 Vgl. Stoll, in: Spiecker gen. Döhmann/Collin 2008, S. 40.

ihrer Ergebnisproduktion weit über die Wissensgenerierung hinausgehen kann, die etwa im Zuge eines Verwaltungsverfahrens erreicht wird. Neben der Aufgabe, politische und ministerielle Entscheidungsträger zu beraten und für konkrete Entscheidungsprozesse fundierte Erkenntnisse zu gewinnen, wird eine weitere Funktion der staatlichen Forschungseinrichtungen betont. Staatliche Forschung produziert Wissen für das Gemeinwesen und dient demnach der Förderung und Vorsorge für die Wirtschaft, Wissenschaft und Gesellschaft im Allgemeinen.[127]

Auch die öffentlichen Archive wurden durch die Archivgesetze als staatliche Forschungseinrichtungen mit spezifischem Forschungsauftrag eingerichtet. Durch die Unterhaltung öffentlicher Archive soll das Wissen des Staates mittels eigener archivwissenschaftlicher Methoden bearbeitet, aufbereitet und ausgewertet werden. Das Ziel ist dabei, neues Wissen zu produzieren. Archive werden als Stätten landeshistorischer Forschung betrachtet[128] und können sich in den meisten Fällen auf eine eindeutige gesetzlich verankerte Forschungsklausel berufen. Dadurch schufen der Bund und die Länder eigene Verwaltungsstrukturen, die der besonderen Form der historischen Forschung durch eigene wissenschaftliche Leistungen und durch Bereitstellung der Bestände dienen. Die Ausrichtung dieser staatlich veranlassten Forschung im Archivwesen wird von den Archivgesetzen mehr oder weniger konkret vorgegeben. Nach § 5 Abs. 6 Landesarchivgesetz Mecklenburg-Vorpommern wirkt das Archiv beispielsweise „an der Auswertung des von ihm verwahrten Archivgutes sowie an der Erforschung und Vermittlung insbesondere der mecklenburgisch-vorpommerschen Geschichte, der Heimat- und Ortsgeschichte mit und leistet dazu eigene Beiträge". Auch die Archive in Rheinland-Pfalz fördern gemäß § 6 Abs. 4 LarchG Rheinland-Pfalz „die Erforschung und das Verständnis der deutschen Geschichte und der Landesgeschichte insbesondere durch Veröffentlichungen und Ausstellungen". Deutlich wird auch

---

127 Vgl. Thomas Groß, Ressortforschung, Agenturen und Beiräte – zur notwendigen Pluralität der staatlichen Wissensinfrastruktur, Die Verwaltung, Beiheft 9/2010, S. 135-155, 142.

128 Vgl. allein die gesetzliche Archivaufgabe z. B. in § 5 Abs. 6 HArchivG; § 3 Abs. 4 BbgArchivG.

der hessische archivgesetzliche Forschungsauftrag nach § 5 Abs. 6 HArchivG, wonach das „Hessische Landesarchiv [...] als Haus der Geschichte an der wissenschaftlichen Auswertung der von ihm aufbewahrten Unterlagen sowie an der Erforschung und Vermittlung der Geschichte des Landes mit[wirkt]".[129] Im Unterschied zu Ressortforschungen, etwa im Umweltbereich durch das Umweltbundesamt[130], die auf eine Generierung von konkreten Ergebnissen, Maßnahmen und Verfahren abstellen, die daraufhin für politische Entscheidungen oder rechtliche Implementierungen genutzt werden, erfolgt die Forschung in staatlichen Archivbehörden eher grundsätzlicheren Gesellschaftszwecken. Die Archive erforschen anhand wissenschaftlicher Methoden die Geschichte, die Regierungs- und Verwaltungstätigkeit, politische Umbrüche und ähnliche historische Entwicklungen des eigenen Landes bzw. des Bundes unter der Zuhilfenahme der spezifisch in jener Zeit entstandenen Archivgüter, also der unmittelbaren Zeitdokumente. Sie sind demzufolge auch frei in der Wahl des genauen Forschungsgegenstandes, soweit er Bezüge zur eigenen Landesgeschichte aufweist. Die Forschungstätigkeit der öffentlichen Archive dient dabei ganz klar einer allgemeinen Förderung der Forschung (zum Beispiel der historischen, politikwissenschaftlichen, juristischen, soziologischen Forschung) was auch verfassungsrechtlich aus Art. 5 Abs. 3 S. 1 GG abgeleitet wird.[131] Der archivgesetzliche Forschungsauftrag ist weiterhin auf die Öffentlichkeit und auf die

---

129 Vergleichbare Forschungsklauseln finden sich auch in folgenden Archivnormen: § 3 Abs. 2 S. 2 SArchG; § 3 Abs. 4 BbgArchivG; § 4 Abs. 6 LArchG SH.

130 Gemäß § 2 Abs. 2 i.V.m. § 2 Abs. 1 S. 2 Nr. 1 des Gesetzes über die Errichtung eines Umweltbundesamtes betreibt das Umweltbundesamt wissenschaftliche Forschung auf verschiedenen Feldern des Umweltrechts und für die Entwicklung von spezifischen Maßnahmen und Verfahren des Umweltrechts.

131 Ein Beispiel für eine bedeutsame Forschungsförderungsleistung der Archive ist die Kooperation des Brandenburgischen Landesarchives mit dem Holocaust Memorial Museum in Washington, in dessen Rahmen die Unterlagen über den Holocaust, über die das Landesarchiv verfügt, digitalisiert, ausgewertet und erforscht werden, um sie dann für weitere Verwendungen bereitzustellen. Dazu Brandenburgisches Ministerium für Wissenschaft, Forschung und Kultur, https://tinyurl.com/ya5uxmxo.

Veröffentlichung der Forschungsergebnisse ausgerichtet.[132] Archivische Forschung soll den Bürgern zum einen zugänglich gemacht werden und soll zum anderen einem spezifischen politischen Bildungsauftrag nachgehen[133], der sich vielfach in themenbezogenen Ausstellungen oder spezifischen Bildungsveranstaltungen verwirklicht.[134] Staatliche Archivforschung dient also der Verwirklichung und Förderung von verfassungsrechtlichen Aufträgen, wie sie in der objektiven Forschungsförderung nach Art. 5 Abs. 3 S. 1 GG, im staatlichen Bildungsauftrag[135] und im staatlichen Kulturförderungsauftrag[136] verankert sind. Dabei sollte jedoch nicht übersehen werden, dass staatliche Archivforschung auch verwendbares Wissen für konkrete staatliche Entscheidungsprozesse liefern kann. Nicht ohne Grund wird die Archivierung staatlicher Unterlagen vor dem Hintergrund des späteren Nutzens für aufkommende Rechtsprechungsfragen, für Rechtsnachweisbedürfnisse von Bürgern, als Entscheidungswissen in Verwaltung und Regierung sowie für die parlamentarische und öffentliche Kontrolle des staatlichen Handelns vorgenommen. Die Relevanz archivischer Forschung kann sich darüber hinaus speziell für Fragen der modernen Verwaltungsorganisati-

---

132 Vgl. § 7 Abs. 3 ArchG LSA: „Das Landesarchiv Sachsen-Anhalt ist berechtigt, Veröffentlichungen und wissenschaftliche Auswertungen des Archivgutes selbst vorzunehmen." Weiterhin § 3 Abs. 3 ArchGB: „Das Landesarchiv Berlin führt die Stadtchronik Berlins. Es führt die Aufgaben der audiovisuellen Stadtdokumentation und der Berlin-Information im Einvernehmen mit dem Presse- und Informationsamt des Landes Berlin fort. Durch Editionen, sonstige Publikationen, Ausstellungen, Führungen und andere geeignete Veranstaltungen fördert das Landesarchiv Berlin das Verständnis für die Geschichte Berlins."

133 § 5 Abs. 5 S. 1 LArchivG MV: „Das Archiv erbringt aus dem von ihm verwahrten Archivgut Dienstleistungen für Forschung und Bildung."

134 Vgl. Friedrich Schoch/Michael Kloepfer/Hansjürgen Garstka, Archivgesetz, Berlin 2007, S. 102, Rn. 18.

135 Zum Beispiel in Art. 4 Niedersächsische Verfassung; Art. 29 Verfassung des Landes Brandenburg; Art. 11 und 22 Verfassung des Landes Baden-Württemberg; Art. 8 und 17 Verfassung für das Land Nordrhein-Westfalen, Art. 20, 22 und 29 Thüringer Verfassung.

136 Zum Beispiel Art. 6 Niedersächsische Verfassung; Art. 34 Verfassung des Landes Brandenburg; Art. 3c Verfassung des Landes Baden-Württemberg; Art. 62 Hessische Verfassung; Art. 11 Sächsische Verfassung; Art. 18 Verfassung für das Land Nordrhein-Westfalen; Art. 30 Thüringer Verfassung.

on ergeben. Da Archive wie kaum eine andere staatliche Stelle intensiv mit Problemen der Schriftgutverwaltung und mit dem Umgang mit neuen Technologien und Informationssystemen beschäftigt sind, hat sich in den vergangenen zwei Dekaden eine erstaunlich innovative und von praktischer Expertise gezeichnete Forschungs- und Publikationstätigkeit der öffentlichen Archive entwickelt. Deren Ergebnisse, beispielsweise über die Speicherung, Sicherheit und Übermittlung von elektronischen Dokumenten, strahlt dabei weit über den Arbeitsbereich des Archivwesens hinaus und stellt anwendungsbereites Wissen für Behörden ebenso wie für private Unternehmen und Verbände, in denen wertvolle und aufzubewahrende Unterlagen anfallen, bereit. Hierin kann ein Beispiel für staatliche Archivforschung erkannt werden, die für das öffentliche Gemeinwesen bedeutendes und innovatives Wissen hervorgebracht hat.[137] Zusammenfassend führen öffentliche Archive vielfache Prozesse der Wissensgenerierung durch. Über die Wissensproduktion im Verwaltungsverfahren hinaus ist es insbesondere die spezielle Aufbereitung der Unterlagen im Archiv, die neue Verknüpfungen und neues Kontextwissen schafft und bereitstellt. Außerdem arbeiten Archive selbst als Forschungsstätten und generieren historische und bildungspolitische Erkenntnisse im Rahmen ihrer gesetzlichen Aufträge.

3. Innerstaatliche Informationsbeziehungen der öffentlichen Archive

Will die Verwaltung öffentliche Dienstleistungen für die Informationsgesellschaft anbieten, wird sie zunehmend auf interne Kooperationsmöglichkeiten zurückgreifen, um der gestiegenen Komplexität der modernen Gesellschaft Herr zu werden. Die Zusammenarbeit von verschiedenen Stellen innerhalb der Verwaltung kann verschiedene Formen annehmen und verschiedene Ziele verfolgen.[138] Sie äußert sich bei-

137 Vgl. einerseits die Literaturübersicht im Einleitungskapitel und andererseits die Ausführungen im Vierten Kapitel.

138 Vgl. Peter Collin, Ordnungsüberlegungen zum Organisationsrecht des binnenadministrativen Wissenstransfers, in: Indra Spiecker gen. Döhmann/Peter Collin (Hrsg.), Generierung und Transfer staatlichen

spielsweise in den Prozessen der Amtshilfe, in der Einbindung mehrerer Behörden in komplexen Verwaltungsverfahren oder in gesetzlich normierten Datenübermittlungen zwischen öffentlichen Stellen. Primär dient der Informationsaustausch innerhalb staatlicher Stellen der einzelfallbezogenen Wissensgenerierung, die dann die Grundlage für eine bindende Verwaltungsentscheidung nach außen ist. Um zu einer ausreichenden Wissensbasis zu gelangen braucht es mehrere Schritte der Informationssammlung und -verarbeitung, die im Rahmen einzelner Behördenzuständigkeiten kaum mehr zu bewältigen sind.[139] Um dieses Defizit zu beseitigen richtet man Kommunikationsstrukturen zwischen den staatlichen Stellen ein, durch die eine informationsbedürftige Stelle auf Informationsbestände anderer Behörden zugreifen kann.[140] Erst die heutige Informationstechnik ermöglichte „die zwischen verschiedenen staatlichen Behörden bestehenden bi- und multipolaren Beziehungen, die zunehmend auf übergreifende Informationssysteme wie z. B. Register, Archive oder sonstige Datenbanken aufbauen."[141]

Die Funktionsmodi der zwischenbehördlichen Informationsbeziehungen und Wissenstransferierungen können unterschiedlich ausfallen. Trotz einer voranschreitenden Organisation der Verwaltung in multipolaren Netzen kann eine Informationsbeziehung mal stärker kontrollierend, mal stärker kooperativ und assistierend ausgestaltet sein. Eine Informationsbeziehung ist dann *kontrollierend*, wenn sie aufgrund von Rechtsvorschriften eine Prüfungsbefugnis zwischen staatlichen Stellen verwirklicht, die „die Kontrollierten zu informationellen Mitwirkung verpflichtet."[142] Das Archivrecht weist in diesem Zusammenhang das klassische Aufsichtsmodell

---

Wissens im System des Verwaltungsrechts, Tübingen 2008, S. 136-155, 136.

139 Vgl. Bernd Holznagel, in: Wolfgang Hoffmann-Riem/Eberhard Schmidt-Aßmann/Andreas Voßkuhle (Hrsg.), Grundlagen des Verwaltungsrechts, Bd. II, 2. Aufl., München 2012, § 24 Informationsbeziehungen in und zwischen Behörden, Rn. 1.

140 Vgl. Lenk, in: Hoffmann-Riem/Schmidt-Aßmann 2000, S. 92ff.

141 Holznagel, in: Hoffmann-Riem/Schmidt-Aßmann/Voßkuhle 2012, Rn. 6.

142 Vgl. Collin, in: Spiecker gen. Döhmann/Collin 2008, S. 138.

über die Landes- und Staatsarchive auf.[143] Die staatlichen Archive wurden als Landesfachbehörden für das Archivwesen errichtet und besitzen als solche keine eigene Rechtsfähigkeit. Da sie in den unmittelbaren Verwaltungsaufbau eingegliedert sind, unterliegen die staatlichen Archive der Rechts- und Fachaufsicht des die Aufsicht ausübenden Ministeriums.[144] Wie weit dabei die kontrollierende Steuerungsreichweite der kontrollierenden obersten Behörde reicht, hängt im archivischen Umfeld vom Rechtsstaatsprinzip ab. Denn während die Rechts- und Fachaufsicht über die meisten Archivtätigkeiten zulässig sind, finden sie ihre Grenze in einer politischen oder ministeriellen Beeinflussung des Bewertungsprozesses im Archiv. Die Archivierung staatlicher Unterlagen soll gerade auch eine Verwaltungskontrolle ermöglichen, weshalb eine Einwirkung auf den Bewertungsprozess abseits von archivischen Gesichtspunkten rechtsstaatliche Probleme aufwerfen würde.[145] Bewertungsentscheidungen werden anhand archivischer Methoden getroffen, nicht anhand der Interessen von Politik oder Regierung.[146] Die Erfüllung von Informationspflichten des Archives, die sich aus der Durchführung von Aufsichtsmaßnahmen des Ministeriums ergeben, ist demzufolge als innerstaatliche Informationsbeziehungen mit kontrollierendem Charakter zu qualifizieren.[147]

Kooperative Informationsbeziehungen zwischen staatlichen Stellen werden eingerichtet, wenn staatliches Wissen dezentral verteilt ist, aber für die Aufgabenerfüllung verschiedener Stellen notwendig wird. Um das Problem des Informationszugriffs zu lösen, können einerseits komplexere

143 Siehe § 13 BbgArchivG; § 3 Abs. 1 HArchivG; § 3 Abs. 2 und 3 SächsArchivG; § 9 ThürArchivG.

144 Vgl. Schoch/Kloepfer/Garstka 2007, S. 85f; Manegold 2002, S. 183.

145 Vgl. Manegold 2002, S. 177.

146 Vgl. Christoph Partsch/Norman Koschmieder, Der archivrechtliche Informationszugang nach der Novelle des BArchG, NJW 2017, S. 3416-3422, 3418 führen hier das Rechtsstaatsprinzip nach Art. 20 Abs. 3 und die objektive Forschungsfreiheit nach Art. 5 Abs. 3 GG an.

147 Kontrollierende Aufsichtsmaßnahmen des zuständigen Ministeriums können beispielsweise zu Informationspflichten der Archive über die rechtmäßige Einhaltung des Archivbenutzungsrecht und des Schutzfristenrechts, über zweckmäßige Maßnahmen der Bestandserhaltung der Archivgüter oder über Personalangelegenheiten führen.

Verwaltungsverfahren eingeleitet werden, in deren Verlauf verschiedene Behörden und Stellen inkorporiert werden und mit ihrer Expertise und mit ihrem Wissen das Verfahren zu einem Ergebnis bringen. Ein Beispiel findet sich hierfür in förmlichen Verwaltungsverfahren des Bau- oder Umweltrechts. Innerhalb solcher Verfahren hat die führende Bau- oder Umweltbehörde die Verpflichtung, alle weiteren Behörden, deren Aufgabenbereich durch das Verfahren berührt wird, zu beteiligen und ihnen die Möglichkeit zu geben, detaillierte Stellungnahmen und Äußerungen abzugeben.[148] Die hierbei erfolgenden Austauschvorgänge von Informationen der einzelnen Fachbehörden sind unerlässlich für eine sachlich fundierte Verfahrensentscheidung. Andererseits geht man regelmäßig dazu über, behördenübergreifende Informationsverbünde zu errichten, in denen verschiedene staatliche Stellen, Behörden und Gerichte gemeinsame informationelle Infrastrukturen betreiben, um ein Zusammenlaufen der fachbehördlichen Informationen zu erzielen. Solche übergreifenden Informationsnetzwerke oder Verbunddateien finden sich oft im Polizei- und Sicherheitsrecht. Sicherheitsbehörden in Bund und Ländern wollen durch diese Netzwerke ihre fragmentierten Ermittlungsinformationen untereinander teilen, zugänglich machen und auch fortlaufend pflegen, um für die Gefahrenabwehr relevante Informationen nicht an einer Stelle zu belassen, während sie an anderer Stelle benötigt werden.[149] Archive und andere Behörden und Gerichte führen mannigfaltige kooperative Informationsaustauschbeziehungen. Dies liegt in der Funktion öffentlicher Archive begründet, die einerseits als zentraler Speicher öffentlicher Informationen errichtet werden und andererseits von dieser Speicheraufgabe ausgehend zu einer zentralen Informationsquelle

148 Siehe die Behördenbeteiligung im Baurecht in § 4 BauGB und im Umweltrecht z. B. in § 10 Abs. 5 BImSchG.

149 Für solche Informationsnetzwerke der Sicherheitsbehörden lässt sich bspw. das Gemeinsame Terrorabwehrzentrum nennen, das nicht auf einer eigenen gesetzlichen Grundlage basiert, sondern auf der Kooperation von Bundes- und Landesbehörden der Kriminalämter und Nachrichtendienste. Gemeinsam eingerichtete und genutzte Verbunddateien im Sicherheitsbereich sind z.B. die Rechtsextremismusdatei (§ 1 RED-G), die Antiterrordatei (§ 1 ATDG) oder das Informationssystem des Bundeskriminalamtes nach § 13 Abs. 2; § 29 BKAG.

für staatliche Stellen werden. Normativ hinterlegt ist dies in den Vorschriften über die Abgabepflicht der öffentlichen Stellen und in den Regelungen über das amtliche Benutzungsrecht der Archivgesetze.

Wann immer verschiedene Verwaltungsstellen in eine informationsbezogene Zusammenarbeit, die etwa von Austausch, Abstimmung oder Unterstützung durch Informationen geprägt ist, eintreten, entstehen für beide Seiten „informationelle Kooperationstreuepflichten, die sich in den Geboten der Informationsrechtzeitigkeit, der Informationswahrheit und der Informationsvollständigkeit konkretisieren“[150]. Dies äußert sich beispielsweise in der Unterrichtungspflicht der bauplanenden Gemeinde gegenüber den zu beteiligenden anderen öffentlichen Behörden und Stellen nach § 4 Abs. 1 BauGB oder in der umgekehrt geltenden Unterrichtungspflicht der öffentlichen Behörden gegenüber der Gemeinde über zu erwartende Umweltauswirkungen der Bauplanung nach § 4 Abs. 3 BauGB. Im Archivrecht verdeutlichen sich die informationellen Treuepflichten beispielsweise in der grundsätzlich für alle staatlichen Stellen geltenden Anbietungs- und Übergabepflicht hinsichtlich ihrer Unterlagen. Das Vorenthalten von Informationen und Unterlagen gegenüber dem Archiv würde einen Verstoß gegen die archivgesetzliche Pflicht bedeuten.[151] In der jüngeren Vergangenheit öffentlich gewordene Vorfälle der Einbehaltung und Manipulierung von Akten in Behörden[152] und die Veränderungen durch die elektroni-

---

150 Vgl. Collin, in: Spiecker gen. Döhmann/Collin 2008, S. 145.

151 Vgl. Jost Hausmann, Archivrecht, Frankfurt/Main 2016, S. 39; Becker, in: Becker/Rehm 2017, S. 62f.; Schoch/Kloepfer/Garstka 2007, S. 107-113; Manegold 2002, S. 210ff; Gregor Richter, Die Landesarchivgesetzgebung in Baden-Württemberg, in: Hermann Bannasch (Hrsg.), Archivrecht in Baden-Württemberg. Texte, Materialien, Erläuterungen, Stuttgart 1990, S. 229-263, 236f. Zur möglichen strafrechtlichen Relevanz der Weigerung der Anbietung und Übergabe der Unterlagen nach § 133 Abs. 1 und § 274 Abs. 1 Nr. 2 StGB siehe Manegold 2002, S. 116; Hans-Joachim Hecker, Entwendet und beschädigt – Verfolgung des Täters und Schutz des Archivguts, in: VdA (Hrsg.), Alles was Recht ist. Archivische Fragen – juristische Antworten, Fulda 2012, S. 119-123, 120f.

152 Beispielsweise die Vernichtung von archivwürdigen Akten in Berliner Landesbehörden nach der Aufdeckung des rechtsextremen National-

sche Aktenführung unterstrichen manche bestehende archivpolitische Forderung danach, „dass Behörden ihr Abgabeverhalten ändern und digitales Schriftgut möglichst zeitnah an die Archive abgeben, damit dieses systematisch aufbereitet und zugänglich gemacht werden kann."[153] Damit die öffentlichen Archive ihren gesetzlichen Aufgaben nachkommen können, muss der Informationsaustausch zwischen staatlichen Stellen und Archiven normativ gesichert sein. Die Archivgesetze stellen den Ordnungsrahmen für die auf Archive bezogenen innerstaatlichen Informationstransferierungen.

a) Anbietung und Übergabe von staatlichen Unterlagen

Die Archivgesetze des Bundes und der Länder enthalten Regelungen über die Anbietungs- und Übergabeprozesse von staatlichen Unterlagen. Grundsätzlich trifft alle Bundes- und Landesverfassungsorgane, Behörden, Gerichte und sonstige öffentliche Stellen die gesetzliche Pflicht, alle ihre Unterlagen zu dem Zeitpunkt an die Archive anzubieten, zu dem sie nicht mehr für die laufende Aufgabenerfüllung benötigt werden. Durch die Übergabe staatlicher Unterlagen an das Archiv kommt es zu einer Veränderung dieser Informationen. Aus Verwaltungs- oder Gerichtsunterlagen werden Archivunterlagen. Öffentliches Archivgut entsteht durch einen *öffentlich-rechtlichen Kreationsakt*, die Widmung staatlicher Unterlagen zu öffentlichem Archivgut.[154] Es handelt sich dabei um einen Aspekt des Rechts der öffentlichen Sachen.[155] Genau betrachtet stellt die Entstehung von öffentlichem Archivgut eine *Um*widmung dar.[156] Staatliche Behörden- und Gerichts-

---

sozialistischen Untergrunds, dazu Deutscher Bundestag, Drucksache 17/14600, S. 800ff.

153 Vgl. Collin, in: Schuppert/Voßkuhle 2008, S. 77.

154 Vgl. Becker/Oldenhage 2006, § 4, Rn. 11; Christian Keitel, Aussonderung und Übergabe, in: Irmgard Becker/Clemens Rehm (Hrsg.), Archivrecht für die Praxis, München 2017, S. 72-85, 76f; Hausmann 2016, S. 50; Partsch/Koschmieder NJW 2017, S. 3417f.

155 Vgl. Ernst Pappermann/Rolf-Peter Löhr/Wolfgang Andriske, Recht der öffentlichen Sachen, München 1987, S. 9, Fn. 26 mit Bezug auf kommunale Archive.

156 Die Umwidmung begründet nicht erst die öffentlich-rechtliche Sachherrschaft an der öffentlichen Sache, denn sie besteht bereits. Mit der

unterlagen unterfallen der Kategorie der öffentlichen Sachen im *Verwaltungsgebrauch* und werden durch die Umwidmung durch die Archivbehörde zu öffentlichen Archivunterlagen im *Anstaltsgebrauch*. Staatliche Unterlagen im Verwaltungsgebrauch dienen vornehmlich den internen Verwaltungszwecken, der Aufgabenerfüllung der staatlichen Stelle und der rechtsstaatlichen Dokumentation.[157] Archivgüter hingegen sind den öffentlichen Sachen im Anstaltsgebrauch zuzuordnen. Öffentliche Sachen im Anstaltsgebrauch weisen das Merkmal auf, dass sie grundsätzlich einem öffentlichen Zweck dienen und durch den Bürger „nach besonderer – oft stillschweigender – Zulassung benutzt werden dürfen“[158]. Auf den Zugang und die Benutzung von Archivgütern besteht gemäß den Archivgesetzen ein subjektiv-öffentlicher Rechtsanspruch, jedoch unter der Voraussetzung, dass jede Benutzung beantragt und entsprechend der Benutzerordnung durch die Archivverwaltung genehmigt werden muss.[159] Bedarf die Benutzung der Archivgüter der Zulassung durch die Archivverwaltung, dann findet eine Benutzung im Anstaltsgebrauch statt.[160]

Umwidmung wird vielmehr eine Änderung der bisherigen öffentlichen Zweckbestimmung der öffentlichen Sache geändert, dazu Wilfried Erbguth/Anette Guckelberger, Allgemeines Verwaltungsrecht, 9. Aufl., Baden-Baden 2018, S. 523, Rn. 13. Bezogen auf das Archivrecht bedeutet dies, dass die Behördenunterlagen bereits zuvor öffentliche Sachen, nämlich Unterlagen zum Zwecke der Erfüllung der Verwaltungstätigkeit und deren Dokumentation waren, nunmehr aber durch neuen Rechtsakt zu Archivgut als öffentliche Sache im Anstaltsgebrauch umgewidmet werden. Der neue Zweck, der mit der Umwidmung einhergeht, ist die Archivierung dieser mit bleibendem Wert ausgestatteten Unterlagen, sowohl um ihre Überlieferungssicherung zu garantieren als auch um sie einer Benutzung zuzuführen.

157 Vgl. Peter Axer, Die Widmung als Schlüsselbegriff des Rechts der öffentlichen Sachen, Berlin 1994, S. 189; Ute Mager/Ljuba Sokol, Gemeingebrauch im Recht der öffentlichen Sachen, JURA 2012, S. 913-922, 913.

158 Hans-Jürgen Papier, Recht der öffentlichen Sachen, 3. Aufl., Berlin 1998, S. 27.

159 Das ergibt sich bspw. aus § 10 Abs. 1 S. 1 BArchG i.V.m. § 3 Abs. 2 BarchBV.Für die Länderebene etwa: § 16 Abs. 3 ThürArchivG i.V.m. § 3 Thüringer Archiv-Benutzungsordnung.

160 Unzutreffend ist daher der Versuch, die Archivgüter als öffentliche Sachen im Gemeingebrauch zu kategorisieren, die sich dadurch aus-

Der Zweck öffentlicher Archivgüter als öffentliche Sachen im Anstaltsgebrauch wird durch ihre Widmung festgelegt. Widmungsakte öffentlicher Sachen benötigen stets eine öffentlich-rechtliche Kreationsgrundlage, zumeist in Form von Gesetzen, Verwaltungsakten oder Satzungen.[161] Der Widmungsakt der öffentlichen Archivgüter wird von den Archivgesetzen durch ein zweistufiges Verfahren geregelt. Öffentliches Archivgut entsteht nach der Anbietung der Unterlagen von der staatlichen Stelle an das Archiv erst durch eine positive Bewertung *und* durch die Übernahme der Unterlagen in das Archiv. Das Bundesverwaltungsgericht führte dazu aus: Staatliche Unterlagen „werden danach erst dann zum Archivgut im Sinne [der Archivgesetze], wenn sie dem Bundesarchiv [oder einem anderen öffentlichen Archiv] angeboten, von diesem übernommen und so in den Besitz des [A]rchivs gelangt sind."[162] Übernommen werden die angebotenen staatlichen Unterlagen allerdings nur dann, wenn sie von Archivbediensteten anhand archivrechtlicher Kriterien als „archivwürdig"[163] bewertet wurden. Erst mit der positiven Bewertung einer Unterlage und ihrer Übernahme in den Verantwortungsbereich des öffentlichen Archivs findet eine Umwidmung in Archivgut statt.[164] Das Archivrecht legt demzufolge nicht nur die Transferprozesse für staatliche Informationen zwischen staatlichen Stellen und Archiven fest, sondern begründet zugleich auch eine öffentlich-rechtliche Statusänderung dieser übertragenen Informationen.

(1) Anbietungspflicht staatlicher Stellen

Voraussetzung und Gewährleistung der Entstehung öffentlicher Archivgüter ist die bereits angesprochene allgemeine

---

zeichnen, dass sie unmittelbar und ohne besondere Zulassung oder Genehmigung der Öffentlichkeit zur Verfügung stehen. So aber Partsch/Koschmieder NJW 2017, S. 3418. Zu öffentlichen Sachen im Gemeingebrauch siehe Mager/Sokol, JURA 2012, S. 913.

161 Vgl. Axer 1994, S. 145f; zur Notwendigkeit einer rechtlichen Grundlage für Widmungen zu Sachen im Anstaltsgebrauch auch OVG Münster, NJW 1993, S. 2635-2637, 2636.

162 BVerwG, ZD 2014, S. 430-432, 431, Rn. 14.

163 Definition etwa in § 2 Abs. 6 ArchivG NRW.

164 BVerwG, NJW 2013, S. 2538-2539, 2538, Rn. 7.

Anbietungspflicht aller staatlichen Stellen. Alle Behörden, Gerichte und sonstigen öffentlichen Stellen im jeweiligen Geltungsbereich eines Archivgesetzes sind verpflichtet, ihre Unterlagen dann an das zuständige Archiv zur Übernahme anzubieten, wenn die Unterlagen „nicht mehr benötigt" werden.[165] Die Anbietungspflicht besteht auch für Unterlagen, für die eine Verschlussachenanordnung, also ein Geheimhaltungsgrad, getroffen wurde.[166] Eine Unterlage wird dann nicht mehr benötigt, wenn sie mit einem Aktenschließungsvermerk geschlossen wird, für die weitere Aufgabenerfüllung der Behörde oder Stelle also nicht mehr erforderlich ist. Vor der Anbietung an das Archiv muss außerdem eine entsprechende Aufbewahrungsfrist der Unterlagen im Verfügungsbereich der staatlichen Stelle abgelaufen sein. Die Aufbewahrungsfristen bestimmen sich nach detaillierten Rechts- und Verwaltungsvorschriften[167] und können kurze Zeiträume von einem Jahr bis fünf Jahren, aber auch sehr lange Zeiträume von bis zu 100 Jahren betragen.[168] Zweck dieser Aufbewahrungsfristen ist es, für einen definierten Zeitraum auch nach Abschluss eines Verfahrens Akteneinsichtsrechte von Betroffenen zu ermöglichen und Informationen für die Behörden und Gerichte vor Ort und mit geringer zeitlicher Verzögerung

---

165 Bspw. § 5 Abs. 1 S. 1 Nr. 1 BArchG.

166 Vgl. § 27 Abs. 1 Allgemeine Verwaltungsvorschrift des Bundesministeriums des Innern zum materiellen und organisatorischen Schutz von Verschlusssachen vom 31. März 2006: „nicht mehr benötigte VS". Archivrechtlich wird dies beispielsweise in § 6 Abs. 1 S. 1 BArchG verbürgt.

167 Etwa: § 19 Registraturrichtlinie Bund i.V.m. Anlage 5 zur Registraturrichtlinie; Verordnung über die Aufbewahrung von Schriftgut in der Justiz und Justizverwaltung des Landes Nordrhein-Westfalen vom 6. Mai 2008 (GV. NRW 2008, S. 128); Erlass zur Aktenführung in den Dienststellen des Landes Hessen vom 14. Dezember 2012, Staatsanzeiger für das Land Hessen vom 31. Dezember 2012, S. 3-8, Punkt. 8.2.

168 Z.B. § 17 Abs. 1 b) bb) Aktenordnung für die unmittelbare Landesverwaltung Sachsen-Anhalt (MBl. LSA 2016, S. 597): für Nebenakten fünf Jahre; § 2 Abs. 1 Brandenburgisches Justiz-Schriftgutaufbewahrungsgesetz i.V.m. Anlage zur Brandenburgischen Aufbewahrungsverordnung (GVBl. II 2015, Nr. 2), Lfd. Nr. 92: für Erbscheine einhundert Jahre.

zugänglich zu verwahren, auch im Hinblick auf ein eventuelles Wiederaufgreifen von Verfahren.[169]

Das Archivrecht versucht, einem Missbrauch dieser Regelung vorzubeugen, der darin bestünde, bestimmte Unterlagen permanent als „benötigt“ zu deklarieren, um ihre Anbietung an die Archive zu verhindern.[170] Deshalb enthalten viele Archivgesetze die zusätzliche Auffangregelung, nach der alle Unterlagen spätestens 30 Jahre nach ihrer Entstehung dem Archiv anzubieten sind, sofern nicht besondere Rechts- und Verwaltungsvorschriften etwas anderes bestimmen.[171] Als Zeitpunkt der Entstehung einer staatlichen Unterlage gilt im Archivrecht das Datum ihrer letzten inhaltlichen Bearbeitung.[172] Wird demzufolge eine staatliche Unterlage nicht mehr benötigt und ist ihre Aufbewahrungsfrist verstrichen oder greift die Auffangfrist von 30 Jahren gemäß den Archivgesetzen, dann hat die staatliche Stelle die archivgesetzliche Pflicht, die Unterlage an das Archiv anzubieten. Zweck dieser Anbietung ist es, dem Archiv zu ermöglichen, den unter archivfachlichen Gesichtspunkten zu ermittelnden „bleibenden Wert“ der angebotenen Unterlage festzustellen oder zu verneinen.

Innerhalb informationeller Kooperationsbeziehungen zwischen staatlichen Stellen ist es durchaus üblich, dass die beteiligten Stellen unterschiedliche Belange, Interessen und Aufgabenziele verfolgen, für die sie die Informationen einer anderen Stelle benötigen. Die unterschiedlichen Informationsbelange müssen durch das jeweilige Organisationsrecht ausbalanciert werden.[173] Solche regulativen Mechanismen, die die verschiedenen Informationsinteressen der eingebundenen Administrationen ausgleichen sollen, können etwa Abstimmungspflichten, das Herstellen von Be- und Einvernehmen sowie Anhörungsrechte sein.[174] Entgegenlaufende In-

169 § 51 VwVfG; § 153 VwGO.

170 Vgl. Hannes Berger, Das deutsche Archivrecht im Wandel, ZLVR 2016, S. 12-22, 13.

171 Beispielsweise § 5 Abs. 1 S. 2 SächsArchivG; § 5 Abs. 1 S. 2 BArchG; § 7 Abs. 1 S. 1 LArchG Rlp.

172 Beispielsweise § 1 Nr. 5 BArchG; § 5 Abs. 2 S. 1 NArchG.

173 Vgl. Collin, in: Spiecker gen. Döhmann/Collin 2008, S. 145f.

174 Vgl. Collin, in: Spiecker gen. Döhmann/Collin 2008, S. 146.

formationsinteressen innerhalb von staatlichen Informationsbeziehungen finden sich auch im Archivkontext. Die abgabepflichtigen Behörden haben grundsätzlich ein Interesse, „ihre“ Unterlagen so lange wie möglich bei sich zu behalten, da durch die Anbietung an das Archiv entweder die Archivierung oder gar die Kassation droht, was jeweils mit dem Verlust der Verfügungsherrschaft der Behörden über die eigenen Informationsbestände einhergeht.[175] Auf der anderen Seite sind die Archive an einer rechtzeitigen, vollständigen und alsbaldigen Anbietung und Übergabe interessiert, da sie für die Bewertung, Ordnung und Erschließung und die Bestandspflege Zeit benötigen und ihren eigenen gesetzlichen Funktionen (z. B. die Zugänglichmachung der Archivgüter für die Allgemeinheit) nachkommen müssen. Insofern können die Interessen zwischen anbietungspflichtigen Stellen und den Archiven deutlich auseinandergehen. Aus diesem Grund kommt dem Archivorganisationsrecht einige Bedeutung zu, um diese potentiellen Konflikte zu lösen. Ein Schlichtungsmechanismus sind die bereits erwähnten detaillierten Aufbewahrungsfristen sowie, falls solche Vorschriften fehlen, die archivrechtliche Auffangfrist von 30 Jahren nach der Erstellung einer Unterlage.

(2) Ausnahmen der Anbietungspflicht

Dem innerstaatlichen Informationstransfer müssen jedoch aufgrund entgegenstehender Interessen auch Grenzen gesetzt werden. Insbesondere der Datenschutz scheint hier gegensätzliche juristische Argumentationsmuster gegenüber den Argumenten für eine informationelle Zusammenarbeit öffentlicher Stellen zu vertreten.[176] Den Vorzügen und Vorteilen einer vernetzten und informationell abgestimmten öffentlichen Verwaltung werden die persönlichkeitsschützenden Interessen betroffener Personen gegenübergestellt. Wie so oft, ist der Gesetzgeber gehalten, die widerstrebenden Interessen zu einem gerechten Ausgleich zu führen.

---

175 Es besteht die archivische Vermutung, dass nur 5 bis 10 % der angebotenen Unterlagen einen bleibenden Wert aufweisen und archiviert werden.

176 Vgl. Augsberg 2014, S. 86f.

Auch im Archivrecht finden sich diese Ausgleichsmechanismen wieder. Denn die archivrechtliche Anbietungspflicht kann mit anderen spezialgesetzlichen Pflichten der Behörden und Gerichte, insbesondere gesetzlichen Löschungspflichten[177], kollidieren. Nach solchen Vorschriften haben die staatlichen Stellen alle Unterlagen zu löschen oder zu vernichten, sobald sie nicht mehr benötigt werden. Die Behörden werden in der Situation, in der sie eine Unterlage besitzen, die sie nicht mehr für ihre Verwaltungstätigkeit benötigen, mit zwei rechtlich kollidierenden, sich gegenseitig ausschließenden Pflichten konfrontiert. Verschiedene Vorschriften des Datenschutzrechts und des besonderen Verwaltungsrechts verlangen die Löschung oder Vernichtung der Unterlagen, das Archivrecht verlangt die Anbietung und Übergabe an die Archive. Eine Erfüllung der Löschungspflicht machte die Archivanbietung unmöglich; eine Anbietung und Übergabe an das Archiv verhinderte andererseits die gesetzlich vorgeschriebene Löschung. Wie kann dieser Normkonflikt gelöst werden? Das Archivrecht bietet dazu die Lösung der sogenannten ersetzenden Archivierung – auch als Löschungssurrogat bezeichnet – an.[178] Dieser ersetzenden Archivierung liegt der Gedanke zugrunde, dass das Interesse am Erhalt und der Archivierung einer Unterlage schwerer wiegen kann als das Interesse, diese Unterlagen zu löschen – zumindest dann, wenn der Unterlage ein bleibender, also politisch, rechtlich oder historisch bedeutsamer Wert innewohnt. Ist ein solcher Wert nicht ersichtlich, bleibt es bei der Löschungspflicht der staatlichen Stelle. Dies kann sogar so weit führen, dass aus datenschutzrechtlichem Verständnis eine personenbezogene Unterlage zu löschen ist, weil beispielsweise personenbezogene Daten zu Unrecht von einer Behörde erhoben worden waren, das Archivrecht jedoch die Archivierung dieser Daten durchsetzt, um gerade dieses staatliche Fehlverhalten zu dokumentieren und den Betroffenen insofern Gerechtigkeit zukommen

---

177 Beispielsweise § 16 Abs. 1 Nr. 2 ThürDSG; § 15 Abs. 2 ThürVerfSchG; § 32 Abs. 2 Nr. 2 PolG NRW; § 84 Abs. 2 S. 2 SGB X; § 35 Abs. 2 Nr. 2 BPolG; § 14 Abs. 1 BMG; § 21 Abs. 4 PaßG.

178 Vgl. Keitel, in: Becker/Rehm 2017, S. 73f; Manegold, in: VdA 2012, S. 41f.

zu lassen.[179] Die Ausgestaltung des Löschungssurrogates ist in den Archivgesetzen uneinheitlich umgesetzt. Es lassen sich in systematischer Betrachtung drei Gruppen von Regelungen erkennen.

Gruppe 1: Vorrang der Archivierung. Die erste Kategorie von Archivgesetzen schreibt den absoluten Vorrang der Archivierung vor anderen gesetzlichen Löschungspflichten vor. Beispielsweise gilt gemäß § 4 Abs. 2 ArchivG NRW: „Anzubieten und zu übergeben sind auch Unterlagen, die 1. personenbezogene Daten enthalten, die nach einer Vorschrift des Landes- oder Bundesrechts gelöscht werden müssten oder gelöscht werden könnten, sofern die Speicherung der Daten nicht unzulässig war". Auch § 9 Abs. 2 Nr. 1 lit. b ArchG LSA enthält die Regelung: „Anzubieten und zu übergeben sind auch Unterlagen, die [...] Rechtsvorschriften des Bundes oder des Landes über Geheimhaltung unterliegen oder gelöscht oder vernichtet werden müßten oder könnten". Im Vergleich zur Regelung in Nordrhein-Westfalen kommt es im Land Sachsen-Anhalt also nicht auf das Merkmal der personenbezogenen Daten an und es gibt keine Ausnahme für die unzulässig gespeicherten Daten. Gleichwohl gilt die Anbietungspflicht als *lex specialis* gegenüber Bundes- und Landesrechtsvorschriften über behördliche Löschungspflichten. Das sächsische Archivgesetz kennt mit § 5 Abs. 2 S. 1 SächsArchivG ebenfalls die von Löschungsvorschriften nicht beschränkte Anbietungspflicht von Unterlagen. § 5 Abs. 2 S. 2 SächsArchivG bekennt sich darüber hinaus auch zur Anbietungspflicht von unzulässig gespeicherten Daten und unterscheidet sich insofern von der Regelung in NRW. Jedoch verlangt das Sächsische Archivgesetz für die Archivierung unzulässig gespeicherter Daten, dass „dieses besonders zu kennzeichnen" ist. In diesen Fällen haben die Gesetzgeber zweifelsfrei den Vorrang der Archivierung gegenüber einer anderweitig gesetzlich fixierten Löschung festgelegt. Der Normkonflikt wird nach diesen Gesetzen eindeutig dadurch aufgelöst, dass die

179 Hausmann 2016, S. 41; auch Werner Schneider, Datenschutz im Archivwesen, in: Alexander Roßnagel (Hrsg.), Handbuch Datenschutzrecht, München 2003, S. 1614-1621, Rn. 22 sieht einen angemessenen Ausgleich zwischen Datenschutz und Archivierungsinteressen.

Archivierungspflicht die verschiedenen Löschungspflichten in der Anwendung verdrängt.

Gruppe 2: Eingeschränkter Vorrang der Archivierung. Das Prinzip der vorrangigen Archivierung vor der Löschung gilt in anderen Archivgesetzen nur unter Einschränkungen. Zunächst kann man erkennen, dass es ebenfalls einige Länder gibt, die sich bewusst für eine begrenzte Anwendung der Anbietungspflicht bei gleichzeitig kollidierenden Löschungsvorschriften aussprechen. Im Archivrecht der Länder Bremen, Mecklenburg-Vorpommern und Brandenburg findet sich wortgleich der Passus, wonach die Anbietungspflicht auch für Unterlagen gilt, die „personenbezogene Daten enthalten, welche nach einer Rechtsvorschrift des *Landes* gelöscht oder vernichtet werden *müßten* oder nach Rechtsvorschriften des *Bundes* oder des Landes gelöscht werden *könnten*, sofern die Speicherung der Daten nicht unzulässig war".[180] Auffällig ist der verwendete Konjunktiv für die Löschungsvorschriften nach Bundesrecht. Während man den Vorrang der Archivierung gegenüber eigenen Löschungspflichten im Landesrecht erklärte, wollte man in Bremen, Mecklenburg-Vorpommern und Brandenburg wohl nicht so weit gehen und einer zwingenden Bundesvorschrift durch das eigene Landesrecht widersprechen.[181] Insofern gilt in dieser Gruppe der Vorrang der Archivierung vor einzelnen Löschungsvorschriften nur in differenzierter Weise. Unterlagen, die nach einer Bundesvorschrift gelöscht werden *können*, dürfen alternativ auch an ein Archiv übergeben werden. Sind die Unterlagen nach einer Rechtsgrundlange des Bundes jedoch *zwingend* zu löschen, dann kommt dem Landesarchivrecht kein Anwendungsvor-

---

180 §§ 3 Abs. 2 Nr. 1 BremArchivG, 6 Abs. 2 Nr. 1 LArchivG MV; 4 Abs. 2 Nr. 1 BbgArchivG; Hervorhebung nur hier.

181 Man argumentierte in der Gesetzesbegründung zur Anbietungspflicht nach § 6 für das Archivgesetz in Mecklenburg-Vorpommern explizit mit dem Vorrang des Bundesrechts: „Soweit es sich allerdings um andere bundesrechtliche Vorschriften über die Löschung von Daten oder die Vernichtung von Unterlagen handelt, ist angesichts des Vorrangs des Bundesrechts im Einzelfall im Hinblick auf den Zweck und die Systematik der Regelung zu prüfen, ob der Bundesgesetzgeber auch eine Öffnung für eine auf Landesrecht beruhende Archivierung ausgeschlossen hat." Siehe Landtag Mecklenburg-Vorpommern, Drucksache 2/2310, S. 22.

rang zugute. Landesrechtliche Löschungsvorschriften werden aber vom Landesarchivrecht in dieser Kategorie verdrängt.

Gruppe 3: Vorrang der Löschung. Den Weg der dritten Kategorie hat nunmehr der Bund eingeschlagen. Die grundsätzlich geltende Pflicht der öffentlichen Stellen des Bundes zur Anbietung von Unterlagen an das Bundesarchiv wird in den Fällen des § 6 Abs. 2 Nr. 2 BArchG durch eine Ausnahme ausgeschlossen. Demnach gilt: „Von der Anbietungspflicht ausgenommen sind [...] 2. Unterlagen, die nach gesetzlichen Vorschriften vernichtet oder gelöscht werden müssen und die nach diesen gesetzlichen Vorschriften nicht ersatzweise den zuständigen öffentlichen Archiven angeboten werden dürfen." Es kommt für eine Archivierung von eigentlich zu löschenden Unterlagen des Bundes mithin auf zwei Anhaltspunkte in der speziellen Rechtsvorschrift an. Enthält sie eine *ausschließliche Löschungsvorschrift*, so wird die Anbietungspflicht an das Bundesarchiv von der Löschung verdrängt. Das Archivrecht tritt dann hinter die Löschungsvorschrift zurück und das Bundesarchiv kann die Anbietung und Herausgabe von der entsprechenden Behörde nicht verlangen. Dies ist etwa der Fall bei vielen zentralen Registerdaten des Bundes nach den Vorschriften in § 24 BZRG, § 36 AZRG, § 11 Abs. 2 ATDG und § 12 Abs. 2 RED-G.[182] Gleichwohl eröffnet § 6 Abs. 2 Nr. 2 BArchG die Möglichkeit, die Archivierung solcher Unterlagen doch anstatt der Löschung vorzunehmen. Dafür muss die spezielle Rechtsvorschrift neben der Löschungsverfügung jedoch eine *ausdrückliche* Möglichkeit einer ersatzweisen Anbietung an die Archive vorsehen. Der Bundesgesetzgeber verfolgt demnach einen individuelleren Ansatz anstatt pauschaler Archivierungspflichten. Es ist das erklärte Ziel des Bundesgesetzgebers, auf eine jeweils einzelgesetzlich abgewogene Löschung oder Archivierung hinzuwirken, was natürlich einen größeren Gesetzgebungsaufwand und eine regelmäßige Berücksichtigung archivischer Interessen voraussetzt.[183] Eine

182 Diese Register und Datenbanken sind „bis auf weiteres von der Anbietungspflicht gegenüber dem Bundesarchiv ausgenommen." Vgl. Deutscher Bundestag, Drucksache 18/9633, S. 60.

183 Zur Diskussion siehe die Stellungnahme des Bundesrates, der in pauschalen Löschungsvorschriften die Verletzung der Kulturhoheit der Länder befürchtet, vgl. Deutscher Bundestag, Drucksache 18/9633, S.

solche spezielle Löschungspflicht mit abweichender Möglichkeit zur Archivierung wurde erstmals im neuen Bundesmeldegesetz[184] aus dem Jahr 2013 vorgesehen. § 14 BMG schreibt zunächst die Löschung der Melderegisterdaten vor, wenn diese nicht mehr gebraucht werden. § 16 BMG hingegen verpflichtet die Meldebehörden, ihre Meldedaten „vor der Löschung den durch Landesrecht bestimmten Archiven nach den jeweiligen archivrechtlichen Vorschriften zur Übernahme anzubieten." Seither können die Landesarchive die Melderegister archivieren, wenn sie ihnen einen bleibenden Wert zurechnen. Entscheiden sich die zuständigen Landes- und Kommunalarchive nach der Bewertung der Meldedaten dafür, sie nicht zu archivieren, dann gilt weiterhin die Pflicht zur Löschung der Meldedaten nach § 14 BMG. Ein weiterer Fall, in dem man die Archivierungspflicht neben einer speziellen Pflicht zur Löschung von Unterlagen in einem Fachgesetzgebungsverfahren berücksichtigt hat, ist das neue Bundeskriminalamtsgesetz aus dem Jahr 2017.[185] Die gleiche Regelungstechnik wurde auch für die Behandlung von Daten des Zollfahndungsdienstes angewendet. Zollfahndungsdaten sind vor ihrer Löschung zur Archivierung anzubieten, sofern ein bleibender Wert festgestellt werden kann.[186] Eine Archivierungspflicht kennt nunmehr auch das Personenstandsrecht.[187] Der Normkonflikt zwischen archivrechtlicher allgemeiner Anbietungspflicht und spezialgesetzlicher Löschungspflicht wird auf der Bundesebene demzufolge anders aufge-

---

90f. Dem Ansatz der Bundesregierung, im jeweiligen Fachgesetzgebungsverfahren auch die Abwägung über die Archivierung zu berücksichtigen, stand auch der Sachverständige Steinhauer kritisch gegenüber, vgl. Deutscher Bundestag, Ausschuss-Drucksache 18(22)209a, S. 3f.

184 Bundesmeldegesetz vom 3. Mai 2013, BGBl. I, S. 1084.

185 § 78 Abs. 2 S. 2 BKA-G: „Die Akte ist zu vernichten, wenn sie insgesamt zur Erfüllung der Aufgaben des Bundeskriminalamtes nicht mehr erforderlich ist." § 78 Abs. 4 BKA-G: „Anstelle der Vernichtung nach Absatz 2 Satz 2 sind die Akten an das zuständige Archiv abzugeben, sofern diesen Unterlagen bleibender Wert im Sinne des § 3 des Bundesarchivgesetzes zukommt."

186 § 40 Abs. 4 ZFdG: „Anstelle der Vernichtung nach Absatz 3 Satz 1 sind die Unterlagen an das zuständige Archiv abzugeben, sofern diesen Unterlagen bleibender Wert [...] zukommt."

187 Vgl. § 7 Abs. 3 PStG.

löst als auf der Landesebene. Einer Löschungsvorschrift wird auf bundesrechtlicher Ebene grundsätzlich der Vorrang gewährt. Eine ersetzende Archivierung dieser zu löschenden Unterlagen stellt eine Ausnahme dar, die einer ausdrücklichen speziellen Rechtsgrundlage außerhalb des Bundesarchivgesetzes bedarf.

Mit der archivrechtlichen Anbietungspflicht wird der informationsrechtliche Ordnungsrahmen dafür geschaffen, dass die öffentlichen Archive ihrer rechtsstaatlichen und gesetzlichen Aufgabe der Bewertung und Übernahme staatlicher Unterlagen als öffentliches Archivgut nachkommen können.[188] Die Behörden, Gerichte und anderen öffentlichen Stellen müssen sich dabei an informationsbezogene Pflichten halten, sie haben die Unterlagen vollständig, rechtzeitig und unverfälscht an das Archiv anzubieten und dürfen Informationen nicht gezielt zurückbehalten.[189] Gleichwohl stellt der archivrechtliche Ordnungsrahmen auch Grenzen für die staatliche Informationsübermittlung auf. Diese begründen sich in entgegenstehenden und ebenso zu berücksichtigenden Datenschutzinteressen betroffener Personen. Die Gesetzgeber in Bund und Ländern waren angehalten, diese speziellen und divergierenden Interessen bei der staatlichen Informationsweitergabe auszugleichen. Das Archivrecht kennt deshalb gewisse informationsrechtliche Grenzen, wie sie etwa in der Berücksichtigung von Löschungsvorschriften spezieller Gesetze oder im vereinzelten Verbot der Anbietung und Archivierung von Unterlagen des Brief-, Post- und Fernmeldegeheimnisses[190] zu sehen sind.

(3) Informationelle und rechtliche Folgen des Übergabeprozesses von Behörden an Archive

Wurde eine staatliche Unterlage, die nicht mehr für die Verwaltungszwecke benötigt wird und deren durch Rechtsvorschrift festgelegte Aufbewahrungsfrist im Verfügungsbereich der Behörde oder des Gerichts verstrichen ist, ordnungsge-

188 Vgl. Partsch/Koschmieder, NJW 2017, S. 3418f.

189 Vgl. Collin, in: Spiecker gen. Döhmann/Collin 2008, S. 145.

190 Z. B. § 4 Abs. 3 BbgArchivG. Dazu Becker, in: Becker/Rehm 2017, S. 66.

mäß an das zuständige Archiv angeboten, dann ist es die Aufgabe der Archivbediensteten, die angebotene Unterlage auf ihren bleibenden Wert hin zu überprüfen und zu bewerten.[191] Der bleibende Wert kann sich etwa in der Sicherung wichtiger Informationen für die Regierungstätigkeit, für weitere Gesetzgebungen, für die Rechtsprechung sowie für rechtliche Belange (z.B. der Nachweis alter Erbschafts-, Eigentums- oder Wasserrechte) von Bürgern[192], für parlamentarische Kontrolltätigkeiten[193] und besonders auch für die spätere wissenschaftliche Erforschung[194] ergeben. Hinsichtlich der *Durchsetzung* der Informationspflichten der staatlichen Stellen und der Aufgabenerfüllung der Archive eröffnen die Archivgesetze den Archivbediensteten das informationsbezogene Recht, für die Bewertung staatlicher Unterlagen einen Zugang zu den staatlichen Dienststellen zu erhalten.[195] Die Bewertungsentscheidung liegt letztlich in der *alleinigen Zuständigkeit des Archivs*.[196] Damit wird gewährleistet, dass die Entscheidung über die Archivierung oder die Vernichtung

---

191 Zur Bewertung als archivische Aufgabe und zur begrenzten Möglichkeit, die archivfachlichen Kriterien der Bewertung normativ, etwa in den Archivgesetzen zu verankern siehe Bernhard Grau, Aussonderung per Bekanntmachung. Die Bedeutung rechtlicher Regelungen für die Anbietung und Übernahme von Verwaltungsschriftgut am bayerischen Beispiel, in: Jürgen Treffeisen (Hrsg.), Vom Büro ins Depot. Rationelle Verfahren der Bewertung und Übernahme von Akten, Stuttgart 2011, S. 8-25, 9f.

192 § 2 Abs. 2 NArchG; § 1 Nr. 10 BArchG. Becker, in: Becker/Rehm 2017, S. 69f.

193 BVerwG, Beschluss A 6 2.11 vom 8. März 2012, S. 2 bis 3.

194 Der Wert von Archivgütern erschöpft sich längst nicht nur im Nutzen für die historische Forschung. Gleichwohl kann Archivgut für die Rechtswissenschaft, Politik- und Sozialwissenschaften, Verwaltungswissenschaft, statistische Aufbereitungen staatlicher Daten, und letztlich unbegrenzt für neue Forschungszweige eine Forschungsgrundlage bilden. Zur Zeitlosigkeit des Forschungswertes von Archivgut Deutscher Bundestag, Drucksache 11/498, S. 11. Insgesamt zur Bewertungsdebatte vgl. Angelika Menne-Haritz, Archivische Bewertung, Schweizerische Zeitschrift für Geschichte 51 (2001), S. 448-460, 454ff.

195 § 5 Abs. 2 S. 1 BArchG; § 7 Abs. 3 ArchGB; § 4 Abs. 1 S. 3 ArchivG NRW; § 5 Abs. 6 S. 2 SächsArchivG; § 12 Abs. 2 ThürArchivG. Weiterhin Deutscher Bundestag, Drucksache 18/9633, S. 52.

196 Vgl. Becker, in: Becker/Rehm 2017, S. 67; Hausmann 2016, S. 47; Manegold, in: VdA 2012, S. 36.

von staatlichen Informationen aus der politischen Sphäre herausgenommen und nach objektiven und fachlichen Kriterien getroffen wird.

Der Blick der Archivare auf die staatlichen Unterlagen ist angesichts der mit der Bewertung verfolgten Archivzwecke ein anderer als der Blick der Behörden und Gerichte auf ihre Unterlagen. Das bleibt nicht ohne Folgen für die Interpretation der staatlichen Unterlagen. Aus informationsverwaltungsrechtlicher Perspektive ist zu beachten, dass die Transferierung von Informationen zwischen staatlichen Stellen stets auch Auswirkungen auf die Informationen selbst hat. Werden Verwaltungsinformationen an ein Archiv übergeben, dann verändert dies auch die Sicht auf diese Unterlagen, ihre Interpretation und ihre Verwertungsabsichten. Die Zirkulation von Informationen lässt die Informationen nicht unbeeinflusst. „In und mit den Transferprozessen werden fortwährend neue Kontexte geschaffen und damit neue Erkenntnisse produziert.“[197] Das gilt insbesondere für die Informationsbeziehungen zwischen Archiven und Behörden. Einerseits wird durch die Übergabe von Verwaltungsinformationen an das Archiv bisheriges Verwaltungswissen aus dem dortigen Kontext herausgenommen und in das kumulierte Archivwissen eingefügt, also einem ganz neuen Kontext unterworfen. Andererseits werden Informationen, die durch eine amtliche Benutzung von Archivgut aus dem Archivkontext entnommen werden, wiederum in einen ganz neuen Wissenskontext der Verwaltung und in Zwecke neuer staatlicher Aufgaben eingebunden. Insofern kann der Informationstransfer in das Archiv und aus dem Archiv heraus stets zu neuen Wissenszusammenhängen führen. „Ein tatsächlicher Informations- und Wissenstransfer setzt daher über die bloße Datenübermittlung eine Verständigung über die Hintergründe und Strukturzusammenhänge, das heißt die Relevanzkontexte und -kriterien, in denen die Daten eingeordnet und interpretiert werden sollen, voraus.“[198] Diese Anforderung verlangt vom Archivpersonal, das die neu an das Archiv transferierten staatlichen Informationen und Unterlagen bewertet und in

197 Vgl. Augsberg 2014, S. 80.
198 Augsberg 2014, S. 83.

die Archivbestände einfügt, einen hohen Grad an Kenntnissen über Aufbau, Verfahren und Aufgaben der abgebenden Behörden und Gerichte. Gerade hinsichtlich der häufig wechselnden politischen Behörden- und Ministerialkompetenzen muss das Archivpersonal über aktuelles Behördenwissen verfügen. Nur auf diese Weise kann ein geordnetes Archivwissen aufgebaut und permanent dynamisch fortentwickelt werden, das für eine erneute Zurverfügungstellung geeignet ist.[199] Im Hinblick auf den sich immer weiter ausdifferenzierenden Einsatz von Datenbankensystemen, kommt auf die Archivarin im modernen Informationsstaat noch eine weitere Herausforderung zu. Um Behördenaufgaben und Behördenkontexte innerhalb organisationsübergreifender Verbund- und Informationssysteme zu verstehen, ist das Archiv gezwungen, sich mit diesen informationstechnischen Systemen auseinanderzusetzen und sowohl ihre staatliche Funktion, ihre komplexen Rechtsgrundlagen als auch ihren technischen Aufbau zu verstehen. Nur unter der Voraussetzung, dass das öffentliche Archiv überhaupt mit diesen vielfältigen Systemen des Staates vertraut ist, kann es Informationen, die es aus diesen Systemen erhält, auch verstehen, interpretieren und letztlich in den eigenen Archivkontext einbinden.[200]

Das bedeutet aber keineswegs, dass beim Informationsempfänger nicht andere Erkenntnisse generiert werden können, als dies beim Informationsabsender beabsichtigt ist.[201] Gerade im archivischen Informationskontext muss beachtet werden, welche unterschiedlichen Perspektiven abgebende Verwaltung und übernehmendes und bewertendes Archiv einnehmen. Versteht die Verwaltung ihre Unterlagen und Informationen im weitesten Sinne als ihre Arbeitsgrundlage zur Entscheidungsfindung und als Medium zur öffentlichen Aufgabenerfüllung, so müssen die Archive hingegen diesen engen Kontext verlassen und die Informationen nach ganz anderen Gesichtspunkten bewerten. Archive müssen ergründen, welchen Informationswert die von der Verwaltung transferierten Informationen für einen hypothetischen zukünftigen Benut-

199 Vgl. Michael Hollmann, Bestandspolitik, in: Marcel Lepper/Ulrich Raulff (Hrsg.), Handbuch Archiv, Stuttgart 2016, S. 199-206, 201.
200 Vgl. Sandner, in: Landesarchiv Baden-Württemberg 2013, S. 60ff.
201 Vgl. Augsberg 2014, S. 84.

zer, Forscher oder amtlichen Nutzungszweck haben könnte und wie sich die neuen Informationen in den bestehenden Wissenskontext des Archives integrieren lassen kann. Ist für die Verwaltung die Unterlage eine Arbeitsinformation, dann ist sie für das Archiv eine Information über die Arbeit der Verwaltung, über ihre Organisation, ihre Handlungsweisen, ihre potentiellen Rechtsverstöße usf. Der Erkenntnisgewinn einer Verwaltungs- oder Regierungsunterlage im Archiv kann bedeutend größer sein als das Erkenntnisinteresse in der laufenden Bearbeitung war. Das Archiv bewertet Unterlagen anhand der Möglichkeiten für den zukünftigen Benutzer – eben auch als Informationsgrundlage für zukünftige Regierungstätigkeit, Verwaltungs- oder Gerichtsentscheidungen. Gerade darin zeigt sich der Wissensgewinn durch Wissenstransfer im Archivkontext.

Fällt die nach der Anbietung einer staatlichen Unterlage durch das Archivpersonal vorgenommene Bewertung der Unterlage positiv aus, dann folgt daraus die weitere gesetzliche Pflicht der staatlichen Stelle, diese Unterlage an das Archiv zu übergeben. Aus der zunächst *anbietungs*pflichtigen Stelle wird eine *übergabe*pflichtige Stelle.[202] Die Übergabe erfolgt in der Praxis anhand von bestimmten Ablieferungsnachweisen, listenförmigen Aufstellungen der übergebenen und zum Archiv transportierten Unterlagen.[203] Ist die Bewertungsentscheidung des Archivs positiv ausgefallen und wurde die Unterlage an das Archiv übergeben, dann sind beide Schritte der Umwidmung einer staatlichen Unterlage zu öffentlichem Archivgut vollzogen.

Mit der Umwidmung einer Unterlage zu Archivgut verlässt die Unterlage vollständig den Verfügungsbereich des Gerichts oder der Behörde. Die Widmung zu Archivgut bewirkt,

202 Vgl. § 5 Abs. 1 und Abs. 2 S. 2 BArchG; § 5 Abs. 1 und Abs. 7 SächsArchivG; zudem die Veränderung im Wortlaut in § 9 Abs. 1 („anbietende Stelle") und Abs. 5 („abgebende Behörde oder Stelle") SArchG.

203 Vertiefend zum praktischen Prozedere der Übergabe (Durchnummerierung, Ettikettierung, Verpackung, Transport und Transportkosten) siehe Sächsisches Staatsarchiv, Regelung für die Abgabe von Unterlagen an das Sächsische Staatsarchiv vom 13. März 2017, https://tinyurl.com/yagxsxhk. Die Transportkosten sind von der abgebenden Behörde zu tragen, vgl. Punkt XI Nr. 5 der VwV Aktenführung Freistaat Sachsen.

dass sich die Unterlage ausschließlich im Verfügungsrecht des Archives befindet.[204] Das Archiv übt die uneingeschränkte Sachherrschaft[205] über die öffentliche Sache Archivgut aus und kann entsprechend seiner Interessen und Belange nach eigenem Gusto mit dem Archivgut verfahren. Diese Sachherrschaft ist auch notwendig, um eventuelle Erhaltungsmaßnahmen, z.B. die Restaurierung von Papierakten oder Wachssiegeln, die Veränderungen des Archivguts nach sich ziehen, am Archivgut vornehmen zu können. Die Umwidmung zu Archivgut bewirkt zugleich die rechtliche Pflicht des Archives, das übernomme Archivgut einerseits nach archivwissenschaftlichen Gesichtspunkten zu ordnen und zu erschließen und andererseits der allgemeinen Benutzung zugänglich zu machen. Für die abgebende Stelle bedingt die Umwidmung den Verlust der Verfügungsgewalt über die Unterlagen und die Pflicht, alle noch vorhandenen Kopien zu vernichten.[206] Mit einer Widmung zu öffentlichem Archivgut ist die Übertragung eines völlig neuen Zwecks der Unterlage verbunden. Diente die Information zuvor der Aufgabenerfüllung der Behörde oder des Gerichts, so wird die Archivunterlage nunmehr in den Dienst des Archivwesens und damit der öffentlichen Benutzung, Forschung und Auswertung anheimgestellt.[207]

Die Rechtsfolge einer *negativen* Bewertungsentscheidung, die keinen bleibenden Wert einer staatlichen Unterlage erkennt, liegt in der Ablehnung der Archivierung dieser Unterlage und in der gesetzlichen Pflicht der anbietenden Stelle, diese Unterlage zu vernichten oder zu löschen.[208]

---

204 Z.B. Art. 9 Abs. 1 S. 2 BayArchivG. Vgl. Michael Hollmann, Archivpraktiken, in: Marcel Lepper/Ulrich Raulff (Hrsg.), Handbuch Archiv, Stuttgart 2016, S. 199-206, 200. Vgl. auch den Wortlaut „von der Übernahme an“ in § 9 Abs. 2 S. 2 LArchG LSA.

205 Ausdrücklich normiert in § 8 Abs. 2 SächsArchivG; § 11 Abs. 4 HArchivG schließt weiterhin einen bürgerlich-rechtlichen gutgläubigen Erwerb von Archivgütern aus. Dazu Polley, in: Becker/Rehm 2017, S. 35 und Keitel, in Becker/Rehm 2017, S. 76f.

206 Vgl. § 5 Abs. 3 S. 4 BArchG; zum Konflikt zwischen abgebender Stelle und Archiv Hollmann, in: Lepper/Raulff 2016, S. 199f.

207 Etwa Deutscher Bundestag, Drucksache 11/498, S. 8 und 11.

208 Etwa Art. 7 Abs. 1 S. 2 BayArchivG; § 8 Abs. 3 HArchivG; § 9 Abs. 4 S. 2 SArchG; § 5 Abs. 7 S. 2 SächsArchivG; § 11 Abs. 4 ThürArchivG.

b) Amtlicher Zugang zu Archivgut

Staatliche Informationsbeziehungen können mehr kontrollierend oder mehr kooperativ ausgestaltet sein. Kooperative Informationsbeziehungen sind aufgabenverschränkende Informationsbeziehungen zwischen staatlichen Stellen. Ein von kooperativen Ansätzen, also gegenseitig nutzenden Informationsverhältnissen, abweichendes Modell ist die Informations*assistenz*, die stärker auf den einseitigen Nutzen einer der Stellen aus der Informationsbeziehung ausgerichtet ist.[209] Es wird im Rahmen von assistierenden Informationsgeflechten davon ausgegangen, dass eine staatliche Stelle nicht über ausreichende Informationsressourcen verfügt und deshalb auf die Ressourcen einer anderen Stelle für die eigene Aufgabenerfüllung angewiesen ist. Das Amtshilferecht nach Art. 35 Abs. 1 GG und § 4 Abs. 1 VwVfG ist im Regelfall die rechtliche Grundlage für diese assistierende Informationshilfe.[210]

Im Hinblick auf die archivrechtlichen Informationsbeziehungen zwischen Archiv und anderen staatlichen Stellen wird das Amtshilferecht jedoch nur unter großer Einschränkung anwendbar sein.[211] Denn § 5 Abs. 2 S. 1 Nr. 1 VwVfG verbietet es einer um Amtshilfe ersuchten Behörde, die (informationelle) Amtshilfe zu leisten, wenn sie „hierzu aus rechtlichen Gründen nicht in der Lage ist".[212] Weiterhin besteht für die um Assistenz ersuchte Behörde dann keine Pflicht zur Hilfeleistung, wenn die Erfüllung einen unverhältnismäßigen Aufwand darstellte (§ 5 Abs. 3 Nr. 2 VwVfG).[213]

---

209 Vgl. Collin, in: Spiecker gen. Döhmann/Collin 2008, S. 146.

210 Vgl. Collin, in: Spiecker gen. Döhmann/Collin 2008, S. 147.

211 Vgl. auch Holznagel, in: Hoffmann-Riem/Schmidt-Aßmann/Voßkuhle 2012, Rn. 20: die Amtshilfe nach Art. 35 Abs. 1 GG und § 4 VwVfG ist nur die allgemeine Rechtsgrundlage, die durch speziellere Informationsrechte verdrängt wird.

212 Vgl. Ulrich Ramsauer, in: Ulrich Ramsauer/Carsten Tegethoff/Peter Wysk (Hrsg.), Verwaltungsverfahrensgesetz. Kommentar, 19. Aufl., München 2018, § 5, Rn. 16; Heribert Schmitz, in: Paul Stelkens/Heinz Joachim Bonk/Michael Sachs (Hrsg.), Verwaltungsverfahrensgesetz. Kommentar, 9. Aufl., München 2018, § 5, Rn. 15.

213 Vgl. Schmitz, in: Stelkens/Bonk/Sachs 2018, § 5, Rn. 35; Ramsauer, in: Ramsauer/Tegethoff/Wysk 2018, § 5, Rn. 31.

Die Amtshilfe ist demnach subsidiär und einzelfallbezogen. Das bedeutet, dass sie nur dann statthaft ist, wenn die begehrte Hilfe nicht auf anderem Wege oder auf Grundlage speziellerer Rechtsnormen erfolgen kann. Zudem fällt jede auf Dauer angelegte (Informations-)Zusammenarbeit aus der für die Notsituation im Einzelfall konzipierten Amtshilfe heraus.[214] Wird ein Archiv von einer anderen Behörde, einem Gericht oder einer sonstigen staatlichen Stelle um eine informationelle Assistenz im Hinblick auf archivierte Informationen gebeten, so ist das Archiv an die archivrechtlichen Vorschriften über die amtliche Benutzung des Archivgutes gebunden. Das Archivbenutzungsrecht, das auch für staatliche Stellen gilt, ist gegenüber der Amtshilfe das speziellere Recht, denn es schützt durch besondere Vorschriften die Persönlichkeitsrechte Betroffener und soll die Einhaltung von Geheimhaltungsanordnungen und anderer staatlicher und archivischer Interessen garantieren.

Deshalb kann das Archivbenutzungsrecht nicht durch die Möglichkeiten der Informationsamtshilfe des § 4 Abs. 1 VwVfG umgangen werden. Schutzfristen, Versagungsgründe sowie die Vorschriften über die Schutzfristenverkürzung gelten auch für die amtliche Benutzung.[215] Der Zugriff von öffentlichen Stellen, Behörden und Gerichten auf öffentliche Archivgüter ist also nur in der Form der amtlichen Benutzung zulässig und muss sich an die Regeln des allgemeinen Archivbenutzungsrechts halten. Die amtlichen Stellen treten dann in eine ganz ähnliche Rolle wie der Archivbenutzer, der eine natürliche Person ist. Denn nicht nur natürliche oder juristische Personen des Privatrechts, sondern auch öffentliche Stellen können das öffentliche Archivgut nach den gleichen Bedingungen benutzen.[216] Verfassungsorgane, Behörden, Gerichte und andere öffentliche Stellen können insbesondere zu „amtlichen Zwecken“ ein Nutzungsinteresse an Archivgut generie-

---

214 Vgl. Holznagel, in: Hoffmann-Riem/Schmidt-Aßmann/Voßkuhle 2012, Rn. 28.

215 Vgl. Hausmann 2016, S. 75.

216 Zu diesen Bedingungen zählen der grundsätzliche Rechtsanspruch auf die Benutzung, das Verstreichen von allgemeinen und besonderen Schutzfristen und die Möglichkeiten der Einschränkung und Versagung der Benutzung aus wichtigen Gründen.

ren, denn es kann notwendig sein, auf öffentliche archivierte Informationen für die eigene hoheitliche Aufgabenerfüllung oder Öffentlichkeitsarbeit zurückzugreifen.[217] Ein Sonderfall der amtlichen Benutzung ist die Archivgutbenutzung durch die *abgebende* Stelle. Den abgebenden Stellen wird eine gewisse Privilegierung durch das Archivbenutzungsrecht eingeräumt. Diese Situation tritt immer dann ein, wenn eine Behörde das von ihr selbst einst an das Archiv übergebene Material erneut einsehen möchte und für ihre Aufgabenerfüllung benötigt. Die abgebende Stelle ist hierbei besonders privilegiert, da sie im Vergleich zu allen anderen Benutzern keine Schutzfristen beachten muss, außer hinsichtlich jener personenbezogenen Unterlagen, die sie aus rechtlichem Grund nach der Archivierung löschen oder vernichten musste.[218] Denn die amtliche Benutzung darf nicht zu einer Umgehung der datenschutzrechtlichen Löschungspflichten führen.[219] Die amtliche Benutzung von Archivgut durch jene Behörde, die das entsprechende Archivgut selbst zuvor hervorgebracht und an das Archiv übergeben hat, kann also ohne Beachtung der Schutzfristen (außer bei zu löschenden Unterlagen) stattfinden, wodurch den öffentlichen Behörden ein schnellerer und unmittelbarer Zugang zu „ihren" früheren Informationen gewährt wird.

Benötigen staatliche Behörden und Gerichte demzufolge Informationen aus Archivgut, dann müssen sie sich an die Vorgaben der Archivgesetze halten; ein Ersuchen einer informationellen Amtshilfe über § 4 Abs. 1 VwVfG ist in diesen Fällen nicht zulässig. Das Amtshilferecht wird durch das speziellere Archivbenutzungsrecht verdrängt. Weitere Privilegierungen öffentlicher Stellen für den Zugriff auf öffentliche Archivinformationen sind selten und finden sich in Spezialnormen. Der gemäß § 35b Abs. 5 S. 3 und 4 BVerfGG jederzeit mögliche und vorrangige Rückgriff des Bundesverfassungsge-

217 Z. B. § 17 Abs. 4 S. 1 ThürArchivG; § 9 Abs. 1 S. 2 LArchivG MV.

218 Z. B. § 6 Abs. 5 LArchG BW.

219 Dies wäre aber der Fall, wenn eine öffentliche Stelle Unterlagen, die sie zu löschen hat, an das Archiv übergibt und dann sogleich einen ungehinderten Zugang zu diesen Unterlagen hätte, die ihr aus einer rechtlichen Pflicht zur Löschung gerade nicht mehr zugänglich sein sollten.

richts auf seine früheren Beratungs- und Beschlussdokumente, die an das Bundesarchiv übergeben wurden, stellt eher eine Ausnahme dar.[220]

Lediglich in einem weiteren Sonderfall hat das Bundesverwaltungsgericht anerkannt, dass die Hinzuziehung von Archivinformationen einen *Fall der Amtshilfe* und nicht der archivrechtlichen Benutzung durch eine amtliche Stelle darstellt.[221] Dem Beschluss zufolge soll der Beweiserhebungsantrag, den der 21. Parlamentarische Untersuchungsausschuss des Niedersächsischen Landtages an das Hessische Staatsarchiv gestellt hat, ein Amtshilfeersuchen im Sinne des § 4 Abs. 1 HVwVfG gewesen sein.[222] Diesem Ersuchen des Untersuchungsausschusses dürfe keine materiellrechtliche Bestimmung des Hessischen Archivrechts entgegengehalten werden. „Die von einem parlamentarischen Untersuchungsausschuss im Rahmen seines Untersuchungsauftrags beanspruchte Herausgabe archivierter Akten zum Zweck der Beweiserhebung ist [...] nicht als öffentliche »Nutzung« bzw. »Benutzung« von Archivgut im Sinne [des Archivrechts] zu qualifizieren und unterfällt daher insbesondere auch nicht den in § 15 HArchivG geregelten Schutzfristen“[223]. Dass es sich bei parlamentarischen Beweiserhebungen im Archiv nicht um eine Archivbenutzung handele, ergebe sich dem Bundesverwaltungsgericht zufolge „aus Sinn und Zweck des Untersuchungsverfahrens als Ausprägung des parlamentarischen Kontrollrechts“[224]. Das verfassungsrechtlich verbürgte parlamentarische Kontrollrecht, z. B. aus Art. 44 GG und Art. 27

220 Die vorrangige Behandlung des Bundesverfassungsgerichts im Hinblick auf den jederzeitigen Zugriff auf seine beim Bundesarchiv verwahrten Unterlagen für gerichtsinterne und prozessuale Zwecke sowie ihre auf Aufforderung (nicht Antrag!) sofortig zu erfolgende Zusendung an das Bundesverfassungsgericht (und nicht die übliche Benutzung vor Ort im Archiv!) dürfte sich in der verfassungsrechtlichen Stellung des Gerichts als gleichrangiges Verfassungsorgan erklären. Der jederzeitige Zugriff dient zudem der Arbeitsfähigkeit des Gerichts, vgl. Hans Lechner/Rüdiger Zuck, Bundesverfassungsgerichtsgesetz. Kommentar, 7. Aufl., München 2015, § 35b, Rn. 6.

221 BVerwG, Beschluss vom 8. März 2012, 6 A 2.11, Rn. 3.

222 BVerwG, Beschluss vom 8. März 2012, 6 A 2.11, Rn. 3.

223 BVerwG, Beschluss vom 8. März 2012, 6 A 2.11, Rn. 3.

224 BVerwG, Beschluss vom 8. März 2012, 6 A 2.11, Rn. 3.

Niedersächsische Verfassung, und die damit einhergehende Herausgabe von Akten könne nur ausnahmsweise – etwa im Sinne des § 96 StPO – verweigert werden.[225] Dieser spezielle Fall lässt sich nur durch die verfassungsrechtliche Stellung des Parlaments begründen und kann nicht ohne Weiteres auf andere Informationsbeziehungen zwischen Archiv und staatlichen Stellen übertragen werden.

Der übliche Informationszugang staatlicher Stellen zu öffentlichen Archivinformationen erfolgt über das Archivbenutzungsrecht. Die amtliche Benutzung ist zumeist davon geprägt, ein Informationsdefizit der benutzenden Stelle auszugleichen. Nutzen die Gesetzgebung, die Verwaltung oder die Rechtsprechung einen Zugang zu Archivinformationen, dann ist diese Verbindung als Informationsassistenz, die durch das Archiv erbracht wird, zu verstehen. Das Archiv hilft durch seine Wissensbestände einem Informationsdefizit einer anderen staatlichen Stelle ab. Damit schutzwürdige Persönlichkeitsrechte, Interessen an einer Geheimhaltung oder archivische Interessen (kein übermäßiger Aufwand, Erhaltungszustand des Archivguts) im Rahmen dieser amtlichen Informationsweitergabe gewahrt bleiben, werden wie bei der Archivbenutzung durch natürliche Personen langjährige Schutzfristen für personenbezogenes oder geheimhaltungsbedürftiges Archivgut angewandt sowie die amtliche Benutzung einschränkende Maßnahmen durch das Archiv erhoben, soweit dies erforderlich ist.[226]

c) Beratungsfunktion der Archive

Eine weitere Form des Austausches von Informationen innerhalb des Staates ist die Informationshilfe als Beratung. Beratung bedeutet in diesem Zusammenhang allgemein eine in-

225 BVerwG, Beschluss vom 8. März 2012, 6 A 2.11, Rn. 3.

226 Da sich die Grenzen des Zugriffs auf das öffentliche Archivgut zwischen amtlicher Benutzung und normaler Benutzung nicht unterscheiden, kann zur genaueren Analyse und Abwägung zwischen Informationszugang und Zugangsbeschränkung auf die weiter unten erfolgende Untersuchung zum Informationszugangsrecht im Archiv verwiesen werden.

formatorische Serviceleistung des Staates.[227] Als solche muss sie sich nicht nur an den Bürger richten, sondern kann auch innerstaatlich adressiert sein. In diesem Fall unterstützt eine informationsbesitzende Stelle eine informationsbedürftige Stelle, wobei es nicht um das Generieren einer gemeinsamen Entscheidung geht, sondern um die Generierung von Entscheidungswissen der beratenen Stelle. Beratung kann deshalb als „individuelle, dialogoffene und unmittelbar handlungsorientierte Informationshandlung"[228] verstanden werden. Als solche Informationshandlung ist sie von einer bestimmten, der Informationsassistenz ähnlichen, Assymetrie gekennzeichnet, die zwischen der beratenden und der beratenen Stelle herrscht.[229]

Da Beratung einerseits als dialogoffen und andererseits als thematisch eingrenzbar verstanden werden kann, stellen sich an ihre normative Verankerung bestimmte Anforderungen. Die rechtliche Ausgestaltung von staatlichen Beratungsaufgaben kann, um die Beratungsleistung nicht zu erdrücken und notwendig offen zu lassen, lediglich Ziele vorgeben, aber den Beratungsvorgang im Einzelnen nicht festlegen.[230] Es wird für die Umsetzung des neuen Archivverständnisses als Informationsdienstleister für den Staat und die Gesellschaft notwendig sein, die Beratungsfunktion der Archive gegenüber den Behörden zu intensivieren und zu professionalisieren. Letztlich bedarf es einer normativen Verankerung des Beratungsauftrages der Archive. Denn Behörden dürfen nur dann beraten, wenn sie dafür überhaupt zuständig sind.[231]

Die Beratungsaufgabe der öffentlichen Archive ist vornehmlich durch die Archivgesetze geregelt.[232] In erster Linie

227 Vgl. Harald Mehlich, Von der Offline-Verwaltung zum eGovernment, in: Peter Collin/Thomas Horstmann (Hrsg.), Das Wissen des Staates, Baden-Baden 2004, S. 388-411, 388.

228 Vgl. Collin, in: Spiecker gen. Döhmann/Collin 2008, S. 152.

229 Janbernd Oebbecke, Beratung durch Behörden, DVBl 1994, S. 147-154, 149 sieht in der Beratung ein „kommunikatives Gefälle".

230 Vgl. Oebbecke, DVBl 1994, S. 152.

231 Vgl. Oebbecke, DVBl 1994, S. 150.

232 Vgl. § 3 Abs. 4 BArchG; § 2 Abs. 1 S. 2 LArchG BW; § 3 Abs. 3 ArchGB; Art. 4 Abs. 5 BayArchivG; § 3 Abs. 2 BbgArchivG; § 4 Abs. 3 HArchivG; § 5 Abs. 4 LArchivG MV; § 3 Abs. 6 ArchivG NRW; § 6 Abs.

wird die gesetzliche Beratungsaufgabe durch die staatlichen Archive, also das Bundesarchiv und die Landes- und Staatsarchive, weniger durch die Kommunalarchive ausgeübt.[233] Die Zielrichtung der Beratung durch die staatlichen Archive ist das Gelingen einer rechtskonformen, das heißt authentischen, integritätswahrenden, vollständigen und wahrheitsgemäßen Schriftgutverwaltung in den Behörden, Gerichten, Körperschaften, Anstalten und anderen öffentlichen Stellen.[234] Die Archive können durch ihren intensiven und erfahrungsreichen Umgang mit staatlichem Schriftgut auf eine große Expertise verweisen. Dieses Expertenwissen der Archive soll in Beratungsterminen und Schulungen sowie durch Leitfäden und Handreichungen mit den Behörden- und Gerichtsbediensteten geteilt werden.[235] Es gilt zu vermeiden, dass die vielen verschiedenen öffentlichen Stellen eine allzu divergierende Aktenführung und Schriftgutverwaltung betreiben. Denn sonst bestünden einerseits Beeinträchtigungen für eine rechtsstaatliche und glaubwürdige Aktenführung, die rational, sachlich und wahrheitsgetreu das staatliche Handeln abbilden soll, und andererseits bedroht ein Wildwuchs an behördlicher Schriftgutführung auch die Überlieferungsbildung und die ordnungsgemäße Aufgabenerfüllung der Archive. Die archivische Beratungsleistung muss deshalb auch darauf abzielen, für ein Verständnis der Behörden und Gerichte zu werben, das den Vorgang der Aktenführung über die eigene Sachbearbeitung hinaus begreift und welches die Belange der späteren ordnungsgemäßen Archivierung, Überlieferungsbildung und Weiterverwendung des Schriftgutes beinhaltet. Beide Seiten der Informationsbeziehung müssen für ein Gelingen eines größer gedachten staatlichen Wissensmanagements mehr Vertrauen und mehr Wissen in und über die andere Seite aufbauen. Aufmerksamkeit und Verständnis für die

---

5 LArchG Rlp; § 4 Abs. 5 SächsArchivG; § 5 Abs. 1 LArchG SH; § 7 Abs. 2 ThürArchivG

233 Vgl. beispielsweise die Norm des § 2 Abs. 1 S. 2 LArchG BW, der sich eindeutig nur an das Landesarchiv richtet.

234 Vgl. Harald Stockert/Christoph Popp, Behördenberatung und Anbietung, in: Irmgard Becker/Clemens Rehm (Hrsg.), Archivrecht für die Praxis, München 2017, S. 43-57, 43f; Manegold 2002, S. 171.

235 Vgl. Stocker/Popp, in: Becker/Rehm 2017, S. 46.

Interessen und Aufgaben der Archive einerseits und der Behörden andererseits sind noch zu wenig ausgeprägt und es wird maßgeblich auf die Reform des Archivrechts ankommen, die normativen Gestaltungsgrundlagen für einen verbesserten Wissens - und Beratungsaustausch zu schaffen.[236] Die Gefahr der Uneinheitlichkeit und der Zersplitterung der Überlieferungsbildung durch unsachliche Aktenführung wird durch die Digitalisierungstendenzen nochmals deutlich größer. Mit der Anzahl der in der öffentlichen Verwaltung eingeführten IT-Systeme droht eine einheitliche Überlieferungsbildung an ihre Grenzen zu stoßen. Hier sind die Archivgesetzgeber in Bund und Ländern in der Pflicht, durch entsprechende Archivrechtsreformen den Beratungsauftrag der Archive zielgerichteter auszugestalten. Doch gerade auch die öffentlichen Behörden und Stellen sind durch rechtliche Vorgaben in die Pflicht zu nehmen, archivische Belange der Aktenführung in ihre informationstechnischen Planungen einzubeziehen.

Die Rolle der Archive als einheitliche Informationsdienstleister zeigt sich in den verschiedenen Informationsbeziehungen zu anderen staatlichen Stellen. Durch die grundsätzliche Abgabepflicht der Behörden und Gerichte einerseits und durch die amtliche Benutzung, die Informationsassistenz und die archivische Beratung wurde ein verzweigtes Netz von Informationstransfers gesponnen.

4. Informationsbeziehungen zwischen Archiv und Bürger

Das Geflecht der Informationsbeziehungen der Archive reicht über die staatliche Infrastruktur hinaus. In der heutigen Informationsgesellschaft erbringen Archive insbesondere Dienstleistungen für die Gesellschaft und ihre Informationsbedürfnisse. Die Archivgesetze bilden für diesen Transfer von Informationen und das dabei neu entstehende Wissen im Zusammenspiel von Archiven, Bürgern und Forschern den Ordnungsrahmen.

236 Vgl. Collin, in: Schuppert/Voßkuhle 2008, S. 78f.

a) Benutzungsrecht als Informationszugangsrecht

Auf die Benutzung öffentlicher Archivgüter besteht ein subjektiv-öffentlicher Rechtsanspruch des Einzelnen.[237] Der Archivbenutzer erhält aufgrund dieser Rechtsnormen die verwaltungsrechtliche Rechtsmacht dazu, Zugang zu öffentlichen Archivgütern zu erlangen.[238] Dieser Rechtsanspruch wird unter den Bedingungen gewährt, dass die Benutzung erstens nachrangig gegenüber den archivgesetzlichen Betroffenenrechten[239] erfolgt und dass sie sich zweitens nach den Maßgaben der Benutzerordnungen der Archive zu richten hat[240].

(1) Archivbenutzung als Verwaltungsverfahren

Aus informationsverwaltungsrechtlicher Perspektive betrachtet, stellt das Verwaltungsverfahren ein Verfahren der Informationsgewinnung und der Informationsverarbeitung dar.[241] Zwar ist die Verwaltung grundsätzlich zur eigenen Ermittlung des Sachverhaltes von Amts wegen (§ 24 VwVfG) verpflichtet. Doch unter den Bedingungen gesellschaftlicher Pluralität und Komplexität erfährt das deutsche Verwaltungsverfahrensrecht eine stärkere Betonung der Informationsbeibringung

---

237 § 10 Abs. 1 S. 1 BArchG; Art. 10 Abs. 2 S. 1 BayArchivG; § 6 Abs. 1 LArchG BW; § 9 Abs. 1 ArchGB; § 9 Abs. 1 BbgArchivG; § 7 Abs. 1 S. 1 BremArchivG; § 5 Abs. 1 HmbArchG; § 12 Abs. 1 S. 1 HArchivG; § 9 Abs. 1 S. 1 LArchivG MV; § 6 Abs. 1 ArchivG NRW; § 5 Abs. 1 S. 1 NArchG; § 3 Abs. 1 S. 1 LArchG Rlp; § 11 Abs. 1 S. 1 SArchG; § 9 Abs. 1 SächsArchivG; § 10 Abs. 1 S. 1 ArchG LSA; § 9 Abs. 1 LArchG SH; § 16 Abs. 1 S. 1 ThürArchivG.

238 Das subjektiv öffentliche Recht begründet die individuelle Befugnis an einem durch objektives Recht vorgegeben Verhaltensgebot. „Durch die Einräumung dieser Rechtsmacht wird die Wahrnehmung einer tatsächlichen Begünstigung, zu einem dem Rechtssubjekt durch die Rechtsordnung gewährten Handeln-Dürfens, zu einem »rechtlichen Können« und damit zum subjektiven Recht." So Arno Scherzberg, Grundlagen und Typologie des subjektiv-öffentlichen Rechts, DVBl. 1988, S. 129-134, 130, Zitat S. 132.

239 Z. B. § 9 Abs. 1 SächsArchivG: der Rechtsanspruch wird „vorbehaltlich der Rechte aus § 6 [Betroffenenrechte]" gewährt.

240 Z. B. § 6 Abs. 1 ArchivG NRW: Benutzungsrecht besteht „nach Maßgabe dieses Gesetzes und der hierzu ergangenen Benutzungsordnung".

241 Vgl. Collin/Spiecker gen. Döhmann, in: Spiecker gen. Döhmann/Collin 2008, S. 8.

von Externen, Antragstellern oder Verfahrensbeteiligten. Die Verwaltung allein kann und soll nicht mehr die ausschließliche Informationsbeschafferin sein. Die Wissensgesellschaft ist stärker auf die Beteiligung und die Mitwirkung ihrer Bürger angewiesen. Einerseits hat der Staat deshalb selbst Informationsvorsorge zu betreiben, andererseits muss er seine verfahrensrechtlichen Normen und Prozesse für die Bürgerbeteiligung und die damit verbundene Generierung von Entscheidungswissen öffnen.[242] Das Archivbenutzungsrecht zeigt sich als komplexe Regelungs- und Abwägungsmaterie, die jene bereits beschriebenen verfassungsrechtlichen Konflikte und Kollisionssituationen zwischen Informationsfreiheit, Datenschutz und staatlichen Interessen auf verwaltungsrechtlicher Ebene für den Einzelfall auflöst. Verfassungsrechtliche Informationsansprüche aus Art. 5 GG finden sich hier in subjektiven Rechtsansprüchen wieder, die zunächst allgemein gewährt werden. Die starke Schutzstellung des Rechts auf informationelle Selbstbestimmung und auf Schutz personenbezogener Daten (Art. 2 Abs. 1 i.V.m. Art. 1 Abs. 1 GG und Art. 8 GRCh) wirkt sich auf personenbezogene Archivgüter aus. Diese Schutzstellung hat die Wirkung, Benutzungsansprüche auf personenbezogene Archivunterlagen einzuschränken und Zugangsverzögerungen auszulösen. Schließlich können Erwägungen des Staatswohls oder der Funktionsfähigkeit der Archive ebenfalls zu Einschränkungen des Benutzungsrechts führen. Die Abwägungsentscheidung kann nur im Einzelfall und im dafür vorgesehenen Verfahren getroffen werden. Es ist deshalb notwendig, stärker als dies bisher betrachtet wurde, das Benutzungsrecht im Archiv als informationsbezogenes und Grundrechtspositionen abwägendes Verwaltungsverfahrensrecht zu begreifen.[243]

---

242 Vgl. Rainer Pitschas, Kooperative Wissensgenerierung als Element eines neuen Staat-Bürger-Verhältnisses, in: Indra Spiecker gen. Döhmann/Peter Collin (Hrsg.), Generierung und Transfer staatlichen Wissens im System des Verwaltungsrechts, Tübingen 2008, S. 29-35, 30ff.

243 Soweit ersichtlich wird die Archivbenutzung als Ausprägung des Verwaltungsverfahrens nur bei Rainer Polley, Der Grundsatz der Amtsuntersuchung im Archivbenutzungsrecht, in: Hermann Bannasch (Hrsg.), Zeitgeschichte in den Schranken des Archivrechts, Stuttgart 1995, S. 71-78 behandelt.

Die Archivbenutzung wird als Verfahren im Sinne des § 9 VwVfG ausgestaltet. Es wird *auf Antrag*[244] hin ein Verfahren der Archivverwaltung eröffnet, das auf die letztliche Entscheidung über Zulassung, Einschränkung oder Versagung der Archivbenutzung ausgerichtet ist. Die Entscheidung über den Antrag auf Archivbenutzung stellt einen Verwaltungsakt im Sinne des § 35 S. 1 VwVfG dar; einen begünstigenden sofern er die Benutzung genehmigt, einen belastenden sofern er die Benutzung einschränkt oder gänzlich versagt. Da durch die Archivverwaltungsentscheidung potentiell in Rechte des Antragstellers eingegriffen wird, hat die Archivverwaltung gemäß § 24 VwVfG alle für die Sachentscheidung notwendigen Erkenntnisse selbst zu ermitteln. Dazu gehören in jedem Fall die Recherche im eigenen Archivbestand und die Prüfung, ob an dem zur Einsicht begehrten Archivgut noch hemmende Rechtspositionen bestehen. Solche können sich etwa aus dem Persönlichkeitsrecht, aus Geheimhaltungsanordnungen, aus dem Urheberrecht oder aus privatrechtlichen Depositalverträgen ergeben. Der Untersuchungsgrundsatz kann sich selbst auf das Einholen von datenschutzrechtlichen Einwilligungen der Betroffenen in die Benutzung personenbezogener Archivunterlagen erstrecken. Lehnt die Archivverwaltung einen Benutzerantrag ab, greift sie in das Recht des Archivbenutzers ein, weshalb sie die Pflicht zur Begründung[245] der Benutzungseinschränkung oder -versagung hat. Die Benutzungsgenehmigung kann, wie andere Verwaltungsakte auch, mit Nebenbestimmungen erteilt werden. Solche Bedingungen und Auflagen können die Pflicht zur Anonymisierung bei der Veröffentlichung von Forschungsergebnissen sein oder die Pflicht, keine Kopien oder andere Reproduktionen von eingesehenen Archivgütern an Dritte weiterzugeben.[246] Der Antragsteller hat *Rechtsschutzmöglichkeiten* gegen nicht oder nur teilweise genehmigte Archivzugangsentscheidungen. Gegen Verwaltungsakte, die die Benutzung einschränken oder gänzlich versagen, steht die Möglichkeit der

244 Zur Einleitung des Verfahrens § 22 S. 2 Nr. 1 VwVfG und beispielsweise § 16 Abs. 2 ThürArchivG i.V.m. § 2 Thüringer Archiv-Benutzungsordnung.

245 Bspw. § 6 Abs. 3 S. 2 ArchivBO NRW.

246 Bspw. § 3 Abs. 3 S. 2 Thüringer Archiv-Benutzungsordnung.

Verpflichtungsklage gemäß § 42 Abs. 1 Alt. 2 VwGO auf Erlass eines Verwaltungsaktes mit dem Ziel der uneingeschränkten Archivgutbenutzung.[247] Auflagen, die mit der grundsätzlichen Benutzungsgenehmigung verbunden worden sind (§ 36 Abs. 2 Nr. 4 VwVfG), können als eigenstehende Verwaltungsakte isoliert angegriffen werden.[248] Statthafte Klageart ist hierbei die Anfechtungsklage nach § 42 Abs. 1 Alt. 1 VwGO.

Die allgemeine Archivbenutzung ist nachrangig gegenüber den sogenannten *Betroffenenrechten*.[249] Werden personenbezogene Unterlagen archiviert, stellt dies einen Eingriff in das Recht auf informationelle Selbstbestimmung der Betroffenen dar, weshalb ihnen ausgleichende Rechtspositionen zustehen. Betroffene haben das jederzeitige Recht, Auskunft und Einsicht darüber zu verlangen, ob und welche sie betreffenden Unterlagen im Archiv vorliegen. Stellen sie die Fehlerhaftigkeit der dort vorhandenen personenbezogenen Angaben fest, haben sie ferner den Rechtsanspruch, eine Gegendarstellung zu diesen Inhalten anzufertigen. Das Archiv ist verpflichtet, diese Gegendarstellung per Vermerk den Archivgütern beizufügen. Gegendarstellungen der Betroffenen werden dadurch Teil des Archivgutes. Gelöscht oder vernichtet wird das inkorrekte Archivgut jedoch deshalb nicht, weil dem Benutzer und der Forschung ein objektives Bild des Staatshandelns sowie die Nachvollziehbarkeit der fehlerhaften Anlegung der Akten bereitgestellt werden soll. Der Vorrang der Betroffenenrechte vor jenen der allgemeinen Benutzer zeigt sich in der bevorzugten Gewährung von Archivguteinsicht für die Betroffenen. Eine solche Situation kann entstehen, wenn Betroffeneneinsicht und allgemeine Benutzung zum selben Zeitpunkt beantragt werden. Zudem hat der Benutzer die korrigierenden Vermerke und Gegendarstellungen der Betroffenen nicht nur hinzunehmen, sondern auch den wissenschaft-

---

247 Vgl. Manegold 2002, S. 356f.

248 Vgl. Friedhelm Hufen, Verwaltungsprozessrecht, 10. Aufl., München 2016, § 14, Rn. 46.

249 Vgl. Petra Nau, Verfassungsrechtliche Anforderungen an Archivgesetze des Bundes und der Länder, Kiel 2000, S. 260f; Hausmann 2016, S. 93-96; Michael Scholz, Besondere Fälle, in: Irmgard Becker/Clemens Rehm (Hrsg.), Archivrecht für die Praxis, München 2017, S. 171-175; Hannes Berger, Sächsisches Archivgesetz. Kommentar, Hamburg 2018, S. 94-99.

lichen Standards entsprechend zu berücksichtigen. Gleichwohl hat der Vorrang der Wahrnehmung der Betroffenenrechte nur begrenzten Einfluss auf die Ausübung des subjektiv-öffentlichen Benutzungsanspruches.

(2) Grenzen des Informationszugangs: Einschränkung und Versagung der Benutzung

Gravierender für die Ausübung des Archivzugangs können die Vorschriften über die Einschränkung und Versagung sein. Diese Normen haben das Potential, den Archivzugang ganz oder teilweise zu verhindern. Es ist zu differenzieren zwischen einer *gebundenen Entscheidung*, nach der die Archivverwaltung eine Benutzung einzuschränken oder zu versagen hat, wenn zwingende Gründe vorliegen, und einem *Ermessensspielraum* im Rahmen anderer vorliegender Gründe.

Zwingend einzuschränken oder ganz zu versagen ist ein Archivzugang immer dann, wenn durch die Benutzung eines bestimmten Archivguts das *Wohl des Bundes oder eines seiner Länder* gefährdet würde.[250] Das Archiv muss diese potentielle Gefährdung nicht detailliert und auf Tatsachen gestützt nachweisen, sondern es reicht ein „Grund zu der Annahme" dieser Gefährdungssituation. Das Öffentlichwerden des Archivgutinhalts müsste im Einzelfall besonderen öffentlichen Interessen von Bund oder Ländern entgegenstehen, etwa indem sicherheitsrelevante Informationen oder außenpolitische Belange bekannt würden.[251] Es muss sich dabei um „Vorgänge

---

250 Siehe § 13 Abs. 1 S. 1 Nr. 1 BArchG; § 6 Abs. 6 S. 1 Nr. 1 LArchG BW; Art. 10 Abs. 2 S. 3 Nr. 1 BayArchivG; § 9 Abs. 9 Alt. 1 ArchGB; § 7 Abs. 2 S. 1 Nr. 1 BremArchivG; § 11 Abs. 1 Nr. 1 BbgArchivG; § 5 Abs. 5 S. 1 Nr. 1 HmbArchivG; § 14 Abs. 1 Nr. 1 HArchivG; § 9 Abs. 2 Nr. 1 LArchivG MV; § 5 Abs. 4 Nr. 1 NArchG; § 6 Abs. 2 S. 1 Nr. 1 ArchivG NRW; § 3 Abs. 2 Nr. 1 LArchG Rlp; § 11 Abs. 8 Nr. 2 SArchG; § 9 Abs. 2 S. 1 Nr. 1 SächsArchivG; § 10 Abs. 2 Nr. 1 ArchG LSA; § 9 Abs. 2 Nr. 2 LArchG SH; § 18 Abs. 1 Nr. 1 ThürArchivG.

251 Das BVerwG, NVwZ 2013, S. 1287 spricht hierbei von „Nachteilen", die durch das Bekanntwerden des Archivinhalts für Bund und Länder entstehen könnten. In einer anderen Entscheidung, BVerwG, Beschluss vom 20. Dezember 2016 20 F 10.15, Rn. 7, heißt es, das Wohl des Bundes ist gefährdet, „wenn die Bekanntgabe des Akteninhalts die künftige Erfüllung der Aufgaben der Sicherheitsbehörden einschließlich deren Zusammenarbeit mit anderen Behörden, zumal mit Nach-

von erheblicher staatspolitischer Bedeutung" handeln, die etwa die Funktionsfähigkeit des Staates, seiner Einrichtungen, die Sicherheit nach innen oder außen oder die Beziehung zu anderen Staaten betreffen.[252] Hält das Archiv die zur Einsicht begehrten Archivunterlagen für besonders relevant für das Staatswohl, kann es selbst in einem anschließenden Verwaltungsgerichtsverfahren die Unterlagen gegenüber dem Gericht zurückhalten und seine Benutzungsversagung lediglich ausführlich darlegen und begründen.[253]

Weiterhin können *schutzwürdige Belange Betroffener* eine teilweise oder gänzliche Zugangsversagung im Archiv auslösen.[254] Während personenbezogenes Archivgut grundsätzlich nach Ablauf der personenbezogenen Schutzfristen benutzbar ist, kann sich aus dem speziellen Charakter des Archivgutinhaltes ergeben, dass die Bekanntgabe zu tief in das Persönlichkeitsrecht des Betroffenen oder einer anderen involvierten Person eingreifen würde.[255] Dies kann beispielsweise der Fall sein, wenn Patientenakten aus öffentlich-rechtlichen Krankenhaus- oder Psychiatrieanstalten archiviert werden. Solche Inhalte eröffnen höchst sensible Informationen und Rückschlüsse über Personen und deren Angehörige.[256] Das Archiv muss hierbei ebenfalls nur den „Grund

richtendiensten anderer Staaten erschweren würde. Dies kann insbesondere der Fall sein, wenn die vom ausländischen Nachrichtendienst übermittelten Informationen vom Bundesnachrichtendienst unter Missachtung einer zugesagten oder vorausgesetzten Vertraulichkeit gleichwohl an Dritte bekannt gegeben würden".

252 Vgl. Jenny Kotte/Christin Axer, Einschränkung und Versagung des Zugangs, in: Irmgard Becker/Clemens Rehm (Hrsg.), Archivrecht für die Praxis, München 2017, S. 165-170, 166f, Zitat S. 167.

253 Dazu Manegold 2002, S. 357.

254 Siehe § 13 Abs. 1 S. 1 Nr. 2 BArchG; § 6 Abs. 6 S. 1 Nr. 2 LArchG BW; Art. 10 Abs. 2 S. 3 Nr. 2 BayArchivG; § 9 Abs. 9 Alt. 2 ArchGB; § 7 Abs. 2 S. 1 Nr. 2 BremArchivG; § 11 Abs. 1 Nr. 2 BbgArchivG; § 5 Abs. 5 S. 1 Nr. 2 HmbArchivG; § 14 Abs. 1 Nr. 2 HArchivG; § 9 Abs. 2 Nr. 3 LArchivG MV; § 6 Abs. 2 S. 1 Nr. 3 ArchivG NRW; § 3 Abs. 2 Nr. 2 LArchG Rlp; § 11 Abs. 8 Nr. 3 SArchG; § 9 Abs. 2 S. 1 Nr. 2 SächsArchivG; § 10 Abs. 2 Nr. 2 ArchG LSA; § 9 Abs. 2 Nr. 3 LArchG SH; § 18 Abs. 1 Nr. 2 ThürArchivG.

255 Vgl. Becker/Oldenhage 2006, § 5 Rn. 107.

256 Vgl. Arnd Vollmer, Aktuelle rechtliche Fragen der Archivbenutzung, in: VdA (Hrsg.), Ist der Kunde König? Was Archivbenutzer wollen und

zur Annahme“ haben, dass eine solche Gefährdung eintreten kann, um die Benutzung rechtmäßig versagen zu können.

Nach den Archivgesetzen des Bundes[257] und der Länder Berlin, Brandenburg, Bremen, Hamburg, Mecklenburg-Vorpommern, Nordrhein-Westfalen, Rheinland-Pfalz, Saarland, Sachsen, Schleswig-Holstein und Thüringen[258] ist eine Archivbenutzung außerdem zwingend zu versagen, soweit sie gegen *Geheimhaltungsvorschriften des Bundes oder der Länder* verstoßen würde. Die Landesarchivgesetze von Baden-Württemberg, Hessen, Niedersachsen und Sachsen-Anhalt kennen den Einschränkungs- oder Versagungsgrund der Benutzung aufgrund von Geheimhaltungsvorschriften nicht.

Hierbei ist zu beachten, dass sich diese spezifische Benutzungsversagung aufgrund von Geheimhaltungspflichten auf Archivgut bezieht, für das *nach wie vor* eine Verschlusssachenanordnung besteht. Das Archivgut ist selbst noch immer geheimhaltungspflichtig. Die Versagung betrifft bestimmte Ausnahmefälle, in denen selbst für das Archivgut *nach der Archivierung* noch eine fortwährende Verschlusssachenanordnung angeordnet wurde. Diese eher seltenen Archivunterlagen sind der Benutzung nicht zugänglich und entsprechende Anträge müssen versagt werden.

Von diesem Archivgut, das selbst noch geheimhaltungsbedürftig ist, muss das Archivgut abgegrenzt werden, für das zum Zeitpunkt *vor* seiner Archivierung eine Geheimhaltungspflicht angeordnet worden war, ohne dass diese Geheimhaltung nach der Archivierung aufrechterhalten wurde. Im Regelfall bezieht sich eine Geheimhaltungspflicht auf Unterlagen zum Zeitpunkt ihrer Verwendung in der Verwaltung oder bei Gericht. Werden sie zu öffentlichem Archivgut umgewidmet, unterliegen sie zwar einer sechzigjährigen Schutz-

---

Archive leisten können, Chemnitz 2012, S. 29-37, 29-33 am Beispiel der Patientenakten Klaus Kinskis.

257 § 13 Abs. 1 S. 1 Nr. 3 BArchG.

258 Art. 10 Abs. 2 S. 3 Nr. 3 BayArchivG; § 9 Abs. 9 Nr. 5 ArchGB; § 11 Abs. 1 Nr. 3 BbgArchivG; § 7 Abs. 2 Nr. 5 BremArchivG; § 5 Abs. 5 Nr. 5 HmbArchivG; § 6 Abs. 2 S. 1 Nr. 4 ArchivG NRW; § 3 Abs. 2 Nr. 4 LArchG Rlp; § 11 Abs. 8 Nr. 1 SArchG; § 9 Abs. 2 S. 1 Nr. 3 SächsArchivG; § 9 Abs. 2 Nr. 1 LArchG SH; § 9 Abs. 2 Nr. 2 LArchivG MV; § 18 Abs. 1 Nr. 3 ThürArchivG.

frist, sind aber spätestens mit Ablauf dieser Frist nicht mehr geheimhaltungsbedürftig.[259] Ihre Benutzung ist fortan grundsätzlich zulässig.

Die Einschränkung oder Versagung der Benutzung aufgrund eines Geheimnisschutzes über das Archivgut kann demnach nur in den obengenannten Ländern und im Bund vorgenommen werden. In Baden-Württemberg, Hessen, Niedersachsen und Sachsen-Anhalt, die diesen besonderen Grund in ihren Archivgesetzen nicht kennen, ist die Benutzung ehemals geheimzuhaltender Unterlagen stets nach sechzig Jahren zulässig.

Es ist fraglich, aus welchen Gründen sich eine weitere Geheimhaltung von Archivgut ergeben kann. Rechtsvorschriften, aufgrund dieser die Geheimhaltung einer Unterlage angeordnet werden kann, ergeben sich etwa aus dem Strafrecht[260], aus öffentlich-rechtlichen Normen[261] und aus zivilrechtlichen Normen[262]. Die Beibehaltung des Geheimnisschutzes nach der Umwidmung einer Unterlage zu Archivgut muss explizit im Übergabeverfahren ausgesprochen werden. Im Übrigen gilt, dass eine Beibehaltung der Geheimnisschutzanordnung nach der Archivierung von der abgebenden Stelle substantiiert zu begründen und nur in Ausnahmefällen üblich ist.[263] Soweit eine Archivunterlage noch immer beispielsweise als Verschlusssache eingestuft ist und diese VS-Anordnung durch die abgebende Stelle nicht formal aufgeho-

---

259 Vgl. Udo Schäfer, Rechtsvorschriften über Geheimhaltung, in: Rainer Polley (Hrsg.), Archivgesetzgebung in Deutschland – Ungeklärte Rechtsfragen und neue Herausforderungen, Marburg 2003, S. 39-69, 39: Solche Unterlagen, „die als Registraturgut besonderen Geheimnissen unterlagen."; Kotte/Axer, in: Becker/Rehm 2017, S. 167f.

260 § 203 Abs. 2 StGB (Offenbarung von Privatgeheimnissen, die durch eine amtliche Tätigkeit anvertraut wurde); § 353b StGB (Offenbarung von Amtsgeheimnissen); § 355 StGB (Offenbarung von Steuergeheimnissen).

261 § 35 SGB I (Sozialgeheimnis); § 4 SÜG i.V.m. §§ 26, 27 Allgemeine Verwaltungsvorschrift des Bundesministeriums des Innern zum materiellen und organisatorischen Schutz von Verschlusssachen. Zu den Verschlusssachen etwa auch § 4 Thüringer Sicherheitsüberprüfungsgesetz. Die Amtsverschwiegenheit aller Beamten ergibt sich weiterhin aus § 37 BeamtStG.

262 Etwa § 1758 BGB (Adoptionsgeheimnis).

263 Vgl. Becker/Oldenhage 2006, § 5, Rn. 106.

ben wurde, muss das jeweilige Archiv die Benutzung einschränken oder versagen.[264] Das gilt auch nach Ablauf der sechzigjährigen Schutzfrist. Je länger eine Geheimhaltungsanordnung für Archivgut aufrechterhalten wird, desto größer wird der Begründungsaufwand für die abgebende Stelle, sobald ein konkreter Benutzerantrag für dieses Archivgut gestellt wird.

Andersartige Einschränkungen und Versagungen der Benutzung können sich natürlicherweise aus problematischen *Erhaltungszuständen* des Archivgutes ergeben.[265] Besteht die Gefahr der weiteren Beeinträchtigung oder Zerstörung der Archivgüter durch die Benutzung, so muss den Restaurierungsmaßnahmen und dem Bestandserhalt der Vorrang gewährt werden.[266] Nur auf diese Weise kann eine fortdauernde Benutzung gewährleistet werden. Die Versagung oder Einschränkung der Benutzung kann sich dabei nur auf den Zeitraum beschränken, der für die Erhaltungsmaßnahmen auch benötigt wird.

Schließlich besitzt die Archivverwaltung durch die Archivgesetze die rechtliche Möglichkeit, ihre *Funktionsfähigkeit* aufrechtzuerhalten. Werden Benutzungsanträge gestellt, die die Archivverwaltung vor unangemessene Arbeitsaufwände stellen, dann haben die Archive die rechtliche Handhabe, diese Informationszugänge auf ein verhältnismäßiges Maß einzuschränken oder zu versagen.[267] Ein Informationszugangs-

---

264 Vgl. Manegold 2002, S. 343.

265 Siehe § 13 Abs. 2 Nr. 1 BArchG; § 6 Abs. 6 S. 1 Nr. 3 LArchG BW; Art. 10 Abs. 2 S. 3 Nr. 4 BayArchivG; § 9 Abs. 9 Alt. 3 ArchGB; § 7 Abs. 2 S. 1 Nr. 3 BremArchivG; § 11 Abs. 1 Nr. 4 BbgArchivG; § 5 Abs. 5 S. 1 Nr. 3 HmbArchivG; § 14 Abs. 1 Nr. 3 HArchivG; § 9 Abs. 2 Nr. 4 LArchivG MV; § 5 Abs. 4 Nr. 2 NArchG; § 6 Abs. 2 S. 1 Nr. 5 ArchivG NRW; § 3 Abs. 2 Nr. 3 LArchG Rlp; § 11 Abs. 8 Nr. 4 SArchG; § 9 Abs. 2 S. 1 Nr. 4 SächsArchivG; § 10 Abs. 2 Nr. 3 ArchG LSA; § 9 Abs. 2 Nr. 4 LArchG SH; § 18 Abs. 1 Nr. 4 ThürArchivG.

266 Vgl. Kotte/Axer, in: Becker/Rehm 2017, S. 168.

267 Siehe § 13 Abs. 2 Nr. 2 BArchG; § 6 Abs. 6 S. 1 Nr. 4 LArchG BW; Art. 10 Abs. 2 S. 3 Nr. 5 BayArchivG; § 9 Abs. 9 Alt. 6 ArchGB; § 7 Abs. 2 S. 1 Nr. 4 BremArchivG; § 11 Abs. 1 Nr. 5 BbgArchivG; § 5 Abs. 5 S. 1 Nr. 4 HmbArchivG; § 14 Abs. 1 Nr. 4 HArchivG; § 9 Abs. 2 Nr. 5 LArchivG MV; § 6 Abs. 2 S. 1 Nr. 6 ArchivG NRW; § 11 Abs. 8 Nr. 5 SArchG; § 9 Abs. 2 S. 1 Nr. 5 SächsArchivG; § 10 Abs. 2 Nr. 4 ArchG LSA; § 9 Abs. 2 Nr. 5 LArchG SH; § 18 Abs. 1 Nr. 5 ThürArchivG.

begehren führt dann zu einem unverhältnismäßigen Verwaltungsaufwand, wenn die Zugangsgewährung „einen im Verhältnis zum Erkenntnisgewinn des Anspruchsstellers und der Allgemeinheit unvertretbaren Aufwand an Kosten oder Personal erfordern würde oder aber auch bei zumutbarer Personal- und Sachmittelausstattung sowie unter Ausschöpfung aller organisatorischen Möglichkeiten die Wahrnehmung der vorrangigen Sachaufgaben der Behörde erheblich behindern würde“[268]. Eine Archivbenutzung darf nicht zum Erliegen der übrigen Archivaufgaben, beispielsweise andere Benutzungen, die Bewertung, die Übernahme und die Erschließung neuer Unterlagen im Archiv, führen.

Das Vorliegen einer dieser Gründe führt nach der Rechtslage der überwiegenden Mehrzahl der Archivgesetze zu der zwingenden Rechtsfolge, dass die beantragte Archivbenutzung einzuschränken oder gänzlich zu versagen ist. Die Archivverwaltung ist in ihrer Entscheidung über die Frage, ob sie die beantragte Benutzung, die auf einen der eben genannten Gründe stößt, einschränkt oder versagt, nicht frei. Nur in wenigen Ausnahmen, die allein im Archivrecht des Bundes, des Saarlandes und Niedersachsens existieren, räumen die Archivgesetze der Archivverwaltung beim Vorliegen eines Versagungsgrundes ein *Ermessen* über die Einschränkung oder Versagung ein.[269] Abgesehen von diesen wenigen Ausnahmen führt das Vorliegen eines besonderen Grundes zu der gebundenen Entscheidung, nach der die beantragte Benutzung einzuschränken oder zu versagen ist.

Da es sich bei der Einschränkung oder Versagung des Archivzugangs um einen Eingriff in die Grundrechte aus Art. 5

---

268 BVerwG, NVwZ 2016, S. 1014-1019, 1016, Rn. 24, hier jedoch in Auslegung des § 7 Abs. 2 IFG. Auf das gleiche nicht mehr angemessene Verhältnis zwischen Benutzungszweck und Archivaufwand stellt auch das Archivrecht ab: „Erfasst werden Extremfälle, in denen der Verwaltungsaufwand außer Verhältnis zum Nutzungszweck steht.“ Zitat bei Schoch/Kloepfer/Garstka 2007, S. 194.

269 Das betrifft lediglich die Gründe des Erhaltungszustandes und des Archivaufwands nach § 13 Abs. 2 BArchG (Wortlaut: „Im Übrigen kann das Bundesarchiv die Nutzung einschränken oder versagen, wenn [...]“; und die Vorschriften über Einschränkung und Versagung nach den Archivgesetzen des Saarlandes (§ 11 Abs. 8 SArchG: „kann“) und Niedersachsens (§ 5 Abs. 4 NArchG: „kann“).

Abs. 1 S. 1 Hs. 2 bzw. Art. 5 Abs. 3 S. 1 GG handelt, kommt das Übermaßverbot zum Tragen.[270] Die Begrenzung der Benutzung muss deshalb verhältnismäßig bleiben und darf die grundrechtliche Ausübung nicht erdrücken. Bevor es also zu einer *Versagung*, das bedeutet die gänzliche Verweigerung des beantragten Benutzungsumfangs, als eingriffsinvasivste Maßnahme kommt, muss die Archivverwaltung das Vorhandensein milderer Mittel prüfen. Einschränkungen und Versagungen sind nur dann durchzuführen, wenn bzw. soweit einer der benannten Gründe besteht.[271] Bereits angemessene und mildere Maßnahmen durch die Archivverwaltung, beispielsweise eine (Teil-)Anonymisierung der personenbezogenen Unterlagen, die Vorlage von Kopien oder anderen Reproduktionen von im Erhaltungszustand gefährdeten Archivgütern, die Verhängung von Auflagen gegenüber dem Benutzer oder zumindest eine teilweise Genehmigung der Benutzung, können eine maximalinvasive Benutzungsversagung unnötig machen. Sind solche milderen Maßnahmen für die Archive möglich, kann es dazu kommen, dass durch ihre Anwendung bereits der Versagungsgrund gar nicht mehr vorliegt. Besteht beispielsweise die Möglichkeit, eine Kopie eines stark beschädigten Archivdokuments anstatt des Originals zur Benutzung vorzulegen, dann existiert der Grund für eine Benutzungsversagung gar nicht. Letztlich sind Benutzungs*einschränkungen*, die im Einzelfall als milderes Mittel zur Verfügung stehen, stets der Benutzungsversagung vorzuziehen.[272]

(3) Schutzfristenrecht und Schutzfristenverkürzung

Das Informationszugangsrecht des Archivrechts ist über den grundsätzlichen Zugangsanspruch und die Einschränkungsmöglichkeiten aus wichtigem Grund hinaus weiterhin durch das komplexe Schutzfristenrecht geprägt. Liegen keine besonderen Gründe vor, die es rechtfertigen, eine Benutzung im

---

270 Vgl. Schoch, Die Verwaltung 39 (2006), S. 488.

271 Klar ist auch der Wortlaut der Archivnormen: Einschränkung und Versagung nur „wenn" bzw. „soweit" die besonderen Gründe vorliegen, z. B. § 18 Abs. 1 ThürArchivG; § 3 Abs. 2 LArchG Rlp; § 6 Abs. 2 ArchivG NRW; § 10 Abs. 2 ArchG LSA.

272 Vgl. Schoch, Die Verwaltung 39 (2006), S. 488.

Archiv zu versagen oder einzuschränken, dann ist der Archivzugang zulässig. Gleichwohl findet die Benutzung von öffentlichen Archivgütern grundsätzlich erst nach dem Ablauf von Schutzfristen statt.[273] Archivrechtliche Schutzfristen sperren für eine definierte Zeitspanne den Zugang zu Archivunterlagen. Sie verfolgen damit verschiedene Schutzziele. Das Schutzfristenregime des Archivrechts stellt eine einfachgesetzliche Ausgestaltung der Austarierung verfassungsrechtlicher Positionen für den archivischen Einzelfall dar.[274] Das strenge Regel-Ausnahme-System der Schutzfristen ist das zentrale Abwägungsinstrument der Archivverwaltung, um Informationsansprüche, Persönlichkeitsrechte und öffentliche Interessen an Geheimnisschutz und Funktionsfähigkeit der Archive in bestmöglichen Ausgleich zu bringen.

Allgemeine Schutzfrist

Die Benutzung von Sachakten ohne besonderen personenbezogenen oder geheimzuhaltenden Inhalt unterliegt grundsätzlich einer Schutzfrist von 30 Jahren. Als Fristbeginn zählt im Archivrecht nicht der Zeitpunkt der Übergabe an das Archiv, sondern der Zeitpunkt der „Entstehung der Unterlage". Der Zeitpunkt der Entstehung meint dabei das Datum der letzten inhaltlichen Bearbeitung, durch den die Unterlage in jenen inhaltlichen Zustand versetzt wurde, wie er später im Archiv übernommen wurde.[275] Die dementsprechenden Informationen über die letzte Bearbeitung und die Schließung einer Akte sind unbedingt bei der Übergabe an das Archiv mitzuteilen,

273 Vgl. Peter Collin, Die archivrechtliche Regulierung des Zugangs zu öffentlichen Informationen, in: Thomas Dreier et al. (Hrsg.), Informationen der öffentlichen Hand, Baden-Baden 2016, S. 209-228, 214f; Stefan Ittner, Zugangsregelungen zu Archivgut in den Archivgesetzen des Bundes und der Länder, Perspektive Bibliothek 2012, S. 196-215, 200.

274 Vgl. Ittner, Perspektive Bibliothek 2012, S. 200.

275 Z. B. § 13 Abs. 1 S. 1 HArchivG; § 7 Abs. 1 S. 1 ArchivG NRW; § 5 Abs. 2 S. 1 NArchG („letzten inhaltlichen Bearbeitung des Schriftgutes"); § 2 Abs. 5 SächsArchivG. Besteht eine Unterlage aus mehreren Dokumenten, dann dürfte der Entstehungszeitpunkt von der letzten Bearbeitung des jüngsten Dokuments ausschlaggebend sein, vgl. Christine Axer, Schutzfristen, in: Irmgard Becker/Clemens Rehm (Hrsg.), Archivrecht für die Praxis, München 2017, S. 142-152, 145.

soweit sie sich nicht bereits aus dem Akteninhalt ergeben, damit das Archiv bei der Bewertung und Erschließung auch die Schutzfristen berechnen kann. Wird nun eine übliche Sachakte archiviert, dann ist sie erst nach dem Ablauf der allgemeinen dreißigjährigen Schutzfrist für eine allgemeine Benutzung zugänglich. Zur Begründung der allgemeinen Schutzfrist werden hauptsächlich zwei Argumente herangeführt. Einerseits soll die Verzögerung von 30 Jahren einen womöglichen Kontrolldruck auf die Verwaltungsorganisation und den einzelnen Sachbearbeiter verhindern. Eine unmittelbare Zugänglichkeit von Sachunterlagen würde eine Einsehbarkeit und damit die Bewertung der Verwaltungshandlungen und Entscheidungen durch jedermann nach nur kurzem zeitlichen Ablauf in Einzelfällen möglich machen. Dies könne eine unbefangene Verwaltungstätigkeit beeinträchtigen, weshalb eine Sperrung der Unterlagen für einen Zeitraum von 30 Jahren dem Schutz der Verwaltung und ihrer Sachbearbeiter diene.[276] Andererseits wird angeführt, dass auch die Archivverwaltung eine gewisse Zeit benötige, um das übernommene Archivgut ordnungsgemäß zu sichten und zu erschließen.[277] Eine sofortige Zugangsmöglichkeit brächte auch die Erschließungsarbeit der Archive durcheinander. Gegen diese Argumente regt sich Kritik.[278] Insbesondere die Länge der allgemeinen Schutzfrist soll einer Überprüfung unterzogen werden. Ob für den Schutz der Unbefangenheit der Verwaltungsmitarbeiter sowie für das Erschließen der Unterlagen im Archiv eine Dauer von drei Jahrzehnten erforderlich ist, darf demnach bezweifelt werden. Indem erste Landesge-

276 Vgl. Axer, in Becker/Rehm 2017, S. 144: Es „sollen verwaltungsinterne Informationen und deren Entscheidungsträger für die Phase der Entscheidung(sfindung) geschützt werden“; Hausmann 2016, S. 81; Manegold 2002, S. 268f mit weiteren Nachweisen aus den Gesetzgebungsmaterialien; Becker/Oldenhage 2006, § 5, Rn. 15.

277 Vgl. Julia Brüdegam, Festsetzung von Schutzfristen, in: Irmgard Becker (Hrsg.), Schutzfristen – Festlegung und Verkürzung, Marburg 2012, S. 61-90, 65.

278 Vgl. Schoch 2006, S. 487; Mangegold, S. 271: angesichts der Wissenschaftsfreiheit sei die allgemeine Schutzfrist immer „auf Null“ zu verkürzen und könne nur als „subsidiäre Bearbeitungsfrist Bestand haben“; Schoch/Kloepfer/Garstka 2007, S. 33; Schneider, in: Roßnagel 2003, S. 1621, Rn. 22.

setzgeber die allgemeine Schutzfrist für Archivgut auf zehn Jahre verkürzen, zeigt sich, dass diese Kritik wahrgenommen wird.[279] Inwiefern diese Problemlage durch die Archivrechtsreformen zufriedenstellend angegangen wurde, wird in Kapitel 3 ausführlich analysiert.

Wiederum spezialgesetzlich geregelt ist der Zugang zu Akten des Bundesverfassungsgerichts, die an das Bundesarchiv abgegeben wurden. Gemäß § 35b Abs. 5 S. 1 BVerfGG gilt für die Benutzung der Akten des Bundesverfassungsgerichts ebenfalls eine Schutzfrist von 30 Jahren. Maßgeblicher Zeitpunkt für den Fristbeginn ist hierbei der Abschluss des jeweiligen Verfahrens.[280]

Personenbezogene Schutzfristen

Die Benutzung von öffentlichem Archivgut, „das sich seiner Zweckbestimmung oder seinem wesentlichen Inhalt nach auf eine oder mehrere natürliche Personen bezieht"[281], unterliegt besonderen und längeren Schutzfristen. Allein die Nennung von Personen in einzelnen Dokumenten macht eine Unterlage noch nicht zu einer personenbezogenen Unterlage. Vielmehr muss die (Archiv-)Unterlage sich gemäß ihrem Zweck auf eine Person beziehen, also etwa eine Reihe von Einzelangaben über eine Person beinhalten mit dem Ziel, eine gewisse Fülle an zusammengestellten Informationen zu einer Person bereitzustellen. Typischerweise trifft dies für Personal- oder Patientenakten oder für Unterlagen in Steuerverfahren zu. Eine Unterlage kann auch dann „personenbezogen" sein, wenn ihr Inhalt wesentliche Angaben über Einzelpersonen offenbart, ohne dass die Unterlage allein für das Zusammentragen der personenbezogenen Informationen angelegt wurde. Beispielsweise enthalten Bauplanungsunterlagen viele Informationen, die sich gezielt auf den Bauherrn zurückführen lassen und ein wesentliches Bild über ihn zusammenstellen. Trotzdem ist die Zweckbestimmung der Bauunterlagen die ord-

279 Z. B. § 9 Abs. 2 S. 1 ArchGB; § 10 Abs. 1 BbgArchivG; § 9 Abs. 3 S. 1 LArchG SH.

280 Vgl. Christofer Lenz/Ronald Hansel, Bundesverfassungsgerichtsgesetz. Handkommentar, 2. Aufl., Baden-Baden 2015, § 35b, Rn. 10.

281 Vgl. § 11 Abs. 2 BArchG; ähnlicher Wortlaut in § 10 Abs. 1 S. 2 Nr. 3 SächsArchivG; § 10 Abs. 3 BbgArchivG; § 13 Abs. 2 S. 1 HArchivG.

nungsgemäße Durchführung des Bauverfahrens und nicht das Anlegen einer Akte über den Bauherrn. Insofern können auch Unterlagen mit wesentlich auf natürliche Personen bezogenem Inhalt personenbezogene Unterlagen sein.[282] Grundsätzlich reicht der Persönlichkeitsschutz bis über den Tod hinaus[283], weshalb das Archivrecht über die allgemeine Schutzfrist von 30 Jahren hinaus längere personenbezogene Schutzfristen ansetzt. Die Berechnung dieser besonderen Schutzfristen kann, je nach Kenntnisstand der Archivverwaltung, mehrere Schritte umfassen. Zunächst ist die Benutzung personenbezogener Schutzfristen grundsätzlich *zehn Jahre nach dem Todeszeitpunkt* einer betroffenen Person zulässig.[284] Dies setzt voraus, dass das Todesjahr dem öffentlichen Archiv bekannt ist.[285] Grundsätzlich ist bei der Bestimmung der Schutzfristen im Rahmen eines Benutzerantrages der Amtsermittlungsgrundsatz nach § 24 VwVfG anzuwenden, was zur Folge hat, dass die Archivverwaltung das Todesjahr der betroffenen Person zu ermitteln hat.[286] Im Sinne eines auch für den Benutzer zweckmäßigen Verfahrens findet die Amtsermittlung in einigen Archivgesetzen dann ihre Grenze, wenn das Todesjahr nicht oder nur unter unverhältnismäßigem Aufwand ermittelbar ist.[287] Stattdessen wird sodann auf das *Geburtsjahr* der betroffenen Person abgestellt mit der Maßgabe, dass der Persönlichkeitsschutz nach einer Frist von 90[288], 100[289] oder 110[290] Jahren endet. Für den weiteren Fall,

---

282 Vgl. Schoch/Kloepfer/Garstka 2007, S. 204f.

283 BVerfGE 30, 173, 194.

284 Z. B. § 10 Abs. 3 S. 1 BbgArchivG; § 13 Abs. 2 S. 1 HArchivG; § 3 Abs. 3 S. 1 LArchG Rlp; § 7 Abs. 1 S. 3 Nr. 1 ArchivG NRW; § 17 Abs. 1 S. 2 ThürArchivG.

285 Z. B. § 7 Abs. 1 S. 3 Nr. 1 ArchivG NRW.

286 Die kann etwa durch Anfragen bei den Standesämtern oder den Meldeämtern geschehen, vgl. Polley, in: Bannasch 1995, S. 73.

287 Z. B. § 11 Abs. 2 S. 2 BArchG; § 6 Abs. 2 S. 3 LArchG BW; § 17 Abs. 1 S. 3 ThürArchivG.

288 Art. 10 Abs. 3 S. 3 BayArchivG; § 10 Abs. 3 S. 2 BbgArchivG; § 6 Abs. 2 S. 3 LArchG BW; § 5 Abs. 2 Nr. 2 S. 2 HmbArchG; § 11 Abs. 3 S. 2 SArchG; § 9 Abs. 3 S. 3 LarchG SH.

289 § 11 Abs. 2 S. 2 BArchG; § 9 Abs. 3 S. 4 ArchGB; § 7 Abs. 3 S. 3 BremArchivG; § 13 Abs. 2 S. 2 HArchivG; § 5 Abs. 2 S. 3 NArchG; § 7 Abs. 1 S. 3 Nr. 2 ArchivG NRW; § 3 Abs. 3 S. 2 LArchG Rlp; § 10 Abs. 1 S. 2 Nr. 3 lit. b SächsArchivG; § 17 Abs. 1 S. 2 ThürArchivG.

dass sich auch das Geburtsjahr der betroffenen Person nicht bereits aus den Archivunterlagen ergibt (z. B. Wortlaut § 9 Abs. 3 S. 5 ArchGB: „Ist auch das Geburtsjahr dem Landesarchiv Berlin nicht bekannt ...") oder im Rahmen verhältnismäßiger Amtsermittlungen feststellen lässt (§ 5 Abs. 2 S. 1 Nr. 2 HmbArchivG: „mit vertretbarem Aufwand festzustellen"), gilt nach einigen Archivgesetzen der Rückgriff auf eine sechzigjährige Schutzfrist ab dem Zeitpunkt der Entstehung der personenbezogenen Unterlage.[291]

Besondere Schutzfrist für der Geheimhaltung unterliegende Unterlagen

Neben der allgemeinen Schutzfrist und der personenbezogenen Schutzfrist kennt das Archivrecht schließlich eine dritte Kategorie von Schutzfristen. Archivgüter, die zum Zeitpunkt *vor* ihrer Archivierung einer Rechtsvorschrift über Geheimhaltung unterlagen[292], beziehungsweise Archivgüter, „die sich nach ihrer Zweckbestimmung auf einen durch ein Berufsgeheimnis, ein besonderes Amtsgeheimnis oder einen durch sonstige Rechtsvorschrift über Geheimhaltung geschützten Lebenssachverhalt beziehen"[293], sind überwiegend erst nach einer längeren allgemeinen Schutzfrist von 60 Jahren benutzbar.[294] Maßgeblicher Zeitpunkt ist hierbei wiederum die Entstehung der Unterlage, womit das Datum der letzten inhaltlichen Bearbeitung gemeint ist. Über die Frage, was unter

---

290 § 10 Abs. 3 S. 2 ArchG LSA.

291 Vgl. § 10 Abs. 3 S. 3 BbgArchivG; § 7 Abs. 3 S. 4 BremArchivG; § 5 Abs. 2 S. 1 Nr. 2 HmbArchivG; § 13 Abs. 2 S. 3 HArchivG; § 7 Abs. 1 S. 3 Nr. 3 ArchivG NRW; § 3 Abs. 3 S. 1 LArchG Rlp; § 11 Abs. 3 S. 3 SArchG; § 10 Abs. 1 S. 2 Nr. 3 lit. c SächsArchivG; § 9 Abs. 3 S. 4 LArchG SH; § 10 Abs. 1 S. 4 LArchivG MV. Beachte auch Berlins Frist von 70 Jahren: § 9 Abs. 3 S. 5 ArchGB.

292 Bspw. § 6 Abs. 2 S. 2 LArchG BW.

293 So die Definition in § 10 Abs. 1 S. 2 Nr. 2 SächsArchivG.

294 § 11 Abs. 3 BArchG; Art. 10 Abs. 3 S. 4 BayArchivG; § 7 Abs. 3 S. 2 BremArchivG; § 6 Abs. 2 S. 2 LArchG BW; § 5 Abs. 2 S. 1 Nr. 3 HmbArchivG; § 13 Abs. 1 S. 2 HArchivG; § 7 Abs. 1 S. 2 ArchivG NRW; § 3 Abs. 3 S. 3 LArchG Rlp; § 11 Abs. 2 S. 1 SArchG; § 10 Abs. 1 S. 2 Nr. 2 SächsArchivG; § 10 Abs. 3 S. 3 ArchG LSA; § 17 Abs. 3 S. 1 ThürArchivG. Frist von 30 Jahren: § 9 Abs. 2 S. 2 ArchGB; § 10 Abs. 2 BbgArchivG; § 9 Abs. 3 S. 3 LarchG SH; § 10 Abs. 1 S. 2 LArchivG MV. Frist von 50 Jahren: § 5 Abs. 2 S. 2 NArchG.

geheimhaltungsbedürftigen Unterlagen zu verstehen ist, gibt beispielsweise § 11 Abs. 2 S. 2 SArchG die im Vergleich mit den übrigen Archivgesetzen konkreteste Auskunft: *„Hierzu gehören insbesondere Verschlusssachen und Unterlagen, die dem Steuergeheimnis, dem Bankgeheimnis, dem Sozialgeheimnis oder der ärztlichen Schweigepflicht unterliegen."* Rechtsvorschriften über die Geheimhaltung von Informationen oder Unterlagen können sich vielfach aus dem Bundesrecht[295], aber auch aus einzelnen Landesvorschriften ergeben[296]. Wann immer eine Archivunterlage durch eine solche Norm *vor* ihrer Archivierung der Geheimhaltung unterlag, muss die besondere Schutzfrist bei ihrer Archivbenutzung beachtet werden. Für den Fall, dass ein Landesarchiv Archivgüter des Bundes übernommen hat, verweisen die Archivgesetze teilweise auf die Anwendbarkeit der Geheimhaltungsschutzfrist nach dem Bundesarchivgesetz, die ebenfalls 60 Jahre beträgt.[297]

Wichtig ist es, stets zu unterscheiden, ob die Unterlage nur *vor* ihrer Archivierung einer Rechtsvorschrift über die Geheimhaltung unterlag, oder ob sie auch *nach* ihrer Archivierung der Geheimhaltung unterliegt. Für Archivgüter, die als Registraturgut in der Verwaltung geheimzuhalten waren, gilt die sechzigjährige Schutzfrist nach ihrer Archivierung.

---

295 Z. B. §§ 203, 353b, 355 StGB; § 30 Abgabenordnung; § 35 SGB I; § 1758 BGB; § 37 BeamtStG; § 4 SÜG; § 17 i.V.m. Anlage 3 Geschäftsordnung des Deutschen Bundestages.

296 Die Landesnormen können ganz unterschiedlich ausfallen: § 2 der Verschlusssachenordnung des Landtags von Nordrhein-Westfalen regelt die Vertraulichkeit von Verschlusssachen des Landesparlaments; nach § 14 Berliner Untersuchungsausschussgesetz können Beratungen, Beweismittel und Beweiserhebungen als geheimhaltungsbedürftig eingestuft werden; nach den Heilberufegesetzen der Länder werden öffentlich-rechtliche Körperschaften geschaffen, die in eigener Verantwortung Berufsordnungen erlassen und darin die Verschwiegenheitspflichten der Heilberufsausübenden gegenüber ihren Patienten festschreiben. Beispiel § 5 Abs. 1 Nr. 5 Thüringer Heilberufegesetz i.V.m. § 7 Berufsordnung für Thüringer Zahnärzte.

297 Z. B. die Verweisungen in Art. 10 Abs. 3 S. 5 BayArchivG; § 10 Abs. 4 BbgArchivG (nur für das Sozialgeheimnis); § 5 Abs. 3 S. 1 NArchG (nur für das Sozialgeheimnis); § 10 Abs. 1 S. 3 SächsArchivG (Schutzfristen des BArchG für alle Archivgüter des Bundes im Sächsischen Staatsarchiv).

Mit Ablauf dieser Frist ist die Benutzung unproblematisch zulässig.[298] Unterliegt die Unterlage jedoch auch nach der Archivierung der Geheimhaltung oder einer Verschlusssachenanordnung, dann ist die Archivverwaltung an die Vorschriften über die Benutzungs*versagung* gebunden, soweit das jeweilige Archivgesetz die Geheimhaltung als Versagungsgrund kennt.[299] Regelt das Archivgesetz diesen Versagungsgrund, dann ist die Benutzung auch nach Ablauf der besonderen Geheimhaltungsschutzfrist weiterhin nicht zulässig. Die Aufrechterhaltung der Geheimhaltung einer Unterlage auch nach ihrer Widmung zu öffentlichem Archivgut muss durch die abgebende Stelle jedoch schlüssig und überprüfbar begründet werden, ebenso eine Nutzungsversagung gegenüber einem Antragsteller.[300]

Erneut findet sich eine spezialgesetzliche Zugangsnorm im Bundesverfassungsgerichtsgesetz. Neben den üblichen Verfahrensakten, für die gemäß § 35b Abs. 5 S. 1 BVerfGG die Schutzfrist von 30 Jahren im Bundesarchiv gilt, enthält § 35b Abs. 5 S. 2 BVerfGG eine Sonderregelung. Sie betrifft die „Entwürfe von Urteilen, Beschlüssen und Verfügungen, Arbeiten zu ihrer Vorbereitung und Dokumente, die Abstimmungen betreffen". Diese besonderen internen Gerichtsunterlagen, die Rückschlüsse auf die Beratungs- und Abstimmungstätigkeit des Bundesverfassungsgerichts zulassen, werden gleichgesetzt mit geheimzuhaltenden Unterlagen und sind ebenfalls erst nach einer Frist von 60 Jahren zugänglich.[301] Der Wert für die rechtshistorische Forschung durch die nunmehr sukzessive eintretende Zugänglichkeit der ver-

---

298 Vgl. Axer, in: Becker/Rehm 2017, S. 146; Sächsischer Landtag, Drucksache 5/9386, S. 10; Schäfer, in: Polley 2003, S. 39; Manegold 2002, S. 328: denn Archivgut zeichnet sich gerade durch seine Widmung zur grds. Benutzung durch die Öffentlichkeit aus.

299 Die Bindung des Archives an die aufrechterhaltene Geheimhaltung wird teilweise explizit angesprochen, etwa in § 5 Abs. 2 S. 3 NArchG, der bestimmt, dass die Benutzung von Verschlussachen solange ausgeschlossen bleibt, bis ihre Vertraulichkeit und Geheimhaltung (durch die abgebende Stelle) aufgehoben werden.

300 Vgl. Becker/Oldenhage 2006, § 5, Rn. 106; Manegold 2002, S. 343.

301 Damit soll dem gerichtlichen Beratungsgeheimnis Rechnung getragen werden, vgl. Lechner/Zuck 2015, § 35b, Rn. 6.

fassungsgerichtlichen Beratungen und Abstimmungen ist sehr hoch anzusetzen.[302]

(4) Ausnahmen der Schutzfristen

Es wurde bereits angesprochen, dass das Schutzfristenregime der Archivgesetze einem Regel-Ausnahme-System folgt. Grundsätzlich wird für die Benutzung der öffentlichen Archivgüter eine der oben genannten Schutzfristen angewendet. Für bestimmte Archivgüter gelten diese Schutzfristen jedoch, abweichend von diesem Grundsatz, nicht. Einerseits können Schutzfristen unangewendet bleiben, wenn der Unterlageninhalt bereits vor seiner Archivierung zur Veröffentlichung bestimmt war.[303] Typischerweise betrifft diese Regelung öffentliche Pressemitteilungen, staatliche Warnungen und Informationen, Texte von öffentlichen Reden, verkündete Gesetze und andere Vorschriften, Parlamentsunterlagen oder Protokolle der Gemeinderatssitzungen sowie öffentliche Ausstellungen, Film-, Ton- und Bildgut.[304] Es wäre widersinnig, diese an die Öffentlichkeit gerichteten Unterlagen durch das Archivrecht einer Schutzfrist zu unterwerfen.[305] Soweit diese Unterlagen nach ihrer Übergabe an das Archiv erschlossen und eingeordnet wurden, ist ihre Benutzung unmittelbar zulässig.

Gleiches gilt im Bund und in jenen Ländern, die ein eigenes Informationsfreiheitsgesetz erlassen haben, auch für die Archivgüter, die grundsätzlich nach einem Informationszugangsgesetz zugänglich gewesen waren, während sie vor der

---

302 Vgl. Lenz/Hansel 2015, § 35b, Rn. 9. Vertiefend Florian Meinel/Benjamin Kram, Das Bundesverfassungsgericht als Gegenstand historischer Forschung, JZ 2014, S. 913-912, 917: so werden etwa im Jahr 2017 die Beratungen zum Lüth-Urteil zugänglich, 2021 jene zum Fernsehurteil.

303 Z. B. § 11 Abs. 5 Nr. 1 BArchG; § 6 Abs. 3 LArchG BW; § 7 Abs. 3 S. 1 ArchivG NRW.

304 Vgl. Abgeordnetenhaus Berlin, Drucksache 17/2402, S. 21; Sächsischer Landtag, Drucksache 1/2476, S. 41; Deutscher Bundestag, Drucksache 11/498, S. 12.

305 Vgl. Deutscher Bundestag, Drucksache 11/498, S. 12.

Archivierung im Verfügungsbereich der Behörden lagen.[306] Auch in diesen Fällen wäre es widersprüchlich und entgegen dem Gesetzeszweck, Unterlagen, die vormals der Öffentlichkeit zugänglich gewesen waren, nach ihrer Übergabe an das Archiv mehrjährigen Schuzfristen zu unterwerfen.[307] Für die sogenannten IFG-Unterlagen wird deshalb ebenfalls keine Schutzfrist erhoben und ihre Benutzung im Archiv ist zulässig, sobald sie ordnungsgemäß erschlossen worden sind.[308]

Darüber hinaus ist es im Rahmen einiger Archivgesetze zusätzlich möglich, dass personenbezogene Schutzfristen auf ein Benutzungsverhältnis nicht angewendet wird, wenn es sich bei den zur Einsicht begehrten Archivgütern um Unterlagen handelt, die sich auf öffentliche Amtsträger oder Personen der Zeitgeschichte beziehen.[309] Bereits das Volkszählungsurteil des Bundesverfassungsgerichts im Jahr 1983 stellte fest, dass der Einzelne Einschränkungen seines Rechts auf informationelle Selbstbestimmung im überwiegenden Allgemeininteresse hinnehmen muss.[310] Öffentliche Amtsträger, etwa Ministerpräsidenten, Minister, Oberbürgermeister oder Parlamentsabgeordnete stehen in einem besonderen öffentlichen Informationsinteresse, das das Handeln der Amtsträger betrachten, bewerten und kontrollieren will. Indem die personenbezogene Schutzfrist für Unterlagen über öffentliche

---

306 § 11 Abs. 5 Nr. 2 BArchG; § 6 Abs. 3 LArchG BW; § 9 Abs. 6 S. 2 ArchGB; § 10 Abs. 7 BbgArchivG; § 7 Abs. 4 S. 1 BremArchivG; § 7 Abs. 3 S. 1 ArchivG NRW; § 3 Abs. 3 S. 3 i.V.m. § 3 Abs. 1 S. 2 LArchG Rlp.

307 Vgl. Deutscher Bundestag, Drucksache 15/4493, S. 17; Deutscher Bundestag, Plenarprotokoll 18/212, S. 21274; Bettina Martin-Weber, Informationsfreiheitsgesetz des Bundes (IFG) und Bundesarchivgesetz, in: Clemens Rehm/Nicole Bickoff (Hrsg.), Rechtsfragen der Nutzung von Archivgut, Stuttgart 2010, S. 17-31, 19; Matthias Rossi, Informationsfreiheitsgesetz. Handkommentar, Baden-Baden 2006, § 13, Rn. 13: kein Bedürfnis nach Schutz durch Sperrfristen für IFG-Akten; Friedrich Schoch, IFG. Kommentar, 2. Aufl., München 2016, § 13, Rn. 15 und 24.

308 Ausführlich wird das Verhältnis von Archivrecht und Informationsfreiheitsrecht in Kapitel 3 behandelt.

309 § 11 Abs. 4 BArchG; § 10 Abs. 8 BbgArchivG; § 7 Abs. 4 S. 2 BremArchivG (nur Amtsträger); § 5 Abs. 2 S. 1 Nr. 5 HmbArchivG (nur Amtsträger); § 7 Abs. 3 S. 2 ArchivG NRW; § 10 Abs. 3 Nr. 2 LArchivG MV (nur Amtsträger); § 10 Abs. 2 S. 3 SächsArchivG.

310 BVerfGE 65, 1, 44.

Amtsträger unangewendet bleibt, soll die Kontrolle des Handelns der Amtsträger und der Regierungs- und Verwaltungstätigkeit ermöglicht werden.[311] Die Amtsträger sind hinsichtlich ihrer Selbstbestimmung und ihres Persönlichkeitsrechts weniger schützenswert.[312] Dabei stellen die Archivgesetze unmissverständlich klar, dass die Schutzfristen nur dann entfallen, wenn der Unterlageninhalt „die Tätigkeit von Personen dokumentiert, soweit sie in Ausübung eines öffentlichen Amtes gehandelt haben“[313]. Sobald es sich nicht um Amtstätigkeiten, sondern um den persönlichen Lebensbereich dieser Amtsträger handelt, sind sie vom selben Schutz des Archivrechts erfasst, wie jede andere natürliche Person.[314] Nach den Archivgesetzen des Bundes und der Länder Brandenburg, Nordrhein-Westfalen und Sachsen gelten die gleichen Regelungen auch für die sogenannten „Personen der Zeitgeschichte“. Diese gehören zu einem Kreis von Personen, der „durch freiwillige Entscheidung am öffentlichen Leben aktiv teilnimmt.“[315] Sie stehen ebenso in einem öffentlichen Blickfeld[316] und sind aufgrund ihrer Präsenz und ihres Handelns in der Öffentlichkeit hinsichtlich ihres Persönlichkeitsrechts weniger schützenswert. Anders formuliert besteht in diesen Fällen ein herausstechendes Informationsinteresse der Allgemeinheit, das durch archivrechtliche Vorschriften über die Nichtanwendung von Schutzfristen zu Geltung kommt. Indem für Archivgüter über öffentliche Amtsträger wie auch über Personen der Zeitgeschichte keine personenbezogene Schutzfrist gilt, kann die zeitgenössische Forschung gefördert

311 Vgl. Axer, in: Becker/Rehm 2017, S. 149; Vollmer, in: Becker 2012, S. 33ff; Schoch/Kloepfer/Garstka 2007, S. 210.

312 Vgl. Sächsischer Landtag, Drucksache 5/9386, S. 12; Becker/Oldenhage 2006, § 5, Rn. 84.

313 § 5 Abs. 2 S. 1 Nr. 5 HmbArchivG; ganz ähnlich § 10 Abs. 3 Nr. 2 LArchivG MV.

314 § 10 Abs. 3 Nr. 2 LArchivG MV: „soweit [...] ihre persönlichen Lebensverhältnisse nicht betroffen sind“; § 10 Abs. 2 S. 3 SächsArchivG; „soweit nicht ihr schutzwürdiger privater Lebensbereich betroffen ist“; § 7 Abs. 3 S. 2 ArchivG NRW: personenbezogene Schutzfrist gilt, „sofern deren schützenswerte Privatsphäre betroffen ist“.

315 Becker/Oldenhage 2006, § 5, Rn. 84.

316 Vgl. Axer, in: Becker/Rehm 2017, S. 149.

werden.[317] Gleichwohl gilt auch hier, dass der volle Persönlichkeitsschutz und die personenbezogenen Schutzfristen uneingeschränkt gelten, sobald die Privats- oder Intimsphäre und nicht mehr das öffentliche Handeln der Personen der Zeitgeschichte Inhalt der Archivunterlagen ist.[318]

(5) Schutzfristenverkürzungsverfahren und Informationsbeibringung

Die Verwaltung, die abstrakte Rechtssätze auf einen einzelnen Lebenssachverhalt anwenden soll, ist hinsichtlich einer rationalen Entscheidungsfindung auf externes Wissen über bestimmte Umstände des zu entscheidenden Sachverhaltes angewiesen. Kann die Verwaltung nicht alle notwendigen Informationen eigenständig ermitteln, ist sie auf die informationelle Unterstützung von Privaten angewiesen. In verschiedenenen Rechtsnormen sind für diesen Umstand besondere Maßnahmen und Pflichten, z. B. das persönliche Erscheinen, besondere Auskunftspflichten oder die öffentliche Beteiligung in umfangreichen Entscheidungsverfahren, vorgesehen. Besondere Informationsbeibringungspflichten bestehen vor allem dann, wenn ein Privater eine spezifische hoheitliche Genehmigung für ein bestimtes Handeln benötigt und begehrt.[319] Entscheidungswissen kann in Genehmigungsverfahren vielfach nur durch die Beibringung von wesentlichen Informationen durch die Betroffenen generiert werden, was etwa im Baurecht oder im Umweltrecht zu erheblichen Informationsbeiträgen bis hin zu komplexen wissenschaftlichen Ausarbeitungen der Antragsteller führen kann.[320] Es ist

317 Vgl. Axer, in: Becker/Rehm 2017, S. 150.

318 Vgl. Ittner, Perspektive Bibliothek 2012, S. 206; Becker/Oldenhage 2006, § 5, Rn. 85.

319 Vgl. Indra Spiecker gen. Döhmann, Die informationelle Inanspruchnahme des Bürgers im Verwaltungsverfahren, in: Indra Spiecker gen. Döhmann/Peter Collin (Hrsg.), Generierung und Transfer staatlichen Wissens im System des Verwaltungsrechts, Tübingen 2008, S. 196-216, 196ff.

320 Vgl. Peter-Tobias Stoll, Wissensarbeit als staatliche Aufgabe, in: Indra Spiecker gen. Döhmann/Peter Collin (Hrsg.), Generierung und Transfer staatlichen Wissens im System des Verwaltungsrechts, Tübingen 2008, S. 34-49, 42; zum Baurecht beispielsweise die Informa-

erkennbar, dass die Informationspflichten von Verfahrensbeteiligten im besonderen Verwaltungsrecht weiter ausdifferenziert werden und dass der Grundsatz der Amtsermittlung nach § 24 VwVfG insoweit zurückgestellt wird.[321] Diese Entwicklung der Ausgestaltung spezieller Informationspflichten lässt sich auch im Archivrecht erkennen. Archivbenutzungsrecht ist Verwaltungsverfahrensrecht, das erst auf Antrag des Bürgers oder Forschers in Gang gesetzt wird.[322] Der Benutzer beantragt den konkreten Zugang zu Archivgut, der letztlich nach Prüfung durch die Archivverwaltung genehmigt, unter Auflagen genehmigt oder versagt wird. In jedem Fall steht am Ende ein Verwaltungsakt, der mehr oder weniger begünstigend oder aber belastend sein kann. Mit der Intensität des Informationsbegehrs des Archivbenutzers vergrößert sich auch der Umfang seiner Informationsbeibringungspflicht gegenüber der Archivverwaltung. Während im Rahmen einer üblichen Benutzung nur ein gemäßigter Satz an Informationen (z. B. Name, Adresse, die betreffenden Archivunterlagen und eventuell das Benutzungsinteresse) anzugeben ist, wächst die beizubringende Menge an Informationen im Rahmen besonderer Benutzungsverhältnisse deutlich an. Vor allem dann, wenn der Benutzer darauf abzielt, eine für ihn günstige Ermessensentscheidung der Archivverwaltung zu erwirken, trifft ihn eine breite Begründungspflicht. Für die meisten Archivgüter bestehen die oben dargelegten Schutzfristen, die die Benutzung für mehrere Jahrzehnte hemmen. Das Archivrecht kennt jedoch die Möglichkeit, die Schutzfristen zu verkürzen.[323] Beantragt ein Benutzer, die Schutzfristen für seinen Fall zu verkürzen, dann muss er selbst wesentlich mehr zur Informations- und Entscheidungsgrundlage der Verwaltung beitragen.[324] Die Vorschriften über die Schutzfristenverkürzung sind auf der Tatbestandsseite von einer großen Anzahl unbestimmter Rechtsbegriffe und auf der Rechtsfol-

---

tionspflichten nach §§ 65 und 67 ThürBO; zum Umweltrecht beispielsweise der UVP-Bericht nach § 16 UVPG.

321 Vgl. Spiecker gen. Döhmann, in: Spiecker gen. Döhmann/Collin 2008, S. 198.

322 Allgemein § 8 VwVfG; im Archiv z. B. § 3 BArchBV.

323 Bspw. § 12 Abs. 1 und 2 BArchG; § 17 Abs. 5 ThürArchivG.

324 Vgl. Manegold 2002, S. 312f.

genseite von einem Ermessensspielraum der Archivverwaltung geprägt. Dem Benutzer obliegt es, nachzuweisen, dass die Voraussetzungen der unbestimmten Rechtsbegriffe, bspw. ein besonderes öffentliches Interesse an der vorfristigen Benutzung, erfüllt sind. Der Benutzer muss im Zweifelsfall selbst darum bemüht sein, die Einwilligung der betroffenen Personen für die Einsicht in personenbezogene Unterlagen einzuholen und er muss teilweise sogar nachweisen, dass die begehrten Informationen nicht oder nicht in gleicher Weise an einer anderen Stelle, z. B. einer Behörde oder einem anderen Archiv, eingesehen werden können. Der Begründungsaufwand des Antragstellers dürfte gerade dann zu umfangreicher Darlegung führen, wenn er nachweisen muss, warum sein Forschungsvorhaben von größerem Gewicht ist als etwa die noch bestehende Schutzfrist aufgrund einer Geheimhaltung für eine Archivunterlage. Dabei hat der Antragsteller z. B. umfassend über sein Interesse an der betreffenden Unterlage, über sein Forschungsvorhaben, das dafür entwickelte Forschungsdesign oder die Reichweite der Verwendung von personenbezogenen Daten Auskunft zu geben. Die Darlegungslast und die Pflicht zur Beibringung der wesentlichen Entscheidungsinformationen liegen in diesen Fällen beim Antragsteller und nicht beim Archiv. Das Archiv übernimmt hierbei den Part, über die vorgebrachten Argumente und Informationen zu begutachten und eine Abwägungsentscheidung darüber zu treffen, ob die eingereichten Informationen so gewichtig sind, dass sie eine Verkürzung einer noch bestehenden Schutzfrist rechtfertigen. Selbst als ermittelnde Behörde tritt die Archivverwaltung aber in diesem Verfahren gar nicht mehr auf.[325]

Fraglich ist, auf welche Weise das Verfahren der Schutzfristenverkürzung und die Informationslast des Antragstellers im Archivrecht geregelt sind. Die Archivgesetze enthalten verschiedene Möglichkeiten, allgemeines, geheimhaltungsbedürftiges und personenbezogenes Archivgut vor Ablauf der

325 Kritisch zu dieser Verlagerung der Informationsgewinnung Spiecker gen. Döhmann, in: Spiecker gen. Döhmann/Collin 2008, S. 201: Der Amtsermittlungsgrundsatz soll einem angemessenen Ausgleich aller Interessen dienen, eine private Informationsgewinnung wird dem nicht ohne Weiteres gerecht.

für sie definierten Schutzfristen zur Benutzung freizugeben, die Fristen also zu verkürzen. Im Rahmen der Prüfung der Archivbenutzungsgenehmigung hinsichtlich eines Nutzerantrags steht der Archivverwaltung vielfach ein Ermessen offen.

Die allgemeine Schutzfrist von 30 Jahren für Archivgut, das aus Sachunterlagen besteht, kann gemäß der meisten Archivgesetze nach *pflichtgemäßem Ermessen* der Archivverwaltung verkürzt werden, soweit kein archivrechtlicher Versagungsgrund vorliegt oder eine andere Rechtsvorschrift dem entgegensteht.[326] Entsprechend dieses der Archivverwaltung eingeräumten Beurteilungs- und Entscheidungsspielraumes ist es möglich und geboten, zugunsten eines Antragstellers noch bestehende Schutzfristen, die eine Benutzung verzögern, zu verkürzen und die Benutzung zuzulassen.[327] Einige Archivgesetze grenzen den Entscheidungsspielraum der Archivverwaltung dabei jedoch deutlich ein, indem sie die *Zustimmung der öffentlichen Stelle,* bei der die betreffende Archivunterlage entstanden ist, zur Voraussetzung für die Schutzfristenverkürzung machen.[328] Wiederum machen andere Archivgesetze das *Vorliegen eines öffentlichen Interesses* zur Voraussetzung für die Verkürzung der allgemeinen Schutzfrist.[329] Das Vorliegen eines öffentlichen Interesses wird in diesem Zusammenhang zumeist angenommen, wenn der Antrag auf Schutzfristenverkürzung der historischen Forschung dient.[330]

Grundsätzlich gelten die selben Bestimmungen der Schutzfristenverkürzung der allgemeinen Schutzfrist auch für Archivgut, das der längeren geheimnisschützenden Schutzfrist unterliegt. Auch diese zumeist sechzigjährige Schutzfrist kann nach pflichtgemäßem Ermessen der Archivverwaltung

---

326 Z. B. § 12 Abs. 1 BArchG; § 6 Abs. 4 S. 2 LArchG BW; § 7 Abs. 6 ArchivG NRW; § 10 Abs. 4 S. 1 ArchG LSA; § 9 Abs. 5 LArchG SH; § 10 Abs. 4 S. 1 LArchivG MV.

327 Vgl. Manegold 2002, S. 271.

328 Z. B. § 12 Abs. 4 S. 1 BArchG; Art. 10 Abs. 4 S. 1 BayArchivG; § 11 Abs. 6 S. 1 SArchG.

329 Z. B. § 9 Abs. 4 S. 1 ArchGB; § 13 Abs. 5 S. 1 HArchivG; § 10 Abs. 5 S. 1 SächsArchivG; § 17 Abs. 5 S. 1 ThürArchivG.

330 Deutlich die Regelung des § 9 Abs. 5 ArchGB, weiterhin Kotte, in: Becker/Rehm 2017, S. 155.

verkürzt werden[331], teilweise unter den strengeren Voraussetzungen der Zustimmung der abgebenden Stelle[332] oder des Vorliegens eines öffentlichen Interesses[333]. Der Benutzer kann somit auf Antrag die Möglichkeit haben, geheimhaltungsbedürftige Unterlagen bereits vor dem Ablauf der langjährigen Fristen einzusehen. Eine Grenze dieses Ermessens ist dabei stets das Vorliegen eines besonderen Versagungsgrunds, etwa eine drohende Beeinträchtigung des Wohls des Bundes oder der Länder durch diese frühzeitige Einsichtnahme.

Eine Reihe von Archivgesetzen stellt für die Verkürzung der Schutzfrist von Archivgut, das Geheimhaltungsvorschriften *des Bundes* (nicht Landesvorschriften!) unterliegt, jedoch auf die Rechtslage nach dem Bundesarchivgesetz ab und regelt demzufolge die Verkürzung der besonderen Geheimhaltungsschutzfrist für dieses Archivgut nicht selbst.[334] Für die Frage der Schutzfristverkürzung in diesen Fällen muss die Rechtslage des Bundes herangezogen werden. Langezeit galt im Bundesarchivrecht, dass gar keine Möglichkeit der Verkürzung der Schutzfrist für Archivunterlagen, die der Geheimhaltung unterliegen, vorgesehen war. Die Schutzfrist von 60 Jahren musste stets verstrichen sein, bevor eine Benutzung zulässig wurde. Nunmehr kann durch den neuen § 12 Abs. 3 BArchG auch die geheimhaltungsschützende Schutzfrist von 60 Jahren verkürzt werden, nämlich maximal um 30 Jahre, sofern dies im öffentlichen Interesse liegt. Die Landes- und Staatsarchive von Niedersachsen, Mecklenburg-Vorpommern, Rheinland-Pfalz und Sachsen müssen diese Rechtsänderung beachten und können die Schutzfrist für der Geheimhaltung unterliegende Archivgüter nach eigenem Ermessen von 60 auf höchstens 30 Jahre verkürzen, sofern ein öffentliches Interesse daran vorliegt. Eine Ausnahme ist hier-

331 Z. B. § 6 Abs. 4 S. 2 LArchG BW; § 10 Abs. 5 S. 1 BbgArchivG; § 7 Abs. 6 S. 1 ArchivG NRW; § 9 Abs. 5 LArchG SH.

332 Z. B. Art. 10 Abs. 4 S. 1 BayArchivG; § 11 Abs. 6 S. 1 SArchG.

333 Z. B. § 9 Abs. 4 S. 1 ArchGB; § 13 Abs. 5 S. 1 HArchivG; § 10 Abs. 5 S. 1 SächsArchivG.

334 Dies gilt nach § 5 Abs. 3 S. 1 NArchG (Schutzfristenverkürzung nach Bundesrecht nur für Unterlagen mit Sozialgeheimnissen); § 10 Abs. 6 LArchivG MV; § 3 Abs. 4 S. 2 LArchG Rlp; § 10 Abs. 1 S. 3 SächsArchivG.

bei das Archivgesetz Sachsen-Anhalts, das gar keine Verkürzungsmöglichkeit für die Geheimhaltungsschutzfrist vorsieht, sondern nur die Verlängerung.[335]

Schließlich können unter strengen Voraussetzungen auch Schutzfristverkürzungen hinsichtlich der Benutzung von personenbezogenen Archivgütern durch eine Ermessens- und Abwägungsentscheidung des Archivs vorgenommen werden.[336] Die Verkürzung der personenbezogenen Schutzfristen bringt jedoch ein „ein erhöhtes Maß an Betroffenenschutz“[337] mit sich, was sich in den Tatbestandsvoraussetzungen und in den Anforderungen an die Abwägungsentscheidung des Archivs verdeutlicht. Die Regelungen in den Archivgesetzen[338] sind teilweise uneinheitlich. Grundsätzlich bestimmen die Rechtsgrundlagen jedoch in vergleichbarer Weise, dass die Schutzfristen für die Benutzung von Archivgut verkürzt werden können, wenn im Einzelfall, auf Antrag und im *überwiegenden öffentlichen Interesse* Archivgut im Rahmen eines *konkreten wissenschaftlichen Forschungsvorhabens* oder zur *Wahrnehmung eines berechtigten Belanges einer Person oder einer öffentlichen Stelle* ausgewertet werden soll und dabei sichergestellt ist, dass *schutzwürdige Belange Betroffener und Dritter* nicht beeinträchtigt werden. Desweiteren muss detailliert dargelegt und ausführlich begründet wer-

---

335 § 10 Abs. 4 ArchG LSA.

336 Vgl. Manegold 2002, S. 301-313; Hausmann 2016, S. 88f; Margit Ksoll-Marcon, Zugangsregelungen zu Archivgut in den Archivgesetzen des Bundes und der Länder, in: Clemens Rehm/Nicole Bickhoff (Hrsg.), Rechtsfragen der Nutzung von Archivgut, Stuttgart 2010, S. 10-16, 14; Stefan Ittner, Zugangsregelungen zu Archivgut in den Archivgesetzen des Bundes und der Länder, in: Perspektive Bibliothek 1.1 (2012), S. 196-215, 205f.

337 Ksoll-Marcon, in: Rehm/Bickhoff 2010, S. 14.

338 § 12 Abs. 2 S. 2 BArchG; Art. 10 Abs. 4 S. 2 BayArchivG; § 6 Abs. 4 S. 3 LArchG BW; § 9 Abs. 4 S. 2 ArchGB; § 7 Abs. 5 S. 2 Nr. 2 und 3 BremArchivG; § 10 Abs. 9 Nr. 2 und 3 BbgArchivG; § 5 Abs. 4 S. 3 HmbArchivG; § 13 Abs. 5 S. 2 HArchivG; § 10 Abs. 4 S. 2 Nr. 2 und 3 LArchG MV; § 7 Abs. 6 Nr. 3 und 4 ArchivG NRW; § 3 Abs. 4 S. 1 Nr. 2 und 3 LArchG Rlp; § 11 Abs. 6 S. 3 Nr. 2 und 3 ArchG Saarland; § 10 Abs. 5 S. 2 SächsArchivG; § 10 Abs. 4 S. 2 Nr. 2 lit. a und lit. b ArchG LSA; § 9 Abs. 6 Nr. 2 LArchG SH; § 17 Abs. 5 S. 2 Nr. 1 ThürArchivG.

den[339], dass der Zugang zu den Archivgütern für das wissenschaftliche Vorhaben oder die Wahrnehmung des berechtigten Belanges der Person oder der öffentlichen Stelle *erforderlich* beziehungsweise gar *unerlässlich* ist. Fraglich ist, wann diese Tatbestandsvoraussetzungen und unbestimmten Rechtsbegriffe erfüllt sind.

Für den Begriff des *wissenschaftlichen Forschungsvorhabens* wird ein weites Verständnis angelegt; es wird immer dann zu bejahen sein, wenn ein methodischer und planmäßiger Erkenntnisprozess zur Beantwortung von Forschungsfragen dargelegt wird.[340] Die *Wahrnehmung eines berechtigten Belanges* einer Person oder einer öffentlichen Stelle „ist in der Regel jedes verständige und durch die Sachlage gerechtfertigte Interesse tatsächlicher, wirtschaftlicher oder ideeller Art“[341]. Weitere Tatbestandsmerkmale, die vorliegen müssen, um die personenbezogene Schutzfrist zu verkürzen, sind die *Erforderlichkeit* bzw. gar die *Unerlässlichkeit* der Benutzung des Archivgutes vor dem Abauf der Schutzfrist für den verfolgten Forschungszweck oder die Wahrnehmung des berechtigten Belangs. Die Erforderlichkeit ist dann gegeben, „wenn glaubhaft gemacht ist, dass in dem Archivgut für das Forschungsvorhaben relevante Angaben enthalten sein können und diese nicht ohne weiteres mindestens ebenso zuverlässig anderen zugänglichen Quellen entnommen werden können.“[342] Die Archivgesetze, die verlangen, dass die Benutzung für die Verfolgung des Benutzungszwecks gar unerlässlich sein muss, legen hingegen einen wesentlich strengeren Maßstab an. „Unerlässlichkeit in diesem Sinne liegt nur vor, wenn

---

339 Z. B. § 7 Abs. 5 ArchivBO NRW; § 3 S. 2 Sächsische Archivbenutzungsverordnung.

340 Vgl. Kotte, in Becker/Rehm 2017, S. 160f; Ksoll-Marcon, in: Rehm/Bickhoff 2010, S. 14.

341 Nau 2000, S. 289. Ein berechtigter Belang kann sich für Personen ergeben, wenn sie mittels der Archivgüter eine Beweisnot beheben wollen, oder andere rechtliche, wirtschaftliche, familiäre oder private Interessen verfolgen können. Die Benutzung von Archivgut für eine öffentliche Stelle kann von berechtigtem Belang sein, wenn sie ihrer Aufgabenerfüllung oder der Öffentlichkeitsarbeit oder Aufklärungsarbeit dient.

342 Schoch/Kloepfer/Garstka 2007, S. 212; vgl. Kotte, in: Becker/Rehm 2017, S. 161.

die Nutzung des Archivguts für die Verwirklichung eines besonders gewichtigen Belangs – vergleichbar der Behebung einer bestehenden Beweisnot – unabdingbar, in jeder Hinsicht unverzichtbar ist."[343] Die Archivgesetze, die das Merkmal der Erforderlichkeit verlangen[344], lassen die Möglichkeit zu, dass der verfolgte Benutzungszweck eventuell auch auf anderem Weg erfolgen könnte[345], jedoch wesentlich zweckmäßiger und vor allem zuverlässiger durch die Benutzung des beantragten Archivguts erfolgen kann. Jene Archivgesetze, die hingegen die Unerlässlichkeit der Schutzfristenverkürzung für die Verfolgung des Forschungszwecks oder des berechtigten Belangs als Tatbestand aufführen[346], lassen das nicht zu. Sofern auf andere Weise der Benutzungszweck verwirklicht werden kann, ist keine Unerlässlichkeit gegeben. Allein dann, wenn ausschließlich und auf andere Weise nicht erreichbar[347] durch die vorzeitige Benutzung dieser bestimmten Archivunterlagen ein Forschungszweck oder ein berechtigter Belang verfolgt werden kann, ist eine Schutzfristverkürzung für personenbezogenes Archivgut in diesen Ländern zulässig.[348]

Liegen diese Voraussetzungen für die Verkürzung der personenbezogenen Schutzfrist vor, tritt die Archivverwaltung in einen Abwägungsprozess. Auf der einen Seite stehen die schutzwürdigen Belange der Betroffenen, über die personenbezogene Inhalte in den Archivgütern enthalten sind. Auf der anderen Seite steht das Interesse an der Durchführung eines konkreten Forschungsvorhabens oder an der Wahnehmung

343 VGH Baden-Württemberg, NVwZ-RR 2016, S. 54 (LS 1) = DÖV 2015, S. 850 = DVBl 2015, S. 1257-1262, 1260.

344 Bremen bzgl. Forschungsvorhaben, Brandenburg bzgl. Forschungsvorhaben, Hessen bzgl. Forschungsvorhaben, Niedersachsen, Sachsen, Saarland, Thüringen.

345 Z. B. durch die Einsicht in Unterlagen anderer Stellen, Behörden oder Archive.

346 Bund, Bayern, Baden-Württemberg, Bremen bzgl. Interessen Dritter, Brandenburg bzgl. Interessen Dritter, Hessen bzgl. berechtigter Belange, Mecklenburg-Vorpommern, Rheinland-Pfalz, Sachsen-Anhalt, Schleswig-Holstein.

347 VGH Baden-Württemberg, DVBl 2015, S. 1260.

348 Kritisch zum Merkmal der Unerlässlichkeit hinsichtlich der Forschungsfreiheit, aber nicht hinsichtlich der Wahrnehmung anderer berechtigter Belange, Schoch/Kloepfer/Garstka 2007, S. 212f.

eines berechtigten Belangs einer Person oder öffentlichen Stelle. Eine Abwägungsentscheidung zugunsten des Forschungsinteresses oder des Wahrnehmungsinteresses für berechtigte Belange kann nur dann eintreten, wenn ein *überwiegendes öffentliches Interesse* daran besteht[349] und dieses somit die berechtigten Schutzinteressen der Betroffenen überwiegt. Wann ein überwiegendes öffentliches Interesse vorliegt, kann nur durch Auslegung im Einzelfall ergründet werden. Das überwiegende öffentliche Interesse an der Durchführung des Forschungsvorhabens oder an der Wahrnehmung eines berechtigten Belangs kann sich beispielsweise aus der grundsätzlichen (historischen) Bedeutung der Untersuchung für das Verständnis der Gegenwart ergeben oder aus der dringenden Behebung einer Beweisnot einer Person.[350] Ein überwiegendes Interesse lässt sich etwa dann begründen, wenn die vorfristige Einsicht in die Archivgüter von einer besonderen Dringlichkeit ist.[351] Weiterhin kann das überwiegende öffentliche Interesse daraus entstehen, dass die Schutzfristenverkürzung der Erfüllung öffentlicher Aufgaben, etwa der Daseinsvorsorge oder der Landesplanung, dient.[352] In der Abwägung sind die verschiedenen Positionen gegenüberzustellen. Es muss sowohl die Schwere des Persönlichkeitseingriffes des Betroffenen in Rechnung gestellt werden als auch die Bedeutung der Fristenverkürzung für die im öffentlichen Interesse liegende Forschungsabsicht, die öffentliche Aufgabenerfüllung oder die rechtliche Nachweisfunktion für einen anderen. Je gravierender der Eingriff in das Persönlichkeitsrecht des Betroffenen ist, etwa, weil die Archivunterlagen sensible, private Inhalte führen, desto weniger wird ein öffentliches Interesse das Schutzinteresse des betroffenen überwiegen. Um die Eingriffsintensität der Schutzfristenverkürzung für personenbezogenes Archivgut abzuschwächen,

349 Dazu Manegold 2002, S. 308ff.

350 Vgl. § 9 Abs. 5 ArchGB; VGH Baden-Württemberg, DVBl 2015, S. 1260; Schoch/Kloepfer/Garstka 2007, S. 213.

351 Vgl. Kotte, in: Becker/Rehm 2017, S. 162f.

352 Vgl. Robert Uerpmann, Das öffentliche Interesse. Seine Bedeutung als Tatbestandsmerkmal und dogmatischer Begriff, Tübingen 1999, S. 32ff; Peter Häberle, Öffentliches Interesse als juristisches Problem, 2. Aufl., Berlin 2006, S. 211ff.

eröffnet das Archivrecht die Möglichkeit, dass gleichzeitig mit der Fristenverkürzung besondere Schutzmaßnahmen durch das Archiv und den Benutzer eingehalten werden sollen. Dazu zählen etwa „die Vorlage anonymisierter Reproduktionen oder das Einholen von Verpflichtungserklärungen“[353]. Hierbei ist jedoch völlig zu Recht darauf verwiesen worden, dass die Vorlage von anonymisierten Archivunterlagen kein Fall der ermessensgeleiteten Schutzfristenverkürzung personenbezogener Daten durch die Archivverwaltung darstellt. Denn anonymisierte Unterlagen weisen keinen Personenbezug auf und somit kann auch keine personenbezogene Schutzfrist angewendet werden.[354] Um die gänzliche Anonymisierung zu vermeiden, können stattdessen Nebenbestimmungen (§ 36 Abs. 2 VwVfG) zusätzlich zur verwaltungsaktlichen Benutzungsgenehmigung vor Ablauf der personenbezogenen Schutzfrist erlassen werden, die etwa vom Benutzer verlangen, dass er die personenbezogenen Archivgüter vertraulich behandelt, nicht an Dritte weitergibt, oder die Personenbezüge in der Veröffentlichung seiner Forschungsergebnisse pseudonymisiert.[355]

Es kann zusammengefasst werden, dass das Archivrecht durch seine komplexen Regelungen versucht, die verschiedenen Informationsinteressen zwischen Benutzer, Betroffenem und Öffentlichkeit in einen praktischen Ausgleich zu bringen. Jede Seite wird sowohl mit Rechten (Anspruch auf Archivzugang und Betroffenenrechte) ausgestattet als auch mit Grenzen für diese Rechte konfrontiert (Benutzung nur nach Ablauf der Schutzfristen und Möglichkeit der Schutzfristenverkürzung), mit dem Ergebnis, dass Informationszugang und Informationsschutz einer permanenten Austarierung durch die Archivverwaltung unterliegen. Als Informationsmittler, als Intermediär zwischen Informationssammlung und Informationsweiterverwendung, kann die Aufgabe der Abwägung über den Zugang zu Archivinformationen nur durch die Archive selbst erfüllt werden, wofür sie ein für sich genommen komplexes Recht der Archivbenutzung benötigen. Insgesamt existieren auch zwischen Archiv, Bürger, Forscher und Betroffenem intensive Informationsaustauschbeziehungen.

---

353 § 12 Abs. 2 S. 2 Nr. 2 BArchG.

354 Vgl. Manegold 2002, S. 306f.

355 Vgl. Kotte, in: Becker/Rehm 2017, S. 164f; Manegold 2002, S. 314f.

b) Archivbenutzung als Wissensgenerierung für das Archiv

Nicht nur während des Antrags- und Genehmigungsverfahrens der Archivbenutzung werden relevante Informationen durch den Benutzer generiert und an das Archiv übertragen. Es ist gerade die Nutzung der Archivalien selbst, also die spezifisch auf ein Interesse oder Forschungsthema bezogene Auswertung relevanter Archivunterlagen, die neue Informationsgehalte und neues Wissen produzieren kann.[356] Der Archivbenutzer wertet verschiedene rechtliche und historische Quellen aus, um eine eigens aufgestellte Forschungsfrage zu beantworten oder um ein bestimmtes Interesse an früheren staatlichen Zusammenhängen und Tätigkeiten zu befriedigen.[357] Die Benutzung richtet sich dergestalt auf die Produktion neuer Informationen[358], die es dem Benutzer erlauben, seine wissenschaftlichen, publizistischen oder persönlichen Interessen und Belange zu erfüllen.[359] Das gleiche gilt auch für die Archivbenutzung, die durch öffentliche Stellen im Rahmen der amtlichen Nutzung wahrgenommen wird.

Die Wissensgenerierung durch die Benutzung von Archivgütern hat dabei nicht nur einen unmittelbaren Zweck für den Benutzer. Mittelbar wirken sich die neue Erkenntnis und das zusammengetragene Wissen auch auf die Archive selbst aus. Das Archivrecht enthält explizite Vorschriften[360], die verhindern, dass Erkenntnisse, welche auf der Benutzung öffentli-

---

356 Vgl. Collin, in: Dreier et al. 2016, S. 210f.

357 Aus geschichtswissenschaftlicher Perspektive auf die Archivbenutzung zur Wissensgenerierung und Beantwortung von Forschungsfragen siehe Brenner-Wilczek/Cepl-Kaufmann/Plassmann 2006, S. 65.

358 Den Informationswert von Archivgütern betont beispielsweise auch die UNESCO/International Council on Archives, Weltweite Allgemeine Erklärung über Archive, Paris 2011: „Als zuverlässige Informationsquelle stärkt Archivgut rechenschaftsfähiges und transparentes Verwaltungshandeln. Die Archive spielen eine wesentliche Rolle für die gesellschaftliche Entwicklung, da sie das individuelle und das kollektive Gedächtnis sichern und unterstützen. Der freie Zugang zu Archiven bereichert unser Wissen über die menschliche Gesellschaft".

359 Vgl. Becker/Oldenhage 2006, § 5, Rn. 11.

360 Vgl. § 6 Abs. 7 LArchG BW; § 9 Abs. 3 BbgArchivG; § 9 Abs. 3 BremArchivG; § 5 Abs. 11 HmbArchivG; § 12 Abs. 4 HArchivG; § 14 S. 2 LArchivG MV; § 6 Abs. 5 ArchivG NRW; § 5 Abs. 1 S. 2 NArchG; § 12 SArchG; § 9 Abs. 3 SächsArchivG; § 10 Abs. 1 S. 3 ArchG LSA; § 16 Abs. 3 ThürArchivG.

cher Archiveinrichtungen beruhen und aus der Zuhilfenahme von Archivgut hervorgegangen sind, nur isoliert dem entsprechenden Benutzer zugutekommen.[361] Die Benutzer der öffentlichen Archive sind demzufolge verpflichtet, ein kostenfreies Belegexemplar eines Werkes an das öffentliche Archiv abzuliefern, welches unter „wesentlicher“[362] oder „substantieller“[363] Verwendung von Archivgütern dieses Archives entstanden ist. Als Werke sind dabei nicht nur Buchpublikationen, sondern auch Zeitschriftenartikel und Medienwerke sonstiger Form sowie gar unveröffentlichte Schriftwerke zu verstehen.[364] Archivbenutzer haben insofern die Pflicht, ihre gewonnenen und produzierten Informationen mit dem Archiv, auf dessen Quellen sie sich stützen, zu teilen. Das Archivrecht richtet hierdurch eine informationelle Rückkoppelung zwischen Archiv und Benutzer ein: das Archivgut ist öffentlich einsehbar und benutzbar, gleichwohl sollen die dabei entstehenden neuen Informationen und Erkenntnisse wiederum auch allgemein zugänglich gemacht werden.[365] Durch das öffentlich-rechtliche Archivbenutzungsverhältnis zwischen Archiv und Benutzer installiert sich ein gegenseitiger Informationsaustausch, der von ersten Beibringungspflichten des Benutzers bei der Antragstellung über die Zurverfügungstellung der Archivinformationen an den Benutzer bis hin zur Abgabepflicht der gewonnenen und in einem Werk zusammengefassten Auswertungserkenntnisse an das Archiv reicht. Letztlich passt sich die Pflichtabgabe eines Belegexemplares in die Bedingungen der heutigen Informationsgesellschaft ein. Ist in dieser Gesellschaft das verbindende Element die Verfügbarkeit und die Weiterverwendung von Informationen und Wissen, dann ist eine Konsequenz davon, dass auch ein Archivbenutzer, der seine Interessen durch die Nutzung öffentlicher Informationsbestände befriedigt hat, seine neuen Informationen mit der Allgemeinheit teilt. Die informationelle Rückkoppelung des Benutzers an das Archiv

361 Vgl. Hausmann 2016, S. 103ff.

362 Z. B. § 16 Abs. 4 S. 1 ThürArchivG.

363 Z. B. § 5 Abs. 11 HmbArchivG.

364 Vgl. § 6 Abs. 7 S. 4 LArchG BW; § 9 Abs. 3 S. 1 BbgArchivG; § 6 Abs. 5 ArchivG NRW.

365 Vgl. zum „Rückfluß der Arbeitsergebnisse“ Bannasch 1990, S. 156.

kann als ein Element des gesellschaftlichen Kommunikations- und Informationsprozesses verstanden werden.[366] Der spezifische Zweck der Abgabepflicht eines Belegexemplares jedes Archivbenutzers ist es, die öffentliche Aufgabe der Archive zu unterstützen und die gewonnenen Erkenntnisse der Allgemeinheit zugänglich zu machen.[367] Einerseits hilft die Rückübermittlung der gewonnenen Informationen den Archiven, ihr Archivgut noch intensiver und besser zu erschließen, da sich durch die Benutzung weitere Informationsverbindungen ergeben können.[368] Andererseits dient das Teilen der Informationen der Verbesserung des Kenntnisstandes der Archivare, die gestützt auf dieses zusätzliche Wissen spätere Benutzer besser informieren und beraten können.[369] Zudem kann die Abgabe der Benutzungserkenntnisse in Form eines fertigen Werkes dem Schutz der Archivgüter dienen, da andere Benutzer zunächst auf das Werk im Archiv zugreifen können anstatt auf die originale Archivunterlage, die dadurch von weiterer (physischer) Beeinträchtigung ausgenommen ist.[370] Aus informationsverwaltungsrechtlicher Perspektive ist jedoch vor allem wichtig, dass das gewonne Auswertungswissen aus den Archivgütern in die Wissensverwendung der Allgemeinheit ein- und zurückfließen kann und dort wieder einer Weiterverwendung offen steht.[371] Aufgrund des Belegexemplarrechts im Archivrecht verwahren und verwalten Archive nicht nur die Archivgüter und die bei deren Erschließung entstehenden Findbücher und Suchindices, sondern auch eine Reihe an zusätzlichen Quellen, die bei der Benutzung der Archivgüter entstanden sind.

---

366 Vgl. Augsberg 2014, S. 196.

367 Vgl. Hausmann 2016, S. 104; Nau 2000, S. 312; Bannasch 1990, S. 156.

368 Vgl. Schoch/Kloepfer/Garstka 2007, S. 224, Rn. 8; Hessischer Landtag, Drucksache 18/6531, S. 3.

369 Vgl. Nau 2000, S. 312.

370 Vgl. Hausmann 2016, S. 104.

371 Vgl. Sächsischer Landtag, Drucksache 1/2476, S. 40f; Landtag Sachsen-Anhalt, Drucksache 2/383, S. 26: Rückfluss der Erkenntnisse, um die Archivinformationen noch besser nutzen zu können. Die Abgabe kann auch in elektronischer Form erfolgen, was die Zugänglichkeit, Verbreitung und Auswertung nochmals vereinfachen dürfte, vgl. Thüringer Landtag, Drucksache 6/4942, Begründung S. 16.

c) Grenzen der informationellen Schutzstellung des Einzelnen im Archiv

Informationsbeziehungen zwischen Staat und Bürger sind unverkennbar durch verfassungsrechtliche Vorgaben geprägt und werden von einem einzuhaltenden Ordnungsrahmen vorgezeichnet. Das Recht auf informationelle Selbstbestimmung (ebenso wie das europäische Grundrecht auf Datenschutz), also die Befugnis des Einzelnen, selbstbestimmt zu entscheiden, welche Daten über seine Person erhoben, verarbeitet und weitergegeben werden dürfen, weist dem Individuum schutzbedarfsorientierte Ansprüche zu. Gerade innerhalb von Informationsbeziehungen im Staat-Bürger-Verhältnis kommt es auf das Vorhandensein von Schutzmechanismen und Schutzrechten an. Die Schutzrechte des Bürgers sind insoweit zugleich Grenzen der staatlichen Informationsverarbeitung. Die Schutzansprüche des Bürgers in informationellen Beziehungen zum Staat umfassen dergestalt verschiedene „Wissens- und Einflussrechte“[372], um ein Gegengewicht zur hoheitlichen Informationsverarbeitung zu schaffen. Diese Rechtsansprüche *auf Auskünfte* über beim Staat vorhandene personenbezogene Daten, *auf Einsicht* in diese Daten sowie *auf Berichtigung* bei fehlerhafter Datenlage und das Recht, diese Gegendarstellung effektiv in den staatlichen Datenbestand einzupflegen finden sich insbesondere im Kontext archivischer Informationsbeziehungen.[373] Die Übernahme, Speicherung und Erschließung sowie die Auswertung und die Benutzung von Informationen im Archiv stellen in besonderem Maße datenschutzrelevante Verarbeitungen durch eine öffentliche Stelle dar. Aus diesem Grund eröffnet das Archivrecht als spezifisches Informationsverwaltungsrecht auf diesen Archivkontext zugeschnittene Betroffenenrechte.

Datenschutzregulierungen sind „mit Blick auf die Aufgaben und Verwendungszwecke auf Seiten der Verwaltung zu konkretisieren“[374], weshalb informationsbezogene Schutzstel-

---

372 Albers, in: Spiecker gen. Döhmann/Collin 2008, S. 59.

373 Vgl. Scholz, in: Becker/Rehm 2017, S. 171ff.; Hausmann 2016, S. 93-96.

374 Albers, in: Spiecker gen. Döhmann/Collin 2008, S. 60.

lungen im Archivrecht andere Ausprägungen erfahren, als in anderen Datenverarbeitungskontexten der öffentlichen Verwaltung. Ein Beispiel findet sich in der abweichenden Schutzstellung eines Betroffenen im Hinblick auf fehlerhafte Datenbestände. Während das allgemeine Datenschutzrecht dem Betroffenen einer Datenverarbeitung das Recht auf Berichtigung zubilligt[375], das den Datenverarbeiter zwingt, die fehlerhaften Daten zu berichtigen, gilt dies im spezifischeren Archivrecht nur unter Einschränkung. Das Archivrecht eröffnet dem Betroffenen lediglich den Anspruch darauf, eine Gegendarstellung zu fehlerhaften Angaben über seine Person in Archivgütern zu erstellen und verpflichtet das Archiv, diese Gegendarstellung sichtbar und effektiv an das fehlerhafte Archivgut anzubringen.[376] Eine unmittelbare Korrektur des eigentlich fehlerhaften Bestandes wird jedoch nicht vorgenommen und die inkorrekten Angaben bleiben Teil des Archivbestandes. Der Grund für diese spezifischere Datenschutzklausel liegt in der besonderen Funktion der Archive, einer freien Forschung und einer nachträglichen Verwaltungskontrolle zu dienen. Die Überlieferungssicherung und die Dokumentation des staatlichen Handelns sollen so unverfälscht wie möglich garantiert werden. Es soll für die späteren Benutzer erkennbar sein, wann welche Information festgehalten wurde, gerade auch im Hinblick auf fehlerhaftes oder rechtswidriges Tätigwerden des Staates. Deshalb ist es in diesem Kontext gerade gerechtfertigt, fehlerhafte Daten, die durch fehlerhaftes hoheitliches Handeln entstanden sind, nicht zu kaschieren, sondern erkennbar zu lassen, was jedoch notwendigerweise zu einer Einschränkung des Datenschutzrechts der betroffenen Person führt.[377]

Eine ganz ähnlich gelagerte Beschränkung der informationsbezogenen Schutzstellung des Einzelnen im Archiv findet sich in der weitgehenden Nichtanwendung des sogenannten „Rechts auf Vergessenwerden“[378], an das im Zuge der Gesetz-

375 Beispielsweise Art. 16 DSGVO; § 14 ThürDSG.

376 § 14 Abs. 4 BArchG; § 19 Abs. 2 und 3 ThürArchivG.

377 Vgl. Schneider, in: Roßnagel 2003, S. 1621.

378 Französisch das droit à l'oubli, zurückgehend auf eine Idee von Viktor Mayer-Schönberger, Delete. The Virtue of Forgetting in the Digital Age, Princeton 2009, S. 169ff.

gebung zur europäischen Datenschutzgrundverordnung von der Europäischen Union angeknüpft wurde.[379] Ursprünglich richtete sich die Idee des Rechts auf Vergessenwerden auf eine Art Ablaufdatum für elektronische personenbezogene Daten, nach dessen Überschreiten die Datei automatisch gelöscht wird. Der nun in Art. 17 DSGVO verankerte Rechtsanspruch der Betroffenen hat mit dieser Ablaufidee nichts gemein. Art. 17 DSGVO muss eher mit dem bisher schon bekannten Recht auf Löschung verglichen werden. Bereits nach dem alten Datenschutzrecht konnte ein Betroffener beispielsweise aufgrund von § 20 Abs. 2 und 35 Abs. 1 BDSG-alt oder § 16 Abs. 1 ThürDSG-alt die Löschung der ihn betreffenden personenbezogenen Daten verlangen, wenn die Datenverarbeitung unzulässig war oder für die Erfüllung einer Aufgabe der verantwortlichen Stelle nicht mehr benötigt wurde. Vergleichbar dazu normiert nunmehr auch Art. 17 Abs. 1 DSGVO den Rechtsanspruch der Betroffenen darauf, dass die entsprechenden personenbezogenen Daten z. B. dann gelöscht werden, wenn sie für die Verarbeitungszwecke nicht mehr benötigt werden, eine Einwilligung in die Datenverarbeitung widerrufen wird, ein Widerspruch gegen eine Verarbeitung eingelegt wird, oder die Datenverarbeitung unzulässig war.[380] So begrüßenswert diese Rechtsansprüche des Einzelnen aus der Sicht des Datenschutzes auch sind, es bleibt auch zu erwägen, dass es eine Reihe von entgegenstehenden Rechten, Interessen und Werten gibt, die das Recht auf Löschung bzw. auf Vergessenwerden notwendigerweise einschränken müssen.[381] Dass es solche Ausnahmen der Betroffenenrechte und damit Einschränkungen der informationsbezogenen Schutzstellung der Personen gibt, schreibt das bereichsspezifische Datenschutzrecht selbst vor. Zur Wahrnehmung von Aufgaben, die im öffentlichen Interesse liegen,

379 Vgl. Isabel Taylor, Archive und die Entwicklung der Europäischen Datenschutz-Grundverordnung, Archivar 67 (2014), S. 32-39, 32.

380 Vgl. Johanna Hohmann, Rechte der Betroffenen, in: Alexander Roßnagel (Hrsg.), Europäische Datenschutz-Grundverordnung, Baden-Baden 2017, S. 143-156, 150f.

381 Vgl. Jef Ausloos, The Right to be Forgotten – Worth remembering?, in: Computer Law and Security Review 28 (2012), S. 143-152, 143: „there are many difficulties and conflicting values".

können gemäß Art. 6 Abs. 2 und 3 sowie Art. 89 Abs. 3 DSGVO Ausnahmen von den Betroffenenrechten gemacht werden.[382] Beispielsweise gilt das Recht auf Löschung gerade nicht für im öffentlichen Interesse liegende Archivzwecke, sofern die Durchführung der Datenlöschung „voraussichtlich die Verwirklichung der Ziele dieser Verarbeitung unmöglich macht oder ernsthaft beeinträchtigt“ (Art. 17 Abs. 3 lit. d DSGVO).[383] Ein umfänglicher Löschungsanspruch von betroffenen Personen steht strukturell einer funktionsgemäßen öffentlichen Archivierung entgegen. Wären die öffentlichen Archive gezwungen, ihre personenbezogenen Archivgüter in beträchtlichen Umfängen zu löschen, dann würde dies eine aussagekräftige Überlieferungssicherung des öffentlichen Gemeinwesens gefährden. All jene öffentlichen Unterlagen im Archiv, die Bezüge zu natürlichen Personen aufweisen, müssten vernichtet werden, wären also nicht mehr für die Forschung, die allgemeine und die amtliche Archivbenutzung zugänglich und erzeugten blinde Flecken in der Überlieferungssicherung der staatlichen Tätigkeit. Öffentliche Archive könnten fortan ihrer Funktion der Information der Öffentlichkeit, der objektiven Forschungsermöglichung, der Bereitstellung von Informationen für die nachträgliche Kontrolle des staatlichen Handelns und der Wissensgrundlage für zukünftige Aufgabenerfüllungen von Regierung, Verwaltung und Rechtsprechung nur noch eingeschränkt nachkommen.[384] Diese Gründe machen es notwendig, im speziellen Bereich der Ar-

382 Welche Ausnahmen von Betroffenenrechten der DSGVO in den reformierten Archivgesetzen gemacht wurden, wird in Kapitel 3 analysiert.

383 Vgl. Hohmann, in: Roßnagel 2017, S. 152f.

384 Vgl. Taylor, Archivar 67 (2014), S. 37ff; ebenso Clemens Rehm, Europäische Regelungen. EU-Datenschutzgrundverordnung, in: Irmgard Becker/Clemens Rehm (Hrsg.), Archivrecht für die Praxis, München 2017, S. 37-40, 37: „Die konsequente Anwendung eines »Rechts auf Vergessenwerden« hätte die Entscheidung der Betroffenen über die Weitergabe von Daten in allen Fällen bedeutet – also auch über die Weitergabe an Archive. Personenbezogene Daten aus zentralen Bereichen des gesellschaftlichen Lebens, wie z. B. dem Gesundheitswesen und der Justiz- und Finanverwaltung, hätten nicht mehr archiviert werden können. Damit hätten die Archive ihre Aufgabe der Überlieferungssicherung und Verwaltungskontrolle nicht mehr erfüllen können.“

chive Begrenzungen der informationsbezogenen Schutzstellung des Einzelnen zu ziehen. Das Informationsgeflecht zwischen Archiv und Bürger ist demzufolge nicht nur von gegenseitigen Informationsansprüchen und Informationspflichten geprägt, sondern auch von bereichsspezifischen Einschränkungen der Informationsrechte (Schutzfristen, Versagung, begrenzte Betroffenenrechte), worin sich erneut der Abwägungsmechanismus des Archivrechts offenbart.

III. Zwischenergebnis

Diese Ausführungen haben gezeigt, in welch herausragendem Maße die öffentlichen Archive im staatlichen und gesellschaftlichen Gefüge als weit vernetzter Akteur der Informationsübernahme, -aufbereitung und -weitergabe auftreten. Das Archivrecht als informationsverwaltungsrechtlicher Ordnungsrahmen weist in nahezu allen wesentlichen Regelungsbereichen einen Fokus auf den Umgang mit staatlichen Informationen auf. Das Anbietungs- und Übergaberecht verpflichtet im Grundsatz alle öffentlichen Stellen, ihre Informationen an die Archive zu transferieren. Die Rechtsvorschriften über die Sicherung und Erschließung des Archivguts richten sich auf die innerarchivische Behandlung und Aufbereitung dieser Informationen. Und das Archivbenutzungsrecht weist ein komplexes und fein austariertes Abwägungsrecht über den Zugang und die Weiterverwendung der Archivinformationen auf. Alle Beteiligten an diesen Prozessen, die abgebenden Behörden, die Archive, die privaten und die öffentlichen Benutzer und die von Datenverarbeitungen betroffenen Personen werden vom Archivrecht ausgestattet mit einer Reihe an Anspruchsrechten und Informationspflichten. Für Kollisionen dieser Rechtspositionen, die angesichts dieser vielen Beteiligten im Archivbenutzungsrecht vorprogrammiert sind, übt das Archivrecht ein komplexes System einer Abwägung aus, die durch gegenseitige Schutzansprüche und Beschränkungen der Rechte der Beteiligten zu einem gerechten Ergebnis führen soll.

Insgesamt konnte nachgewiesen werden, dass das Archivrecht ein bereichsspezifisches Informationsverwaltungsrecht par excellence ist. Archive üben in allen zentralen Bereichen des staatlichen Wissensmanagements wichtige Funktionen aus. Die Speicherung im Archiv – als offentlichtlichste Funktion – dient dabei nicht einem Selbstzweck, sondern der Aufbereitung und Weiterverwendung der Informationen. Die vielen Informationsaustauschbeziehungen zwischen Archiv und Behörden, Archiv und Bürgern und Forschern mit all ihren Rückkoppelungsmechanismen dienen letztlich auch immer einer erneuten Wissensgenerierung. Für den gesamten öffentlichen Umgang mit Informationen des Staates sind die Archive ein nicht wegzudenkender Akteur.

Kapitel 3: Reform des Archivrechts

I. Übersicht über die Reformen des deutschen Archivrechts

Die deutschen Archivgesetze sind nicht erst seit der Digitalisierung der öffentlichen Verwaltung regelmäßigen Reformprozessen unterworfen. Bereits kurz nach der Jahrtausendwende, im Jahr 2001, ließen sich beispielsweise in Hamburg und Sachsen-Anhalt Anpassungen des Archivrechts an das jeweilige Landesdatenschutzrecht verzeichnen.[1] Der verfolgte Zweck bestand darin, die besonderen Vorschriften über die Betroffenenrechte und über die Datensicherheit aus den Landesdatenschutzgesetzen auch für die Archivierung von personenbezogenen Daten anzuwenden. Ein zweiter früher Anlass zu vereinzelten Archivrechtsreformen war der Erlass des Lebenspartnerschaftsgesetzes[2]. Bestimmte archivgesetzliche Ansprüche der Ehepartner von verstorbenen Betroffenen, beispielsweise die Entscheidung über die Einwilligung einer Schutzfristenverkürzung zur Benutzung personenbezogener Archivgüter, wurden durch die Anpassungen in Schleswig-Holstein, Mecklenburg-Vorpommern und Brandenburg auch den eingetragenen Lebenspartnern der verstorbenen Betrof-

1 Vgl. die Anpassung des § 3 Abs. 3 HmbArchivG durch HmbGVBl. 2001, S. 9 und 16; die Anpassung des § 6 Abs. 3 ArchG LSA durch GVBl. 2001, S. 348 und 360.

2 LPartnerschG vom 16. Februar 2001 (BGBl. I 2001, S. 266).

fenen gewährt.[3] Diese vereinzelten Reformen sind jedoch nicht Teil der weiteren Betrachtungen.

Einen größeren Einfluss auf das gesamte Archivrecht und Archivwesen in Deutschland hatte die Reform des Personenstandsrechts im Jahr 2007, die mit Beginn des Jahres 2009 inkrafttrat.[4] Diese bundesrechtliche Neuregelung über die Aufbewahrung von Personenstandsregistern zog zwar keine direkten Änderungen der Archivgesetze nach sich, veranlasste aber einen deutlichen Anstieg der potentiell zu archivierenden Unterlagen. Die Archivierung der Personenstandsregister gemäß § 5 Abs. 5 und § 7 PStG warf eine Reihe archivrechtlicher Fragen auf, weshalb diese Reform Teil der Untersuchung dieses Kapitels ist.

Das zentrale Forschungsinteresse dieses Kapitels richtet sich jedoch auf die Welle an Archivrechtsreformen in Bund und Ländern, die im Jahr 2009 begann und auch im Jahr 2018 noch nicht abgeschlossen war. Die umfangreichen Anpassungen im Archivgesetz des Saarlandes im Jahr 2009 lösten im Nachgang neun weitere und stark vergleichbare Reformen der Archivgesetze in Nordrhein-Westfalen, Rheinland-Pfalz, Hessen, Bremen, Sachsen, Sachsen-Anhalt, Berlin, auf der Bundesebene und zuletzt in Thüringen aus.[5] Neben diesen zehn Archivrechtsmodernisierungen wurden mit Inkrafttreten der europäischen Datenschutzgrundverordnung die Landesgesetzgeber in Brandenburg, Mecklenburg-Vorpommern, Schleswig-Holstein, Sachsen, Niedersachen

3 Anpassung des § 9 Abs. 6 LArchG SH (GVOBl. 2005, S. 21); Anpassung des § 10 Abs. 4 LArchivG MV (GVOBl. 2006, S. 576); Anpassung des § 10 Abs. 9 BbgArchivG (GVBl. 2012, S. 2).

4 Gesetz zur Reform des Personenstandsrechts vom 19. Februar 2007 (BGBl. I 2007, S. 122).

5 Reform im Saarland im Jahr 2009 (Amtsblatt 2009, S. 1386), Novelle und Reform in Nordrhein-Westfalen in den Jahren 2010 (GV NRW 2010, S. 188) und 2014 (GV NRW 2014, S. 543), Reform in Rheinland-Pfalz im Jahr 2010 (GVBl. 2010, S. 301), Novelle in Hessen im Jahr 2012 (GVBl. I 2012, S. 458), Reform in Sachsen im Jahr 2013 (GVBl. 2014, S. 2), Reform in Sachsen-Anhalt im Jahr 2015 (GVBl. 2015, S. 314), Novelle in Berlin im Jahr 2016 (GVBl. 2016, S. 96), Novelle im Bund im Jahr 2017 (BGBl. I 2017, S. 410); Novelle in Thüringen im Jahr 2018 (ThürGVBl. 2018, S. 308).

und im Saarland[6] außerdem dahingehend aktiv, dass sie das bereichsspezifische Datenschutzrecht der Archivgesetze an die europäischen Vorgaben umzusetzen versuchten. Diese gesetzgeberischen Aktivitäten stehen im Mittelpunkt dieses Kapitels.

II. Reform des Personenstandsrechts

Seit dem Jahr 1875 werden in Deutschland sogenannte Personenstandsfälle, also die Geburt, die Heirat oder der Sterbefall, von den Standesämtern registriert.[7] Die dafür angelegten Personenstandsregister (Geburtenregister, Eheregister, Lebenspartnerschaftsregister und Sterberegister) nach § 3 PStG sowie die zum Schutz vor Informationsverlust angelegten Sicherungsregister nach § 4 PStG wurden bis zum Jahr 2009 nicht als staatliche Unterlagen zu einem bestimmten Zeitpunkt archiviert, sondern weiterhin in den zuständigen Standesämtern fortgeführt. Die Fortführung von Registern bedeutet, die ursprünglich jahrgangsweise angelegten Registereinträge „durch Folgebeurkundungen und Hinweise zu ergänzen und zu berichtigen“[8]. Mit der Reform des Personenstandsrechts aus dem Jahr 2007[9] wurde die Aufbewahrungspraxis des Personenstandsrechts dahingehend abgeändert, dass die Fortführung der Register ab dem Jahr 2009 durch festgelegte Fristen beschränkt wird und die Personenstandsregister anschließend an die öffentlichen Archive abzugeben sind.[10]

---

6 Artikel 25 des Gesetzes vom 8. Mai 2018 (GVBl. Brandenburg I/2018, Nr. 8); Artikel 1 des Gesetzes vom 8. Mai 2018 (GVOBl. Mecklenburg-Vorpommern, S. 172); Artikel 3 des Gesetzes vom 16. Mai 2018 (Niedersächsisches GVBl. 2018, S. 66); Artikel 25 des Gesetzes vom 26. April 2018 (SächsGVBl. 2018, S. 198); Art. 8 des Gesetzes vom 2. Mai 2018 (GVOBl. Schleswig-Holstein, S. 162); Gesetz Nr. 1949 vom 22. August 2018 (Amtsblatt des Saarlandes I/2018, S. 674).

7 Vgl. Berthold Gaaz/Heinrich Bornhofen, Personenstandsgesetz. Handkommentar, 4. Aufl., Frankfurt/Main 2018, Einführung, Rn. 1.

8 So die Legaldefinition nach § 5 Abs. 1 PStG.

9 Gesetz zur Reform des Personenstandsrechts vom 19. Februar 2007 (BGBl. I 2007, S. 122).

10 Vgl. Jessica von Seggern, Die Auswirkungen des Personenstandsrechtsreformgesetzes auf die Archive, VKA Mitteilungen 2008, S. 40-48, 40.

Durch die Reform des Personenstandsgesetzes wurden die Archivgesetze des Bundes und der Länder nicht angetastet. Eine direkte archivgesetzliche Reform erfolgte im Jahr 2007 also nicht. Gleichwohl wurde durch § 5 Abs. 5 i.V.m. § 7 Abs. 3 PStG eine spezifische archivrechtliche Vorschrift in das Personenstandsrecht aufgenommen. Die Reform schuf eine spezielle Anbietungspflicht für die Standesämter gegenüber den öffentlichen Archiven und erweiterte den Anwendungsbereich der Archivgesetze auf die Personenstandsunterlagen.

1. Archivierung der Personenstandsdaten

Die Personenstandsregister und die Sicherungsregister werden jahrweise geführt und sind am Ende des Jahres abzuschließen (§ 3 Abs. 2 und § 4 Abs. 2 S. 1 PStG).[11] In den Folgejahren sind die Registereinträge dann um eventuelle weitere Angaben zu ergänzen oder zu berichtigen (§ 5 Abs. 1 PStG). Mit der im Jahr 2007 neu eingeführten Vorschrift des § 5 Abs. 5 PStG wurden für diese Fortführung der Register erstmals begrenzende Fortführungsfristen festgelegt. Demnach werden Ehe- und Lebenspartnerschaftsregister für 80 Jahre, Geburtenregister für 110 Jahre und Sterberegister für 30 Jahre im Standesamt fortgeführt.[12]

Grundsätzlich schreibt das Personenstandsrecht (§ 7 Abs. 2 S. 1 PStG) vor, dass die Personenstandsregister dauerhaft aufzubewahren sind. Für die Sicherungsregister und zugehörige Sachakten gelten gemäß § 7 Abs. 2 S. 2 PStG die in § 5 Abs. 5 PStG genannten Fortführungsfristen. Das bedeutet, dass es für die Personenstandsregister eine gesetzliche Pflicht zur dauerhaften Aufbewahrung gibt; für die Sicherungsregister entfällt die Pflicht nach den benannten Fristen. War es seit dem Jahr 1875 die Aufgabe der Standesämter, dieser dauerhaften Aufbewahrungspflicht nachzukommen, so wurde mit der Reform des Personenstandsrechts diese Pflicht auf die öffentlichen Archive übertragen. Seit dem Jahr 2009 haben die Standesämter die archivrechtsbezogene Pflicht gemäß § 7 Abs. 3 S. 1 PStG, die Personenstandsregister, die Sicherungs-

11 Vgl. Gaaz/Bornhofen 2018, § 4, Rn. 14.
12 Vgl. von Seggern, VKA Mitteilungen 2008, S. 41.

register sowie die zugehörigen Sammelakten zur Übernahme an das zuständige Archiv anzubieten. Indem erstmals seit 1875 nicht mehr die Standesämter, sondern die Archive für die dauerhafte Aufbewahrung der Personenstandsregister zuständig sind, kommt seit 2009 auf die betroffenen Archive ein erheblicher Mehraufwand zu.[13] Denn alle Registerjahrgänge seit dem Jahr 1875, deren Fortführungsfristen nach § 5 Abs. 5 PStG verstrichen waren, mussten mit Beginn des Jahres 2009 den Archiven angeboten werden. Allein für die Freie Hansestadt Hamburg wurde mit einem zusätzlichen Übernahmeumfang der Archive von 950 Metern an Unterlagen von den Standesämtern gerechnet.[14] Durch die Vorschriften der §§ 5 Abs. 5 und 7 Abs. 3 PStG wurden die Aufgaben der öffentlichen Archive nicht verändert. Durch die Anbietungspflicht der Standesämter wurde jedoch der Umfang der potentiell zu archivierenden Unterlagen spürbar vergrößert.

Gemäß § 7 Abs. 3 S. 1 PStG sind die entsprechenden jahresweise geführten Register nach Ablauf ihrer Fortführungsfrist an das zuständige Archiv „nach den jeweiligen archivrechtlichen Vorschriften“ „zur Übernahme anzubieten“. Diese Formulierung verweist für die Entscheidung über die Übernahme der Register auf die geltenden Archivgesetze. Denn zwischen Anbietung und Übernahme ist archivrechtlich klar zu unterscheiden. Während gemäß den Archivgesetzen *alle* nicht mehr benötigten staatlichen Unterlagen an die Archive angeboten werden müssen[15], übernimmt das Archiv nach eigener Bewertungsentscheidung *nur die archivwürdigen* Unterlagen[16], also jene mit besonderem rechtlichen, politischen oder historischen Wert[17]. Im Hinblick auf die neu hinzukommenden angebotenen Personenstandsunterlagen muss also die Frage nach der Archivwürdigkeit als Voraussetzung für

---

13 Andererseits wird der bisherige Aufwand der Standesämter, die vielen Personenstandsbücher seit 1875 in eigenen Räumlichkeiten zu verwahren, deutlich verringert, vgl. Berthold Gaaz, Die Benutzung der Personenstandsregister, StAZ 63 (2010), S. 65-73, 65.

14 Vgl. von Seggern, VKA Mitteilungen 2008, S. 42.

15 Siehe beispielsweise Art. 6 Abs. 1 BayArchivG; § 7 Abs. 1 LArchG Rlp.

16 Beispielsweise § 4 Abs. 5 ArchivG NRW; § 3 Abs. 2 LArchG BW; § 7 Abs. LArchG SH.

17 Beispielsweise § 4 Abs. 2 ArchivGB; § 5 Abs. 6 SächsArchivG; § 2 Abs. 2 S. 1 HmbArchivG.

die Archivierung geklärt werden. Die Personenstandsregister, die Sicherungsregister und die Sammelakten müssten archivwürdig sein, damit die Archive sie dauerhaft als Archivgut übernehmen, erschließen und zur Benutzung freigeben. Archivwürdig sind Unterlagen dann, wenn sie einen besonderen Wert für die Rechtsprechung, Gesetzgebung und Verwaltung oder zur Sicherung von Rechten und Belangen der Bürger oder für die wissenschaftliche Forschung besitzen.[18] Die Literatur nimmt übereinstimmend eine allgemeine Archivwürdigkeit der Personenstandsregister an[19], die sich bereits aus der gesetzlichen Pflicht zur dauerhaften Aufbewahrung der Register aus § 7 Abs. 2 S. 1 PStG ergibt.[20] Darüberhinaus wird die Archivwürdigkeit der Personenstandsregister materiell daraus abgeleitet, „dass hier verlässlich die wichtigsten Daten zur Existenz einer Person nachgewiesen werden. Damit stellen sie nicht nur für Familienforscher, sondern auch für die zeithistorische, demographische und biographische Forschung eine wichtige Quelle dar, die Informationen bereithält, die an anderer Stelle gar nicht oder nur mit beträchtlichem Aufwand zu ermitteln wären."[21]

Während die Archivwürdigkeit der Personenstandsregister und der identischen Sicherungsregister somit problemlos anerkannt wird, mit der Folge, dass diese Register der Standesämter ohne Ausnahme zu Archivgut umgewidmet werden, gilt dies nicht ohne Weiteres auch für die zusätzlichen Sam-

---

18 Beispielsweise § 1 Nr. 10 BArchG; § 2 Abs. 3 SächsArchivG; vertiefend Irmgard Becker, Bewertungshoheit – Bewertungskompetenz, in: Irmgard Becker/Clemens Rehm (Hrsg.), Archivrecht für die Praxis, München 2017, S. 58-71, 69f.

19 Vgl. Gaaz/Bornhofen 2018, § 5, Rn. 27; Gaaz, StAZ 63 (2010), S. 72.

20 Vgl. Marcus Stumpf, Archivierung von Personenstandsunterlagen durch Kommunalarchive, Archivpflege in Westfalen-Lippe 71 (2009), S. 23-28, 25; von Seggern, VKA Mitteilungen 2008, S. 43; explizit auch Niedersächsisches Ministerium für Inneres, Sport und Integration, Runderlass zum Personenstandsrecht vom 1. Dezember 2008, Niedersächsisches Ministerialblatt 2009, S. 120, Punkt 1.1: Personenstandsregister und Sicherungsregister gelten als Archivgut „und zwar nicht nur aufgrund der Sicherungspflicht gemäß § 7 Abs. 1 PStG, sondern auch wegen ihres allein aus dem Inhalt resultierenden bleibenden Wertes."

21 von Seggern, VKA Mittelungen 2008, S. 43.

melakten[22] der Standesämter.[23] Bereits das Personenstandsgesetz schließt die Sammelakten von der dauerhaften Pflicht zur Aufbewahrung gemäß § 7 Abs. 2 S. 2 PStG aus und beschränkt die Verwahrung der Sammelakten auf die in § 5 Abs. 5 PStG genannten Fortführungsfristen. Die Archive trifft demzufolge keine personenstandsgesetzliche Pflicht, auch die Sammelakten dauerhaft aufzubewahren. Vielmehr ist die Archivwürdigkeit dieser Sammelakten nach den Vorschriften des Archivrechts zu beurteilen. Das bedeutet, die Sammelakten sind wie alle anderen nicht mehr benötigten Unterlagen öffentlicher Stellen auf ihren besonderen Wert hin zu analysieren.[24] Erwächst aus den Sammelakten ein bleibender Wert, dann können sie vom Archiv übernommen und zu Archivgut umgewidmet werden.[25] „Wenn der Informationswert der Sammelakten hingegen nicht über die Eintragungen in den Personenstandsbüchern hinausgeht oder die zusätzlichen Informationen an anderer Stelle übernommen werden, erscheint die Kassation sinnvoll."[26]

2. Benutzung der Personenstandsdaten im Archiv

Auch die Benutzung der Personenstandsdaten nach ihrer Archivierung wirft archivrechtliche Fragen auf. Archivierte Personenstandsdaten sind als personenbezogenes Archivgut, also Archivgut, das sich „seiner Zweckbestimmung oder seinem wesentlichen Inhalt nach auf eine oder mehrere natürliche Personen bezieht"[27], einzustufen.[28] Denn sie beziehen

22 Unter den Sammelakten der Standesämter werden gemäß § 6 PStG besondere Akten verstanden, in denen „Dokumente, die einzelne Beurkundungen in den Personenstandsregistern betreffen" aufbewahrt werden.

23 Vgl. Niedersächsisches Ministerium des Innern, Sport und Integration 2008, Punkt 1.1; von Seggern, VKA Mitteilungen 2008, S. 43f.

24 Beispielsweise § 7 Abs. 1 LArchivG MV; § 5 Abs. 6 SächsArchivG; § 12 Abs. 1 ThürArchivG.

25 Vgl. Niedersächsisches Ministerium des Innern, Sport und Integration 2008, Punkt 1.1.

26 von Seggern, VKA Mitteilungen 2008, S. 44.

27 Beispielsweise § 10 Abs. 1 S. 3 SächsArchivG; ähnlich § 3 Abs. 3 S. 2 LArchG Rlp; § 17 Abs. 1 S. 2 ThürArchivG.

28 Vgl. Stumpf, Archivpflege in Westfalen-Lippe 71 (2009), S. 26; wohl auch Bettina Joergens, Das neue Personenstandsgesetz – das Glück

sich auf ganz zentrale Lebensaspekte natürlicher Personen wie die Geburt, die Heirat, die Scheidung, die Adoption von Kindern, oder den Tod einer Person. Solche Angaben geben Aufschluss über sehr private Lebensverhältnisse und Lebenswege von Menschen. Da die Register zu genau diesen Zwecken der Dokumentierung solcher Lebensverhältnisse geführt werden, sind sie unstrittig als personenbezogen zu klassifizieren.

Die archivrechtliche Benutzung kennt unterschiedliche Schutzfristen für den Zugang zu verschiedenen Arten von Archivgütern. Für personenbezogenes Archivgut gilt als längste Schutzfrist der Archivgesetze eine Zeit von 30 Jahren nach dem Tod[29] einer betroffenen Person beziehungsweise 110 Jahre nach der Geburt der Person[30], soweit das Todesdatum nicht bekannt ist. Archivierte Personenstandsregister sind damit im *strengsten* archivrechtlichen Falle (Sachsen-Anhalt) erst 30 Jahre nach dem Tod einer in diesem Register eingetragenen Person bzw. 110 Jahre nach der Geburt dieser Person frei benutzbar. Die Archivierung der Personenstandsregister soll gemäß §§ 7 Abs. 3 i.V.m. 5 Abs. 5 PStG dann erfolgen, wenn die jeweiligen Fortführungsfristen der Register (Eheregister und Lebenspartnerschaftsregister 80 Jahre; Geburtenregister 110 Jahre; Sterberegister 30 Jahre) verstrichen sind. Für die Berechnung der personenstandsrechtlichen Fortführungsfristen gilt, dass die Register jahrgangsweise geführt werden.[31] Das heißt, die Geburten- und Sterberegister usw. werden für jeden Jahrgang neu angelegt und am Ende

der Forschung?, in: Clemens Rehm/Nicole Bickhoff (Hrsg.), Rechtsfragen der Nutzung von Archivgut, Stuttgart 2010, S- 43-51, 45f. Nicht nachvollziehbar hingegen die Argumentation bei Johannes Rosenpländer, Zur zukünftigen Benutzung von Personenstandsunterlagen in den kommunalen Archiven, VKA Mitteilungen 2008, S. 48-52, 49, der keinen Personenbezug anerkennen möchte.

29 § 10 Abs. 3 S. 2 ArchG LSA. Ansonsten kennen mittlerweile die Archivgesetze eine Schutzfrist von 10 Jahren nach dem Tod einer Person.

30 Die strengste Frist kennt hier ebenfalls § 10 Abs. 3 S. 2 ArchG LSA, die übrigen Archivgesetze gehen von einer Frist von 90 Jahren oder 100 Jahren nach der Geburt der betroffenen Person aus.

31 Vgl. Gaaz/Bornhofen 2018, § 4, Rn. 14.

des Jahres abgeschlossen (§ 4 Abs. 2 PStG).[32] Das abgeschlossene Register eines Jahrganges gilt damit archivrechtlich als die „entstandene“ Unterlage und der Fristbeginn der Fortführungsfristen des Personenstandsrechts orientiert sich am Abschluss zum Jahresende. Wurde beispielsweise ein Sterberegister im Jahr 2000 angelegt und mit Ende des Jahres 2000 abgeschlossen (§ 4 Abs. 2 PStG), dann endet die dreißigjährige Fortführungsfrist dieses Sterberegisters (§ 5 Abs. 5 Nr. 3 PStG) im Standesamt mit dem Ende des Jahres 2030.

Die im Jahr 2007 eingeführten Fortführungsfristen des Personenstandsrechts orientieren sich offensichtlich an den archivrechtlichen Schutzfristen. Sterberegister sind 30 Jahre lang fortzuführen und danach zu archivieren, während die archivrechtliche Schutzfrist für personenbezogenes Archivgut im längsten Fall ebenfalls 30 Jahre beträgt. Geburtenregister sind 110 Jahre lang fortzuführen und anschließend an das Archiv zu übergeben, während gleichzeitig die archivrechtliche Schutzfrist für personenbezogenes Archivgut bei unbekanntem Todesdatum im längsten Fall ebenso 110 Jahre beträgt. Es lässt sich zunächst davon ausgehen, dass Personenstandsregister deshalb nach ihrer Archivierung zugleich frei benutzbar sind, da alle maßgeblichen Schutzfristen bereits durch die Laufzeit der personenstandsrechtlichen Fortführungsfristen abgelaufen sind.[33]

Eine beispielhafte Rechnung: In Westberlin wurde im Jahr 1980 ein Sterberegister gemäß § 4 Abs. 2 PStG abgeschlossen. Die seit 2009 geltende Fortführungsfrist im zuständigen Standesamt beträgt gemäß § 5 Abs. 5 Nr. 3 PStG 30 Jahre. Das Sterberegister von 1980 ist deshalb im Standesamt Berlin bis zum Ende des Jahres 2010 fortzuführen gewesen und musste anschließend (§ 7 Abs. 3 PStG) an das zuständige Archiv übergeben werden. Wollte nun ein Archivbenutzer diesen Jahrgang des Sterberegisters einsehen, musste das zuständige Archiv in Berlin gemäß § 9 Abs. 3 S. 2 ArchGB eine

32 Vgl. Joergens, in: Rehm/Bickhoff 2010, S. 46; ebenso Niedersächsisches Ministerium des Innern, Sport und Integration 2008, Punkt 1.4: „Damit ist das Datum des Abschlussvermerks für den Ablauf der Fortführungsfristen und für die anschließende Abgabe an die öffentlichen Archive maßgebend.“

33 Vgl. Joergens, in: Rehm/Bickhoff 2010, S. 46.

personenbezogene Schutzfrist von zehn Jahren ab dem Tod einer betroffenen Person anwenden.[34] Das Sterberegister des Jahres 1980 dokumentiert alle Sterbefälle des Jahres 1980, weshalb das einschlägige Todesdatum einer in diesem Sterberegister aufgeführten Person spätestens auf den 31. Dezember 1980 zu beziffern ist. Auch die Archivbenutzung stellt auf das Todesdatum ab. Die zehnjährige archivrechtliche Schutzfrist in Berlin, die mit dem Todesdatum beginnt, wäre deshalb im Falle des Sterberegisters von 1980 schon spätestens mit Ende des Jahres 1990 verstrichen. Eine archivrechtliche Benutzung des Sterberegisters wäre also bereits seit Ende des Jahres 1990 zulässig. Mit der Übergabe des Sterberegisters an das Archiv im Jahr 2010 gilt somit auch keine archivrechtliche Schutzfrist mehr und das Sterberegister wäre grundsätzlich frei benutzbar.

Gleiches gilt auch für die längste archivrechtliche Schutzfrist von 30 Jahren ab dem Tod einer Person.[35] In diesen Fällen laufen die Fortführungsfrist nach dem PStG und die Schutzfrist nach dem Archivgesetz gleichzeitig ab, was bedeutet, dass im Moment der gesetzlich vorgeschriebenen Übergabe an das Archiv (§ 7 Abs. 3 PStG) auch die archivrechtliche Schutzfrist verstreicht und eine grundsätzlich freie Benutzung der archivierten Personenstandsunterlagen möglich ist. Auch in den Fällen der Heirats- bzw. Lebenspartnerschaftsregister (80-jährige Fortführungsfrist im Standesamt) und der Geburtenregister (110-jährige Fortführungsfrist im Standesamt) wird zumeist die archivrechtliche personenbezogene Schutzfrist bereits im Zeitpunkt der Archivierung der Jahrgangsregister verstrichen sein. Denn im Regelfall werden die Menschen kaum älter als 110 Jahre bzw. leben länger als eine 80-jährige Ehe oder Lebenspartnerschaft.[36]

---

34 § 9 Abs. 3 S. 2 ArchGB kennt, wie die meisten Archivgesetze nicht die lange dreißigjährige personenbezogene Schutzfrist ab dem Tod, sondern eine Frist von zehn Jahren.

35 Am Beispiel der 30-jährigen Schutzfrist des Archivgesetzes Sachsen-Anhalt Gaaz, StAZ 63 (2010), S. 73.

36 Vgl. Stumpf, Archivpflege in Westfalen-Lippe 71 (2009), S. 26. Eine freie Benutzung der archivierten Personenstandsregister ab dem Zeitpunkt des Ablaufes der Fortführungsfristen nach § 5 Abs. 5 PStG ordnet auch der erwähnte niedersächsische Runderlass an: Niedersächsisches Ministerium des Innern, Sport und Integration 2008, Punkt 1.3.

Im Grundsatz gilt demzufolge, dass die durch das Archiv übernommenen Personenstandsregister nach Ablauf ihrer Fortführungsfrist zugleich auch keiner archivrechtlichen Schutzfrist mehr unterliegen und ihre Benutzung im Archiv zu genehmigen ist.[37] Problematisch wird die Einsichtnahme in die Register nur dann, wenn sich aus den Eintragungen Rückschlüsse auf noch lebende Personen ergeben können. Denn aus Randvermerken und Hinweisen an den Eintragungen lassen sich manchmal Verbindungen zu noch lebenden Ehepartnern oder Kindern der eingetragenen Person ziehen.[38] Gerade dann, wenn den Randvermerken besonders schutzwürdige Belange von Betroffenen wie etwa die Adoption eines (noch lebenden) Kindes zu entnehmen ist, kann eine freie Einsichtnahme gegen Personlichkeitsrechte verstoßen und zudem das Offenbarungs- und Ausforschungsverbot des § 1758 BGB berühren. Dessen Zweck ist es, auch noch Jahre nach der Annahme des Adoptivkindes das Adoptionsgeheimnis zum Wohle des Kindes zu schützen. Amtliche Kenntnisse über Adoptionstatsachen sind daher geheim zu halten.[39] Denkbar sind auch seltene Fälle, in denen aus einem Eintrag eines Sterberegisters der dreißig Jahre nach dem Tod des Ehepartners noch lebende andere Ehepartner hervorgeht. Schutzwürdige Belange könnten dann beeinträchtigt sein, „wenn bekannt ist, dass der überlebende Ehegatte aus nachvollziehbaren Gründen Wert darauf legt, die Ehe mit dem Verstorbenen geheim zu halten."[40] Ein Antrag auf Benutzung archivierter Personenstandsunterlagen muss durch das Archivpersonal demnach genauso auf entgegenstehende Rechtspositionen geprüft werden, wie ein Benutzungsantrag für die übrigen Archivgüter. In der Archivpraxis hat sich mittlerweile eingespielt, nicht die gesamten Personenstandsbücher im Lesesaal vorzulegen, sondern stattdessen Kopien der zur Einsicht beantragten Seiten anzufertigen und die möglichen schutzwürdigen Inhalte und Randvermerke zu schwär-

37 Vgl. Joergens, in: Rehm/Bickhoff 2010, S. 46.

38 Vgl. Stumpf, Archivpflege in Westfalen-Lippe 71 (2009), S. 26; Rosenplänter, VKA Mitteilungen 2008, S. 50f.

39 Vgl. Isabell Götz, in: Palandt, Bürgerliches Gesetzbuch, 76. Aufl., München 2017, § 1758, Rn. 2.

40 Vgl. Gaaz, StAZ 63 (2010), S. 73.

zen. Ebenso kann durch Einbände und Umschläge die Einsicht auf nur bestimmte Seiten eines Registerbandes beschränkt werden, während die übrigen Seiten verschlossen bleiben.[41] Zudem bleibt es dem Archiv überlassen, im Rahmen seiner Amtsermittlung die Einwilligung noch lebender betroffener Personen in die Benutzung der Personenstandsurkunde einzuholen.[42]

Die Reform des Personenstandsrechts führt im Ergebnis dazu, dass die öffentlichen Archive in ihrer Funktion als zentrale Wissensspeicher des Staates und als informationsdienstleistende Anlaufstelle für Behörden, Bürger und Forschung weiter gestärkt werden. Die Zugänglichkeit der Personenstandsunterlagen fördert insbesondere die Familien- und Namensforschung und die Übernahme durch die Archive bewirkt, dass sich die Verwahrung und die Benutzung nach einheitlichen rechtlichen Vorgaben bestimmen.[43] Der Informationsbestand der Archive erweitert sich nun um ganz wesentliche gesellschaftsrelevante Informationssammlungen.

III. Reformen der Archivgesetze in Bund und Ländern

Über einzelne Anpassungen und das neue Personenstandsrecht hinaus fanden in der letzten Dekade maßgebliche Veränderungen des deutschen Archivrechts statt. Einerseits wurden in den Jahren 2009 bis 2018 zehn umfangreiche Reformprozesse der Archivrechtsmodernisierungen in Bund und Ländern durchgeführt.[44] Andererseits wurden im Jahr 2018 mehrere bereichsspezifische Anpassungen von Archivgesetzen an die europäische Datenschutzgrundverordnung vorgenommen.[45] Die vorliegenden Ausführungen werden die-

---

41 Vgl. Joergens, in: Rehm/Bickhoff 2010, S. 47; Rosenplänter, VKA Mitteilungen 2008, S. 51.

42 Vgl. Gaaz, StAZ 63 (2010), S. 73.

43 Vgl. Heinrich Bornhofen, Das Gesetz zur Novelle des Personenstandsgesetzes, StAZ 60 (2007), S. 33-44, 37 und 40.

44 Saarland 2009, Nordrhein-Westfalen 2010 und 2014, Rheinland-Pfalz 2010, Hessen 2012, Sachsen 2013, Bremen 2013, Sachsen-Anhalt 2015, Berlin 2016, Bund 2017, Thüringen 2018.

45 Brandenburg, Mecklenburg-Vorpommern, Saarland, Sachsen und Niedersachsen. Thüringen hat diese Anpassungen innerhalb der No-

se Reformprozesse der Landesarchivgesetze sowie des Bundesarchivgesetzes in vergleichender Weise analysieren. Dabei ist es einerseits ein Anliegen, die explizit artikulierten Motivationen und Reformanlässe der jeweiligen Gesetzgeber in Bund und Ländern herauszuarbeiten. Andererseits wird das Ziel verfolgt, die zentralen Reformansätze und Lösungen für ein modernes Archivwesen zu erfassen und ihre normative Umsetzung in den reformierten Archivgesetzen zu vergleichen. Die Untersuchung stützt sich dabei auf die veröffentlichten Gesetzgebungsmaterialien (Begründung des Gesetzentwurfes, Ausschussdokumente und Parlamentsdebatten), die über die Gesetzgebungskörperschaften zugänglich gemacht worden sind.

Ein durchgängiges Merkmal aller Archivrechtsreformen seit 2009 ist, dass die Reformprozesse und Gesetzesentwürfe von der jeweiligen Landes- bzw. von der Bundesregierung in das Parlament eingebracht wurden[46], was für das parlamentarische Regierungssystem der Bundesrepublik auch den Regelfall darstellt.[47] Auffällig ist hingegen die unterschiedliche Intensität, mit der die Gesetzesentwürfe im öffentlichen Plenum debattiert wurden. Das Spektrum hierbei reicht von ausführlichen Redebeiträgen der Regierungs- und Oppositionsfraktionen mit anschließenden Gegenreden[48] bis hin zur aussprachslosen Überweisung an die zuständigen Ausschüs-

velle von 2018 umgesetzt, der Bund durch Regelungen im Bundesdatenschutzgesetz.

46 Vgl. Abgeordnetenhaus Berlin, Drucksache 17/2402, S. 1; Bremische Bürgerschaft, Drucksache 18/838, S. 1; Deutscher Bundestag, Drucksache 18/9633, S. 1; Hessischer Landtag, Drucksache 18/6067, S. 1; Landtag Nordrhein-Westfalen, Drucksache 14/10028, S. 1; Landtag Rheinland-Pfalz, Drucksache 15/4174, S. 1; Landtag des Saarlandes, Drucksache 13/2434, S. 1; Sächsischer Landtag, Drucksache 5/9386, S.1; Landtag Sachsen-Anhalt, Drucksache 6/3482, S. 1; Thüringer Landtag, Drucksache 6/4942, S. 1.

47 Vgl. bereits die Analyse bei Heinz Rausch, Bundestag und Bundesregierung, München 1976, S. 123f.

48 Vgl. Deutscher Bundestag, Plenarprotokoll 18/212, S. 21262-21275; Landtag Sachsen-Anhalt, Plenarprotokoll 6/75, S. 6306ff; Thüringer Landtag, Plenarprotokoll 6/108, S. 61ff; Landtag Rheinland-Pfalz, Plenarprotokoll 15/82, S. 4934ff.

se[49] und der ebenso aussprachslosen Abstimmung und Annahme der Gesetzesreform[50]. Überdies ist für jene Reformvorhaben, die in besonderem Grade umfangreiche und regelungsdetaillierte Ansätze verfolgen, eine breite Hinzuziehung von Sachverständigen aus der Rechtswissenschaft, der Geschichtswissenschaft und der archivischen Praxis erkennbar.[51]

1. Motivation der Gesetzgeber

Für die Archivrechtsreformen der vergangenen Jahre, die mit der Gesetzesänderung im Saarland im Jahr 2009 begannen und mit der Thüringer Archivrechtsnovelle des Sommers 2018 ihren vorläufig jüngsten Schritt nahmen, lassen sich verschiedene Motive und Anlässe erkennen.

a) Einsturz des Kölner Stadtarchives im März 2009

Eine erste unmittelbare Motivlage, die veranlasste, den Zustand des öffentlichen Archivwesens politisch aufzugreifen, war der Einsturz des Kölner Stadtarchives im März 2009. Der Einsturz wurde durch Bauarbeiten einer neuen U-Bahn Linie der Stadt Köln verursacht. Zwei Menschen kamen dabei ums Leben und 90 Prozent der Archivunterlagen wurden verschüttet. Explizit wurde dieses Ereignis vom Chef der saarländischen Staatskanzlei in der ersten Parlamentsdebatte zum Saarländischen Archivgesetz als ein Anlass angesprochen, um über die Bedeutung der Archive nachzudenken.[52] Auch der nordrhein-westfälische Gesetzgeber beschäftigte

49 Vgl. Bremische Bürgerschaft, Plenarprotokoll 18/39, S. 2756f; Abgeordnetenhaus Berlin, Plenarprotokoll 17/68, S. 7022.

50 Vgl. Bremische Bürgerschaft, Plenarprotokoll 18/41, S. 2844; Abgeordnetenhaus Berlin, Plenarprotokoll 17/77, S. 7992.

51 Beispielsweise für die Thüringer Archivrechtsreform: Thüringer Landtag, Zuschrift 6/1794 (Landesarchiv Baden-Württemberg) und Thüringer Landtag, Zuschrift 6/1796 (Deutsche Gesellschaft für Informationsfreiheit); für die Neuregelung des Bundesarchivrechts: Deutscher Bundestag, Ausschussdrucksache 18(22)209a (Steinhauer/Universitätsbibliothek Hagen) und Deutscher Bundestag, Ausschussdrucksache 18(22)209d (Voßhoff/Bundesdatenschutzbeauftragte).

52 Vgl. Landtag des Saarlandes, Plenarprotokoll 13/68, S. 4027.

sich mit dem Einsturz des Kölner Stadtarchives und begab sich auf die Suche nach der Festlegung und Umsetzung von Standards für die Standortsicherheit der Archivarchitekturen.[53] Als unmittelbarer Anlass für Reformbestrebungen an den Archivgesetzen wurde das Kölner Stadtarchiv von den übrigen Archivgesetzgebern nicht mehr angeführt. Es darf aber vermutet werden, dass diese Einsturzkatastrophe und der entstandene Verlust an historischen Urkunden auch in der allgemeinen politischen Wahrnehmung das öffentliche Archivwesen als reformbedürftig herausstellten.[54] Insofern steht der Einsturz des Kölner Stadtarchives im März 2009 auch symbolisch für den Beginn der deutschen Archivrechtsreformen.

b) Technische Entwicklung der öffentlichen Verwaltung

Das zentrale gesetzgeberische Motiv für alle zehn Archivrechtsreformen ist die technische Wandlung der Verwaltungsprozesse sowie die damit verbundene Einführung der elektronischen Aktenführung und Vorgangsbearbeitung.[55] Insbesondere dort, wo zuvor auch ein entsprechendes E-Government-Gesetz mit der Verpflichtung zur Einführung der elektronischen Akte verabschiedet wurde, betonten die Gesetzgeber in Bund und Ländern, dass auch das Archivrecht die notwendigen Anpassungen vorzunehmen habe.[56] Der Thüringer Gesetzgeber betonte daher: „Die Umstellung der Aktenhaltung auf elektronische Akten sowie die Einführung der elektronischen Vorgangsbearbeitung im Rahmen des E-

53 Vgl. Landtag Nordrhein-Westfalen, Plenarprotokoll 14/10028, S. 16.

54 Vgl. Hanns Peter Neuheuser, Der Einsturz des Kölner Stadtarchivs, ZfBB 56 (2009), S. 149-158.

55 Vgl. Deutscher Bundestag, Drucksache 18/9633, S. 28f; Abgeordnetenhaus Berlin, Drucksache 17/2402, S. 1; Bremische Bürgerschaft, Drucksache 18/838, S. 1; Hessischer Landtag, Drucksache 18/6067, S. 13; Landtag Nordrhein-Westfalen, Drucksache 14/10028, S. 1, 12 und 14; Landtag Rheinland-Pfalz, Drucksache 15/4174, S. 1; Landtag des Saarlandes, Drucksache 13/2434, S. 2; Sächsischer Landtag, Drucksache 5/9386, Vorblatt; Landtag Sachsen-Anhalt, Drucksache 6/3482, S. 3; Thüringer Landtag, Drucksache 6/4942, S. 1.

56 Beispielsweise Abgeordnetenhaus Berlin, Drucksache 17/2402, S. 1; Hessischer Landtag, Drucksache 18/6067, S. 13.

Government haben Auswirkungen auf das Landesarchiv, das die elektronischen Unterlagen im Sinne des Thüringer Archivgesetzes archivieren muss." Deswegen sei eine geeignete Infrastruktur, genauer ein Digitales Magazin im Landesarchiv, und eine „angemessene Begleitung der Behörden" durch das Archiv bei Fragen der Digitalisierung vorgesehen.[57] Auch für das Archivrecht Sachsen-Anhalts müsse deshalb gelten, dass auf die gewandelten Prozesse des Staates, die Informations- und Kommunikationstechnik, auf elektronische Akten und Archivgüter sowie auf die technischen Speicher- und Zugriffsmöglichkeiten mit Neuregelungen des Archivrechts reagiert werde.[58] Schließlich betonte auch der Bundesgesetzgeber, dass nicht nur die öffentliche Verwaltung, sondern auch das Bundesarchivwesen selbst für die Strukturen des E-Governments gerüstet sein müsse und auf den Wandel der Aktenführung in der Bundesverwaltung vorbereitet werde. Gerade weil es einen in verschiedene Einzelstrukturen zerfallenen Wildwuchs der Digitalisierungsbemühungen auf der Bundesebene zu vermeiden gelte, komme hier auf das Bundesarchiv und dessen Rechtsgrundlagen eine wichtige Aufgabe zu.[59]

Indem die Archivgesetzgeber übereinstimmend auf die technischen Veränderungen der Verwaltung als einen zentralen Anlass zur Neuregelung des Archivrechts verweisen, besteht kein Zweifel daran, dass im Zuge der Digitalisierung des öffentlichen Sektors den Verantwortlichen bewusst geworden ist, dass das Archivwesen integraler Bestandteil einer übergreifenden Modernisierung und E-Government-Strategie sein muss.[60] Insoweit ist erkennbar, dass dem politisch prestige-

---

57 Beide Zitate in Thüringer Landtag, Drucksache 6/4942, S. 2.

58 Vgl. Landtag Sachsen-Anhalt, Drucksache 6/3482, S. 3; vergleichbare Begründung auch im Freistaat Sachsen: Sächsischer Landtag, Drucksache 5/9386, Vorblatt.

59 Vgl. Deutscher Bundestag, Drucksache 9633, S. 28f.

60 Während des Prozesses der E-Government-Gesetzgebung war dieser Umstand nicht immer so bewusst. Das Sächsische E-Government-Gesetz sowie dessen offizielle Begründung kam gänzlich ohne einen Hinweis auf die spätere Archivierung der elektronischen Akten oder die Rolle der Archive in diesem Prozess aus, ebenso das E-Government-Gesetz des Bundes. Auch § 18 Abs. 2 Thüringer E-Government-Gesetz verweist lapidar auf das Thüringer Archivgesetz,

trächtigen Vorhaben des E-Governments eine Anpassung des eher randständig wahrgenommenen Archivwesens erst in einem zweiten Gesetzgebungsschritt folgte.

c) Anpassung an Entwicklungen des Archivrechts

Ein weiterer, explizit angesprochener Reformanlass mancher Gesetzgeber (ausdrücklich erwähnt im Bund, in Bremen, Hessen, Rheinland-Pfalz und Sachsen) war es, die geltenden Gesetze an die „inzwischen weiterentwickelten Grundsätze des Archivrechts" anzupassen.[61] Es gelte, das Archivrecht insgesamt nach seinem rund zwanzig-jährigen Bestehen weiterzuentwickeln[62], dabei die Organisation des Archivwesens neu zu strukturieren und einen verbesserten Zugang zu Archivgut für die wissenschaftliche Forschung zu eröffnen.[63] Die Zielsetzung der Verbesserung des Zugangs zu den Archiven und die Aufwertung der Nutzerfreundlichkeit der Archive[64] mündete letztlich in einer teilweisen Verkürzung der archivrechtlichen Schutzfristen, die weiter unten ausführlich untersucht wird.

Die Gesetzesbegründungen geben Aufschluss darüber, wie bewusst den Gesetzgebern in Bund und Ländern die Reformbestrebungen im Archivwesen waren und sind. Ausdrücklich wird auf die vorangegangenen Gesetzesreformen verwiesen und damit die eigene Reformtätigkeit mitbegründet. Die Begründung zur Neuregelung des Bundesarchivrechts des Jahres 2017 enthält etwa den klaren Verweis auf die Modernisierungsbestrebungen der Länder in ihrer Landesarchivgesetzgebung, die der Bund nun ebenso nachholen

---

ohne aber die besonderen Anforderungen der digitalen Archivierung zu regeln.

61 Zitat: Landtag Rheinland-Pfalz, Drucksache 15/4174, S. 1. Vergleichbare Begründung bei Hessischer Landtag, Drucksache 18/6067, S. 1 und 13; Deutscher Bundestag, Drucksache 18/9633, S. 1; Bremische Bürgerschaft, Drucksache 18/838, S. 1.

62 Vgl. Sächsischer Landtag, Drucksache 5/9386, Vorblatt.

63 Vgl. Hessischer Landtag, Drucksache 18/6067, S. 1; Landtag Rheinland-Pfalz, Drucksache 15/4174, S. 1; Deutscher Bundestag, Drucksache 18/9633, S. 1; Bremische Bürgerschaft, Drucksache 18/838, S. 1; Sächsischer Landtag, Drucksache 5/9386, S. 12.

64 Vgl. Deutscher Bundestag, Drucksache 18/9633, S. 27.

müsse.[65] Gleichsam bekannte der Bremer Senat im Hinblick auf das BremArchivG: „In den vorliegenden Entwurf sind auch die Weiterentwicklungen der Archivgesetzgebung im Bund und in den anderen Bundesländern sowie deren Erfahrungen und Kenntnisse eingeflossen."[66]

Es lässt sich daraus ableiten, dass die Debatte um die Archivgesetzgebung, trotz geteilter Gesetzgebungskompetenzen zwischen Ländern und Bund, bundesweit geführt und wahrgenommen wird. Reformimpulse und Regelungsinhalte werden über Landesgrenzen hinweg adaptiert und in das eigene Archivrecht aufgenommen, wofür beispielsweise der Begriff der „laufend aktualisierten Unterlagen" Pate steht. Diese Neuerung wurde mit der ersten Archivrechtsreform im Saarland im Jahr 2009 eingeführt[67] und wurde fortan von allen Archivrechtsreformen aufgegriffen und übernommen.[68]

d) Reformdruck durch die Informationsfreiheitsgesetzgebung

Unter Reformdruck geriet das deutsche Archivrecht zusätzlich durch die Gesetzgebung zur Informationszugangsfreiheit in Bund und Ländern.[69] Die Informationsfreiheitsgesetze sind jünger als die Archivgesetze auf Bundes- und Landesebene.[70] Zugleich eröffnen sie einen weiteren und unmittelbareren Zugang des Bürgers zu Informationen der öffentlichen Verwal-

---

65 Vgl. Deutscher Bundestag, Drucksache 18/9633, S. 1.

66 Bremische Bürgerschaft, Drucksache 18/838, S. 1.

67 Vgl. Landtag des Saarlandes, Drucksache 13/2434, S. 10.

68 Zuletzt in Thüringer Landtag, Drucksache 6/4942, Begründung S. 10.

69 Bereits die Forderung bei Bettina Martin-Weber, Informationsfreiheitsgesetz des Bundes und Bundesarchivgesetz, in: Clemens Rehm/Nicole Bickhoff (Hrsg.), Rechtsfragen der Nutzung von Archivgut, Stuttgart 2010, S. 17-31, 25.

70 Siehe: Informationsfreiheitsgesetz Bund (IFG-Bund), BGBl. I 2005, S. 2722; Bremer Informationsfreiheitsgesetz (BremIFG), BremGBl. 2006, S. 263; Informationsfreiheitsgesetz Nordrhein-Westfalen (IFG NRW), GVBl. NRW 2001, S. 805; Landestransparenzgesetz Rheinland-Pfalz (LTranspG Rlp), GVBl. Rlp 2015, S. 383; Informationszugangsgesetz Sachsen-Anhalt (IZG LSA), GVBl. LSA 2008, S. 2008, S. 242; Thüringer Informationsfreiheitsgesetz (ThürIFG), ThürGVBl. 2012, S. 464; Berliner Informationsfreiheitsgesetz (IFG Berlin), GVBl. Berlin 1999, S. 561.

tung[71] als es die Archivgesetze vor den Reformen taten. Der strengere Archivzugang ergab sich aus den Schutzfristenregeln des Archivbenutzungsrechts. Selbst der Zugang zu archivierten Sachakten war im Grundsatz erst 30 Jahre nach ihrer Entstehung möglich, weshalb „ein nicht nachvollziehbarer Widerspruch"[72] zu den gleichzeitig bestehenden IFG-Regeln festgestellt wurde. Da auch die öffentlichen Archive Teil der öffentlichen Verwaltung sind und öffentliche Informationen verwahren, kam die Frage auf, in welchem Verhältnis die Informationszugangsrechte des Bürgers nach den Informationsfreiheitsgesetzen zu jenen nach den Archivgesetzen stehen. Um dieses Verhältnis dergestalt zu klären, dass alle schutzwürdigen Belange und Rechtspositionen im Kontext der Archivinformationen gewahrt bleiben, ergab sich vor allem ein Änderungsbedarf der archivrechtlichen Zugangsvoraussetzungen, welcher Auswirkungen auf die Archivgesetze mit sich brachte.[73] Dies galt freilich nur für jene Länder, die ein entsprechendes Informationsfreiheitsgesetz erlassen hatten.[74]

e) Befristungen von Archivgesetzen

Als das Archivrecht in den 1980er und 1990er Jahren erstmals parlamentarisch kodifiziert wurde, bestand eine gewisse Unsicherheit über die Auswirkungen und die Praktikabilität dieses jungen Rechtsgebiets, weshalb die Landesgesetzgeber in Nordrhein-Westfalen und in Hessen die Geltung ihrer

71 Beispielsweise § 1 Abs. 1 S. 1 IFG-Bund eröffnet einen grundsätzlich unmittelbaren Zugangsanspruch zu Informationen der öffentlichen Verwaltung. Die Ausnahmen der §§ 3-6 IFG-Bund verhindern oder engen den Zugangsanspruch sodann aus Gründen der Geheimhaltung, des behördlichen Entscheidungsprozesses, des Persönlichkeitsschutzes oder des geistigen Eigentums ein.

72 Abgeordnetenhaus Berlin, Drucksache 17/2402, S. 21.

73 Vgl. Landtag Sachsen-Anhalt, Drucksache 6/3482, S. 4; Landtag Nordrhein-Westfalen, Drucksache 14/10028, S. 17f; Landtag Rheinland-Pfalz, Drucksache 15/2085, S. 17; Deutscher Bundestag, Drucksache 18/9633, S. 70f; Bremische Bürgerschaft, Drucksache 18/838, S. 1 und 4; Abgeordnetenhaus Berlin, Drucksache 17/2402, S. 1 und 21f; Thüringer Landtag, Drucksache 6/4942, S. 17.

74 Vergleiche etwa die fehlenden Regelungen in Hessen und Sachsen.

Landesarchivgesetze befristeten.[75] Die Tatsache, dass diese befristeten Gesetzesgeltungen nach rund zwanzig Jahren zu verstreichen drohten, war ein weiterer Anlass, um über die Fortgeltung und Fortentwicklung des nun erprobten Archivrechts gesetzgeberisch nachzudenken.[76] Während die übrigen Archivgesetze in den Ländern und im Bund ohne Befristungsregeln auskommen, ist man in Hessen auch nach der Archivrechtsreform bei einer Befristungsvorschrift geblieben (§ 22 S. 2 HArchivG) und hat die Befristung in der Zwischenzeit auch erneut verlängert.[77] Nordrhein-Westfalen hingegen ist von der Befristung des Landesarchivgesetzes seit der zweiten Archivrechtsreform des Jahres 2014 abgerückt, da eine Verfallsklausel für die langfristige und rechtssichernde Funktion der Archive als nicht mehr notwendig und sinnvoll erachtet wurde.[78] Das Land hat die Befristung stattdessen durch eine Berichtspflicht der Landesregierung über die Fortentwicklung und Bewährung des Archivrechts ersetzt.[79] Die Landesregierung Nordrhein-Westfalens unterliegt erstmals zum 31. Dezember 2019 der Berichtspflicht über das Landesarchivgesetz und hat daran anschließend alle fünf Jahre erneut Bericht zu erstatten. Diese Verpflichtung gegenüber dem Landtag „gewährleistet eine regelmäßige Evaluierung, insbesondere auch zu den Erfahrungen mit den neuen Regelungen zur digitalen Archivierung."[80]

f) Zielvorstellung für ein modernes Archivwesen

Diese verschiedenen Motivlagen und Reformanlässe der Archivgesetzgeber in Bund und Ländern kummulieren in sehr ähnlich gelagerten Zielvorstellungen, die für das zu reformierende Archivrecht formuliert wurden. Die gesetzgeberische

75 Vgl. für die Rechtslage in Nordrhein-Westfalen Mark Steinert, Das neue Archivgesetz des Landes Nordrhein-Westfalen, Archivpflege in Westfalen-Lippe 73 (2010), S. 44-52, 44.

76 Vgl. Hessischer Landtag, Drucksache 18/6067, S. 1; Landtag Nordrhein-Westfalen, Drucksache 14/10028, S. 1.

77 Durch Gesetz vom 5. Oktober 2017 (Hess. GVBl. 2017, S. 297f) wurde die Befristung des HArchivG bis zum 31. Dezember 2022 verlängert.

78 Vgl. Landtag Nordrhein-Westfalen, Drucksache 16/5774, S. 14.

79 Vgl. Landtag Nordrhein-Westfalen, Drucksache 16/5774, S. 3 und 11.

80 Vgl. Landtag Nordrhein-Westfalen, Drucksache 16/5774, S. 3.

Befassung mit den neuen Fragen des Archivrechts hat dazu geführt, dass man die öffentlichen Archive nunmehr als Einrichtungen verstehen will, die auf Dauer analoge *und* elektronische Unterlagen verwahren und bereitstellen. Auch elektronische Archivgüter sollen als Rechtsdokumente und Kulturgüter anerkannt werden, weshalb die Archivfunktionen der Rechtssicherung und der Nachvollziehbarkeit der Verwaltungsentscheidungen in die digitale Zeit übergeleitet werden müssten.[81] Dieser Übergang wird aus gesetzgeberischer Sicht als „Kulturwandel" identifiziert, den es von Seiten des Archivwesens zu begleiten gelte.[82] Das Ziel des modernen Archivrechts müsse es sein, durch Anpassungen an die elektronische Verwaltung, die Zweckbestimmung des Archivs als Gedächtnis der Gesellschaft zu wirken, weiterhin zu erfüllen.[83] Die Archive müssen demzufolge ihre über ein Jahrtausend lang praktizierte Bewahrungsfunktion auch künftig, also unter den Bedingungen der Informations- und Kommunikationstechnik, aufrechterhalten.[84] Die Überlieferungssicherung müsse auch im Digitalen aussagekräftig bleiben.[85] Die rechtsstaatlichen und gesellschaftlichen Aufgaben der Archive müssen unabhängig von der Form der verwendeten Informationsträger erfüllt werden.[86] Insgesamt müsse eine Reform des Archivrechts erreichen, dass die Funktionsfähigkeit des Archivwesens in der Digitalisierung gewährleistet werde und dass im Archivrecht eine Verbesserung des Zugangs zu öffentlichen Archivgütern Einzug erhalte, was durch Nutzerfreundlichkeit und Wissenschaftsfreundlichkeit des Benutzungsrechts erreicht werden soll.[87]

Die Ziele der Reformgesetzgeber sind demnach sehr hoch gesteckt. Die Reformen sollen nicht weniger erreichen, als das

---

81 Vgl. Abgeordnetenhaus Berlin, Drucksache 17/2402, S. 11.

82 Vgl. Landtag Sachsen-Anhalt, Drucksache 6/3482, S. 15.

83 Vgl. Thüringer Landtag, Drucksache 6/4942, S. 1.

84 Vgl. Landtag Sachsen-Anhalt, Drucksache 6/3482, S. 4.

85 Vgl. Sächsischer Landtag, Drucksache 5/9386, Vorblatt.

86 Vgl. Landtag Nordrhein-Westfalen, Drucksache 14/10028, S. 1.

87 Vgl. Deutscher Bundestag, Drucksache 18/9633, S. 1 und 27; Bremische Bürgerschaft, Drucksache 18/838, S. 1; Abgeordnetenhaus Berlin, Drucksache 17/2402, S. 11; Landtag Rheinland-Pfalz, Drucksache 15/4174, S. 1; Sächsischer Landtag, Drucksache 5/9386, Begründung S. 10 und 12.

Übertreten des Archivwesens in den großen Prozess des digitalen Wandels. Ob die ergriffenen Maßnahmen und ihre rechtstechnische Umsetzung für dieses hohe Ziel ausreichen, muss in den nachstehenden Überlegungen betrachtet werden.

2. Einzelaspekte der Archivrechtsreformen

In einer vergleichenden Perspektive auf die Archivrechtsreformen in Bund und Ländern ist erkennbar, dass nicht nur Anlässe und Reformziele, sondern auch die einzelnen Elemente der Reformen in ähnlichen Bahnen verlaufen. Gleichwohl weisen die geänderten Vorschriften im Detail durchaus bedeutsame Unterschiede auf.

a) Archivrechtliche Begriffsbestimmungen

Das Begriffsinstrumentarium des analogen Archivrechts, welches sich auf Unterlagen wie „Schriftstücke, Akten, Karteien, Karten, Pläne, Bild-, Film- und Tonmaterialien“[88] richtete, reicht nicht mehr aus, um die durch die elektronische Verwaltungstätigkeit entstehenden neuen Aufzeichnungsformen zu berücksichtigen. Haben die Archive jedoch auch in Zeiten der Digitalisierung für die Bestandserhaltung, die Lesbarkeit und die Authentizität der archivierten staatlichen Unterlagen zu sorgen, so muss der archivrechtliche Begriff der Unterlage nicht nur die analogen, sondern auch die elektronischen Formen von Aufzeichnungen erfassen.[89]

Die Vorschrift der Archivgesetze, die bestimmt, was alles als Unterlage zu verstehen ist und damit eine zwingende Voraussetzung für eine spätere Archivierung festlegt, wurde durch die Archivrechtsreformen durchgängig, aber auf zwei verschiedene Arten, verändert. Der Ansatz der ersten Gruppe besteht darin, der klassischen Aufzählung der bekannten analogen Unterlagenformen (Karten, Akten, Pläne usw.) die elektronischen Unterlagen und die dafür benötigten Hilfsdaten und Programme als weitere Unterlagenart anzufügen. Beispielhaft für diese Variante lautet die Berliner Regelung in § 4 Abs. 1 des ArchGB nunmehr:

88 § 2 Abs. 2 S. 1 LArchG BW.

89 Vgl. Abgeordnetenhaus Berlin, Drucksache 17/2402, S. 12f.

„Archivgut sind alle archivwürdigen Unterlagen wie Urkunden, Akten, [...] und alle elektronischen Unterlagen, unabhängig von ihrer Speicherungsform sowie alle Hilfsmittel oder ergänzenden Daten, die für die Erhaltung oder das Verständnis dieser Informationen oder deren Benutzung notwendig sind."

Durch diese Ergänzung der Aufzählung soll klargestellt werden, dass *auch* elektronische Daten archivwürdig sein können und es zukünftig nicht mehr allein auf die stoffliche Grundlage einer Aufzeichnung ankommen kann.[90] Auch die reformierte Begriffsbestimmung in Hessen (§ 2 Abs. 2 HArchivG) legt fest, dass zu Unterlagen auch „alle anderen Informationsobjekte, auch digitale Aufzeichnungen, unabhängig ihrer Speicherungsform" gezählt werden; auch diese Neuregelung kann der ersten Gruppe zugeordnet werden.[91] Neben den Reformen in Berlin und Hessen können außerdem die Gesetzesänderungen in Nordrhein-Westfalen (§ 2 Abs. 1 ArchivG NRW)[92] und im Saarland (§ 2 Abs. 1 SArchG) zu der ersten Gruppe hinzugezählt werden.[93]

Die zweite Gruppe, die die Archivrechtsreformen in Sachsen, Sachsen-Anhalt, Thüringen, Bremen, Rheinland-Pfalz und im Bund bilden, verfolgte einen konsequenteren Ansatz hinsichtlich des archivrechtlichen Unterlagenbegriffs. Anstatt die bisherige „insbesondere"-Aufzählung um elektronische Dokumente zu ergänzen, nahm man Abstand von Merkmalen, die hauptsächlich auf die äußere Form und den Träger der staatlichen Sinngehalte gerichtet waren. Sprachlich umgesetzt wurde dies durch Formulierungen wie

„Unterlagen im Sinne dieses Gesetzes sind Aufzeichnungen jeder Art, unabhängig von der Art ihrer Speicherung."[94]

Noch abstrakter ist die verwendete Formulierung in § 1 Abs. 2 LArchG Rlp, die auf alle bei den öffentlichen Stellen angefallenen Informationen abstellt. Zwar folgt diesen Be-

---

90 Vgl. Abgeordnetenhaus Berlin, Drucksache 17/2402, S. 14f.

91 Vgl. Hessischer Landtag, Drucksache 18/6067, S. 14.

92 Vgl. Landtag Nordrhein-Westfalen, Drucksache 14/10028, S. 12.

93 Vgl. Landtag des Saarlandes, Drucksache 13/2434, S. 3.

94 So in § 2 Abs. 3 S. 1 ThürArchivG. Sprachlich fast identisch in § 2 Abs. 1 S. 2 BremArchivG; § 1 Nr. 9 BArchG; § 2 Abs. 2 SächsArchivG; § 2 Abs. 3 S. 1 ArchG LSA.

griffsbestimmungen meist noch die bisher bekannte Aufzählung analoger Unterlagenformen. Sie ist jedoch nicht mehr der ausschlaggebende Punkt für die Auslegung der archivrechtlichen Norm. Die Subsumtion eines staatlichen Dokuments unter den archivrechtlichen Unterlagenbegriff erfolgt nach den Archivgesetzen dieser zweiten Gruppe nicht mehr anhand der Regelbeispiele, sondern ausschließlich daran, ob in diesem Dokument eine staatliche „Aufzeichnung" oder eine „angefallene Information" zu erkennen ist. Diese verwendete Begrifflichkeit will erreichen, „dass die Information selbst zum Gegenstand der Überlieferung wird und nicht mehr ausschließlich die stoffliche Unterlage Überlieferungsträger ist."[95] Die neue Begriffsdefinition will die beiden heute wesentlichen Überlieferungsquellen, analoge Papierunterlagen und elektronische Daten, auf eine Stufe stellen.[96] „Die neue Formulierung der Legaldefinition vermeidet es, Speicherform und Datenträger definitorisch zu umschreiben"; vielmehr werde unabhängig der Speicherform im Einzelfall jede staatliche Aufzeichnung als Unterlage verstanden und bisherige Anwendungsschwierigkeiten der alten Definition sollen für zukunftige Unterlagen vermieden werden.[97] Damit will der Gesetzgeber erreichen, dass „alle Arten von entstandenen und konservierten Informationen" überliefert werden können.[98] Auch dem Bundesgesetzgeber war es mit dieser Neuregelung wichtig, eine Unterlagendefinition zu finden, die angesichts des raschen und fortwährenden Wandels der öffentlichen Verwaltungsarbeit eine Vielzahl von Informationen und Überlieferungen einschließt und die offen für zukünftige Formen ist.[99] Der archivrechtliche Unterlagenbegriff der zweiten Gruppe verschiebt damit den Fokus von der äußeren Form einer Information auf die Information als solche, ohne Ansehen der Speicherart.[100]

95 Thüringer Landtag, Drucksache 6/4942, Begründung S. 4.

96 Vgl. Landtag Sachsen-Anhalt, Drucksache 6/3482, S. 25.

97 Sächsischer Landtag, Drucksache 5/9386, Begründung S. 2.

98 Landtag Rheinland-Pfalz, Drucksache 15/4174, S. 8.

99 Vgl. Deutscher Bundestag, Drucksache 18/9633, S. 44f, dazu zählen für den Bundesgesetzgeber beispielsweise neue Arten wie Websites oder aufgezeichnete Voicemails.

100 Vgl. etwa Bremer Bürgerschaft, Drucksache 18/838, S. 7.

In beiden Gruppen wird das Ziel verfolgt, den Unterlagenbegriff notwendigerweise nicht nur auf die Primärinformationen und -aufzeichnungen zu beschränken, sondern ihn auch auf zusätzliche Daten und Programme auszuweiten, die zur Interpretation und Benutzung der Primärinformationen benötigt werden.[101] Dazu gehören beispielsweise „elektronische Informationen, Software, Metadaten und elektronische Verfahren."[102] Auch die Übernahme ganzer Computerprogramme soll möglich sein.[103] Die reine Archivierung der Primärdaten wäre ohne Meta- und Hilfsdaten ein zweckloses Unterfangen, da diese Informationen im Archiv gar nicht interpretierbar wären und die Überlieferungssicherung somit ins Leere liefe.

b) Übergabevorschriften für elektronische Dokumente

Mit der Reform der archivrechtlichen Begriffsdefinition sollte nicht nur das Unterlagenverständnis als solches modernisiert werden. Es war den Archivgesetzgebern wichtig, klarzustellen, dass auch elektronische Unterlagen archivwürdig sein können und als solche uneingeschränkt der Anbietungspflicht unterliegen.[104] Da sich jedoch Übergabeverfahren für elektronische Unterlagen von den Übergabeverfahren analoger Akten stark unterscheiden, begannen die Gesetzgeber, besondere Übergabevorschriften für diese Fälle zu normieren. So wurde beispielsweise mit dem neuen § 5 Abs. 3 ArchGB festgelegt, dass bei der Übermittlung elektronischer archivwürdiger Unterlagen *vorab* Vereinbarungen getroffen werden müssen, die das Datenformat von Primär- und Metadaten bestimmen und die außerdem die Form der Übermittlung fest-

---

101 Vgl. Abgeordnetenhaus Berlin, Drucksache 17/2402, S. 15; Thüringer Landtag, Drucksache 6/4942, Begründung S. 4; Landtag Sachsen-Anhalt, Drucksache 6/3482, S. 25; Hessischer Landtag, Drucksache 18/6067, S. 14; Landtag Nordrhein-Westfalen, Drucksache 14/10028, S. 12; Deutscher Bundestag, Drucksache 18/9633, S. 44f und 54; Bremer Bürgerschaft, Drucksache 18/838, S. 7.

102 Abgeordnetenhaus Berlin, Drucksache 17/2402, S. 15.

103 Vgl. Landtag Sachsen-Anhalt, Drucksache 6/3482, S. 25; Landtag Nordrhein-Westfalen, Drucksache 14/10028, S. 12.

104 Vgl. beispielsweise Abgeordnetenhaus Berlin, Drucksache 17/2402, S. 15f.

legen. Um dies zu ermöglichen, fordert der Berliner Archivgesetzgeber, dass die anbietende öffentliche Stelle ihre Datenstruktur gegenüber dem Archiv offenlegen soll. Die zu treffenden Vereinbarungen zwischen öffentlicher Stelle und Archiv haben das Ziel, die elektronischen Daten standardisiert und verlustsicher zu übergeben und sollen zudem die Sparsamkeit und Wirtschaftlichkeit des Archivierungsprozesses stützen.[105]

Die archivische Praxis bestätigt die Notwendigkeit einer expliziten Anbietungs- und Übergabevorschrift in den Archivgesetzen, da vielfach in den öffentlichen Stellen kein Bewusstsein für die potentielle Archivwürdigkeit von elektronischen Daten vorhanden ist. Auch die in der Verwaltung eingesetzten elektronischen Fachverfahren und Informationssysteme fördern diese „Nicht-Anbietung", da sie vielfach über keine technische Schnittstelle für die Aussonderung der dort entstehenden Daten verfügen. Die tatsächliche Übergabe der elektronischen Daten erfolgt in der Praxis dann entweder über die Versendung von Datenträgern, die die zu archivierenden Daten gespeichert haben oder über die temporäre Verschiebung der Daten über ein Behördennetzwerk, indem dem Archiv ein Laufwerkzugriff auf die Daten der Fachbehörde eröffnet wird.[106]

Auch weitere Archivgesetzgeber haben besondere Vorschriften für die Anbietung und Übergabe der elektronischen Unterlagen in die Archivgesetze aufgenommen. Nach dem neuen § 9 Abs. 1 S. 2 und 3 ArchG LSA legen die zuständigen Ministerien für das Archivwesen und für die Informations- und Kommunikationstechnik im Einvernehmen *Datenformatstandards* der Übergabe an das Archiv fest. Die Übergabe soll in allgemein zugänglichen Datenformaten erfolgen.[107] Für alle elektronischen Unterlagen, die länger als 30 Jahre aufzubewahren sind, sieht § 9 Abs. 1 S. 3 ArchG LSA zudem vor, dass „der Zeitpunkt des Anbietens und der Übergabe durch Vereinbarung" zwischen den abgebenden öffentlichen Stellen

105 Vgl. Abgeordnetenhaus Berlin, Drucksache 17/2402, S. 16.

106 So die Praxiserfahrung im Stadtarchiv Leipzig, vgl. Stadtarchiv Leipzig, Schriftliche Beantwortung des Fragenkatalogs durch das Stadtarchiv Leipzig vom 19. September 2017, Nr. 2 und 5.

107 Vgl. Landtag Sachsen-Anhalt, Drucksache 6/3482, S. 7.

und dem Landesarchiv Sachsen-Anhalt geregelt wird. Eine Beteiligung des Landesarchivs von Nordrhein-Westfalen an der Aufstellung landesweit gültiger Austauschformate für die Übergabe von elektronischen Unterlagen sieht nach der Reform auch § 3 Abs. 5 ArchivG NRW vor.[108] Auch die Neuregelung in Rheinland-Pfalz (§ 7 Abs. 3 LArchG Rlp) stellt unmissverständlich fest, dass für elektronische Unterlagen eine Anbietungspflicht besteht. Der Gesetzgeber in Rheinland-Pfalz fordert zudem, dass Verwaltung und Landesarchive zusammen dafür Sorge tragen, dass die elektronischen Daten in einem archivierbaren Zustand angeboten werden.[109] Sehr konkrete Bestimmungen über das Anbietungs- und Übergabeverfahren elektronischer Unterlagen finden sich ebenfalls im novellierten Bundesarchivrecht (§ 5 Abs. 3 S. 1 bis 3 BArchG). Demzufolge wird auch für das Bundesarchiv vorgesehen, dass der Zeitpunkt der Anbietung und der Übermittlung elektronischer Unterlagen einvernehmlich zwischen Bundesarchiv und Bundesbehörde festgelegt wird. Damit wird beabsichtigt, „dem Bundesarchiv eine frühzeitige Verständigung mit der abgebenden Stelle des Bundes und eine frühzeitige Vorbereitung elektronischer Übergabeverfahren zu ermöglichen."[110] Sofern kein auf Bundesebene festgelegter Datenformatstandard existiert, sieht § 5 Abs. 3 S. 3 BArchG überdies vor, dass auch über das verwendete Datenformat für die Übermittlung an das Bundesarchiv ein Einvernehmen mit der abgebenden Stelle hergestellt wird.[111]

Aus diesen Ausführungen geht hervor, dass die bisherigen archivgesetzlichen Regelungen nicht hinreichend bestimmt waren, um die Anbietungs- und Übergabeprozesse auch für digitale Unterlagen durchzusetzen. Die Erweiterung des Unterlagenbegriffs reichte allein jedoch noch nicht aus, um eine vollständige Anbietung elektronischer Daten von öffentlichen Stellen sicherzustellen. Um das Bewusstsein in Verwaltung und Justiz für die potentielle Archivierung elekt-

---

108 Vgl. Landtag Nordrhein-Westfalen, Drucksache 14/10028, S. 14; in der Gesetzesbegründung flschlicherweise als „Austauschformulare" bezeichnet.

109 Vgl. Landtag Rheinland-Pfalz, Drucksache 15/4174, S. 12.

110 Deutscher Bundestag, Drucksache 18/9633, S. 53.

111 Vgl. Deutscher Bundestag, Drucksache 18/9633, S. 54.

ronischer Unterlagen zu schärfen und um praktische Verfahrensschritte für die Übermittlung der Daten an die Archive festzulegen, ging also eine Reihe von Archivgesetzgebern dazu über, spezielle Anbietungs- und Übergabevorschriften für elektronische Unterlagen in die Archivgesetze aufzunehmen. Diese Neuerungen reichen den öffentlichen Archiven einerseits Rechtsvorschriften zur Hand, auf die sie eine Mahnung zur Anbietung elektronischer Verwaltungsunterlagen gegenüber den öffentlichen Stellen stützen können. Die Rechtslage ist damit eindeutiger geworden. Andererseits verpflichtet eine Reihe von Archivgesetzgebern die jeweiligen Archive und öffentlichen Stellen zur informationellen Zusammenarbeit, die durch Vereinbarungen und herzustellendes Einvernehmen über Zeitpunkt, Form und Datenstandard der Datenübermittlung zu erfolgen hat. Die Archivgesetzgeber sind somit bemüht, die Behörden und die Archive gleichermaßen in die Pflicht zu nehmen, um eine digitale Überlieferungssicherung zu garantieren.

c) Laufend aktualisierte Unterlagen

Eng mit den archivrechtlichen Begriffsbestimmungen verknüpft und doch materiell darüber hinausgehend sind die durch die Reformen eingeführten Vorschriften über die Archivierung der sogenannten laufend aktualisierten Unterlagen. Die Archivgesetzgeber haben erkannt, dass allein die Aufnahme der elektronischen Daten in den sachlichen Anwendungsbereich der Archivgesetze nicht ausreicht, um alle in der Praxis anfallenden digitalen Anbietungsprobleme zu beseitigen. Diese Probleme betreffen besonders die elektronischen Daten in Datenbanken und in vergleichbaren Verwaltungsinformationssystemen.[112] Laufend aktualisierte Unterlagen meinen elektronische Einträge und Informationen in Datenbanken, elektronischen Registern und Verwaltungssyste-

112 Auf der Landesebene werden hier beispielsweise das Freiheitsentziehungsbuch, das Hunderegister, das Unterrichtsversorgungssystem des Landesschulamtes und die Amtsdatei des Verfassungsschutzes genannt, vgl. Landtag Sachsen-Anhalt, Drucksache 6/3482, S. 32; auf Bundesebene werden Register und Fachanwendungen genannt, vgl. Deutscher Bundestag, Drucksache 18/9633, S. 56.

men. Diese Daten werden permanent ergänzt, aktualisiert und verändert. Die alten Datenbestände und Einträge werden durch diese Aktualisierung überschrieben, das heißt, sie werden gelöscht. Die gesamte Datenbank als solche wird jedoch stets weiter genutzt und von der Verwaltung fortwährend verwendet[113], weshalb sie aufgrund dieser Funktionsweise „einen Zustand der Abgeschlossenheit nie erreichen"[114] wird. Deshalb gelangt die Datenbank als „elektronische Unterlage" nicht in den Verfügungsbereich des Archives.[115] Solange eine Unterlage noch in den öffentlichen Stellen genutzt, also „benötigt" wird, besitzt sie keine Archivfähigkeit und muss den Archiven gar nicht zur Bewertung und Übergabe angeboten werden.[116] Die üblichen archivrechtlichen Anbietungspflichten der öffentlichen Stellen, die an das „nicht mehr Benötigen" einer Unterlage oder an eine zeitliche Regelabgabe von dreißig Jahren nach der Entstehung der Unterlage anknüpfen, würden bei fortlaufenden Daten „ins Leere fen"[117].Wird eine Datenbank, ein Register oder ein Informationssystem elektronisch geführt und fortlaufend mit neuen Informationen und Einträgen ergänzt und überschrieben, dann bedeutet dies aus archivarischer Sicht eine Gefahr der Entstehung von „Lücken in der archivischen Überlieferungsbildung"[118]. Denn die Archive hätten ohne spezielle Regelung keinen Zugriff auf jene Einträge und Registerbestände, bevor sie durch Aktualisierungen überschrieben werden. Registerin-

113 Die fortwährende Überschreibung führt dazu, dass die Register und Datenbanken „nicht geschlossen" werden, vgl. Landtag Nordrhein-Westfalen, Drucksache 14/10028, S. 15; Sächsischer Landtag, Drucksache 5/9386, Begründung S. 4: „nicht im archivischen Sinn »geschlossen«".

114 Deutscher Bundestag, Drucksache 18/9633, S. 56.

115 Vgl. die Erläuterungen bei Thüringer Landtag, Drucksache 6/4942, S. 10; Landtag Sachsen-Anhalt, Drucksache 6/3482, S. 9 und 32ff; Hessischer Landtag, Drucksache 18/6067, S. 19; Landtag Nordrhein-Westfalen, Drucksache 14/10028, S. 15; Sächsischer Landtag, Drucksache 5/9386, Begründung S. 4; Deutscher Bundestag, Drucksache 18/9633, S. 55f; Bremische Bürgerschaft, Drucksache 18/838, S. 7; Landtag Saarland, Drucksache 13/2434, S. 10.

116 Vgl. Jost Hausmann, Archivrecht, Frankfurt/Main 2016, S. 39 mit Verweis auf die Rechtsnormen.

117 Landtag Saarland, Drucksache 13/2434, S. 10.

118 Sächsischer Landtag, Drucksache 5/9386, Begründung S. 4.

formationen würden gelöscht werden, ohne dass das Register jemals dem Archiv zur Übernahme angeboten werden müsste.

Im Zuge der Archivgesetzreformen wurden daher mehrere spezielle Vorschriften über die laufend aktualisierten Unterlagen in die Archivgesetze aufgenommen, die „der Gefahr entgegenwirken, dass elektronische Unterlagen einer Archivierung gänzlich entzogen werden."[119] Die speziell eingefügten Anbietungspflichten[120] für die laufend aktualisierten Unterlagen führen in erkennbar ähnlicher Weise die gesonderte Pflicht der öffentlichen Stellen ein, von den betroffenen Datenbeständen in regelmäßigen Abständen eine Bestandskopie zu erstellen und diese den Archiven zur Bewertung und Übernahme zu übermitteln.[121] Demzufolge kann das Archiv in seinen Beständen eine Versions- und Entwicklungshistorie für diese Register aufbauen, die von Benutzern dann später durchforstet werden können.

Die saarländische Regelung aus dem Jahr 2009 (§ 8 Abs. 1 S. 4 SArchG) war die erste Regelung dieser Art, die eine spezielle Anbietungspflicht für Register- und Datenbankeinträge einführte. Sie schreibt einen zeitlich expliziten Anbietungsturnus vor: es „steht dem Landesarchiv das Recht zu, die Anbietung jährlich zu verlangen." Die saarländische Regelung nahm durchaus eine Vorreiterrolle ein, denn ersichtlich viele weitere Archivgesetzgeber folgten dieser Neuerung.[122] Jedoch verzichteten die späteren Reformen darauf, eine allzu explizite Zeitvorgabe in die Archivgesetze aufzunehmen.[123]

119 Thüringer Landtag, Drucksache 6/4942, S. 10.

120 Vgl. Deutscher Bundestag, Drucksache 18/9633, S. 55: „Sonderregelung erforderlich".

121 Siehe § 5 Abs. 3 S. 4 BArchG; § 3 Abs. 2 Nr. 3 BremArchivG; § 9 Abs. 2 HArchivG; § 4 Abs. 1 S. 5 ArchivG NRW; § 8 Abs. 1 S. 4 SArchG; § 5 Abs. 1 S. 3 SächsArchivG; § 11 Abs. 2 S. 4 ThürArchivG und für Sachsen-Anhalt § 9b ArchG LSA (der jedoch gemäß Artikel 10 Abs. 2 der angenommenen Beschlussempfehlung des Innenausschusses des Landtages Sachsen-Anhalts, Drucksache 6/4084, S. 23 erst dann inkrafttritt, wenn „die informationstechnischen und haushalterischen Voraussetzungen für die Umsetzung" geschaffen worden sind).

122 Der ausdrückliche Verweis auf die Reform im Saarland etwa bei Landtag Sachsen-Anhalt, Drucksache 6/3482, S. 33.

123 Vgl. Deutscher Bundestag, Drucksache 18/9633, S. 55f; Thüringer Landtag, Drucksache 6/4942, S. 10; Landtag Sachsen-Anhalt, Druck-

Entweder wurde auf eine gesetzliche Fixierung einer konkreten Zeitvorgabe für die turnusmäßige Anbietung der Datenbankenkopie gänzlich verzichtet (§ 4 Abs. 1 S. 5 ArchivG NRW, § 5 Abs. 1 S. 3 SächsArchivG, § 3 Abs. 2 Nr. 3 BremArchivG). Oder es wurde zwar ein Turnus von einem Jahr vorgeschlagen, jedoch als Mindestmaß, dass es nicht zu unterschreiten gelte. So gilt etwa nach § 11 Abs. 2 S. 5 ThürArchivG für die Anbietung laufend aktualisierter Unterlagen an das Landesarchiv: „Der Zeitabstand zwischen den Stichtagen soll ein Jahr nicht unterschreiten." Und auch der noch nicht geltende § 9b Abs. 1 ArchG LSA bestimmt, dass die Anbietung „regelmäßig, jedoch höchstens jährlich" stattfinden soll. Die späteren Archivgesetzreformen arbeiten demzufolge im Unterschied zur Regelung des Saarlandes nicht mit einem festen Anbietungszeitpunkt, sondern legen die Einzelfallentscheidung über Zeitpunkt, Anbietungsintervall und Form der Anbietung und Übertragung in die Hände des Landesarchives und die jeweilige anbietungspflichtige öffentliche Stelle. Ihnen wird aufgetragen, vorab verbindliche Vereinbarungen zu treffen, da dies im Einzelfall praktischer und flexibler zu einer angemessenen Anbietung führt, als zu starre gesetzliche Vorgaben. Dabei unterscheiden sich die Regelungen jedoch danach, ob die Vorgaben über die Anbietung und Übergabe durch das Archiv bestimmt werden und die anbietungspflichtige Stelle nur ins Benehmen zu setzen ist (Sachsen-Anhalt, Nordrhein-Westfalen, Thüringen), oder ob zwischen Archiv und öffentlicher Stelle Einvernehmen hergestellt werden muss (Bund, Hessen, Sachsen).[124] In jedem Fall

---

sache 6/3482, S. 32; Hessischer Landtag, Drucksache 18/6067, S. 19; Landtag Nordrhein-Westfalen, Drucksache 14/10028, S. 15; Sächsischer Landtag, Drucksache 5/9386, Begründung S. 4.

124 Vgl. Thüringer Landtag, Drucksache 6/4942, Begründung S. 10 („vorab mit der abgebenden Stelle verbindlich vereinbarte Verfahren zu festgelegten Zeitpunkten"); Landtag Sachsen-Anhalt, Drucksache 6/3482, S. 34 (Modalitäten der Anbietung und Übergabe sind dem zuständigen Archiv überlassen; muss nur Benehmen mit anbietender Stelle herstellen); Hessischer Landtag, Drucksache 18/6067, S. 19 (Festlegung durch das Archiv mit Zustimmung der anbietenden Stelle); Landtag Nordrhein-Westfalen, Drucksache 14/10028, S. 15 (Vorgabe durch das Landesarchiv und Benehmen mit öffentlicher Stelle); Sächsischer Landtag, Drucksache 5/9386, Begründung S. 4; Deutscher Bundestag, Drucksache 18/9633, S. 56 (Einvernehmen zwischen

intensiviert sich durch die speziell normierten Archivierungsprozesse der elektronischen Unterlagen der Informationsaustausch zwischen öffentlichen Stellen und öffentlichen Archiven.

Mit der gefundenen Lösung der intervallsmäßigen Anbietung und Übergabe von Datenbankenkopien an die Archive zu bestimmten Stichtagen wurde letztlich ein Kompromiss zwischen entgegenstehenden Interessen gefunden. Die Vorschriften über die laufend aktualisierten Unterlagen haben zum Ziel, wie oben festgestellt, Lücken in der Überlieferungsbildung, die durch das fortwährende Überschreiben der Datenbankeneinträge zu entstehen drohen, zu verhindern. Letztlich vermögen es jedoch auch diese neuen Vorschriften nicht, einen Überlieferungsverlust zur Gänze zu verhindern. Durch die Anbietung in Intervallen von mindestens einem Jahr kann es selbstverständlich zu Datenverlusten kommen, wenn die Aktualisierung von Datenbankeneinträgen in kürzeren Zeitabständen geschieht als die Archivierung der Registerkopie. „Denn sämtliche Daten, die während des Zeitraums zwischen zwei Datenschnitten aktualisiert werden, gehen ohnehin für die Archivierung verloren, da sie auf Grund des Aktualisierungsvorgangs gelöscht und somit zum Zeitpunkt des nächsten Datenschnitts nicht mehr vorhanden sind.“[125] Dies ist etwa dem Thüringer Archivgesetzgeber bewusst gewesen, der mit den zeitlichen Abständen der Anbietung und Übernahme einen Kompromiss zwischen einer umfassenden Archivierung und dem Verwaltungsaufwand fand.[126] Eine häufigere Archivierung von Datenbankenkopien würde auch den Archiven einen erheblichen Aufwand aufbürden. Der gefundene Kompromiss zwischen Überlieferungsbildung und Verwaltungsaufwand, der Informationsverluste mit sich bringt, „ist aber unvermeidbar, denn eine Anbietung in kürzeren Intervallen würde zu einem nicht zu rechtfertigenden Aufwand führen. Das berechtigte Anliegen, auch in der hier erörterten Fallgestaltung zumindest im Grundsatz die Archivierung zu ermöglichen, darf nicht dazu führen, dass im Archiv Verwaltungs-

Archiv und Behörde; Anbietungsvorschlag jährlicher oder Fünf-Jahres-Rhythmus).

125 Vgl. Landtag Sachsen-Anhalt, Drucksache 6/3482, S. 34.

126 Vgl. Thüringer Landtag, Drucksache 6/4942, Begründung S. 10.

strukturen aufgebaut werden, die einer ergänzenden (Zweit-) Verwaltung nahekommen."[127]

d) Neue Beratungsaufgaben der Archive

Es verdeutlicht sich vielfach, dass der archivfachliche Aufwand durch die elektronische Archivierung nicht geringer wird, sondern ansteigt. Die Archivgesetzgeber haben dies nicht nur im Hinblick auf die modernen Voraussetzungen der Anbietung und Übergabe elektronischer Unterlagen registriert, sondern sie haben auch einen qualitativ neuen Bedarf an Beratungsleistung durch die Archive anerkannt. Um diese Informationsdienstleistung, die von den öffentlichen Archiven erbracht wird, auszudifferenzieren, brachten die Reformen neue Beratungsvorschriften in die Archivgesetze ein.[128] Die neuen Vorschriften dienen „der Einbringung archivfachlicher Grundsätze in die behördliche Schriftgutverwaltung. Die Beratungsfunktion erstreckt sich auf analoge und elektronische Unterlagen."[129] Werden die Archive für die öffentlichen Behörden, Stellen und Gerichte beratend tätig, wird damit der Zweck verfolgt, bereits frühzeitig auf die Behörden einzuwirken, um dem Interesse an der Sicherung der Unterlagen und der Reduzierung eines späteren Archivaufwands[130] ausreichend gerecht zu werden. Denn es sind E-Akten, Datenbanken und weitere Formen des E-Governments, die die Archive vor eine Unterlagenvielfalt stellen werden.[131] Die Archivgesetzgeber wollten die Archive in die Lage versetzen, Einfluss auf die technischen Behördenstrukturen zu nehmen. Insbesondere soll der Einfluss dazu dienen, Datenmigrationen bei der Archivierung, die durch einen unkoordinierten Einsatz von Informationstechnik und Datenformaten notwendig wer-

127 Landtag Sachsen-Anhalt, Drucksache 6/3482, S. 34.

128 Gesetzliche Neuregelungen wurden gefasst in: § 3 Abs. 4 BArchG; § 3 Abs. 3 ArchGB; § 1 Abs. 1 S. 3 BremArchivG; § 4 Abs. 3 HArchivG; § 3 Abs. 6 LArchG NRW; § 9 Abs. 2 SArchG; § 4 Abs. 5 und 6 SächsArchivG; § 7 Abs. 2 und § 8 Abs. 6, 7 ThürArchivG.

129 Abgeordnetenhaus Berlin, Drucksache 17/2402, S. 13; Sächsischer Landtag, Drucksache 5/9386, Begründung S. 4.

130 Vgl. Hessischer Landtag, Drucksache 18/6067, S. 16.

131 Vgl. Abgeordnetenhaus Berlin, Drucksache 17/2402, S. 13.

den, auf ein Mindestmaß zu reduzieren.[132] Oftmals wird in diesem Zusammenhang auch von Aufgaben im „vorarchivischen Bereich“[133] gesprochen, die neben dem Archivinteresse der geordneten Übergabeprozesse der Unterlagen auch der Rationalisierung der gesamten Schriftgutverwaltung, also einem Interesse der öffentlichen Verwaltung und Justiz, zweckdienlich sein sollen.[134] „Da elektronische Akten auch im Rahmen der Aufbewahrungsfristen in der Behörde gesichert und in andere Datenformate gewandelt werden müssen, muss die Authentizität, Integrität, Vertraulichkeit und Verfügbarkeit digitaler Informationen gewahrt werden“; hieran knüpft sich die archivische Beratung.[135] Die Beratung soll möglichst frühzeitig einsetzen, um der Informationssicherung bereits im Bereich der Verwaltung einen eigenen Stellenwert beizumessen.[136]

Eine besondere Ausprägung hat die neue Beratungsaufgabe der Archive in der Beteiligung bei der Einführung oder wesentlichen Änderung von IT-Systemen in der öffentlichen Verwaltung und Justiz erfahren. So bestimmt beispielsweise § 3 Abs. 3 S. 2 ArchGB: Die öffentlichen Behörden, Gerichte und Stellen des Landes „beteiligen das Landesarchiv Berlin bei der Einführung und Änderung technischer Systeme zur Erstellung und Speicherung elektronischer Unterlagen.“ Und nach § 4 Abs. 5 S. 2 SächsArchivG ist das Sächsische Staatsarchiv „bei der Einführung neuer oder wesentlicher Änderung bestehender Systeme der Informationstechnologie anzuhören, wenn diese Bezüge zur Archivierung elektronischer Unterlagen enthalten.“[137] Der Zweck dieser Regelungen ist, den

---

132 Vgl. Landtag Nordrhein-Westfalen, Drucksache 14/10028, S. 14: Die „IT-Systeme der anbietungspflichtigen Stellen [müssen] so beschaffen sein, dass die Aussonderung und Anbietung durch die anbietungspflichtige Stelle und die Bewertung und die Übernahme durch das Landesarchiv organisatorisch und technisch möglich ist.“

133 Hessischer Landtag, Drucksache 18/6067, S. 16; Landtag Nordrhein-Westfalen, Drucksache 14/10028, S. 14; Thüringer Landtag, Drucksache 6/4942, Begründung S. 6.

134 Vgl. Thüringer Landtag, Drucksache 6/4942, Begründung S. 6.

135 Thüringer Landtag, Drucksache 6/4942, Begründung S. 6.

136 Vgl. Hessischer Landtag, Drucksache 18/6067, S. 16.

137 Die weiteren Normen zur Beteiligung der Archive bei der Einführung und Änderung von IT-Systemen finden sich in § 3 Abs. 4 S. 2 BArchG;

Archiven nicht nur die Möglichkeit zu geben, die elektronischen Unterlagen zu bewerten und zu übernehmen wie sie sind, und sie damit vor vollendete Tatsachen zu stellen, sondern ihnen darüber hinaus eine Einflussmöglichkeit auf die digitalen Strukturen der öffentlichen Stellen bereits in der Planungs- und Konzipierungsphase zu geben. Es geht darum, bereits frühzeitig auf die Behörden einzuwirken[138], und auf eine Standardisierung der verwendeten Daten- und Austauschformate der IT-Systeme hinzuarbeiten.[139] Die erweiterten Beratungs- und Beteiligungsaufgaben räumen den Archiven Mitspracherechte in modernen Fragen der Verwaltungsorganisation ein[140], um letztlich die Datenqualität, -standardisierung und -sicherung für die Belange der Verwaltung und der Archive gleichermaßen zu garantieren und zu regulieren.[141] „Dabei muss den digitalen Unterlagen produzierenden Stellen klar sein, dass das Archiv seinen Dienstleistungsauftrag, die wichtigen Daten dauerhaft zu sichern, d. h. zugänglich und lesbar zu halten, nur erfüllen kann, wenn es im Prozess der Systementwicklung von Anfang an und obligatorisch berücksichtigt wird."[142]

Bei genauerer Analyse fällt jedoch auf, dass die rechtliche Ausgestaltung dieser „obligatorischen" Beteiligung sehr unterschiedlich umgesetzt wurde. Auf der einen Seite spricht etwa der Bremische Archivgesetzgeber gar von einem „Rechtsanspruch" des Staatsarchives auf Beteiligung bei der Einführung und Änderung von IT-Systemen[143], der Hessische Archivgesetzgeber legt eine Pflicht der Beteiligung des Staatsarchives fest[144], der Archivgesetzgeber in Nordrhein-

---

§ 1 Abs. 1 S. 3 BremArchivG; § 4 Abs. 3 S. 2 HArchivG; § 3 Abs. 6 S. 3 LArchG NRW; § 9 Abs. 2 S. 3 SArchG; § 4 Abs. 5 S. 2 SächsArchivG; § 8 Abs. 7 ThürArchivG.

138 Vgl. Abgeordnetenhaus Berlin, Drucksache 17/2402, S. 13.

139 Vgl. Hessischer Landtag, Drucksache 18/6067, S. 16.

140 Der Bundesgesetzgeber sieht hierin eine neue Serviceleistungsaufgabe des Bundesarchivs, vgl. Deutscher Bundestag, Drucksache 18/9633, S. 48.

141 Vgl. Sächsischer Landtag, Drucksache 5/9386, Begründung S. 4; Bremische Bürgerschaft, Drucksache 18/838, S. 7.

142 Landtag Nordrhein-Westfalen, Drucksache 14/10028, S. 14.

143 Bremische Bürgerschaft, Drucksache 18/838, S. 7.

144 Vgl. Hessischer Landtag, Drucksache 18/6067, S. 16.

Westfalen verpflichtet die Landesbehörden dazu, die Archivbeteiligung in der Planungsphase des IT-Systems obligatorisch zu berücksichtigen[145] und der Sächsische Archivgesetzgeber schätzt die frühzeitige Beteiligung des Staatsarchives bei der Implementierung der IT-Systeme als „zwingend erforderlich" ein.[146] Bei dieser Gruppe von Landesarchivregelungen kann davon ausgegangen werden, dass sie den Einfluss des Landes- bzw. Staatsarchives auf den Implementierungsprozess neuer Informationstechniken im öffentlichen Bereich bewusst hoch einschätzen. Dabei ist es der ausdrückliche gesetzgeberische Wille und der Normbefehl der Archivgesetze, dass die zu beteiligenden Archive eine maßgebliche Mitsprache in diesen Verfahren haben.[147]

Anders hingegen scheint der Bundesgesetzgeber die Rolle des Bundesarchives bei der Beteiligung an IT-Implementierungsverfahren in der Bundesverwaltung zu sehen. Die Einbeziehung der Expertise des Bundesarchives bei der Planung und Einführung entsprechender Systeme soll durch „Kenntnisgabe" geschehen.[148] Das Bundesarchiv ist gemäß § 3 Abs. 4 S. 2 BArchG „rechtzeitig zu informieren". Mehr als diese Inkenntnissetzung verlangt das Gesetz nicht. Zwar wird in der Gesetzesbegründung vertreten, dass diese Einbindung und frühzeitige Unterrichtung des Bundesarchives für die spätere Archivierung und die Informationsqualität der dort entstehenden elektronischen Unterlagen von großer Bedeutung ist und das Bundesarchiv hierbei seine beratende Kompetenz ausübt. Die Bundesbehörden sind dem entgegenstehend trotzdem nicht verpflichtet, das Bundesarchiv über die Inkenntnissetzung hinaus weiter an der Einrichtung des IT-Systems zu beteiligen. Die Behörden sind keineswegs verpflichtet, Stellungnahmen des Bundesarchives überhaupt zu berücksichtigen oder gar Benehmen oder Einvernehmen mit

145 Vgl. Landtag Nordrhein-Westfalen, Drucksache 14/10028, S. 14.

146 Sächsischer Landtag, Drucksache 5/9386, Begründung S. 4.

147 Mangels näherstehender gesetzesbegründerischer Erläuterung in Landtag Saarland, Drucksache 13/2434, S. 11, jedoch aufgrund des eindeutigen Wortlautes des § 9 Abs. 2 S. 3 SArchG: „ist das Landesarchiv zu beteiligen", kann davon ausgegangen werden, dass auch der Saarländische Archivgesetzgeber von einem starken Einfluss auf den Prozess ausging.

148 Deutscher Bundestag, Drucksache 18/9633, S. 48.

dem Bundesarchiv herzustellen.[149] Daraus wird ersichtlich, dass die Position des Bundesarchives im Vergleich zu den Landes- und Staatsarchiven der oben genannten Gruppe beim Recht der Beteiligung an der Implementierung von IT-Systemen wesentlich schwächer ausgeprägt ist, was angesichts der betonten Bedeutung der Archivexpertise wenig konsequent ist. Nähme der Bundesarchivgesetzgeber die Gefahr der uneinheitlichen Schriftgutverwaltung und der deshalb aufwändigen Archivierung so ernst, wie er in der Begründung betont, dann hätte er die Beteiligungsrechte des Bundesarchivs stärker ausgestaltet. Die tatsächliche Vorschrift des § 3 Abs. 4 S. 2 BArchG ist daher stark kritikwürdig.

Auch während des Gesetzgebungsprozesses zum neuen Thüringer Archivgesetz im Jahr 2018 war zunächst vorgesehen, dass das Thüringer Landesarchiv bei der Einführung von IT-Strukturen in der Thüringer Landesverwaltung nach dem § 8 Abs. 7 ThürArchivG im Entwurfsstadium nur „rechtzeitig darüber zu informieren“ sei. Die frühzeitige Einbeziehung sollte „in Form einer Informationspflicht“ der Landesbehörden gegenüber dem Landesarchiv erfolgen.[150] Vergleichbar mit der Rechtslage auf Bundesebene sollte also auch das Thüringer Landesarchiv lediglich über die Einführung des neuen IT-Systems informiert werden; eine Einholung von Stellungnahmen oder gar eine verbindliche Berücksichtigung des Archives war keinesfalls vorgesehen. Es zeichnete sich daher eine vergleichbare Inkonsequenz zwischen hervorgehobener Bedeutung der Archivberatung und der tatsächlichen rechtlichen Ausgestaltung ab, wie sie der Bund beschlossen hatte. Jedoch wurde dieser kritische Umstand während des parlamentarischen Prozesses aufgegriffen und abgeändert. Der zuständige Ausschuss für Europa, Kultur und Medien des Thüringer Landtages einigte sich auf eine Neufassung des § 8 Abs. 7 ThürArchivG, der nunmehr festlegt: bei der Planung und Einführung von IT-Systemen „ist rechtzeitig das Benehmen mit dem Landesarchiv herzustellen“.[151] Die gemeinsame Absprache zwischen Verwaltung und Archiv in diesen Verfah-

149 Vgl. Deutscher Bundestag, Drucksache 18/9633, S. 48.
150 Thüringer Landtag, Drucksache 6/4942, Begründung S. 8.
151 Thüringer Landtag, Drucksache 6/5855, S. 3 (Beschlussempfehlung), Punkt 5 c).

ren wurde auch in der Plenardebatte hervorgehoben.[152] Der verwaltungsrechtliche Begriff des Benehmens bedeutet, dass einer Stelle, hier das Landesarchiv, die Möglichkeit einer Anhörung und der Gelegenheit zur Abgabe einer Stellungnahme zusteht. Das Benehmen geht dabei nicht so weit wie der Begriff des Einvernehmens, der die Zustimmung der hinzuzuziehenden Stelle als zwingende Voraussetzung kennt.[153] Dementsprechend muss nach der nun geltenden Regelung des § 8 Abs. 7 ThürArchivG bei der Implementierung von IT-Systemen in der Thüringer Landesverwaltung das Landesarchiv angehört werden und ihm muss die Möglichkeit der Stellungnahme, die im weiteren Verfahren auch Berücksichtigung finden muss, gegeben werden. Die Einführung der IT-Systeme hängt aber nicht von der Zustimmung des Thüringer Landesarchives ab.

e) Anpassungen des Schutzfristenrechts

Bereits bei der Erörterung der gesetzgeberischen Motivlage wurde angesprochen, dass das Schutzfristenrecht der Archivgesetze durch die Fortentwicklung des Archivrechts und durch die Gesetzgebung zur Informationsfreiheit unter Reformdruck geraten ist. Bei genauerer Analyse lassen sich drei Ansatzpunkte der Reformen des Schutzfristenrechts herausarbeiten: erstens eine partielle Verkürzung der archivrechtlichen Schutzfristen aus Gründen der Benutzerfreundlichkeit und Forschungsfreiheit, zweitens eine teilweise vorgenommene Verlängerung der personenbezogenen Schutzfristen aufgrund gestiegener Lebenserwartungen der Bevölkerung sowie drittens eine deutliche Anpassung des archivrechtlichen Schutzfristenregimes an die Gesetzgebung zur Informationsfreiheit. Diese drei Reformansätze des Schutzfristenregimes werden nun genauer analysiert und schließen mit einer Darstellung des nunmehr geltenden Verhältnisses zwischen Informationsfreiheitsrecht und Archivrecht.

---

152 Vgl. Thüringer Landtag, Plenarprotokoll 6/122, S. 113.

153 Vgl. Martin Wickel, in: Michael Fehling/Berthold Kastner/Rainer Störmer (Hrsg.), Verwaltungsrecht. Handkommentar, 4. Aufl., Baden-Baden 2016, § 74 VwVfG, Rn. 188.

In Übereinstimmung mit internationalen Standards und hervorgegangen aus der deutschen Verwaltungstradition aus der Zeit vor der parlamentarischen Archivgesetzgebung, betrug die allgemeine Schutzfrist für die Benutzung von Archivgütern 30 Jahre.[154] Erst mit dem Ablauf dieser Fristen wurde öffentliches Archivgut frei benutzbar, zur Rechtfertigung der Frist wurde einerseits der Schutz der Verwaltungsinterna und andererseits die im Archiv benötigte Zeit zur Erschließung der Unterlagen in den Archivbestand argumentativ herangezogen. Die Archivrechtsreformen der vergangenen Jahre haben den Grundsatz der allgemeinen dreißigjährigen Schutzfrist ganz überwiegend nicht angetastet. Nur eine Minderheit von Landesarchivgesetzen (§ 10 Abs. 1 BbgArchivG; § 10 Abs. 1 S. 1 LArchivG MV; § 9 Abs. 3 S. 1 LArchG SH) ging schon vor den Archivrechtsreformen von einer kürzeren allgemeinen Schutzfrist von zehn Jahren aus. Im Zuge der Reformen hat lediglich das Land Berlin eine deutliche Verkürzung der allgemeinen Benutzungsfrist vorgenommen. So befand der Berliner Gesetzgeber, dass eine allgemeine Schutzfrist von 30 Jahren „nicht zwingend erforderlich“[155] sei. Gegen die Standardfrist wurden entgegenstehende Rechtspositionen angeführt, die im neuen Archivrecht stärker ins Gewicht fallen sollten, vor allem die Informations- und Forschungsfreiheit nach dem Grundgesetz. Die Lösung, die man in Berlin fand, war eine Herabsenkung der allgemeinen Schutzfrist auf zehn Jahre in § 9 Abs. 2 S. 1 ArchGB. „Mit der allgemeinen Schutzfrist von zehn Jahren erfolgt eine Abwägung zwischen dem Schutz der Daten Betroffener und dem grundgesetzlich garantierten Informationsrecht.“[156] Nach Ansicht des Berliner Gesetzgebers fördere die Herabsenkung der Frist den bürgerlichen Zugang zu Wissen und Informationen über die Landesverwaltung, was auch der staatlichen Transparenz und der Forschung förderlich sei.[157] Insofern stimmt die Intention der Herabsenkung der Schutzfrist auch mit der allgemeinen In-

---

154 Dieser internationale Standard geht zurück auf eine Empfehlung des 6. internationalen Archivkongresses in Madrid aus dem Jahr 1968, vgl. Landtag Rheinland-Pfalz, Drucksache 15/4174, S. 9.

155 Abgeordnetenhaus Berlin, Drucksache 17/2402, S. 19.

156 Abgeordnetenhaus Berlin, Drucksache 17/2402, S. 19.

157 Vgl. Abgeordnetenhaus Berlin, Drucksache 17/2402, S. 19.

tention der Archivgesetzgeber überein, das Archivrecht benutzerfreundlicher und liberaler auszugestalten. Das zeigt sich auch darin, dass der Berliner Archivgesetzgeber hier explizit auf die Schutzfristenregelungen im Nachbarland Brandenburg verwies, in dem eine zehnjährige Frist bereits bestand. Außerdem wird das bisher angeführte Argument, die dreißigjährige Schutzfrist werde benötigt, um das Archivgut ausreichend erschließen zu können, vom Berliner Gesetzgeber entkräftet, indem darauf verwiesen wird, dass eine Zeitspanne von zehn Jahren vollkommen ausreichend sei für die Behandlung und Erschließung der übernommenen Unterlagen.[158]

Neben der Verkürzung der allgemeinen Schutzfrist im Archivrecht des Landes Berlin wurde weiterhin nur im Land Mecklenburg-Vorpommern eine Änderung der allgemeinen Schutzfrist vorgenommen. Im Zuge der Anpassung des Archivrechts in Mecklenburg-Vorpommern an die neuen europäischen Datenschutzbestimmungen wurde die allgemeine Schutzfrist, die schon zuvor mit zehn Jahren vergleichsweise kurz war, gänzlich abgeschafft. § 10 Abs. 1 S. 1 LArchivG MV wurde gestrichen, so dass fortan nurnoch die besonderen personenbezogenen und die geheimhaltungsbedürftigen Schutzfristen bei der Archivbenutzung in Mecklenburg-Vorpommern Anwendung finden.[159]

Explizit für die Beibehaltung der allgemeinen Schutzfrist von 30 Jahren haben sich hingegen die Gesetzgeber in Thüringen[160], Hessen[161], Nordrhein-Westfalen[162], Rheinland-Pfalz[163] und Sachsen[164] sowie die Bundesebene[165] ausgespro-

158 Vgl. Abgeordnetenhaus Berlin, Drucksache 17/2402, S. 19.

159 Vgl. Landtag Mecklenburg-Vorpommern, Drucksache 7/1569, S. 17; GVOBl. MV 2018, S. 172. Die Abschaffung der Frist dient der Harmonisierung mit der Informationsfreiheitsgesetzgebung. Die Archivgüter ohne Personenbezug oder Geheimhaltungsbedürftigkeit sind unmittelbar zugänglich, sobald sie erschlossen sind und kein unverhältnismäßiger Archivaufwand der Benutzung entgegensteht. Das weitere Verstreichen einer Frist wäre sachlich unbegründet.

160 Vgl. Thüringer Landtag, Drucksache 6/4942, Begründung S. 16.

161 Vgl. Hessischer Landtag, Drucksache 18/6067, S. 20.

162 Vgl. Landtag Nordrhein-Westfalen, Drucksache 14/10028, S. 18.

163 Vgl. Landtag Rheinland-Pfalz, Drucksache 15/4174, S. 9.

164 Vgl. Sächsischer Landtag, Drucksache 5/9386, Begründung S. 10.

chen. Damit bleibt es im Hinblick auf die allgemeine Schutzfrist zur Archivgutbenutzung bei einer bereits seit längerem kritisierten Uneinheitlichkeit; während die meisten Länder bei einer Frist von 30 Jahren verbleiben, haben die Länder Brandenburg, Schleswig-Holstein und nun nach der Reform auch Berlin eine allgemeine Schutzfrist von 10 Jahren. Das reformierte Archivrecht in Mecklenburg-Vorpommern kennt wiederum gar keine allgemeine Schutzfrist mehr.

Vielfach wird im Hinblick auf den Zugang der Forschung zu öffentlichen Archivunterlagen und unter dem Eindruck der allgemeinen Informationsfreiheitsgesetzgebung die Berechtigung der allgemeinen Schutzfrist von 30 Jahren für Sachakten grundlegend in Zweifel gezogen.[166] Es bleibt jedoch zu konstatieren, dass die Archivrechtsreformen hinsichtlich der allgemeinen Schutzfrist diese uneinheitliche Gesetzeslage im Archivrecht nicht überwinden konnten und lediglich zwei Länder zu einer Verkürzung bzw. einer Abschaffung der allgemeinen Schutzfrist übergegangen sind.

Auch die übrigen Schutzfristen wurden nur partiell und nicht einheitlich liberalisiert. Bezüglich der besonderen Schutzfristen für Archivgut mit personenbezogenen Inhalten wurde auf der Bundesebene in § 11 Abs. 2 S. 1 BArchG und in Rheinland-Pfalz durch § 3 Abs. 3 S. 2 LArchG Rlp die Dauer der Frist von 30 auf zehn Jahre nach dem Tod einer betroffenen Person herabgesetzt. Dies geschah laut Bundesgesetzgeber, „um die Zugangsvoraussetzungen zu verbessern und die Nutzerfreundlichkeit des Bundesarchivs zu stärken."[167] Der Gesetzentwurf für die Reform in Rheinland-Pfalz sah zunächst nur eine Verkürzung der personenbezogenen Schutzfrist von 30 auf 20 Jahre nach dem Tod des Betroffenen vor, um Beeinträchtigungen des Persönlichkeitsschutzes zu verhindern; gleichzeitig erkannte der Gesetzentwurf an, dass auch eine kürzere Frist von zehn Jahren, wie sie in anderen

---

165 Vgl. Deutscher Bundestag, Drucksache 18/9633, S. 67.

166 Vgl. Margit Ksoll-Marcon, Zugangsregelungen zu Archivgut in den Archivgesetzen des Bundes und der Länder, in: Clemens Rehm/Nicole Bickhoff (Hrsg.), Rechtsfragen der Nutzung von Archivgut, Stuttgart 2010, S. 10-16, 11; Friedrich Schoch/Michael Kloepfer/Hansjürgen Garstka, Archivgesetz, Berlin 2007, S. 185.

167 Deutscher Bundestag, Drucksache 18/9633, S. 67.

Ländern bereits der Fall war, auch verfassungsrechtlich zulässig sei.[168] Trotzdem hatte man zunächst Bedenken im Hinblick auf die schutzwürdigen Interessen minderjähriger Angehöriger, weshalb sich der Gesetzentwurf für eine zwanzigjährige Schutzfrist aussprach. Erst im Laufe des Gesetzgebungsverfahrens einigten sich die Landtagsfraktionen der SPD und CDU darauf, die personenbezogene Frist nach dem Tod des Betroffenen doch auf zehn Jahre herabzusenken[169], was sodann im neuen § 3 Abs. 3 S. 2 LArchG Rlp umgesetzt wurde. Beide Gesetzgeber nahmen damit eine Neubewertung des Verhältnisses zwischen dem postmortalen Persönlichkeitsschutz und den Informationsrechten der Bürger und der Forschung vor und glichen ihr bislang eher strenges personenbezogenes Schutzfristenrecht an die Gesetzeslage der übrigen Länder an. Weiterhin eine dreißigjährige personenbezogene Schutzfrist nach dem Tod eines Betroffenen verlangt § 10 Abs. 3 S. 2 Landesarchivgesetz des Landes Sachsen-Anhalt.

In ähnlicher Weise wurde auch die besondere Schutzfrist für Archivgut, das vor seiner Archivierung einer Geheimhaltungsvorschrift unterlag, reformiert. In den Ländern Rheinland-Pfalz und Saarland bestand eine besonders lange geheimhaltungsbezogene Schutzfrist von 80 Jahren nach der Entstehung der Unterlage, die nun auf 60 Jahre (§ 3 Abs. 3 S. 4 LArchG Rlp; § 11 Abs. 2 SArchG) herabgesetzt wurde.[170] Die Gesetzgeber konstatierten, dass die bisherige Geheimhaltungsschutzfrist von 80 Jahren im Ländervergleich besonders streng war[171], es hierfür jedoch kein praktisches Bedürfnis[172] mehr gebe und es dadurch zu ungerechtfertigten Behinderungen der zeitgeschichtlichen Forschung kam.[173] Auch diese Veränderungen am archivischen Schutzfristenrecht haben in

---

168 Vgl. Landtag Rheinland-Pfalz, Drucksache 15/4174, S. 9, unter Verweis auf den Mephisto-Beschluss des Bundesverfassungsgerichts, der einen postmortalen Persönlichkeitsschutz gar auf nur 8 Jahre nach dem Tod erkannte.

169 Vgl. Landtag Rheinland-Pfalz, Drucksache 15/4962, S. 1.

170 Vgl. Landtag Rheinland-Pfalz, Drucksache 15/4174, S. 9; Landtag des Saarlandes, Drucksache 13/2434, S. 11f.

171 Vgl. Landtag des Saarlandes, Drucksache 13/2434, S. 11.

172 Vgl. Landtag Rheinland-Pfalz, Drucksache 15/4174, S. 9.

173 Vgl. Landtag des Saarlandes, Drucksache 13/2434, S. 11.

einer bundesweiten Betrachtung nur teilweise zu einer Vereinheitlichung geführt. Nach wie vor zeichnen sich auch die geheimhaltungsbezogenen Schutzfristen durch eine deutliche Heterogenität aus. So belaufen sich die Geheimhaltungsfristen in Berlin[174], Brandenburg[175], Mecklenburg-Vorpommern[176] und Schleswig-Holstein[177] auf 30 Jahre, in Niedersachsen[178] auf 50 Jahre und in Bayern[179], Baden-Württemberg[180], Bremen[181], Hamburg[182], Hessen[183], Nordrhein-Westfalen[184], Rheinland-Pfalz[185], Saarland[186], Sachsen[187], Sachsen-Anhalt[188], Thüringen[189] und auf Bundesebene[190] auf 60 Jahre. Die bereits kritisierte Uneinheitlichkeit des Schutzfristenrechts im Archivrecht betrifft demnach nicht nur die allgemeine Schutzfrist, sondern auch die personenbezogenen Schutzfristen und die geheimhaltungsbezogenen Schutzfristen. Es ist deshalb auch festzuhalten, dass die Archivrechtsreformen der letzten Dekade keine Abhilfe für diese kritisierte Uneinheitlichkeit des Archivzugangs schaffen konnten. Die so positiv konnotierten Zielvorstellungen der Archivgesetzgeber über eine neue Benutzerfreundlichkeit und Liberalisierung der Archivbenutzung steht in Kontrast zur tatsächlichen Umsetzung, weshalb in vergleichender Betrachtung auch wahrgenommen werden muss, dass die Zielvorstellungen letztlich verfehlt worden sind.

---

174 § 9 Abs. 2 ArchGB.
175 § 10 Abs. 2 BbgArchivG.
176 § 10 Abs. 1 LArchivG MV.
177 § 9 Abs. 3 S. 2 LArchG SH.
178 § 5 Abs. 2 S. 2 NArchG.
179 Art. 10 Abs. 3 S. 4 BayArchivG.
180 § 6 Abs. 2 S. 2 LArchG BW.
181 § 7 Abs. 3 S. 2 BremArchivG.
182 § 5 Abs. 2 S. 1 Nr. 3 HmbArchivG.
183 § 13 Abs. 1 S. 2 HArchivG.
184 § 7 Abs. 1 S. 2 ArchivG NRW.
185 § 3 Abs. 3 S. 4 LArchG Rlp.
186 § 11 Abs. 2 SArchG.
187 § 10 Abs. 1 S. 2 Nr. 2 SächsArchivG.
188 § 10 Abs. 3 S. 3 LArchG LSA.
189 § 17 Abs. 3 ThürArchivG.
190 § 11 Abs. 3 BArchG.

Mit den Archivrechtsreformen wurden die Schutzfristen jedoch nicht nur in mancher Hinsicht verkürzt, es kam zugleich auch zur Verlängerung einiger personenbezogener Schutzfristen. Das gesetzgeberische Motiv, das dahinter stand, ist die gestiegene Lebenserwartung der Bevölkerung. Wird die Benutzung von Archivgut beantragt, muss das Archiv durch Amtsermittlung klären, ob der Inhalt des Archivguts personenbezogen ist. Wenn dies der Fall ist, wird zunächst eine Schutzfrist von zehn oder 30 Jahren seit dem Tod des Betroffenen angewendet. Es kann jedoch Konstellationen geben, in denen weder aus dem Archivgut noch aus anderen Quellen ohne unverhältnismäßigen Aufwand das Todesdatum der betroffenen Person für das Archiv recherchierbar ist. In dieser Situation kann das Archiv auch eine lange personenbezogene Schutzfrist heranziehen, deren Ausgangspunkt das Geburtsdatum der betroffenen Person darstellt. Ab diesem Datum wird eine lange Frist genutzt, die eine Überschreitung der Lebensdauer durch die Fristdauer fingiert, ohne dass dem Archiv tatsächlich bekannt ist, ob die betroffene Person bereits verstorben ist. Zumeist beträgt diese Schutzfrist eine Dauer von 90 oder 100 Jahren ab der Geburt der betroffenen Person.[191] Einige Archivgesetze, die von einer Schutzfrist von 90 Jahren ausgegangen waren, haben im Zuge der Reformen diese Frist verlängert. Das Land Berlin erhöhte diese Frist in § 9 Abs. 3 S. 4 ArchGB auf 100 Jahre, um auf eine „gestiegene Lebenserwartung" zu reagieren.[192] Eine nähere Begründung oder belastbare empirische Nachweise über die gestiegene Lebenserwartung bzw. darüber, wie davon eine Verlängerung um zehn Jahren und nicht um eine andere Zeitspanne abgeleitet wurde, erbringt der Berliner Gesetzgeber nicht. Darüberhinaus wird hierbei ein Motiv der Rechtsangleichung erkennbar, da der Berliner Gesetzgeber auf die Rechtslage in Niedersachen, Hessen, Nordrhein-Westfalen und Rheinland-Pfalz verweist.[193] Auch der Thüringer Gesetzgeber entschied sich, die personenbezogene Schutzfrist ab dem Zeitpunkt der

191 Beispielsweise § 10 Abs. 1 S. 2 Nr. 3 lit. b SächsArchivG (100 Jahre); § 5 Abs. 2 S. 4 NArchG (100 Jahre); § 9 Abs. 3 S. 3 LArchG SH (90 Jahre).

192 Abgeordnetenhaus Berlin, Drucksache 17/2402, S. 20.

193 Vgl. Abgeordnetenhaus Berlin, Drucksache 17/2402, S. 20.

Geburt in § 17 Abs. 1 S. 3 ThürArchivG von 90 Jahren auf 100 Jahre zu erhöhen und führte die gestiegene Lebenserwartung dafür an.[194] Die gleiche Veränderung der Schutzfrist und knapp gehaltene Begründung findet sich bei der Bremischen Archivgesetzreform (§ 7 Abs. 3 S. 3 BremArchivG).[195] Eine nähere Begründung oder statistische Berechnung fehlt auch in diesen Gesetzgebungsunterlagen. Auch die personenbezogene Schutzfrist ab dem Geburtsdatum im Archivgesetz Nordrhein-Westfalens (§ 7 Abs. 1 S. 3 Nr. 2 LArchG NRW) wurde im Zuge der Gesamtnovelle des Jahres 2010 auf 100 Jahre erhöht, jedoch ohne nähere gesetzgeberische Begründung.[196] Der Archivgesetzgeber in Rheinland-Pfalz sah im ersten Reformentwurf eine Schutzfristenerhöhung auf 90 Jahre seit dem Geburtsdatum vor und führte dazu aus: „Auf der Basis der Annahme, dass ein Menschenleben durchschnittlich 80 Jahre dauert, wird die Sperrfrist für den Fall, dass das Todesjahr dem Archiv nicht bekannt ist, auf 90 Jahre nach der Geburt der bzw. des Betroffenen festgesetzt."[197] Aus diesen Angaben wird der hinter der Schutzfristenerhöhung stehende Gedankengang nachvollziehbarer als in anderen Gesetzesbegründungen, denn es wird zumindest der Ausgangspunkt der gesetzgeberischen Datenlage offengelegt, was sodann das Argument des Persönlichkeitsschutzes durch eine längere Schutzfrist als die durchschnittliche Lebensdauer plausibel erscheinen lässt. Im Laufe des weiteren Gesetzgebungsverfahrens einigten sich die rheinland-pfälzischen Fraktionen der SPD und CDU schließlich darauf, die personenbezogene Frist ab dem Geburtsdatum nicht auf 90, sondern auf 100 Jahre in § 3 Abs. 3 S. 2 LArchG Rlp zu erhöhen.[198] Im Hinblick auf die Verlängerung von Schutzfristen zeigt sich, dass die Landesgesetzgeber nur mit einer schmalen bis gar nicht vorhandenen Datenbasis beziehungsweise teilweise nur mit der bloßen Verweisung auf eine angenommene gestiegene Lebenserwartung der Bevölkerung argumentieren. Da es sich bei der Verlängerung um Schutzfristen auf der einen Seite um

---

194 Vgl. Thüringer Landtag, Drucksache 6/4942, Begründung S. 17.
195 Vgl. Bremische Bürgerschaft, Drucksache 18/838, S. 7.
196 Vgl. Landtag Nordrhein-Westfalen, Drucksache 14/10028, S. 18.
197 Landtag Rheinland-Pfalz, Drucksache 15/4174, S. 9.
198 Vgl. Landtag Rheinland-Pfalz, Drucksache 15/4962, S. 1.

eine sicherlich gerechtfertigte Ausweitung des Persönlichkeitsschutzes einer länger lebenden Gesellschaft handelt, andererseits aber zugleich um eine Einschränkung der Informationsansprüche von Bürgern und Forschung, hätte man von den Gesetzgebern eine breitere Darlegung der Abwägung zwischen diesen Positionen und eine *fakten- und statistikbasierte Begründung* für die konkrete Verlängerung der Fristen erwarten können. Weiterhin uneinheitlich bleibt das Schutzfristenrecht der Archivgesetze in Bund und Ländern auch bei dieser personenbezogenen Frist, die zwischen 90 und 100 Jahren schwankt.[199]

Der dritte Schwerpunkt der Reform des Schutzfristenrechts betraf die Angleichung des Archivrechts an das Informationsfreiheitsrecht. Vielen Archivgesetzgebern war klar geworden, dass eine einseitige gesetzliche Verankerung eines allgemeinen Informationsanspruchs des Bürgers gegenüber der öffentlichen Verwaltung[200], wie ihn die Informationsfreiheitsgesetze in Bund und einigen Ländern postulieren, nicht ohne die notwendigen Anpassungen im Archivrecht und dessen Informationszugängen geschehen könne.[201] Die angeführten Argumente der Archivgesetzgeber für die von ihnen verfolgte Rechtsharmonisierung zwischen Informationsfreiheitsgesetzen und Archivgesetzen ähneln sich in starker Weise. Die Anpassungen des Archivrechts sollen ein rechtliches Missverhältnis der Informationszugangsansprüche geraderücken. Wenn nach einem Informationsfreiheitsgesetz frei zugängliche Akten von Behörden „nach der Übernahme als Ar-

---

199 Weiterhin eine personenbezogene Frist ab 90 Jahren nach der Geburt haben etwa Baden-Württemberg (§ 6 Abs. 2 S. 3 LArchG BW), Bayern (Art. 10 Abs. 3 S. 3 BayArchivG), Hamburg (§ 5 Abs. 2 S. 1 Nr. 2 HmbArchivG) oder Schleswig-Holstein (§ 9 Abs. 3 S. 3 LarchG SH).

200 Der subjektive Rechtsanspruch auf Informationszugang wird bspw. durch § 1 Abs. 1 S. 1 IFG-Bund; § 1 Abs. 2 IFG BW; § 3 Abs. 1 IFG Berlin; § 1 Abs. 1 S. 1 BremIFG; § 4 Abs. 1 IFG NRW; § 2 Abs. 1 LTranspG Rlp; § 1 S. 1 IFG Saarland; § 1 Abs. 1 S. 1 IZG LSA; § 4 Abs. 1 ThürIFG eröffnet.

201 Vgl. Deutscher Bundestag, Drucksache 18/9633, S. 70f; Abgeordnetenhaus Berlin, Drucksache 17/2402, S. 1 und 21f; Bremische Bürgerschaft, Drucksache 18/838, S. 1 und 4; Landtag Nordrhein-Westfalen, Drucksache 14/10028, S. 17f; Landtag Rheinland-Pfalz, Drucksache 15/2085, S. 17; Landtag Sachsen-Anhalt, Drucksache 6/3482, S. 4; Thüringer Landtag, Drucksache 6/4942, S. 17.

chivgut wegen der dann laufenden Schutzfrist von zehn Jahren nicht mehr einsehbar sind, besteht ein nicht nachvollziehbarer Widerspruch dazu, dass diese zuvor zugänglich waren“, so etwa der Berliner Archivgesetzgeber.[202] Auch der Gesetzgeber im Land Sachsen-Anhalt befand, dass die Rechtslage nach dem Informationsfreiheitsrecht für Verwaltungsakten einen im Grundsatz voraussetzungslosen und unmittelbaren Informationsanspruch eröffne, während das Archivrecht für den Zugang verschiedene Hürden und Schutzfristen auferlegte. Diese voneinander abweichende Rechtslage zwischen Informationsfreiheitsgesetz und Archivgesetz „hat zur Folge, dass Bürgerinnen und Bürger Unterlagen, solange sie sich noch in Bearbeitung bei den Behörden und Dienststellen befinden und es sich um amtliches Schriftgut handelt, einsehen können. Sobald diese Unterlagen jedoch einem Archiv angeboten und von diesem als archivwürdig eingestuft worden sind, unterliegen sie den Einschränkungen des (älteren) Archivrechts. [...] Dieser Wertungsunterschied bei der Zugänglichmachung von Unterlagen“ sollte deshalb durch die Reformen beseitigt werden.[203] Der rechtspolitische Konflikt tritt damit erkennbar hervor. Der einmal eröffnete unmittelbare Zugang zu Informationen öffentlicher Behörden soll nicht durch eine Archivierung wieder aufgehoben und für teilweise mehrere Jahrzehnte suspendiert werden. Wollte man den einmal erreichten Stand der Informationszugänge nicht wieder einschränken, dann kam nur eine Anpassung der Archivgesetze in Frage, die bestimmte bisherige Schutzfristenstrukturen des Archivrechts abschaffte. Dies ist durch die Anpassungen der Archivgesetze des Bundes und der Länder Berlin, Bremen, Nordrhein-Westfalen, Rheinland-Pfalz, Sachsen-Anhalt und Thüringen umgesetzt worden.

Die gefundenen gesetzgeberischen Lösungen in den Archivgesetzen sind jedoch erneut nicht einheitlich. Was den Anpassungen an das Informationsfreiheitsrecht gemein ist, ist die gesetzessystematische Verortung der Änderungen im Schutzfristenrecht der Archivgesetze, genauer in den Aus-

202 Abgeordnetenhaus Berlin, Drucksache 17/2402, S. 21.

203 Landtag Sachsen-Anhalt, Drucksache 6/3482, S. 37; weiterhin auch Thüringer Landtag, Drucksache 6/4942, S. 17; Deutscher Bundestag, Drucksache 18/9633, S. 70f.

nahmen zu der Geltung der Schutzfristen. Im Grundsatz lassen die Änderungen sich so beschreiben, dass für eine bestimmte Art von (archivierten) Unterlagen keine Schutzfrist vor der Benutzung angewendet werden soll, damit auch nach der Archivierung der gleiche unmittelbare Informationszugang bestehen bleibt, wie er zuvor unter der Geltung des jeweiligen Informationsfreiheitsgesetzes galt. Durch die Neuerungen in § 11 Abs. 5 Nr. 2 BArchG; § 9 Abs. 6 S. 2 ArchGB; § 7 Abs. 4 S. 1 BremArchivG; § 7 Abs. 3 S. 1 LArchG NRW; § 3 Abs. 3 S. 3 i.V.m. § 3 Abs. 1 S. 2 LArchG Rlp; § 10 Abs. 4a ArchG LSA; § 17 Abs. 2 S. 1 ThürArchivG wurde jeweils eine (zu den bestehenden Ausnahmen hinzukommende) ausdrückliche Ausnahme von der Geltung der archivrechtlichen Schutzfrist geschaffen. Im bundesrechtlichen Fall des § 11 Abs. 5 Nr. 2 BArchG bestand diese Ausnahme der Schutzfristen bereits seit der Gesetzgebung des IFG-Bund aus dem Jahr 2005.[204] Mit der Bundesarchivgesetznovelle des Jahres 2017 wurde die Ausnahme von den Schutzfristen an anderer Stelle innerhalb des Bundesarchivgesetzes kodifiziert und zudem inhaltlich modifiziert.

Hinsichtlich der Tatbestandsvoraussetzungen lassen sich die Archivrechtsanpassungen an das Informationsfreiheitsrecht in zwei Gruppen einteilen, die sich dichotomisch danach unterscheiden, ob sie einen *abstrakten* oder einen *konkreten* Informationsfreiheitszugang voraussetzen. Die erste Gruppe bilden die Reformen in Bremen, Nordrhein-Westfalen, Sachsen-Anhalt und Thüringen sowie, nach einer kontroversen Debatte im Gesetzgebungsverfahren, auch auf der Bundesebene. Für diese Reformen ist maßgeblich, dass sie die Ausnahme der archivrechtlichen Schutzfristen für jedes Archivgut zulassen, dass *abstrakt* und unabhängig eines tatsächlich stattgefundenen Zugangs durch einen Antragsteller dem Informationszugang eines Informationszugangsgesetzes vor seiner Archivierung unterlag. Die einschlägigen

204 Zur Entstehungsgeschichte des IFG-Bund siehe Friedrich Schoch, Informationsfreiheitsgesetz. Kommentar, 2. Aufl., München 2016, Einleitung, Rn. 255ff; zur Änderung des damaligen § 5 BArchG durch § 13 Abs. 2 IFG-Bund siehe Schoch 2016, § 13, Rn. 12ff und Matthias Rossi, Informationsfreiheitsgesetz. Handkommentar, München 2006, § 13, Rn. 13ff.

neuen Vorschriften bestimmen demzufolge, dass die Schutzfristen der Archivbenutzung nicht gelten für Unterlagen, die bei ihrer Entstehung bzw. vor ihrer Übergabe an das Archiv „der Öffentlichkeit zugänglich" waren (§ 7 Abs. 4 S. 1 BremArchivG und § 7 Abs. 3 S. 1 LArchG NRW), oder die vor ihrer Übergabe an das Archiv „einem gesetzlichen Informationszugang offen gestanden haben" (§ 10 Abs. 4a ArchG LSA, vergleichbar auch § 17 Abs. 2 S. 1 ThürArchivG) bzw. „einem Informationszugang nach einem Informationszugangsgesetz offengestanden haben" (§ 11 Abs. 5 Nr. 2 BArchG). Mit den Formulierungen „der öffentlichkeit zugänglich" oder einem Informationszugang „offengestanden" wird verdeutlicht, dass es nicht darauf ankommen kann, ob die Unterlagen während ihrer Bearbeitung im Verfügungsbereich der öffentlichen Verwaltung tatsächlich auf einen konkreten Antrag eines Bürgers hin zugänglich gemacht worden sind, um zu einem späteren Zeitpunkt nach ihrer Archivierung auch im Archiv eine unmittelbare Benutzung zu ermöglichen. Die Begriffe „zugänglich" und „offenstehen" verdeutlichen vielmehr eine Potentialität, die nach den Reformen dieser Gruppe ausreicht, um eine Ausnahme von den Schutzfristen auszulösen. Der Zweck, der durch die Reformen dieser Gruppe verfolgt wird, ist das Erreichen eines Zustands, in dem physische und elektronische Archivgüter unter verbesserten Bedingungen zugänglich gemacht werden. Dies solle dadurch angegangen werden, dass sich die Zugänglichkeit, wann immer sie rechtlich auf Archivunterlagen anwendbar ist, vorrangig nach dem Informationsfreiheitsgesetz des Bundes oder des Landes sowie nach speziellen Informationsrechten wie dem Verbraucherinformationsgesetz bestimmt, und nicht nach dem archivrechtlichen Schutzfristenregime.[205] Es liege in der „Natur der Sache", dass Unterlagen, die vor ihrer Archivierung der Geltung von Informationszugangsgesetzen unterlagen, nach ihrer Übernahme in das Archiv nicht strengeren Schutzvorschriften unterliegen können.[206]

Während sich die Länder Bremen, Nordrhein-Westfalen, Sachsen-Anhalt und Thüringen eindeutig dazu positionierten,

---

205 Vgl. Landtag Sachsen-Anhalt, Drucksache 6/3482, S. 38.

206 Landtag Nordrhein-Westfalen, Drucksache 14/10028, S. 18; Thüringer Landtag, Drucksache 6/4942, Begründung S. 17.

alle potentiell von einem Informationsfreiheitszugang erfassten Unterlagen unter die neue archivrechtliche Ausnahme der Schutzfristen zu fassen, ohne dass es auf einen konkreten Zugang ankommt, war die Debatte auf der Bundesebene eine lange Zeit nicht vergleichbar eindeutig. Nach der alten Rechtslage bestimmte § 5 Abs. 4 S. 2 BArchG, dass keine Schutzfrist gelte für jene Unterlagen, die vor ihrer Übergabe an das Bundesarchiv „bereits einem Informationszugang nach dem Informationsfreiheitsgesetz offen gestanden hat". Diese Ergänzung des Bundesarchivgesetzes wurde durch § 13 Abs. 2 des Informationsfreiheitsgesetzes des Bundes aus dem Jahr 2005[207] eingeführt. Es bestand also auf der Bundesebene schon lange vor den aktuellen Archivrechtsreformen eine spezielle Regelung, die das Verhältnis zwischen Archivgesetz und Informationsfreiheitsgesetz konkretisierte. Die Literatur zu dieser Rechtslage interpretierte den Wortlaut „einem Informationszugang [...] offen gestanden" unzweifelhaft dahingehend, dass für die Nichtanwendung archivrechtlicher Schutzfristen lediglich ein abstrakter Zugang nach dem IFG-Bund bestanden haben musste und es nicht auf einen tatsächlich erfolgten Informationszugang ankomme.[208] Dementsprechend stimmte die alte Rechtslage des Bundesarchivgesetzes mit der neuen Rechtslage nach den Reformen der Archivgesetze in Bremen, Nordrhein-Westfalen, Sachsen-Anhalt und Thüringen überein. Die Novelle des Bundesarchivgesetzes im Jahr 2017 brachte Veränderungen in die bundesrechtliche Ausnahmevorschrift. Mit der Neufassung des Bundesarchivgesetzes wurde das Schutzfristenrecht in § 11 und § 12 BArchG neu aufgesetzt. Während § 12 BArchG die Möglichkeiten der Verkürzung und Verlängerung der Schutzfristen normiert, regeln § 11 Abs. 1 bis 3 BArchG die Laufzeiten der unterschiedlichen Schutzfristen. § 11 Abs. 4 und 5 BArchG bestimmen die Ausnahmen der Schutzfristen; hierbei ist auch die neugefasste Ausnahme für jenes Archivgut zu finden, wel-

207 Gesetz zur Regelung des Zugangs zu Informationen des Bundes vom 5. September 2005 (BGBl. I 2005, S. 2722).

208 Vgl. Martin-Weber 2010, S. 20; Arndt Vollmer, Die Bedeutung der Schutzfristen im archivrechtlichen Kontext, in: Irmgard Becker (Hrsg.), Schutzfristen – Festlegung und Verkürzung, Marburg 2012, S. 11-41, 24.

ches vor seiner Archivierung unter andere gesetzliche Informationszugänge fiel. Die Neuformulierung der auf Informationsfreiheitsgesetze bezogenen Schutzfristenausnahme in § 11 Abs. 5 Nr. 2 lautet nunmehr: Die Schutzfristen der § 11 Abs. 1 bis 3 BArchG gelten nicht für Archivgut, „soweit es aus Unterlagen besteht, die vor der Übergabe an das Bundesarchiv bereits einem Informationszugang nach einem Informationszugangsgesetz offengestanden haben." Diesem Wortlaut ist eine materielle Erweiterung der Ausnahmeregelung zu entnehmen. Es sollen nicht mehr nur die Verwaltungsunterlagen, die durch das Informationsfreiheitsgesetz des Bundes erfasst worden waren, keiner Schutzfrist unterliegen, sondern auch all jene Unterlagen, die sich im Anwendungsbereich von anderen speziellen Informationszugangsgesetzen befanden. Der Bundesgesetzgeber[209] nannte hierfür beispielsweise das Verbraucherinformationsgesetz[210], das Geodatenzugangsgesetz[211] sowie das Umweltinformationsgesetz[212]. Diese materielle Neuregelung erweitert die Reichweite der Ausnahme der archivrechtlichen Schutzfristen. Wesentlich mehr Archivunterlagen sind aufgrund dieser Norm unmittelbar für die Benutzung zugänglich. Es lässt sich in diesem Punkt von einer weiteren Teilliberalisierung des Archivrechts sprechen. Weiterhin zeigt sich, dass mit der Neufassung das Bundesarchivrecht intensiver mit anderen Informationsgesetzen verflochten wird, dass spezialgesetzliche Informationshemmnisse aufgehoben werden und eine weitere Harmonisierung von informationsverwaltungsrechtlichen Teilgebieten verfolgt wird.

Neben der Neuformulierung des Schutzfristenrechts in § 11 BArchG und der Erweiterung der Schutzfristenausnahmen auf zusätzliche Informationszugangsgesetze war der Gesetzgebungsprozess zum Bundesarchivgesetz von einer Debatte um die Voraussetzungen für die Schutzfristenausnahme nach § 11 Abs. 5 Nr. 2 BArchG geprägt. In der ursprünglichen Entwurfsbegründung war vorgesehen, dass die Schutzfristenaus-

---

209 Vgl. Deutscher Bundestag, Drucksache 18/9633, S. 66 und 70.

210 Gesetz zur Verbesserung der gesundheitsbezogenen Verbraucherinformation (BGBl. I 2012, S. 2166, 2725).

211 Gesetz über den Zugang zu digitalen Geodaten (BGBl. I 2009, S. 278).

212 Umweltinformationsgesetz (BGBl. I 2014, S. 1643).

nahme nur auf die Fälle eingeschränkt werden sollte, in denen „in der laufenden Verwaltung tatsächlich eine Einsichtnahme nach einem Informationszugangsgesetz erfolgt war."[213] Nur diese tatsächliche Einsichtnahme solle nunmehr für die Ausnahme der Schutzfrist „[m]aßgeblich"[214] sein. Die potentielle Zugänglichkeit nach einem Zugangsgesetz, wie es § 5 Abs. 4 S. 2 BArchG a.F. vorsah, sollte die Schutzfristen des Archivrechts nicht mehr entfallen lassen. „Also nur, wenn jemand die Unterlagen schon vorher angefordert hatte, sollten sie nicht mehr unter die Schutzfrist fallen."[215] Die im Gesetzesentwurf verlangte konkrete Zugänglichmachung drohte damit, hinter die alte Rechtslage zurückzufallen und das mit der Reform verfolgte Ziel der Liberalisierung des Archivzugangs zu konterkarieren.[216] Der Entwurf wurde insofern von Sachverständigen im Ausschuss für Kultur und Medien auch deutlich kritisiert. Eric Steinhauer etwa sah hier eine „eindeutige Verschlechterung"[217] und Andrea Voßhoff hielt den Gesetzesentwurf in diesem Punkt für „nicht vertretbar"[218]. Im Rahmen des Gesetzgebungsprozesses und unter dem Eindruck der klaren Kritik der beigeladenen Sachverständigen wurde der Gesetzentwurf wieder abgeändert. Die letztlich aufgenommene Fassung verzichtet auf die Voraussetzung, dass die Unterlagen „zugänglich gemacht worden sind", und verlangt hingegen nur, dass sie allgemein einem Informationszugang „offengestanden haben."[219] Die Regierungskoalition einigte sich dementsprechend darauf, beim Schutzfristenrecht nicht hinter den durch die Informationsfreiheitsgesetzgebung verfolgten Anspruch zurückzugehen. Insofern musste durch weitere Gesetzesberatungen der Entwurf angepasst

213 Deutscher Bundestag, Drucksache 18/9633, S. 71.

214 Deutscher Bundestag, Drucksache 18/9633, S. 71.

215 So die Bundestagsabgeordnete Hiltrud Lotze, in: Deutscher Bundestag, Plenarprotokoll 18/212, S. 21266 D.

216 Kritik aus der Literatur bei Partsch/Koschmieder, NJW 2017, S. 3418; Berger, ZRP 2017, S. 16.

217 Eric Steinhauer, Stellungnahme, in: Deutscher Bundestag, Ausschussdrucksache 18(22)209a, S. 5.

218 Andrea Voßhoff, Stellungnahme, in: Deutscher Bundestag, Ausschussdrucksache 18(22)209d, S. 2f.

219 Vgl. die Beschlussempfehlung des Ausschusses für Kultur und Medien, in: Deutscher Bundestag, Drucksache 18/10813, S. 3.

werden, um nicht in die „absonderliche Situation" zu gelangen, dass Unterlagen nach ihrer Archivierung strengeren Zugangsregelungen unterliegen als während des Verwaltungsgebrauchs.[220] Aufgrund dieser Veränderungen während des Gesetzgebungsverfahrens muss das reformierte Bundesarchivgesetz der ersten Gruppe von Reformen zugeordnet werden, nach denen eine abstrakte Zugänglichkeit nach einem Informationszugangsgesetz ausreicht, um eine Ausnahme für die Schutzfristen des Archivrechts auszulösen.

Eine andere Ausgestaltung des Verhältnisses zwischen Archivrecht und Informationsfreiheitsrecht fanden die Vertreter der zweiten Gruppe. Nach den Refomen in Berlin und Rheinland-Pfalz ist für eine Nichtanwendung der Schutzfristen maßgeblich, dass für die betreffende Archivunterlage zu einem früheren Zeitpunkt ein *tatsächlicher* Informationszugang erfolgt war. Mit anderen Worten werden die Schutzfristen für alle archivierten Unterlagen solange angewendet, wie nicht im Einzelfall bereits vor der Archivierung ein konkreter IFG-Antrag gestellt und genehmigt wurde. Die entsprechenden Regelungen finden sich in § 9 Abs. 6 ArchGB und in § 3 Abs. 3 S. 3 i.V.m. 3 Abs. 1 S. 2 LArchG Rlp. Die Wortlaute beider Normen setzen für die Nichtanwendung der Schutzfristen zweifelsfrei einen konkreten früheren Informationszugang voraus. Nach § 9 Abs. 6 S. 2 ArchGB gilt: Die Schutzfristen gelten nicht „für Archivgut, das bereits vor der Übergabe an das Landesarchiv Berlin einem Informationszugang [...] tatsächlich offen gestanden hat." Der Begriff „tatsächlich" beinhaltet eine engere Auslegung des Informationszugangs als ein genereller, hypothetischer Zugang. Der Berliner Archivgesetzgeber will demzufolge die Ausnahmen der Schutzfristen nicht auf eine größere Anzahl von Unterlagen erweitern. Vielmehr legt er die Feststellung über die konkrete Zugänglichkeit von Akten nach dem Berliner Informationsfreiheitsgesetz in die Hände der anbietenden öffentlichen Stelle. Ihr und nicht dem Berliner Landesarchiv obliegt die Entscheidungskompetenz, vor Ablauf der Schutzfrist der jeweiligen Unterlage, über den Informationszugang im Einzelfall nach

220 So das Resümee des Abgeordneten Sebastian Hartmann über die Debatte um das Schutzfristenrecht, in: Deutscher Bundestag, Plenarprotokoll 18/212, S. 21274.

der Maßgabe des Informationsfreiheitsgesetzes zu entscheiden.[221] Die Rechtsharmonisierung zwischen Berliner Archivgesetz und Berliner Informationsfreiheitsgesetz wird dadurch hergestellt, dass Schutzfristen in Fällen des § 9 Abs. 6 S. 2 ArchGB nicht angewendet werden. Anders als unter den Archivgesetzen der ersten Gruppe dürfte die Anzahl der Fälle der Schutzfristenausnahmen jedoch in Berlin deutlich geringer ausfallen. Denn durch „diese Regelung ist geklärt, dass sie sich auf konkrete Einzelfälle bezieht, für die eine Einsichtnahme tatsächlich, nicht nur theoretisch offen gestanden hat."[222] Eine vergleichbare Rechtslage ergibt sich aus dem Archivgesetz Rheinland-Pfalz. Nach § 3 Abs. 3 S. 3 LArchG Rlp gelten die archivischen Schutzfristen nicht, wenn für die Unterlagen die Voraussetzungen des § 3 Abs. 1 S. 2 LArchG Rlp vorliegen. Dieser betrifft Unterlagen, für die „vor Übergabe an das öffentliche Archiv bereits ein Zugang nach dem Landestransparenzgesetz [...] gewährt worden ist." Auch dieser Wortlaut geht nicht von einem potentiellen Offenstehen der Unterlagen für einen Informationszugang aus, sondern von einem bereits gewährten Zugang. Insofern muss auch diese Norm dergestalt verstanden werden, dass die Schutzfristenausnahmen nur für konkrete Einzelfälle gelten, in denen für einzelne Unterlagen ein tatsächlicher Informationszugang genehmigt wurde. Diese Norm des Landesarchivgesetzes Rheinland-Pfalz wurde bereits vor der umfassenden Archivrechtsreform von 2010 angepasst, nämlich im Zuge der Verabschiedung des Landesinformationsfreiheitsgesetzes von 2008.[223] Laut Gesetzesbegründung sollen Informationen und Unterlagen nach ihrer Archivierung „unter denselben Voraussetzungen zugänglich sein wie Informationen im Verwaltungsgebrauch, wenn diese Informationen vor der Archivierung bereits nach dem Landesinformationsfreiheitsgesetz zu-

221 Vgl. Abgeordnetenhaus Berlin, Drucksache 17/2402, S. 21f.

222 Abgeordnetenhaus Berlin, Drucksache 17/2402, S. 22. Keine mündliche Aussprache dazu in Abgeordnetenhaus Berlin, Plenarprotokoll 17/68, S. 7022 und Abgeordnetenhaus Berlin, Plenarprotokoll 17/77, S. 7992.

223 Art. 3 des Landesgesetzes zur Einführung des Rechts auf Informationszugang Rheinland-Pfalz vom 26. November 2008 (GVBl. Rlp. Nr. 18/2008, S. 296).

gänglich gemacht wurden."[224] Insofern wird die Ausnahme von Schutzfristen im Archivrecht des Landes Rheinland-Pfalz ebenfalls davon abhängig gemacht, ob die entsprechenden Informationen vor der Archivierung bereits zugänglich gemacht wurden, was den Handlungsspielraum des Landesarchivs Rheinland-Pfalz bei der Festlegung der Schutzfristen ähnlich eingrenzt wie nach der Rechtslage in Berlin. In beiden Fällen wird das Landesarchiv auf eine Unterrichtung durch die jeweilige abgebende Behörde angewiesen sein, um über tatsächlich gewährte Informationszugänge der einzelnen Archivunterlagen in Kenntnis gesetzt zu sein.

Unabhängig davon, ob die Rechtsanpassung des Archivgesetzes an das jeweilige Informationsfreiheitsgesetz zur ersten oder zur zweiten Gruppe zu zählen ist, bleibt die Frage nach der konkreten Ausgestaltung des *Verfahrens* in diesen Fällen offen. Lediglich das Land Sachsen-Anhalt hat für die Schutzfristenausnahme für IFG-Unterlagen eine eigene Verfahrensvorschrift geschaffen. Um zu klären, ob das Archiv überhaupt eine Schutzvorschrift anzuwenden hat, oder ob ein Fall eines unmittelbaren IFG-Zugangs vorliegt, hat das Archiv vor allem das Fachwissen der entsprechenden abgebenden Behörde einzubinden.[225] „Denn nur sie verfügt im Einzelfall über die notwendige Sachnähe und das Einschätzungsvermögen."[226] Insofern wurde in § 10 Abs. 4a S. 2 ArchG LSA die ausdrückliche Benehmensregelung für die sachgerechte Entscheidungsfindung über die Schutzfristenausnahme aufgenommen. Im Rahmen des Benehmens hat das Landesarchiv die entsprechende Behörde anzuhören, ist jedoch nicht auf ihre Zustimmung angewiesen. Daher bleibt die Festlegung der Schutzfristenausnahme letztendlich in der Kompetenz des Landesarchivs Sachsen-Anhalt. Im Gegensatz dazu geht der Berliner Gesetzgeber eindeutig davon aus, dass die Entscheidungskompetenz über den schutzfristenfreien Zugang bei der abgebenden Behörde verbleibt und nicht dem Landesarchiv Berlin zusteht.[227] Weitere Verfahrensregelungen zur Feststellung eines früheren Zugangs nach einem Informationsfrei-

224 Landtag Rheinland-Pfalz, Drucksache 15/2085, S. 17.
225 Vgl. Landtag Sachsen-Anhalt, Drucksache 6/3482, S. 38f.
226 Landtag Sachsen-Anhalt, Drucksache 6/3482, S. 39.
227 Vgl. Abgeordnetenhaus Berlin, Drucksache 17/2402, S. 21f.

heitsgesetz wurden mit den Archivgesetzreformen nicht aufgestellt. Deshalb greift auch in diesen Fällen der Entscheidung über Ausnahmen der Schutzfristen der allgemeine Amtsermittlungsgrundsatz nach § 24 VwVfG, der die Archivbehörden verpflichtet, für jeden Benutzerantrag ein eigenes Verwaltungsverfahren durchzuführen und alle notwendigen sachentscheidungsrelevanten Informationen zusammenzutragen, was insbesondere durch Informationsaustausch zwischen Archiv einerseits und Antragsteller, Behörden und Betroffenen andererseits erreicht wird.[228]

Durch die hier benannten Reformen wurde das Verhältnis zweier Rechtsmaterien aufeinander abgestimmt. Das Informationsfreiheitsrecht postuliert Ansprüche auf unmittelbare Zugänge zu Informationen, die bei öffentlichen Behörden und Stellen vorliegen. Von diesen Informationsansprüchen nach den Informationsfreiheitsgesetzen werden die öffentlichen Archive, die zweifelsfrei öffentliche Behörden mit öffentlichen Informationen sind, nicht erfasst. Der Zugang zu Archivgut bestimmt sich nach der speziellen Rechtsmaterie des Archivrechts. Diese gesonderte Regelung durch bereichsspezifische Archivgesetze rechtfertigt sich einerseits in der historischen Entwicklung des Informationsrechts, die in unterschiedlichen Rechtsgebieten, beispielsweise im Verwaltungsverfahren, im Umweltrecht oder im Archivrecht, unabhängig voneinander stattfand. Eine informationsrechtliche Konsolidierung, etwa im Sinne eines Informationsgesetzbuches, ist nach wie vor nicht ersichtlich. Andererseits rechtfertigt sich die spezielle Regelung der Zugänge zu Archivgut durch eigene Archivgesetze auch im Spezialcharakter der archivischen Informationsverarbeitung. Mit der Übergabe und Umwidmung der Verwaltungsunterlagen zu Archivunterlagen wird den Behörden die Verfügungsgewalt über diese Unterlagen entzogen. Das Archiv behandelt die übernommenen Unterlagen und Informationen sodann auf eine ganz andere Weise als die Behörden und deren Registraturen. Die Verwaltungsinformationen dienten grundsätzlich der Dokumentation des Verwaltungshandelns und waren die Arbeits-

---

228 Zur Einbeziehung der Behörden bei IFG-Unterlagen vgl. auch Martin-Weber 2010, S. 23ff.

grundlage der Behörden. Wird aus diesen Verwaltungsunterlagen mit der Übergabe an die Archive Archivgut, dann ändert sich nicht nur der Zweck der Unterlagen, sondern auch die gesamte Behandlung der Unterlagen. Wie Kapitel 2 zeigen konnte, ist das gesamte Archivrecht darauf ausgerichtet, die übernommenen Unterlagen und Informationen im Archiv zu erschließen, in die vorhandenen Wissensbestände des Archives einzuflechten und logisch zu verknüpfen mit dem Ziel, das eigene Archivwissen auszuwerten, die übergeordnete Überlieferungssicherung zu erweitern und den Archivbenutzern und amtlichen Nutzern eine breite Informationsbasis für ihre Interessen anzubieten. Der Zugang zu Archivgut ist damit ein Element einer umfassenderen archivischen Behandlung öffentlicher Informationen. Die Informationsfreiheitsgesetze des Bundes und der Länder können diese informationsverwaltungsrechtlichen Funktionen des Archivrechts nicht adäquat auffangen, worin sich die rechtliche Eigenständigkeit des Archivrechts legitimiert. Das Archivrecht ist gegenüber den Informationsfreiheitsgesetzen die speziellere Materie.[229] Der Zugang zu Archivgut bestimmt sich nach den Zugangsregelungen der Archivgesetze; die Zugangsregelungen nach den Informationsfreiheitsgesetzen werden dadurch verdrängt. Die Zugänge und Benutzungsformen von Archivgut weisen speziellen Charakter auf, da sie von intensiven begleitenden Beratungen mit den Archivbediensteten, von der persönlichen Benutzung vor Ort im Archiv, von der Einsicht in die originalen Unterlagen, Bücher, Film- und Tondokumente sowie durch die zusätzliche Heranziehung der Archivbibliothek mit Beleg-

229 Vgl. die expliziten Vorrangsnormen in § 1 Abs. 3 IFG-Bund, § 2 Abs. 3 LTranspG Rlp sowie die Begründung in Landtag Rheinland-Pfalz, Drucksache 15/2085, S. 17; weiterhin aus der Rechtsprechung BVerwG, NVwZ 2016, S. 1014-1020, 1019; BVerwG, NJW 2013, S. 2538-2539; aus der Literatur Christoph Schnabel, in: Hubertus Gersdorf/Boris Paal (Hrsg.), Beck-Onlinekommentar Informations- und Medienrecht, 20. Edition, München 2018, § 13 IFG, Rn. 9; Partsch/Koschmieder NJW 2017, S. 3417; Lars Dittrich, Reformiert die Archivgesetze – aber richtig!, ZRP 2017, S. 183-186, 185; Schoch 2016, Einleitung, Rn. 316 spricht von den „fachlichen Besonderheiten des Archivwesens“; Schoch/Kloepfer/Garstka 2007, S. 44, Rn. 28f; Matthias Rossi, Informationsfreiheitsgesetz. Handkommentar, Baden-Baden 2006, § 1, Rn. 109.

exemplaren geprägt sind. Damit grenzt sich die Archivgutbenutzung von den allgemeineren Auskunfts- und Einsichtsformen nach den Informationsfreiheitsgesetzen ab, sie findet im Rahmen eines speziellen Verwaltungsrechtsverhältnisses statt. Der qualitative Unterschied der Informationszugänge rechtfertigt eine weiterhin bestehende Sonderregelung durch spezielle Archivgesetze. Rechtspolitisch bleibt bei aller fachlichen Besonderheit der Archivbenutzung[230] die Forderung bestehen, einmal eingerichtete unmittelbare Informationszugänge nicht durch spätere Archivierung strengeren Regeln zu unterwerfen.[231] Anders gewendet: will das Archivrecht seine informationsrechtliche Eigenständigkeit beibehalten, dann ist das einerseits aus fachlichen Gründen gerechtfertigt, andererseits muss dann jedoch eine Harmonisierung des speziellen Archivrechts an die Entwicklungen des allgemeinen Informationsrechts erfolgen; spezialgesetzliche Eigenständigkeit für notwendige materielle Harmonisierung.[232] Diese rechtspolitische Forderung der materiellen Harmonisierung der Archivgesetze mit den allgemeinen Informationsfreiheitsgesetzen haben die untersuchten Reformen in Berlin, Bremen, Nordrhein-Westfalen, Rheinland-Pfalz, Sachsen-Anhalt, Thüringen und auf der Bundesebene umgesetzt.

Wie lassen sich die Reformen des Schutzfristenrechts der Archivgesetze einschätzen? Das gesetzgeberische Motiv der zu verbessernden Benutzerfreundlichkeit und Forschungsfreundlichkeit der Archivbenutzung sowie die angestrebte Liberalisierung des Archivzugangs konnte nur zu einem Teil auch erreicht werden. Wovon alle nun geltenden Schutzfristenregelungen in einer Gesamtbetrachtung geprägt sind, ist Uneinheitlichkeit. Unbenommen, ob man die allgemeine Schutzfrist, personenbezogene Schutzfristen oder geheimhaltungsbedingte Schutzfristen betrachtet, zwischen den Archivgesetzen herrschen weiterhin um Jahrzehnte voneinander

230 Vgl. Schoch 2016, Einleitung, Rn. 316.

231 Dies ist das durchgehende gesetzgeberische Motiv der oben genannten Archivrechtsanpassungen an das jeweilige Informationsfreiheitsgesetz; weiter auch Schoch 2016, § 13, Rn. 15.

232 Das Fazit der rechtspolitischen Überlegung bei Matthias Rossi, Brauchen wir ein Informationsfreiheitsgesetzbuch?, ZRP 2014, S. 201-204, 204.

abweichende Zugangsregelungen. Selbst die angestrebte Harmonisierung der Archivgesetze mit den Regelungen der Informationsfreiheitsgesetze wurde nicht einheitlich umgesetzt, da nun zwischen abstrakten und konkreten Zugangseröffnungen durch die Informationsfreiheitsgesetze unterschieden werden muss. Das gesetzgeberische Ziel der Benutzer- und Forschungsfreundlichkeit des Archivrechts wird damit verfehlt, insbesondere dann, wenn es sich um größere Forschungsvorhaben handelt, die sich nicht nur auf die Bestände einzelner Archive, sondern auf eine Vielzahl von Quellen stützen will und muss. Die differierenden Zugangsmöglichkeiten der Forscher zu den Archivinformationen je nach Eigenart der jeweiligen Schutzfristen mag im Gestaltungsspielraum der Gesetzgeber liegen, ist jedoch kaum vermittelbar.[233] Dieser Befund ist vor dem Hintergrund des sich entwickelnden Informationsrechts besonders kritisch zu sehen. Will eine deutsche und europäische Informationsgesellschaft den Nutzen frei zugänglicher und für die Weiterverwendung aufbereiteter Informationen und Wissensbestände ausschöpfen, kann sie es sich nicht leisten, bereits zwischen Brandenburg und Sachsen oder Bremen und Bayern eklatante Unterschiede der Sperrfristen von mehreren Jahrzehnten in der Zugangsmöglichkeit zu archivierten öffentlichen Informationen aufzustellen. Will das Archivrecht seine – fachlich klar gerechtfertigte – Eigenständigkeit behalten, dann ist dringend ein weiterer rechtspolitischer Änderungsbedarf angezeigt, der das Archivrecht einheitlich auf eine harmonisierte Linie mit dem übrigen Informationsrecht bringt und eine einheitliche liberale Weiterverwendung der öffentlichen Informationen ermöglicht.

233 Ebenso die Kritik bei Dittrich, ZRP 2017, 183f. Kritisch analysiert auch Peter Collin, Die archivrechtliche Regulierung des Zugangs zu öffentlichen Informationen, in: Thomas Dreier et al. (Hrsg.), Informationen der öffentlichen Hand, Baden-Baden 2016, S. 209-228, 217f die Anpassungen des Archivrechts in Bund und einigen Ländern in Fragen des Schutzfristenrechts und sieht hier „im Detail erhebliches Potential für rechtliche Auseinandersetzungen“ (S. 218).

f) Archivierung von Unterlagen der Nachrichtendienste

Eine weitere rechtliche Neuregelung betrifft den archivrechtlichen Umgang mit Unterlagen der Nachrichtendienste. Die Reformschritte beschränken sich zu diesem Thema jedoch ausschließlich auf das Land Sachsen-Anhalt und auf den Bund. Beachtlich ist dieser Aspekt trotzdem, da die entgegengesetzte gesetzgeberische Zielrichtung zwischen dem Land Sachsen-Anahlt und dem Bund besonders auffällt. Ein Motiv für die Archivrechtsreform des Landes Sachsen-Anhalt des Jahres 2015 war die Frage, „ob und welche Unterlagen – unabhängig von ihrer Speicherungsform – auf der Grundlage des geltenden Rechts von der Verfassungsschutzbehörde dem Landeshauptarchiv [...] zur Übernahme angeboten und ggf. übergeben werden müssen."[234] Der Gesetzgeber entschied sich diesbezüglich klar dafür, dass die Anbietungs- und Übergabepflicht des Archivgesetzes auch für das Landesamt für Verfassungsschutz Sachsen-Anhalt zu gelten habe.[235] Zusammen mit der Reform des Landesarchivgesetzes wurde in Sachsen-Anhalt auch das Gesetz über den Verfassungsschutz im Land Sachsen-Anhalt (VerfSchG LSA) geändert und ein neuer § 30 eingefügt. § 30 S. 2 VerfSchG LSA bestimmt nunmehr, dass „Dateien und Akten mit personenbezogenen Daten" des Landesamtes für Verfassungsschutz vor ihrer Löschung oder Vernichtung „nach Maßgabe des Archivgesetzes Sachsen-Anhalt dem Landesarchiv Sachsen-Anhalt anzubieten und zu übergeben [sind]." Diese Vorschrift klärt damit eindeutig, dass auch der Landesverfassungsschutz gegenüber dem Landesarchiv Sachsen-Anhalt anbietungs- und übergabepflichtig ist. Aktenvernichtungen, ohne, dass das öffentliche Archiv über ihren bleibenden Wert und ihre rechtsstaatliche Archivierung entschieden hat, sind demnach rechtlich unzulässig.[236] Dies bekräftigte der Archivgesetzgeber in Sachsen-Anhalt ebenfalls im Hinblick auf die intervallsmäßige Anbietung und Übergabe elektronischer laufend aktualisierter Unterlagen an das Landesarchiv, indem er explizit die Amtsdatei der Verfassungsschutzbehörde als Beispiel her-

234 Landtag Sachsen-Anhalt, Drucksache 6/3482, S. 3 und 15.

235 Vgl. Landtag Sachsen-Anhalt, Drucksache 6/3482, S. 3

236 Vgl. Landtag Sachsen-Anhalt, Drucksache 6/3482, S. 40.

anzog.[237] Daraus wird der gesetzgeberische Wille erkennbar, dass in Sachsen-Anhalt für die Verfassungsschutzbehörden keine Ausnahmen der Archivierungspflichten gelten und dass deren Unterlagen bei positiver archivischer Bewertung ebenfalls zu öffentlichem Archivgut umgewidmet werden.

In eine ganz andere Richtung wurde das Bundesarchivgesetz durch die Reform des Jahres 2017 weiterentwickelt. Durch das neue BArchG wird die Anbietungspflicht der Nachrichtendienste des Bundes gegenüber dem Bundesarchiv eingeschränkt. Gesetzgeberischer Zweck der Vorschriften des § 6 Abs. 1 S. 2 BArchG sei „die Sicherstellung und Aufrechterhaltung der Funktionsfähigkeit der Nachrichtendienste des Bundes“[238]. Gemäß § 6 Abs. 1 S. 2 BArchG besteht die Anbietungspflicht nicht, soweit die Unterlagen nicht der Verfügungsberechtigung der Nachrichtendienste unterliegen, also dann, wenn sie von anderen ausländischen Nachrichtendiensten stammen, oder wenn die Unterlagen über die nachrichtendienstlichen Quellen oder Methoden Aufschluss geben und damit deren Schutz gefährden würde. Ebenso gibt es keine Anbietungspflicht der Nachrichtendienste mehr in Fällen, in denen der Identitätsschutz der Nachrichtendienstmitarbeiter gefährdet würde. Letzteres wird damit begründet, dass die eigenen Mitarbeiter auch nach Ablauf der 30 Jahre dauernden allgemeinen Schutzfrist des Archivrechts nicht im Archivgut recherchierbar sein sollen, damit sie einerseits weiterhin einsetzbar sind und andererseits der private Lebensbereich dieser Personen unberührt bleiben soll.[239] Insbesondere der Quellen- und Methodenschutz sowie der Identitätsschutz der Nachrichtendienstmitarbeiter als Tatbestandsvoraussetzungen des § 6 Abs. 1 S. 1 BArchG, die die Rechtsfolge des Entfallens der Anbietungspflicht gegenüber dem Bundesarchiv bewirken, sind aus zwei Gründen in Zweifel zu ziehen. Einerseits wird nicht ersichtlich, warum die betreffenden Unterlagen gar nicht mehr an das Archiv angeboten werden sollen. Quellen-, Methoden- und Mitarbeiterschutz sind schützenswerte Rechtsgüter, die einer allgemeinen Benutzung im Archiv durchaus entgegenstehen können. Doch bisher war es

---

237 Vgl. Landtag Sachsen-Anhalt, Drucksache 6/3482, S. 32.

238 Deutscher Bundestag, Drucksache 18/9633, S. 59.

239 Vgl. Deutscher Bundestag, Drucksache 18/9633, S. 59.

das Archivrecht selbst, das mit langen Schutzfristen bei Geheimhaltungsbedürftigkeit und Personenbezug diese Rechtsgüter hinreichend schützte. Der Verweis des Bundesgesetzgebers, dass nach Ablauf der allgemeinen Schutzfrist von 30 Jahren Quellen, Methoden und Bedienstete im Archivgut recherchierbar wären, ist archivrechtlich schlichtweg nicht zutreffend, da für diese Unterlagen die langjährigen Schutzfristen der §§ 11 Abs. 2 BArchG (10 Jahre nach dem Tod/100 Jahre nach der Geburt der betroffenen Person) oder 11 Abs. 3 BArchG (60 Jahre nach Entstehung der geheimhaltungsbedürftigen Unterlage) wären. Diese Normen haben sich im Archivrecht seit Jahrzehnten für einen ausreichenden Personen- und Geheimnisschutz bewährt. Darüber hinaus bietet das BArchG mit seinem § 13 weiterhin Versagungsgründe, die eine Benutzung solcher sensiblen Nachrichtendienstunterlagen einschränken können, etwa wenn das Wohl der Bundesrepublik (Sicherheitsinteressen) oder die schutzwürdigen Interessen von Personen gefährdet wären. Das BArchG bietet demzufolge bereits die Schutzmaßnahmen, die laut Gesetzesbegründung durch die Ausnahme der Anbietungspflicht der Nachrichtendienste erst erreicht werden soll. Das Problem des § 6 Abs. 1 S. 2 BArchG ist nunmehr, dass die Überlieferungssicherung und Archivierung solcher Unterlagen gänzlich unterbunden werden kann.

Der zweite Kritikpunkt an § 6 Abs. 1 S. 2 BArchG ist, dass er nicht klärt, auf welche Weise die Anbietungspflicht bzw. ihre Ausnahme zwischen dem Bundesarchiv und den Nachrichtendiensten abgeglichen werden soll. Es geht nicht hervor, ob die Nachrichtendienste die Nicht-Anbietung gegenüber dem Bundesarchiv begründen müssen oder ob das Bundesarchiv einen Anspruch auf Einsicht in die Unterlagen hat. Die Begründung spricht hier nur von der Möglichkeit der Verwaltungsvereinbarung, wobei ebenfalls unklar bleibt, ob sie der Zustimmung durch das Bundesarchiv bedarf.[240] Die Bewertung des neuen § 6 Abs. 1 S. 2 BArchG muss dementsprechend kritisch ausfallen.[241] Die Norm weicht vom übrigen

240 Vgl. Deutscher Bundestag, Drucksache 18/9633, S. 59.

241 Einhellig auch die Kritik in Literatur und bei Sachverständigen: Partsch/Koschmieder NJW 2017, S. 3419; Berger ZRP 2017, S. 17 m.w.N.; Christine Libor, Novelle des Bundesarchivgesetzes schränkt

archivrechtlichen System ab, indem sie einerseits die Schutzverantwortung für Geheimhaltung und Personenbezug staatlicher Unterlagen nicht mehr dem Schema der Schutzfristen und Versagungsgründe des Archivrechts anvertraut, sondern der anbietenden Stelle. Andererseits wird mit der ansonsten uneingeschränkten Bewertungshoheit der Archive gebrochen, indem das Bundesarchiv nicht einmal mehr Einsicht und Bewertung der nachrichtendienstlichen Unterlagen vornehmen kann; vielmehr wird die Entscheidung über die Archivierung vorgelagert durch die Nachrichtendienste selbst getroffen. Damit werden ausgerechnet bei den rechtsstaatlich besonders sensiblen Informationen der Nachrichtendienste die Grundsätze des öffentlichen Archivrechts in Frage gestellt.

Der konträr verlaufende gesetzgeberische Ansatz zwischen dem Land Sachsen-Anhalt und der Bundesebene wird konsequenterweise auch bei den elektronischen Unterlagen fortgeführt. Während der neue § 5 Abs. 3 S. 6 BArchG bestimmt, dass die spezielle Anbietungspflicht nach § 5 Abs. 3 S. 5 BArchG für laufend aktualisierte Unterlagen, also Register und Datenbanken jeder Form, explizit nicht für die Nachrichtendienste nach den Voraussetzungen des § 6 Abs. 1 S. 2 BArchG gilt[242], bestimmt ganz gegenteilig der Archivgesetzgeber Sachsen-Anhalts, dass zu den anbietungspflichtigen laufend aktualisierten Unterlagen auch die „Amtsdatei des Verfassungsschutzamtes" hinzugezählt wird.[243] Insofern divergieren auch die Anbietungsvorschriften über nachrichtendienstliche Datenbanken zwischen den beiden Archivgesetzen.

Letztlich ist es nicht abschließend zu ergründen, woher die so unterschiedlich ausgestaltete Archivierung nachrichtendienstlicher Unterlagen herrührt. Dem Bund ist hier ein eher starkes Interesse an der Funktionsfähigkeit seiner Nachrichtendienste Bundesnachrichtendienst, Bundesamt für Verfassungsschutz und Militärischer Abschirmdienst zu attestie-

Zugang zu wichtigen Dokumenten ein, AfP 2016, S. 526-527, 527; Deutscher Bundestag, Ausschussdrucksache 18(22)209 b (Sachverständiger Clemens Rehm), S. 1f.

242 Vgl. Deutscher Bundestag, Drucksache 18/9633, S. 56.

243 Vgl. Landtag Sachsen-Anhalt, Drucksache 6/3482, S. 32.

ren[244], während das Land Sachsen-Anhalt in seiner Debatte eindeutig auf die rechtsstaatliche Archivierung und Dokumentation der Tätigkeiten des Landesamtes für Verfassungsschutz Wert legt.[245] Vor dem Hintergrund aufsehenerregender Fälle von rechtswidrigen Aktenvernichtungen und Aktenmanipulationen durch Sicherheitsbehörden[246] und angesichts der rechtsstaatlichen Funktion der Archive zur nachträglichen Verwaltungskontrolle muss die Neuregelung im Bundesarchivgesetz klar kritisiert werden.

g) Anpassungen an die europäische Datenschutzgrundverordnung

Als jüngste Ausprägung der Reform des Archivrechts sind die Anpassungen einiger Archivgesetze an die seit Mai 2018 geltende europäische Datenschutzgrundverordnung (DSGVO) anzuerkennen. Es wurde bereits ausgeführt, dass das europäische Datenschutzrecht auf das nationale Archivrecht einen größer werdenden Einfluss ausübt. Bislang haben im Jahr 2018 die Länder Brandenburg, Mecklenburg-Vorpommern, Niedersachsen, Saarland, Sachsen, Schleswig-Holstein und Thüringen ihre Archivgesetze um spezifische Anpassungs- und Derogationsnormen ergänzt, um für das Archivwesen einschlägige Vorschriften der DSGVO entweder ausdrücklich zu derogieren oder ausdrücklich für anwendbar zu erklären. Auf Bundesebene wurde zwar nicht das Bundesarchivgesetz selbst an die DSGVO angepasst, dafür finden sich einschlägige archivrechtliche Normen nunmehr im novellierten Bundesdatenschutzgesetz.

In einer systematischen Betrachtung dieser ersten auf die DSGVO bezogenen Reformen lassen sich drei Regelungsbereiche erkennen. Erstens wurden die Vorschriften über die Anbietungspflichten an spezifische Anforderungen der

---

244 Vgl. Deutscher Bundestag, Drucksache 18/9633, S. 59.

245 Vgl. Landtag Sachsen-Anhalt, Drucksache 6/3482, S. 3 und 15.

246 Siehe Deutscher Bundestag, 1. Abschlussbereicht des NSU-Untersuchungsausschusses, Drucksache 17/14600, Zweiter Teil, Buchstabe K, S. 743-802; Der Sonderbeauftragte des Senats von Berlin, Abschlussbericht des Sonderbeauftragten des Senats für die Aufklärung des Handelns der Berliner Behörden im Fall Amri, Berlin 2017, https://tinyurl.com/yb23dhjq.

DSGVO angepasst (1). Zweitens wurden die bestehenden archivrechtlichen Betroffenenrechte bezüglich des personenbezogenen Archivguts im Hinblick auf die Betroffenenrechte nach der DSGVO konkretisiert (2). Und drittens wurden die Vorschriften über die technische Datensicherheit nach der DSGVO zumindest in Thüringen für verbindlich anwendbar erklärt (3).

(1) Neue Anbietungsvorschriften für besondere Unterlagen nach Art. 9 DSGVO

Art. 9 Abs. 1 DSGVO erlässt ein strenges Verbot der Verarbeitung „besonderer Kategorien personenbezogener Daten". Von diesem Verarbeitungsverbot sind insbesondere solche sensiblen Daten umfasst, aus denen sich die rassische oder ethnische Herkunft, die politische Meinung, religiöse oder weltanschauliche Überzeugungen oder eine Gewerkschaftszugehörigkeit ableiten lässt. Außerdem umfassen diese besonderen Kategorien genetische, biometrische Daten, Gesundheitsdaten oder Daten über Sexualleben und sexuelle Orientierung einer Person. Die Verarbeitung wird durch Art. 9 Abs. 1 DSGVO grundsätzlich untersagt, denn die Verarbeitung birgt generell das Risiko der diskriminierenden und vorverurteilenden Verwendung.[247] Das Verbot ergibt sich aufgrund der Höchstpersönlichkeit dieser Art von Daten, deren Verarbeitung ein hohes Schadenspotential aufweist.[248] Gleichwohl gibt es unter strengen Voraussetzungen des Art. 9 Abs. 2 DSGVO die Möglichkeit, Ausnahmen von der Verbotswirkung des Art. 9 Abs. 1 DSGVO zu machen, die Verarbeitung dieser sensiblen Daten also doch zu ermöglichen. Art. 9 Abs. 2 lit. j DSGVO enthält eine speziell für das Archivwesen einschlägige Ausnahme zu Art. 9 Abs. 1 DSGVO. Demzufolge gilt das Verarbeitungsverbot nicht in folgendem Fall:

> „die Verarbeitung ist auf der Grundlage des Unionsrechts oder des Rechts eines Mitgliedstaats, das in angemessenem Verhältnis zu dem ver-

---

247 Vgl. Alexander Schiff, in: Eugen Ehmann/Martin Selmayr (Hrsg.), DS-GVO. Kommentar, 2. Aufl., München 2018, Art. 9, Rn. 1.

248 Vgl. Eike Michael Frenzel, in: Boris Paal/Daniel Pauly (Hrsg.), Datenschutz-Grundverordnung/Bundesdatenschutzgesetz, 2. Aufl., München 2018, Art. 9 DSGVO, Rn. 6.

folgten Ziel steht, den Wesensgehalt des Rechts auf Datenschutz wahrt und angemessene und spezifische Maßnahmen zur Wahrung der Grundrechte und Interessen der betroffenen Person vorsieht, für im öffentlichen Interesse liegende Archivzwecke, für wissenschaftliche oder historische Forschungszwecke oder für statistische Zwecke gemäß Artikel 89 Absatz 1 erforderlich."

Aus Art. 9 Abs. 2 lit. j DSGVO lassen sich zwei Tatbestandsvoraussetzungen für die Aufhebung des Verbotes des Art. 9 Abs. 1 DSGVO herauslesen. Einerseits bedarf es einer *mitgliedstaatlichen Rechtsnorm*, die verhältnismäßig ist, das Recht auf Datenschutz wahrt und bestimmte Schutzmaßnahmen vorsieht. Andererseits verlangt die Norm zusätzlich einen *Nachweis über die Erforderlichkeit* der Verarbeitung dieser sensiblen Daten für archivische Zwecke (Wortlaut „Verarbeitung ist [...] für im öffentlichen Interesse liegende Archivzwecke [...] erforderlich"). Eine angemessene Rechtsgrundlage allein reicht also nicht aus, um auch das Verbot des Art. 9 Abs. 1 DSGVO aufzuheben. Es bedarf einer zusätzlichen Feststellung der Erforderlichkeit der jeweils einzeln infrage stehenden Verarbeitung. Dementsprechend genügt eine Rechtsgrundlage, die die Verarbeitung sensibler Daten unter Verweis auf datenschutzrechtliche Schutzmaßnahmen *pauschal* legitimiert nicht, um die Anforderungen an die Ausnahme des Verbots zu erfüllen. Vielmehr bedarf es für jede zulässige Verarbeitung sensibler Daten eine im Einzelfall vorgenommene Erforderlichkeits- bzw. Verhältnismäßigkeitsprüfung.[249] Art. 9 Abs. 2 lit. j DSGVO fordert die Angemessenheit der Verarbeitung sensibler Daten, das heißt, „es muss eine Abwägung im jeweiligen konkreten Fall vorgenommen werden"[250].

Im Hinblick auf die nun einschlägigen nationalen Archivgesetze, die die Voraussetzung für die Verarbeitung sen-

---

249 Vgl. Peter Wedde, in: Wolfgang Däubler/Peter Wedde/Thilo Weichert/Imke Sommer, EU-Datenschutz-Grundverordnung und BDSG-neu. Kompaktkommentar, Frankfurt/Main 2018, Art. 9 DSGVO, Rn. 133.

250 Thilo Weichert, in: Jürgen Kühling/Benedikt Buchner (Hrsg.), Datenschutz-Grundverordnung/BDSG. Kommentar, 2. Aufl., München 2018, Art. 9 DSGVO, Rn. 121; ebenso Holger Greve, in: Martin Eßer/Philipp Kramer/Kai von Lewinski (Hrsg.), DSGVO/BDSG. Kommentar, 6. Aufl., Köln 2018, Art. 9 DSGVO, Rn. 33.

sibler Daten nach den Anforderungen des Art. 9 Abs. 2 lit. j DSGVO schaffen müssen, muss konstatiert werden, dass die meisten Archivgesetze problematische Vorschriften enthalten. Dies betrifft vor allem die *Anbietungspflichten*, die den öffentlichen Stellen allgemein vorschreiben, ihre nicht mehr benötigten Unterlagen an das Archiv anzubieten. Die Archivgesetze sehen in diesem Punkt eine allgemeine, pauschale Anbietungspflicht vor, die auch sensible personenbezogene Daten umfasst, wie stellvertretend sehr deutlich aus § 8 Abs. 1 und 2 des Hessischen Archivgesetzes hervorgeht. Diese Vorschriften über die allgemeine Anbietungspflicht eröffnen keine Interessenabwägung, sondern verfügen, dass zunächst alle Unterlagen angeboten werden müssen. Insofern genügen die Anbietungsvorschriften der Archivgesetze nicht den Tatbestandsvoraussetzungen des Art. 9 Abs. 2 lit. j DSGVO.

Deshalb wird gefordert, es sollte "bereits die Übermittlung an das Archiv und die Entscheidung über die Archivwürdigkeit stärker an die spezifischen Vorgaben der Öffnungsklausel zu sensitiven Daten ausgerichtet werden und eine datenspezifischere Angemessenheitsprüfung im deutschen Recht festgeschrieben werden."[251]

Es wurde mit den ersten Anpassungen der Archivgesetze an die DSGVO versucht, dieser Forderung Rechnung zu tragen. Neuregelungen in Thüringen[252], Saarland[253], Sachsen[254], Schleswig-Holstein[255], Mecklenburg-Vorpommern[256], Niedersachsen[257], Brandenburg[258] und auf Bundesebene[259] haben

---

251 Paul C. Johannes, Archivierung, in: Alexander Roßnagel (Hrsg.), Europäische Datenschutz-Grundverordnung, Baden-Baden 2017, S. 261.

252 Anpassungen an die DSGVO waren in Thüringen Teil der Novelle des Thüringer Archivgesetzes vom 29. Juni 2018 (ThürGVBl. 2018, S. 308).

253 § 8 Abs. 2 Nr. 1 SArchG.

254 § 5 Abs. 2 S. 1 SächsArchivG.

255 Artikel 8 des Gesetzes zur Anpassung des Datenschutzrechts an die Verordnung (EU) 2016/679 und zur Umsetzung der Richtlinie (EU) 2016/680 vom 2. Mai 2018 (GOVBl. SH 2018, S. 162).

256 Artikel 1 des Gesetzes zur Anpassung datenschutzrechtlicher Vorschriften im Zuständigkeitsbereich des Ministeriums für Bildung, Wissenschaft und Kultur an die Verordnung (EU) 2016/679 vom 8. Mai 2018 (GVOBl. MV 2018, S. 172).

257 § 3 Abs. 1 S. 2 NArchG.

das Ziel, für die Anbietung von sensiblen Daten nach Art. 9 Abs. 1 DSGVO an die Archive eine spezifische Rechtsgrundlage zu schaffen. Insofern mussten die bestehenden und pauschalen Anbietungsregeln der Archivgesetze um Regeln für diese Kategorien von Daten „ergänzt“[260] werden. Gleicht man die gefundenen Lösungen mit den Voraussetzungen des Art. 9 Abs. 2 lit. j DSGVO ab, ergibt sich folgendes kritisches Bild.

Durch die neu hinzugefügten Vorschriften des § 11 Abs. 3 S. 1 Nr. 3 i.V.m. § 11 Abs. 3 S. 2 ThürArchivG hat der Thüringer Archivgesetzgeber abweichend von der allgemein geltenden Anbietungspflicht der öffentlichen Stellen eine spezielle Vorschrift für die Anbietung von Unterlagen geschaffen, die sensible Daten im Sinne des Art. 9 Abs. 1 DSGVO enthalten. Durch diese Vorschriften wurde gestützt auf die Öffnungsklausel des Art. 9 Abs. 2 lit. j DSGVO auch eine Anbietung dieser Kategorien von Daten für zulässig erklärt. Diese spezifische Anbietungspflicht soll in Thüringen *nicht* pauschal gelten, sondern nur, wenn die Voraussetzungen des Art. 9 Abs. 2 lit. j DSGVO vorliegen (§ 11 Abs. 3 S. 2 ThürArchivG). Durch die Verweisung auf diese Voraussetzungen und explizit in der Gesetzesbegründung erkennt der Thüringer Gesetzgeber an, dass eine Anbietung sensibler personenbezogener Daten nur im Einzelfall und nur nach festgestellter Erforderlichkeit zulässig sein kann.[261] Damit weicht er vom Grundsatz der allgemeinen Anbietungspflicht des Archivrechts ab. Die Erforderlichkeit der Verarbeitung sensibler Daten sei nicht in jedem Fall gegeben, wie der Gesetzgeber in seiner Begründung ausführte. „Dies gilt insbesondere nicht für personenbezogene Daten, die nach dem Thüringer Disziplinargesetz und dem Thüringer Beamtengesetz zu löschen beziehungsweise zu vernichten sind.“[262] Indem das Thüringer Archivgesetz eine explizite Rechtsvorschrift im Sinne des Art. 9 Abs. 2 lit. j

258 Artikel 25 des Gesetzes zur Anpassung des bereichsspezifischen Datenschutzrechts an die Verordnung (EU) 2016/679 vom 8. Mai 2018 (GVBl. I/18 Nr. 8, S. 20).

259 § 28 des novellierten Bundesdatenschutzgesetzes vom 30. Juni 2017 (BGBl. I 2017, S. 2097).

260 Thüringer Landtag, Drucksache 6/4942, Begründung S. 10.

261 Thüringer Landtag, Drucksache 6/4942, Begründung S. 10.

262 Thüringer Landtag, Drucksache 6/4942, Begründung S. 10.

DSGVO für die Anbietung sensibler Daten schuf und die Zulässigkeit für jeden Einzelfall einer Erforderlichkeitsprüfung unterzieht, dürfte die Derogationsvorschrift zu Art. 9 Abs. 1 DSGVO im Thüringer Archivgesetz verordnungs*konform* umgesetzt sein.

Auch der Gesetzgeber in Schleswig-Holstein fügte eine spezifische Anbietungspflicht für Unterlagen mit personenbezogenen Daten im Sinne des Art. 9 Abs. 1 DSGVO in § 6 Abs. 2 LArchG SH ein. Demnach sind auch solche Unterlagen mit sensiblen personenbezogenen Daten an die Archive anzubieten, „soweit dies zur Erfüllung von Aufgaben nach diesem Gesetz erforderlich ist.“ Damit unterliegt auch in Schleswig-Holstein die Anbietung dieser Art von Daten einem spezifischen Nachweis über die Erforderlichkeit, wodurch vom Grundsatz der allgemeinen Anbietungspflicht abgewichen wird.[263] Neben der Anbietung ist auch die Archivierung eine eigenständige Verarbeitung, weshalb der Gesetzgeber in Schleswig-Holstein in § 8 Abs. 8 LArchG ebenfalls die Öffnungsklausel des Art. 9 Abs. 2 lit. j DSGVO genutzt hat, um auch die Archivierung der sensiblen Daten zu legitimieren.[264] Demzufolge dürfte Schleswig-Holstein durch die explizite Derogationsklausel und die Einführung der Erforderlichkeitsprüfung ebenfalls von Art. 9 Abs. 1 DSGVO verordnungs*konform* abweichen.

Eine andere gesetzgeberische Variante wurde in Mecklenburg-Vorpommern mit § 6 Abs. 3 LArchivG MV gefunden, der bestimmt, dass Unterlagen mit sensiblen Daten im Sinne des Art. 9 Abs. 1 DSGVO pauschal und ohne Ausnahme den öffentlichen Archiven anzubieten sind. Der Gesetzgeber Mecklenburg-Vorpommerns sieht es für „die im öffentlichen Interesse liegende ordnungsgemäße Archivierung im staatlichen Archiv“ als „unabdingbar [an], dass sämtliche Unterlagen der anbietungspflichtigen Stellen angeboten werden“, also auch alle Unterlagen mit Kategorien nach Art. 9 Abs. 1 DSGVO, um weiterhin eine unabhängige Archivierung und

263 Vgl. Landtag Schleswig-Holstein, Drucksache 19/429, S. 193f.

264 Die Erforderlichkeit der Archivierung einmal positiv bewerteter (sensibler personenbezogener) Unterlagen ergebe sich aus dem Zweck, alle Lebensbereiche in einer umfassenden Überlieferung abzubilden, vgl. Landtag Schleswig-Holstein, Drucksache 19/429, S. 195.

ein „zuverlässiges Abbild des Verwaltungshandelns zu bewahren.“[265] Der Landesgesetzgeber gewichtet demnach die Bewertungshoheit der Archive und die unverfälschte Überlieferungssicherung als sehr hoch, was grundsätzlich im Hinblick auf die Funktion des öffentlichen Archivwesens nachvollziehbar ist. Ob die pauschale Regelung des § 6 Abs. 3 LArchivG MV jedoch mit den Voraussetzungen der Öffnungsklausel des Art. 9 Abs. 2 lit. j DSGVO konform geht, kann bezweifelt werden, da gerade keine Erforderlichkeitsprüfung im Einzelfall durchgeführt werden soll. Damit sind nicht alle Voraussetzungen für die Abweichungsklausel nach Art. 9 Abs. 2 lit. j DSGVO gegeben und eine Verarbeitung sensibler Daten im Archivkontext kann sich nicht auf eine rechtmäßige Grundlage stellen.

Vergleichbar mit der Regelung Mecklenburg-Vorpommerns ist die Anpassung, die das Land Brandenburg in § 4 Abs. 2 Nr. 2 BbgArchivG eingefügt hat. Auch nach dieser Vorschrift unterliegen pauschal alle Unterlagen mit Daten im Sinne des Art. 9 Abs. 1 DSGVO der Anbietungspflicht. Der Landesgesetzgeber Brandenburgs geht ebenso wie im Land Mecklenburg-Vorpommern davon aus, dass die Ausnahme in Art. 9 Abs. 2 lit. j DSGVO auch pauschal gelten kann, da in diesen Fällen die Verarbeitung sensibler personenbezogener Daten für im öffentlichen Interesse liegende Archivzwecke stets erforderlich sei.[266] Dementsprechend sind gegenüber § 4 Abs. 2 Nr. 2 BbgArchivG dieselben Zweifel an der Verordnungskonformität angebracht wie auch gegenüber § 6 Abs. 3 LArchivG MV.

Die gleichen Rechtmäßigkeitsbedenken wie für die Regelungen in Brandenburg und Mecklenburg-Vorpommern müssen auch für die neuen Anbietungsregeln in Niedersachsen, Saarland und Sachsen erhoben werden. § 3 Abs. 1 S. 2 NArchG, § 8 Abs. 2 S. 1 Nr. 1 SArchG und § 5 Abs. 2 S. 1 SächsArchivG ordnen auf die gleiche Weise eine pauschale Anbietung und Übergabe von Unterlagen mit sensiblen Daten nach Art. 9 Abs. 1 DSGVO durch die öffentlichen Stellen an. Indem auch diese neuen Anbietungspflichten keine Erforderlich-

265 Alle Zitate in Landtag Mecklenburg-Vorpommern, Drucksache 7/1569, S. 15.

266 Vgl. Landtag Brandenburg, Drucksache 6/7947, S. 33.

keitsprüfung im Einzelfall verlangen, verstoßen auch sie gegen die Abweichungsklausel des Art. 9 Abs. 2 lit. j DSGVO, weshalb auch diesen Normen keine Verordnungskonformität attestiert werden kann. Die Anbietungsregelungen in Brandenburg, Mecklenburg-Vorpommern, Niedersachsen, Saarland und Sachsen sind deshalb nicht mit den Vorgaben der Datenschutzgrundverordnung vereinbar.

Für die Anpassungen an die DSGVO auf der Bundesebene wurde nicht das Bundesarchivgesetz, sondern das Bundesdatenschutzgesetz[267] spezifisch neu aufgestellt.[268] Für personenbezogene Datenverarbeitungen zu im öffentlichen Interesse liegenden Archivzwecken wurde die spezielle Norm des § 28 BDSG eingeführt. Indem die Anpassungen an die DSGVO auf Bundesebene nicht allein im Bundesarchivgesetz, sondern im Bundesdatenschutzgesetz geregelt wurde, gelten die archivischen Datenschutznormen nicht nur für das Bundesarchiv, sondern auch für andere öffentliche Archive, zu denken wäre an das Archiv des Auswärtigen Amtes sowie private Archive der Wirtschaft, wenn diese gleichwohl im öffentlichen Interesse liegende Archivzwecke verfolgen.[269] § 28 BDSG macht ebenso wie die besprochenen Landesnormen verschiedentlich Gebrauch von Öffnungsklauseln der DSGVO. Zunächst erklärt § 28 Abs. 1 S. 1 BDSG die Verarbeitung von besonderen personenbezogenen Daten im Sinne des Art. 9 Abs. 1 DSGVO für zulässig, wenn sie für die im öffentlichen Interesse liegenden Archivzwecke erforderlich ist. Die Zulässigkeit nach Satz 1 wird dabei zusätzlich an die Bedingung des § 28 Abs. 1 S. 2 BDSG geknüpft, wonach für jede dieser besonderen Verarbeitungen angemessene und spezifische Schutzmaßnahmen für die Interessen der Betroffenen vom betreffenden Archiv durchgeführt werden müssen. Für die Rechtmäßigkeit des § 28 Abs. 1 BDSG stützt sich der Bundesgesetzgeber wiederum auf Art. 9 Abs. 2 lit. j DSGVO. Die Re-

267 Ergangen als Artikel 1 des Gesetzes zur Anpassung des Datenschutzrechts an die Verordnung (EU) 2016 679 und zur Umsetzung der Richtlinie (EU) 2016/680 vom 30. Juni 2017 (BGBl. I 2017, S. 2097).

268 Zum Anwendungsbereich des BDSG-neu auf Bundesbehörden, auf nicht-öffentliche Stellen und zur Notwendigkeit eigener Landesdatenschutzregelungen vgl. § 1 Abs. 1 S. 1 und 2 BDSG.

269 Vgl. Deutscher Bundestag, Drucksache 18/11325, S. 100.

gelung für die archivische Verarbeitung sensibler Daten nach Art. 9 Abs. 1 DSGVO ist keine pauschale Ausnahme vom grundsätzlichen Verarbeitungsverbot solcher Daten. Vielmehr erlaubt § 28 Abs. 1 S. 1 BDSG die Verarbeitung, beispielsweise die Anbietung, Übergabe und weitere Archivierung, nur, wenn sie für den Archivzweck (z.B. des Bundesarchivs) erforderlich ist. Damit wird vorausgesetzt, dass jede Verarbeitung im Einzelfall auf ihre Erforderlichkeit geprüft werden muss. Zusammen mit den Schutzanforderungen des § 28 Abs. 1 S. 2 BDSG dürfte die Ausnahme des § 28 Abs. 1 BDSG verordnungskonform mit Art. 9 Abs. 2 lit. j DSGVO sein.[270]

Die Ausübung der Öffnungsklausel nach Art. 9 Abs. 2 lit. j DSGVO im bislang ergangenen deutschen Recht gibt ein zwiespältiges Bild ab. Während die Bundesregelung im BDSG sowie die Vorschriften in den Archivgesetzen Thüringens und Schleswig-Holsteins verordnungskonform sein dürften, da sie insbesondere die Erforderlichkeitsprüfung für jede Verarbeitung vorschreiben, scheinen die pauschalen Vorschriften in Brandenburg, Mecklenburg-Vorpommern, Niedersachsen, Saarland und Sachsen den Anforderungen des Art. 9 Abs. 2 lit j DSGVO nicht zu genügen. Damit verstoßen entsprechende Anbietungen sensibler Daten in den letztgenannten Ländern gegen die Datenschutzgrundverordnung. Angesichts der Tatsache, dass etwa Thüringen und Schleswig-Holstein verordnungskonforme Abweichungen von Art. 9 Abs. 1 DSGVO gefunden haben und in ihr Archivrecht übernahmen, ist dringende Nachbesserung in den anderen Ländern gefordert.

(2) Anpassungen der Archivgesetze an die Betroffenenrechte nach der DSGVO

Art. 89 Abs. 3 DSGVO erlaubt es den Mitgliedstaaten, von einigen Betroffenenrechten nach der Verordnung (Art. 15, 16, 18, 19, 20 und 21) sachliche und verhältnismäßige Ausnah-

---

270 Diese Einschätzung auch bei Benedikt Buchner/Marie-Theres Tinnefeld, in: Jürgen Kühling/Benedikt Buchner (Hrsg.), Datenschutz-Grundverordnung/BDSG. Kommentar, 2. Aufl., München 2018, § 28 BDSG, Rn. 5-8; kritischer Paul C. Johannes/Philipp Richter, Privilegierte Verarbeitung im BDSG-E, DuD 2017, S. 300-305, 304.

men zu machen, unter der strengen Voraussetzung, dass die Ausübung der genannten Rechte die Verwirklichung der im öffentlichen Interesse liegenden Archivzwecke unmöglich macht oder ernsthaft beeinträchtigt.[271] Diese Öffnungsklausel des Art. 89 Abs. 3 DSGVO erlaubt es den Mitgliedstaaten, spezifische von den Betroffenenrechten abweichende Normen in die Archivgesetze aufzunehmen, wenn sie die Voraussetzung des Nachweises bzw. zumindest der *Prognose* einer Unmöglichkeit oder ernsthaften Beeinträchtigung der verfolgten Archivzwecke durch die Ausübung der Betroffenenrechte erbringen.[272]

Derogation des Auskunftsrechts nach Art. 15 DSGVO. Zunächst erlaubt es Art. 89 Abs. 3 DSGVO, dass die Mitgliedstaaten zur Verwirklichung der im öffentlichen Interesse liegenden Archivzwecke das Auskunftsrecht nach Art. 15 DSGVO derogieren können. Art. 15 DSGVO ist das zentrale Auskunftsrecht der Betroffenen, durch das sie eine hinreichende Informationsbasis erlangen, um die weiteren Rechte z. B. der Löschung oder Einschränkung sowie Schadensersatzansprüche geltend zu machen.[273] Art. 15 Abs. 1 gewährt zunächst das Recht der Betroffenen, überhaupt eine Bestätigung zu erhalten, ob sie betreffende Datenverarbeitungen vom Verarbeiter vorgenommen wurden. Wird dies bestätigt, knüpft sich eine Reihe weiterer Rechtsansprüche daran an, etwa Auskünfte über die in Art. 15 Abs. 1 DSGVO aufgezählten Informationen, aber auch das Recht nach Art. 15 Abs. 3 DSGVO, eine Kopie aller personenbezogenen Daten die verarbeitet wurden, zu erhalten.[274]

Die Abweichungsmöglichkeit nach Art. 89 Abs. 3 DSGVO hinsichtlich dieses Auskunftsrechts wurde von mehreren Archivgesetzgebern genutzt. Nach § 19 Abs. 1 ThürArchivG etwa haben Betroffene das Recht auf Auskunft über die im Archiv-

271 Vgl. Ansgar Hense, in: Gernot Sydow (Hrsg.), Europäische Datenschutz-grundverordnung, 2. Aufl., Baden-Baden 2018, Art. 89, Rn. 13 und 17; Johannes, in: Roßnagel 2017, S. 257.

272 Zur Prognoseentscheidung des Derogationsgesetzgebers siehe Bertram Raum, in: Eugen Ehmann/Martin Selmayr (Hrsg.), DS-GVO. Kommentar, 2. Aufl., München 2018, Art. 89, Rn. 51f m. w. N.

273 Vgl. Louisa Specht, in: Gernot Sydow (Hrsg.), Europäische Datenschutz-grundverordnung, 2. Aufl., Baden-Baden 2018, Art. 15, Rn. 1.

274 Vgl. Specht, in: Sydow 2018, Art. 15, Rn. 1, 5, 10 und 18.

gut zu ihrer Person enthaltenen Daten, jedoch nur sofern das Archivgut erschlossen ist. Während Art. 15 DSGVO einen unbeschränkten und unmittelbaren Auskunftsanspruch gewährt, wird dieses Auskunftsrecht im Thüringer Archivrecht auf einen Zeitpunkt nach seiner Erschließung beschränkt und kann nur unter der Voraussetzung geltend gemacht werden, dass das Archiv überhaupt diese Erschließungsarbeit durchgeführt hat. § 19 Abs. 1 S. 2 ThürArchivG nutzt die Abweichungsmöglichkeit des Art. 89 Abs. 3 DSGVO, um das weitergehende Auskunftsrecht nach Art. 15 DSGVO für unanwendbar zu erklären. Damit diese Abweichung von Art. 15 DSGVO zulässig ist, müsste der Gesetzgeber einen substantiellen Begründungs- und Prognoseaufwand betrieben haben. Die geforderte Prognoseentscheidung über eine Gefahr für die Verwirklichung der Archivzwecke hat der Thüringer Gesetzgeber erbracht, indem er die Begrenzung der Betroffenenrechte in den Gesetzesmaterialien begründet. Zur Begründung führt er an, dass Archivgut generell erst benutzbar wird, wenn es erschlossen, also geordnet und logisch und auffindbar in den Archivbestand integriert wurde.[275] Die Einschränkung des Auskunftsrechts auf einen Zeitpunkt nach der Erschließung wird als notwendig angesehen: „Die Verarbeitung von Daten im Archiv erfolgt mit dem Ziel, Daten langfristig zu sichern und – unter Einhaltung strenger archivgesetzlich festgelegter Datenschutzvorschriften – Betroffene und anderen Berechtigten zugänglich zu machen. Ein umfassendes Auskunftsrecht gemäß Artikel 15 [DSGVO] ginge somit weit über die Kernaufgabe der Archive hinaus und stellte angesichts der damit verbundenen Aufwände eine ernsthafte Beeinträchtigung der spezifischen Zwecke der Archivierung [...] dar.“[276] Müsste das Archiv die übernommenen Unterlagen nach personenbezogenen Daten durchsuchen, bevor diese geordnet und erschlossen wurden, könnte damit ein nicht absehbarer Aufwand entstehen, der die Erfüllung der übrigen Archivaufgaben gefährdete. Mit dem Verweis auf die speziellen archivischen Funktionsweisen und den nicht abzusehenden Aufwand durch Auskunftsrechte zu einem Zeitpunkt vor der Erschließung er-

275 Vgl. Thüringer Landtag, Drucksache 6/4942, Begründung S. 20.
276 Thüringer Landtag, Drucksache 6/4942, Begründung S. 21.

bringt der Thüringer Archivgesetzgeber eine nachvollziehbare Begründung für die Derogation des Art. 15 DSGVO und dürfte damit die Anforderungen des Art. 89 Abs. 3 DSGVO erfüllen. Im Landesarchivrecht Schleswig-Holsteins wird Art. 15 DSGVO durch § 11 Abs. 1 S. 1 Nr. 3-5 und S. 4 LArchG SH derogiert. Die Begründung und Prognoseentscheidung lautet dabei ganz ähnlich: „[R]egelmäßige Durchsichten großer Mengen von Archivgut zum Zweck der Auskunftserteilung" nach Art. 15 DSGVO „beeinträchtigen die Funktionsfähigkeit öffentlicher Archive ernsthaft."[277] Auch Mecklenburg-Vorpommern machte für die von Art. 15 DSGVO abweichende Regelung in § 11 Abs. 1 S. 1 LArchivG MV die Öffnungsklausel des Art. 89 Abs. 3 DSGVO geltend und beschränkte das Auskunftsrecht auf erschlossenes oder durch beizugebende Angaben auffindbares Archivgut.[278] Das Archivrecht Brandenburgs beschränkt mit § 8 Abs. 1 S. 1 und 2 BbgArchivG das Auskunftsrecht nach Art. 15 DSGVO nun ebenfalls unter Verweis auf die Gefährdung der Erfüllung der öffentlichen Archivaufgaben durch unverhältnismäßigen Aufwand auf bereits erschlossenes Archivgut.[279] Auch für die niedersächsische Regelung zur Einschränkung des Auskunftsrechts nach Art. 15 DSGVO durch § 6 Abs. 1 und 2 NArchG wird eine gleichlautende Prognose für die Gefährdung der Archivfunktionen angeführt.[280] Der gleiche Begründungszusammenhang findet sich für die sächsische Abweichungsregelung zu Art. 15 DSGVO in § 6 Abs. 1 SächsArchivG in den Gesetzgebungsmaterialien.[281] Auf Bundesebene wurde Art. 15 DSGVO durch § 28 Abs. 2 BDSG mit der Maßgabe derogiert, dass sich die Auskunft ebenfalls nur auf durch Namen erschlossenes Archivgut beschränkt. Zur Begründung wird jedoch nur auf die Öffnungsklausel nach Art. 89 Abs. 3 DSGVO verwiesen, eine formulierte Gefährdungsprognose für die Archivzwecke findet sich nicht.[282] Angesichts der Anforderungen des Art. 89 Abs. 3 DSGVO und der ansonsten breiten Begründungsbemühun-

277 Landtag Schleswig-Holstein, Drucksache 19/429, S. 197.
278 Vgl. Landtag Mecklenburg-Vorpommern, Drucksache 7/1569, S. 19.
279 Vgl. Landtag Brandenburg, Drucksache 6/7947, Begründung S. 33.
280 Vgl. Niedersächsischer Landtag, Drucksache 18/548, S. 70.
281 Vgl. Sächsischer Landtag, Drucksache 6/10918, S. 94.
282 Vgl. Deutscher Bundestag, Drucksache 18/11325, S. 100.

gen des Bundesgesetzgebers bleibt diese Derogation hinter den Ansprüchen zurück. Der Begründungsaufwand zwischen den um breite Argumentation bemühten Landesgesetzgebern und den knappen Ausführungen des Bundesgesetzgebers fällt deutlich auseinander.

Derogation des Rechts auf Berichtigung nach Art. 16 DSGVO. Nach Art. 16 DSGVO haben Betroffene das Recht, eine Berichtigung sie betreffender unrichtiger Daten vom Verarbeiter zu verlangen. Damit ist der Anspruch auf Richtigstellung, Vervollständigung und Aktualisierung der Daten umfasst, der auch aus dem Grundsatz der Datenrichtigkeit nach Art. 5 Abs. 1 lit. d DSGVO hervorgeht.[283] Die Möglichkeit, die Art. 89 Abs. 3 DSGVO eröffnet, auch von Art. 16 DSGVO zugunsten von Archivzwecken abzuweichen, haben ebenfalls mehrere Archivgesetzgeber wahrgenommen.

§ 19 Abs. 2 S. 1 und 2 ThürArchivG weichen von Art. 16 DSGVO ausdrücklich ab und stufen das Recht auf Berichtigung herab auf den Anspruch der betroffenen Person, eine Gegendarstellung zu den Archivgütern anzufügen. Eine Berichtigung des Archivguts, so die Argumentation, würde dazu führen, dass die Archivinformationen verändert werden, was die Überlieferungssicherung manipulieren und späteren Benutzern ein verzerrtes Bild der Verwaltungsentscheidungen liefern würde. Damit wäre der Archivzweck ad absurdum geführt, weshalb eine Abweichung von Art. 16, ebenso wie vom Recht auf Löschung nach Art. 17 DSGVO, das die Überlieferungssicherung ebenfalls unmöglich machen würde, durch § 19 Abs. 2 ThürArchivG im Rahmen des Art. 89 Abs. 3 DSGVO gerechtfertigt ist.[284] Die schleswig-holsteinische Derogation von Art. 16 DSGVO in § 11 Abs. 1 S. 4 LArchG SH verfolgt dieselbe Begründung. Eine Berichtigung von Archivgut nach Art. 16 DSGVO „würde dem Grundgedanken des Archivwesens, unverfälschte Überlieferungen historischer Zusammenhänge aufzuzeigen, widersprechen“ und letztlich wäre dadurch auch keine nachträgliche Verwaltungskontrolle mehr möglich.[285]

283 Vgl. Enrico Peuker, in: Gernot Sydow (Hrsg.), Europäische Datenschutzgrundverordnung, 2. Aufl., Baden-Baden 2018, Art. 16, Rn. 1 und 11.

284 Thüringer Landtag, Drucksache 6/4942, Begründung S. 21f.

285 Landtag Schleswig-Holstein, Drucksache 19/429, S. 197.

Mit der Regelung Mecklenburg-Vorpommerns in § 11 Abs. 2 S. 1 und S. 5 LArchivG MV wird die gleiche Beschränkung des Art. 16 DSGVO auf ein Gegendarstellungsrecht verfolgt. Auch hierfür lautet die Prognose über eine Archivzweckbeeinträchtigung, dass Berichtigungen und Veränderungen der Archivgüter die Überlieferungszwecke unmöglich machen würden.[286] Nach § 8 Abs. 1 S. 3 BbgArchivG wird auch in Brandenburg nun das Berichtigungsrecht nach Art. 16 DSGVO nur in Form der Gegendarstellung ausgeübt; dabei verweist der Gesetzgeber auf dieselben Gefahren für die Überlieferungszwecke und Verwaltungskontrolle.[287] Selbige Begründungen unter Hinweis auf die Gefahren für die Überlieferungssicherung finden sich außerdem in den Gesetzesmaterialien zu den Abweichungsnormen in § 6a NArchG und § 6 Abs. 2 S. 3 SächsArchivG, die das Recht aus Art. 16 Abs. 1 DSGVO ebenfalls auf die Gegendarstellung reduzieren.[288] Letztlich verfolgt auch der Bund mit § 28 Abs. 3 BDSG den Ansatz, das Recht nach Art. 16 DSGVO auf ein Recht der Gegendarstellung abzuschwächen, wiederum aber ohne konkrete gesetzgeberische Begründung.[289] Gerade beim Recht auf Berichtigung zeigt sich, wie die Archivgesetzgeber bemüht sind, die durch die DSGVO gewährten Rechtsansprüche Betroffener wieder einzugrenzen auf das archivische Datenschutzniveau, wie es vor dem Inkrafttreten der Datenschutzgrundverordnung bereits bestand. Die Begrenzung des Berichtigungsrechts auf ein Recht auf Anbringen einer Gegendarstellung, die die Unversehrtheit des Archivguts bezweckt, ist im deutschen Archivrecht schon seit dem Jahr 1987 durch die Regelungen des § 5 Abs. 2 und 3 Landesarchivgesetz Baden-Württemberg gültig und bekannt.[290]

Abweichung von der Mitteilungspflicht nach Art. 19 DSGVO. Ähnliche Überlegungen greifen auch bei der Nichtanwendung der Mitteilungspflichten im Zusammenhang mit Berichtigungen oder Löschungen personenbezogener Daten

286 Vgl. Landtag Mecklenburg-Vorpommern, Drucksache 7/1569, S. 19.
287 Vgl. Landtag Brandenburg, Drucksache 6/7947, Begründung S. 33f.
288 Vgl. Niedersächsischer Landtag, Drucksache 18/548, S. 71 und Sächsischer Landtag, Drucksache 6/10918, S. 94.
289 Vgl. Deutscher Bundestag, Drucksache 18/11325, S. 100.
290 GBl. BW 1987, S. 230.

beim Verarbeiter nach Art. 19 DSGVO. Die Mitteilungspflicht des Art. 19 DSGVO bestimmt, dass der Verantwortliche jede Berichtigung oder Löschung personenbezogener Daten an alle Empfänger, denen diese Daten offengelegt wurden, mitteilen muss.[291] Diese Mitteilungspflicht des Verantwortlichen soll den Betroffenen grundsätzlich vor einer Weiterverarbeitung von unrichtigen Daten schützen. Empfänger im Sinne des Art. 19 und Art. 4 Nr. 9 DSGVO ist jede Person oder Stelle, die personenbezogene Daten erhält.[292] Bezogen auf den Archivkontext ist der Verarbeiter das öffentliche Archiv, der Empfänger der Daten ist jeder Archivbenutzer, der Einsicht in personenbezogenes Archivgut erhält. Die Pflicht eines Archivs, jede Berichtigung oder Löschung von Archivgut an die potentiell große Menge der Archivbenutzer mitzuteilen, scheint kaum praktikabel bis unmöglich, weshalb wiederum unter den Voraussetzungen des Art. 89 Abs. 3 DSGVO von den Vorgaben des Art. 19 DSGVO abgewichen werden darf.

Diese Abweichungsklausel nutzt etwa § 19 Abs. 6 ThürArchivG. Die Mitteilungspflicht des Art. 19 DSGVO, so der Thüringer Gesetzgeber, sei eine den Archivzwecken fremde Aufgabe[293] und stellte einen unmöglichen bzw. unverhältnismäßigen Aufwand im Sinne des Art. 19 S. 1 DSGVO dar.[294] Die Gefährdungsprognose für die Funktionsfähigkeit der Archive durch eine Mitteilungspflicht gegenüber jedem Benutzer gibt auch der Gesetzgeber in Schleswig-Holstein ab und derogierte deshalb Art. 19 DSGVO durch den neuen § 11 Abs. 1 S. 4 LArchG SH.[295] Auf eine Derogation des Art. 19 DSGVO wurde hingegen im mecklenburg-vorpommerischen Archivrecht explizit verzichtet. Eine Derogationsnorm gemäß Art. 89 DSGVO sei nicht notwendig für die öffentlichen Archive,

291 Vgl. Enrico Peuker, in: Gernot Sydow (Hrsg.), Europäische Datenschutzgrundverordnung, 2. Aufl., Baden-Baden 2018, Art. 19, Rn. 1.

292 Vgl. Achim Klabunde, in: Eugen Ehmann/Martin Selmayr (Hrsg.), DS-GVO. Kommentar, 2. Aufl., München 2018, Art. 4, Rn. 43.

293 Thüringer Landtag, Drucksache 6/4942, Begründung S. 22.

294 Ein unverhältnismäßiger Aufwand durch die Mitteilungspflicht nach Art. 19 DSGVO wird für den Archivkontext auch angenommen bei Hans-Georg Kamann/Martin Braun, in: Eugen Ehmann/Martin Selmayr (Hrsg.), DS-GVO. Kommentar, 2. Aufl., München 2018, Art. 19, Rn. 15.

295 Vgl. Landtag Schleswig-Holstein, Drucksache 19/429, S. 198.

da eine Mitteilungspflicht im Sinne des Art. 19 S. 1 DSGVO in öffentlichen Archivkontexten stets unmöglich wäre bzw. einen unverhältnismäßigen Aufwand erzeuge. Daher greife für die öffentlichen Archive stets die Ausnahme der Mitteilungspflicht nach Art. 19 S. 1 DSGVO, weshalb es einer ausdrücklichen Derogation im mecklenburg-vorpommerischen Archivgesetz nicht bedürfe.[296] Brandenburg wiederum derogierte durch § 8 Abs. 4 S. 4 BbgArchivG die Mitteilungspflicht nach Art. 19 DSGVO ausdrücklich, um die Arbeitsfähigkeit der öffentlichen Archive vor ernsthafter Gefährdung zu schützen.[297] Die Regelungen im niedersächsischen und im sächsischen Archivrecht derogieren das Recht aus Art. 19 DSGVO ebenfalls durch ihre Neuregelungen in § 6a NArchG und § 6 Abs. 2 S. 3 SächsArchivG, unter Verweis auf einen entstehenden unverhältnismäßigen Archivaufwand.[298] Den Abweichungsklauseln im neuen Archivrecht kommen keine Bedenken entgegen, da die Prognosen für eine mögliche Gefährdung der Archivfunktionsfähigkeit durch die Erfüllung des Mitteilungsrechts nach Art. 19 DSGVO nachvollziehbar sind und außerdem von Erwägungsgrund 62 der DSGVO selbst vermutet werden.

Derogation des Rechts auf Datenübertragbarkeit nach Art. 20 DSGVO. Nach Art. 20 Abs. 1 DSGVO haben Betroffene das Recht, die sie betreffenden Daten, die sie dem Datenverarbeiter bereitgestellt haben, in einem strukturierten, gängigen und maschinenlesbaren Format zu erhalten. Art. 20 Abs. 1 DSGVO eröffnet bei Vorliegen aller Voraussetzungen den Betroffenen einen Übermittlungsanspruch gegenüber dem Verantwortlichen.[299] Auch von dieser Norm kann unter den Voraussetzungen des Art. 89 Abs. 3 DSGVO abgewichen werden, was die Archivgesetzgeber auf unterschiedliche Weise versuchten.

Der überwiegende Teil der Archivrechtsanpassungen an Art. 20 DSGVO spricht eine explizite Derogation vom Recht

---

296 Vgl. Landtag Mecklenburg-Vorpommern, Drucksache 7/1569, S. 19.

297 Vgl. Landtag Brandenburg, Drucksache 6/7947, Begründung S. 34.

298 Vgl. Niedersächsischer Landtag, Drucksache 18/548, S. 71 und Sächsischer Landtag, Drucksache 6/10918, S. 94.

299 Vgl. Hans-Georg Kamann/Martin Braun, in: Eugen Ehmann/Martin Selmayr (Hrsg.), DS-GVO. Kommentar, 2. Aufl., München 2018, Art. 20, Rn. 21.

auf Datenübertragbarkeit aus. Die Abweichung von Art. 20 DSGVO etwa durch das neue Thüringer Archivgesetz wurde erneut unter Verweis auf unverhältnismäßige Aufwände für die Archive begründet. „Für die öffentlichen Archive hätte [das Recht nach Art. 20 DSGVO] jedoch zur Folge, dass in größerem Umfang Datenverarbeitungsprozesse durchgeführt werden müssten. Beispielsweise müssten Daten, die ausschließlich in analoger Form vorliegen, in ein strukturiertes, gängiges und maschinenlesbares Format übertragen werden. Die Herstellung der Übertragbarkeit von Daten aus Archivgut ist aber nicht Aufgabe der Archive, so dass auch diese Verpflichtung dem Zweck der Archive widersprechen würde."[300] Deshalb legen § 19 Abs. 1 S. 2 und 3 ThürArchivG für die Art und Weise der Auskunft gegenüber den Betroffenen abweichend von Art. 20 DSGVO fest, dass das Archiv als Datenverarbeiter die Entscheidung über das zu verwendende Format der Datenübermittlung trifft. Selbiges wird für die schleswig-holsteinische Derogation in § 11 Abs. 1 S. 4 LArchG SH angeführt, indem ebenso auf die unverhältnismäßigen Datenverarbeitungsprozesse, gerade bei analogem Archivgut, hingewiesen wird.[301] In Brandenburg wurde ebenso mit § 8 Abs. 4 S. 5 BbgArchivG abweichend von Art. 20 DSGVO bestimmt, dass das Archiv das Datenformat, in dem die Daten den Betroffenen bereitgestellt werden, festlegt. Auch der Archivgesetzgeber Brandenburgs verweist auf die erheblichen Datenverarbeitungsprozesse im Vorfeld, insbesondere bei analogem Archivgut, die eine Gefährdung der Funktionsfähigkeit des öffentlichen Archivwesens bedeuten könnte.[302] Und wiederum das niedersächsische Archivrecht (§ 6a NArchG) und das sächsische Archivrecht (§ 6 Abs. 3 SächsArchivG) lassen das Datenübertragungsrecht aus Art. 20 DSGVO nicht in ihrem Archivwesen gelten, was gleichwohl mit der Beeinträchtigung der eigentlichen Archivzwecke und mit dem Aufwand durch die Datenverarbeitungsprozesse begründet wurde.[303] Mit § 28 Abs. 4 BDSG gilt auf der Bundes-

300 Thüringer Landtag, Drucksache 6/4942, Begründung S. 21.
301 Vgl. Landtag Schleswig-Holstein, Drucksache 19/429, S. 198.
302 Vgl. Landtag Brandenburg, Drucksache 6/7947, Begründung S. 34f.
303 Vgl. Niedersächsischer Landtag, Drucksache 18/548, S. 71 und Sächsischer Landtag, Drucksache 6/10918, S. 94.

ebene, dass das Recht auf Datenübertragbarkeit nach Art. 20 DSGVO nicht besteht, soweit dies die öffentlichen Archivzwecke unmöglich macht oder ernsthaft beeinträchtigt.[304]

Anders hingegen wurde in Mecklenburg-Vorpommern auf eine explizite Derogation des Art. 20 DSGVO im Landesarchivgesetz verzichtet, da, wie die Gesetzesbegründung erörtert, diese Norm für öffentliche Archive gar nicht einschlägig sei. Denn die Voraussetzung des Art. 20 Abs. 1 DSGVO, so der Landesgesetzgeber, sei, dass die personenbezogenen Daten von der betroffenen Person dem Verarbeiter selbst „bereitgestellt" wurden. Doch die Archive bekämen die personenbezogenen Unterlagen nicht direkt von den betroffenen Personen bereitgestellt, sondern von den öffentlichen Stellen. Insofern fände Art. 20 DSGVO auf Archive ohnehin keine Anwendung.[305] Der Einschätzung des Landesgesetzgebers in Mecklenburg-Vorpommern kann durchaus zugestimmt werden. Der Europäische Gesetzgeber beabsichtigte mit der Norm des Art. 20 DSGVO, einen Übermittlungsanspruch der Betroffenen für jene personenbezogenen Daten zu gewähren, die die Betroffenen gegenüber dem Verarbeiter in einer „aktiven und wissentlichen Handlung" übertragen haben.[306] Auch der Erwägungsgrund 68 der DSGVO spricht von Daten, die der Betroffene „zur Verfügung gestellt hat".[307] Eine zulässige Grundlage für die Datenverarbeitung im Sinne des Art. 20 DSGVO können daher nur eine Einwilligung der Betroffenen oder ein Vertrag zwischen Betroffenen und Verarbeiter, der die Bereitstellung der Daten beinhaltet, sein.[308] Da öffentliche Archive keine Archivdaten selbst erheben, sondern aufgrund der öffentlich-rechtlichen Archivgesetze von den öffentlichen Stel-

---

304 Vgl. Deutscher Bundestag, Drucksache 18/11325, S. 100, lediglich mit Verweis auf Art. 89 Abs. 3 DSGVO.

305 Vgl. Landtag Mecklenburg-Vorpommern, Drucksache 7/1569, S. 19.

306 Carlo Piltz, in: Peter Gola (Hrsg.), Datenschutz-Grundverordnung. Kommentar, 2. Aufl., München 2018, Art. 20, Rn. 14.

307 Siehe weiterhin Gernot Sydow/Maria Wilhelm, in: Gernot Sydow (Hrsg.), Europäische Datenschutzgrundverordnung. Handkommentar, 2. Aufl., Baden-Baden 2018, Art. 20, Rn. 14: Das Recht nach Art. 20 DSGVO zielt vor allem auf Internetdienstleistungen, bei denen Nutzer massenhaft personenbezogene Daten einstellen, z.B. in Sozialen Netzwerken.

308 Vgl. Kamann/Braun, in: Ehmann/Selmayr 2018, Art. 20, Rn. 18.

len übergeben bekommen, liegen die Voraussetzungen des Art. 20 Abs. 1 DSGVO für einen besonderen Übermittlungsanspruch nicht vor. Letztlich dürfte der rechtlichen Einschätzung des Landesarchivgesetzgebers von Mecklenburg-Vorpommern zu folgen sein, der von einer Unbedenklichkeit und Unanwendbarkeit des Art. 20 DSGVO in öffentlichen Archiven ausgeht.

Derogation des Widerspruchrechts nach Art. 21 DSGVO. Weiterhin wurde auch das Widerspruchsrecht nach Art. 21 Abs. 1 DSGVO durch einige Archivgesetze derogiert. Dieses Recht gewährt den Betroffenen den Anspruch, gegen eine Verarbeitung, die nach einer Rechtsgrundlage gemäß Art. 6 Abs. 1 lit. e oder f DSGVO zwar zulässig ist, im Einzelfall unter Berücksichtigung der besonderen Situation des Betroffenen trotzdem Widerspruch zu erheben.[309] Der Verarbeiter ist dann zur Beendigung der Verarbeitung verpflichtet, es sei denn, er kann zwingende und überwiegende Gründe für die Verarbeitung nachweisen.[310] Zum Widerspruchsrecht nach Art. 21 DSGVO wurden verschiedene Abweichungsvorschriften in die neuen Archivgesetze aufgenommen,

Nach § 19 Abs. 4 S. 2 ThürArchivG wird für rechtmäßig archivierte personenbezogene Daten kein Widerspruchsrecht gewährt, da „ansonsten die Verfälschung der Überlieferung im öffentlichen Archiv die Folge wäre."[311] Auch hier verhält es sich so, dass weitgehende Datenschutzrechte einer historischen, rechtlichen, politischen Überlieferung des Gemeinwesens zu stark entgegenstehen würden, weshalb Abweichungen von den Betroffenenrechten nach Art. 89 Abs. 3 DSGVO zulässig sind. Die Rechte auf Einschränkung (Art. 18 DSGVO) und auf Widerspruch (Art. 21 DSGVO) von Datenverarbeitungen gelten durch § 11 Abs. 1 S. 4 LArchG SH ebenfalls nicht im Archivrecht Schleswig-Holsteins, da diese Rechts sonst das Archivieren vieler Daten unmöglich machten und damit den Archivzwecken deutlich entgegenstünden.[312] Eine

309 Vgl. Marcus Helfrich, in: Gernot Sydow (Hrsg.), Europäische Datenschutzgrundverordnung, 2. Aufl., München 2018, Art. 21, Rn. 53f.

310 Vgl. Helfrich, in: Sydow 2018, Art. 21, Rn. 65ff: Den Verantwortlichen trifft die Darlegungslast.

311 Thüringer Landtag, Drucksache 6/4942, Begründung S. 22.

312 Vgl. Landtag Schleswig-Holstein, Drucksache 19/429, S. 198.

Derogation zum Widerspruchsrecht des Art. 21 DSGVO findet sich im reformierten Landesarchivgesetz Mecklenburg-Vorpommerns hingegen nicht, da diese laut Gesetzgeber nicht notwendig sei. Da sich die öffentliche Archivierung auf verhältnismäßige Rechtsgrundlagen stützt, bestünden auch nicht die Voraussetzungen für das Widerspruchsrecht. Das Landesarchivgesetz sei demnach ein zwingender rechtlicher Grund im Sinne des Art. 6 Abs. 1 lit. c DSGVO, womit die öffentlichen Archive den Nachweis der notwendigen Verarbeitungsinteressen nach Art. 21 Abs. 1 S. 2 DSGVO antreten können, der den Widerspruch des Betroffenen entkräfte.[313] Auch diese Einschätzung des Landesgesetzgebers in Mecklenburg-Vorpommern scheint ein vertretbarer Weg zu sein. Anstatt die Norm des Art. 21 DSGVO über die Öffnungsklausel nach Art. 89 Abs. 3 DSGVO gänzlich zu derogieren, wird die Ausübung des Widerspruchsrechts bereits durch das wirksame Gegenhalten eines zwingenden rechtlichen Grundes für die Datenverarbeitung verhindert. Das Widerspruchsrecht nach Art. 21 DSGVO findet weiterhin in Brandenburg nach dem neuen § 8 Abs. 4 S. 4 BbgArchivG keine Anwendung. Die Anwendung des Art. 21 DSGVO brächte sonst, so die Ausführungen des Landesgesetzgebers, einen unvertretbaren Eingriff in das Privileg der Verarbeitung personenbezogener Daten zu Archivzwecken, welches die DSGVO selbst postuliert und brächte überdies die Gefahr der Verfälschung der Überlieferungssicherung mit sich.[314] Auch in Niedersachsen (§ 6a NArchG) und in Sachsen (§ 6 Abs. 3 SächsArchivG) besteht das Widerspruchsrecht nach Art. 21 Abs. 1 DSGVO im Kontext des Landesarchivwesens nicht, da dies die Erfüllung der öffentlichen Archivzwecke unmöglich machte.[315] Mit § 28 Abs. 4 BDSG wird für die Bundesebene bestimmt, dass das Widerspruchsrecht nach Art. 21 DSGVO nicht besteht, soweit es die öffentlichen Archivzwecke unmöglich macht oder ernsthaft gefährdet. Wiederum führt der Bundesgesetzgeber nur die Öffnungsklausel des Art. 89 Abs. 3 DSGVO als Begründung an und bleibt weitergehender Darlegungen schul-

---

313 Vgl. Landtag Mecklenburg-Vorpommern, Drucksache 7/1569, S. 18.

314 Vgl. Landtag Brandenburg, Drucksache 6/7947, Begründung S. 35.

315 Vgl. Niedersächsischer Landtag, Drucksache 18/548, S. 72 und Sächsischer Landtag, Drucksache 6/10918, S. 94.

dig.[316] Die gefundenen Lösungen zur Vermeidung des Widerspruchrechts des Art. 21 DSGVO im Archivrecht erscheinen insgesamt angemessen und vertretbar.

Die Anpassungen der Archivgesetze in Brandenburg, Mecklenburg-Vorpommern, Niedersachsen, Saarland, Sachsen, Schleswig-Holstein und Thüringen sowie des Bundesdatenschutzgesetzes an die Betroffenenrechte nach der DSGVO sind insgesamt zum überwiegenden Teil verordnungskonform ausgestaltet und begrenzen die Rechte der Betroffenen auf ein verhältnismäßiges Maß zum Schutz vor ernsthaften Gefährdungen der Funktionsfähigkeit der öffentlichen Archive und der verfolgten im öffentlichen Interesse liegenden Archivzwecke. Vor allem die Bewahrung einer unverfälschten Überlieferung und einer nachträglichen Verwaltungskontrolle sind hier für die Beschränkung der Betroffenenrechte ins Feld zu führen. Die Anforderung des Art. 89 Abs. 3 DSGVO, die von den Gesetzgebern für jede Derogation eine nachvollziehbare Gefahrenprognose für die Archivzwecke verlangt wurde von den Gesetzgebern der Länder in ausführlicher Weise erfüllt. Deren Begründungen weisen ein hohes Maß an Abwägung und rationaler Begründungstiefe auf, die die Beschränkungen der Betroffenenrechte für das spezielle Umfeld des Archivwesens gerechtfertigt erscheinen lässt. Dies kann für die Bundesebene kaum gelten, da sich die Ausführungen des Bundesgesetzgebers allein mit dem faktischen Verweis auf die Öffnungsklausel des Art. 89 Abs. 3 DSGVO begnügen, ohne überhaupt die konkreten Auswirkungen auf die Archivzwecke anzusprechen.

Eine anders geartete Kritik muss alle neuen Datenschutzregeln der Archivgesetze treffen. Durch die vielfachen Verweise auf Einzelnormen der Datenschutzgrundverordnung und die Erwähnung expliziter Abweichungen von bestimmten Rechten wird die Lesbarkeit der Archivgesetze durchaus beeinträchtigt. Unbenommen, ob die DSGVO als „Datenschutz-Grundverordnung“ oder als „Verordnung (EU) 2016/679“ zitiert wird, in jedem Fall wird die Verständlichkeit der Vorschriften geringer. Auch die Abschnitte der Archivgesetze über die Betroffenenrechte dürften bei rechtsunkundigen Le-

316 Vgl. Deutscher Bundestag, Drucksache 18/11325, S. 100.

sern für Verwirrung sorgen, da sie nun reihenweise Absätze enthalten, die nur bestimmen, welche Rechte *nicht* gelten. Bestes Beispiel hierfür ist § 19 ThürArchivG, der in sechs Absätzen acht Bestimmungen darüber enthält, welche Betroffenenrechte den Betroffenen nicht zustehen. Gerechterweise muss jedoch betont werden, dass den Archivgesetzgebern rechtstechnisch kaum eine andere Möglichkeit bleibt, da sie durch die Vorgaben der DSGVO gezwungen sind, in den spezifischen Rechtsvorschriften klare Abweichungsklauseln einzusetzen. Letztlich wirkt sich der komplizierte Regelungsansatz der DSGVO mit ihren Öffnungsklauseln auch auf die Lesbarkeit und Verständlichkeit der bereichsspezifischen Gesetze aus.

(3) Anpassungen an die Anforderungen der Datensicherheit

Keine Derogation, sondern eine ausdrückliche Anwendung von Vorschriften der DSGVO im öffentlichen Archivwesen hat der Thüringer Archivgesetzgeber mit dem neuen § 15 Abs. 1 ThürArchivG geschaffen. Dieser enthält Vorschriften über die Anforderungen an die Archivierung und Speicherung von Daten in öffentlichen Archiven. § 15 Abs. 1 S. 1 ThürArchivG verlangt „geeignete technische und organisatorische Maßnahmen", um Archivgut und Hilfsmittel vor unbefugter Nutzung zu sichern und Datenschutz und Geheimnisschutz zu gewährleisten. Nach § 15 Abs. 1 S. 2 ThürArchivG sind die von den öffentlichen Archiven ergriffenen Schutzmaßnahmen dann geeignet, wenn sie mindestens den Anforderungen insbesondere des Art. 32 DSGVO gerecht werden.

Gemäß Art. 32 Abs. 1 DSGVO muss der Datenverarbeiter ein angemessenes Schutzniveau der gespeicherten Daten gewährleisten. Dabei hat er den Stand der Technik, Implementierungkosten, Umfang und Zweck der Verarbeitung sowie die „Eintrittswahrscheinlichkeit und Schwere des Risikos für die Rechte und Freiheiten natürlicher Personen" zu berücksichtigen. Art. 32 Abs. 1 DSGVO enthält zudem einen Beispielkatalog geeigneter Maßnahmen, unter anderem die Pseudonymisierung und Verschlüsselung, Vertraulichkeit, Integrität, Verfügbarkeit und Belastbarkeit der Speichersysteme, „rasche“ Wiederherstellungsfunktionen der Systeme nach technischen Zwischenfällen sowie regelmäßige Verfahren zur Überprüfung, Bewertung und Evaluierung[317] der Wirksamkeit der Maßnahmen und Systeme.[318] Die geforderte Vertraulichkeit und Integrität der Daten sind Kernelemente der modernen IT-Sicherheit, was insbesondere den Schutz vor Hackerangriffen sowie Fragen der Zugriffskontrolle umfasst. Speziell der Schutz vor Manipulation der Daten (Integrität) ist eine Hauptaufgabe der heutigen Datensicherheit.[319] Das Stichwort der Datenverfügbarkeit meint insbesondere die Absicherung der Daten durch Back-ups und Zweitspeicherung auf getrennten Systemen.[320] Weiterhin sieht Art. 32 Abs. 4 DSGVO personelle und organisatorische Maßnahmen vor, die den Zugang der Bediensteten des Verarbeiters zu personenbezogenen Daten regulieren soll.

Durch die Vorschrift in § 15 Abs. 1 ThürArchivG wird klargestellt, dass die gesamte öffentliche Archivierung in Thüringen, und nicht nur die personenbezogene, den technischen und organisatorischen Sicherungsmaßnahmen der DSGVO entsprechen müssen.[321] Das bedeutet insbesondere, dass das aufzubauende digitale Archivwesen in Thüringen moderne IT-Schutzmaßnahmen im Sinne des Art. 32 DSGVO erfüllen muss und diese auch auf dem Stand der Technik weiterentwickeln muss. Die Archivsysteme in Thüringen werden demzufolge insbesondere Maßnahmen treffen müssen zur Sicherung vor Manipulation der Daten (Art. 32 Abs. 1 lit. b DSGVO)[322], zur Verschlüsselung (Art. 32 Abs. 1 lit. a DSGVO), zur raschen

317 Die regelmäßige Überprüfung kann etwa Stresstests oder Sicherheitsaudits umfassen, vgl. Peter Wedde, in: Wolfgang Däubler/Peter Wedde/Thilo Weichert/Imke Sommer, EU-Datenschutz-Grundverordnung und BDSG-neu. Kompaktkommentar, Frankfurt/Main 2018, Art. 32 DSGVO, Rn. 38.

318 Vgl. Jörg Hladjk, in: Eugen Ehmann/Martin Selmayr (Hrsg.), DS-GVO. Kommentar, 2. Aufl., München 2018, Art. 32, Rn. 4-10.

319 Vgl. Mario Martini, in: Boris Paal/Daniel Pauly (Hrsg.), Datenschutz-Grundverordnung/Bundesdatenschutzgesetz, 2. Aufl., München 2018, Art. 32 DSGVO, Rn. 35f.

320 Vgl. Martini, in: Paal/Pauly 2018, Art. 32 DSGVO, Rn. 38a.

321 Vgl. Thüringer Landtag, Drucksache 6/4942, Begründung S. 14.

322 Das umfasst etwa den Einsatz elektronischer Signaturen nach dem Signaturrecht, vgl. Martini, in: Paal/Pauly 2018, Art. 32 DSGVO, Rn. 36.

Wiederherstellung nach technischen Problemen (Art. 32 Abs. 1 lit. c DSGVO) sowie zur regelmäßigen Überprüfung der Sicherheitsleistung (Art. 32 Abs. 1 lit. d DSGVO). Außerdem werden die Archive ein Konzept über den Zugang ihrer Archivbediensteten zu den Archivdaten nach Art. 32 Abs. 4 DSGVO erstellen müssen. In der praktischen Umsetzung bedeutet die Anwendung des Art. 32 DSGVO zwar einen deutlichen technischen Aufwand. Dafür wird durch § 15 Abs. 1 ThürArchivG i.V.m. Art. 32 DSGVO die archivische Speicherung und Datensicherheit rechtlich auf das aktuelle Schutzniveau der Informationstechnik gebracht.

Thüringen bleibt bislang jedoch das einzige Land, dass Art. 32 DSGVO explizit für sein gesamtes öffentliches Archivwesen für anwendbar erklärt. Doch durch die unmittelbare Geltung der DSGVO, die sich auch auf das öffentliche Archivwesen erstreckt, beansprucht Art. 32 DSGVO ohnehin in den übrigen Ländern und auf Bundesebene Anwendung und Umsetzung, zumindest sobald es sich um eine personenbezogene Archivierung handelt.

IV. Zwischenergebnis

Neben vereinzelten Auswirkungen des Personenstandsrechts liegt das Hauptaugenmerk der Archivrechtsreformen der vergangenen Jahre auf der Modernisierung des Archivrechts. Es wurden Rechtsgrundlagen für die Archivierung von neuen Unterlagen und Datenformaten geschaffen, die durch die Digitalisierung des öffentlichen Sektors entstanden. Es ist überwiegend anzuerkennen, dass die Reformgesetzgeber in Bund und Ländern ihr Ziel, das Archivrecht an die modernen Bedingungen anzupassen, mit den bisherigen Reformpunkten erreichen konnten. Insbesondere die Erweiterung der archivrechtlichen Begriffe, die neuen Archivierungsermächtigungen sowie die intensivere Beratungs- und Mitwirkungsfunktion der öffentlichen Archive sind positiv hervorzuheben.

Gleichwohl kann diese Einschätzung nur für die Gesetzgeber gelten, die sich mit der Modernisierung ihres Archivrechts überhaupt auseinandergesetzt haben. Die Länder Bayern, Baden-Württemberg, Niedersachsen und Hamburg haben bislang keinerlei Modernisierungstendenzen ihres Landesarchivrechts erkennen lassen; sie arbeiten nach wie vor mit Begrifflichkeiten der 1980er und 1990er Jahre. Und auch die Länder Brandenburg, Mecklenburg-Vorpommern und Schleswig-Holstein haben ihre Archivgesetze nur im Hinblick auf die europäische Datenschutzgrundverordnung angepasst, in Digitalisierungsfragen und bei der Stärkung der Rolle der Archive im staatlichen Informationsaustausch verbleiben sie ebenfalls auf dem alten Stand. Der Reformbedarf ist in diesen Ländern weiter offensichtlich.

Selbst für jene Archivgesetze, die nun reformiert worden sind, kann die Bewertung nicht kritiklos bleiben. Insbesondere die nach wie vor bestehenden Unstimmigkeiten und die Uneinheitlichkeit des Schutzfristenrechts eröffnen weiteren rechtspolitischen Handlungsbedarf. Die rechtliche Situation, dass zwischen den Archivgesetzen im Hinblick auf die allgemeine Schutzfrist, die personenbezogenen Schutzfristen und die geheimhaltungsbezogenen Schutzfristen unsystematische Unterschiede von mehreren Jahrzehnten bestehen, ist für eine Bestandsaufnahme nach einer Welle an Archivrechtsreformen nicht zufriedenstellend. Das gilt insbesondere, da es das explizit ausgesprochene Ziel der Gesetzgeber war, das Schutzfristenrecht zu liberalisieren und insgesamt benutzerfreundlicher zu gestalten. Die gleiche Kritik muss auch gegenüber den Schutzfristenausnahmen für IFG-Unterlagen ausgesprochen werden. Dass von der Ausnahme zum Teil nur konkret zuvor eingesehene Unterlagen erfasst werden, führt den Zweck der Informationsfreiheitsgesetzgebung in Berlin und Rheinland-Pfalz ad absurdum. Das Schutzfristenrecht ist von Uneinheitlichkeit und zu strengen Fristen geprägt. Angesichts der Bedeutung von Informationen für die Informationsgesellschaft und den Bedarf an Zugänglichkeit zu öffentlichen Informationen ist für das Schutzfristenrecht weitere rechtspolitische Vereinheitlichung, Liberalisierung und Angleichung an das Informationsfreiheitsrecht zu verzeichnen, sofern das Archivrecht seine informationsrechtliche Eigenständigkeit behalten soll.

Auch im Hinblick auf die Anpassung der Archivgesetze des Bundes und der Länder an die seit Mai 2018 unmittelbar geltende Datenschutzgrundverordnung muss die Bewertung bis zum jetzigen Zeitpunkt noch mittelmäßig ausfallen. Abgesehen davon, dass, soweit ersichtlich, bis zum jetzigen Zeitpunkt nur die Bundesebene sowie sieben von sechzehn Ländern das archivrechtliche Datenschutzrecht an die DSGVO angepasst haben, bleiben selbst die bereits durchgeführten Reformen im Einzelnen nicht ohne Kritik. Dies gilt vor allem für die Umsetzung der Öffnungsklausel des Art. 9 Abs. 2 lit. j DSGVO für die Archivierung sensibler Daten, die in mehreren Ländern offensichtlich nicht mit den Voraussetzungen der DSGVO konform geht. Dadurch riskieren die in der Untersuchung genannten Länder, unrechtmäßig sensible Daten zu verarbeiten und nehmen möglicherweise einen Verstoß gegen Art. 9 Abs. 1 DSGVO hin. Schließlich muss auch konstatiert werden, dass die komplizierte Regelungsstruktur der DSGVO dazu führt, dass die Archivgesetze durch reihenweise aufgeführte Abweichungsvorschriften an Lesbarkeit und Verständlichkeit einbüßen.

Insgesamt betrachtet erreichen die durchgeführten Reformschritte noch nicht die von den Archivgesetzgebern selbst gesteckten Ziele. Ein weiterer Bedarf an Archivrechtsreformen bleibt zu verzeichnen.

Kapitel 4: Leitgedanken für ein zukünftiges Recht der digitalen Archive

Das moderne Archiv des Informationsstaates tritt zusehends als digitales Archiv auf. Die Aufgabe des Erhalts elektronischer Daten wird gar als die komplexeste Herausforderung bezeichnet, der sich der Berufsstand der Archivarinnen und Archivare jemals ausgesetzt sah.[1] Das digitale Archiv steht vor der Herausforderung, klassische Grundsätze des Archivrechts und bewährte Archivpraktiken von der Übernahme und Sicherung bis zur Benutzung von Archivgütern mit den neuen Ansprüchen, Formen und Praktiken der Digitalisierung zu vereinen. Einerseits beschränkt sich die Vision eines digitalen Archives nicht nur auf die bloße Lagerung von elektronischen Dokumenten auf einer Speichereinheit, sondern bezeichnet viel eher eine radikale Veränderung des öffentlichen Archivwesens. Andererseits kann nicht nur zugunsten einer vereinfachten Bedienbarkeit und einer Erleichterung der Arbeitsbedingungen durch digitale Medien das aufgegeben werden, was öffentliche Archive in Jahrhunderten der Praxis erarbeitet haben: Vertrauen, Nachweisfunktion, Datenschutz, Fachwissen über Bestandserhaltung und Überlieferungssicherung.

Das digitale Archivwesen muss mit Klugheit handeln, will es seine hergebrachten Grundsätze nicht angesichts einer so rasanten wie auch noch immer jungen Entwicklung wie der

1 Vgl. Ivar Fonnes, Methoden der Langzeiterhaltung elektronischer Informationen, in: Udo Schäfer/Nicole Bickhoff (Hrsg.), Archivierung elektronischer Unterlagen, Stuttgart 1999, S. 213-222, 216.

Digitalisierung aufgeben. Dabei sind, wie sich zeigen wird, die rechtlichen Fragen kompliziert und die Herausforderungen groß, auch in der Anzahl. Während öffentliche Stellen und staatliche Institutionen auf allen Ebenen massiv auf die elektronische Vorgangsbearbeitung umstellen und immer spezifischere Register- und Datenbankensysteme entwerfen, wird vielfach nicht bedacht, dass auch diese Formen der Unterlagen nach den Archivgesetzen anbietungspflichtig sind. Die Archivarinnen und Archivare sehen sich der zunehmenden Komplexität staatlicher Unterlagenformen ausgesetzt und müssen trotzdem ihren Bewertungs- und Archivierungsaufgaben nachkommen.[2] Diese Komplexität zeigt sich auch in den entsprechenden Rechtsgrundlagen. Es stellen sich viele rechtliche Fragen, etwa, in welchen Fällen eine elektronische Unterlage oder ein Registereintrag archiviert werden muss, wie lange sie in der Behörde aufzubewahren sind, oder ob für sie eine spezielle Löschungsvorschrift gilt, oder die Archivierung dieser Löschungspflicht vorgeht. Die Antworten hierauf ergeben sich aus einer zunehmenden Gemengelange aus Archivgesetzen, speziellen Register- und Datenbankengesetzen, Datenschutznormen, Aufbewahrungsverordnungen oder den jüngeren E-Government-Gesetzen.

Neben den Fragen zur Übernahme von elektronischen Archivgütern treten neue Probleme der Archivierung der elektronischen Daten auf. Der Schutz vor Datenverlusten, die schneller eintreten als allgemein bekannt ist, verlangt von den digitalen Archiven einen besonderen Arbeitsaufwand. Zunehmend wird das Archiv hierbei Abwägungen treffen müssen zwischen dem Bestandsschutz auf der einen und der Sicherung von Integrität und der Authentizität der Daten auf der anderen Seite.

Im Bereich der Benutzung digitaler Archivgüter entstehen neue Fragen an die Archivinfrastruktur und an die Benutzungsordnungen. In diesem Zusammenhang werfen die neuen Möglichkeiten der Datenauswertungen und von Big Data auch juristische Problemstellungen im modernen Archivwesen auf. Es wird geklärt werden müssen, welche Vorteile und

2 Vgl. Angelika Menne-Haritz, Digitaler Lesesaal, virtuelle Magazine und Online-Findbücher, in: Hartmut Weber/Gerald Maier, Digitale Archive und Bibliotheken, Stuttgart 2000, S. 25-34, 25.

Möglichkeiten diese Techniken für Archive eröffnen und besonders, welche rechtlichen Grenzen der Grundrechtsschutz und das einfache Recht gegenüber diesen Technologien ziehen.

Das Archivwesen ist wie viele andere Bereiche des modernen Gemeinwesens in großem Maße von der Digitalisierung betroffen. Um die vielfältigen Entwicklungen einzufangen und zu systematisieren, orientiert sich dieses Kapitel am Zyklus der elektronischen Unterlagen und an den bekannten einzelnen Archivierungstätigkeiten. Es wird untersucht, wo und welche Arten von elektronischen Unterlagen entstehen, wie diese übernommen, bewertet und archiviert werden und sodann vom Archiv zugänglich gemacht und ausgewertet werden können. Das Ziel dieses Hauptkapitels ist es, zu ergründen, welche rechtlichen Anforderungen, Möglichkeiten und Grenzen für das zukünftige digitale Archivwesen gelten sollen. Wie das vorangegangene Kapitel jedoch zweifelhaft nachweisen konnte, befindet sich das Archivrecht in Deutschland zum jetzigen Zeitpunkt noch mitten in einer Umbruchsphase. Trotz einer Dekade von Archivrechtsreformen bleiben große Lücken in den gesetzlichen Regelungen. In manchen Ländern fehlt es bis jetzt sogar an jeglichen Reformschritten. Und selbst jene Archivgesetze, die hinsichtlich verschiedener Aspekte der Digitalisierung des Staates reformiert worden sind, weisen noch immer große Uneinheitlichkeiten, Inkonsequenzen und Widersprüchlichkeiten auf. Nicht zuletzt fehlt es in vielen Archivgesetzen an einer zufriedenstellenden Umsetzung des neuen europäischen Datenschutzrechts. Der Ausgangsbefund für dieses Kapitel lautet deshalb, dass das Archivrecht in Bund und Ländern noch keine einheitliche und vergleichbare rechtliche Ausgangslage oder Grundlage für ein „Recht der digitalen Archive“ bieten kann. Vielmehr ist ein solches Rechtsgebiet erst im Entstehen. Verschiedene einzelne Gesetze und Rechtsnormen bieten für einzelne Probleme und Aspekte der Rechtsfragen rund um die digitale Archivierung vielversprechende Ansätze und Lösungen. Ein abgeschlossenes und kohärentes Recht der digitalen Archive existiert demzufolge noch nicht und es wird die weitere Aufgabe der Archivreformen sein, die Grundzüge dieses Rechtsgebietes herauszuarbeiten. Was das vorliegende

Kapitel zum Zeitpunkt des Wandels des deutschen Archivrechts jedoch leisten kann, ist, die bislang in verschiedenen Rechtsgrundlagen gefundenen Ansätze und Lösungen zu systematisieren und ihre Vorteile und Praktikabilität herauszustellen. Auf diese Weise lassen sich zumindest Leitgedanken und Grundannahmen des zu schaffenden Rechts der digitalen Archive entnehmen und formulieren, auf die im Nachgang die weiteren Reformprozesse zurückgreifen können. Die hier zu findenden Leitgedanken des Rechts der digitalen Archive orientieren sich in ihrer Systematik an den klassischen Archivierungsprozessen und fragen, wie diese unterschiedlichen Verfahrensschritte in der Digitalisierung rechtlich und archivpraktisch ausgestaltet werden können.

I. Recht der elektronischen Unterlagen als Voraussetzung für das digitale Archivwesen

Um ein Gefühl dafür zu bekommen, mit welcher Bandbreite an Digitalisierungsaufgaben die modernen Archive konfrontiert werden, lohnt es sich zu ergründen, woher der Rohstoff und zentrale Arbeitsgegenstand der digitalen Archive kommt und in welchen Formen er auftritt. Die Nutzung von Akten, Dokumenten oder Amtsbüchern staatlicher Einrichtungen war schon seit der frühen Neuzeit die Voraussetzung für archivische Praktiken. Die Schriftgutverwaltung unserer Zeit[3] sieht sich nun deutlichen Digitalisierungsprozessen ausgesetzt. War bereits in historischer Perspektive die enge Beziehung zwischen Verwaltung, Registratur und Archiv offensichtlich[4], so ist auch folgerichtig, dass sich Veränderungen der modernen Schriftgutverwaltung in mehrerlei Hinsicht auf die öffentlichen Archive auswirken. Entwicklungen der Archive können nicht entkoppelt von den Entwicklungen der Verwaltung und der Justiz betrachtet werden, da beide Sphären staatlichen Handelns aufs Engste miteinander verbunden sind.

---

3 Zum Begriff und zum Verhältnis zu den öffentlichen Archiven siehe Thekla Kluttig, Behördliche Schriftgutverwaltung, in: Stefanie Unger (Hrsg.), Archive und ihre Nutzer – Archive als moderne Dienstleister, Marburg 2004, S. 221-224.

4 Vgl. Cornelia Vismann, Akten, 3. Aufl., Frankfurt/Main 2011, S. 176f.

Die bereichsweise verpflichtend umgesetzte Nutzung von elektronischen Akten und Registern, der Betrieb öffentlicher Internetseiten von Verwaltungsstellen und Verwaltungsträgern sowie der Einsatz von E-Mails als grundlegender Kommunikationsform mit der Verwaltung stellen letztlich die Archive vor eine Reihe von neuen Aufgaben. Bereits aus den bislang erfolgten Archivrechtsreformen geht hervor, dass die Abgabepflicht der öffentlichen Stellen und die archivarische Bewertung auch auf die Bandbreite an elektronischen Unterlagen anzuwenden ist. Hinter dieser vermeintlich geringen Erweiterung des Anwendungsbereiches archivrechtlicher Regelungen steht jedoch ein tatsächlich bedeutender Arbeitsaufwand.

Denn die „elektronische Unterlage" ist kein Begriff, der für eine einheitliche Medienform steht. Die Archive sehen sich vielmehr einer Fülle von unterschiedlichen Medienformen, Dateiformaten und Dateninhalten ausgesetzt. Die Archivierung einer elektronischen Akte ist beispielsweise nicht gleichzusetzen mit dem Aufwand der Archivierung eines elektronisch geführten öffentlichen Registers. Ein Schriftstück, das in das archivfähige Format PDF/A konvertiert wurde, ist nicht nicht gleichzusetzen mit der komplexen Struktur einer öffentlichen Homepage einer Landesregierung. Gleichwohl gilt für all diese öffentlichen Unterlagen, dass sie der Anbietungspflicht und der archivarischen Bewertung unterliegen müssen. Um ein Verständnis für die Reichweite der Änderungen, der sich die Archive ausgesetzt sehen, zu erlangen, wird zunächst der Frage nachgegangen, bei welchen öffentlichen Stellen und in welchen Formen elektronische Unterlagen entstehen.

1. Elektronische Aktenführung

Der Einsatz von Informationstechnologie in den verschiedenen Bereichen der Bundes-, Landes- und Kommunalverwaltung ist trotz einer festzustellenden Unstrukturiertheit und

Unvollständigkeit[5] eine bedeutende und komplexe Verwaltungsentwicklung.[6]

a) Rechtliche Anforderungen an die elektronische Schriftgutverwaltung

Fragen der Schriftgutverwaltung fallen unter den Bereich der Verwaltungsorganisation. Die Verwaltungs- und Ministerialebene des Bundes stützt ihre Schriftgutverwaltung auf die organisatorischen und rechtlichen Anforderungen aus der Gemeinsamen Geschäftsordnung der Bundesministerien (GGO).[7] § 5 Abs. 1 GGO verpflichtet die Bundesministerien, die Voraussetzungen für eine elektronische Kommunikation und Zusammenarbeit zwischen den Ministerien zu schaffen. Diese soll gemäß § 5 Abs. 2 GGO auf eine „geschützte" Kommunikationsinfrastruktur aufbauen. Die elektronische Vorgangsbearbeitung muss vergleichbaren rechtsstaatlichen Grundsätzen folgen, wie sie für die klassische Schriftgutverwaltung gelten. Grundsätzlich haben die Bundesministerien gemäß § 12 Abs. 1 GGO elektronische Verfahren zu nutzen. Nach § 12 Abs. 2 GGO hat die elektronische Vorgangsbearbeitung die rechtsstaatlichen Anforderungen der Transparenz und Nachvollziehbarkeit zu erfüllen: „Stand und Entwicklung der Vorgangsbearbeitung müssen jederzeit (im Rahmen der Aufbewahrungsfristen) aus den elektronisch oder in Papierform geführten Akten nachvollziehbar sein." Das bedeutet, dass auch und gerade die elektronische Aktenführung jederzeit überprüfbar bleiben muss, was insbesondere verlangt, dass nachvollziehbar ist, welcher Bearbeiter zu welchem Zeitpunkt die Dokumente und Vorgänge erstellt, bearbeitet oder

5 Vgl. Steffen Schwalm, Der Nachfolger des DOMEA-Konzepts, in: Christian Keitel/Kai Naumann (Hrsg.), Digitale Archivierung in der Praxis, Stuttgart 2013, S. 231-252, 231f.

6 Vgl. Thorsten Siegel, Der virtuelle Verwaltungsakt, VerwArch 105 (2014), S. 242-261, 243: „Denn oftmals existieren unterschiedliche Systeme; zudem ist der technologische Entwicklungsstand zwischen verschiedenen Verwaltungsträgern, aber auch innerhalb der einzelnen Verwaltungsträger bisweilen unterschiedlich."

7 GMBl. 2000, S. 526.

ausgesondert hat.[8] Hier kommen die Aspekte der Integrität und Authentizität von (elektronischen) Verwaltungsakten zum Ausdruck, die unverändert in der elektronischen Vorgangsbearbeitung Geltung beanspruchen.[9] Einzelheiten der Aktenführung werden laut § 12 Abs. 2 GGO in der zusätzlichen Registraturrichtlinie der Bundesministerien (RegR) geregelt.[10]

Zweck dieser Richtline ist es gemäß § 1 Abs. 1 RegR, die GGO in Fragen der Schriftgutverwaltung zu ergänzen. Ein „sachgerechtes und wirtschaftliches Bearbeiten" soll nach § 1 Abs. 2 RegR gerade auch für „die IT-gestützte Vorgangsbearbeitung und Verwaltung von elektronischen Dokumenten und Akten" gelten. Die Grundsätze der Schriftlichkeit finden deshalb in vollem Umfang auch auf die elektronische Vorgangsbearbeitung Anwendung (§ 1 Abs. 3, § 2 RegR), weshalb auch die elektronische Aktenführung „ein nachvollziehbares transparentes Verwaltungshandeln" sicherstellen muss (§ 2 S. 3 RegR).

Die elektronische Vorgangsbearbeitung wird nach § 3 RegR verstanden als das „Dokumenten- und Aktenmanagement im IT-gestützten Geschäftsgang". Das Schriftgut wird definiert als „[a]lle bei der Erfüllung von Aufgaben des Bundes erstellten oder empfangenen Dokumente, unabhängig von der Art des Informationsträgers und der Form der Aufzeichnung". Das einzelne Dokument wird verstanden als „[e]inzelnes Schriftstück, papiergebunden oder elektronisch erstellt und verwaltet, Fax, E-Mail, Datenbank und andere Dateien. Hierzu gehören auch alle ergänzenden Angaben (z.B.

---

8 Vgl. Gabriele Britz, § 26 Elektronische Verwaltung, in: Wolfgang Hoffmann-Riem/Eberhard Schmidt-Aßmann/Andreas Voßkuhle (Hrsg.), Grundlagen des Verwaltungsrechts, Bd. 2, 2. Aufl., München 2012, S. 435-492, 487f.

9 Elektronische Akten müssen, nebst weiteren, die Anforderungen der Authentizität (Echtheit, Glaubwürdigkeit und Beweiskraft), der Integrität (keine unbefugte Veränderung) sowie der Vollständigkeit und Nachvollziehbarkeit erfüllen, siehe Alexander Roßnagel/Stefanie Fischer-Dieskau/Silke Jandt/Micheal Knopp (Hrsg.), Langfristige Aufbewahrung elektronischer Dokumente, Baden-Baden 2007, S. 41ff und 157ff.

10 Richtlinie für das Bearbeiten und Verwalten von Schriftgut (Akten und Dokumenten) in Bundesministerien, Beschluss des Bundeskabinetts vom 11. Juli 2001, Berlin 2001.

Metainformationen), die zum Verständnis der Informationen notwendig sind."[11] Vollkommen zu Recht weist jedoch Martin Eifert darauf hin, dass mit der Übertragung der Grundsätze der ordnungsgemäßen Aktenführung auf die elektronischen Unterlagen zwar garantiert ist, dass die medienunabhängigen Grundsätze (Vollständigkeit, Nachvollziehbarkeit, Richtigkeit) auch im E-Government eingehalten werden müssen. Normative Fragen der medienabhängigen Bedingungen der elektronischen Aktenführung, zum Beispiel nach dem Beweiswert elektronischer Dokumente, oder den rechtlichen Bedingungen der Dauer und Form ihrer Speicherung, bleiben aber unbeantwortet.[12] Um die Fragen, gerade auch vor dem Hintergrund ihrer elektronischen Archivierung, zu klären, wird dieses Kapitel weitere Rechtsgrundlagen und Rechtsnormen untersuchen müssen.

b) Elektronische Akten

Die elektronische Schriftgutverwaltung, die vielfach erst durch technische Vorgangsbearbeitungssysteme (VBS) und im engeren Sinne durch Dokumentenmanagementsysteme (DMS) ermöglicht wird[13], ist demnach die auf Informationstechnik basierende, datenbankgestützte Verwaltung von Schriftstücken und Dokumenten im weitesten Sinne, zur Erfüllung der öffentlichen Aufgaben der jeweiligen Verwaltungseinheit.[14] Dokumentenmanagementsysteme sind zumeist einheitliche in Verwaltungsträgern oder Einzelbehör-

---

11 § 3 RegR.

12 Vgl. Martin Eifert, Electronic Government. Recht der elektronischen Verwaltung, Baden-Baden 2006, S. 156.

13 Vgl. Bundesministerium des Innern (Hrsg.), Organisationskonzept elektronische Verwaltungsarbeit. Baustein E-Vorgangsbearbeitung, Berlin 2012, S. 6.

14 Insofern verwundert es, wenn das Bundesministerium des Innern in seiner Definition der elektronischen Vorgangsbearbeitung die „automatisierte IT-Unterstützung von Geschäftsprozessen" auf die „Bearbeitung eines betriebswirtschaftlich relevanten Objekts" bezieht, da sich Vorgänge eines Verwaltungsverfahrens nicht ohne weite Auslegung unter rein betriebswirtschaftliche Tätigkeiten subsumieren lassen, vgl. Bundesministerium des Innern 2012, Organisationskonzept elektronische Verwaltungsarbeit. Baustein E-Vorgangsbearbeitung, S. 6.

den umgesetzte Informationssysteme, die dem Bearbeiter ermöglichen, über eine Benutzeroberfläche alle Einzelschritte der Vorgangsbearbeitung von der Erstellung bis zum Erlass von Behördenverfügungen durchzuführen. In diesem Kontext entsteht die sogenannte elektronische Akte, bzw. die E-Akte.

Die Bearbeitung und Verwaltung von elektronischem Schriftgut – und somit in technischer Realisierung die eingesetzten Dokumentenmanagementsysteme – müssen jederzeit gewährleisten, dass der Sach- und Bearbeitungsstand des Schriftguts vollständig und nachvollziehbar aus den Akten hervorgeht (§ 4 Abs. 1 Spiegelstrich 1 RegR). Die Aufbewahrung der Dokumente ist jederzeit sicherzustellen (§ 4 Abs. 1 Spiegelstrich 3 RegR). Anforderungen an die Integrität, Authentizität und Nachvollziehbarkeit der E-Akte kommen ebenso in § 4 Abs. 3 RegR deutlich zum Ausdruck, indem festgehalten wird: „Dokumente dürfen aus der Akte nicht entfernt, bei Nutzung elektronischer Vorgangsbearbeitung nicht gelöscht werden. Elektronisch gespeicherte Informationen dürfen nur nach Beteiligung der Verfasserin oder des Verfassers gelöscht oder verändert werden." Das Vollständigkeitsprinzip der Schriftgutverwaltung macht erforderlich, dass alle für die Vorgänge der Akte relevanten Informationen und Dokumente aus der Akte ersichtlich werden, also in die Akte aufgenommen werden. Nicht-schriftliche Vorgänge wie Telefonate oder Beratungstermine werden als Aktenvermerke in die Akte aufgenommen. Die elektronische Kommunikation der Verwaltung findet jedoch in zunehmender Form per E-Mail statt, weshalb die Behördenbediensteten dazu übergegangen waren, alle relevanten E-Mails auszudrucken und den Vorgängen der Papierakte anzufügen.[15] Die elektronische Schriftgutverwaltung, gestützt auf Dokumentenmanagementsysteme, kann diese umständliche Einhaltung der Vollständigkeitsanforderung ersetzen, indem sie auch die behördliche E-Mail-Kommunikation des Bearbeiters automatisch in die angelegte E-Akte mit aufnimmt.[16] An diese grundsätzlichen Anforderungen einer rechtsstaatlichen elektronischen

15 So auch in § 6 Abs. 3 RegR vorgeschrieben.

16 Vgl. Margit Ksoll-Marcon, eGovernment in Bayern – eine neue Grundlage für die Schriftgutverwaltung und die Rolle der Archive, in: Archivalische Zeitschrift 88 (2006), S. 511-524, 518.

Schriftgutverwaltung muss sich jedes Vorgangs- und Dokumentenmanagementsystem halten. Da die E-Akte mehr datenverarbeitende Funktionen bietet, als es eine Papierunterlage könnte, wirft die E-Akte zudem spezielle Datenschutzfragen auf.[17]

c) Umsetzung in Bund und Ländern

Die Einführung und Implementierung dieser Dokumentenmanagementsysteme werden von den Bundes- und Landesgesetzgebern als Teil ihrer Modernisierungs- und Digitalisierungsstrategien aktiv gefördert.

Auf *Bundesebene* galt für mehrere Jahre das DOMEA-Konzept[18] als grundlegender Standard der elektronischen Schriftgutverwaltung. Mittlerweile ist dieses Konzept durch das „Organisationskonzept elektronische Verwaltungsarbeit" des Bundesministeriums des Innern ersetzt worden.[19] Das Organisationskonzept geht in seinen Grundzügen auf das Jahr 2012 zurück und wurde seitdem durch mehrere „Bausteine" ergänzt, so beispielsweise zur E-Akte, zur Vorgangsbearbeitung, aber auch zur Langzeitarchivierung, zum Scanprozess sowie zu Fragen des Datenschutzes und der Personaldaten[20]. Sowohl das ehemalige DOMEA-Konzept[21] als auch

---

17 Vgl. Moritz Karg, Datenschutzrechtliche Anforderungen an die E-Akte, DuD 2013, S. 702-708, 705; Ralf Müller-Terpitz/Alexandra Rauchhaus, Das E-Government-Gesetz des Bundes – ein Schritt in Richtung „Verwaltung 2.0", MMR 2013, S. 10-16, 14f; Christoph Habammer/Wolfgang Denkhaus, Das E-Government-Gesetz des Bundes –Inhalt und erste Bewertung – Gelungener Rechtsrahmen für elektronische Verwaltung?, MMR 2013, S. 358-362, 361f.

18 DOMEA stand für „Dokumentenmanagement und elektronische Archivierung im IT-gestützten Geschäftsgang".

19 Vgl. Schwalm, in: Keitel/Naumann 2013, S. 231f; Bundesministerium des Innern (Hrsg.), Organisationskonzept elektronische Verwaltungsarbeit. Grundlagen und Bedarfsanalyse, Berlin 2012.

20 Bundesministerium des Innern (Hrsg.), Organisationskonzept elektronische Verwaltungsarbeit. Baustein E-Akte, Berlin 2012; Bundesministerium des Innern (Hrsg.), Organisationskonzept elektronische Verwaltungsarbeit. Baustein E-Vorgangsbearbeitung, Berlin 2012; Bundesministerium des Innern (Hrsg.), Organisationskonzept elektronische Verwaltungsarbeit. Baustein Langzeitarchivierung, Berlin 2014; Bundesministerium des Innern (Hrsg.), Organisationskonzept elektronische Verwaltungsarbeit. Baustein Scanprozess, Berlin 2014;

das nun verfolgte Organisationskonzept stellen eine programmatische Beschreibung der Anforderungen in rechtlicher, in technischer und in organisatorischer Hinsicht für die Einführung einer elektronischen Schriftgutverwaltung dar. Sie sind daher auch ein wesentlicher Bestandteil von Ausschreibungsverfahren der öffentlichen Behörden und Verwaltungsträger, die, das Konzept angepasst an ihre jeweiligen Anforderungen, nach einer konkreten informationstechnischen Umsetzung suchen.[22] Die gemäß Vergaberecht[23] mit öffentlichem Auftrag versehenen IT-Dienstleister implementieren schließlich die tatsächliche Hard- und Softwarelösung zur elektronischen Schriftgutverwaltung bei der vergebenden öffentlichen Stelle. Diese Softwarelösung stellt schließlich das Dokumentenmanagementsystem mit seinen verschiedenen Komponenten dar. Es bietet alle Bearbeitungsschritte der Erstellung, Bearbeitung, Aussonderung und Suche von elektronischen Akten und Vorgängen sowie der rechtssicheren Aufbewahrung gemäß der Aufbewahrungsfristen in elektronischer Form an. Schließlich realisiert das DMS auch die Anbietung des elektronischen Schriftguts an die Archive.

Gleichwohl muss der Feststellung des Bundesrechnungshofes aus dem Jahr 2009, wonach die Bundesverwaltung „nicht durchgängig ein nachvollziehbares und sachgerechtes Verwaltungshandeln [gewährleistet], da die Regelungen zur papierbasierten und elektronischen Schriftgutverwaltung teilweise nicht ausreichen", nach wie vor zugestimmt wer-

---

Bundesministerium des Innern (Hrsg.), Organisationskonzept elektronische Verwaltungsarbeit. Baustein Datenschutz und Personaldaten, Berlin 2016. Unter https://tinyurl.com/huo3qwp abrufbar.

21 Das DOMEA-Konzept war in seinem ursprünglichen Anspruch lediglich für die Bundesverwaltung gedacht, letztlich hat es aber für mehr als 10 Jahre aber den „Quasi-Standard im Kontext im öffentlichen Bereich" für die elektronische Schriftgutverwaltung und die elektronische Übergabe an die Archive dargestellt, siehe Schwalm, in: Keitel/Naumann 2013, S. 231.

22 Vgl. etwa zur Ausschreibung eines DMS für die Bayerische Landesverwaltung Ksoll-Marcon, Archivalische Zeitschrift 88 (2006), S. 515.

23 § 97ff des Gesetzes gegen Wettbewerbsbeschränkungen i.V.m. der Verordnung über die Vergabe öffentlicher Aufträge vom 12. April 2016, BGBl. I, S. 624.

den.[24] Die Bundesverwaltung hat bisher keine standardisierte und lückenlose elektronische Schriftgutverwaltung eingerichtet. Auch die Nutzung der mit dem E-Government-Gesetz des Bundes (EGovG Bund)[25] grundsätzlich eingeführten E-Akte (§ 6 EGovG Bund) muss noch in verschiedenen Bereichen der Bundesverwaltung etabliert werden. Mit der rechtlichen Fixierung der elektronischen Aktenführung in § 6 S. 1 EGovG Bund *soll* ab dem 1. Januar 2020 jede Behörde des Bundes ihre Akten mithilfe von Informationstechnik führen. Damit wird neben der Ausnahme des § 6 S. 2 EGovG Bund die Verwaltungstätigkeit mittels Papierakten von der E-Akte abgelöst. Was macht die Besonderheit dieser Aktenform aus?

„Eine elektronische Akte ist eine logische Zusammenfassung sachlich zusammengehöriger oder verfahrensgleicher Vorgänge oder Dokumente, die alle bearbeitungs- und aktenrelevanten E-Mails, sonstigen elektronisch erstellten Unterlagen sowie gescannten Papierdokumente umfasst und so eine vollständige Information über die Geschäftsvorfälle eines Sachverhalts ermöglicht.“[26] Die E-Akte verfügt jedoch über Funktionen, die weit über die Möglichkeiten der Bearbeitung einer Papierakte hinausgehen, beispielsweise die Volltextsuche in den elektronischen Dokumenten, der gleichzeitige und orts- und zeitunabhängige Zugriff auf die Bestände sowie deren Bearbeitung durch verschiedene Verwaltungsstellen. Deshalb darf die E-Akte nicht als das elektronische Spiegelbild der auf Papier basierenden Verwaltungstätigkeit verstanden werden. Im Gegenteil dazu bietet die E-Akte ein größeres Potential der Datenverarbeitung, an das auch dementsprechend besondere Schutzanforderungen gestellt werden müssen. Die Rechtsgrundlagen für die Einführung der E-Akte selbst verweisen hinsichtlich der rechtsstaatlichen Aspekte

---

24 Bundesrechnungshof, Mitteilung über die Prüfung Langzeitarchivierung von Schriftgut des Bundes, Bonn 2009, S. 4. Siehe auch Schwalm, in: Keitel/Naumann 2013, S. 232.

25 Gesetz zur Förderung der elektronischen Verwaltung vom 25. Juli 2013, BGBl. I S. 2749.

26 Jutta Keller-Herder/Martin Schallenbruch, § 6 Elektronische Aktenführung, in: Rainer Bauer/Dirk Heckmann/Kay Ruge/Martin Schallenbruch/Sönke Schulz (Hrsg.), Verwaltungsverfahrensgesetz und E-Government, 2. Aufl., Wiesbaden 2014, S. 1055-1058, 1055.

auf die Einhaltung der Grundsätze ordnungsgemäßer Aktenführung (§ 6 S. 3 EGovG Bund).[27]

Damit sind wiederum die Regelungen der Registraturrichtlinie, sowie die konkreten Anforderungen des Rechtsstaatsprinzips an das Verwaltungshandeln gemeint.[28] Trotz der noch nicht abgeschlossenen Umsetzung der elektronischen Schriftgutverwaltung zeigt sich deutlich, dass der Bundesgesetzgeber und die Bundesverwaltung die Digitalisierung auf Bundesebene verfolgen.

Der Bundesgesetzgeber hat neben der Einführung der E-Akte und der elektronischen Vorgangsbearbeitung in der Bundesverwaltung durch das E-Government-Gesetz des Jahres 2013 nunmehr auch die vollständige elektronische Aktenbearbeitung und Kommunikation in der Justiz gesetzlich verankert. Mit dem „Gesetz zur Einführung der elektronischen Akte in der Justiz und zur weiteren Förderung des elektronischen Rechtsverkehrs" vom 5. Juli 2017[29] werden die Gesetze über die Justiz um Vorschriften ergänzt, die die elektronische Aktenführung, die elektronische Akteneinsicht sowie die elektronische Kommunikation zwischen den Gerichten, Behörden, Rechtsanwälten und anderen Personen festlegen. In einer Übergangsphase können die Gerichte bereits auf die elektronische Aktenbearbeitung umstellen. Spätestens ab dem Stichtag 1. Januar 2026 werden die Gerichtsakten ausschließlich in elektronischer Form geführt. Der Bundesgesetzgeber legt damit fest, dass unter anderem die Strafprozessordnung, das Strafvollzugsgesetz, das Strafgesetzbuch, das Gesetz über Ordnungswidrigkeiten, die Zivilprozessord-

---

27 Vgl. Sönke Schulz, Einführung in das Recht der elektronischen Verwaltung, in: Rainer Bauer/Dirk Heckmann/Kay Ruge/Martin Schallenbruch/Sönke Schulz (Hrsg.), Verwaltungsverfahrensgesetz und E-Government, 2. Aufl., Wiesbaden 2014, S. 23-42, 42.

28 So auch Keller-Herder/Schallbruch, in: Bauer et al. 2014, S. 1057: „Diese Grundsätze gelten gleichermaßen für die IT-gestützte elektronische Aktenführung. Die elektronische Akte ist daher auf Datenträgern zu speichern, die es ermöglichen, dass ihr Inhalt wegen der besonderen Art der Speicherung nicht oder nur mit unverhältnismäßig hohem Aufwand unbefugt geändert oder gelöscht werden kann. Die Daten müssen zudem bis zum Ablauf der Aufbewahrungsfrist gespeichert werden können. Daneben ist unter Datenschutzaspekten die Vertraulichkeit (und ggf. Löschbarkeit) der Daten zu gewährleisten."

29 BGBl. I 2017, S. 2208.

nung, das Gesetz über Verfahren in Familiensachen und in den Angelegenheiten der freiwilligen Gerichtsbarkeit, das Arbeitsgerichtsgesetz, das Sozialgerichtsgesetz, die Verwaltungsgerichtsordnung und die Finanzgerichtsordnung allesamt angepasst werden und in diesen Gerichtsbarkeiten die elektronische Aktenführung eingeführt wird.

Der Bund hat somit für Ministerien und Behörden auf Bundesebene sowie aufgrund seiner Gesetzgebungskompetenz für das gerichtliche Verfahren aus Art. 74 Abs. 1 Nr. 1 GG für das Justizwesen die elektronische Aktenbearbeitung und elektronische Kommunikation rechtlich fixiert. Die Behörden des Bundes *sollen* ab dem 1. Januar 2020 ihr Schriftgut elektronisch führen, die deutschen Gerichte *müssen* dies spätestens ab dem 1. Januar 2026.

Die *Länder* sind bei der Implementierung einheitlicher elektronischer Schriftgutverwaltungen durch IT-Infrastruktur teilweise wesentlich weiter fortgeschritten als der Bund. Dies kann stellvertretend an den Beispielen der Länder Sachsen, Brandenburg und Bayern gezeigt werden. So nutzt etwa die *Staatsverwaltung des Freistaates Sachsen* das IT-System „elektronische Vorgangsbearbeitung und Aktenführung (eVA.SAX)“, das mit seiner Arbeitsoberfläche *VIS.SAX* den Behördenmitarbeitern des Freistaates Sachsen ermöglicht, alle in der Vorgangsbearbeitung anfallenden Schritte anhand einer PC-Anwendung vorzunehmen. VIS.SAX garantiert auch die rechtssichere Aufbewahrung (Integrität, Authentizität, Lesbarkeit) der Dokumente für den Zeitraum der Aufbewahrungsfristen in der laufenden Verwaltung.[30] Rechtlich fixiert wurde die elektronische Vorgangsbearbeitung zudem in § 12 Abs. 1 des Sächsischen E-Government-Gesetzes.[31]

Bereits im Jahr 2008 hat die Landesregierung des *Landes Brandenburg* per Kabinettsbeschluss Nr. 734/08 die „landesweite Einführung eines einheitlichen Dokumentenmanagement- und Vorgangsbearbeitungssystems (DMS/VBS) in

30 Vgl. Sächsisches Staatsministerium für Wirtschaft, Arbeit und Verkehr (Hrsg.), Sachsen Digital. Die Digitalisierungsstrategie des Freistaates Sachsen, Dresden 2016, Anhang S. 103.

31 Gesetz zur Förderung der elektronischen Verwaltung im Freistaat Sachsen vom 09. Juli 2014, SächsGVBl. 2014, S. 398.

der Landesverwaltung Brandenburg" beschlossen.[32] Das damals beschriebene Ziel war es, die Vorgangsbearbeitung auf der ministeriellen Ebene und in der brandenburgischen Staatskanzlei weitgehend elektronisch abzuwickeln. Die Umsetzung war von Beginn an nicht allein auf die elektronische Aktenbearbeitung begrenzt. Darüber hinaus sollte ein umfänglicher Austausch mit dem Landtag und mit dem Staatsarchiv Brandenburgs angeregt werden, um eine medienbruchfreie Bearbeitung zu gewährleisten.[33] Mittlerweile ist die elektronische Schriftgutverwaltung im Land Brandenburg in weitem Umfang umgesetzt worden.[34] Das landeseigene Dokumentenmanagementsystem in Brandenburg nennt sich EL.DOK und war im Jahr 2013 bereits in sieben von zehn Ministerien, beim landeseigenen zentralen IT-Dienstleister sowie im Staatsarchiv Brandenburg in Benutzung. Für die Landesregierung gibt es ein eigenes auf EL.DOK basierendes und an die Anforderungen angepasstes Dokumentenmanagementsystem namens EL.KIS.[35] Im Laufe der Projektweiterentwicklung hat das Land Brandenburg weitere bereichsspezifische Dokumentenmanagementsysteme erstellt, die jeweils auf EL.DOK aufbauen und den jeweiligen Kontexten angepasst wurden. Für Abstimmungsprozesse der planenden Verwaltung hat man ein eigenes Modul für die elektronische Behördenzusammenarbeit (EL.ZA) in Brandenburg eingeführt. Der Landtag unterhält mit EL.VIS ein eigenes Parlamentsinformationssystem. Mit dem brandenburgischen Ausferti-

32 Unterrichtung des Landtages 4/39 v. 15. April 2008, S. 2.

33 Unterrichtung des Landtages 4/39 v. 15. April 2008, S. 2.

34 Das Land Brandenburg hat nach einem Vergabeverfahren für die Einführung des landesweiten DMS einen Vertrag mit dem Unternehmen SER eGovernment Deutschland GmbH geschlossen, der sowohl die Softwarebeschaffung als auch die Implementierung des IT-Systems beinhaltet, vgl. Ilka Stahlberg/Jörg Homberg, Das digitale Urkundszwischenarchiv (EL.UZA) in Brandenburg, in: Landesarchiv Baden-Württemberg (Hrsg.), Digitale Archivierung in der Praxis, Stuttgart 2013, S. 157-166, 157 sowie Grundlagen und Konzepte unter http://eldok.brandenburg.de/cms/detail.php/bb1.c.165209.de.

35 Vgl. Stahlberg/Homberg, in: Landesarchiv Baden-Württemberg 2013, S. 157.

gungs- und Verkündungsgesetz aus dem Jahr 2009[36] wurde zudem eine Rechtsgrundlage geschaffen, die die ausschließlich elektronische Speicherung und Zugänglichmachung von ausgefertigten Gesetzen und Rechtsverordnungen vorschreibt.[37] Die Digitalisierung der Ausführung und Verkündung von brandenburgischen Landesnormen bekam auf Grundlage der elektronischen Schriftgutverwaltung EL.DOK ein eigenes Systemmodul namens EL.NORM errichtet.[38] Dieses gewährleistet sogar die Erhaltung der rechts- und beweiskraftsichernden elektronischen Signaturen der elektronischen Gesetzes- und Verordnungsblätter.[39] Die Aussonderung und Übergabe der elektronischen Unterlagen an das digitale Archiv Brandenburgs wird zudem über die Modulschnittstelle EL.ARCHIV vollzogen.

Der *Freistaat Bayern* hat bereits früh Schritte zur Errichtung einer elektronisch geführten Landesverwaltungstätigkeit eingeleitet. Bereits die Allgemeine Geschäftsordnung für die Behörden des Freistaates Bayern vom 12. Dezember 2000[40] (AGO Bayern) erklärte in § 10 Abs. 1 den Vorrang der Bearbeitung der Vorgänge mittels Unterstützung von Informations- und Kommunikationstechnik. Zudem betonte § 10 Abs. 3 AGO Bayern bereits den notwendigen Datenschutz sowie die rechtsstaatlichen Anforderungen der Systeme zum Schutz vor „unberechtigter Einsichtnahme, Veränderung und Verlust". Im Jahr 2002 verabschiedete die Bayerische Staatsregierung eine Erklärung namens „eGovernment in Bayern. Unsere Pläne, unsere Ziele", mit der Absicht, den Wechsel vom papier-

---

36 Gesetz über die elektronische Ausfertigung und Verkündung von Gesetzen und Rechtsverordnungen des Landes Brandenburg vom 18. Dezember 2009, GVBl. S. 390.

37 § 1 Abs. 4 BbgAusfVerkG.

38 Vgl. Ilka Stahlberg, Konzipierung des digitalen Zwischenarchivs in Brandenburg und der Sachstand bei der DMS-Einführung in der Brandenburgischen Landesverwaltung, in: Matthias Manke (Hrsg.), Auf dem Weg zum digitalen Archiv, Schwerin 2012, S. 47-51, 47f.

39 Vgl. Stahlberg/Homberg, in: Landesarchiv Baden-Württemberg 2013, S. 158.

40 BayGVBl. 2000, S. 873.

basierten zum elektronischen Verwaltungsarbeiten einzuleiten.[41]

In der darauffolgenden Zeit verfolgte das Bayerische Ministerium des Innern in Zusammenarbeit mit Archivbediensteten und IT-Mitarbeitern der Landesverwaltung die Erstellung eines landesweit einheitlichen Standards für die elektronische Schriftgutverwaltung. Die Landesverwaltung beabsichtigte es, „grundlegende, verwaltungsübergreifende Anforderungen an interoperable Dokumentenmanagementsysteme unterschiedlicher Hersteller festzulegen, eine standardisierte Schnittstelle für alle Behörden beim Datenimport und Datenexport zu schaffen und gleichzeitig eine Grundlage für eine Ausschreibung für die Beschaffung entsprechender Systeme zu legen. Funktionalitäten, die sich ausschließlich auf behördeninterne Anforderungen beziehen, wurden bei der Festschreibung des Austauschstandards nicht berücksichtigt. Eine zentrale Bedeutung kam den Metadaten zu. Der von der Archivverwaltung erarbeitete Metadatenkatalog, der unter anderem die drei Ebenen Akte, Vorgang, Dokument, die alle zum Austausch zugelassen sind, umfasst, wurde dafür zu Grunde gelegt. Der Austausch digitaler Objekte setzt voraus, dass der Empfänger diese standardmäßig öffnen, lesen und bearbeiten kann. Dafür wurden Datenaustauschformate festgelegt."[42] Die herausgehobene Aufmerksamkeit, die den deskriptiven Metadaten zuteilwurde, ist für die archivische Behördenkommunikation und die elektronische Archivierung von erheblicher Bedeutung.

Eine Publikation der Staatlichen Archive Bayerns zur Handhabe digitaler Unterlagen aus dem Jahr 2011 kam nach eigenen Nachforschungen zu dem Zwischenergebnis, dass auf der Ebene der Landratsämter zwar deutliche Bestrebungen zur Einführung von Dokumentenmanagementsystemen zu verzeichnen sind und in einigen Fachbereichen auch erkennbar genutzt werden. Von einer flächendeckenden respektive

41 Bayerische Staatskanzlei (Hrsg.), eGovernment in Bayern. Unsere Pläne, unsere Ziele, München 2002.

42 Ksoll-Marcon, in: Archivalische Zeitschrift 88 (2006), S. 514f.

einheitlichen Nutzung konnte zu diesem Zeitpunkt aber noch nicht die Rede sein.[43]

Mit dem im Jahr 2015 im Bayerischen Landtag verabschiedeten Bayerischen E-Government-Gesetz (BayEGovG)[44] wurden wie auch zuvor im Bund klare Ziele verfolgt. Es gilt seither, „die elektronische Kommunikation als Leitmedium des Verwaltungsverfahrens zu etablieren", die „digitale[n] Zugangs- und Verfahrensrechte der Bürger gesetzlich zu verankern und einen gesetzlichen Auskunftsanspruch zu kodifizieren" sowie „die Behördenzusammenarbeit, insbesondere die Zusammenarbeit von Freistaat und Kommunen beim E-Government zu fördern".[45] Der bayerische Gesetzgeber verfolgt mit seinem E-Government-Gesetz einen breiten Ansatz, der auch die innerbehördlichen Informationsbeziehungen sowie die Informationsrechte der Bürger stärken soll. Daneben fördert Art. 7 Abs. 1 BayEGovG ebenso die Implementierung der elektronischen Schriftgutverwaltung: „Die staatlichen Behörden sollen ihre Akten und Register elektronisch führen; Landratsämter und sonstige Behörden können ihre Akten und Register elektronisch führen. Die Grundsätze ordnungsgemäßer Aktenführung sind zu wahren. Die gespeicherten Daten sind vor Informationsverlust sowie unberechtigten Zugriffen und Veränderungen zu schützen. Die datenschutzrechtlichen Anforderungen sind zu beachten."

Ergänzt wird diese direkte Digitalisierung der staatlichen Aktenführung noch um die zusätzliche Umwandlung von originalen Papierdokumenten in elektronische Unterlagen, unter der Maßgabe, das Papieroriginal anschließend zu vernichten oder an den Urheber zurückzugeben. Das sogenannte „ersetzende Scannen" ist eine zusätzliche Facette der rechtlich umgesetzten elektronischen Schriftgutverwaltung.[46]

---

43 Staatliche Archive Bayerns (Hrsg.), Digitale Unterlagen. Nr. 3: Die Einführung der elektronischen Vorgangsbearbeitung bei den Landratsämtern in Bayern, München 2011, S. 5f.

44 Gesetz über die elektronische Verwaltung in Bayern vom 22. Dezember 2015, BayGVBl., S. 458.

45 Gesetzentwurf der Staatsregierung über die elektronische Verwaltung in Bayern, Bayerischer Landtag, Drucksache 17/7537, S. 3.

46 Vergleichbare Vorschriften haben auch eine Reihe anderer Länder erlassen, woraus ersichtlich wird, mit welcher Konsequenz mittlerweile die Umstellung auf die elektronische Schriftgutverwaltung verfolgt

Elektronische Akten, ob aus funktionalen DMS oder am einzelnen Arbeitsplatz des Behördenbediensteten oder durch ein gerichtliches Verfahren erstellt, sind der erste und mengenmäßig größte Ursprung des Arbeitsgegenstandes zukünftiger digitaler Archive. Je mehr die Bundes- und Landesverwaltungen und die Justiz die elektronische Schriftgutverwaltung umsetzen, desto mehr Unterlagen wird das digitale Archivwesen auch angeboten bekommen, bewerten und als Archivgut übernehmen müssen. Das digitale Archiv kann nicht ohne die E-Akte gedacht werden. Und doch, so wird sich zeigen, sind elektronische Akten nur einer der neuen Arbeitsgegenstände des digitalen Archivs.

2. Anpassungen des Verwaltungsverfahrensrechts

Das Aufkommen elektronischer Unterlagen stützt sich nicht nur auf die Rechtsgrundlagen des E-Governments. Auch das Verwaltungsverfahrensrecht wurde an die moderne Informationstechnik angepasst, was einen Anstieg der elektronisch erlassenen Bescheide und Verfügungen verursacht. Das angepasste Verfahrensrecht eröffnet der Verwaltungsarbeit die Nutzung elektronischer Kommunikationswege (§ 3a VwVfG) sowie den elektronischen Erlass von Verwaltungsakten (§ 37 Abs. 2 VwVfG), sofern dieser den Formansprüchen genügt.

a) Elektronische Kommunikation

Nach § 3a VwVfG ist die Kommunikation mit Verwaltungsbehörden über elektronische Dokumente grundsätzlich zulässig.[47] Die Verwaltungsbehörden dürfen die elektronische Kommunikation gegenüber dem Empfänger jedoch nur beginnen, wenn er auch einen Zugang hierfür anbietet (§ 3a Abs. 1 VwVfG). Werden elektronische Dokumente wiederum an eine Behörde übersendet, so muss die Behörde prüfen, ob

---

wird: § 12 Abs. 4 SächsEGovG; § 10 EGovG NRW; § 8 EGovG Bln; § 7 EGovG BW. Weitere E-Government-Gesetze sind derzeit in Rheinland-Pfalz, Bremen, Hessen geplant.

47 Vgl. Ulrich Ramsauer/Carsten Tegethoff, in: Ulrich Ramsauer/Carsten Tegethoff/Peter Wysk (Hrsg.), Verwaltungsverfahrensgesetz. Kommentar, 19. Aufl., München 2018, § 3a, Rn. 1.

sie mit dem jeweiligen Datenformat arbeiten kann (§ 3a Abs. 3 VwVfG). Falls die Behörde die eingegangenen Dokumente technisch nicht bearbeiten kann, „teil sie dies dem Absender unter Angabe der für sie geltenden technischen Rahmenbedingungen unverzüglich mit“ (§ 3a Abs. 3 S. 1 VwVfG). Versendet andererseits eine Behörde ein elektronisches Dokument an einen Adressaten, der geltend macht, er könne das benutzte Datenformat der Behörde nicht bearbeiten oder nutzen, dann ist die Behörde nach § 3a Abs. 3 S. 2 VwVfG verpflichtet, dem Adressaten das Dokument entweder in einer anderen elektronischen Form oder aber als klassisches Schriftstück erneut zukommen zu lassen.[48]

Grundsätzlich ist das Verwaltungsverfahren gemäß § 10 VwVfG formlos. Gleichwohl gibt es eine Vielzahl an Rechtsvorschriften im öffentlichen Recht, die ein Schriftformerfordernis aufstellen.[49] In diesen Fällen ist die Verwaltung daran gebunden, Dokumente während des Verwaltungsverfahrens oder die Entscheidung eines solchen Verfahrens schriftlich abzufassen.[50] Das Schriftformerfordernis ist für die Wirksamkeit von Verwaltungsentscheidungen von großer Bedeutung. Wird die im Fachrecht vorgeschriebene Schriftform nicht eingehalten, so ist ein etwaiger Verwaltungsakt nichtig, da das Schriftformerfordernis eine Wirksamkeitsvorausset-

48 Vgl. Ramsauer/Tegethoff, in: Ramsauer/Tegethoff/Wysk 2018, § 3a, Rn. 32-35.

49 Schriftformerfordernisse finden sich beispielhaft in: § 38 BBG (Entlassung); § 57 VwVfG (Öffentlich-rechtlicher Vertrag); § 61 Abs. 3 S. 3 ThürBO (Mitteilung über Genehmigungsfreistellung von Bauvorhaben); § 28 Abs. 3 BJagdG (Aussetzen fremder Tiere in der freien Natur nur mit schriftl. Genehmigung); § 8b BVerfSchG (schriftl. Anordnung zur Erteilung von Auskünften von Luftfahrtunternehmen, Kreditinstituten, Telekommunikationsdiensten usf.); § 20 Abs. 2 KultSchG (schriftl. Zusage über die rechtsverbindliche Rückgabe von ausgeliehenem ausländischem Kulturgut).

50 Die Bundesregierung spricht in der Begründung ihres Gesetzentwurfes zum Abbau verzichtbarer Anordnungen der Schriftform im Verwaltungsrecht von über dreitausend Rechtsvorschriften, die ein Schriftformerfordernis festlegen. 464 dieser Rechtsvorschriften will die Bundesregierung mit ihrem Gesetzesentwurf vom 02. November 2016 (Deutscher Bundestag, Drs. 18/10183) dahingehend ändern, dass das Schriftformerfordernis entfällt oder um die elektronische Form ergänzt wird.

zung darstellt.[51] Die Einhaltung der Schriftform soll die Bedeutung des Dokumenteninhalts allen Verfahrensbeteiligten verdeutlichen und sie nachvollziehbar machen, wer die Verfahrensbeteiligten sind sowie, welche Regelung festgehalten wurde.

Sofern nicht Vorschriften des Fachrechts etwas Anderes bestimmen, schafft § 3a Abs. 2 VwVfG die allgemeine Möglichkeit, dem Schriftformerfordernis auch durch die elektronische Form nachzukommen. Nach § 3a Abs. 2 S. 2 VwVfG genügt ein elektronisches Dokument dann der Schriftform, wenn es eine qualifizierte elektronische Signatur aufweist. § 3a Abs. 2 S. 4 VwVfG anerkennt zudem noch weitere der Schriftform genügende elektronische Kommunikationswege mit den Behörden. Beispiele sind etwa elektronische Formulare, die von der Behörde zur Verfügung gestellt werden erfüllt (Nr. 1), die Versendung von elektronischen Dokumenten und elektronischen Verwaltungsakten über ein De-Mail-Konto (Nr. 2 und Nr. 3) sowie „sonstige sichere Verfahren", an die besondere Anforderungen gestellt werden (Nr. 4). Wann immer eine behördliche Verfügung, für die das Schriftformerfordernis gesetzlich angeordnet ist, über § 3a VwVfG auf elektronischem Weg erlassen wird, entsteht gleichwohl ein elektronisches Dokument, das später dem zuständigen digitalen Archiv angeboten werden muss.

b) Elektronischer Verwaltungsakt

Gemäß § 37 Abs. 2 VwVfG kann ein Verwaltungsakt elektronisch erlassen werden. Dieser muss gemäß § 37 Abs. 3 S. 1 VwVfG die erlassende Behörde erkennen lassen und die Unterschrift oder die Namenswiedergabe des Behördenleiters, seines Vertreters oder seines Beauftragten enthalten. Überdies erfordert § 37 Abs. 3 S. 2 VwVfG i.V.m. § 3a Abs. 2 VwVfG, dass Verwaltungsakte mit Schriftformerfordernis, einer qualifizierten elektronischen Signatur bedürfen, die ebenfalls die erlassende Behörde erkennen lässt. Jeder elektronische Verwaltungsakt wird vom archivrechtlichen Begriff der Unterlage erfasst, zumeist als Teil einer Akte.

---

51 Vgl. Franz-Joseph Peine, Allgemeines Verwaltungsrecht, 9. Aufl., Heidelberg 2008, Rn. 699.

c) Vollautomatisiert erlassener Verwaltungsakt

Ab dem Jahr 2017 traten zudem weitere Änderungen im Verwaltungsverfahrensrecht[52] in Kraft, die nunmehr gar den vollautomatischen Erlass von Verwaltungsakten sowie die elektronische Bekanntgabe von Verwaltungsakten im Internet ermöglichen.[53]

Mit dem § 35a VwVfG[54] wird der vollautomatisiert erlassene Verwaltungsakt in das allgemeine Verwaltungsverfahrensrecht eingeführt.[55] Das Novum dieser Regelung ist, dass hoheitliche Entscheidungen ganz ohne das Zutun eines Menschen getroffen werden können. Mit dem Wortlaut „Verwaltungsakt" wird deutlich, dass sich § 35a VwVfG auf den Verwaltungsakt nach § 35 VwVfG bezieht und folglich alle Vorschriften und Anforderungen des Verwaltungsaktes auch auf den vollautomatisch erlassenen Verwaltungsakt anzuwenden sind.[56] Den vollständig automatisiert erlassenen Verwaltungsakt ließ der Gesetzgeber nur unter Einschränkungen zu. Zunächst kann § 35a VwVfG nicht ohne Weiteres auf alle Verwaltungsverfahren übertragen werden, da es einer Rechtsvorschrift eines entsprechenden Fachgesetzes bedarf. Der Gesetz- oder Verordnungsgeber soll folglich die Entscheidung darüber in der Hand behalten, für welche Verfahren eine vollständig automatisierte Entscheidung geeignet ist.

---

52 Mit dem Gesetz zur Modernisierung des Besteuerungsverfahrens vom 18. Juli 2016, BGBl. I, S. 1679 sollte zunächst nur die Möglichkeit automatisierter Steuerverfahren in der Abgabenordnung geschaffen werden. Im parlamentarischen Prozess entschied man sich letztlich dafür, aus Gründen der Einheitlichkeit der Verwaltungsverfahrensvorschriften, auch für die Allgemeine Verwaltung das VwVfG und für die Sozialverwaltung das SGB anzupassen.

53 Instruktiv zu den jüngsten Entwicklungen Heribert Schmitz/Lorenz Prell, Neues zum E-Goverment, NVwZ 2016, S. 1273-1280.

54 § 35a VwVfG im Wortlaut: „Ein Verwaltungsakt kann vollständig durch automatische Einrichtungen erlassen werden, sofern dies durch Rechtsvorschrift zugelassen ist und weder ein Ermessen noch ein Beurteilungsspielraum besteht."

55 Vgl. Mario Martini/David Nink, Wenn Maschinen entscheiden... Persönlichkeitsschutz im vollautomatisierten Verwaltungsverfahren, NVwZ 2017, S. 681-682.

56 Vgl. Nadja Braun Binder, Vollständig automatisierter Erlass eines Verwaltungsaktes und Bekanntgabe über Behördenportale, DÖV 2016, S. 891-898, 892.

Darüber hinaus gilt § 35a VwVfG ausschließlich für gebundene Entscheidungen ohne Ermessen oder Beurteilungsspielraum der Behörde. Es kann einem Algorithmus nicht überantwortet werden, ein eigenes Ermessen auszuüben.[57]

Der automatisierte Verwaltungsakt ist „für einfache Massenverfahren [vorteilhaft]. Der fortgeschrittene Einsatz elektronischer Arbeitsabläufe in der Verwaltung und die zunehmende Internet-Nutzung schaffen eine Nachfrage nach solchen Lösungen."[58] Eine vollständige Automation „ist also primär in Bereichen denkbar, in denen eine Vielzahl gleichartiger Fälle nach *verpflichtenden* gesetzlichen Vorgaben zu entscheiden sind."[59] Letztlich wird also erst der Gesetz- oder Verordnungsgeber die Reglung des § 35a VwVfG für einzelne, gebundene Massenverfahren anwendbar machen.

Der vollautomatisierte, das heißt ohne Zutun eines Verwaltungsbediensteten erstellte und entschiedene Verwaltungsakt gemäß § 35a VwVfG wirft durchaus rechtsstaatliche Probleme auf. Es stellt sich bereits die Frage, ob eine technische Einrichtung überhaupt eine Willensentscheidung im Sinne einer Verfügung, Entscheidung oder hoheitlichen Maßnahme als Merkmal des Verwaltungsaktes aus § 35 VwVfG hervorbringen kann.[60]

Die in den automatisierten Verfahren erlassenen Verwaltungsakte sind jedoch unbenommen der rechtsstaatlichen Fragen rund um § 35a VwVfG archivrechtlich interessante Unterlagen, die der Anbietungspflicht unterliegen. Insbesondere dann, wenn Zweifel an der Rechtmäßigkeit von Verfügungen aufkommen, die durch eine algorithmengesteuerte Maschine erlassen wurden, dürfte das digitale Archiv eine objektive Institution zur Verwahrung und späteren Zurverfügungstellung der elektronischen Unterlagen in späteren Kontrollverfahren bieten.

---

57 Vgl. Nadja Braun Binder, Vollautomatisierte Verwaltungsverfahren im allgemeinen Verwaltungsverfahrensrecht?, NVwZ 2016, S. 960-965, 963.

58 Schmitz/Prell, NVwZ 2016, S. 1273.

59 Braun Binder, NVwZ 2016, S. 963, Hervorh. im Original.

60 Zur Diskussion siehe Braun Binder, NVwZ 2016, S. 963; Schmitz/Prell, NVwZ 2016, S. 1275f.

d) Bekanntgabe über Behördenportale

Ebenfalls im Zuge des Gesetzes zur Modernisierung des Besteuerungsverfahrens wurde auch eine weitere Möglichkeit für die Bekanntgabe von Verwaltungsakten in das Verwaltungsverfahrensgesetz aufgenommen. § 41 VwVfG wird seit Januar 2017 um einen Absatz 2a ergänzt, der die Möglichkeit zur Bekanntgabe von Verwaltungsakten[61] über Behördenportale im Internet[62] eröffnet. Die Voraussetzungen für die Bekanntgabe eines Verwaltungsaktes über eine Internetseite einer Behörde sind zunächst die Einwilligung des Betroffenen, die Gewährleistung der elektronischen Authentifizierung[63] der zum Abruf berechtigten Person sowie die Fähigkeit der abrufenden Person, den elektronischen Verwaltungsakt auch zu speichern. Ist die Authentifizierung der Person und der Download des Verwaltungsaktes erfolgreich, so gilt der Verwaltungsakt ab dem Tag nach dem Abruf als bekanntgegeben (§ 41 Abs. 2a S. 3 VwVfG). Der elektronische Verwaltungsakt wird von der Behörde für zehn Tage über ihre Internetplattform bereitgestellt. Wird innerhalb dieser Zeit der Verwaltungsakt nicht abgerufen, so gilt er als nicht bekanntgegeben und der elektronische Abruf wird eingestellt (§ 41 Abs. 2a S. 4, 5 VwVfG). Daraufhin kann die Behörde entscheiden, ob sie die Bekanntgabe erneut über das Internetportal, oder aber auf anderem Wege, etwa als Ausdruck per Post bekanntzugeben versucht (§ 41 Abs. 2a S. 5 VwVfG).[64] Mit jeder weiteren hoheitlichen Tätigkeit, die sich – wie hier die Bekanntgabe

---

61 Diese Regelung gilt für alle Verwaltungsakte, unabhängig davon, ob sie persönlich, teilautomatisiert oder vollständig automatisiert erlassen werden, vgl. Braun Binder DÖV 2016, S. 896.

62 § 41 Abs. 2a S. 1 VwVfG nennt dies „öffentlich zugängliche Netze".

63 Die Möglichkeiten der Identifizierung werden bewusst offengelassen, um die Behörden nicht unnötig in den Mitteln einzuschränken. Die Literatur verweist zudem auf Vorschläge des IT-Planungsrates zur „eID Strategie", vgl. Schmitz/Prell, NVwZ 2016, S. 1278.

64 Mit der Beschränkung der Bekanntgabe über Behördenportale auf 10 Tage und der Handlungsmöglichkeit der Behörde, die Bekanntgabe bei einem Scheitern auch auf andere Weise vorzunehmen wird auch das Risiko unterbunden, dass der Adressat des Verwaltungsaktes die Bekanntgabe bewusst verhindern kann, vgl. Schmitz/Prell, NVwZ 2016, S. 1279.

von Verwaltungsakten – auf elektronische Netze stützt, entstehen zusätzliche anbietungspflichtige Unterlagenformen.

e) Anpassung des Verwaltungsverfahrensrechts der Länder

Inwieweit die Änderungen des VwVfG-Bund auch für die Länder gelten, richtet sich danach, ob die Länder ihr Verwaltungsverfahrensrecht über eine dynamische Gesetzesverweisung aus dem VwVfG des Bundes entnehmen, zum Beispiel nach § 1 SächsVwVfG, oder aber danach, ob sie regelmäßig das Landesverwaltungsverfahrensgesetz an den Rechtsstand des Bundes anpassen. Länder der ersten Variante dürften die Regelungen zum E-Verwaltungsakt und zur E-Bekanntgabe automatisch implementieren, es sei denn, sie schaffen eine Bereichsausnahme, Länder der zweiten Variante müssten die neuen Formen des E-Government eigenständig im formalen Gesetzgebungsverfahren übernehmen.[65] Die Folge wird jeweils sein, dass zusätzliche Behördendokumente in papierloser Form entstehen, auf die die Landes- und Staatsarchive mit einer digitalen Infrastruktur reagieren müssen.

3. Elektronisch geführte Register und Verwaltungsinformationssysteme

Neben der klassischen Schriftgutverwaltung, die sich in der Führung von Akten verdeutlicht, existiert eine weitere ältere Form der öffentlichen Informationsverarbeitung: Öffentliche Register und Amtsbücher. Auch sie haben in den vergangenen Jahren die Umstellung auf die elektronische Verarbeitung vollbracht. Die Folge dieser Umstellung ist das Vorfinden einer komplexen Situation. Die öffentliche Verwaltung setzt neben klassischen Registern des Registerrechts[66] nunmehr auch unterschiedlichste Informationssysteme bzw. Da-

---

65 Siehe zu Verweisungen im Verwaltungsverfahrensrecht Utz Schliesky, in: Hans Joachim Knack/Hans-Günther Henneke, Verwaltungsverfahrensgesetz. Kommentar, 10. Aufl., Köln 2014, § 1 Rn. 77ff.

66 Registerrecht wird hier als Oberbegriff für die einzelnen Rechtsvorschriften zur Führung von zentralen und dezentralen Registern sowie deren Systematik verstanden.

tenbanken ein.[67] All diesen Formen ist gemein, dass auch sie archivrechtlich anbietungspflichtige Unterlagen in elektronischer Form hervorbringen.

In diesem Abschnitt soll zunächst in gebotener Kürze auf die Systematik des öffentlichen Registerrechts eingegangen werden (a). Daran anschließend wird untersucht, inwiefern sich die Register im Lichte der Digitalisierung verändert haben und wie sie sich zu der neueren Erscheinungsform der Verwaltungsinformationssysteme abgrenzen (b). Schließlich wird die archivrechtliche Bewertung dieser anfallenden öffentlichen Unterlagen vorgenommen (c).

a) Öffentliche Register

„Die unmittelbar das Registerrecht betreffenden Vorschriften befinden sich in einer Vielzahl von Gesetzen und Verordnungen“[68], die eine Systematisierung indes erschwerern. Das öffentliche Registerrecht ist keine einheitliche Rechtsmaterie und die unterschiedlichen Rechtsgrundlagen verfolgen auch nicht durchgängig die gleichen Gesetzeszwecke.[69] Der Regelungskomplex des Registerrechts lässt sich zunächst systematisch unterteilen in zentrale Verwaltungsregister einerseits und dezentrale Register andererseits. Zu den zentralen Verwaltungsregistern zählen beispielsweise das Bundeszentralregister[70], das Gewerbezentralregister[71], das Ausländerzentralregister[72] oder das Nationale Waffenregister[73]. Diese öffentli-

---

67 Zu diesem Kapitel vergleiche insgesamt den Beitrag Hannes Berger, Öffentliche Register und Verwaltungsinformationssysteme, KomJur 2017, S. 169-172.

68 Alexander Krafka, Einführung in das Registerrecht, 2. Aufl, München 2008, S. 4.

69 Vgl. Peter Collin, Archive und Register, in: Gunnar Folke Schuppert/Andreas Voßkuhle (Hrsg.), Governance von und durch Wissen, Baden-Baden 2008, S. 75-84, 80 spricht von einem „unüberschaubaren Bestand an klassischen Registern [und einer] Vielzahl von Verwaltungsregistern“.

70 Gesetz über das Zentralregister und das Erziehungsregister, BGBl. I 1984, S. 1229, zuletzt geändert durch G. vom 4. November 2016, BGBl. I S. 2460.

71 §§ 149-153b GewO.

72 Das Ausländerzentralregister, BGBl. 1994, S 2265, zuletzt geändert durch G. vom 29. März 2017, BGBl. I, S. 626, das vom Bundesamt für

chen Register haben gemeinsam, dass sie insbesondere Instrumente für die Verwaltung darstellen, die der Aufrechterhaltung der öffentlichen Sicherheit und Ordnung dienen. Sie unterstützen die Verwaltungstätigkeit der klassischen Eingriffsverwaltung. Denn die Eintragungen im Bundeszentralregister, im Gewerbezentralregister und im Nationalen Waffenregister dienen der zentralen Erfassung von Informationen über die Zuverlässigkeit oder die Geeignetheit von Personen, die etwa ein Gewerbe aufnehmen wollen oder einen Waffenschein beantragen.[74] Das Bundeszentralregister eröffnet mit seinen Eintragungen von strafrechtlichen Verurteilungen, Fällen der Schuldunfähigkeit und von bestimmten Verwaltungsentscheidungen in den Führungszeugnissen den auskunftsberechtigten Behörden die Möglichkeit, „ein zutreffendes Bild zur Beurteilung der Persönlichkeit [zu] gewinnen und eine möglichst große Einzelfallgerechtigkeit [zu] erreichen."[75] Das Ausländerrecht stützt sich auf „komplexe Wertungen über die persönlichen Verhältnisse der Betroffenen"[76], weshalb die Behörden und Gerichte auch auf einheitlich verfügbare Informationen aus dem Ausländerzentralregister angewiesen sind.[77]

Die dezentral geführten Register wiederum lassen sich unterteilen in Register der Verwaltung und in Rechtsträgerregis-

---

Migration und Flüchtlinge geführt wird, „unterstützt durch die Speicherung und die Übermittlung der im Register gespeicherten Daten von Ausländern die mit der Durchführung ausländer- oder asylrechtlicher Vorschriften betrauten Behörden und andere öffentliche Stellen" (§ 1 Abs. 2 S. 1 AZRG).

73 Der Zweck nach § 1 Abs. 1 Nationales-Waffenregister-Gesetz (NWRG) lautet: „Das Nationale Waffenregister ermöglicht die Zuordnung von Waffen sowie waffenrechtlichen Erlaubnissen, Ausnahmen, Anordnungen, Sicherstellungen oder Verboten zu Personen."

74 Es soll zum Beispiel durch das Gewerbezentralregister verhindert werden, dass ausgesprochene Gewerbeuntersagungen von unzuverlässigen Betroffenen umgangen werden.

75 Peter Hase, Bundeszentralregistergesetz, 2. Aufl., München 2014, § 1 Rn. 1.

76 Karl-Heinz Ladeur, Die Kommunikationsinfrastruktur der Verwaltung, in: Wolfgang Hoffmann-Riem/Eberhard Schmidt-Aßmann/Andreas Voßkuhle, Grundlagen des Verwaltungsrechts, Bd. 2, 2. Aufl., München 2012, S. 55.

77 Vgl. Berger, KomJur 2017, S. 170.

ter[78]. Dezentrale Verwaltungsregister stellen beispielsweise die von den kommunalen Standesämtern geführten Personenstandsregister[79] oder die von den Meldebehörden geführten Melderegister[80] dar. Sie werden demnach nicht zentral bei einer Bundesbehörde geführt, sondern stehen im engen örtlichen Zusammenhang mit den registrierten Begebenheiten. Personenstands- und Melderegister fördern die rechtssichere Dokumentierung und Nachweisfunktion im Personenordnungsrecht. Das bedeutet, dass alle „Personenstandsfälle", die Geburt, der Tod, die Eheschließung oder die Eintragung einer Lebenspartnerschaft von Personen rechtssicher festgehalten werden und darüber im Zweifelsfall der amtliche Nachweis durch einen Auszug aus den Urkundenbüchern erbracht werden kann.[81] „Mit der Beurkundung des Personenstandes durch Eintragung in die Personenstandsregister werden öffentliche Urkunden errichtet, die als beweiskräftige Unterlagen dem Betroffenen, berechtigten Dritten sowie Behörden und Gerichten zur Erfüllung ihrer Aufgaben zur Verfügung stehen."[82] Die gleiche Nachweisfunktion erfüllen auch die eingetragenen Informationen in den Melderegistern, die gemäß § 2 Abs. 1 Bundesmeldegesetz dazu dienen, die jeweiligen Einwohner einer Gemeinde „zu registrieren, um deren Identität und deren Wohnungen feststellen und nachweisen zu können." Die dezentralen Verwaltungsregister und ihre Nachweisfunktion werden zumeist für Nachweise in öffentlich-rechtlichen Belangen genutzt. Die „verlässliche Adressfeststellung"[83] des Meldewesens kann etwa für die Steuerverwaltung[84], die öffentliche Planung auf Bundes-, Landes-

---

78 Vgl. Krafka 2008, S. 1.

79 § 1 Abs. 2 PStG.

80 Dazu Ralf Abel, Regierungsentwurf zum Bundesmeldegesetz beschlossen, in: Datenschutz-Berater Heft 10/2011, S. 7.

81 Siehe die ausführliche Gesetzesbegründung zur Reform des PStG im Jahr 2006 in: Deutscher Bundestag, Drs. 16/1831, S. 30f.

82 Berthold Gaaz/Heinrich Bornhofen, Personenstandsgesetz, 3. Aufl., Frankfurt/Main 2014, § 1, Rn. 44.

83 Abel, in: Datenschutz-Berater Heft 10/2011, S. 7, der ebenso auf die wirtschaftliche Anwendung zuverlässiger Adressen der Registerdaten für die Geschäftsanbahnung und den Geschäftsabschluss hinweist.

84 Die Zweitwohnungssteuer, die von manchen Gemeinden erhoben wird, stützt sich auf die melderechtlichen Verhältnisse des Mieters der

und Kommunalebene[85] oder auch die Strafverfolgung vonnöten sein.[86] Die verschiedenen Eintragungen in die Personenstandsregister sind ebenso in vielen öffentlich-rechtlichen Angelegenheiten, beispielsweise zum Abschluss eines öffentlich-rechtlichen Dienstverhältnisses[87], zur Bemessung der Steuerlast, zum Nachweis des Renteneintrittsalters oder in Fragen der Staatsangehörigkeit und des Passwesens vonnöten.[88]

Die Rechtsträgerregister werden zumeist beim örtlich zuständigen Amtsgericht in Form des Registergerichts geführt.[89] Sie stellen die wesentlich ältere Form der öffentlich geführten Register dar[90] und haben im Unterschied zu den Verwaltungsregistern den primären Zweck „der Offenlegung von Tatsachen und Rechtsverhältnissen der eingetragenen Rechtsträger, insbesondere also der Kaufleute und der im

---

Zweitwohnung, vgl. § 3 der Satzung über die Erhebung der Zweitwohnungssteuer in der Stadt Leipzig; § 3 Abs. 1 Satzung über die Erhebung der Zweitwohnungssteuer in der Stadt Köln.

85 Siehe nur den Zweck in § 2 Abs. 3 Nr. 2 Zensusgesetzes 2011 (BGBl. I 2009, S. 1781), der der „Gewinnung von Grunddaten für das Gesamtsystem der amtlichen Statistik sowie von Strukturdaten über die Bevölkerung als Datengrundlage insbesondere für politische Entscheidungen von Bund, Ländern und Kommunen auf den Gebieten Bevölkerung, Wirtschaft, Soziales, Wohnungswesen, Raumordnung, Verkehr, Umwelt und Arbeitsmarkt“ dient. Der Zensus des Jahres 2011 stützte sich größtenteils auf die bei den Meldebehörden vorliegenden Daten (§ 3 Zensusgesetz 2011).

86 § 34 Abs. 4 BMG privilegiert die Strafverfolgungsbehörden bei der Meldedatenübermittlung. Darüber hinaus geben die Meldeauskünfte der §§ 44-46 BMG Privaten die Möglichkeit, eigene Rechtsansprüche wirksamer durchzusetzen, vgl. Eugen Ehmann, Das neue Bundesmeldegesetz ab 1. November 2015, Datenschutzberater Heft 1/2015, S. 13-14, 13.

87 So sind für die Ernennung in ein Beamtenverhältnis regelmäßig die Personenstandsurkunden (Geburtsurkunde, Heiratsurkunde oder die Geburtsurkunden der eigenen Kinder vorzulegen. Siehe beispielhaft Abschnitt II. Nr. 1. der Verwaltungsvorschrift des Sächsischen Staatsministeriums für Wissenschaft und Kunst zur Übertragung von beamtenrechtlichen Zuständigkeiten im Geschäftsbereich des Sächsischen Staatsministeriums für Wissenschaft und Kunst vom 21. Oktober 2013.

88 Vgl. Melanie Berkl, Personenstandsrecht, Frankfurt/Main 2015, S. 10.

89 Beispielsweise nach § 8 Abs. 1 HGB; § 55 BGB.

90 Vgl. Krafka 2008, S. 8f.

Rechtsverkehr tätigen Gesellschaften einschließlich der Vereine. Offen gelegt werden die Tatsachen, die für den Rechtsverkehr von wesentlicher Bedeutung sind.“[91] Die Rechtsträgerregister sind das Handelsregister, das Unternehmensregister, das Genossenschaftsregister und das Vereinsregister. Am Beispiel des Vereinsregisters soll gezeigt werden, welche Informationen über die örtlich ansässigen Vereine im Sinne der Publizitätsfunktion[92] öffentlich zugänglich gemacht werden: Nach § 3 Vereinsregisterverordnung muss jedes Registerblatt über einen Verein im Bezirk des jeweiligen Amtsgerichts den Namen und den Sitz des Vereins, die Vertretungsberechtigten (Vorstand oder Liquidatoren) mit Namen, Vornamen, Geburtsdatum und Wohnort, Angaben zur Satzung (Datum der Errichtung, Datum der Änderungen und Gegenstand der Änderungen) sowie weitere Angaben zu den Rechtsverhältnissen des Vereines (Rechtsformumwandlung, Rechtsfähigkeit, Auflösung usf.) enthalten. Die Registereintragung legt damit alle wesentlichen Rechtsverhältnisse offen, macht sie für den Rechtsverkehr einsehbar und bietet damit ein höheres Maß an Rechtssicherheit und Verlässlichkeit.

Neben der in Akten geführten Schriftgutverwaltung ist das öffentliche Registerwesen, unbenommen ob zentrale Verwaltungsregister auf Bundesebene, dezentrale Verwaltungsregister oder Rechtsträgerregister, ein weiterer Bereich, in dem große Mengen von Unterlagen anfallen, die potentiell archivwürdig sind. Angesichts der Tatsache, dass die öffentlichen Register inzwischen ebenfalls zumeist elektronisch geführt werden, sind die Registerunterlagen für die digitalen Archive von besonderem Interesse und auch eine besondere Herausforderung.

---

91 Krafka 2008, S. 11.

92 Diese Funktion wird bei Krafka 2008, S. 11 folgendermaßen beschrieben: „Als öffentliches Verzeichnis von Rechtstatsachen sollen die Register [...] den allgemeinen Schutz des Rechtsverkehrs erhöhen [...] Das Ziel der Registerführung ist es, die einzutragenden Tatsachen zuverlässig, vollständig und lückenlos wiederzugeben.“

b) Digitalisierung des Registerwesens

Die Führung der öffentlichen Register auf elektronischem Wege in Form einer Datenbank hat auch seinen Niederschlag in den einzelnen Rechtsgrundlagen des Registerwesens gefunden.

(1) Zentrale Verwaltungsregister

Die zentralen Verwaltungsregister stützen sich dabei vielfach auf Normen, die eine elektronische Datenverarbeitung legitimieren, wie Folgendes beispielhaft zeigt. Das *Bundeszentralregister* wird zwar gemäß § 1 Abs. 1 BZRG nicht explizit elektronisch geführt. Gleichwohl wurde die elektronische Kommunikation mit der Registerbehörde bereits im Jahr 1984 auf die elektronische Datenverarbeitung umgestellt.[93] Geschah dies damals noch über maschinenlesbare Vordrucke, erfolgt dies nun über automatisiert bearbeitete Online-Abfragen.[94] „Das Bundeszentralregister wird in elektronischer Form geführt. Es sind hierfür umfangreiche Regelungen notwendig, die genau festlegen, in welcher Form Mitteilungen an das Register bewirkt werden und wie die Anträge auf Erteilung von Auskünften auszusehen haben. Dies kann angesichts der stürmischen Entwicklung auf dem Sektor der elektronischen Datenverarbeitung nicht durch Gesetz geschehen."[95] Deshalb wurde zusätzlich zum BZRG eine Verwaltungsvorschrift erlassen, die unter anderem Sicherheitsvorkehrungen auf dem Stand der Technik für die Datenübertragung festschreibt.[96]

In engem Zusammenhang mit dem Bundeszentralregister steht auch das *Zentrale Staatsanwaltschaftliche Verfahrensregister* gemäß §§ 492-494 StPO i.V.m. der dazu erlassenen Verordnung[97], welches Daten über Beschuldigte in laufenden

93 Vgl. Gudrun Tolzmann, Bundeszentralregistergesetz. Kommentar, 5. Aufl., Stuttgart 2015, § 1, Rn. 11.

94 Vgl. Tolzmann 2015, § 1, Rn. 13.

95 Hase 2014, § 1 Rn. 9.

96 Allgemeine Verwaltungsvorschrift zur Durchführung des Bundeszentralregistergesetzes vom 16. Dezember 2008, vgl. auch Hase 2014, § 1, Rn. 9.

97 Verordnung über den Betrieb des Zentralen Staatsanwaltschaftlichen Verfahrensregisters vom 23. September 2005, BGBl. I S. 2885 (ZStVBetrV).

Verfahren speichert. Dass das Verfahrensregister als elektronische Datenbank geführt wird ergibt sich aus dem Wortlaut der §§ 4 („Zu speichernde Daten“), 5 („Berichtigung, Löschung, Sperrung“) und 7 („Automatisiertes Anfrage- und Auskunftsverfahren“) der ZStVBetrV.

Das beim Bundesamt für Justiz geführte *Gewerbezentralregister* kennt mit § 150e GewO eine mit der Bundeszentralregisterauskunft vergleichbare Regelung für die elektronische Antragstellung auf Auskünfte der Betroffenen. Der elektronische Antrag erfolgt über den im Internet angebotenen Zugang und kann direkt bei der Registerbehörde gestellt werden.[98] Damit wird das übliche persönliche Erscheinen oder die schriftliche Antragstellung mit beglaubigter Unterschrift beim örtlichen Gewerbeamt gemäß § 150 Abs. 2 und 3 GewO umgangen.[99] Die Nutzung des von der Registerbehörde eröffneten Zugangs über das Internet ist dabei zwingend, eine einfache Anfrage per E-Mail reicht nicht aus.[100]

Das Ausländerzentralregisterrecht regelt in §§ 2 und 3 AZRG en detail welche Informationen über Ausländer, die ein Asylgesuch gestellt haben, oder denen eine Aufenthaltserlaubnis erteilt worden ist, gespeichert werden. Zum Zwecke der Datenpflege können das Bundesamt für Migration und Flüchtlinge, das die Registerbehörde für das Ausländerzentralregister ist, und die Ausländerbehörden ihre Datenbestände in automatisierten Verfahren abgleichen, wenn sie ihre Daten in einem abgleichfähigen Format bereitstellen (§ 8 Abs. 3 AZRG). Umfangreiche Vorgaben für die elektronische

---

98 Sowohl § 30c BZRG als auch § 150e GewO wurden durch das Gesetz zur Änderung des Bundeszentralregistergesetzes und anderer registerrechtlicher Vorschriften zum Zweck der Zulassung der elektronischen Antragstellung bei Erteilung einer Registerauskunft vom 06. September 2013, BGBl. I, 3556 eingeführt. Da das Bundeszentralregister und das Gewerbezentralregister verwandte Zwecke verfolgen, sah es der Gesetzgeber auch als begründet an, für beide Register ein vergleichbares elektronisches Antragsverfahren einzurichten. Dazu Gesetzesbegründung in Deutscher Bundestag, Drucksache 17/13222, S. 7.

99 Vgl. Ulrich Schönleiter, in: Robert von Landmann/Gustav Rohmer, Gewerbeordnung und ergänzende Vorschriften, Bd. I, bearb. v. Peter Marcks, 72. EL, München März 2016, § 150e, Rn. 2.

100 Vgl. Ralf Kirchesch, in: Johann-Christian Pielow, Beck´scher Online-Kommentar Gewerberecht, München Stand 01. September 2016, § 150e, Rn. 2.

Übermittlung von Datensätzen an andere öffentliche Stellen aus dem Ausländerzentralregister finden sich in den §§ 10–24a AZRG.

(2) Dezentrale Register

Die Umstellung auf die elektronische Registerführung zeigt sich noch klarer in manchen Rechtsgrundlagen für die dezentral geführten Register. So wird etwa das *Handelsregister* nach § 8 Abs. 1 HGB von den zuständigen Registergerichten ausschließlich elektronisch geführt. Gleiches gilt auch entsprechend nach § 3 Abs. 2 S. 1 PStG für die von den örtlichen Standesämtern geführten *Personenstandsregister*.[101] § 3 Abs. 2 PStG zählt darüber hinaus weitere Anforderungen an die elektronische Registerführung auf. Vergleichbar mit den Vorschriften der ordnungsgemäßen Aktenführung muss auch bei den Personenstandsregistern jederzeit die Identität der Person erkennbar sein, die Eintragungen in die Register vornimmt. Dies dient letztlich der Authentizität, die in Papierform durch das Signum des Standesbeamten gewährleistet wurde und nunmehr digital erfolgen muss. Weiterhin, so § 3 Abs. 2 S. 4 PStG, muss das „Programm [...] eine automatisierte Suche anhand der in die Personenstandsregister aufzunehmenden Angaben zulassen; die Register müssen jederzeit nach Jahreseinträgen ausgewertet werden können." Insbesondere der letzte Aspekt der Auswertung nach Jahreseinträgen ist auch für die Archivierung von Bedeutung, wenn nach Ablauf der Fortführungsfristen aus § 5 Abs. 5 PStG die einzelnen Register an die Archive übergeben werden müssen.[102]

Seit dem Jahr 2006 schreibt der Bundesgesetzgeber die elektronische Führung der Handelsregister, Genossenschaftsregister sowie des Unternehmensregisters vor.[103] §§ 8 und 8b HGB sowie § 11 Abs. 4 GenossG bestimmen nun, dass die Register papierlos und digital zu führen sind und ebenso die

---

101 Dazu gehören das Geburtenregister, das Sterberegister, das Eheregister und das Lebenspartnerschaftsregister gem. Personenstandsgesetz.

102 Vgl. Gaaz/Bornhofen, 2014, § 5, Rn. 27.

103 Gesetz über elektronische Handelsregister und Genossenschaftsregister sowie das Unternehmensregister (EHUG) vom 10. November 2006, BGBl. I, S. 2553.

Einreichung von Unterlagen über elektronische Dokumente zu erfolgen hat. Mit den Anpassungen der dazu erlassenen Verordnungen wurde auch der Umgang mit den elektronischen Registerakten präzisiert. So sind beispielsweise in § 9 Abs. 2 und 3 Handelsregisterverordnung Vorschriften enthalten, die dem Registergericht die Möglichkeit eröffnen, in Papierform eingereichte Dokumente zur Eintragung in das Handelsregister in ein elektronisches Format zu übertragen. Wir finden damit also auch im Registerrecht vergleichbare Vorschriften über das „ersetzende Scannen", wie es bereits im Recht der elektronischen Schriftgutverwaltung für die E-Akte ersichtlich wurde. Darüber hinaus sind nach § 28 Handelsregisterverordnung die Eintragungen in die elektronischen Register mit dem Nachnamen des Eintragenden zu versehen und beides elektronisch zu signieren.

Mit Gesetz vom 24. September 2009 hat der Gesetzgeber außerdem Vorschriften für die Führung der *Vereinsregister* teilweise an elektronische Formen angepasst.[104] Nach § 2 Abs. 2 Vereinsregisterverordnung ist nunmehr auch die „maschinelle Führung als automatisierte Datei" möglich, aber nicht zwingend vorgeschrieben. Abschnitt 3 der Verordnung enthält daraufhin Vorschriften über den Aufbau, die Gestaltung und die Eintragungen des maschinell geführten Vereinsregisters. So sind gemäß § 28 Vereinsregisterverordnung Eintragungen durch den Rechtspfleger nur möglich, wenn er seinen Nachnamen an die elektronische Eintragung „hinzusetzt" und beides mit einer elektronischen Signatur versieht.

Das öffentliche Registerwesen wurde weitgehend auf die elektronische Bearbeitung umgestellt. Die elektronischen Register sind ein wesentlicher Ursprung von archivarisch zu behandelndem Material. Indem Register und Amtsbücher nunmehr von elektronischen Datenbankensystemen ersetzt werden, entstehen in großer Anzahl neue Formen von elektronischen Unterlagen mit besonderer Komplexität.

---

104 Gesetz zur Erleichterung elektronischer Anmeldungen zum Vereinsregister und anderer vereinsrechtlicher Änderungen, BGBl. I 2009, S. 3145.

(3) Verwaltungsinformationssysteme

Neben der elektronischen Schriftgutverwaltung und den öffentlichen elektronisch geführten Registern gibt es mittlerweile eine weitere Form von Medientechniken, der sich die öffentliche Verwaltung zur Führung und Verwendung ihrer Datenbestände bedient: verwaltungsspezifische Informationssysteme. Der Begriff der Verwaltungsinformationssysteme ist ein offener und unbestimmter Begriff. Informationssysteme der Verwaltung besitzen Ähnlichkeiten mit den Verwaltungsregistern, können sich zugleich aber auch deutlich in ihren Aufgaben und Datenbeständen von ihnen unterscheiden. Diese Unterscheidung wiederum ist ebenfalls zwischen einzelnen Informationssystemen festzustellen.[105]

Ein Informationssystem wird grundsätzlich als ein „aus einer Datenverarbeitungsanlage, einer oder mehreren Datenbanken und Programmen bestehendes System zur Speicherung, Wiedergewinnung und Verarbeitung von Informationen“[106] verstanden. Die Arten der Informationsbestände und Informationsverarbeitung der Verwaltungsinformationssysteme sind dabei höchst unterschiedlich.[107]

Beispielsweise wird die *Antiterrordatei* gespeist aus den Behördeninformationen über erfasste Personen des Bundeskriminalamtes, der Bundespolizei, der Verfassungsschutzbehörden von Bund und Ländern, den Landeskriminalämtern, des Bundesnachrichtendienstes und des Militärischen Abschirmdienstes sowie des Zollkriminalamts (§ 1 Abs. 1 Antiterrordateigesetz). Diese Behörden haben auf die in der Datenbank hinterlegten Informationen jedoch nur einen begrenzten Zugriff, der sich nach dem Auskunftsbegehren richtet (§ 5 Antiterrordateigesetz).[108] Die Antiterrordatei ist kein öffentliches Register, sondern eine *Verbunddatei*, die ausschließlich die Aufgabenerfüllung der Sicherheitsbehörden

105 Vgl. Collin, in: Schuppert/Voßkuhle 2008, S. 82.
106 Definition des Dudens unter: http://www.duden.de/rechtschreibung/Informationssystem.
107 Vgl. Collin, in: Schuppert/Voßkuhle 2008, S. 82.
108 Siehe hierzu Kathrin Luise Lang, Das Antiterrordateigesetz, Frankfurt/Main 2011, S. 175 und 188ff.

und die Behördenkommunikation unterstützt.[109] Auskunftsansprüche im Sinne eines Registerauszugs von Betroffenen oder die Nachweisfunktion für die Rechtssicherheit im Rechtsverkehr sind hierfür gar nicht vorgesehen. Ein der Antiterrordatei sehr ähnliches Informationssystem wurde für den Bereich des Rechtsextremismus mit dem Rechtsextremismus-Datei-Gesetz (RED-G)[110] geschaffen. Die beteiligten Sicherheitsbehörden von Bund und Ländern dürfen die zentral gespeicherten Informationen ebenfalls nur im Rahmen ihrer Zuständigkeiten und Aufgabenerfüllung abrufen (§ 5 RED-G). Sicherheitsrelevante Informationssysteme dienen der Erfüllung der Aufgaben der Polizei- und Nachrichtendienstbehörden und deren Informationsaustausch.[111] Zwecke der Publizitätsfunktionen werden nicht verfolgt.

Eine weitere Form eines Verwaltungsinformationssystems ist das Zentrale Verkehrsinformationssystem ZEVIS. Dieses wird beschrieben als „ein Datenverarbeitungsverfahren, mit dem eine Auswahl von Daten (ZEVIS-Daten) aus den rechtlich selbständigen Bundesregistern [...] so gespeichert wird, daß interne und externe Stellen diese Daten unmittelbar im

109 Gleiches lässt sich etwa für die auf § 29 BKAG gestützte Verbunddatei „Gewalttäter Sport" innerhalb des polizeilichen Informationssystems feststellen. Dazu auch BVerwG, Urteil 6 C 5.09 vom 9. Juni 2010 = BVerwG 137, 113, 116, Rn. 18: „Verbunddateien sind vom Bundeskriminalamt als Zentralstelle für den elektronischen Datenverbund zwischen Bund und Ländern geführte Dateien des polizeilichen Informationssystems, wobei die jeweils von den Ländern in eigener Zuständigkeit gewonnenen Daten dezentral und unmittelbar in das Verbundsystem eingegeben und diese Daten im System für alle Verbundteilnehmer zum Abruf bereitgehalten werden".

110 Gesetz zur Errichtung einer standardisierten zentralen Datei von Polizeibehörden und Nachrichtendiensten von Bund und Ländern zur Bekämpfung des gewaltbezogenen Rechtsextremismus vom 20. August 2012 (BGBl. I, 1798).

111 Zur Funktion und zum Aufbau der vielfältigen Verbunddateien im Sicherheitsbereich (Antiterror, Rechtsextremismus, Sport) siehe Clemens Arzt/Jana Eier, Zur Rechtmäßigkeit der Speicherung personenbezogener Daten in »Gewalttäter«- Verbunddateien des Bundeskriminalamtes, DVBl. 2010, S. 816-824, 818f; Clemens Arzt, Verbunddateien des Bundeskriminalamtes – Zeitgerechte Flurbereinigung, NJW 2011, S. 352-354, 352 sprach zum damaligen Zeitpunkt bereits von „circa 50 Verbunddateien mit rund 29 Millionen Datensätzen".

Dialog abrufen können."[112] Anders als die polizeilichen Informationssysteme speist es seine Datenbestände nicht aus einfachen Behördeninformationen, sondern aus verschiedenen Verwaltungs*registern*. Indem ZEVIS einen zentralen Abruf von Informationen aus dem Zentralen Fahrzeugregister, dem Fahreignungsregister, dem Zentralen Fahrerlaubnisregister und dem Zentralen Kontrollgerätkartenregister ermöglicht und gleichzeitig auch die Übermittlung neuer Daten an diese Register erlaubt, ist ZEVIS eine Metadatenbank für mehrere Verwaltungsregister. ZEVIS soll also die vielen Datenbestände zentral und einfacher zugänglich machen. Es erfüllt die Funktion der Reduzierung von Datenkomplexität. Andererseits nützt ZEVIS im Unterschied zur Antiterrordatei nicht ausschließlich behördeninternen Abfragen, sondern kann auch Abfragen von Bürgern aus den einzelnen Verkehrsregistern nach §§ 28-63 StVG bearbeiten. Damit erfüllt ein Informationssystem wie ZEVIS nicht nur Aufgaben der Informationsweitergabe zwischen Behörden, sondern ebenfalls auch Funktionen der öffentlichen Register. Obwohl hier also ein erheblicher qualitativer Unterschied der Informationsbestände und der Verarbeitungszwecke zwischen Antiterrordatei und ZEVIS besteht, lassen sich beide unter den Begriff des Verwaltungsinformationssystems subsumieren, insbesondere auch deshalb, weil der spezifischere Begriff des öffentlichen Registers nicht ausreichend zutrifft.

Eine wiederum in Bestand und Zweck davon verschiedene Spielart der Verwaltungsinformationssysteme sind die Umweltinformationssysteme. Die Verwaltung und Umsetzung des Umweltrechts bedarf einer Vielzahl von umweltbezogenen Informationen. Das Umweltrecht in Bund und Ländern sieht verschiedene informationsbezogene Aufgaben vor, die teilweise mithilfe von Informationssystemen erfüllt werden können. Zunächst eröffnet das Umweltinformationsgesetz[113] des Bundes generell für „jedermann einen Anspruch auf freien Zugang zu Informationen über die Umwelt, soweit sie bei einer Behörde oder einem unter staatlicher Aufsicht stehen-

---

112 Deutscher Bundestag, Drs. 12/3251, S. 3.

113 Zu den völkerrechtlichen und europarechtlichen Hintergründen des UIG siehe Reiner Schmidt/Wolfgang Kahl/Klaus Ferdinand Gärditz, Umweltrecht, 9. Aufl., München 2014, § 4 Rn. 127.

den Dritten vorhanden sind. Ein besonderes Interesse wird nicht vorausgesetzt"[114]. Die Länder haben für ihre Zuständigkeitsbereiche ebenfalls Umweltinformationsgesetze erlassen.[115] In Umsetzung der europäischen INSPIRE-Richtline[116] wurden zusätzlich in Bund[117] und Ländern[118] für den umweltrechtlichen Sonderbereich der Geodaten Informationszugänge gesetzlich geregelt. Die informationspflichtigen Stellen sind die staatlichen Behörden, die entsprechende Umwelt- oder Geodaten vorhalten. Um auf diese verschiedenen umweltbezogenen Informationsrechte angemessen zu reagieren und dabei dem Ansatz der allgemeinen Zugänglichkeit dieser Daten Geltung zu verschaffen, haben Bund und Länder begonnen, ihre Informationsbestände durch *Umweltinformationssysteme* öffentlich bereitszustellen.[119] Teilweise wird in den gesetzlichen Bestimmungen explizit die Errichtung von Informationssystemen zur Zugänglichmachung der Umweltdaten gefordert.[120] Die Umweltinformationssysteme sind demnach Datenbanken, die sich aus Informationen verschiedener Verwaltungsebenen und Behördenstellen mit Umweltbezug speisen. Das bedeutet, dass Daten unterschiedlicher Herkunft und Art in diesen Datenbanken zusammenlaufen und frei für Bürger, Behörden und Unternehmen abrufbar sind. Im Jahr 2006 hatte man noch begonnen, ein deutsch-

---

114 Heinz-Joachim Peters/Thorsten Hesselbarth/Frederike Peters, Umweltrecht, 5. Aufl., Stuttgart 2016, Rn. 94.

115 Etwa Niedersächsisches Umweltinformationsgesetz vom 7. Dezember 2006, NiedersGVBl. 2006, S. 580 oder Hessisches Umweltinformationsgesetz vom 22. Dezember 2016, GVBl. 2006, S. 659.

116 Richtlinie 2007/2/EG vom 14. März 2007 zur Schaffung einer Geodateninfra-struktur in der Europäischen Gemeinschaft.

117 Geodatenzugangsgesetz vom 10. Februar 2009, BGBl. I, S. 278.

118 Zu den Geodatengesetzen in Bund und Ländern siehe Mario Martini/Matthias Damm, Auf dem Weg zum Open Government: Zum Regimewechsel im Geodatenrecht, DVBl. 2013, S. 1-9, 3.

119 Bereits die Umweltinformationsrichtlinie 2003/4/EG vom 28. Januar 2003 verweist in Art. 7 Abs. 1 auf die Bedeutsamkeit von informationstechnischer Aufbereitung und Zugänglichmachung der Umweltdaten.

120 Beispielsweise in § 8 Abs. 2 Niedersächsisches Geodateninfrastrukturgesetz: „Das Land betreibt eine elektronische Plattform, die den Zugang zu den Geodaten, Metadaten und Geodatendiensten ermöglicht (Geodatenportal Niedersachsen)."

landweites Behördenportal für die Umweltinformationen zu betreiben. Das sogenannte „PortalU" galt als „Angebot [von] mehr als drei Millionen Webseiten und mehr als fünfhunderttausend Datensätze[n] in Datenbanken von fast fünfhundert unterschiedlichen Anbietern, die sich aus Behörden von Bund und Ländern, aber auch aus einzelnen Kommunen zusammensetzen."[121] PortalU beruhte auf einer Verwaltungsvereinbarung zwischen Bund und Ländern[122], die jedoch am 31. Dezember 2014 auslief. Seither führen die sechzehn Länder ihre Umweltinformationssysteme eigenständig fort. Eine enge Abstimmung der Umweltinformationsverwaltung wird weiterhin über die Bund/Länder Arbeitsgemeinschaft Klima, Energie, Mobilität - Nachhaltigkeit erreicht.[123]

Bereits diese nur beispielhafte Darlegung der Komplexität der Verwaltungsinformationssysteme veranschaulicht, wie unterschiedlich öffentliche Stellen eigene, spezifische Datenbankeninfrastrukturen einrichten. Auch auf diese speziellen Medienformen müssen sich die Archive und das Archivpersonal einrichten, wenn auch die Daten dieser Register und Systeme Teil der Überlieferungssicherung werden sollen.

(4) Sonderfall: Homepages öffentlicher Stellen

Öffentliche Stellen bieten mittlerweile eine Fülle an eigens betriebenen Internetseiten an. Gebietskörperschaften, Landtage oder einzelne Behörden bieten Informationen, vorgefertigte Antragsformulare, geltende Rechtsnormen oder Kontaktmöglichkeiten zur zuständigen Stelle an. Dass sich aus dieser Menge an Informationen ein bleibender Wert für einen zukünftigen Benutzer ergeben kann, liegt auf der Hand. Ein zukünftiger Benutzer kann anhand der heutigen Homepages der öffentlichen Stellen ablesen, welche Entscheidungen von

121 Frank Schenk/Fred Kruse, PortalU als zentraler Zugangspunkt für behördliche Umweltinformationen in Deutschland, in: Jorge Marx Gomez/Corinna Lang/Volker Wohlgemuth (Hrsg.), IT-gestütztes Ressourcen- und Energiemanagement, Berlin/Heidelberg 2013, S. 519-526, 519.

122 Vgl. Schenk/Kruse 2013, S. 525.

123 Die Arbeitsgemeinschaft hat einen Ständigen Ausschuss für die Umweltinformationssysteme eingerichtet: http://www.la-na.de/servlet/is/103/.

welcher Behörde getroffen wurden, welche Rechtsänderungen stattfanden und welche parlamentarischen Debatten geführt wurden. Die heutigen Informationen über Behördenorganisationen, deren Zuständigkeitsverteilungen oder die Zusammensetzung der politischen Entscheidungsgremien, die allesamt über die öffentlichen Internetseiten einsehbar sind, ergeben zu einem späteren Zeitpunkt beispielsweise für einen Forscher ein detailreiches Abbild über die inneren Zusammenhänge des heutigen öffentlichen und staatlichen Lebens.

Die Archivierung von Homepages erfolgt zumeist über regelmäßige Spiegelungen der sich verändernden Internetseiten. Diese Spiegelungen werden dann im Archiv durch eine andere Präsentationssoftware angezeigt.[124] Die Archivierung von Internetseiten wird jedoch ein komplizierter Vorgang für die digitalen Archive werden, da sich die Internetseiten ähnlich wie die Register und Verwaltungsinformationssysteme in einem permanenten Veränderungs- und Überarbeitungsprozess befinden.

c) Register- und Datenbankeneinträge als anbietungspflichtige Unterlagen

Letztlich dürfte eine Systematisierung von Registern und Verwaltungsinformationssystemen angesichts der enormen Anzahl und Vielfältigkeit der Daten und Aufgabenzwecke schwierig sein. Unbenommen davon kann aber festgehalten werden, dass die moderne Verwaltung des 21. Jahrhunderts ganz deutlich auf vernetzte Informationsstrukturen und Verwaltungsinformationssysteme im weiten Sinne setzt, um ihre Aufgaben zu erfüllen. Die dort hinterlegten Informationsbestände sind für die Bewahrungs- und Rechtssicherungsaufgaben der öffentlichen Archive nicht weniger von Interesse als das klassische Schriftgut oder die öffentlichen Registereinträge. Die öffentliche Verwaltung darf angesichts des teils euphorisch eingeführten E-Governments nicht übersehen, dass auch die Informationen in Datenbankensystemen oder elektronischen Registern von rechtlichem, politischem oder gesell-

---

124 Vgl. Kai Naumann, Über die Nutzung digitaler Unterlagen in Archiven, in: Clemens Rehm/Nicole Bickhoff, Rechtsfragen der Nutzung von Archivgut, Stuttgart 2010, S. 37f.

schaftlichem Wert sein können und deshalb ein Bewahrungsinteresse für sie besteht. Die Anbietungspflicht der öffentlichen Stellen muss dabei auf alle Unterlagen, gleich welcher Form – das haben die Ansätze der Archivrechtsreformen gezeigt – auch auf die Datenbestände der öffentlichen Verwaltung erstreckt werden. Andernfalls drohen zum einen ein unbeabsichtigter Verstoß gegen das rechtsstaatlich determinierte Archivrecht und zum anderen der Verlust ganzer Datenkonvolute des modernen Staates.

4. Rechtliche Anerkennung elektronischer Dokumente als Vorbedingung für das digitale Archivwesen

Das digitale Archivwesen kann weder den archivrechtlichen Aufgaben nachkommen, nach denen es den rechtlichen, politischen oder historischen Wert seiner Bestände erhalten soll, noch kann es in gleicher Weise anerkennungswürdige Beweiserhaltung garantieren wie die klassischen Archive, wenn nicht zugleich auch durch Rechtsnormen der Wert und die Nachweisfunktion von elektronischen Dokumenten anerkannt wird. Elektronische Daten sind flüchtiger, leichter manipulierbar und ärmer an bestimmten Merkmalen als Papier oder andere stoffliche Aufzeichnungen. Wenn trotzdem ein Nachweis anhand von elektronischen Archivgütern geführt werden soll und die Echtheit der digitalen Unterlagen nachgewiesen werden muss, dann ist das digitale Archiv auf moderne Formen des Beweisrechts angewiesen.

a) Beweiskraft öffentlicher elektronischer Dokumente gemäß § 371a ZPO

Die rechtssichere Archivierung öffentlicher Dokumente dient nicht nur einem schöngeistigen Zweck der kulturellen Überlieferungssicherung, sondern auch der beweissichernden Aufbewahrung rechtlicher Vorgänge.[125] Die archivierten Dokumente liefern den Nachweis über ihren Inhalt. Der Urkundenbeweis einer öffentlichen Urkunde bezeugt, dass ihre in-

125 Vgl. Deutscher Bundestag, Drucksache 15/4067, S. 35; Abgeordnetenhaus Berlin, Drucksache 17/2402, S. 11;BVerwG A 6 2.11 vom 8. März 2012, S. 2-3.

haltliche Regelung von der angegebenen Behörde zum angegeben Zeitpunkt tatsächlich auch getroffen wurde. Dieser durch das Beweisrecht der Zivilprozessordnung (ZPO) anerkannte Nachweis gilt gegenüber Behörden und Gerichten sowie im privaten Rechtsverkehr. Die Nutzung elektronischer Dokumente erschwerte jedoch die Anwendung der Beweisnormen.

Will man die rechtlichen Fragen der elektronischen Archivierung, insbesondere die Fragen des Erhalts der Beweiskraft elektronischer Dokumente im Archiv, verstehen, dann ist ein Blick auf das Beweisrecht der ZPO in diesen Vorbetrachtungen unumgänglich. Der Nachweiswert elektronischer Dokumente ist nämlich nicht gleichzusetzen mit jenem von Papierdokumenten.

Der Gesetzgeber musste für eine erfolgreiche Umsetzung des elektronischen Rechtsverkehrs im privaten und im öffentlichen Bereich Anpassungen des Prozessrechts vornehmen. Für die Beweiskraft von elektronischen Unterlagen gelten nicht die gleichen Regeln und Voraussetzungen wie für Papierdokumente. Die systematische Unterscheidung beider Medienformen im Beweisrecht der Zivilprozessordnung musste angesichts des deutlich gestiegenen Einsatzes elektronischer Dokumente im Rechtsverkehr reformiert werden. Neben dem Zweck der Beweiserleichterung sowie der Vereinfachung und Beschleunigung[126] von Gerichtsverfahren wurde deshalb mit dem Einschub des § 371a ZPO[127] auch das Ziel verfolgt, das Beweisrecht der ZPO an moderne Kommunikationswege anzupassen.

Das Beweisrecht öffentlicher Urkunden nach der ZPO richtet sich nach der Art der Urkunde. Die von öffentlichen Archiven übernommenen Unterlagen sind, abgesehen von den privaten Deposita, öffentliche Dokumente, weshalb die Beweisregeln für öffentliche Urkunden der ZPO anzuwenden sind. Die öffentlichen Urkunden *über bei der Behörde abgegebene Erklärungen* nach § 415 Abs. 1 ZPO sind „Urkunden, die von einer öffentlichen Behörde innerhalb der Grenzen ih-

---

126 Vgl. Adolf Baumbach/Wolfgang Lauterbach/Jan Albers/Peter Hartmann, Zivilprozessordnung, 74. Aufl., München 2016, § 371a, Rn. 2.

127 Gesetz über die Verwendung elektronischer Kommunikationsformen in der Justiz vom 29. März 2005, BGBl. I, S. 837.

rer Amtsbefugnisse oder von einer mit öffentlichem Glauben versehenen Person innerhalb des ihr zugewiesenen Geschäftskreises in der vorgeschriebenen Form aufgenommen sind". Sie erbringen den „vollen Beweis des durch die Behörde oder die Urkundsperson beurkundeten Vorganges." Für *öffentliche Urkunden über amtliche Anordnung, Verfügung oder Entscheidung* nach § 417 ZPO gilt: „Die von einer Behörde ausgestellten, eine amtliche Anordnung, Verfügung oder Entscheidung enthaltenden öffentlichen Urkunden begründen vollen Beweis ihres Inhalts."[128]

Fraglich ist, welche Wirkung von diesen erbrachten Beweisen durch öffentliche Dokumente ausgeht. Die Beweiskraft öffentlicher Urkunden nach § 415 ZPO umfasst den „Beweis über die Identität der Person, die Vollständigkeit und äußere Richtigkeit der abgegebenen Erklärung" gegenüber der Amtsperson. Mit der Aufnahme der Angaben in ein öffentliches Dokument besitzen die Behörde und der Erklärende einen rechtssicheren Nachweis über den Vorgang der Erklärung. Die Beweiskraft öffentlicher Urkunden nach § 417 ZPO umfasst weiterhin „vollständig, dass die Anordnung oder Entscheidung mit dem niedergelegten Inhalt sowie zur angegebenen Zeit tatsächlich ergangen ist."[129] Erlässt eine Behörde einen Bescheid oder eine Verfügung, dann ist das entstandene Dokument eine öffentliche Urkunde, aus der nachweislich hervorgeht, welche Behörde zu welchem Zeitpunkt welchen Inhalt gegenüber welchem Adressaten erlassen hat. Das bedeutet keineswegs, dass etwa ein Verwaltungsakt demnach auch rechtmäßig ist – das ist eine materielle Frage, die anhand anderer Rechtsgrundlagen bewertet werden muss. Aber das Dokument führt den Beweis, dass die Verfügung auf diese Weise erlassen wurde.

Verfolgt das Archivrecht rechtssichernde Zwecke, um anhand des Archivgutes eventuell in späteren Rechtsfragen eine klärende Lösung zu finden, dann muss auch das Vertrauen darin bestehen, dass das Archivgut unverändert den Beweis über seinen Inhalt erbringen kann. Die Archivierung von Do-

128 Siehe auch Christian Balzer, Beweisaufnahme und Beweiswürdigung im Zivilprozess, 3. Aufl., Berlin 2011, S. 130-137.

129 Siehe für beide Zitate Holger Jäckel, Das Beweisrecht der ZPO, 2. Aufl., Stuttgart 2014, S. 140.

kumenten setzt also voraus, dass die Unterlagen unverändert und beweiskraftsichernd verwahrt werden. Doch gerade im Hinblick auf elektronische Unterlagen stieß das klassische Beweisrecht der ZPO an seine Grenzen. Denn elektronische Dokumente gelten nicht aus sich heraus als Urkunden nach der Zivilprozessordnung im Sinne von auf Papier basierenden körperlichen Schriftstücken. Es fehlt ihnen das Merkmal der Körperlichkeit.[130] Zudem weisen elektronische Dokumente keine vergleichbare Schriftlichkeit auf wie Papierurkunden, da sie nicht auf Schriftzeichen, sondern auf einer Reihenfolge des binären Codes von 0 und 1 basieren.[131] Aus diesem Grunde können die Beweisregeln über private und öffentliche Urkunden aus §§ 415ff ZPO nicht ohne Weiteres auf elektronische Dokumente übertragen werden. Vielmehr unterliegen sie nach § 371 ZPO grundsätzlich dem Augenscheinsbeweis und somit der freien Beweiswürdigung durch das Gericht.

Für die Etablierung und Akzeptanz digitaler Archive ist dieser geringere Beweiswert elektronischer Dokumente jedoch ein Problem. Denn die rechts- und beweissichernde Aufbewahrung, die durch das Archivrecht vorgeschrieben wird, muss auch von digitalen Archiven gewährleistet werden. Es muss auch von der elektronischen Archivierung gefordert werden können, dass ihre elektronischen Archivgüter einen rechtlichen Wert und eine spätere Nachweisfunktion erfüllen.

Mit dem im Jahr 2005 eingeführten § 371a ZPO hat der Gesetzgeber das Beweisrecht an elektronische Unterlagen angepasst. Die gesetzliche Beweisregel für private Urkunden nach § 416 ZPO gilt nun auch für jene privaten elektronischen Dokumente (§ 371a Abs. 1 und 2 ZPO), die eine *qualifizierte elektronische Signatur* aufweisen oder die über ein DE-Mail-Konto der betreffenden natürlichen Person versendet wurden.[132] Auf öffentliche elektronische Dokumente finden gemäß § 371a Abs. 3 S. 1 ZPO die Beweisregeln der §§ 415, 417f ZPO sogar dann Anwendung, wenn sie keine qualifizierte

130 Es bedarf weiterer technischer Hilfsmittel, um elektronische Dokumente anzuzeigen, vgl. Thomas Hoeren, Grundzüge des Internetrechts, München 2002, S. 200f.

131 Vgl. Sven-Erik Heun, Elektronisch erstellte und übermittelte Dokumente und Schriftform, CR 1995, S. 2-7, 3.

132 Vgl. Baumbach et al. 2016, Zivilprozessordnung, § 371a, Rn. 3.

elektronische Signatur aufweisen. Besitzen öffentliche elektronische Urkunden eine qualifizierte elektronische Signatur, dann tritt nach § 371a Abs. 3 S. 2 ZPO gar die gesetzliche Echtheitsvermutung des § 437 ZPO für die öffentlichen elektronischen Dokumente in Kraft.[133] Konnte die Echtheit einer öffentlichen Urkunde in analoger Zeit durch die Prüfung von Stempeln, Siegeln und anderer Identifizierungs- und Sicherungsmerkmale des Papieres vor Gericht bestätigt werden und somit der volle Beweis über den Inhalt der Urkunde erbracht werden, so übernehmen im digitalen Zeitalter elektronische Pendants diese Funktion.

Mit der Einführung des § 371a ZPO hat der Gesetzgeber den Einsatz elektronischer Dokumente sowohl im privaten als auch im öffentlichen Rechtsverkehr in seiner rechtlichen Anerkennung deutlich angehoben. „Die beweisrechtliche Gleichstellung des elektronischen Dokuments mit der Papierurkunde ist notwendige Voraussetzung für einen medienbruchfreien elektronischen Rechtsverkehr. Sie gewinnt ihre Bedeutung insbesondere in den öffentlich-rechtlichen Verfahrensordnungen. Der verfahrensbeteiligten Behörde ist es künftig möglich, in ihren Dateien gespeicherte Dokumente, insbesondere Verwaltungsakte, ohne die Gefahr eines Rechtsverlustes in elektronischer Form an das Gericht zu übermitteln."[134] Die rechtssichere Anerkennung des Inhaltes von elektronischen Unterlagen kann nur gelingen, wenn neue Sicherungsfunktionen die Aufgabe von Nachweiskriterien der

---

133 Vgl. Baumbach et al. 2016, Zivilprozessordnung, § 371a, Rn. 7. Die Echtheit der Urkunden ist die Voraussetzung für das Eintreten der Beweiskraft nach §§ 415ff ZPO. Während die Echtheit privater Urkunden gem. §§ 439ff ZPO zunächst nachgewiesen werden muss, haben öffentliche Urkunden das Privileg der gesetzlichen Echtheitsvermutung nach § 437 ZPO. Beim Vorliegen öffentlicher elektronischer Urkunden ohne Signatur nach § 371a Abs. 3 S. 1 ZPO gilt die Beweiskraft nach §§ 415, 417f ZPO nachdem das Gericht die Echtheit der elektronischen Dokumente festgestellt hat. Besitzt die öffentliche elektronische Urkunde gem. § 371a Abs. 3 S. 2 ZPO eine qualifizierte elektronische Signatur, so ist das Gericht bereits aufgrund der gesetzlichen Echtheitsvermutung aus § 437 ZPO an die Beweiskraft der elektronischen Urkunde gebunden. Der Nachweis der Echtheit wird bereits durch die Signierung gemäß dem Verfahren nach dem Signaturrecht erbracht und muss deshalb nicht mehr vom Gericht überprüft werden.

134 Deutscher Bundestag, Drs. 15/4067, S. 34f.

analogen Zeit übernehmen. Behördenstempel, Siegel und Unterschriften werden nun durch algorithmische Verschlüsselungen und elektronische Signaturen ersetzt.

b) Signaturrecht

Das Recht der elektronischen Signaturen ist ersichtlich eine wichtige Voraussetzung für einen funktionierenden elektronischen Rechtsverkehr und für die rechtssichere Bestandserhaltung in digitalen Archiven. Im Voranstehenden wurde bereits verschiedentlich auf die gesetzlich vorgeschriebene qualifizierte elektronische Signatur für elektronische Dokumente öffentlicher Stellen hingewiesen, für die teilweise sogar vorgeschrieben ist, dass sie auf Dauer überprüfbar bleiben müssen.[135] Die qualifizierte elektronische Signatur soll dabei ein elektronisches Pendant zur in vielen Fällen angeordneten Schriftform für einen Rechtsvorgang darstellen.

Eine durch Gesetz angeordnete Schriftform erfüllt verschiedene Funktionen. Mit der Unterschrift des Ausstellers wird der Abschluss der Willenserklärung verdeutlicht, die Schriftform ermöglicht eine dauerhafte Les- und Überprüfbarkeit des Dokuments und weist damit Identität und Echt-

---

135 Etwa die gesetzliche Echtheitsvermutung elektronischer öffentlicher Dokumente mit qualifizierter Signatur gemäß § 371a Abs. 3 S. 2 ZPO oder das Signaturerfordernis für elektronische Verwaltungsakte, die der Schriftform bedürfen gemäß §§ 3a Abs. 2, 37 Abs. 3 u. 4 VwVfG. Weiterhin auch § 87a Abs. 3 AO für die Steuerverwaltung und § 36a Abs. 2 SGB I für die Sozialverwaltung. Ein öffentlich-rechtlicher Vertrag gem. § 54 VwVfG, für den zwingend die Schriftform in § 57 VwVfG vorgeschrieben ist, kann gem. § 3a Abs. 2 VwVfG elektronisch geschlossen werden, wenn beide Vertragsseiten den Vertrag mit einer qualifizierten elektronischen Signatur versehen. Siehe dazu Florian Kunstein, Die elektronische Signatur als Baustein der elektronischen Verwaltung, Berlin 2005, S. 222. Werden Beglaubigungen nach § 39a Beurkundungsgesetz durch einen Notar auf elektronische Weise vorgenommen, muss dieser ebenfalls eine qualifizierte elektronische Signatur anbringen. Die Beglaubigungssignatur muss dabei auf einem Zertifikat beruhen, „das auf Dauer überprüfbar ist." Auch die Beglaubigung eines elektronischen Dokumentes durch eine allgemeine Verwaltungsbehörde muss gemäß § 33 abs. 5 S. 1 Nr. 2 VwVfG eine qualifizierte elektronische Signatur enthalten. Diese ersetzt die Unterschrift des Bediensteten und das Dienstsiegel und muss zudem ebenfalls „dauerhaft überprüfbar" bleiben.

heit des Dokumentes nach.[136] Es stellte sich jedoch als problematisch heraus, dass die vom Gesetzgeber zunehmend forcierte elektronische Kommunikation nicht ohne Weiteres diese Anforderungen des physischen Schriftformerfordernisses der Fachgesetze erfüllen konnte. Ein bedeutender Nachteil war und ist dabei das Problem der Flüchtigkeit der elektronischen Daten. „Eine elektronische Nachricht kann [...] von jedem, der darauf Zugriff hat, ohne große Schwierigkeiten und insbesondere ohne nachweisbare Spuren verändert werden. Weder Integrität noch Authentizität der ursprünglichen Datei sind daher zweifelsfrei belegbar."[137]

Um diesen bedeutenden Nachteil elektronischer Kommunikation im Rechtsverkehr gegenüber den stofflichen Schriftformen auszugleichen und um die vorgeschriebenen Schriftformerfordernisse zu erfüllen, hatte der Gesetzgeber mit dem Signaturgesetz (SigG)[138] und der Signaturverordnung (SigV)[139] Vorschriften erlassen, die es ermöglichen „im elektronischen Rechts- und Geschäftsverkehr den Urheber und die Integrität von Daten zuverlässig festzustellen. Dies [war] die notwendige Voraussetzung dafür, dass die elektronische Signatur ein Substitut zur handschriftlichen Unterschrift darstellen und hierdurch eine entsprechende Rechtswirkung entfalten [konnte]."[140] Das deutsche Signaturrecht war also mit dem Ziel erlassen worden, „eine Sicherheit elektronischer Signaturen zu erzielen, die als ausreichend anzusehen ist, um darauf aufbauend Rechtsfolgen zu regeln"[141]. Mittlerweile richtet sich das Recht der elektronischen Signaturen und Ver-

136 Zu den Funktionen der Schriftform ausführlich Sabine Stollhof, Das E-Government-Gesetz des Bundes. Abschied von der qualifizierten elektronischen Signatur?, DuD 2013, S. 691-695, 692.

137 Pauline Puppel, Zur Archivierung elektronisch signierter Dokumente, in: Archivalische Zeitschrift 89 (2007), S. 345-368, 345.

138 Signaturgesetz vom 16. Mai 2001 (BGBl. I S. 876), zuletzt geändert durch Artikel 4 Absatz 106 des Gesetzes vom 18. Juli 2016, BGBl. I S. 1666.

139 Signaturverordnung vom 16. November 2001, BGBl. I S. 3074.

140 So etwa die Gesetzesbegründung der Bundesregierung zum SigG von 2001, Deutscher Bundestag, Drs. 14/4662, S. 1.

141 Martin Schallbruch/Stefanie Fischer-Dieskau, Signaturgesetz, in: Rainer Bauer/Dirk Heckmann/Kay Ruge/Martin Schallbruch/Sönke Schulz (Hrsg.), Verwaltungsverfahrensgesetz und E-Government, 2. Aufl., Wiesbaden 2014, Einleitung, Rn. 5.

trauensdienste jedoch nicht mehr nach deutschem Recht, sondern es wird durch das europäische Recht geprägt. Mit der Verordnung (EU) 910/2014 über elektronische Identifizierung und Vertrauensdienste für elektronische Transaktionen im Binnenmarkt (eIDAS-Verordnung) wurde ein EU-weiter und einheitlicher Rechtsrahmen für die elektronischen Signaturen geschaffen.[142] Das deutsche Signaturgesetz und die deutsche Signaturverordnung wurden abgeschafft; an deren Stelle verabschiedete der Bundesgesetzgber das Vertrauensdienstegesetz (VDG), das der konkretisierten Umsetzung der europäischen Vorgaben dient.[143]

Elektronische Signaturen im Sinne des Art. 3 Nr. 10 eIDAS-Verordnung sind „Daten in elektronischer Form, die anderen elektronischen Daten beigefügt oder logisch mit ihnen verbunden werden und die der Unterzeichner zum Unterzeichnen verwendet“. Zwar kennt die Verordnung verschiedene Stufen der elektronischen Signatur (einfache, fortgeschrittene, qualifizierte Form)[144], jedoch liegen der Schwerpunkt und auch die rechtliche Bedeutung auf den qualifizierten Signaturen. Allein sie entfalten die gleiche Rechtswirkung wie eine handschriftliche Unterschrift.[145] Eine qualifizierte elektronische Signatur, die im archivischen Kontext von Bedeutung sein wird, da die einschlägigen Fachgesetze sowie das VwVfG stets auf diese Art der Signatur verweisen, zeichnet sich dadurch aus, dass sie einem Signaturschlüsselinhaber zugeordnet wird und diesen eindeutig identifizieren kann. Zudem muss sie „auf einem zum Zeitpunkt ihrer Erzeugung gültigen qualifizierten Zertifikat beruhen“[146]. Dieses Zertifikat

---

142 Vgl. Ramsauer/Tegethoff, in: Ramsauer/Tegethoff/Wysk 2018, § 3a, Rn. 3d; Maria Christina Rost, in: Johann Bader/Michael Ronellenfitsch (Hrsg.), BeckOK VwVfG, 41. Ed. vom 1.10.2018, § 5 VwZG, Rn. 69; Alexander Roßnagel, Das Vertrauensdienstegesetz, MMR 2018, S. 31-35, 31f; Alexander Roßnagel, Beweiswirkungen elektronischer Vertrauensdienste, MMR 2016, S. 647-652, 647.

143 Vertrauensdienstegesetz vom 18. Juli 2017 (BGBl. I S. 2745).

144 Art. 25, 26 und 29 eIDAS-Verordnung.

145 Art. 25 Abs. 3 eIDAS-Verordnung, vgl. auch Puppel, Archivalische Zeitschrift 89 (2007), S. 348.

146 Vgl. Stefanie Fischer-Dieskau, Signaturgesetz, in: Rainer Bauer/Dirk Heckmann/Kay Ruge/Martin Schallbruch/Sönke Schulz (Hrsg.), Ver-

kann allein von qualifizierten Vertrauensdiensteanbietern erstellt werden.[147] Damit erbringen die Vertrauensdiensteanbieter den Nachweis der umfassend geprüften technischen und administrativen Sicherheit für die auf ihren Zertifikaten beruhenden qualifizierten elektronischen Signaturen und gewährleisten ein höheres Vertrauen in die Sicherheit ihrer Zertifikate.[148] Die qualifizierte elektronische Signatur hat demnach zwei entscheidende Funktionen: Erstens kann sie über das Zertifikat den Ersteller des Dokumentes sicher identifizieren. Zweitens können durch die Überprüfbarkeit der elektronischen Signatur eines Dokumentes die Manipulation oder die Unverändertheit und somit die Echtheit des Dokumentes festgestellt werden.[149] Die Rechtswirkung der qualifizierten elektronischen Signatur ist die Zulässigkeit als Beweismittel im Gerichtsverfahren.[150]

(1) Das technische Verfahren

Gemäß Art. 29 Abs. 1 und Anhang II Abs. 1 lit. c eIDAS-Verordnung müssen die Signaturerstellungseinheiten[151], die

---

waltungsverfahrensgesetz und E-Government, 2. Aufl., Wiesbaden 2014, § 2, Rn. 7.

147 Vgl. Art. 28 Abs. 1 und Anhang I eIDAS-Verordnung und Art. 29 Abs. 1 und Anhang II eIDAS-Verordnung; vgl. Ramsauer/Tegethoff, in: Ramsauer/Tegethoff/Wysk 2018, § 3a, Rn. 20.

148 Nach Art. 33 eIDAS-Verordnung dürfen Vertrauensdiensteanbieter ihre Vertrauensdienste nur erbringen, wenn sie einen Validierungsprozess nach Art. 32 eIDAS-Verordnung durchlaufen haben. Art. 32 eIDAS-Verordnung verlangt beispielsweise, dass die Gültigkeit einer qualifizierten elektronischen Signatur erst dann bestätigt werden kann, wenn sie auf einem qualifizierten Zertifikat nach Anhang I beruht und dieses Zertifikat von einem Vertrauensdiensteanbieter ausgestellt und gültig ist.

149 Die qualifizierte elektronische Signatur erfüllt zugleich die Anforderungen der geringerwertigen fortgeschrittenen Signatur und für letztere gilt nach Art. 26 eIDAS-Verordnung, dass eindeutig einem Unterzeichner zugeordnet ist und dessen Identifizierung ermöglicht und dass alle nachträglichen Veränderungen des signierten Dokuments erkannt werden können.

150 Art. 25 Abs. 1 und 2 eIDAS-Verordnung.

151 Art. 3 Nr. 22 eIDAS-Verordnung: „konfigurierte Software oder Hardware, die zum Erstellen einer elektronischen Signatur verwendet wird.“

die in vielen Fachgesetzen geforderte qualifizierte elektronische Signatur erzeugen, sicherstellen, dass eine „elektronische Signatur bei Verwendung der jeweils verfügbaren Technik verlässlich gegen Fälschung geschützt ist".

Um dies zu ermöglichen, läuft das technische Verfahren wie folgt ab: Will beispielsweise eine Behörde ein elektronisches Dokument zum Zweck des Erhaltes der Rechtssicherheit und der Beweiskraft mit einer qualifizierten elektronischen Signatur ausstatten, dann benötigt sie zunächst ein einmaliges (digitales) Schlüsselpaar.[152] Dieses Schlüsselpaar besteht aus einem geheimen privaten Schlüssel (Private Key) und einem öffentlich einsehbaren Schlüssel (Public Key).[153] Jedes Schlüsselpaar wird in seiner Kombination nur einmal vergeben.[154] Die ordnungsgemäße Vergabe dieser Schlüsselpaare wird durch die Vertrauensdiensteanbieter organisiert und verwaltet. Will nun der *Verfasser* eines elektronischen Dokumentes eine elektronische Signatur anbringen, so muss er in Kontakt mit einem Vertrauensdiensteanbieter treten. Nach Art. 24 eIDAS-Verordnung muss sich der Verfasser gegenüber dem Anbieter eindeutig identifizieren.[155] Die bei der Bundesnetzagentur gemäß Art. 22 Abs. 1 eIDAS-Verordnung und § 9 VDG geführte Vertrauensliste führt beispielsweise die Bundesnotarkammer, die D-Trust-GmbH, die Deutsche Post AG oder die Deutsche Telekom AG als Vertrauensdiensteanbieter für elektronische Signaturen auf.[156] Hat sich der Verfasser gegenüber einem Vertrauensdiensteanbieter identifiziert, so erteilt ihm der Anbieter einen individuellen, gehei-

152 Vgl. Ramsauer/Tegethoff, in: Ramsauer/Tegethoff/Wysk 2018, § 3a, Rn. 22-22c; Stollhof, DuD 2013, S. 692.

153 Die eIDAS-Verordnung definiert den Private Key in Art. 3 Nr. 13 als elektronische Signaturerstellungsdaten, d.h. als eindeutige Daten, die vom Unterzeichner zum Erstellen einer elektronischen Signatur verwendet werden. Art. 3 Nr. 40 eIDAS-Verordnung definiert den Public Key als „Validierungsdaten", d.h. als Daten, die zur Validierung einer elektronischen Signatur oder eines elektronischen Siegels verwendet werden.

154 Dazu eIDAS-Verordnung Anhang II Abs. 1 lit. b.

155 Beispielsweise durch persönliche Anwesenheit der natürlichen Person, oder durch elektronische Identifizierung „aus der Ferne" (Art. 24 Abs. 1 eIDAS-Verordnung). Zum Registrierungsprozess siehe auch Fischer-Dieskau, Signaturgesetz, in: Bauer et al. 2014, § 5, Rn. 4.

156 Aufrufbar unter https://tinyurl.com/ydx6ucak.

men Private Key, was mit einem qualifizierten Zertifikat bestätigt wird. Dieses Zertifikat enthält den Nachweis über den Namen des Inhabers des Private Key[157] sowie den zugeordneten Public Key, das Gegenstück des individuellen Schlüsselpaares[158]. Zunächst ist also festzuhalten, dass für die rechtssichere elektronische Kommunikation zwischen Absender und Empfänger die Dienste eines Dritten benötigt werden. Die Vertrauensdiensteanbieter tragen die Verantwortung für die Sicherheit der qualifizierten elektronischen Signaturen. Mit dem per Zufall generierten Schlüsselpaar entstehen der private, geheime Private Key und der öffentlich zugängliche Public Key, der zur Entschlüsselung der elektronischen Signatur notwendig ist.[159] Mithilfe des Private Key signiert der Verfasser nun sein elektronisches Dokument. Jedes elektronische Dokument ist einzigartig und besitzt einen individuellen Bitstring. Mittels eines Rechenverfahrens wird ein sogenannter Hash-Wert des Bitstrings des originalen Dokuments berechnet[160], was eine wesentlich kleinere, aber repräsentative Datenmenge (zumeist eine Zahlenreihe natürlicher Zahlen) des Dokuments darstellt.[161] Der Hash-Wert kann als digitaler und einzigartiger Fingerabdruck des elektronischen Dokuments verstanden werden.[162] Der Private Key nutzt diesen eindeutig auf das originale Dokument zuzuordnenden Hash-Wert und errechnet daraus die elektronische Signatur. „Der Private Key ist auf einer Chipkarte gespeichert, die nur mit einer PIN und in der Regel in einem Chipkartenlesegerät am Computer eingesetzt werden kann."[163] Diese Signatur ist eine verschlüsselte Variante des Hash-Wertes und wird nun an das elektronische Dokument angefügt. Der Verfasser verschickt das elektronische Dokument mit der angefügten qualifizierten elektronischen Signatur an den Empfänger, beispielsweise indem die

157 Vgl. eIDAS-Verordnung Anhang I lit. c.

158 Vgl. eIDAS-Verordnung Anhang I lit. d.

159 Vgl. Dieter Strauch, Rechtliche und archivische Probleme der digitalen Signatur, in: Gedächtnisschrift für Alexander Lüderitz, hg. v. Haimo Schack, München 2000, S. 751-787, 757.

160 Vgl. Puppel, Archivalische Zeitschrift 89 (2007), S. 351.

161 Vgl. Strauch 2000, S. 757; Stollhof, DuD 2013, S. 692.

162 Vgl. Puppel, Archivalische Zeitschrift 89 (2007), S. 351.

163 Stollhof, DuD 2013, S. 692.

Behörde einen elektronischen Verwaltungsakt, für den nach Fachrecht das Schriftformerfordernis vorgeschrieben ist, an einen Bürger übermittelt.

Der *Empfänger* des qualifiziert elektronisch signierten Dokuments kann dieses Dokument unmittelbar im Klartext lesen. Für den Nachweis darüber, ob das Dokument jedoch tatsächlich vom bezeichneten Absender stammt und für den Nachweis darüber, dass es auf dem Übermittlungsweg nicht manipuliert wurde, muss der Empfänger die angebrachte Signatur entschlüsseln. Dafür verwendet der Empfänger den öffentlich zugänglichen Public Key, den er über einen Server des Vertrauensdiensteanbieters erhalten kann.[164] Der Empfänger berechnet zunächst selbst aus dem erhaltenen Dokument den Hash-Wert. In einem zweiten Schritt berechnet er aus der qualifizierten elektronischen Signatur des Absenders mithilfe des Public Key den verschlüsselten Hash-Wert des Absenders. Er besitzt nun also zwei Hash-Werte – den vom Absender errechneten und verschlüsselt am Dokument angebrachten Hash-Wert und den selbst aus dem übermittelten Dokument errechneten Hash-Wert. Stimmen nun beide Hash-Werte überein, dann kann der Empfänger sichergehen, dass das elektronische Dokument mithilfe des privaten Schlüssels des Absenders signiert und nicht später manipuliert wurde. Denn jede digitale Veränderung des Dokumentes würde die Bit-Struktur des Dokumentes und somit auch den daraus zu errechnenden Hash-Wert verändern.[165] Außerdem wird mit der Übereinstimmung der Hash-Werte auch nachgewiesen, dass die signierende Person, also der Absender, auch diejenige ist, für die sie sich ausgibt. Denn gegenüber dem Vertrauensdiensteanbieter muss sich jeder, der ein Schlüsselpaar zur elektronischen Verschlüsselung beantragt, eindeutig identifizieren. Indem jedes Schlüsselpaar einmalig ist, kann sichergestellt werden, dass nur die identifizierte und im Zertifikat des Anbieters aufgeführte Person die Verschlüsselung genutzt hat.

Indem der Gesetzgeber in vielen Fachgesetzen sowie im Beweisrecht der ZPO die qualifizierte elektronische Signatur

---

164 Vgl. Ramsauer/Tegethoff, in: Ramsauer/Tegethoff/Wysk 2018, § 3a, Rn. 22b.

165 Vgl. Stollhof, DuD 2013, S. 692.

aufnahm, hat er eine Äquivalenz der elektronischen Kommunikation unter Heranziehung neuer technischer Sicherungs- und Vertrauensverfahren zur klassischen Schriftform und zur Beweiskraft von schriftlichen Urkunden anerkannt.

(2) Neusignierung gemäß § 15 Vertrauensdienstegesetz

Elektronische Signaturen verlieren nach dem Ablauf mehrerer Jahre ihre Sicherheitswirkung, da sich die Rechenleistung und die Techniken zur Entschlüsselung weiterentwickeln. Dem Sicherheitsverlust elektronischer Signaturen kann durch Neusignierungsverfahren entgegengewirkt werden. Insbesondere für die Aspekte der elektronischen Archivierung wird die Erneuerung von elektronischen Signaturen zentral sein.

Schriftstücke und Dokumente der öffentlichen Verwaltung und der Justiz unterliegen mehrjährigen Aufbewahrungsfristen, bevor sie archiviert oder gelöscht werden.[166] Die Aufbewahrung hat den Zweck, Unterlagen, die zwar nicht akut gebraucht, aber doch potentiell noch einmal benötigt werden könnten, zum Beispiel im Rahmen der Akteneinsicht oder bei der Wiederaufnahme von Verfahren, in der Verfügungsmacht der öffentlichen Stelle zu halten. Um auch nach mehreren Jahren auf eine authentische und unveränderte Datenlage zurückgreifen zu können, müssen die Unterlagen unbedingt integritätswahrend und rechtssicher verwahrt werden.

Dies gilt insbesondere auch für elektronische Dokumente und dementsprechend auch für elektronische Signaturen. Denn letztere beruhen zum Zeitpunkt ihrer Erzeugung auf Verschlüsselungsalgorithmen, die nach dem Stand der Technik als sicher galten. Da sich aber die Rechenleistung von Computern und die Möglichkeiten, ältere Verschlüsselungstechniken zu „knacken“, mit der Zeit stetig erhöhen, verlieren ältere elektronische Signaturen ihren Sicherheitsstatus. Ver-

---

166 Bis zu 30 Jahre gemäß § 19 RegR. Für das Justizschriftgut gibt es Sondervor-schriften, die sehr detailliert einzelne Aufbewahrungsfristen von einem Jahr bis 120 Jahren für verschiedene Vorgänge der Justizverfahren festlegen, vgl etwa die Justizaufbewahrungsverordnung im Land Sachsen-Anhalt vom 16. Juni 2009, GVBl. LSA 2009, S. 264; AufbewahrungsVO in der Justiz und Justizverwaltung des Landes Nordrhein-Westfalen i.d.F. vom 29. November 2014, GV NRW 2014, S. 766.

langt das Recht jedoch zugleich die mehrjährige Aufbewahrung und Sicherstellung der Integrität und Authentizität der Unterlagen[167], so bedarf es einer regelmäßigen Neusignierung der elektronischen Dokumente gemäß § 15 VDG.[168] Die Neusignierung erneuert deshalb den bestehenden Sicherheitsschutz der vorangegangenen Signatur, bevor die alte Signatur abläuft, und sichert damit Beweiskraft und Vertrauen in die Unverändertheit des Dokuments.[169] Da auch qualifiziert elektronisch signierte Dokumente der öffentlichen Verwaltung und der Justiz der Anbietungspflicht nach dem Archivrecht unterliegen und demzufolge auch ein gewisser Prozentsatz dieser Dokumente zu Archivgut umgewidmet wird, ist die Frage der Neusignierung nach § 15 VDG für die digitalen Archive von hervorstehender Bedeutung. Denn gerade die Archivierung im Sinne der Archivgesetze soll der Rechtssicherung und der späteren Verwendung der Archivinformationen in neuen Gesetzgebungs-, Verwaltungs- und Rechtsprechungsangelegenheiten dienen.

Rund um die Frage der langfristigen und rechtssicheren Archivierung elektronischer Dokumente entstehen massive Probleme, weshalb die vorliegende Arbeit Lösungsansätze insbesondere für die Neusignierung ermitteln wird.

5. Elektronische Unterlagen zwischen Verwaltung und Archiv

Nach alledem zeigt sich, dass die Nutzung elektronischer Unterlagen im öffentlichen Sektor in vielfältiger Weise durch Rechtsvorschriften eingeführt und gezielt von den politischen Entscheidungsträgern in Bund und Ländern gefördert wurde. Schriftgutverwaltung, Registerwesen und andere Informati-

167 Beispielsweise gemäß § 33 Abs. 5 S. 1 Nr. 2 VwVfG oder § 39a BeurkG sogar „dauerhaft überprüfbar" oder „auf Dauer prüfbar"; allgemein verpflichtet das Archivrecht die Archive ohnehin zur dauerhaften Bestandserhaltung der Archivgüter, beispielsweise § 8 Abs. 3 SächsArchivG.

168 Vgl. zur früheren Rechtslage Stefanie Fischer-Dieskau, Signaturverordnung, in: Bauer/Dirk Heckmann/Kay Ruge/Martin Schallbruch/Sönke Schulz (Hrsg.), Verwaltungsverfahrensgesetz und E-Government, 2. Aufl., Wiesbaden 2014, § 17, Rn. 1f.

169 Vgl. Fischer-Dieskau, Signaturverordnung, in: Bauer et al. 2014, § 17, Rn. 3.

onssammlungen der staatlichen Stellen gelten als Ausgangspunkt für die Entstehung von öffentlichen Archivgütern. Ändern sich die Formen der staatlichen Aufzeichnungen und Medien durch die Digitalisierung radikal, dann wirken sich diese Veränderungen nicht minder tiefgreifend auf die Archive aus. Da die Archive die Bewertungsentscheidung über die Archivwürdigkeit einer Aufzeichnung nicht angesichts der stofflichen oder elektronischen Medienform vornehmen, sondern angesichts der rechtlichen, politischen oder historischen Bedeutung der Unterlage, kann elektronischen Unterlagen grundsätzlich kein geringerer Wert beigemessen werden als körperlichen Aufzeichnungen. Dementsprechend ist das moderne öffentliche Archiv zunehmend darauf angewiesen ein digitales Archiv zu sein. Wollen die öffentlichen Archive ihre verfassungsmäßige und gesetzliche Aufgabe erfüllen, müssen sie dies ohne Ansehen der Aufzeichnungsform der ihnen angebotenen Unterlagen tun. Sie müssen das elektronische staatliche Schriftgut gleichrangig behandeln, bewerten und archivieren. Gleichwohl gilt freilich, dass die staatlichen Stellen auch in Bezug auf elektronische Unterlagen die Pflicht zur Anbietung im Sinne des Archivrechts haben, wie sie diese Pflicht auch für analoge Unterlagen ausüben. Die Grundsätze des Archivrechts gelten medienunabhängig. Das vielfältige Recht der elektronischen Daten und die juristische Anerkennung ihrer Beweiskraft durch das Zivilprozessrecht und das Signaturrecht stellen die notwendigen Voraussetzungen für ein Recht der digitalen Archive dar.

II. Übergabe und Widmung zu elektronischem Archivgut

Spätestens mit dem Ablauf der Aufbewahrungsfristen für die Unterlagen der laufenden Verwaltung ist nicht mehr benötigtes Schriftgut den öffentlichen Archiven anzubieten, unbenommen, ob es in Papierform oder elektronischer Form geführt wird. Nicht zuletzt haben die Archivrechtsreformen diesen Aspekt der Anbietungspflicht bewusst herausgestellt und durch spezifische Vorschriften untermauert. Bislang gibt es keine einheitlichen Angaben darüber, in welchem Umfang elektronische Unterlagen in den öffentlichen Archiven verwahrt werden, wodurch eine Bewertung des inzwischen erreichten Stellenwertes elektronischer Archivgüter im öffentlichen Archivwesen noch spekulativ bleibt. Einzelne verfügbare Angaben weisen jedoch auf einen bedeutenden Anstieg hin.

Das Bundesarchiv ging im Jahr 2016 davon aus, pro Bundesbehörde und pro Jahr zirka 40 Gigabyte an elektronischen Unterlagen als archivwürdig zu bewerten und dementsprechend als elektronisches Archivgut zu übernehmen. Bei 170 Bundesbehörden ergibt dies ein Datenvolumen von 6,8 Terabyte an elektronischem Schriftgut aus der Bundesverwaltung, pro Jahr.[170] Das Landesarchiv Baden-Württemberg verzeichnete im Zeitraum der Jahre 2010 bis 2011 einen Anstieg der archivierten elektronischen Daten von 77,7 Millionen Datensätzen (126 Gigabyte) auf 178,5 Millionen Datensätze (313 Gigabyte).[171] Und das Landesarchiv Nordrhein-Westfalen verwahrte allein durch die Digitalisierung von Zivilstandsregistern aus dem 17. und 18. Jahrhundert 288 Gigabyte an Bilddateien, wozu jährlich bis zu 50 Gigabyte hinzutreten.[172] Diese verfügbaren Angaben geben einen Hinweis auf einen Entwicklungstrend: je umfassender die Verwaltung auf elektronische Schriftgutverwaltung umstellt, desto mehr digitale Archivobjekte werden entstehen. Lautet der Befund demzufolge, dass das öffentliche Archiv zu Beginn des 21. Jahrhunderts fortschreitend zu einem digital arbeitenden Archiv wird, dann muss im Einzelnen geklärt werden, wie die Archivprozesse des digitalen Archivs ausgestaltet werden und welche Bedingungen das Archivrecht dafür schaffen muss.

1. Aufbewahrung elektronischer Unterlagen

Die Nutzung elektronischer Dokumente verändert den schematischen Übergabeprozess, der darauf aufbaut, dass eine anbietungspflichtige öffentliche Stelle und ein öffentliches

170 Telefonat mit Dr. Sebastian Gleixner, Leiter des Referats AT 3 des Bundes-archives (Digitales Magazin, Digitales Zwischenarchiv), am 13. Oktober 2016.

171 Vgl. Corinna Knobloch, Neu im Digitalen Archiv, in: Landesarchiv Baden-Württemberg, Digitale Archivierung in der Praxis, Stuttgart 2013, S. 97-109, 97.

172 Vgl. Christian Reinicke, Auf dem Weg zum digitalen Lesesaal, ABI-Technik (=Zeitschrift für Automation, Bau und Technik im Archiv-, Bibliotheks- und Informationswesen), 27 (Heft 1/2007), S. 28-35, 32.

Archiv in eine Austauschbeziehung treten, zunächst nicht. Praktikable Ansätze für das Anbietungs- und Übergaberecht des zukünftigen digitalen Archivwesens finden sich in den bislang erfolgten Archivrechtsreformen. Das bisher reformierte Archivrecht verfolgt einen medienneutralen Ansatz. Die Folge ist, dass öffentliche Stellen auch ihre elektronischen Unterlagen dem zuständigen Archiv anzubieten haben, wenn die entsprechende Aufbewahrungsfrist, in der die Unterlagen noch im Verfügungsbereich der Behörde verbleiben, abgelaufen ist.

a) Allgemeine Aufbewahrungsfristen

Das Archivrecht selbst kennt zumeist eine allgemeine Aufbewahrungsfrist von 30 Jahren[173], in denen die Unterlagen in den Behörden und Gerichten verbleiben, um auf Fälle der Akteneinsicht oder der Wiederaufnahme von Verfahren in angemessener Zeit reagieren zu können. Die allgemeine Frist dient als Auffangfrist, um sicherzustellen, dass eine Anbietung nicht umgangen wird. Spezielle Aufbewahrungsfristen gehen ihr vor.

Weder das Archivrecht noch spezielle Rechtsvorschriften über die Aufbewahrung von Schriftgut unterscheiden zwischen Papierunterlagen und elektronischen Unterlagen. Die Registraturrichtlinie des Bundes unterscheidet nur hinsichtlich der Aufbewahrungseinheit. Das heißt, dass Aufbewahrungsfristen von Papierunterlagen für einzelne Schriftgutbehälter, also einzelne (Teil-)Ordner einer Akte, bestimmt werden können. Für elektronische Unterlagen hingegen wird die Aufbewahrungsfrist immer für die gesamte E-Akte definiert wird.[174]

Neben der Registraturrichtline des Bundes bestimmen auch die Aufbewahrungsverordnungen der Länder die grundsätzliche Gleichbehandlung der elektronischen Unterlagen in Fristenangelegenheiten. Die entsprechende Verordnung im Land Nordrhein-Westfalen führt aus: „Die Aufbewahrungsbestimmungen finden grundsätzlich auch Anwendung, wenn

---

173 § 5 Abs. 1 S. 2 BArchG; § 6 Abs. 1 S. 2 LArchivG MV; § 8 Abs. 1 S. 2 HArchivG; § 11 Abs. 1 S. 2 ThürArchivG.

174 Anlage 5 I. 2. der Registraturrichtlinie.

Schriftgut zur Ersetzung der Urschrift als Wiedergabe auf einem Bildträger oder auf anderen Datenträgern aufbewahrt wird."[175] Das Aufbewahrungsgesetz für Justizschriftgut in Brandenburg zählt ebenso alle Dokumente „unabhängig von ihrer Speicherungsform" zu Schriftgut der ordentlichen Gerichtsbarkeit, auf die nach der entsprechenden Verordnung die Aufbewahrungsfristen anzuwenden sind.[176] Die Aufbewahrungsfristen für die Hessische Landesverwaltung gelten nach Punkt 11 des Hessischen Aktenführungserlasses für Akten und Vorgänge, die wiederum nach den Punkten 2.1, 2.2 und 2.4 in elektronischer existieren können.[177]

Diesen einzelnen Regelungen ist der Leitgedanke zu entnehmen, dass auch elektronische Unterlagen für eine bestimmte Zeitspanne nach ihrer Verwendung im Verfügungsbereich der Verwaltung aufbewahrt werden sollen, bevor sie an die Archive angeboten werden.

b) Aufbewahrungsfristen für Register

Die Aufbewahrung der Aufzeichnungen beginnt dann, wenn die Unterlagen in der Verwaltung nicht mehr benötigt werden.[178] Die Frist der Aufbewahrung beginnt mit dem Moment, in dem ein Vorgang geschlossen und „zu den Akten" gelegt wurde.[179] Betrachtet man die Register und Informationssysteme der Verwaltung und fragt nach den Aufbewahrungsfristen für diese Unterlagenform, stößt man auf ein Hindernis. Denn für elektronisch geführte Register oder ähnliche Datenbanken kann ein vergleichbarer Vermerk zur Schließung der Akte nicht erfolgen. Indem die Funktionsweise von elektroni-

---

175 § 2 Abs. 1 S. 1 Verordnung über die Aufbewahrung von Schriftgut in der Justiz und Justizverwaltung des Landes Nordrhein-Westfalen vom 06. Mai 2008.

176 § 1 Abs. 2 Brandenburgisches Justiz-Schriftgutaufbewahrungsgesetz i.V.m. § 1 Abs. 1 AufbewahrungsV Brandenburg.

177 Erlass zur Aktenführung in den Dienststellen des Landes Hessen vom 14. Dezember 2012, Staatsanzeiger für das Land Hessen vom 31. Dezember 2012, S. 3-8.

178 Zum Beispiel § 3 Abs. 1 S. 1 BremArchivG.

179 Die erlösende Verfügung heißt dann „SdV-Schließen des Vorgangs" oder „SdA-Schließen der Akte". Vgl. Punkt 8.2. Hessischer Aktenführungserlass vom 14. Dezember 2012.

schen Registern und Datenbanken darauf abstellen, fortwährend überschrieben und aktualisiert zu werden, fehlt es diesen Unterlagenformen an der Eigenschaft der „Archivreife“.[180] Datenbankförmige Medien sind im Unterschied zu einer einzelnen Akte und einem einzelnen Verwaltungsvorgang nie „abgeschlossen“. Die Datenbankbestände können stets für neue Datenabfragen von Nutzen sein und werden somit weiter benötigt. Dieses Problem haben einige Archivgesetzgeber erkannt und besonders hervorgehoben, indem sie durch die Reformen auch betonten, dass „laufend aktualisierte Datenbestände“ zu archivieren sind. Indem die Archivierungspflicht für jene laufend aktualisierten Datenbanken in die Archivgesetze übernommen wurde und diese zu einem bestimmten Zeitpunkt regelmäßig erfolgen soll, gilt für die Register grundsätzlich die gleiche archivrechtliche Anbietungspflicht wie für elektronische Akten und andere Unterlagen. Der Unterschied besteht aber darin, dass es faktisch keine Aufbewahrungsfristen geben kann, sondern die Anbietung nur über Abbilder, die an festen Stichtagen erstellt werden, erfolgt.[181] Die durch einige Archivrechtsreformen gefundene Lösung der regelmäßigen Archivierung von Datenbankenkopien zu festgelegten Stichtagen sollte ein weiterer Leitgedanke für das zukünftige Recht der digitalen Archive sein, da sie einen wichtigen Beitrag zur Überlieferungssicherung leistet. Dieser Leitgedanke sollte von den noch ausstehenden Archivrechtsreformen aufgegriffen werden.

2. Anbietung elektronischer Unterlagen an die Archive

Ist die durch Rechtsvorschrift festgelegte Aufbewahrungsfrist für elektronische Akten abgelaufen oder ist zu einem festgelegten Stichtag ein Abbild einer öffentlichen Datenbank erstellt worden, dann sind die Unterlagen im Normalfall immer den Archiven anzubieten.[182] Spätstens nach der Analyse der

---

180 Vgl. Friedrich Schoch, Modernisierung des Archivrechts in Deutschland, Die Verwaltung 39 (2006), S. 463-491, 479f.

181 Gesetzlich ist dies beispielsweise in § 9 Abs. 2 HArchivG verankert.

182 Vgl. Hausmann 2016, S. 40f; Christian Keitel/Rolf Lang/Kai Naumann, Handlungsfähige Archive. Erfahrungen mit der Bewertung und

erfolgten Archivrechtsreformen ist die grundsätzliche Anbietungspflicht für elektronische Unterlagen als ein Leitgedanke des Rechts der digitalen Archive anzuerkennen. Ausnahmen davon bestehen nur für spezielle Register durch Sondervorschriften außerhalb der Archivgesetze.

a) Registerrechtliche Löschungsvorschriften und archivrechtliche Anbietungspflicht

Die Pflicht zur Anbietung von Datenbeständen in Registern und Verwaltungsinformationssystemen richtet sich nach verschiedenen fachgesetzlichen Vorgaben. Einer Anbietungspflicht von öffentlichen Registern oder von Einträgen in Verwaltungsinformationssystemen gemäß dem Archivrecht kann unter Umständen eine spezielle Löschungsvorschrift entgegenstehen. Diese Löschungsvorschriften sind vielfach in den einzelnen Rechtsgrundlagen der Register und der Informationssysteme enthalten. Beispiele für registerrechtliche Löschungsvorschriften finden sich etwa im Bundeszentralregisterrecht[183], in der Strafprozessordnung[184], im Ausländerzentralregisterrecht[185] und im Bundesmelderecht[186]. Auch in den Rechtsgrundlagen für Verwaltungsinformationssysteme sind

---

Übernahme digitaler Unterlagen, in: Katharina Ernst (Hrsg.), Erfahrung mit der Übernahme digitaler Daten, Stuttgart 2007, S. 10-14, 11.

183 § 24 Abs. 3 S. 1 BZRG: „Eintragungen nach § 11 werden bei Verfahren wegen eines Vergehens nach zehn Jahren, bei Verfahren wegen eines Verbrechens nach 20 Jahren aus dem Register entfernt."

184 § 494 Abs. 2 StPO: „Die Daten sind zu löschen, 1. wenn ihre Speicherung unzulässig ist oder 2. sobald sich aus dem Bundeszentralregister ergibt, daß in dem Strafverfahren, [...], eine [...] gerichtliche Entscheidung oder Verfügung der Strafverfolgungsbehörde ergangen ist. Wird der Beschuldigte rechtskräftig freigesprochen[...], so sind die Daten zwei Jahre nach der Erledigung des Verfahrens zu löschen, es sei denn, vor Eintritt der Löschungsfrist wird ein weiteres Verfahren zur Eintragung in das Verfahrensregister mitgeteilt."

185 § 36 Abs. 1 AZRG: „Die Registerbehörde hat Daten spätestens mit Fristablauf zu löschen. Bei der Datenübermittlung teilt die übermittelnde Stelle für sie geltende Löschungsfristen mit. Die Registerbehörde hat die jeweils kürzere Frist zu beachten. Eine Löschung hat unverzüglich zu erfolgen, wenn die Speicherung der Daten unzulässig war."

186 § 14 Abs. 1 S. 1 BMG: „Die Meldebehörde hat gespeicherte Daten zu löschen, wenn sie zur Erfüllung ihrer Aufgaben nicht mehr erforderlich sind."

Löschungsvorschriften enthalten, zum Beispiel im Antiterrordateigesetz[187] und im Rechtsextremismus-Datei-Gesetz[188].

Eine pauschale Lösung, diesen Normenkonflikt aufzuheben, gibt es nicht.[189] Die in Kapitel 2 bereits herausgearbeiteten Kategorien der Reichweite der ersetzenden Archivierung sind ohne Abstriche auch für elektronische Unterlagen sowie öffentliche elektronische Register anzuwenden.

Die vorrangige Archivierung anstatt der Löschung dieser Unterlagen wird von der ersten Kategorie der Archivgesetze ohne Ausnahme vorgeschrieben.[190] Die zweite Kategorie benennt teilweise Ausnahmen von der Archivierungspflicht[191] und die dritte Kategorie erlaubt die Archivierung anstatt der Löschung nur unter der zusätzlichen Voraussetzung einer weiteren spezialgesetzlichen Regelung.[192] Die Pflicht zur Löschung und die Verhinderung der Archivierung wird deshalb beispielsweise durchgesetzt für das Bundeszentralregister (§ 24 BZRG), das Ausländerzentralregister (§ 36 AZRG), für die Antiterrordatei (§ 11 Abs. 2 ATDG) und die Rechtsextremis-

---

187 § 11 Abs. 2 ATDG: „Personenbezogene Daten sind zu löschen, wenn ihre Speicherung unzulässig ist oder ihre Kenntnis für die Aufklärung oder Bekämpfung des internationalen Terrorismus nicht mehr erforderlich ist."

188 § 12 Abs. 2 S. 1 RED-G: „Personenbezogene Daten sind zu löschen, wenn ihre Speicherung unzulässig ist oder ihre Kenntnis für die Aufklärung oder Bekämpfung des gewaltbezogenen Rechtsextremismus, insbesondere zur Verhinderung und Verfolgung von Straftaten mit derartigem Hintergrund, nicht mehr erforderlich ist."

189 Vgl. Peter Sandner, 10 FAQs. Argumente zu Bedarf und Notwendigkeiten der digitalen Archivierung, in: Landesarchiv Baden-Württemberg (Hrsg.), Digitale Archivierung in der Praxis, Stuttgart 2013, S. 57-70, 63f. Archivrecht ist die vorrangige Spezialmaterie für die Entstehung und den Zugang von Archivgut, siehe dazu Friedrich Schoch, Informationsfreiheitsgesetz. Kommentar, 2. Aufl., München 2016, § 1, Rn. 288 und 290; Hannes Berger, Zur Reform des Thüringer Archivgesetzes, ThürVBl. 2017, S. 105-109, S. 108; aus der Rechtsprechung BVerwG, Urt. vom 17. März 2016 – 7 C 2.15, Rn. 42.

190 Zum absoluten Vorrang der Archivierung: § 5 Abs. 2 S. 2 SächsArchivG; § 9 Abs. 2 Nr. 1 lit. b ArchG LSA; § 4 Abs. 2 ArchG NRW.

191 Zum teilweisen Vorrang der Archivierung: § 3 Abs. 2 Nr. 1 BremArchivG, § 6 Abs. 2 Nr. 1 LArchivG M-V; § 4 Abs. 2 Nr. 1 BbgArchivG.

192 Zum Vorrang der Löschung außer bei spezialgesetzlich vorgeschriebener Archivierung: § 6 Abs. 2 Nr. 2 BArchG.

musdatei (§ 12 Abs. 2 RED-G). Anders hingegen erlauben die fachgesetzlichen Regelungen im Bundesmeldegesetz (§ 16 BMG), im Personenstandsrecht (§ 7 Abs. 3 PStG), im Bundeskriminalamtgesetz (§ 78 Abs. 4 BKA-G) und im Zollfahndungsdienstgesetz (§ 40 Abs. 4 ZFdG) eine ersetzende Archivierung der Daten anstatt ihrer Löschung, wenn den Unterlagen ein bleibender Wert innewohnt.

Im Ergebnis muss zur Ermittlung einer Anbietungs- oder Löschungspflicht von speziellen elektronischen Registereinträgen und Datenbanken also stets auf die konkrete Rechtsgrundlage sowie auf das einschlägige Archivgesetz rekurriert werden.

b) Sonderfall der Homepages öffentlicher Stellen

Auch die Internetportale von öffentlichen Stellen werden laufend aktualisiert und erreichen daher theoretisch nie den Status der Archivreife, in dem sie „nicht mehr benötigt" werden. Gleichwohl enthalten sie mehr und mehr bedeutende Informationen über das tägliche öffentliche Leben und das staatliche Handeln, das für zukünftige Archivbenutzer von Wert sein kann. Eine Archivierung öffentlicher Internetportale muss deshalb im Sinne der Überlieferungsbildung erwogen werden. Für die rechtskonforme Archivierung von Internetseiten müssen zwei Bedingungen erfüllt werden. Erstens müssen die Internetseiten möglichst vollständig abgebildet und in ihrer Funktionalität erhalten bleiben. Denn gerade die Nutzung von Unterseiten und Funktionen der historischen Homepages dürfte im zukünftigen Benutzerinteresse liegen. Zweitens muss der laufenden Aktualisierung der Internetseiten dadurch Rechnung getragen werden, dass sie ebenso wie Datenbanken oder Register regelmäßig, das heißt in einem festen Intervall als Abbild kopiert und archiviert werden.

Eine technische Möglichkeit zur Archivierung von Internetseiten ist der Einsatz von Crawlern in der Methode des *Selective Harvesting*. Ein Crawler erkennt die regelmäßigen Veränderungen von Internetseiten und erstellt dafür neue Spiegelungen.[193] Das Ziel der Anbietung von archivierten In-

---

193 Vgl. Andreas Rauber/Hans Liegmann, Webarchivierung zur Langzeiterhaltung von Internet-Dokumenten, in: Heike Neuroth et al.

ternetseiten an die Archive muss lauten, „nicht nur bestimmte Inhalte (content) des Internets zu sichern, sondern definierte Websites unter Wahrung ihrer Strukturen und Funktionalitäten in einer browserfähigen Form zu archivieren. Die Aufgabe, die mit Hilfe eines Offline-Browsers, der Spiegelungs-Software, gelöst werden muss, besteht darin, aus einem gewählten Internetausschnitt eine in sich vollständige, funktionsfähige und adäquate Einheit auf einem Datenträger zu machen. Dies geschieht nicht kontinuierlich, sondern in festen Intervallen oder zu bestimmten Anlässen. Also in der Form eines Zeitschnitts – oder, [...] – einer Momentaufnahme."[194] Die Archivierung öffentlicher Internetseiten wird es auch vor dem Hintergrund einer möglichst großen Überlieferungssicherung nicht ermöglichen können, alle Eigenschaften und Funktionen der ursprünglichen Portale zu sichern.[195] Auch in dieser Frage muss ein Kompromiss gefunden werden, der den Archivierungsaufwand begrenzt und gleichzeitig eine sinnvolle Benutzung der archivierten Internetseiten ermöglicht.

3. Bewertung und Übernahme im digitalen Archiv

Die Bewertung und die Übernahme von Unterlagen sind bedeutende Archivaufgaben, da sie die Entscheidung über die Überlieferungssicherung von staatlichen Informationen treffen und damit auch alle daran anschließenden Archivaufgaben wie die Erschließung, Sicherung und Nutzbarmachung und Auswertung beeinflussen. Die Feststellung der Archivwürdigkeit und die Übernahme der Aufzeichnungen in das Archiv bewirken die Umwidmung der Aufzeichnungen zu öffentlichem Archivgut. Dieses dient fortan als öffentlich-rechtliche Sache im Anstaltsgebrauch den Archivzwecken. Bewertungs- und Übernahmeprozesse im digitalen Archiv üben die gleiche Funktion wie im analogen Archiv aus und

---

(Hrsg.), nestor-Handbuch. Eine kleine Enzyklopädie der digitalen Langzeitarchivierung, Glückstadt 2016, Kapitel 17, S. 93.

194 Rudolf Schmitz, Erfassung und Bewertung bei der Archivierung von Websites politischer Parteien, in: Katharina Ernst (Hrsg.), Erfahrungen mit der Übernahme digitaler Daten, Stuttgart 2007, S. 15-21, 15.

195 Vgl. Naumann in: Rehm/Bickhoff 2010, S. 38.

müssen dieselben Anforderungen erfüllen. Gleichwohl sind die strukturellen und organisatorischen Abläufe und Prozesse anders gelagert. Dies wird zunächst in den neuen Möglichkeiten digitaler Zwischenarchive ersichtlich (a). Da die digitalen Zwischenarchive jedoch noch längst keinen Regelfall der modernen Übergabeprozesse darstellen, richtet sich das Hauptaugenmerk der digitalen Bewertung und Übergabe nach den konzeptionellen Anforderungen des digitalen Archives, dessen Komponenten die Arbeitsweisen des klassischen Archives in die Informationstechnik übertragen (b).

a) Digitale Zwischenarchive

Digitale Zwischenarchive[196] stellen das moderne Pendant zu den klassischen, sprich analogen, Zwischenarchiven dar.[197] Digitale Zwischenarchive ergänzen die bestehenden Zwischenarchive als eine zusätzliche Einrichtung im Übergabeprozess staatlicher Unterlagen zwischen laufender Verwaltung und Archiv. Sie dienen der vereinheitlichten Speicherung von elektronischen Akten, auf die während der Aufbewahrungsfristen weiterhin eine Zugriffsmöglichkeit durch die Behörde besteht.[198] Alle im digitalen Zwischenarchiv hinterlegten elektronischen Unterlagen befinden sich nach wie vor im Verfügungsrecht der Behörde. Solange sie noch nicht als archivwürdig bewertet und in das eigentliche Archiv übernommen wurden, hat auch keine Widmung zu Archivgut stattgefunden. Dementsprechend sind die elektronischen Unterlagen im digitalen Zwischenarchiv noch immer öffentliche Sachen im Verwaltungsgebrauch.[199] Die Zwischenarchivierung ist ein verbindendes Glied zwischen der Unterlagenbearbeitung in der staatlichen Stelle und der Übergabe an die Archive, die ja mit dem Verlust der Sachherrschaft der Verwaltung über die Unterlagen verbunden ist.

---

196 Teilweise auch elektronische Altregistratur genannt.

197 Zum Nebeneinander beider Einrichtungen: § 8 Abs. 1 BArchG.

198 Vgl. Michael Wettengel, Aussonderung und Archivierung elektronischer Akten, in: ders. (Hrsg.), Digitale Herausforderungen für Archive, Koblenz 1999, 90-97, 91.

199 Vgl. Hausmann 2016, S. 36.

Die digitalen Zwischenarchive werden als Teilkomponente der oben untersuchten Dokumentenmanagementsysteme eingerichtet. Nach der Bearbeitung einer E-Akte wird diese vom Sachbearbeiter, wenn sie nicht mehr benötigt wird, geschlossen und per Vermerk mit einer definierten Aufbewahrungsfrist innerhalb des Dokumentenmanagementsystems in die Komponente des digitalen Zwischenarchivs verschoben.[200] Die digitalen Zwischenarchive können sich auf diese Weise zu technischen Schnittstellen zwischen Bearbeitersystem und Archivierungssystem entwickeln.[201]

Für eine rechtssichere und verwaltungspraktische digitale Zwischenspeicherung müssen verschiedene Bedingungen erfüllt sein. Die im digitalen Zwischenarchiv hinterlegten elektronischen Unterlagen müssen verschlüsselt werden und die gegebenenfalls vorhandenen beweissichernden elektronischen Signaturen müssen vor dem Ablauf ihrer Gültigkeit neusigniert werden können. Die zwischenarchivierten Unterlagen befinden sich noch im Verfügungsbereich der Behörde. Werden sie, etwa im Rahmen einer Akteneinsicht, erneut von der Fachbehörde benötigt, so kann diese Stelle die Unterlagen über ihr Dokumentensystem erneut aufrufen und über einen Viewer, also eine Anzeigefunktion, betrachten. Würde die Behörde die Unterlage wieder bearbeiten, dann stellte dies einen neuen Vorgang der laufenden Verwaltung dar und die Unterlage müsste dem Zwischenarchiv wieder völlig entnommen werden. Solange die Unterlage aber im Zwischenarchiv liegt, muss sie unverändert, das heißt integritätswahrend, abgespeichert bleiben.[202] Sobald die Aufbewahrungsfrist ver-

200 Vgl. Ilka Stahlberg, Die Einführung des DMS/VBS EL.DOK (Prodea) in der Ministerialverwaltung Brandenburg und die Konzipierung eines digitalen Zwischenarchivs unter Mitwirkung des Brandenburgischen Landeshauptarchivs, in: Staatsarchiv St. Gallen (Hrsg.), Entwicklung in den Bereichen Records Management/Vorarchiv – Übernahme – Langzeitarchivierung, St. Gallen 2009, S. 11-17, 17.

201 Vgl. Ilka Stahlberg, Konzipierung des digitalen Zwischenarchivs in Brandenburg und der Sachstand bei der DMS-Einführung in der Brandenburgischen Landesverwaltung, in: Landeshauptarchiv Schwerin (Hrsg.), Auf dem Weg zum digitalen Archiv, Schwerin 2012, S. 47-51, 48.

202 Zu den Anforderungen siehe Stahlberg 2012, S. 48; außerdem die klaren Aufbewahrungsregeln nach § 18 RegR.

streicht, greift die Anbietungspflicht nach dem Archivrecht und die digitalen Unterlagen müssen an die Archivkomponente des Dokumentenmanagementsystems weitergeleitet werden.

Digitale Zwischenarchive zeichnen sich dadurch aus, dass sie trotz der Tatsache, dass die Unterlagen noch im Verfügungsbereich der Verwaltung liegen, die Unterlagen nicht mehr dezentral in jeder Behörde vorgehalten werden, sondern zentral an einem gemeinsamen Ort gespeichert werden.[203] Zumeist lassen sich hierfür die bereits vorhandenen Infrastrukturen der Landesrechenzentren nutzen.[204]

Für die letztendlich bezweckte elektronische Archivierung der elektronischen Akten in den öffentlichen Archiven bietet das digitale Zwischenarchiv einige Vorteile.[205] Die übergangsweise Speicherung in zentralen Zwischenarchiven kann bereits vor der Anbietung und Übernahme der Unterlagen an die Archive auf eine Vereinheitlichung der Datenformate und auf die notwendigen Anforderungen der Authentizität und Integrität der Daten hinwirken.[206] Digitale Zwischenarchive wirken standardisierend. Sie erlauben den digitalen Archiven frühzeitig und über eine zentrale Stelle, auf die notwendigen technischen Anforderungen der elektronischen Archivierung an die Verwaltungsdaten hinzuweisen.

Normative Grundlage für das digitale Zwischenarchiv des Bundes ist der im Jahr 2017 eingeführte § 8 BArchG. Gemäß

---

203 Würden die vielen Mengen der anfallenden elektronischen Unterlagen allesamt für die mehrjährigen Aufbewahrungsfristen in den eigenen IT-Strukturen der Behörden gespeichert, hätte dies negative Auswirkungen auf die Verarbeitungsgeschwindigkeit des Dokumentenmanagementsystems, vgl. Michael Ucharim, Das Digitale Zwischenarchiv des Bundes und seine Bedeutung für das Bundesarchiv, Forum 2015, S. 42-46, 44.

204 Vgl. Tobias Beinert/Armin Straube, Aktuelle Herausforderungen der Langzeit-archivierung, in: Paul Klimpel/Jürgen Keiper (Hrsg.), Was bleibt? Nachhaltigkeit der Kultur in der digitalen Welt, Berlin 2013, S. 27-46, 35.

205 Die Gesetzesbegründung in Deutscher Bundestag, Drucksache 18/9633, S. 63 zur Einführung des digitalen Zwischenarchivs in § 8 Abs. 1 S. 2 BArchG benutzt Attribute wie „technisch gesichert und vorbereitet“, „technische, organisatorische und […] auch finanzielle Entlastung“ oder „möglichst lückenlose Überlieferung“.

206 Vgl. Ucharim, Forum 2015, S. 44.

§ 8 Abs. 1 S. 2 BArchG unterhält das Bundesarchiv das digitale Zwischenarchiv für alle elektronischen Unterlagen aller Bundesbehörden. Diese Unterlagen werden durch das Bundesarchiv gemäß § 8 Abs. 2 S. 1 BArchG nur im Auftrag der Behörden verwahrt, wodurch betont wird, dass diese Unterlagen weder zu Archivgut umgewidmet wurden noch, dass das Bundesarchiv die Verfügungsgewalt über sie besitzt. Jedoch erhält das Bundesarchiv gemäß § 8 Abs. 2 S. 1 BArchG bereits die Verantwortung für die technischen und organisatorischen Maßnahmen zur Verwahrung und Sicherung dieser elektronischen Behördenunterlagen. Indem § 8 Abs. 3 BArchG zudem verbindliche Standards für die Übermittlung der Unterlagen an das digitale Zwischenarchiv verlangt, zeigt sich der Standardisierungsgedanke, der durch das digitale Zwischenarchiv verfolgt werden soll. Die elektronischen Unterlagen der Bundesbehörden sollen noch zum Zeitpunkt vor ihrer eigentlichen Archivierung in standardisierter Form an das digitale Zwischenarchiv des Bundes übertragen werden und das Bundesarchiv trägt fortan die Verantwortung für die technische und organisatorische Sicherung der Unterlagen. Damit erhält das Bundesarchiv hinsichtlich aller elektronischen Unterlagen der Bundesbehörden bereits vor der elektronischen Archivierung einen wichtigen Einfluss auf die Form und Vielfalt der elektronischen Daten und kann auf einheitliche Speicherformate und einheitliche Metadatenstandards der potentiell zukünftigen Archivgüter hinwirken.[207]

Die Errichtung und die strukturelle Einbindung von digitalen Zwischenarchiven ist noch keinesfalls flächendeckend umgesetzt worden. Das Bundesarchiv will parallel zur Novellierung des Bundesarchivgesetzes sein digitales Zwischenarchiv für die Unterlagen der Bundesbehörden bis zum Jahr 2019 aufbauen. Weitere digitale Zwischenarchive auf Landesebene sind in Planung oder inmitten der Umsetzung. In den meisten Fällen finden die Anbietung und Übergabe noch nicht über eine zentrale Schnittstelle statt, sondern sie werden für die einzelnen Datenbestände zwischen Behörde und digitalem Archiv vereinbart, wie nachfolgend dargestellt wird. Doch auch wenn ihre Umsetzung noch mehrere Jahre dauern

207 Vgl. Deutscher Bundestag, Drucksache 18/9633, S. 63.

wird, sind die Entlastung für die anschließende elektronische Archiverung und die Standardisierungswirkungen, die von den digitalen Zwischenarchiven ausgehen als ein Leitgedanke des zukünftigen Rechts der digitalen Archive zu befürworten und auch die Landesarchivgesetze sollten entsprechende Vorschriften, wie sie in § 8 BArchG zu finden sind, einführen.

b) Digitale Archive

Digitale Archive sind idealerweise der letzte Baustein einer umfassenderen Digitalisierungsstrategie. Verfolgt der Gesetzgeber die Einführung des E-Governments, dann darf diese Umsetzung nicht an der Frage der Archivierung halt machen. Die elektronische Schriftgutverwaltung und andere Formen der Entstehung elektronischer Unterlagen müssen kompatibel sein mit den Vorrichtungen und Abläufen, die ein digitales Archiv mit sich bringt. Die Bewertung, Übernahme, Erschließung, Speicherung und Benutzung von elektronischen Daten benötigen selbstverständlich technische Hard- und Software. Diese muss sich gezielt an die Bedingungen des Datenursprungs richten. Gleichwohl gilt es, ein Durcheinander an verschiedenen Datenformaten, Fachanwendungen, Metadatenstandards und Verwaltungssystemen zu vermeiden, denn ansonsten können die Archive diese Komplexität nicht verarbeiten. Insofern müssen die Digitalisierungsstrategien eine möglichst reibungslose Kompatibilität zwischen Entstehung und Bearbeitung elektronischer Unterlagen einerseits und elektronischer Archivierung andererseits herstellen. Da jedoch die öffentliche Verwaltung und die Justiz auf viele Stellen, Ebenen und Zuständigkeiten verteilt sind, wird das digitale Archiv nicht umhinkommen, die Anpassung der Vielfalt der Unterlagen an seine Bedingungen zu erzwingen.

(1) Der OAIS-Standard für digitale Archive

Als grundlegendes Konzept für die Anforderungen und den Aufbau eines digitalen Archives hat sich der sogenannte OAIS-Standard bewährt und durchgesetzt.[208] Das OAIS

208 Zu den Standards auch Arnhilt Kuder et al., Aspekte der Langzeitarchivierung und nachhaltigen Datensicherung, in: Thomas Dreier et al.

(Open Archival Information System), das als ISO-Norm 14721 veröffentlicht wurde[209] „ist ein Standard in Form eines Referenzmodells für ein dynamisches, erweiterungsfähiges Archivinformationssystem“[210], das auf mehreren Einzelkomponenten aufbaut. Es ist bewusst als ein offenes Konzept entstanden, da es sich an unterschiedliche Benutzergruppen, also nicht nur an staatliche Archive, richtet und an unterschiedliche Kontexte angepasst werden kann. Es erhebt damit den Anspruch, „auf jedes Archiv anwendbar zu sein“[211].

Unter der Berücksichtigung der klassischen Arbeitsschritte eines Archives wird der OAIS-Standard diesem Anspruch gerecht, indem er die anfallenden und langfristig zu bewahrenden Daten nicht einfach nur ablegt, sondern in unterschiedliche Pakete umformatiert und je nach Arbeitsschritt anpasst. Im Konkreten geschieht das folgendermaßen: „Das was Archive an digitalen Unterlagen übernehmen, heißt in der Terminologie des OAIS Submission Information Packages (SIP). Im Archiv selbst werden diese SIP vom Archiv durch Metainformationen ergänzt und umgeformt zu Archival Information Packages (AIP), die weiter verarbeitet werden und die im Kern die Form darstellen, in der die digitalen Informationen tatsächlich langfristig aufbewahrt werden. Zugänglich gemacht werden die AIPs über die so genannten Dissemination Information Packages (DIP), die für bestimmte Nutzergruppen je nach Vorliegen bestimmter rechtlicher Bedürfnisse generiert und zielgruppenorientiert zur Verfügung gestellt werden können.“[212]

Die Informationen, die im digitalen Archiv langfristig gespeichert werden, sind demzufolge nicht dieselben und identischen Dateien, wie sie in der laufenden Verwaltung verwendet wurden. Und die im Archivspeicher gesicherten Dateien sind ebenso nicht eins zu eins das, was dem Benutzer des di-

---

(Hrsg.), Informationen der öffentlichen Hand, Baden-Baden 2016, S. 409-436, 415.

209 Instruktiv Nils Brübach, Das Referenzmodell OAIS, in: Heike Neuroth et al. (Hrsg.), nestor-Handbuch. Eine kleine Enzyklopädie der digitalen Langzeitarchivierung, Glückstadt 2016, Kapitel 4, S. 3.

210 Brübach, in: Neuroth et al. 2016, Kapitel 4, S. 4.

211 Brübach, in: Neuroth et al. 2016, Kapitel 4, S. 7.

212 Brübach, in: Neuroth et al. 2016, Kapitel 4, S. 7.

gitalen Archivs auf seinen Antrag hin zur Benutzung bereitgestellt wird. Das digitale Archiv muss das digitale Archivgut stärker noch als in analoger Form aufbereiten und mit zusätzlichen Hintergrunddaten ergänzen, um die Überlieferungssicherung und die Interpretation in späteren Generationen zu sichern. „Given this, the OAIS must not only preserve information, but also a sufficient portion of its associated context to ensure that the information is understandable, and ultimately, useable by future generations. [Contextual information] includes, but is not limited to, a description of the structure or format in wich the information is stored, explanations of how and why the information was created, and even its appropriate interpretation. [...] This in turn has important implications for the metadata requirements needed to support the archived information.“[213] Das digitale Archiv des OAIS Standards unterscheidet demzufolge zwischen den einzelnen Archivierungsschritten und den drei zugrundeliegenden Bereichen der *Übergabe* der ursprünglichen Daten, der *Archivierung* der Daten und der *Benutzung* des Archivguts. In diesem Sinne muss auch das digitale Archiv selbst ein aus verschiedenen Modulen bestehendes Gesamtsystem sein.[214] Das digitale Archiv besteht deshalb aus den Komponenten *Übernahme (Ingest), Speicherung, Datenmanagement, Bestandserhaltung, Benutzung und zentrale Ablaufsteuerung*.[215]

213 Brian F. Lavoie, The Open Archival Information System Referece Model: Introductory Guide, in: Microform & Imaging Review 33 (2004), S. 68-81, 70.

214 Vgl. Ulrike Gutzmann, Überlegungen zu Anforderungen an Archivierungs-systeme, in: Landeshauptarchiv Schwerin (Hrsg.), Auf dem Weg zum digitalen Archiv, Schwerin 2012, S. 37-41, 37.

215 Vgl. Gutzmann, in: Landeshauptarchiv Schwerin 2012, S. 38; Brübach, in: Neuroth et al. 2016, Kapitel 4, S. 9; Lavoie, Microform & Imaging Review 33 (2004), S. 73f.

Abbildung 1: OAIS Referenzmodell

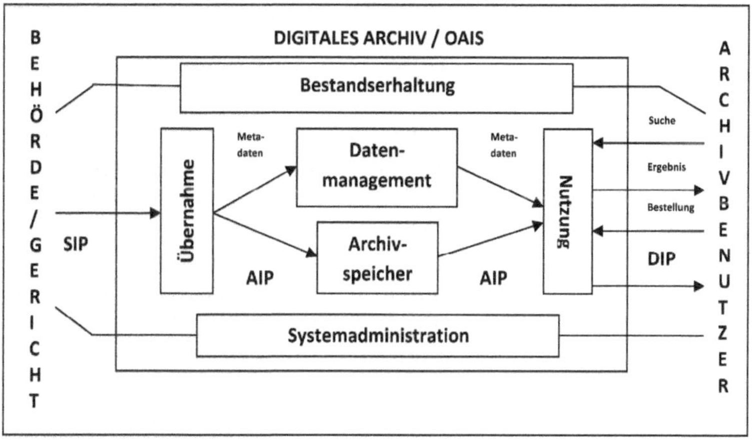

Quelle: Eigene Darstellung, vgl. Burkhardt Nolte/Karsten Huth, in: Keitel/Naumann 2013, S. 125.

Das *Modul Übernahme/Ingest* ist die Schnittstelle des digitalen Archives zur abgebenden Stelle, also zu den Behörden oder Gerichten.[216] Hierbei kommt es zunächst darauf an, ob die abgebende Stelle bereits ein Dokumentensystem verwendet. In diesem Fall kann die Übernahme der elektronischen Unterlagen über die Aussonderungsfunktion des Systems automatisch stattfinden. Wird noch kein Dokumentenmanagementsystem eingesetzt, muss die Übernahme durch individuelle Vereinbarungen zwischen Behörde und Archiv geregelt werden.

Das Übernahme-Modul „konvertiert die Daten bei der Übernahme möglichst automatisiert in archivfähige Formate."[217] Die aus der abgebenden Stelle übertragenen Daten stellen die SIPs[218] dar, die für die langfristige Speicherung aufbereitet werden müssen. Das daraus entstehende Format sind

216 Vgl. Gutzmann, in: Landeshauptarchiv Schwerin 2012, S. 39.
217 Gutzmann, in: Landeshauptarchiv Schwerin 2012, S. 39.
218 Submission Information Package – „die digitalen Ressourcen, welche die aufbewahrenden Institutionen übernehmen", vgl. Brübach, in: Neuroth et al. 2016, Kapitel 4, S. 9.

die AIPs[219]. „Die Ingests werden in der Regel uneingeschränkt über Menüs gesteuert. Bevor eine Abgabe in Form eines oder mehrerer SIPs in das [digitale Archiv] hochgeladen wird, legt der zuständige Mitarbeiter eine Ablieferungsvereinbarung an, in der das SIP-Format, die eingehenden Dateiformate und der Migrationspfad in ein archivfähiges Dateiformat festgelegt werden."[220] Die Archivinformationspakete unterscheiden sich von den übertragenen Behördendaten insofern, als dass sie um die ergänzenden Metadaten angereichert werden. Die Metadaten werden vom Ingest-Modul automatisch im Datenformat XML abgelegt. Fehlende Informationen können von den Sachbearbeitern manuell über eine Eingabemaske ergänzt werden. Die Metadaten sind für die spätere Suche, Benutzung und Interpretation des digitalen Archivguts unerlässlich. Denn einerseits enthalten sie Informationen über besondere Anforderungen, zum Beispiel rechtliche Zugriffssperren, Verschlüsselungen oder Passwörter sowie den Namen und die Version der zur Benutzung notwendigen Software.[221] Andererseits müssen die Metadaten auch Eigenschaften wie die Größe des Objektes, das Datenformat und den Speicherort im Archivspeicher enthalten. Schließlich muss das Übernahme-Modul jene Informationen erkennen und festhalten, „die über die Zeit hinweg unbedingt erhalten werden müssen. Ferner sind zu erfassen: Digitale Signaturen, Informationen zur Rechtesituation, die künftige Nutzer über den juristischen Nutzungsrahmen informiert, etwa Angaben zu Urheberrechten und zu Lizenzbedingungen."[222] Das Übernahme-Modul hat demzufolge zwei zentrale Funktionen. Zum einen konvertiert es die übertragenen Behördenunterlagen (zum Beispiel in das Zielformat PDF/A oder TIFF) und die kontextualisierten Metadaten (im XML-Format) in das Archivformat (AIP) um. Aus der elektronischen Behördenunterlage wird so das

219 Archival Information Package – „vom Langzeitarchiv mit Metadaten ergänzte digitale Objekte. In dieser Form werden die digitalen Objekte langfristig aufbewahrt." Vgl. Brübach, in: Neuroth et al. 2016, Kapitel 4, S. 9.

220 Burkhardt Nolte, Das elektronische Staatsarchiv des Freistaats Sachsen, in: Der Archivar 67 (2014), S. 6-13, 11.

221 Vgl. Gutzmann, in: Landesarchiv Schwerin 2012, S. 39.

222 Gutzmann, in: Landesarchiv Schwerin 2012, S. 39f.

Archivinformationspaket. Dieses Archivinformationspaket wird dann in das Speichermodul weitergeleitet. Zum anderen generiert das Übernahme-Modul die sogenannten „Minimal-Metadaten", die nur die wichtigsten Informationen über das neue Archivinformationspaket enthalten und leitet sie an das Modul Datenmanagement weiter. Damit wird gewährleistet, dass bei einer späteren Recherche die hinterlegten Archivinformationspakete im Speicher auch wieder aufgefunden werden können.[223] Die Mini-Metadaten verzeichnen also den Speicherort und Stichworte des neuen Pakets. Im obigen Schaubild wird dies durch die beiden vom Übernahme-Modul ausgehenden Pfeile zum Archivspeicher und zum Datenmanagement verdeutlicht.

Das *Speicher-Modul*, auch Elektronisches Magazin oder Archival Storage genannt, erfüllt im digitalen Archiv die konkrete elektronische Archivierung und den Erhalt der hinterlegten Daten.[224] „Es speichert AIPs, findet AIPs bei Recherchen wieder auf, etwa für die Nutzung und es analysiert und korrigiert Fehler. Nach Ausfällen werden die Daten wieder hergestellt."[225] Das Speichermodul ist nicht nur ein simpler Datenspeicher. Insbesondere im Hinblick auf die Datensicherung, die unbefristete Aufrechterhaltung der Dokumenteneigenschaften und ihre Lesbarkeit übt das Speichermodul wesentliche Funktionen aus. Das Speichermodul überprüft regelmäßig die Auffindbarkeit, Verfügbarkeit und Vollständigkeit der hinterlegten AIPs. Um eine größere Datensicherheit zu gewährleisten geht das OAIS Model grundsätzlich von einer redundanten, also auf mehrere Speicherorte verteilten Speicherung, aus.[226]

Das *Modul Datenmanagement* „maintains databases of describing the archived information in support of the OAIS´s finding aids; it also manages the administative data supporting the OAIS´s internal system operations, such as system performance data or access statistics."[227] Neben der Bereithaltung der Minimal-Metadaten zum Auffinden der im

223 Vgl. Lavoie, Microform & Imaging Review 33 (2004), S. 73.
224 Vgl. Lavoie, Microform & Imaging Review 33 (2004), S. 73.
225 Gutzmann, in: Landesarchiv Schwerin 2012, S. 40.
226 Brübach, in: Neuroth et al. 2016, Kapitel 4, S. 10f.
227 Lavoie, Microform & Imaging Review 33 (2004), S. 73.

Archivspeicher befindlichen AIPs dokumentiert das Modul Datenmanagement alle Änderungen im Archivspeicher wie beispielsweise Updates, Speichererweiterungen oder neu hinzugefügte Daten und legt hierfür Protokolle an.[228]

Das *Modul Nutzung/Access* erfüllt alle Aufgaben, die mit dem Archivbereich der Benutzung des digitalen Archivguts zusammenhängen. Es reagiert auf externe (Bürger, Forscher, andere Behörden) und interne Rechercheanfragen zur Suche nach bestimmten Archivalien. An dieser Stelle werden auch die Nutzerrechte geprüft.[229] In einem öffentlichen Archiv werden hier die Fragen der Schutzfristen, der Schutzfristverkürzung und der Nutzungsversagung aus entgegenstehenden Gründen des Allgemeinwohls oder schutzwürdiger Interessen betroffener Dritter überprüft. Der Nutzer erhält auf seinen Benutzungsantrag und seine Rechercheanfrage hin ein Suchergebnis, aus dem er die für ihn zutreffenden digitalen Archivalien auswählen kann.[230] Diese werden ihm in Form eines DIPs[231] zur Verfügung gestellt. Das bedeutet, dass, angepasst an den Inhalt der eingegebenen Suche und an die Reichweite der Nutzerrechte, das digitale Archiv individuelle elektronische Archivalien für den Nutzer *generiert*. Ihm wird nicht die originale archivierte Datei vorgelegt, sondern ein entsprechend inhaltlich aufbereitetes Informationspaket. Damit stellt sich auch ein qualitativ andersartiger Nutzungsvorgang als im klassischen Archiv ein. Es wird weniger gezielt nach einer bestimmten Unterlage, zum Beispiel einem Jahrgang aus dem örtlichen Vereinsregister, gesucht, sondern stattdessen anhand von Suchbegriffen eine Reihe verschiedenen Unterlagen, die diesen Suchbegriff enthalten, angefordert.[232]

---

228 Vgl. Gutzmann, in: Landesarchiv Schwerin 2012, S. 40.

229 Vgl. Gutzmann, in: Landesarchiv Schwerin 2012, S. 40.

230 Vgl. Lavoie, Microform & Imaging Review 33 (2004), S. 74.

231 DIP (Dissemination Information Package) – „in dieser Form werden die digitalen Objekte je nach rechtlichen Bedürfnissen generiert und zur Verfügung gestellt", vgl. Brübach, in: Neuroth et al. 2016, Kapitel 4, S. 9. Das DIP ist die dritte Paketform, die das digitale Archiv nutzt, um mit den Datenobjekten zu verfahren. Es ist auf die Nutzeranfrage hin zugeschnitten und ermöglicht es, die original hinterlegten Dateien unberührt und unverändert zu lassen.

232 So auch Ino Augsberg, Informationsverwaltungsrecht, Tübingen 2014, S. 176.

Mit dem *Bestanderhaltungsmodul* gewährleistet das digitale Archiv, dass die ihm anvertrauten elektronischen Objekte auch auf Dauer gesichert und über die Zeit überliefert werden können. Dieses Modul ist von großer Bedeutung für den langfristigen Erhalt und die langfristige, authentische und integritätswahrende Verfügbarkeit des digitalen Archivguts. „Das heißt, eine ständige Überwachung im Bereich der Veränderung der Technologie gehört hier unabdingbar dazu. Aber auch der Blick auf den Benutzer und Veränderungen von Nutzungsgewohnheiten spielt hierbei eine Rolle. Preservation Planning umfasst demzufolge auch die Erstellung von Vorlagen (Templates) für die Information Packages und die Entwicklung einer Migrationsstrategie im Archiv.“[233] Neben dem physischen Datenverfall, der hauptsächlich im Speicher-Modul durch regelmäßigen Austausch der Datenträger verhindert wird, steht die digitale Archivierung besonders vor dem Problem der sich schnell verändernden Soft- und Hardware, die bereits nach wenigen Jahren zu Kompatibilitätsproblemen zwischen veralteten Datenformaten und neuer Software führt. Das digitale Archivgut ist jedoch unbedingt und unabhängig von der technischen Entwicklung stets lesbar und verfügbar zu halten. Will das digitale Archiv seine Bestände auch über mehrere Jahrzehnte und Jahrhunderte bewahren, so muss es Strategien entwickeln, seine digitalen Daten mit der Zeit in einem nutzbaren Zustand zu erhalten. Das Bestandhaltungsmodul übernimmt daher die wichtige Aufgabe, Strategien zu entwickeln, die Datenbestände fortlaufend in aktuelle Standardformate zu konvertieren (sogenannte Migration), oder aber für ältere Datenformate eine entsprechende ältere Softwareumgebung zu simulieren (sogenannte Emulation).[234] Die Migration von Datenbeständen geht immer mit der Gefahr des Datenverlustes einher, die Emulation behält die Daten in ursprünglicher Form bei, kann aber nicht garantieren, dass die simulierte Softwareumgebung alle Funktionen adäquat zur Originalsoftware ersetzt. Insofern ist

233 Brübach, in: Neuroth et al. 2016, Kapitel 4, S. 11.

234 Vgl. Peter Collin, Die archivrechtliche Regulierung des Zugangs zu öffentlichen Informationen, in: Thomas Dreier et al. (Hrsg.), Informationen der öffentlichen Hand – Zugang und Nutzung, Baden-Baden 2016, S. 210-228, 219.

die elektronische Archivierung von digitalen Unterlagen stets von Unsicherheit begleitet und risikobehaftet. Das Modul der Bestandserhaltung muss darauf reagieren und die technische Entwicklung permanent begleiten. Um die Authentizität der Daten auch nach dem Prozess der Migration beizubehalten muss das Bestandserhaltungsmodul auch umfassende Protokollierungen, zum Beispiel der Metadaten, im Rahmen seiner Tätigkeiten vornehmen. „So muss etwa bei einer Migration der Zeitpunkt, zu dem diese stattfindet, erfasst, der Vorgang selbst dokumentiert und das Ergebnis beschrieben und festgehalten werden."[235]

Das OAIS Referenzmodell für die Abläufe eines digitalen Archives hat sich in den deutschen Archivverwaltungen als zugrundeliegender Standard durchgesetzt.[236] Durch seinen

---

235 Gutzmann, in: Landesarchiv Schwerin 2012, S. 40. Die Archive sind für die Erfüllung der technischen Bestandserhaltung besonders auf die Unterstützung durch das IT-Personal des jeweiligen Landes angewiesen. Die Landesrechenzentren müssen im Rahmen dieser Aufgaben eng eingebunden werden, damit Archivvorgaben und technische Realisierung zusammengehen.

236 Dass sich der OAIS-Standard in der deutschen Archivlandschaft für den Aufbau digitaler Archive durchgesetzt hat, wird sehr deutlich in den verschiedenen Fachbeiträgen der Archivvertreter selbst, die sehr regelmäßig auf die Umsetzung und Anpassung dieses Standards an ihren konkreten Kontext verweisen. Bundesebene: Bundesministerium des Innern, Organisationskonzept elektronische Verwaltungsarbeit. Baustein E-Langzeitspeicherung, Berlin 2014, S. 8f; Bundesarchiv: Karsten Huth/Kathrin Schroeder, Projekt „Aufbau eines digitalen Archivs" im Bundesarchiv, in: Stadtarchiv Stuttgart (Hrsg.), Erfahrungen mit der Übernahme digitaler Daten, Stuttgart 2007, S. 42-46, 45; Nordrhein-Westfalen: Ralf Maria Guntermann/Christoph Schmidt, Akzession digitaler Daten im Landesarchiv Nordrhein-Westfalen, in: Landeshauptarchiv Schwerin (Hrsg.), Auf dem Weg zum digitalen Archiv, Schwerin 2012, S. 17-20, 19; Sachsen: Burkhardt Nolte/Karsten Huth, Einführung der elektronischen Archivierung im Sächsischen Staatsarchiv, in: Landesarchiv Baden-Württemberg (Hrsg.), Digitale Archivierung in der Praxis, Stuttgart 2013, S. 119-127, 125; Brandenburg: Jörg Homberg, Umsetzung des OAIS-Konzepts im brandenburgischen Landeshauptarchiv, in: Landeshauptarchiv Schwerin (Hrsg.), Auf dem Weg zum digitalen Archiv, Schwerin 2012, S. 43-44, 44; Hessen: Sigrid Schieber, Das digitale Archiv der hessischen Staatsarchive, in: Staatliche Archive Bayerns (Hrsg.), Neue Entwicklungen und Erfahrungen im Bereich der digitalen Archivierung: von der Behördenberatung zum Digitalen Archiv, München 2010, 37-42, S. 39f; Kommunalarchiv Stuttgart: Heike Maier, Digitale Langzeitarchivierung im

modularen Aufbau findet es erste Antworten auf die vordergründigen Fragen der Übergabe, Speicherung, Bestandserhaltung und Nutzung digitaler Objekte. Insofern ist sein Ansatz anschlussfähig. Denn das Referenzmodell ist eine reine Beschreibung von Prozessabläufen und einzuhaltender Mindestanforderungen, die durch eine konkrete technische Soft- und Hardwarelösung realisiert werden muss. Der große Vorteil im Zuge der Einführung des E-Governments in Bund, Ländern und Kommunen ist, dass sich das OAIS Modell im tatsächlichen Ausschreibungs- und Vergabeverfahren[237] an dem bereits eingerichteten Dokumentenmanagementsystem der Behörden und Gerichte orientieren kann. Das muss es auch, um eine fehlerfreie und kompatible Übergabe der elektronischen Unterlagen zu gewährleisten. Insofern sind Verwaltungssystem und Archivsystem notwendigerweise auf das Engste miteinander verzahnt. Das digitale Archiv muss sich jeweils an die vorherrschenden Bedingungen der elektronischen Schriftgutverwaltung orientieren und gleichfalls müssen die Dokumentenmanagementsysteme Funktionalitäten vorhalten, die eine Aussonderung und Übergabe an die zuständige Archivverwaltung verlustfrei ermöglichen. Idealerweise umfasst eine staatliche Digitalisierungsstrategie bereits von Beginn an eine eingepasste Archivkomponente.

(2) Bewertung im digitalen Archiv

Worüber sich das OAIS Referenzmodell ausschweigt, ist die archivarische Bewertung über die Archivwürdigkeit der elektronischen Unterlagen. Es liegt auch nicht im Ansinnen des Referenzmodells, Bewertungskriterien aufzustellen, da es grundsätzlich für alle digitalen Archivierungskontexte anwendbar sein möchte, etwa auch für Unternehmensarchive. Wichtig für die Bewertung elektronischer Unterlagen durch öffentliche Archive ist, dass sie vor der Übergabe in die Prozessabläufe des Archivsystems stattgefunden haben muss. Denn die Aufgabenmodule des digitalen Archives sind darauf ausgelegt, die eingehenden SIPs der abgebenden Stelle in ar-

---

Stadtarchiv Stuttgart mit PADUA, in: Landeshauptarchiv Schwerin (Hrsg.), Auf dem Weg zum digitalen Archiv, Schwerin 2012, S. 85-88.

237 Vgl. etwa bei Nolte, in: Der Archivar 67 (2014), S. 8.

chivfähige Formate umzuwandeln und zu speichern sowie sie später wieder zur Benutzung bereitzustellen. Eine Auswahl oder Selektion der SIPs findet nicht mehr statt. „Das heißt, dass von der abgebenden Stelle nur diejenigen SIPs zu erzeugen und zu übermitteln sind, die dauerhaft im Archiv als AIPs gespeichert werden sollen."[238] Die Archivare des digitalen Archives müssen dementsprechend bereits vor dem Übergabeprozess mit der abgebenden Stelle in Kontakt treten und die elektronischen Unterlagen auf ihre Archivwürdigkeit hin bewerten. Dem Archiv muss deshalb der Zugriff auf die elektronischen Unterlagen noch während der Aufbewahrungsfrist im Verfügungsbereich der laufenden Verwaltung gewährt werden, um während dieses Zeitraumes eine eindeutige Bewertungsentscheidung über die Archivwürdigkeit und die daraus resultierende Übergabepflicht zu treffen.[239] Die archivfachliche Bewertung der digitalen Objekte steht demzufolge am Beginn der digitalen Archivierung und entscheidet, ob der gesamte Prozess überhaupt eingeleitet wird.[240]

Die Bewertungskriterien für einzelne elektronische Schriftstücke bleiben im Grunde dieselben wie sie für die analogen Dokumente und Vorgänge gelten.[241] Die äußere Form einer staatlichen Aufzeichnung, stofflich oder elektronisch, hat keine Auswirkung auf den inhaltlichen Wert, der sich eventuell aus dieser Aufzeichnung ergibt. Solange wie eine

---

238 Claudia Zeuker-Oertel, Das Digitale Archiv des Bundesarchivs, in: Staatsarchiv St. Gallen (Hrsg.), Entwicklung in den Bereichen Records Management / Vorarchiv –Übernahme – Langzeitarchivierung, St. Gallen 2009, S. 31-34, 33f.

239 Beschrieben für die kommunale Ebene: Katharina Tiemann/Peter Worm, Zwischen Domea-Anspruch und kommunaler Wirklichkeit, in: Landesarchiv Schwerin (Hrsg.), Auf dem Weg zum digitalen Archiv, Schwerin 2012, S. 61-66, 66. Das Zugangsrecht des Archivpersonals findet sich auch in den Archivgesetzen wieder, zum Beispiel in § 5 Abs. 6 S. 2 SächsArchivG.

240 Vgl. Christian Keitel/Rolf Lang, Ingest von Fachverfahren im Landesarchiv Baden-Württemberg, in: Staatsarchiv St. Gallen (Hrsg.), Entwicklung in den Bereichen Records Management / Vorarchiv – Übernahme – Langzeitarchivierung, St. Gallen 2009, S. 35-45, 39.

241 Vgl. Christian Keitel/Rolf Lang/Kai Naumann, Handlungsfähige Archive. Erfahrungen mit der Bewertung und Übernahme digitaler Unterlagen, in: Katharina Ernst (Hrsg.), Erfahrung mit der Übernahme digitaler Daten, Stuttgart 2007, S. 10-14, 10.

elektronische Aufzeichnung einen bleibenden Wert besitzt, da ihr eine besondere Bedeutung „insbesondere wegen ihrer politischen, rechtlichen, wirtschaftlichen, sozialen oder kulturellen Inhalte“ zukommt für die Erforschung der Geschichte, Gegenwart und Zukunft, für die berechtigten Interessen der Bürgerinnen und Bürger oder für die Gesetzgebung, Verwaltung und Justiz (§ 1 Nr. 10 lit. a BArchG), solange kann diese elektronische Aufzeichnung auch als archivwürdig bewertet werden.[242]

Problematischer ist die Bewertung von digitalen Objekten aus Fachanwendungen, wie sie etwa die Verwaltungsdatenbanken oder die elektronischen Register darstellen. Auch Internetseiten von öffentlichen Stellen fallen unter diese Kategorie. Sie können je nach Verwaltungsstelle oder Verwaltungsebene gänzlich unterschiedlich ausfallen. Indem sie individuell ausgestaltet sind, können sich einerseits Probleme mit der Kompatibilität zum Archivsystem ergeben, die einen Datentransfer erschweren. Andererseits ist der Archivar mit einer Fülle aus unterschiedlichen Fachanwendungen und deren Datenformaten konfrontiert, in deren Funktion und Aufbau er sich jeweils erst einarbeiten muss.[243]

Die archivarische Bewertung elektronischer Fachanwendungen[244] wird aber angesichts der Vielfalt und der wachsen-

---

242 Zur Debatte um Bewertungskriterien siehe Angelika Menne-Haritz, Archivische Bewertung, in: Schweizerische Zeitung für Geschichte 51 (2001), S. 448-460, 454ff.

243 Vgl. Frank M. Bischoff, Bewertung elektronischer Unterlagen und die Auswirkungen archivarischer Eingriffe auf die Typologie zukünftiger Quellen, Der Archivar 67 (2014), S. 40-52, 46. Zurückhaltend für den gesamten Bewertungsprozess elektronischer Unterlagen ist auch Peter Sandner, Bewertung digitaler Aufzeichnungen aus dem Dokumentenmanagementsystem, in: Katharina Ernst (Hrsg.), Erfahrung mit der Übernahme digitaler Daten, Stuttgart 2007, S. 6-9, 8: „Die Bewertung von morgen wird eine Gratwanderung sein: Einerseits bietet sie eine willkommene Automatisierung und damit eine Vereinfachung und Systematisierung des heute vielfach noch von Zufälligkeiten und Unwägbarkeiten geprägten Bewertungsprozesses. Andererseits wird der künftige Bewertungsprozess langwierige Einzelbewertungen unumgänglich machen“.

244 Vgl. Franz-Josef Ziewes, Überlegungen zur Bewertung von digitalen Unterlagen aus dem Umweltinformationssystem Baden-Württembergs, in: Udo Schäfer/Nicole Bickhoff (Hrsg.), Archivierung elektronischer Unterlagen, Stuttgart 1999, S. 145-151, 147.

den Anzahl unterschiedlicher Fachanwendungen in den Behörden und Gerichten zu einer größeren Herausforderung werden.[245] Die Digitalisierung wird in diesen Fällen kaum zu Effizienzsteigerungen oder Aufwandsminderung führen, sondern ganz im Gegenteil größeren archivwissenschaftlichen Bewertungs- und Speicheraufwand verursachen. Das Archivrecht steht dabei weiterhin vor dem Problem, kaum auf eine praktikable Weise verbindliche Bewertungskriterien und -methoden festschreiben zu können. Das Archivrecht sollte sich auch weiterhin mit detaillierten Legaldefinitionen für Begriffe wie den bleibenden Wert zurückhalten und dieses Feld der Archivwissenschaft überlassen.

4. Widmung und öffentliche Sachherrschaft über digitales Archivgut

Die Archivgesetze bestimmen, dass mit der positiven Bewertungsentscheidung und der Übernahme der archivwürdigen Unterlagen in das Archiv die Unterlagen der Verwaltung zu öffentlichem Archivgut umgewidmet werden und in das Verfügungsrecht des Archives übergehen.[246] Die Widmung als öffentlich-rechtlicher Kreationsakt[247] führt den Unterlagen einen neuen öffentlichen Zweck, den Archivzweck der Überlieferungssicherung und öffentlichen Benutzung, zu. Aus Unterlagen im Verwaltungsgebrauch werden Archivgüter im Anstaltsgebrauch.[248] In dieser Hinsicht stellen die Vorschriften des Archivrechts einen Teil des Rechts der öffentlichen Sachen dar. Fraglich ist aber, ob auch elektronische Unterlagen, die nur aus nichtkörperlichen Daten bestehen, zu öffentlichen Sachen gewidmet werden können. In Anwendung des bürgerlich-rechtlichen Sachenbegriffs des § 90 BGB dürfte die Antwort negativ ausfallen, denn der Sachenbegriff stellt gerade

---

245 Vgl. Hans Hofmann, Herausforderungen an die digitale Erhaltung, in: Michael Wettengel, Digitale Herausforderungen für Archive, Koblenz 1999, S. 9-13, 9.

246 § 8 Abs. 1 S. 1 ArchivG LSA; § 8 Abs. 1 und 2 SächsArchivG; Art. 9 Abs. 1 S. 2 BayArchivG; § 2 Abs. 5 S. 2 ArchivG NRW.

247 Vgl. Peter Axer, Die Widmung als Schlüsselbegriff des Rechts der öffentlichen Sachen, Berlin 1994, S. 30.

248 Vgl. Hausmann 2016, S. 36.

auf die Körperlichkeit einer Sache ab.[249] Der Sachenbegriff des Verwaltungsrechts ist jedoch nicht deckungsgleich mit jenem des Bürgerlichen Rechts. „Der Sachbegriff des Rechts der öffentlichen Sachen ist nicht der bürgerlichrechtliche Sachbegriff (§§ 90ff BGB). Die Gegenstände, die dem Recht der öffentlichen Sachen unterfallen, brauchen nicht die in § 90 BGB geforderte Körperlichkeit aufzuweisen"[250]. Denn wesentlich am Begriff der öffentlichen Sache ist nicht ihre Körperlichkeit, sondern es sind ihre öffentlich-rechtliche Zweckbestimmung und ihre Benutzungsmöglichkeiten.[251] Öffentliche Sachen dienen der Erfüllung öffentlicher Aufgaben und so wird nicht nach ihrer Beschaffenheit, sondern nach ihrer Zweckerfüllung gefragt. Deshalb können elektronische Unterlagen auch problemlos zu öffentlichem Archivgut gewidmet werden. Denn auch aus elektronischen staatlichen Aufzeichnungen heraus können sich wichtige Informationen für zukünftige private oder öffentliche Benutzerinteressen ergeben und auf diese Weise den öffentlichen Archivzwecken dienen. Die reformierten Archivgesetze der letzten Jahre verfügen über spezifische moderne Legaldefinitionen des Unterlagenbegriffs. Diese neu ausgerichteten Definitionen, die stärker den Aufzeichnungsgehalt und weniger die äußere Form der Unterlage betonen, erkennen die Fähigkeit elektronischer Unterlagen, zu öffentlichem Archivgut zu werden, zweifelsfrei an. Der Unterlagenbegriff der reformierten Archivgesetze hält nicht starr an der Körperlichkeit der staatlichen Unterlagen fest. Das Archivrecht als bereichsspezifisches Recht der öffentlichen Sachen im Archivgebrauch erkennt an, dass alle, auch die elektronischen Unterlagen zu Archivgut gewidmet werden können, sofern sie archivwürdig sind.[252]

---

249 § 90 BGB im Wortlaut: „Sachen im Sinne des Gesetzes sind nur körperliche Gegenstände." Zur Körperlichkeit der Sachen Hans Brox/Wolf D. Walker, Allgemeiner Teil des BGB, 30. Aufl., Köln 2006, S. 401.

250 Peine 2008, S. 327.

251 Vgl. Peine 2008, S. 325.

252 Beispielsweise. § 1 Nr. 2 i.V.m. § 1 Nr. 9 BArchG („Aufzeichnung jeder Art"); § 2 Abs. 1 i.V.m. § 2 Abs. 2 SächsArchivG („unabhängig von ihrer Speicherungsform"); § 2 Abs. 1 HmbArchG („alle Informationsträger").

Demzufolge ist als ein weiterer Leitgedanke des zukünftigen Rechts der digitalen Archive zu formulieren, dass auch elektronische staatliche Aufzeichnungen aller Art zu öffentlichem Archivgut umgewidmet werden können und damit zu einer öffentlichrechtlichen Sache im Anstaltsgebrauch werden, wodurch sie dem Archivzweck dienen und der öffentlichen Benutzung nach vorheriger Genehmigung offenstehen. Auf eine Körperlichkeit kommt es nicht an.

III. Digitale Archivierung

Wurden elektronische Unterlagen in der Verwaltung oder Justiz erstellt, bearbeitet und letztlich geschlossen, wurden sie für die Zeit der Aufbewahrungsfrist ordnungsgemäß in der elektronischen Behördenregistratur oder im digitalen Zwischenarchiv gespeichert und wurden sie anschließend dem digitalen Archiv zur Bewertung angeboten und daraufhin übernommen und zu öffentlichem Archivgut umgewidmet, dann ist elektronisches öffentliches Archivgut entstanden. Die nun einsetzende Kernaufgabe eines jeden Archives, die Archivierung im engeren Sinne, das heißt die Aufgabe der Speicherung und Erhaltung des Archivbestands, ist nicht minder problematisch und herausfordernd für die zukünftigen digitalen Archive. Anders als es eine erste allgemeine Einschätzung vermuten ließe, birgt die digitale Speicherung von Daten nicht nur Vorteile der Schnelligkeit und Simplizität für den Anwender. Bei genauerer Betrachtung zeigt sich, dass die digitale Bestandserhaltung mit noch mehr Unsicherheiten und Problemen verbunden ist, als die analoge Archivierung seit der Frühen Neuzeit.[253] War und ist die klassische Archivierung von Papierunterlagen fast ausschließlich mit physischen

253 Zu den räumlichen Herausforderungen der Archivierung bereits im 16. Jh. anschaulich Vismann, Akten 2011, S. 176ff. Zu den Aufbewahrungstechniken des analogen Archivs zählen unter anderem die Trockenreinigung, die Verpackung des Materials, konstante Klimabedingungen, Brand- und Wasserprävention, Entsäuerung von Papier, Schließen von Rissen oder das „Anfasern“ von Papier, bei dem feine Zellstoffteile durch ein Wasserbad angegriffene Papierunterlagen restaurieren. Dazu insgesamt Andrea Pataki-Hundt, Bestandserhaltung, in: Marcel Lepper/Ulrich Raulff, Handbuch Archiv, Stuttgart 2016, S. 218-224, 222f.

Problemlagen konfrontiert (etwa der notwendige Lagerraum, der Zerfall der Papierakten durch Schimmel, Bakterien, Feuchtigkeit, Licht und Benutzung), so schafft die Digitalisierung des Archivs eine weitere Problemebene. Zunächst lassen sich für digitale Unterlagen ganz ähnliche Aufbewahrungsrisiken feststellen. Die Speichereinheiten benötigen Platz und die gespeicherten Daten sind ebenso einem gewissen Zerfall unterworfen, der am Datenbestand nagt und eine Unlesbarkeit nach einem längeren Zeitablauf verursachen kann. Doch während Urkunden und Akten aus den vergangenen Jahrhunderten in ihrem Dokumentenaufbau und ihrer inhaltlichen Verständlichkeit unverändert aus sich selbst heraus benutzbar, lesbar und interpretierbar sind, erzeugen digitale Unterlagen das neuartige Problem, dass die dauerhafte Interpretierbarkeit elektronischer Daten nicht garantiert ist. Denn die rohen Daten als solche können nicht ohne weiteres gelesen, verwendet und verstanden werden. Die Wiedergabe von elektronischen Daten benötigt kompatible Soft- und Hardwareumgebungen. Die Überlieferung der letzten Jahrhunderte bestand stets aus Unterlagen, die (die nötigen Sprach- und Handschriftenkenntnisse vorausgesetzt) ihren Inhalt ohne Weiteres preisgaben. Bewahrte man die Urkunde, bewahrte man auch ihren Inhalt. Will man den Inhalt digitaler Unterlagen verstehen, benötigt man ein zusätzliches Werkzeug, nämlich die entsprechende Soft- und Hardware.[254] Erst Computertechnik und Computerprogramme machen die elektronischen Daten für den Menschen verständlich. Und genau hierin liegt die bedeutende Herausforderung, der sich die Archive bereits seit den 1990er Jahren und mit zunehmender Digitalisierung des Staates immer intensiver stellen müssen. Denn Soft- und Hardware befinden sich in einem stetigen und raschen Wandel. Der technische Fortschritt führt zu einem permanenten Überarbeiten und Verbessern der Informationstechnik. In regelmäßigen Jahresabständen wird der Stand der Technik überholt. An die neue und schwierige Situation der elektronischen Bestandserhaltung in

---

254 Vgl. Christian Keitel, Digitale Bestandserhaltung, in: Irmgard Becker/Clemens Rehm (Hrsg.), Archivrecht für die Praxis, München 2017, S. 99-103, 101.

digitalen Archiven ist eine Reihe von rechtlichen Anforderungen (1.) und rechtlichen Problemlagen (2.) geknüpft.

1. Rechtliche Anforderungen an die elektronische Archivierung

Der Arbeitsgegenstand des digitalen Archivs, die digitale Datei, ist wesentlich flüchtiger, vergänglicher und zudem auch leichter manipulierbar als es Unterlagen aus Papier oder Bücher und Karten sind. Um für elektronische staatliche Aufzeichnungen dasselbe Schutzniveau zu erreichen, wie es für körperliche Aufzeichnungen in öffentlichen Archiven herrscht, müssen an eine rechtsstaatliche elektronische Archivierung in einem öffentlichen Archiv besondere rechtliche Anforderungen gestellt werden. Zum jetzigen Zeitpunkt existieren noch keine kohärenten Rechtsnormen, die die Kriterien und Anforderungen an eine rechtssichere und rechtsstaatliche elektronische Archivierung systematisch und in sich abschließend definieren. Vor dem Hintergrund des raschen Anstiegs an staatlichen Aufzeichnungen in elektronischer Form und eingedenk des schnellen Verlusts elektronischer Daten durch Löschung, Überschreibung oder technische Überholung ist das Fehlen klarer rechtlicher Vorgaben kein akzeptabler Zustand.

Um zumindest die grundlegenden Leitgedanken und Anforderungen, die ein zukünftiges Recht der digitalen Archive an die elektronische Archivierung und Bestandserhaltung stellen muss, herauszuarbeiten, sollte zunächst der verfolgte Zweck der elektronischen Archivierung definiert werden. Das zugrundeliegende Ziel einer rechtssicheren elektronischen Archivierung ist es, dass die elektronischen Unterlagen „wie ihre Vorgänger im Papierformat über die unmittelbare Bearbeitung hinaus ihre Nachweisfunktion erfüllen."[255] Die elektronische Archivierung muss gewährleisten, dass auch elektronische Aufzeichnungen des Staates im Archiv überdauern und gelesen werden können.

255 Ilka Stahlberg, Die Archivierung von Daten aus Dokumentenmanagement - und Vorgangsbearbeitungssystemen, in: Brandenburgische Archive Heft 25/2008, S. 3-7, 4.

a) Rechtliche Anforderungen im bestehenden Recht

Die rechtlichen Grundlagen für die Führung und für die Archivierung elektronischer Unterlagen müssen, wie bereits in früheren Forschungsbeiträgen angemerkt wurde[256], als diffus und teilweise unvollständig beschrieben werden. Dies hat sich auch nach einer Dekade von Reformen im Archivrecht nicht in befriedigender Weise verbessert. Gleichwohl lassen sich inzwischen aus verschiedenen Rechtsnormen von unterschiedlicher Ranghöhe, etwa aus dem europäischen Recht, dem Verfassungsrecht sowie aus formellen und materiellen Gesetzen, rechtliche Anforderungen an die elektronische Archivierung ableiten, die als Leitgedanken eines zukünftigen Rechts der digitalen Archive im Rahmen weiterer Reformvorhaben aufgegriffen werden sollten.

Rechtsstaatsprinzip. Bereits aus der rechtsstaatlich begründeten Pflicht zur Führung und Aufbewahrung von Akten im Rahmen der staatlichen Tätigkeiten[257] wird „das Gebot [abgeleitet], den Aktenbestand langfristig zu sichern. Dem kommt insbesondere für die elektronische Aktenführung grundlegende Bedeutung zu. Die Behörde ist verpflichtet, nach dem Stand der Technik besttaugliche Vorsorge dafür zu treffen, dass der Aktenbestand erhalten und nicht z.B. durch die Entwicklung der Technologie oder auch Eingriffe Unbefugter gelöscht oder sonstwie sachwidrig verändert wird.“[258] Das Archivwesen trägt durch seine transparente Speicherung und Sicherung der Behördenunterlagen dazu bei, das Rechtsstaatsprinzip, das sich etwa in der nachträglichen Kontrolle der Verwaltung äußert, zu verwirklichen.[259] Die aus dem Rechtsstaatsprinzip hergeleiteten Kriterien der elektronischen Aufbewahrung und Archivierung wie die Langfristig-

---

256 Vgl. Eifert 2006, S. 156.

257 BVerfG, NJW 1983, S. 2135-2136; Cornelia Grundmann/Holger Greve, Löschung und Vernichtung von Akten, NVwZ 2015, S. 1726-1730, 1726.

258 Dieter Kallerhoff, in: Paul Stelkens/Heinz Joachim Bonk/Michael Sachs (Hrsg.), Verwaltungsverfahrensgesetz. Kommentar, 8. Aufl., München 2014, § 29, Rn. 31.

259 Vgl. Christoph Partsch/Norman Koschmieder, Der archivrechtliche Informationszugang nach der Novelle des BArchG, NJW 2017, S. 3416-3422, 3418.

keit, Schutz vor Löschung und Veränderung sowie die Transparenz und Nachvollziehbarkeit bieten zwar erste Anhaltspunkte, bleiben jedoch zunächst diffus.

Europäisches Recht. Der Anforderungskatalog an die Verarbeitung und Speicherung von Daten, den das europäische Datenschutzrecht aufstellt, besitzt eine größere Aussagekraft. Art. 32 Abs. 1 DSGVO verlangt von den für die Datenverarbeitung Verantwortlichen, dass sie geeignete technische und organisatorische Maßnahmen zum Zwecke der Sicherheit der Verarbeitung ergreifen. Hierfür wird ein nicht abschließender Katalog an Maßnahmen und Anforderungen aufgestellt. Demnach muss das Datenspeichersystem für die personenbezogenen Daten etwa die Fähigkeit zur Pseudonymisierung und Verschlüsselung der Daten (lit. a) aufweisen. Weiterhin soll das Speichersystem die Fähigkeit besitzen, auf Dauer Eigenschaften wie Vertraulichkeit, Integrität, Verfügbarkeit und Belastbarkeit sicherzustellen (lit. b). Außerdem soll das Speichersystem garantieren, dass die Verfügbarkeit der gespeicherten Daten auch nach einem physischen oder technischen Zwischenfall rasch wiederhergestellt wird (lit. c). Und nicht zuletzt soll ein Verfahren zur regelmäßigen Überprüfung und Evaluierung der Sicherheitsleistung aufgestellt werden (lit. d).[260] Mit den geforderten Eigenschaften der Vertraulichkeit, Integrität und Belastbarkeit des Speichersystems wird in erster Linie eine gewisse „IT-Resilienz“ gemeint, womit eine Widerstandsfähigkeit der technischen Infrastruktur, beispielsweise gegen Störungen oder Angriffe von außen, angesprochen wird.[261] Auch der Begriff der Integrität meint, dass das Speichersystem jeden unbefugten Zugriff und vor allem jede unbefugte Veränderung oder Manipulation der gespeicherten Daten bemerken und verhindern muss. Hierbei kann insbesondere der Einsatz der schon erwähnten elektronischen Signaturen zum Schutz vor unrechtmäßigen Verän-

---

260 Vgl. Charlotte Barlag, Datensicherheit, in: Alexander Roßnagel (Hrsg.), Europäische Datenschutz-Grundverordnung, Baden-Baden 2017, S. 165-179, 166; Jörg Hladjk, in: Eugen Ehmann/Martin Selmayr (Hrsg.), DS-GVO. Kommentar, 2. Aufl., München 2018, Art. 32, Rn. 4-10.

261 Vgl. Barlag, in: Roßnagel 2017, S. 166f.

derungen dienen.[262] Die geforderte Kategorie der Verfügbarkeit der Daten kann zudem durch redundante Speicherung, also die Speicherung der Daten auf zusätzlichen und getrennten Systemen im Sinne eines Back-ups, erfüllt werden.[263] Das europäische Datenschutzrecht, das auch in den öffentlichen Archiven anzuwenden ist, stellt mit den rechtlichen Anforderungen an die Sicherheit der Verarbeitung in Art. 32 Abs. 1 DSGVO zumindest einige klarer umrissene Kategorien auf, die auch ein Speichersystem eines digitalen Archivs zu garantieren hat.

Ansätze im reformierten Archivrecht. Neben dem europäischen Recht finden sich auch im reformierten Archivrecht einige rechtliche Anforderungen an die elektronische Archivierung, die für die Rechtsanwendung handhabbar gemacht werden können. So schreibt etwa § 2 Abs. 7 HArchivG vor: „Die Archivierung umfasst die Aufgaben, [...] die archivwürdigen Unterlagen [...] sachgemäß aufzubewahren, zu sichern, deren Integrität und Authentizität zu bewahren sowie sie zu erhalten". § 4 Abs. 1 SArchG schreibt vor: „Durch geeignete technische und organisatorische Maßnahmen ist das Archivgut einschließlich der seiner Erschließung dienenden Hilfsmittel vor unbefugter Nutzung, Beschädigung oder Vernichtung zu sichern". § 8 Abs. 3 S. 1 SächsArchivG enthält die Regelung: „Das Archivgut ist in seiner Entstehungsform zu erhalten, soweit nicht archivfachliche Belange entgegenstehen." Das Landesarchiv Sachsen-Anhalts hat zudem nach § 8 Abs. 1 und 2 ArchG LSA die Aufgabe, das Archivgut „nach archivwissenschaftlichen Erkenntnissen zu bearbeiten" und „es auf Dauer sicher zu verwahren". Ausführlicher werden die rechtlichen Anforderungen auch in § 6 Abs. 3 BbgArchivG beschrieben: „Die öffentlichen Archive haben die notwendigen organisatorischen, technischen und personellen Maßnahmen zu treffen, um die dauernde Aufbewahrung, Erhaltung und Benutzbarkeit des Archivgutes zu gewährleisten sowie seinen Schutz vor unbefugter Benutzung, vor Beschädigung oder

262 Vgl. Mario Martini, in: Boris Paal/Daniel Pauly (Hrsg.), Datenschutz-Grundverordnung/Bundesdatenschutzgesetz, 2. Aufl., München 2018, Art. 32 DSGVO, Rn. 36.

263 Vgl. Martini, in: Paal/Pauly 2018, Art. 32 DSGVO, Rn. 38a.

Vernichtung sicherzustellen.“[264] Das reformierte Bundesarchivgesetz beschränkt sich hingegen in § 3 Abs. 1 S. 1 lediglich darauf, dass es die Aufgabe des Bundesarchives ist, das Archivgut „auf Dauer zu sichern“. Aus diesen verschiedenen Normen der Archivgesetze lassen sich zwar mehrere Elemente von rechtlichen Anforderungen an die Archivierung und den Erhalt von Archivgut entnehmen. Die Vorschriften bleiben dabei jedoch verstreut und diffus. Damit versäumen es die Archivgesetze bislang, einheitliche Kriterien für die elektronische Archivierung aufzustellen.

Die Archivgesetze gelten zunächst für die Landes- und Staatsarchive sowie für das Bundesarchiv. Darüberhinaus unterliegen weitere öffentliche Archiveinrichtungen den Archivgesetzen. Parlamentsarchive, Kommunalarchive oder Hochschularchive sind ermächtigt, sich im vorgegebenen Ordnungsrahmen der Archivgesetze eine eigene Archivordnung zu geben. Parlamente, Kommunen und Hochschulen sind nicht minder von Digitalisierungsprozessen betroffen, wie andere öffentliche Stellen. Dies hat teilweise einen bemerkenswerten Einschlag in die Archivordnungen dieser Stellen nach sich gezogen. Besonders sticht hierbei die Archivordnung des Landtages Nordrhein-Westfalen hervor.[265]

Diese spezifische archivrechtliche Vorschrift für das Landtagsarchiv Nordrhein-Westfalens sowie einige reformierte Archivgesetze lassen immerhin wiederkehrende Kriterien und Anforderungen an die elektronische Archivierung erkennen. Es lässt sich ableiten, dass Archivgut, wozu digitale Archivunterlagen uneingeschränkt zuzurechnen sind, *auf Dauer gesichert* und *in seiner Entstehungsform* zu erhalten ist, soweit dies archivfachlich zu vertreten ist. Archivgut muss insgesamt *benutzbar bleiben*. Die Sicherung der elektronischen Unterlagen muss einerseits *vor Beschädigung* und *Verlust* sowie vor

264 Korrespondierende Rechtsanforderungen finden sich auch in Art. 9 Abs. 1 BayArchivG; § 4 NArchG; § 4 Abs. 1 S. 1 HmbArchivG; § 8 Abs. 1 LArchivG MV; § 4 Abs. 1 BremArchivG; § 5 Abs. 2 LArchG NRW; § 15 ThürArchivG.

265 Anlage 2 – Archiv- und Benutzungsordnung für das Archiv des Landtags Nordrhein-Westfalen zur Geschäftsordnung des Landtags Nordrhein-Westfalen vom 1. Juni 2017, in: Landtag Nordrhein-Westfalen, Drucksache 17/1, S. 53-62.

unbefugtem Zugang schützen und andererseits muss sie die *Integrität* und *Authentizität* der elektronischen Unterlagen während der Archivierung garantieren. Die Anforderungen, die das Archivrecht an die staatliche Archivierung stellt, waren zum Teil bereits vor dem Aufkommen elektronischer Unterlagen bekannt und normiert. Mit der Erweiterung der archivrechtlichen Begriffe und Vorschriften auf elektronische Unterlagen gelten die besonderen Verwahrungs-, Sicherungs- und Zugangsregeln des Archivrechts unvermindert auch für alle nicht körperlichen Archivdaten. Auch elektronische Archivdaten dürfen nur im Rahmen der jeweiligen Zugangsrechte benutzt werden und schließlich müssen die Daten integritätswahrend, also *nicht unzulässig verändert*, und authentizitätswahrend, also die *Echtheit und Beweiskraft der Unterlage wahrend*, gespeichert werden.

Eine weitere gesetzliche Anforderung, die die modernen öffentlichen Archive bei der Archivierung von elektronischen Unterlagen nicht vernachlässigen dürfen, ist der Erhalt und die Erneuerung elektronischer Signaturen nach § 15 Vertrauensdienstegesetz. Immer dann, wenn eine elektronische Unterlage als archivwürdig übernommen wird und mit einer elektronischen Signatur versehen ist, was bei vielen öffentlichen Unterlagen, zum Beispiel elektronischen Verwaltungsakten und Registereinträgen, der Fall sein kann, muss das Archiv prüfen ob der Bedarf besteht, die Sicherungsleistung durch die elektronischen Signaturen aufrechtzuerhalten.

b) Leitgedanken für rechtliche Kriterien der elektronischen Archivierung

Es sollen nun grundlegende Kriterien und Kategorien für die elektronische Archivierung entwickelt werden, die im noch zu schaffenden Recht der digitalen Archive Berücksichtigung finden könnten.

Allem voran sollte gelten, dass die Nachweisfunktion von elektronischen Unterlagen nur ausgeübt werden kann, wenn die Daten jederzeit vollständig verfügbar und lesbar sind und sie zudem unverändert und vor Löschung geschützt sind.[266]

---

266 Vgl. Puppel, Archivalische Zeitschrift 89 (2007), S. 358.

Elektronische Archivierung muss die Gewähr bieten, „dass auch elektronische Unterlagen den Erkenntnisstand eines Bearbeiters im Sinne der vollständigen und wahrheitsgetreuen Aktenführung jederzeit widerspiegeln und keine unrechtmäßigen Manipulationen vorgenommen werden können."[267] Der Grund für diese Anforderungen ergibt sich insgesamt aus dem Rechtsstaatsprinzip, denn „die Dokumentation aller Verwaltungsvorgänge [dient] der nachträglichen Kontrolle rechtsgemäßen Handelns und ist eine Voraussetzung, um rechtsstaatliches und gesetzestreues Verhalten von Verwaltung und Bürgern zu sichern."[268]

Neben diesem Transparenz- und Kontrollaspekt der rechtssicheren und vollständigen Aufbewahrung kommt im Archiv auch das Ziel der unverfälschten Überlieferungssicherung hinzu. Folgenden Generationen von Benutzern und Forschern soll bestmöglich ein wahrheitsgetreues und unverzerrtes Bild des heutigen Staats- und Gesellschaftswesens in den Archivgütern präsentiert werden. Neue Herausforderungen für die Überlieferungssicherung äußern sich auch darin, dass die Digitalisierung völlig neue Formen von Dokumenten hervorbringt, die trotzdem in ihrem jeweiligen Zustand und in Funktion bewahrt werden müssen.[269] Deshalb zieht *Hans Hofmann*, Archivar des niederländischen Rijksarchiefdiensts, den Schluss, dass die drei wichtigsten Anforderungen an das digitale Archiv die Wahrung der Authentizität, der Dauerhaftigkeit und der Vollständigkeit des digitalen Archivguts sind. Unter *Authentizität* versteht er die Gewährleistung, dass „das Dokument noch dasselbe ist wie zu dem Zeitpunkt, als es im Geschäftsgang war. Nur dann bieten Dokumente am besten einen Nachweis darüber, was geschehen ist, und beweisen, dass sie das sind, was sie zu sein vorgeben."[270] Die *Dauerhaftigkeit* erfordert Maßnahmen auf dem Gebiet der Aufbewah-

---

267 Nolte, in: Der Archivar 67 (2014), S. 6-13, 6.

268 Alexander Roßnagel/Stefanie Fischer-Dieskau/Ulrich Pordesch/Ralf Brandner, Erneuerung elektronischer Signaturen. Grundfragen der Archivierung elektronischer Dokumente, CR 2003, S. 301-306, 301. Dazu ebenfalls Alexander Roßnagel/Andreas Schmidt/Daniel Wilke, Rechtssichere Transformation signierter Dokumente, Baden-Baden 2009, S. 26.

269 Vgl. Hofmann, in: Wettengel 1999, S. 11.

270 Hofmann, in: Wettengel 1999, S. 11.

rung gerade angesichts der schnellen Änderungen der Informationstechnologie und die *Vollständigkeit* verlangt, dass die Informationen auch noch nach einer langen Zeit gelesen und verstanden werden können, in dem Sinne, dass eine bloße Aufbewahrung nicht hinreichend ist.[271]

Anschlussfähige Überlegungen und Systematisierungen finden sich weiterhin in einem Standardkonzept zur elektronischen Archiverung, welches das Bundesministerium des Innern ausgearbeitet hat. Dieses Konzept fasst diese soeben zusammengetragenen rechtlichen Bedingungen an die elektronische Archivierung in neun Punkten zusammen. Erstens: Die Gewährleistung der *Integrität* der Daten bezeichnet den Schutz vor unerlaubter Veränderung der Bestände während der gesamten Speicherzeit. Jede unerlaubte Manipulation muss ausgeschlossen sein. Zweitens: Die *Authentizität* der Daten bedeutet die Echtheit der Dokumente, sie wird dann bestätigt, wenn das elektronische Archivgut mit den Ursprungsdaten übereinstimmt und von dem Verfasser stammt, den das Dokument als den Verfasser angibt.[272] Drittens: Die *Vollständigkeit* von elektronischem Archivgut ist nur dann gegeben, wenn alle zugehörigen und benötigten Informationen (Primär-, Meta- und Protokolldaten) vorhanden sind. Viertens: Elektronische Unterlagen müssen *nachvollziehbar* archiviert werden, was bedeutet, dass alle Veränderungen oder Bearbeitungen erkennbar offengelegt werden können. Fünftens: „Die *Verfügbarkeit* bedeutet, dass der Zugriff und die Anzeige der elektronischen Dokumente in angemessener Zeit möglich sein müssen.“ Sechstens: Die *Vertraulichkeit* des elektronischen Archivguts setzt voraus, dass nur rechtlich Befugten ein Zugang zu den Informationen gewährt wird. Siebtens: Die *Löschbarkeit* verlangt, dass aus datenschutzrechtlichen und archivrechtlichen Gründen außerdem die Möglichkeit bestehen muss, die elektronischen Unterlagen in den

271 Vgl. Hofmann, in: Wettengel 1999, S. 11.

272 Vgl. Keitel/Lang, in: Staatsarchiv St. Gallen 2009, S. 37: „Ein überlieferter Text ist dann authentisch, wenn er von dem in ihm genannten Autor und zu dem von ihm ausgewiesenen Zeitpunkt und mit den in ihm enthaltenen Inhalten verfasst wurde. Bei Fragen der Glaubwürdigkeit muss also eine Übereinstimmung des ursprünglichen Textes mit dem heutigen Text festgestellt werden.“

Speichereinheiten zu vernichten. Achtens: Elektronisches Archivgut muss jederzeit *lesbar* sein. Der Benutzer muss den Inhalt der Daten verarbeiten können. Das setzt nicht nur die Speicherung der Unterlagen voraus, sondern zusätzlich die entsprechende Technologie zur Nutzung und Anzeige. Neuntens: Elektronisches Archivgut muss schließlich *verkehrsfähig* sein, womit die Übertragung der Daten von einem System auf ein anderes beschrieben wird.[273]

Diese neun Kriterien an eine rechtssichere elektronische Archivierung sollen für alle Formen der neu aufkommenden elektronischen Unterlagen angewendet werden. Diese Kriterien bieten ein handhabbares Gerüst von grundlegenden Eigenschaften, die ein Archivsystem leisten müsste, um nicht nur eine bloße Speicherung von Daten zu ermöglichen, sondern um ebenfalls archivische Aufgaben wie die Bestandserhaltung oder die Benutzung unter den Rahmenbedingungen der Digitalisierung zu erfüllen. Diese Vorschläge sollten als Leitgedanken in weitere Archivrechtsreformen einfließen. Sie bieten dem Rechtsanwender im öffentlichen Archiv konkretere Anweisungen als die bestehenden diffusen und unvollständigen Vorschriften in den Archivgesetzen. Um eine auf Bundes- wie auf Landesebene gleichartig rechtssichere elektronische Archivierung zu garantieren, sollten die Archivgesetze entsprechende Anforderungen aufnehmen.

2. Rechtliche und praktische Probleme des digitalen Archivs

Selbst dann, wenn die eben aufgestellten Kriterien als verbindlicher Bestandteil in die deutschen Archivgesetze aufgenommen würden, bestünden weiterhin beachtliche Anwendungsprobleme, die mit der Natur der digitalen Daten einhergehen. Das digitale Archiv sieht sich einer Reihe von technisch bedingten sowie rechtlichen Problemen ausgesetzt, die die Einhaltung der eben benannten Archivierungskriterien unsicher macht. Für digitale Archivalien „reicht es nicht mehr, ihre Trägerobjekte optimal zu lagern und zu erhalten. Vielmehr liegt gerade in der Trennung von Information und

273 Zu alledem Bundesministerium des Innern, Organisationskonzept elektronische Verwaltungsarbeit. Baustein Langzeitarchivierung, Berlin 2014, S. 12-14, Zitat zu 5. auf Seite 13.

Träger der Schlüssel zur Erhaltung der signifikanten Eigenschaften digitaler Objekte über einen langen Zeitraum [...] Die bisher eher passiv anmutende Tätigkeit des Archivierens muss also zu einem regelmäßigen, aktiven Handeln weiterentwickelt werden“[274].

a) Physikalischer Verfall der Datenspeicher und Wiedergabegeräte

Ein der analogen Archivierung vergleichbarer Unsicherheits- und Verlustfaktor ist der physikalische Verfall der Datenspeichereinheiten. Die verschiedenen Speichermedien und Hardware-Architekturen sind ebenso wie Papier, Glas, Wachs oder Stein dem Verlust über die Zeit ausgesetzt.[275] Physische und chemische Einflüsse (Kratzer, Stöße, Luftfeuchtigkeit, Temperaturen, Kabelbruch, Selbstentmagnetisierung von Magnetbändern usf.) wirken auf die Datenträger ein.[276] Kommt es zu Beschädigungen, so können die in den Speichereinheiten hinterlegten Daten schlagartig verloren gehen und nicht mehr abrufbar sein.[277] Über die Lebensdauer von Speichereinheiten bestehen unterschiedliche Schätzungen, es zeigt sich aber, dass aus Archivsicht kein Datenspeicher eine angemessene langfristige Speicherung garantieren kann. Die Haltbarkeit von CDs und DVDs wird auf 50 bis 100 Jahre geschätzt, die Speicherdauer von Flash Drives (USB Sticks) auf zehn bis 30 Jahre. Die Lebensdauer von Magnetbändern wird auf 30 bis 50 Jahre geschätzt und jene von eingelagerten, also nicht in Benutzung befindlichen Festplatten auf 20 bis 30 Jahre.[278]

---

274 Heinz Werner Kramski, Digitale Dokumente im Archiv, in: Marcel Lepper/Ulrich Raulff (Hrsg.), Handbuch Archiv, Stuttgart 2016, S. 178-197, 178.

275 Vgl. Martin Iordanidis, Digitale Langzeitarchivierung – Risikoebenen und Lösungsstrategien im nachhaltigen Umgang mit digitalen Ressourcen in: Oliver Hinte/Eric W. Steinhauer, Die Digitale Bibliothek und ihr Recht – ein Stiefkind der Informationsgesellschaft?, Münster 2014, S. 141-160, 147.

276 Vgl. Kuder et al., in: Dreier et al. 2016, S. 412.

277 Vgl. Kramski, in: Lepper/Raulff 2016, S. 185.

278 Vgl. Iordanidis, in: Hinte/Steinhauer 2014, S. 147; Kramski in: Lepper/Raulff 2016, S. 185; Martin Warnke, Kulturinformatik. Schriften 1997 bis 2007, Lüneburg 2009, S. 177.

Die Tatsache, dass ausgerechnet Magnetspeicher und Festplatten, die zumeist in den digitalen Archiven als *archival storage* genutzt werden, nur eine maximale Haltbarkeit von 30 bis 50 Jahren aufweisen, steht in klarem Gegensatz zur Aufgabe des Archivs, die Daten unbefristet aufzubewahren[279] und in einem benutzbaren Zustand zu erhalten. Das ganze Problem wird noch dadurch verschärft, dass auch die Hardwarekomponenten zum Lesen und Anzeigen von digitalen Objekten altern und verschleißen. Darunter lassen sich etwa Laufwerke für Disketten, CDs und DVDs, USB-Anschlüsse, Controller und ebenso Audio- und Videowiedergabegeräte in den vielen verschiedenen Formen und Ausfertigungen, wie sie in den vergangenen Jahrzehnten entstanden sind, fassen. Der simple Verfall der physischen Technik führt unweigerlich auch zu einem Verlust an Lese- und Abspielmöglichkeiten der gespeicherten Inhalte. Selbst dann, wenn ein Archiv eine Vielzahl an antiquierten Geräten vorhält, ist die Sicherung und Nutzung nur solange gewährleistet, wie die Geräte ihre Funktionalität behalten oder wiederinstandgesetzt werden können.

b) Verlust der Daten und Dateisysteme

Auch auf der Ebene der einzelnen Daten kann es zu schwerwiegenden Verlusten kommen. Sobald der Bitstream eines Datenobjekts, der die Sequenz der Bits einer Datei in einer logischen Abfolge darstellt, beschädigt wird, kommt es zu einem (Teil-)Ausfall der Datei und sie kann nur noch fehlerhaft gelesen und angezeigt werden.[280] Der Bitstreamverlust, der andernorts auch *data rot* genannt wird[281], kann einerseits eine Folge der eben beschriebenen physikalischen Beschädigungen oder dem Ende der Lebensdauer von Speichereinheiten sein. Andererseits kann der Datenverlust auch „jederzeit und ohne erkennbare Außeneinwirkung“[282] eintreten. Während das klassische Archiv mit relativ berechenbaren Korro-

279 Vgl. Kuder et al., in: Dreier et al. 2016, S. 410.
280 Sehr anschaulich für den Teilverlust von Bilddateien Iordanidis, in: Hinte/Steinhauer 2014, S. 145.
281 Vgl. Warnke 2009, S. 177.
282 Vgl. Iordanidis, in: Hinte/Steinhauer 2014, S. 145.

sionseffekten für Papier (Feuchtigkeit, Wärme, Feuer, Schimmel, Licht usf.) konfrontiert ist und dementsprechende Vorkehrungen trifft, sieht sich das digitale Archiv einem ungewissen Verlustrisiko seiner Daten ausgesetzt, da sowohl die Lebensdauer der Speichermedien begrenzt ist als auch die gespeicherten Datenobjekte selbst einem nicht kalkulierbaren Verlustprozess ausgesetzt sind.

Das Verlustrisiko für gespeicherte Datenobjekte wird dadurch erhöht, dass die Daten im digitalen Archiv nicht nur abgelegt werden, sondern auch der Bearbeitung, Aufbereitung, Transformation und der Benutzung unterliegen. Wann immer ein Datenobjekt neu abgespeichert wird, oder in ein neues Datenformat konvertiert wird oder aber einem Benutzer des digitalen Archivs bereitgestellt wird, entstehen Risikosituationen. Jede Bewegung eines digitalen Objektes in ein anderes System und jede Veränderung am gespeicherten Datum kann zur Zerstörung einzelner Bitstreamelemente führen, was letztlich bis hin zur völligen Unbrauchbarkeit der Datei führen kann. „Neben technisch bedingten Übermittlungsfehlern beim Transfer über Netzwerke oder über Speichermedien hinweg stellt auch der menschliche Benutzer einen Risikofaktor dar [...]. Unabsichtliches oder mutwilliges Löschen von vereinzelten Bitstreams kann bereits zum Totalverlust der gespeicherten Informationen führen.“[283]

c) Probleme der Integrität

Unbenommen, ob es beabsichtigt geschieht oder nicht, digitales Archivgut kann leicht manipuliert werden.[284] Digitale Objekte sind leichter und schneller zu verändern als analoge Unterlagen. Wie bereits die Ausführungen zum OAIS Referenzmodell gezeigt haben, ist die Arbeitsweise des digitalen Archives sogar daraufhin ausgerichtet, die übernommenen Daten in eigene Archivformate zu konvertieren. Um sie über lange Zeit aufzubewahren, werden die Daten in den jeweiligen technischen Standard migriert. Jede Veränderung am Archivobjekt hat jedoch zur Folge, dass die ursprüngliche Integ-

283 Iordanidis, in: Hinte/Steinhauer 2014, S. 147.
284 Vgl. Puppel, Archivalische Zeitschrift 89 (2007), S. 345.

rität, also die Unveränderlichkeit der hinterlegten Datenobjekte, verletzt wird. Es wird darauf ankommen, klare Kriterien für zulässige und für unzulässige Eingriffe in die Integrität der digitalen Archivobjekte festzulegen.

d) Probleme der Authentizität

Während im klassischen Archiv die Frage der Authentizität der Archivunterlagen solange keine Probleme aufwirft, wie durch Übergabeprotokolle, Stempel, Unterschriften oder Siegel die Echtheit der Urkunden und Unterlagen nachgewiesen werden kann, wird die Aufrechterhaltung der Authentizität von elektronischen Archivgütern zukünftig vermehrte Rechtsfragen aufwerfen. Der Gedanke vom *Original* einer Unterlage ist im Zuge von elektronischer Datenverarbeitung kaum aufrechtzuerhalten. Während sich selbst für Jahrhunderte alte Schriftrollen mittels Papieranalysen[285] und Handschriftanalysen[286] der Ursprung und die Echtheit bestätigen oder Fälschungen aufdecken lassen, gilt das für elektronische Daten nicht. Elektronische Datenverarbeitung ist das häufige und fortschreitende Verändern der Objekte. Selbst wenn man annimmt, dass der Zustand des Originals eines Datenobjektes in dem Moment besteht, in dem die abgebende anbietungspflichtige Stelle eine elektronische Unterlage aussondert und diese an das Ingest-Modul des digitalen Archivs weiterleitet, muss man festhalten, dass bereits im ersten Archivierungsschritt des Archivs dieses Datenobjekt verändert wird. Indem das digitale Archiv die elektronische Unterlage in ein eigenes

285 Vgl. Enrico Pigorsch, Das Papier durchschaut. Raman-Chemical-Imaging als Messverfahren zur Papieranalyse, in: DresdnerTransferbrief (E-Journal der TU Dresden) Heft 3/2016, S. 20: Eine „Anwendung ist die Analyse von historischen Dokumenten und Kunstwerken auf Papier. Die Anwesenheit und Verteilung von bestimmten Substanzen, insbesondere auch von mikroskopischen Spurenpartikeln, können Hinweise auf das Alter, auf die Herstellung und auch zur Herkunft von Papier geben. Die spektroskopischen Befunde können somit Kunstwissenschaftlern und Kriminalisten helfen, die Identität, die Herkunft und letztendlich die Echtheit von Dokumenten und Kunstwerken zu prüfen."

286 Zur Fachdisziplin der „Forensischen Handschriftuntersuchung" siehe Lothar Michel, Gerichtliche Schriftvergleichung, Berlin/New York 1982; Angelika Seibt, Forensische Schriftgutachten, München 1999.

Archivpaket umändert, mit den entsprechenden Metadaten anreichert und gegebenenfalls gar in ein anderes Datenformat konvertiert[287], kann keineswegs mehr von der *originalen* Unterlage der abgebenden Stelle gesprochen werden. Das digitale Archiv schafft eigene Archivunterlagen. Das bedeutet, dass man den klassischen Gedanken des Originals angesichts der Digitalisierung der Archivtätigkeit in dieser Form nicht aufrechterhalten kann.[288] Will und muss man jedoch auch im digitalen Archiv die Authentizität, also die *Echtheit* des Dokuments und die Übereinstimmung des tatsächlichen Urhebers mit dem in dem Dokument angegeben Urheber, der Unterlagen beibehalten, so wird es darauf ankommen, elektronische Nachweisstrategien zu entwickeln. Insbesondere die im Archivpaket (AIP) enthaltenen Primärdaten, also die eigentlichen inhaltlichen Schriftstücke, müssen in ihrer Lesbarkeit und Verständlichkeit unangetastet bleiben und jede Veränderung durch das digitale Archiv muss insofern nachvollziehbar bleiben, dass sie stets auf das ursprünglich abgegebene Dokument zurückzuführen bleibt.

Die Frage des Authentizitätserhalts von elektronischen Unterlagen wird für die Archive noch komplizierter, wenn es sich um Dokumente mit elektronischer Signatur handelt. Die Frage wird daher auch sein, wie die Archive mit einer möglichen Aufrechterhaltung der Signaturen umgehen werden.[289]

---

287 Eindeutig bei Brübach, in: Neuroth et al. 2016, Kapitel 4, S. 8: „Die Umformung der SIPs zu Archival Information Packages kann z.B. darin bestehen, dass aus den übernommenen Objekten und den mitgelieferten Metadaten die zur Langzeiterhaltung notwendigen Metadaten generiert werden. Darüber hinaus sind die Formate, in denen ein SIP dem Archiv angeboten und von ihm übernommen wird, keinesfalls unbedingt identisch mit den Aufbewahrungsformaten, in denen die Archival Information Packages dann tatsächlich vorliegen."

288 Vgl. Augsberg 2014, S. 176 m.w.N.

289 Zum Problem Roßnagel/Dieskau/Pordesch/Brandner, CR 2003, S. 301; Puppel, Archivalische Zeitschrift 89 (2007), S. 358; Udo Schäfer, Authentizität: Elektronische Signaturen oder Ius Archivi?, in: Rainer Hering/Udo Schäfer, Digitale Verwalten – Digitales Archivieren, Hamburg 2004, S. 13-31, 24f; Dieter Strauch, Rechtliche und archivische Probleme der digitalen Signatur, in: Gedächtnisschrift für Alexander Lüderitz, hg. v. Haimo Schack, München 2000, S. 751-787, 779ff.

3. Lösungsansätze des digitalen Archivs

Auf die soeben beschriebenen Verlustrisiken für die elektronischen Aufzeichnungen in digitalen Archiven muss mit neuartigen Lösungsansätzen begegnet werden. Lässt sich kein angemessener Umgang mit diesen Verlustrisiken finden, hieße dies das Inkaufnehmen des potentiellen Verlustes der öffentlichen Überlieferungsbildung.

Die Vertreter der Archivwissenschaft stehen in engem Austausch über die Erfahrungen und Lösungsstrategien der digitalen Archivierung. Seit dem Ende der 1990er Jahre gab es kaum eine Archivtagung, die sich nicht dem Thema widmete.[290] Positiv hervorzuheben ist hierbei insbesondere der gezielte Schulterschluss mit anderen für das Thema nicht unerheblichen Fachdisziplinen. Regelmäßig werden die Perspektiven der Rechts- und Verwaltungswissenschaften, der Informatik und der Kulturwissenschaften eingebunden, um fundierte Lösungsansätze zu finden. Dies erklärt auch die zunehmende Diversifizierung der Personalstruktur in staatlichen Archiven und die Erweiterung der Ausbildungsinhalte für Archivangestellte und Archivbeamte. Die Bewahrung des digitalen kulturellen Erbes ist eine zu große Herausforderung, als dass sie von den Archiven isoliert bewältigt werden könnte. Durch den intensiven Kontakt und Austausch der zirka letzten zwanzig Jahre haben sich einige standardisierbare Lösungsstrategien herausgebildet.

a) Physische Lösungsansätze

Das beschriebene Problem des Verfalls physischer Datenträger wird man nicht vollumfänglich umgehen können, doch eine moderne Speicherinfrastruktur kann durchaus darauf

290 Allein die nicht abschließende Veröffentlichungspraxis des Landesarchivs Baden-Württemberg gibt darüber Zeugnis: Das virtuelle Archiv des Deutschen Ordens (2014), Digitale Archivierung in der Praxis (2013), Das neue Handwerk – Digitales Arbeiten in kleinen und mittleren Archiven (2012), Rechtsfragen der Nutzung von Archivgut (2010), Digitale Bilder und Filme im Archiv (2007), Kulturgut aus Archiven, Bibliotheken und Museen im Internet (2004), Digitale Archive und Bibliotheken (2000), Archivierung elektronischer Unterlagen (1999), Bestandserhaltung. Herausforderung und Chancen (1997), Erscheinungsort jeweils Stuttgart.

reagieren und Sicherungsmaßnahmen einbauen. Der Archivspeicher des digitalen Archivs muss verschiedene Anforderungen erfüllen. Hier steht an erster Stelle der Schutz vor externen Einflüssen und Beeinträchtigungen der Daten. Speicherräume und Speicherarchitektur müssen hierfür ihren Beitrag leisten. Gleichzeitig muss der Archivspeicher aber auch praktisch benutzbar bleiben, denn das digitale Archiv ist nicht nur ein Speicher, sondern auch ein benutzbarer Informationsdienstleister. Hierunter fällt eine angemessene kurze Zeit des Datenabrufs, die eine praktische Benutzung des digitalen Archivguts ermöglicht. Gleichwohl muss der Speicher auch mehrere parallel stattfindende Speicher- und Abrufprozesse bearbeiten können, ohne dass der Zugriff auf die Daten durch einen anderen Prozess verhindert wird.[291] In den heutigen Archivspeichersystemen werden entweder Magnetbandspeicher, Magnetplattenspeicher oder optische Speichersysteme eingesetzt.[292] Jede Art der Speichersysteme besitzt eigene Vor- und Nachteile.[293] Das Stadtarchiv Stuttgart beispielsweise sah sich Problemen der langsamen Speicher- und Lesezeiten sowie der begrenzten Datengröße für einzelne AIPs ausgesetzt, als es einfache Magnetbandspeicher einsetzte.[294]

291 Zu diesen Anforderungen sowie zu den Anforderungen gegen externe Einflüsse wie Wärme, Schmutz, Feuchtigkeit usf. vgl. Rolf Däßler, Datenträger und Speicherverfahren für die digitale Langzeitarchivierung, in: Neuroth et al. (Hrsg.), nestor-Handbuch. Eine kleine Enzyklopädie der digitalen Langzeitarchivierung, Glückstadt 2016, Kapitel 10, S. 14ff.

292 Vgl. Däßler, in Neuroth et al. 2016, Kapitel 10, S. 17.

293 Magnetbänder sind zwar lange haltbar und wartungsarm, dafür benötigen sie jedoch eine längere Abrufzeit und bieten vor allem kein eigenes System zur Fehleranalyse. Magnetplatten hingegen bieten einen schnellen Zugriff und große Speicherkapazitäten und Datensicherheit sowie eine eigene Fehleranalyse, dafür sind die Datenträger nur kurzlebig und führen zu hohem Wartungsaufwand und Betriebskosten. Optische Archivsysteme bieten wiederum zwar eine physische Unveränderbarkeit (Integritätsschutz) der hinterlegten Daten, da diese unveränderlich auf den Datenträger durch Lasertechnik geprägt werden, haben dadurch jedoch ein hohes Speicheraufkommen und können keine Fehleranalyse und Korrekturen vornehmen. Eingehend dazu Däßler, in Neuroth et al. 2016, Kapitel 10, S. 18.

294 Vgl. Katharina Ernst/Heike Maier, Vom Magnetband auf Content Adressed Storage, in: Landesarchiv Baden-Württemberg (Hrsg.), Digitale Archivierung in der Praxis, Stuttgart 2013, S. 111-118, 112f.

Eine Speichergrenze für AIPs ab einer bestimmten Datengröße muss jedoch unbedingt verhindert werden, da dies die Archivierung großer Archivgüter faktisch verhindert.

Der Archivspeicher soll auf der einen Seite einen unbegrenzten, sicheren Speicher zur Verfügung stellen und auf der anderen Seite aber die Daten jederzeit und schnell abrufbar zur Verfügung stellen.

Bei allen Anforderungen, die die Benutzung an den Speicher stellt, darf die Datensicherheit jedoch an keiner Stelle vernachlässigt werden. Dass alle eingesetzten Speicher dem physischen Verfall unterliegen, kann nicht umgangen werden, aber das Wissen darum lässt Vermeidungsstrategien und Sicherungslösungen entstehen. Insbesondere für die auf Festplattenspeicher basierenden Archivsysteme hat sich ein dreistufiges Sicherungsverfahren etabliert. Ein Festplattenspeicher besteht aus einer großen Anzahl von einzelnen Festplatten. Die erste Stufe des Sicherungskonzepts erlaubt es, Datenverluste auf einer einzelnen Festplatte, also der kleinsten Speichereinheit des gesamten Speichersystems, zu erkennen. Dies geschieht durch die fortwährende Überprüfung der Bitstreams der hinterlegten Daten. Verändert sich der Bitstream einer Datei durch beginnenden Datenverlust, so erkennt dies die Überprüfungsfunktion und sie kann die beschädigte Datei korrigieren.[295] Die zweite Stufe des Sicherungskonzepts stellt die mehrfache Speicherung von Daten auf verschiedenen Festplatten innerhalb eines Speichersystems dar.[296] Redundante Speicherung, also das Vorhalten von Sicherungskopien an einem zweiten, auch lokal getrennten Ort, ist eine der wichtigsten Sicherungsmaßnahmen überhaupt. Sie wird nicht nur in Archiven, sondern auch in ande-

---

295 Diese Technologie wird Self-Monitoring, Analysis and Reporting Technology (SMART) genannt, vgl. Sunjiv Soyjaudah, Self Monitoring Analysis and Reporting Technology, in: Kemal Venugopal/Lalith Mohan Patnaik, Computer Networks and Intelligent Computing, Berlin/Heidelberg 2011, S, 463-469; Stichwort SMART, in: Computerworld (Hrsg.), Lexikon. Aktuelle Begriffe aus Informatik und Telekommunikation, Zürich 2007, S. 350f.

296 Sogenanntes Redundand Array of independent Disks (RAID). Vgl. Keval Kachala/Rupali Gangarde, RAID, in: International Journal of Engeneering Trends and Technology (IJETT) Heft 35/2016, S. 574-577.

ren staatlichen Einrichtungen oder in Unternehmen verwendet.[297] Werden digitale Unterlagen an einem Ort durch Einsturz, Hochwasser, Feuer oder auch Diebstahl bedroht, so kann eine zweite Sicherungsspeicherung an einem anderen Ort den Verlust auffangen und einen Totalausfall verhindern.[298] Während die zweite Stufe der Sicherungskonzepte für Archivspeichersysteme eine interne redundante Speicherung ist, die vor dem Ausfall einer einzelnen Festplatte schützt, findet auf der dritten Sicherungsstufe eine externe redundante Speicherung statt, die das gesamte Speichersystem eines digitalen Archives an einer zweiten örtlich getrennten Stelle nachbaut.[299]

Mit diesem mehrstufigen Sicherungskonzept wird der physikalische Verschleiß von Speichermedien akzeptiert. Anstatt die Datenobjekte für die Ewigkeit auf einem Träger festzuhalten, findet ein permanenter Überprüfungs- und Korrekturprozess statt. Stellt das System fest, dass eine Festplatte Verluste seiner gespeicherten Daten aufweist, versucht es, diese wiederherzustellen. Gelingt dies nicht, kann es auf die redundant gesicherten Daten an anderer Stelle zugreifen. Ist die einzelne Festplatte demzufolge beschädigt, kann sie aus-

297 Auch die Eintragungen der Register der öffentlichen Verwaltung werden durch ein Sicherungsregister geschützt. Ein Beispiel findet sich in § 20 PStV. Nach § 20 Abs. 1 PStV müssen alle abgeschlossenen Beurkundungen auch in das Sicherungsregister übernommen werden. Nach § 20 Abs. 2 PStV ist das Sicherungsregister „gegen jede unbefugte Benutzung sowie gegen Datenverlust zu sichern. Das Sicherungsregister ist so einzurichten, dass es bei Beschädigung der Anlagen oder der Daten des Personenstandsregisters nicht in Mitleidenschaft gezogen wird".

298 Vgl. Peter Daman, Verteilte Datenbanken und Client/Server-Systeme, Berlin/Heidelberg 1996, S. 7f.

299 Dieses Sicherungskonzept wurde im Stadtarchiv Stuttgart umgesetzt. So wird seit der Speicherumstellung ein an zwei Standorten in der Stadtverwaltung betriebener Archivspeicher genutzt. Damit wird zum einen die externe redundante Speicherung gesichert, falls einer der beiden Speicher ausfällt. Zum anderen garantiert der in Stuttgart verwendete Speicher eine Datensicherheit bei bis zu vier gleichzeitig ausfallenden Festplatten. Auch die selbstüberprüfende und selbstkorrigierende Technologie für einen Bitstreamverlust einzelner Daten wird täglich angewendet. Zu allem: Ernst/Maier, in: Landesarchiv Baden-Württemberg 2013, S. 114.

getauscht werden[300], ohne dass der ganze Speicher davon betroffen ist. Das bedeutet zum einen, dass die elektronische Archivierung ein permanenter Prozess und nicht eine einmal vorgenommene Handlung ist. Zum anderen bedeutet dies aber erneut, dass die Vorstellung der Sicherung eines Originals nicht mehr zeitgemäß ist. Denn die einzige Möglichkeit, Datenobjekte langfristig zu erhalten, kann nur in deren fortwährender Überschreibung bestehen.

b) Einheitliche Software- und Formatstandards

Weitere Lösungsstrategien werden auf der Ebene der elektronischen Datenstrukturen angewandt. Ein bereits sehr früh erkanntes Problem ist die Vielzahl an existierender und eingesetzter Software. Schätzungen gehen von über 550 unterscheidbaren Softwareanwendungen aus, die durch Aktualisierungen und neue Versionen auf eine historische Summe von über 10.000 anwachsen.[301] Erschwerend kommt hinzu, dass viele Anwendungen sogenannte „proprietäre“ Software sind, womit gemeint ist, dass aufgrund von Patent-, Urheber- und Lizenzrechten die Verwendung und Veränderung der Software durch den Nutzer nur stark eingeschränkt möglich ist.[302]

Damit ein Datenformat, das durch eine bestimmte Software erstellt wird und mittels dieser angezeigt und verändert werden kann, archivtauglich ist, müssen bestimmte Bedingungen erfüllt sein. Datenformate für die elektronische Archivierung müssen leicht konvertierbar sein und fähig sein, Metadaten zu transportieren. „Im besten Fall sind sie nicht proprietär, sondern frei zugänglich.“[303] „Durch Beschränkung auf möglichst wenige Formate und ggfs. entsprechende Konvertierungen versuchen vertrauenswürdige digitale Langzeitarchive die Chancen auf einen dauerhaften Erhalt und eine

---

300 Vgl. Däßler, in Neuroth et al. 2016, Kapitel 10, S. 20.

301 Vgl. Iordanidis, in: Hinte/Steinhauer 2014, S. 150.

302 Vgl. Norbert de Lange, Geoinformatik, 3. Aufl., Berlin/Heidelberg 2013, S. 36f; Dan Wilsch, Zugangsregeln. Die Rechtsverfassung der Wissensteilung, Tübingen 2008, S. 212; vgl. auch Kapitel 2 „Schutz der Software durch gewerbliche Rechte“ in: Axel Sodtalbers/Christian Volkmann/Andreas Heise, IT-Recht, Witten 2010.

303 Vgl. Iordanidis, in: Hinte/Steinhauer 2014, S. 151.

langfristige Zugänglichkeit sowie Nutzbarkeit ihrer Objekte zu erhöhen, auch wenn dies in der Praxis zunächst einen Mehraufwand bedeutet. Die wenigen Formate sind im Idealfall weit verbreitet, Open-Source-basiert und weitläufig anerkannt."[304]

Als weitgehende Standards haben sich folgende Datenformate herausgestellt: TIFF (Tag Image File Format), das vor allem für die verlustfreie Speicherung von mehreren Bilddateien vorteilhaft ist, GIF (Graphics Interchange Format), ebenfalls für die Speicherung von Bilddateien, jedoch mit niedrigen Farbtiefen und dem Problem der Lizenzpflicht, JPEG (Joint Photographic Experts Group), ebenfalls ein Bilddateiformat, aber mit dem Risiko des Qualitätsverlustes bei Komprimierungsvorgängen, PDF (Portable Document Format), als plattformunabhängiges Datenformat von herausgehobener Wichtigkeit, da es sowohl Textdateien als auch Bilddateien unterschiedlichen Ursprungs in eine übergreifend verwendbare Struktur passt. Durch den PDF-A Standard wird zudem die Bearbeitung des Dokuments ausgeschlossen, XML (Extensible Markup Language) wird zur Darstellung und zum Austausch von Informationen im Textformat verwendet. Insbesondere die Kommunikation zwischen Datenbanken oder den Modulen im digitalen Archiv nutzt den XML-Standard, um die gespeicherten Archivpakete wiederzufinden. Ebenso werden die Metadaten im digitalen Archiv in XML-Format gespeichert. Der Vorteil ist, dass die XML-Elemente, also die einzelnen Zeilen sowohl von der Archivsoftware als auch vom Mensch verstanden und gelesen werden können, da sie ähnlich dem HTML-Standard von Internetseiten textbasiert sind.[305]

---

304 Kuder et al., in: Dreier et al. 2016, S. 417. Siehe auch Beinert/Straube, in: Klimpel/Keiper 2013, S. 37: „langzeitstabil" und „weitverbreitet".

305 Insgesamt zu den archivtauglichen Datenformaten Raphael Ostermann, Potentielle Dateiformate zur Langzeitarchivierung von Dokumenten unter Berücksichtigung von Primär- und Metainformationen, in: Michael Wettengel (Hrsg.), Digitale Herausforderung für Archive, Koblenz 1999, S. 25-34; Iordanidis, in: Hinte/Steinhauer 2014, S. 151f; Schweizerisches Bundesarchiv, Archivtaugliche Dateiformate. Standards für die Archivierung digitaler Unterlagen, Bern 2014: https://tinyurl.com/yak8gstc.

Die vorgestellten Standardformate können einen Großteil der anfallenden elektronischen Unterlagen archivtauglich verarbeiten und bieten eine gewisse Gewähr dafür, auch auf längere Sicht benutzbar zu bleiben. Dafür sprechen vor allem der weite Verbreitungsgrad dieser Formate sowie die leichte Konvertierung anderer Text- oder Bilddateien in diese Formate.

Wesentlich problematischer wird aber weiterhin der Umgang mit Fachanwendungen und komplexeren Datenbanken, Registern und Informationssystemen bleiben. Die einzige Möglichkeit wird darin bestehen, Einzelfalllösungen zu finden. Datenbankendateien lassen sich nicht einfach in ein PDF-Format konvertieren, wenn man die Funktionalität der Datenbanken erhalten und benutzen möchte. Auch hiermit wird die Digitalisierung eher einen Mehraufwand für die Überlieferungssicherung durch die Archive verursachen als eine Vereinfachung.

c) Gewährleistung der Integrität

Um die Integrität der in den Langzeitspeicher des digitalen Archivs übernommenen Daten zu gewährleisten, wirkt das Archiv bereits im Rahmen der Übernahme darauf hin, die Daten in eines der eben erörterten archivfähigen Datenformate zu übertragen. Diese eventuell notwendige Konvertierung ist zwar bereits eine erste Veränderung der Datenstruktur, aber sie hat nicht zum Ziel, das Dokument zu verfälschen, sondern nur, sie aufbewahrungsfähig zu machen. Es muss also ein Verständnis dafür entstehen, dass es notwendigerweise im digitalen Archiv einen Unterschied zwischen einer zulässigen und einer unzulässigen Datenveränderung gibt.[306] *Zulässig* oder befugt ist die Veränderung der Daten immer dann, wenn sie dem Archivzweck der Bestandserhaltung und der Les- und Benutzbarkeit dient. *Unzulässig* ist jede Veränderung, die den Sinn und Inhalt oder die weitere Verfügbarkeit und Benutzbarkeit der Daten entstellt oder beeinträchtigt. Das Prüfkriterium für die Zulässigkeit einer Datenveränderung wird sein, ob die elektronische Unterlage nach der notwendigen

306 Vgl. Bundesministerium des Innern 2014, Baustein Langzeitspeicherung, S. 13 spricht von „unerlaubter" Veränderung.

Konvertierung in demselben Maße les- und benutzbar und damit verständlich ist, wie die Unterlage vor der Konvertierung. „In diesem Zusammenhang ist zu beachten, dass die Einbettung von Dokumenten in andere Dokumente (z. B. eine Word-Datei in eine andere Word-Datei) zu vermeiden ist, da andernfalls ein Informationsverlust bei der Konvertierung hingenommen werden muss."[307]

Werden die digitalen Archivalien im Archiv nicht konvertiert, sondern nur von einem Modul zu einem anderen Weitergeleitet (etwa vom Übernahmemodul in den Archivspeicher, vom Archivspeicher zum Benutzer oder beim Austausch eines Festplattenelements im Archivspeicher) so lässt sich die Integrität der Daten durch die Hashwerte der Objekte überprüfen. Stimmt dieser „digitale Fingerabdruck" des verschobenen Dokuments mit dem des vorherigen überein, so wurde die Integrität bei der Übertragung gewahrt.[308]

Ein großes Risiko für die Integrität digitaler Archivalien muss auch in der Benutzung gesehen werden. Würden die gespeicherten Datenobjekte den Benutzern von Archiven zur Verfügung gestellt, etwa im digitalen Lesesaal oder über Archivportale im Internet, dann wäre die Anfälligkeit für Datenmanipulationen – gewollt oder ungewollt – groß. Die Benutzung elektronischer Archivobjekte kann also nicht mit den tatsächlich hinterlegten Daten des Archivspeichers, sondern nur mit Kopien oder Abbildern dieser Objekte, die dem Benutzer zur Verfügung gestellt werden, stattfinden. Bereits das OAIS Referenzmodell erkennt die Notwendigkeit von „any security or access control mechanisms"[309] im Benutzungsprozess an. Eine weit verbreitet angewandte technische Möglichkeit der Veränderungssperre ist das sogenannte *WORM*-Speicherverfahren. WORM steht hierbei für Write Once Read Multiple und bedeutet, dass das Beschreiben eines Speichers ein einmaliger und unveränderbarer Vorgang ist.[310] Die Daten

---

307 Bundesministerium des Innern 2014, Baustein Langzeitspeicherung, S. 15.

308 Vgl. Ernst/Maier, in: Landesarchiv Baden-Württemberg 2013, S. 116.

309 Lavoie, Microform & Imaging Review 2004, S. 74.

310 Vgl. Nicolai Christ, Archivierungssysteme als Bestandteil eines Data-Warehouse, in: Harry Mucksch/Wolfgang Behme (Hrsg.), Das Data-Warehouse-Konzept, Wiesbaden 1996, S. 301-336, 322.

können danach nicht mehr abgeändert werden, da die Speicherplatten physisch eingebrannt, verschmolzen oder durch kleine Bläschen geprägt werden, die dann von einem Laser abgetastet werden können.[311] Das bedeutet auf der einen Seite eine unveränderliche Speicherung. Auf der anderen Seite können die Daten beliebig oft abgerufen und gelesen werden.[312] WORM-Speicher bieten damit eine integritätssichernde Speicherung, an der selbst die Benutzung keine Datenveränderung vornehmen kann. Der Nachteil an dieser Methode ist jedoch, dass sich das Archiv durch diese endgültige Speicherung vom Herstellerverfahren des Speichersystems abhängig macht. „Ohne das originale Speichersystem sind die Daten faktisch nicht lesbar."[313] Ist außerdem der einmal beschriebene WORM-Speicher nicht mehr weiter veränderbar, zieht das die Konsequenz nach sich, dass eine notwendige Datenmigration in andere Formate zur Bewahrung der digitalen Archivalien auch die erneute Speicherung auf einem neuen Datenträger erfordert. Das digitale Archiv steht hier vor der Auswahl zwischen regelmäßigen Überschreibungs- und Kontrollverfahren auf Magnetplattenspeichern oder der unveränderlichen Speicherung auf optischen Speichern.

d) Gewährleistung der Authentizität

Die Bewahrung der Authentizität digitaler Archivobjekte wird die wohl herausforderndste und mit dem größten Risiko behaftete Aufgabe des digitalen Archivwesens sein. Während die *Integritäts*anforderung verlangt, dass die Datenobjekte nicht durch technische Fehler oder unbefugten Zugriff in ihrer Struktur verändert werden, stellt der *Authentizitäts*schutz weitere Bedingungen an die Archivarbeit. Die Aufbewahrung muss demnach gewährleisten, dass die Unterlagen ihre *Echt-*

311 Vgl. Christ, in: Mucksch/Behme 1996, S. 322 sowie die Bewertung: „WORM-Speicher sind für Archivierungssysteme die wichtigste Form der optischen Speicher, da sie sehr große Speicherkapazitäten bei sinkenden Preisen bieten und zusätzlich aufgrund ihrer Manipulationssicherheit rechtliche Anforderungen für die Aufbewahrung von Geschäftspapieren am besten erfüllen."

312 Vgl. Wilhelm Gaus, Dokumentations- und Ordnungslehre, 4. Aufl., Berlin/Heidelberg 2003, S. 36.

313 Schwalm, in: Landesarchiv Baden-Württemberg 2013, S. 246.

heit beibehalten, was bedeutet, dass sie einen Urheber oder Aussteller beurkunden, der auch der tatsächliche Urheber oder Aussteller der Unterlage ist (§ 437 Abs. 1 ZPO). Der in der Unterlage angegebene Zeitpunkt und der in der Unterlage enthaltene Inhalt müssen gleichwohl dem tatsächlichen Zeitpunkt der Beurkundung und den tatsächlich beurkundeten Inhalt entsprechen.[314]

Im klassischen Archiv erfüllen handschriftliche Unterschriften, Wachssiegel oder Behördenstempel den Echtheitsnachweis und halten damit auch die beweissichernde Kraft des Dokuments über die gesamte Zeit der Archivierung aufrecht.[315] Digitale Archive können sich hingegen nicht mit der einmal erstellten elektronischen Unterlage begnügen. Nimmt man den Anspruch eines Archivs, elektronische Unterlagen faktisch unbefristet zu erhalten, ernst, dann werden technische Bewahrungsstrategien wie die regelmäßige Datentransformation unumgänglich sein. Denn selbst die oben genannten weit verbreiteten und standardisierten Datenformate (PDF-A, TIFF usf.) bieten über einen Zeitraum von mehreren Jahrzehnten und Jahrhunderten nicht die Gewähr, problemlos nutzbar zu bleiben.[316] „Angesichts der fortschreitenden technologischen Entwicklung ist nicht auszuschließen, dass die Software, die zum Lesen eines bestimmten Dokumentenformats erforderlich ist, schon binnen relativ kurzer Zeit an Aktualität verliert [...] Auf diese Weise besteht Gefahr, dass der Inhalt der in einem alten Format gespeicherten Dokumente dauerhaft unlesbar wird. Um dies zu verhindern, ist es notwendig, die Dokumente in aktuelle Formate zu transformieren, die an jedem Rechner lesbar gemacht werden können."[317] Umso mehr gilt dies für Datenformate und Software

---

314 Vgl. Keitel/Lang, in: Staatsarchiv St. Gallen 2009, S. 37.

315 Vgl. Udo Schäfer, Authentizität. Vom Siegel zur digitalen Signatur, in: Udo Schäfer/Nicole Bickhoff, Archivierung elektronischer Unterlagen, Stuttgart 1999, S. 165-181, 166f.

316 Vgl. Katharina de la Durantaye, in: Oliver Hinte/Eric W. Steinhauer (Hrsg.), Die Digitale Bibliothek und ihr Recht – ein Stiefkind der Informationsgesellschaft? Münster 2014, S. 161-187, 164: „Dateiformate veralten und werden inkompatibel, wenn sich Hard- und Softwareumgebung sowie Benutzungstools verändern."

317 Alexander Roßnagel/Stefanie Fischer-Dieskau/Daniel Wilke, Transformation von Dokumenten, CR 2005, S. 903-908, 903.

von Fachanwendungen, die gerade nicht in standardisierte Formate wie PDF-A konvertiert werden können. Die rechtssichere Datenmigration soll also die regelmäßige Erhaltung des digitalen Archivguts ermöglichen, jeweils orientiert am technischen Standard der Zeit.

Als besonders problematisch wird sich hierbei die Authentizitätswahrung von elektronisch signierten Dokumenten herausstellen. Viele elektronische Unterlagen öffentlicher Stellen sind aufgrund einer Rechtsvorschrift mit einer elektronischen Signatur versehen, womit Ursprung, Echtheit und Unverändertheit der Unterlagen im Rechtsverkehr nachgewiesen werden. Digitale Archive stehen in diesem Zusammenhang vor zwei Problemen. Erstens verliert eine elektronische Signatur mit der Zeit ihren Sicherheitswert und bedarf deshalb möglicherweise der regelmäßigen Erneuerung, die durch die Archive vorgenommen werden muss. Zweitens führt die Konvertierung einer elektronisch signierten Datei in ein anderes Datenformat dazu, dass die Nachweiswirkung der Signatur aufgehoben wird. Dieser Nachweis wird über den Abgleich der Hashwerte des signierten Ausgangsdokuments und des Zieldokuments geführt. Die Konvertierung der elektronischen Datei in ein anderes Datenformat geht aber automatisch mit der Veränderung des Bitstreams dieser Datei einher, weil jede elektronische Datei über einen einzigartigen Hashwert verfügt. Die Hashwerte des Ausgangsdokuments und des Zieldokuments können deshalb nach einer Datenkonvertierung niemals übereinstimmen. Es stellt sich also die Frage, wie die Nachweisfunktion elektronischer Signaturen auch bei archivarisch notwendigen Migrationen in neue Datenformate aufrechterhalten werden kann.

Letztlich muss das digitale Archiv die Frage beantworten, wie die elektronischen Unterlagen einerseits für unbefristete Zeit aufbewahrt werden und dabei lesbar und nutzbar bleiben können ohne dabei zugleich ihre Authentizität und Beweiskraft zu verlieren.

(1) Rechtliche Anforderungen an die Datenmigration

Das Archivrecht als Teil des besonderen Verwaltungsrechts verpflichtet die Archive, das einmal bewertete, übernommene und zu Archivgut umgewidmete Schriftgut auf Dauer aufzubewahren, in seinem Bestand zu erhalten und vor Zerstörung zu schützen.[318] Bereits § 5 Abs. 2 ArchivG NRW macht deutlich, dass die Erhaltung des Archivguts in seinem originalen Zustand prinzipiell von Vorrang ist. Die unveränderte Aufbewahrung schützt am besten die Überlieferungssicherung sowie den Nachweis der Echtheit und der Beweiskraft der Unterlagen. Aus der Einschränkung des § 5 Abs. 2 ArchivG NRW geht ebenso hervor, dass es Situationen geben kann, in denen es sogar archivfachlich geboten ist, das Archivgut in seiner Form zu verändern. Nämlich immer und ausschließlich dann, wenn die Vernichtung oder der Verlust des Archivguts oder Teile dessen drohen. Besteht eine rechtliche Pflicht zu einer längerfristigen Aufbewahrung von Unterlagen, so ergibt sich daraus auch die Pflicht der aufbewahrenden Stelle, Originaldokumente zum Zweck der Aufbewahrung und zum Erhalt der Lesbarkeit notfalls umzuwandeln.[319]

Die Datenmigration ist eine Form der Bestanderhaltung im digitalen Archiv. Denn angesichts der Vielfalt von Medienformen in der digitalen Welt und der schnellen Veränderung und Fortentwicklung technischer Einsatzmittel wird die Konvertierung von Dokumenten ein unvermeidlicher Vorgang zur Sicherung und zum Erhalt der Lesbarkeit von Dokumenten werden.[320] „Bei der digitalen Bestandserhaltung müssen die Archive immer wieder Entscheidungen treffen: Welches Dateiformat, welche Zeichenformat soll für die nächste Migrationsstufe gewählt werden? Auf was kann verzichtet werden, wenn nicht alles erhalten werden kann? Wie kann ein Archiv gewährleisten, dass die Nutzungsmöglichkeiten, die ein Archivar bei der archivischen Bewertung gesehen hat, auch nach Jahrhunderten noch bestehen? Wie gewährleisten wir also

---

318 Beispielsweise § 3 Abs. 1 S. 1 BArchG: „auf Dauer zu sichern"; § 5 Abs. 2 ArchivG NRW: „in seiner Entstehungsform zu erhalten, sofern keine archivfachlichen Belange entgegenstehen. Es ist nach archivfachlichen Erkenntnissen zu bearbeiten und vor unbefugter Nutzung, vor Beschädigung oder Vernichtung zu schützen"; § 4 NArchG: „ist auf Dauer und sicher zu verwahren, zu erhalten [...], vor Beschädigung oder Vernichtung zu schützen".

319 Vgl. Roßnagel/Schmidt/Wilke 2009, S. 25.

320 Vgl. Roßnagel/Fischer-Dieskau/Wilke, CR 2005, S. 903.

über viele Jahrzehnte einen einheitlichen, möglichst widerspruchsfreien Prozess bei der Bestandserhaltung?“[321]

Mit Datenmigration[322] wird als „die Überführung eines gefährdeten Formates in ein standardisiertes Format innerhalb einer zeitgemäßen technischen Umgebung“[323] umschrieben.[324] Da die Migration von Daten ein qualitativ anders gelagertes Verfahren ist als ein bloßer Kopiervorgang, besteht grundsätzlich die Möglichkeit des Informationsverlustes beim Konvertierungsprozess.[325] Migration von Daten ist damit zwar eine Methode der Bestandserhaltung durch Bestandsveränderung[326], aber sie ist eine risikobehaftete Methode.

Risiken der Datenmigration, vor allem Varianten der Informationsverluste beim Übertragen in ein neues Datenformat, können sich etwa in Darstellungsproblemen des Zieldokumentes äußern oder aber im völligen Fehlgehen der Migration.[327] Je nach benutzter Technik und Komplexität der verwendeten Datenformate kann das Zieldokument der Migration zu unterschiedlichen Ergebnissen in der Darstellung, Präsentation und Funktionalität führen.[328] Weiterhin ist problematisch, dass das Risiko der Informationsverluste mit jedem weiteren Migrationsvorgang steigt. Je mehr Migrationsschritte über die Zeit der elektronischen Archivierung notwendig

---

321 Christian Keitel, Der nestor-Leitfaden zur Digitalen Bestandserhaltung und seine Folgen für die Archive, in: Landesarchiv Baden-Württemberg, Digitale Archivierung in der Praxis, Stuttgart 2013, S. 267-277, 269.

322 Für den Vorgang der Umwandlung eines Datenformates in ein anderes werden verschiedene Begriffe verwendet. Migration, Transformation oder Konvertierung von elektronischen Dokumenten beschreiben aber den jeweils gleichen Vorgang.

323 Iordanidis, in: Hinte/Steinhauer 2014, S. 152.

324 Migration passt damit die Daten immer an eine neue Umgebung an, vgl. Stefan Funk, Migration, in: Heike Neuroth et al. (Hrsg.), nestor-Handbuch. Eine kleine Enzyklopädie der digitalen Langzeitarchivierung, Glückstadt 2016, Kapitel 8, S. 10-15, 10.

325 Vgl. Iordanidis, in: Hinte/Steinhauer 2014, S. 153.

326 Denn Datenmigration bewirkt notwendigerweise auch eine Änderung des Dateninhalts, vgl. Durantaye, in: Hinte/Steinhauer 2014, S. 164.

327 Vgl. Keitel, in: Landesarchiv Baden-Württemberg 2013, S. 270: Gefahr der irreversiblen Veränderung; Roßnagel/Schmidt/Wilke 2009, S. 26.

328 Vgl. Roßnagel/Fischer-Dieskau/Wilke, CR 2005, S. 904.

sind, desto größer wird das Risiko der Informationsverluste der migrierten Dokumente im Vergleich zum Ursprungsdokument.[329] Mit der Komplexität der Ausgangs- und der Zielformate steigt ebenfalls das Verlustrisiko von Informationen durch einen Migrationsvorgang,[330] da die technische Übertragungsleistung und der Erhalt der Funktionalität bei der Migration von komplexen Datenstrukturen wesentlich schwieriger und störanfälliger wird.

Die Bedingungen für eine rechtssichere Datenmigration erstrecken sich auf mehrere Punkte. Datenmigration darf nur in notwendigen Fällen und als letztes Mittel eingesetzt werden. Da sie ein potentielles Verlustrisiko darstellt, darf sie ausschließlich bei drohendem Daten- und somit Überlieferungsverlust vorgenommen werden. Wie bereits ausgeführt, wird der Erhalt elektronischer Unterlagen von mehreren Faktoren bedroht (physischer Verfall, Technikentwicklung, Inkompatibilität), weshalb der Einsatz von Migrationsstrategien über lange Zeiträume unumgänglich sein wird. Weiterhin muss das Zieldokument ein geeignetes, stabiles und an der technischen Entwicklung orientiertes und standardisiertes Datenformat besitzen.[331] Es ist dabei besonders zu beachten, dass das neue Datenformat das Ausgangsdokument bestmöglich lesbar, verständlich und interpretierbar übernimmt und dabei vor allem auch die notwendigen Zusatzinformationen der Metadaten vor Verlust schützt.[332] Es sollten jene Dateiformate Vorzug genießen, die alle und nicht nur einige der wesentlichen Eigenschaften des Ursprungsdokumentes erhalten können.[333]

Die Migration einer elektronischen Unterlage in ein anderes Datenformat ersetzt automatisch das originale Dokument. Um trotzdem *authentizitätswahrend* im digitalen Archiv zu arbeiten, müssen die Echtheit und die Unverfälschtheit des Inhalts und der Dokumenteneigenschaften auf andere Weise festgestellt werden. Die rechtssichere Erhaltung fordert deshalb, dass die digitalen Archivobjekte stets, also auch nach

329 Vgl. Iordanidis in: Hinte/Steinhauer 2014, S. 153.
330 Vgl. Funk, in Neuroth et al. 2016, Kapitel 8, S. 11.
331 Vgl. Roßnagel/Fischer-Dieskau/Wilke, CR 2005, S. 906f.
332 Vgl. Roßnagel/Fischer-Dieskau/Wilke, CR 2005, S. 907.
333 Vgl. Keitel, in: Landesarchiv Baden-Württemberg 2013, S. 276.

einer Migration in „authentischer Qualität" und mit allen „signifikanten Eigenschaften" beibehalten werden.[334] Es wird dabei insbesondere darauf ankommen, den gesamten Migrationsprozess nachvollziehbar und detailliert zu *protokollieren*.[335] Es muss festgehalten werden, welche Person oder Institution zu welchem Zeitpunkt welche Daten konvertiert hat, welches Ergebnis erreicht wurde und ob die Prüfung die Übereinstimmung von Ausgangs- und Zieldokument ergeben hat.[336]

Besonders wichtig für den Authentizitätserhalt werden die Dokumentierung und die Weitergabe der Metadaten während der Migrationsstufen sein. XML-basierte Metadaten lassen sich aufgrund ihrer einfachen Textelementstruktur in spätere Formate konvertieren. Wird der Informationsverlust der Metadaten minimiert, so lassen sich auch dann noch die wesentlichen Eigenschaften eines digitalen Objekts bestimmen, wenn die eigentliche Primärdatei längst nicht mehr von allen zukünftigen Computern gelesen werden kann.[337] Der verlustfreie Erhalt der Metadaten ist auch für Fragen des Zugangs zu elektronischem Archivgut von Interesse, da die Metadaten etwa den Umfang der Zugangsrechte der Archivalien definieren.[338]

Der Beweiswert eines transformierten Dokuments lässt sich erhöhen, indem man einen Vermerk anbringt, „der die Übereinstimmung des Zieldokuments mit dem Ausgangsdokument bestätigt und weitere Angaben über das Ausgangsdokument und den Transformationsprozess enthält."[339]

---

334 Zitate bei Kuder et al., in Dreier et al. 2016, S. 413.

335 Vgl. Keitel, in: Landesarchiv Baden-Württemberg 2013, S. 270.

336 Vgl. Roßnagel/Fischer-Dieskau/Wilke, CR 2005, S. 906f.

337 Vgl. Keitel, in: Landesarchiv Baden-Württemberg 2013, S. 276. Außerdem das Beispiel bei Keitel: „Wir wissen daher noch in ferner Zukunft, dass auch in der dritten Repräsentation eines Audioobjektes dessen Länge 7 Minuten betrug. Wir wissen dies, obwohl die Primärdaten [...] schon längst nicht mehr gelesen werden können."

338 Vgl. Funk, in: Neuroth et al. 2016, Kapitel 8, S. 10.

339 Roßnagel/Schmidt/Wilke 2009, S. 36.

Abbildung 2: Datenmigration im Archiv

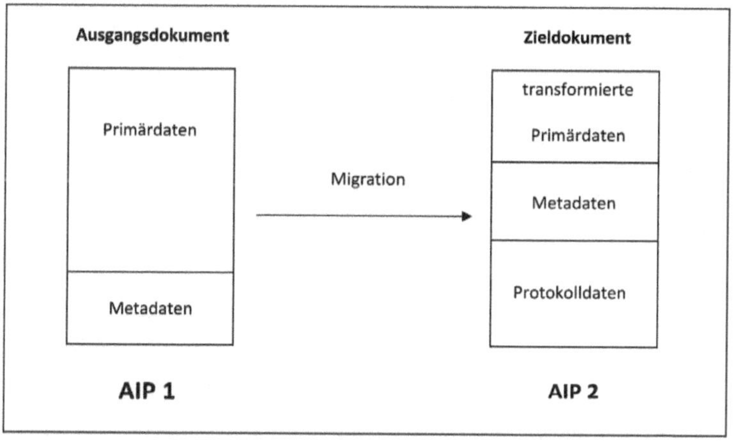

Quelle: Eigene Darstellung.

Die Kontrolle der Übereinstimmung von Ausgangs- und Zieldokument sowie die Feststellung der fehlerfreien Konvertierung kann grundsätzlich nur durch einen Menschen ausgeübt werden. Da aber insbesondere die Archive mit zunehmenden Mengen an digitalen Unterlagen konfrontiert werden, dürfte eine persönliche Sichtkontrolle aller Migrationsergebnisse in der Zukunft kaum realisierbar bleiben.[340] Bei einer hohen Anzahl zu erhaltender elektronischer Unterlagen werden die Migrationsprozesse notgedrungen automatisiert ablaufen müssen. Teilweise wird aufgrund dieser Zwangslage argumentiert, dass man auf die menschliche Kontrolle des einzelnen migrierten Dokuments verzichten sollte. Vielmehr müsse der technische Transformationsprozess als Ganzes an vertrauenswürdige Systeme übertragen werden, deren Arbeit man dann insgesamt oder stichprobenartig kontrolliert.[341] Dass durch die Automatisierung der Datenmigration und durch die Automatisierung der Kontrolle des Migrationser-

340 Vgl. Roßnagel/Schmidt/Wilke 2009, S. 38; Keitel, in: Landesarchiv Baden-Württemberg 2013, S. 269 spricht von „Millionen digitaler Archivalien".

341 Vgl. Roßnagel/Schmidt/Wilke 2009, S. 39; Roßnagel/Fischer-Dieskau/Wilke, CR 2005, S. 906ff.

gebnisses das Verlustrisiko der elektronischen Archivierung nochmals steigt, liegt auf der Hand.

Automatisierte Bestandserhaltung durch Migration muss sich im besten Fall auf vertrauenswürdige Archivsysteme verlassen. Vertrauenswürdige Systeme sind demnach vor allem solche, die „eventuell vorhandene aktive, verdeckte oder nicht darstellbare Inhalte im Dokument erkennen und mit der entsprechenden Meldung anzeigen.“[342] Sollten sie die Funktion zur Anzeige der Migrationsergebnisse besitzen, dann „muss ein detailliertes Verifikationsergebnis zusammen mit allen durchgeführten Prüfungen und Randbedingungen, wie der Verifikationszeitpunkt, in verständlicher Form angezeigt werden können.“[343] Fehler im Migrationsprozess müssen von den vertrauenswürdigen Systemen in verständlicher Weise gemeldet werden können.[344]

Es kann nicht übersehen werden, dass die Migration als die wohl zentrale Bestandserhaltungsstrategie des digitalen Archivs ein mit mehreren Risiken und Unsicherheiten befangenes Verfahren ist. Das Verlustrisiko besteht bei jedem einzelnen Migrationsvorgang und steigert sich zudem mit jedem weiteren Migrationsschritt. Dass die Zielformate lesbar und verständlich sind, kann nicht garantiert werden. Da die Datenmigration von großen Mengen elektronischer Archivobjekte nur automatisiert ablaufen kann, muss der Mensch außerdem auf die persönliche Kontrolle des einzelnen Migrationsvorgans verzichten und kann nur die technischen Systeme als solche überwachen. Damit macht der Mensch seine öffentliche Überlieferungssicherung in doppeltem Sinne vom Vertrauen in die technischen Systeme abhängig. Die Schwierigkeiten, die die Authentizitätswahrung digitaler Archivobjekte hervorruft, werden zudem noch größer, wenn es sich um elektronische Unterlagen handelt, die mit einer beweissichernden elektronischen Signatur ausgestattet sind.

342 Roßnagel/Schmidt/Wilke 2009, S. 105.
343 Roßnagel/Schmidt/Wilke 2009, S. 105.
344 Vgl. Roßnagel/Schmidt/Wilke 2009, S. 105.

(2) Besondere Anforderungen an die Authentizitätswahrung von elektronisch signierten Dokumenten

Vielfach wird das digitale Archiv auch mit elektronisch signierten Dokumenten arbeiten müssen. Der Erhalt der Echtheit, Beweiskraft und der Unverfälschtheit dieser besonderen Kategorie von elektronischen Dokumenten wird dem digitalen Archiv größere Anstrengungen abverlangen. Dabei lässt sich die Authentizitätswahrung elektronisch signierter Dokumente in zwei Problembereiche unterscheiden. In dem einen Fall muss das digitale Archiv Dokumente mit elektronischer Signatur regelmäßig *neusignieren*, um deren Beweiskraft aufrechtzuerhalten. Dies geschieht unabhängig von Datenmigrationen. Das Format wird beibehalten und nur die Signatur wird erneuert. In dem anderen Fall kann es auch notwendig sein, ein elektronisch signiertes Dokument in ein neues Datenformat zu transformieren, was aber zur Konsequenz hat, dass die Nachweisfunktion über die elektronische Signatur unbrauchbar wird. So müssen für die Datenmigration von signierten Dokumenten neue Wege der Authentizitätswahrung gefunden werden.

Neusignierung ohne Migration. Die verwendeten Algorithmen zur Verschlüsselung und Entschlüsselung der Hashwerte elektronischer Dokumente, die im elektronischen Signaturverfahren eingesetzt werden, verlieren über die Zeit ihre Sicherheitseignung.[345] Denn je weiter die technische Entwicklung und die Rechenleistung fortschreiten, desto leichter können Verschlüsselungen, die in der Vergangenheit als sicher galten, entschlüsselt werden. Die Sicherheit über die

---

345 Vgl. Ralf Brandner/Ulrich Pordesch/Tobias Gondrom, Archivzeitstempel und Signaturerneuerung, in: Alexander Roßnagel/Paul Schmücker (Hrsg.), Beweiskräftige elektronische Archivierung, Heidelberg 2005, S. 81-93, 81; Dieter Strauch, Rechtliche und archivische Probleme der digitalen Signatur, in: Gedächtnisschrift für Alexander Lüderitz, hg. v. Haimo Schack, München 2000, S. 751-787, 772. Stefanie Fischer-Dieskau, Elektronisch signierte Dokumente, in: Rainer Hering/Udo Schäfer (Hrsg.), Digitales Verwalten – Digitales Archivieren, Hamburg 2004, S. 33-50, 34f: die Sicherheitseignung kann immer nur für einen Mindestzeitraum festgelegt werden.

Beweiskraft und Unverändertheit von elektronischen Dokumenten schwindet dadurch.[346]

Insbesondere da, wo diese Unterlagen langfristig aufbewahrt werden müssen, wird dieser Verlust des Sicherheitswertes zu Problemen führen. Eine Maßnahme zum Erhalt der Sicherheitseignung ist das Verfahren der Neusignierung nach § 15 VDG.[347] Demzufolge muss insbesondere im digitalen Archiv vor dem Ablauf der Sicherheitseignung der zuvor verwendeten Algorithmen eine neue Signatur angebracht werden.[348] Die Neusignierung kann selbst nur einen verbesserten Sicherheitswert erbringen, wenn sie auf einer technisch besseren Verschlüsselungstechnik beruht.[349] Der Nachweiswert der Neusignierung kann nur lückenlos bestehen, wenn sie alle früheren elektronischen Signaturen mit einschließt, wodurch eine lückenlose Unverfälschtheit nachvollzogen und geprüft werden kann.[350]

Nach Berechnung von Strauch müsste in einem Zeitraum von 100 Jahren eine regelmäßige Neusignierung 16- bis 17-mal vorgenommen werden. Da die neuen elektronischen Signaturen den vorangegangenen Signaturen angehängt werden, ergebe dies im Falle eines Nachweises eine „riesige Folge von Zeichen" und aus einzelnen Dokumenten würden ganze „Broschüren"[351] entstehen.

Das vom Bundesministerium für Wirtschaft und Arbeit geförderte Projekt *ArchiSig*, das sich mit der langfristigen Archivierung elektronischer Unterlagen beschäftigte, hat im Jahr 2005 ein Konzept vorgestellt, dass den Aufwand der regelmäßigen Neusignierung im digitalen Archiv jedoch erheblich verringern kann. Das Konzept sieht dabei den Einsatz eines Archivzeitstempels vor, der durch das Archivsystem au-

346 Vgl. Brandner/Pordesch/Gondrom, in: Roßnagel/Schmücker 2005, S. 81.

347 Vgl. zur alten Rechtslage Brandner/Pordesch/Gondrom, in: Roßnagel/Schmücker 2005, S. 82.

348 Vgl. Brandner/Pordesch/Gondrom, in: Roßnagel/Schmücker 2005, S. 82; Strauch, in: Gedächtnisschrift Lüderitz 2000, S. 774: „Daueraufgabe der Archive".

349 Vgl. Fischer-Dieskau, in: Hering/Schäfer 2004, S. 38.

350 Vgl. Fischer-Dieskau, in: Hering/Schäfer 2004, S. 43.

351 Vgl. Strauch, in: Gedächtnisschrift Lüderitz 2000, S. 778.

tomatisiert erstellt wird.[352] Dieser Archivzeitstempel hat den herausragenden Vorteil, dass er es ermöglicht, *mehrere* signierte Dokumente in einem gemeinsamen Verfahren neu zu signieren.[353] „Das Archivsystem erzeugt zu diesen Dokumenten und Signaturen Archivzeitstempel und erneuert diese. Wird bei einer späteren Verifikation eines aus dem Archivsystem angeforderten signierten Dokumentes festgestellt, dass kryptographische Algorithmen oder Parameter nicht mehr sicherheitsgeeignet sind, kann das erzeugende System ein Beweisdokument mit allen bis dato erzeugten Archivzeitstempeln anfordern. Mit diesem kann verifiziert werden, ob das elektronische Dokument mit seinen Signaturen rechtzeitig signaturerneuert wurde."[354] Die Verwendung von Archivzeitstempeln nimmt damit Abstand von der Arbeitsweise, die für jedes signierte Dokument individuelle Neusignierungen vornahm. „Durch einen Archivzeitstempel können beliebig viele signierte Dokumente über einen Zeitstempel gesichert werden, ohne den Aufwand zur Erneuerung oder Prüfung deutlich zu erhöhen."[355]

Der Archivzeitstempel ist demnach selbst eine elektronische Signatur, die durch ihre jeweilige Erneuerung die beweissichernde Speicherung mehrerer elektronischer Unterlagen dokumentiert. Über die zeitliche Erneuerung des Archivzeitstempels kann jeweils nachverfolgt werden, über welche Zeiträume die Beweiskraft der signierten Unterlagen regelmäßig neu bestätigt wurde.[356] Dabei sollen die Archivzeitstempel den Akkreditierungsanforderungen der Regulierungsbehörde für Telekommunikation und Post durch eine ausreichende Zertifizierung genügen.[357] Insgesamt können auf diese Weise die elektronischen Signaturen erhalten werden, was die digitalen Archivobjekte unverändert lässt und

---

352 Vgl. Brandner/Pordesch/Gondrom, in: Roßnagel/Schmücker 2005, S. 86.

353 Vgl. Brandner/Pordesch/Gondrom, in: Roßnagel/Schmücker 2005, S. 83.

354 Brandner/Pordesch/Gondrom, in: Roßnagel/Schmücker 2005, S. 86.

355 Brandner/Pordesch/Gondrom, in: Roßnagel/Schmücker 2005, S. 87.

356 Brandner/Pordesch/Gondrom, in: Roßnagel/Schmücker 2005, S. 86f.

357 Vgl. Brandner/Pordesch/Gondrom, in: Roßnagel/Schmücker 2005, S. 87.

ihren Beweiswert aufrechterhält, ohne einen überbordenden Aufwand für die Archive zu erzeugen.

Abbildung 3: Neusignierung mehrerer Dokumente mittels Archivzeitstempel

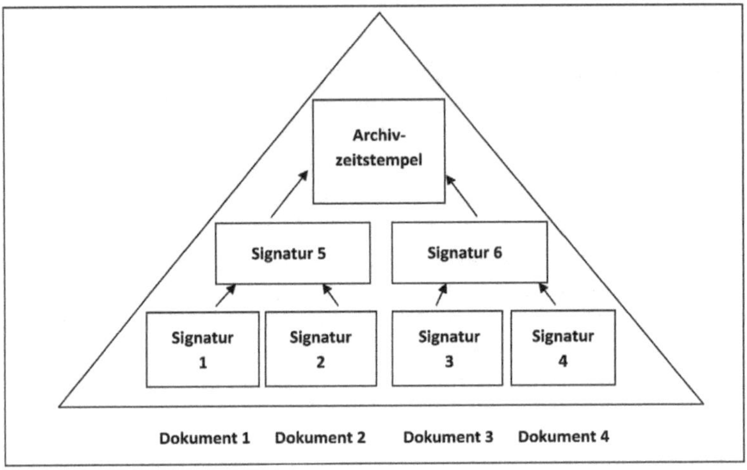

Quelle: Eigene Darstellung nach Brandtner/Pordesch/Gondrom, in: Schmücker/Roßnagel 2005, S. 87.

Datenmigration von elektronisch signierten Dokumenten. Während die rechtssichere Datenmigration von (einfachen) elektronischen Unterlagen verlangt, dass auch das Zieldokument eine authentische Qualität und alle wesentlichen Eigenschaften und Metadaten des Ausgangsdokumentes besitzt und zudem der Migrationsprozess detailliert protokolliert wird, stellt die Migration eines Dokumentes mit elektronischer Signatur ein großes Problem dar. Wird ein elektronisch signiertes Dokument in ein neues Datenformat überführt, dann verliert die Signatur vollkommen ihre Sicherungsfunktion.[358] Der Sicherheitswert einer elektronischen Signatur soll nachzuweisen, dass ein Dokument zwischen Absender und Empfänger oder vor und nach dem Verschieben auf einen anderen Datenspeicher *nicht* verändert wurde. Dies wird er-

358 Vgl. Roßnagel/Schmidt/Wilke 2009, S. 33.

reicht, indem aus beiden Dokumenten ein elektronischer Fingerabdruck, der Hashwert, errechnet wird und dieser durch ein Schlüsselpaar ver- und wieder entschlüsselt wird. Stimmen Hashwert des Ausgangs- und des Zieldokumentes überein, so ist der Beweis erbracht, dass das Dokument nicht verändert wurde. Denn jedes elektronische Datenobjekt hat einen unverwechselbaren individuellen Hashwert. Erhält der Empfänger zwei verschiedene Hashwerte, dann weiß er, dass die Dokumente nicht übereinstimmen.

Genau hierin liegt das Problem der Migration eines elektronisch signierten Dokuments in ein neues Datenformat. Eine Datenmigration in ein neues Datenformat ist nämlich gerade darauf angelegt, ein Dokument zu verändern und in eine andere Form zu bringen, zu dem Zweck, das veränderte Dokument unter anderer Softwareumgebung anzeigen zu können. Die logische Konsequenz daraus ist, dass der Hashwert des konvertierten Zieldokuments niemals mit dem Hashwert des Ausgangsdokuments übereinstimmen kann. Denn jede Veränderung an einer elektronischen Datei verändert auch den Bitstream der Datei, aus dem der Hashwert errechnet wird. Die Sicherheitswirkung der elektronischen Signatur, die darauf abstellt, dass die beiden Hashwerte übereinstimmen, ist dadurch unbrauchbar geworden.[359]

Das digitale Archiv soll sowohl die Archivobjekte authentizitätswahrend und beweiskrafterhaltend sichern als auch die Bestände dauerhaft vor Verlust sichern. Die Bestandserhaltung macht jedoch manchmal eine Datenkonvertierung notwendig. Hebt eine Datenkonvertierung aber die Sicherungswirkung und Beweiskraft der elektronischen Signatur auf, steht das digitale Archiv vor einem Zielkonflikt. Denn in

359 Vgl. Roßnagel/Fischer-Dieskau/Wilke, CR 2005, S. 904; Roßnagel/Schmidt/Wilke 2009, S. 26; Udo Schäfer, Authentizität, in: Rainer Hering/Udo Schäfer, Digitales Verwalten – Digitales Archivieren, Hamburg 2004, S. 13-31, 15; Fischer-Dieskau, in: Hering/Schäfer 2004, S. 38; Stefanie Fischer-Dieskau/Thomas Kunz/Andreas Schmidt/Ursula Viebeg, Grundkonzepte rechtssicherer Transformation signierter Dokumente, in: Hannes Ferrath (Hrsg.), Sicherheit. 2. Jahrestagung des Fachbereichs Sicherheit der Gesellschaft für Informatik e.V., Bonn 2005, S. 401-412, 402; Strauch, in: Gedächtnisschrift Lüderitz 2000, S. 777: „Ist nur ein Bit verändert, ergibt sich bereits eine Differenz."

dem Moment, in dem die elektronische Signatur nicht mehr nachweisen kann, ob ein Dokument authentisch und unverändert ist, wirkt die Archivierung gerade nicht mehr authentizitätswahrend und beweissichernd.

Um die Authentizität und den Beweiswert von elektronisch signierten Dokumenten auch nach einer archivischen Datenmigration zu erhalten, müssen ausgleichende Maßnahmen ergriffen werden. Es kommt darauf an, „Instrumente vorzuhalten, die den Verlust der technischen Sicherung ausgleichen, um insbesondere den rechtlichen Wert des Dokuments, der durch die technische Sicherung gerade geschaffen wurde, auch für das Zieldokument zu wahren“[360]. Die Nachweisführung über die elektronische Signatur des Ausgangsdokumentes scheidet in jedem Fall aus. Das Augenmerk der Beweiswerterhaltung wird sich daher auf den *Migrationsprozess* selbst richten. Erfüllt der Migrationsprozess bestimmte Anforderungen und enthält das konvertierte Zieldokument signifikante Informationen, dann kann der Verlust des Sicherheitswertes über die Signaturen ausgeglichen werden.[361]

Neben der Definition der wesentlichen und zu erhaltenden Eigenschaften des Ausgangsdokumentes ist es wichtig, die *Ausgangssignaturen abschließend* vor der Datenmigration *zu prüfen* und den rechtlichen Wert des Ausgangsdokumentes abschließend festzustellen. Die Ergebnisse dieser Prüfung sowie alle Informationen der Signatur des Ausgangsdokumentes werden unmittelbar vor der Konvertierung in ein neues Datenformat *extrahiert*[362] und nach der anschließenden Konvertierung an das Zieldokument *angehängt*.[363] Um die Korrektheit des gesamten Migrationsprozesses zu einem späteren Zeitpunkt nachvollziehen zu können, muss der gesamte Verlauf des Vorgangs protokolliert werden. Die festzuhaltenden Daten sind unter anderem „die Bezeichnungen der

360 Fischer-Dieskau et al., in: Federrath 2005, S. 402.

361 Vgl. Fischer-Dieskau et al., in: Federrath 2005, S. 408.

362 Sogenannte Signaturextraktion, vgl. Roßnagel/Schmidt/Wilke 2009, S. 130: die den Ausgangssignaturen entnommenen Informationen sowie die letztmalige Signaturprüfung werden dem Transformationsbericht als Signaturdaten angefügt.

363 Vgl. Fischer-Dieskau et al., in: Federrath 2005, S. 408.

eingesetzten Systeme und Komponenten, verwendete Parameter, Prüfergebnisse sowie den Prüfungen zugrunde liegende Prüfvorgaben."[364]

Da insbesondere im digitalen Archiv über längere Zeit der Verlust von Daten droht, kann es passieren, dass die Ausgangsdokumente zu einem bestimmten Zeitpunkt nach der Konvertierung nicht mehr zur Verfügung stehen. Um auch ohne Vergleich mit dem Ursprungsdokument alle relevanten Informationen zu bewahren, ist es bedeutend, am Ende der Datenmigration ein *Transformationssiegel* zu erstellen. „Mit ihm wird bestätigt, dass der Ablauf des Transformationsprozesses geprüft und als korrekt angesehen wird und dass die mit der Transformation angestrebte Inhaltstreue zwischen Ausgangsdokument und Zieldokument erreicht ist."[365] Das Transformationssiegel ist ein vertrauenswürdiger *Vermerk*, über den im Nachhinein der Transformationsprozess nachverfolgt und überprüft werden kann.[366] Das Transformationssiegel gleicht den Verlust des Echtheits- und Beweiskraftnachweises durch die Nichtanwendbarkeit der Ausgangssignatur aus. Dafür muss das Siegel „alle relevanten Daten, die während der Transformation erzeugt wurden, dauerhaft und vertrauenswürdig an die konvertierten Inhalte binden, um umfassende forensische Überprüfungen zu ermöglichen. Diese Möglichkeit der a posteriori-Überprüfung ist der wichtigste Baustein für die Beweiskraft des Zieldokuments"[367].

Im Endeffekt werden also das konvertierte Zieldokument und die extrahierten Signaturdaten des Ausgangsdokumentes durch ein sogenanntes Transformationssiegel abgeschlossen oder „versiegelt".[368] Insofern lässt sich das Transformationssiegel als ein Datencontainer[369] verstehen, der zusätzlich selbst eine neue elektronische Signatur enthält, anhand derer

---

364 Roßnagel/Schmidt/Wilke 2009, S. 120.

365 Fischer-Dieskau et al., in: Federrath 2005, S. 411.

366 Vgl. Fischer-Dieskau et al., in: Federrath 2005, S. 406 und 411. Der Vermerk enthält Angaben über den korrekten Ablauf der einzelnen Schritte des Transformationsprozesses, die Prüfung der Inhaltstreue zwischen Ausgangs- und Zieldokument, die zurechenbar verantwortliche Person und den Zeitpunkt der Transformation.

367 Roßnagel/Schmidt/Wilke 2009, S. 133.

368 Vgl. Roßnagel/Schmidt/Wilke 2009, S. 85.

369 Fischer-Dieskau et al., in: Federrath 2005, S. 411.

das neue Zieldokument für die weitere Zeit der Archivierung überprüfbar ist.[370]

Auf diese Weise kann auch nach der Datenmigration für signierte Dokumente festgestellt werden, dass bis unmittelbar vor der Konvertierung die Echtheit und Beweiskraft des Dokumentes bestanden hat und überprüft worden ist. Das Transformationssiegel erbringt diesen Nachweis dann fortwährend ab dem Moment der Konvertierung.

Abbildung 4: Datenmigration elektronisch signierter Dokumente

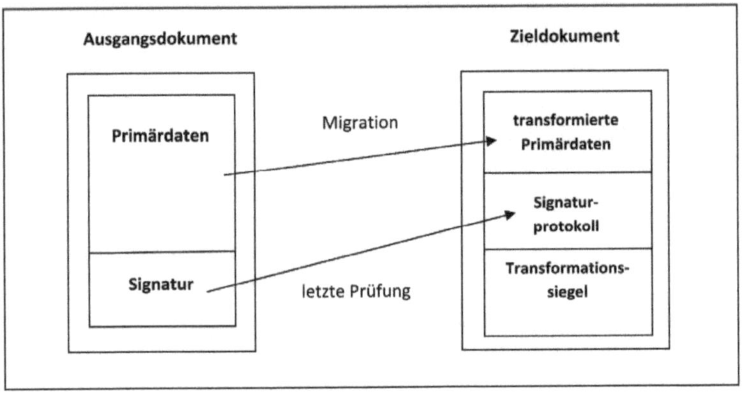

Quelle: Eigene Darstellung nach Roßnagel/Schmidt/Wilke 2009, S. 85.

e) Gewährleistung der Lesbarkeit und Verfügbarkeit durch Emulation

Neben der erörterten Migration als Strategie der elektronischen Bestandserhaltung existiert eine weitere technische Strategie, die der langfristigen Lesbarkeit und Verfügbarkeit von elektronischen Dateien dienen kann. Die Emulation unterscheidet sich von der elektronischen Migration dadurch, dass sie nicht die ursprünglichen Daten verändert, sondern die zur Anzeige dieser Daten verwendete Soft- und Hardware. Während die Migration die Strategie verfolgt, die elektronischen Daten fortwährend mit dem Stand der Technik umzuformen, lässt die Emulation die originären Daten unangetas-

370 Vgl. Roßnagel/Schmidt/Wilke 2009, S. 86 und 134f.

tet und versucht hingegen, die technische Umgebung eines früheren Zeitpunktes auf aktuellen Geräten nachzuempfinden.[371] Ihren Wortursprung hat die Emulation im Lateinischen und bedeutet so viel wie der Nacheiferer.[372]

Wie geht die Emulationsstrategie vor? Es wurde bereits ausführlich dargestellt, dass elektronische Unterlagen langfristig von physischen und digitalen (Bitstream-)Verlusten bedroht sind, die bis hin zum vollständigen Verlust des Inhaltes führen können. Gleichzeitig führt der permanente technische Fortschritt dazu, dass Soft- und Hardware von informationstechnischen Systemen relativ schnell veralten und teilweise nicht mehr angewendet werden können.[373] Während die Migration von Daten versucht, die Inhalte der Dokumente in den neuen technischen Stand „mitzunehmen“ stellt die Emulation das Gegenkonzept dazu dar.[374] Sie lässt die technische Umgebung vergangener Tage wieder „aufleben“. Ein *Emulator* ist demzufolge ein aktuelles Programm oder Gerät, das die Anzeige und Benutzung der ursprünglichen Daten zum Ziel hat[375] und zu diesem Zwecke die notwendige ehemalige Soft- und Hardwareumgebung simuliert. Die Emulation verhindert damit das Risiko der Datenveränderung, das im schlechtesten Fall zur Unanwendbarkeit der migrierten Datei

---

371 Vgl. Beinert/Straube, in: Klimpel/Keiper 2013, S. 35.

372 Vgl. lat. aemulator, in: Langenscheid Universal-Wörterbuch Latein, München 2010, S. 21.

373 Bereits die regelmäßige Überarbeitung der Microsoft Windows Betriebssysteme führen dazu, dass Anwendungen älteren Datums unter einer neuen Betriebssoftware nicht mehr oder nur unter Hinnahme von Funktionalitätseinbußen benutzt werden können. Neben der Inkompatibilität, die durch den Fortschritt von Betriebssystemen hervorgerufen wird, kann es auch bei einzelnen Software-Anwendungen vorkommen, dass Dateien, die unter einer älteren Version der Software erstellt und benutzt wurden, unter einer neuen Version derselben Software nicht mehr ihre völlige Funktionalität zeigen. Kann dies bereits bei einfachen Schreib- oder Tabellenkalkulationsprogrammen auftreten, so vergrößert sich das Problem zunehmend mit der Komplexität der modernisierten Software, z.B. bei komplexen Datenbankenprogrammen.

374 Vgl. Dirk von Suchodoletz, Die Emulationsstrategie in der Langzeitarchivierung, in: Bibliothek. Forschung und Praxis 33 (2009), S. 11-24, 12.

375 Vgl. Hofmann, in: Wettengel 1999, S. 12.

führen kann. Denn der Emulator verwendet nur die originären Dateien, ohne sie zu verändern. Andererseits kann jedoch die Nachahmung der früheren Software oder Hardware fehlerhaft sein, was zu Defiziten in der Lesbarkeit oder Funktionalität der Datenanwendung führen kann.

Grundsätzlich kann zwischen der Anwendungsemulation und der Betriebssystememulation (nachgeahmte Softwareprogramme) sowie der Hardwareemulation (nachgeahmte Gerätekomponenten) unterschieden werden.[376] Für digitale Archive dürfte die Anwendungsemulation die bedeutendste Form sein, da zumeist eine bestimmte Fachanwendung der Verwaltung für die Anzeige von archivierten Unterlagen benötigt wird, die in späteren Zeiten technisch nachgebaut werden muss. „So kann auf einem aktuellen System ein Programm entwickelt werden, das archivierte digitale Objekte in einem bestimmten Format öffnen, anzeigen oder bearbeiten kann, auf die mit aktueller Software auf diesem System nicht mehr zugegriffen werden kann, weil vielleicht die Originalsoftware nicht mehr existiert oder auf aktuellen Systemen nicht mehr lauffähig ist.“[377]

Eine ältere elektronische Anwendung zu emulieren bedeutet deshalb stets, ein neues Programm zu entwickeln und zu schreiben. Der Emulator ist ein eigenständiges, neues Programm, das versucht, die Funktionalitäten einer alten Anwendung so gut es geht zu übernehmen. Im besten Fall wird das Anwendungsergebnis des Emulators keinen Unterschied zu jenem der Originalsoftware machen. Insofern ist es von großer Bedeutung, bereits bei der Übernahme von digitalem Archivgut „festzustellen, welche Art von Arbeitsumgebung und welche Zusatzinformationen für spätere Zugriffe benötigt werden.“[378] Das bedeutet auch, „dass bei zunehmendem Anspruch an die Emulation [...] eine Programmierung derselben immer schwieriger wird.“[379] Bereits die Nachahmung eines

376 Vgl. Stefan Funk, Emulation, in: Heike Neuroth et al. (Hrsg.), nestor-Handbuch, Eine kleine Enzyklopädie der digitalen Langzeitarchivierung, Glückstadt 2016, Kapitel 8, S. 16-23, 16f.

377 Vgl. Funk, in: Neuroth et al. 2016, Kapitel 8, S. 16f.

378 Von Suchodoletz, in: Bibliothek. Forschung und Praxis 33 (2009), S. 12.

379 Vgl. Funk, in: Neuroth et al. 2016, Kapitel 8, S. 22.

aktuellen Textverarbeitungsprogrammes bedeutet, eine nicht unbedeutende Menge an Funktionalitäten nachzubilden.[380] Je komplexer die nachzuahmende Anwendung ist, desto größer wird der Programmierungsaufwand. Diese Aufgabe wird mit zunehmender Differenzierung und Komplexität der technischen Anwendungen von den digitalen Archiven kaum allein zu bewerkstelligen sein. Es wird in Zukunft deshalb wichtig sein, dass sich Staatsarchive und staatliche Behörden bei der Implementierung neuer IT-Strukturen eng miteinander absprechen, damit die Herausforderungen der späteren Archivierung von Beginn an mitberücksichtigt werden.[381]

Die Emulation umgeht zwar das zentrale Defizit der Datenmigration, das in der unumgänglichen Datenveränderung und in dem teilweisen Informationsverlust besteht. Dafür bringt der Einsatz von Emulatoren aber andere Probleme mit sich. Einerseits bedeutet auch der Einsatz von Emulationsstrategien einen erhöhten Aufwand für die digitalen Archive. Denn „je spezieller oder komplexer die Datenformate werden, desto unwahrscheinlicher wird die Existenz eines geeigneten Betrachters, der in der Lage ist, alle gewünschten Objekteigenschaften in der gewünschten Qualität wiederzugeben."[382] Nachahmende Programme oder Geräteumgebungen zu erstellen ist eine komplexe Aufgabe und es kommt hinzu, dass die Versionsgeschichte früherer Fachanwendungen sowie das Wissen um deren Funktionalitäten kaum bis gar nicht dokumentiert werden.[383]

380 Der Programmierer, der versucht, eine frühere Software nachzubilden, muss daher nicht nur fähig sein, ein komplexes Programm mit verschiedenen Funktionalitäten erstellen zu können, er muss viel mehr noch alle Funktionen und Funktionsweisen des zu emulierenden früheren Programms können. Eine Emulation kann nur dann eine erfolgreiche Erhaltungs- und Archivierungsstrategie darstellen, wenn sie die archivierten Dateien umfänglich benutzbar macht. Dazu muss aber hinreichendes Wissen über das alte Programm vorhanden sein.

381 Die Einbindung des Fachwissens der öffentlichen Rechenzentren wird für öffentliche Gedächtnisinstitutionen wie Archive und Bibliotheken mehr Bedeutung erlangen und den innerstaatlichen Informationsaustausch weiter intensivieren, vgl. Beinert/Straube, in: Klimpel/Keiper 2013, S. 35f.

382 Von Suchodoletz, in: Bibliothek. Forschung und Praxis 33 (2009), S. 16.

383 Vgl. Hofmann, in: Wettengel 1999, S. 13.

Schließlich kann der Einsatz von Emulationen auch dazu führen, dass das Hauptproblem der Datenmigration im Grunde nur verlagert wird. Zwar lässt die Emulation die digitalen Unterlagen in ihrer Form unangetastet. Wenn jedoch durch fehlerhafte oder ungenügende Emulation Defizite in der Performance und der Funktionalität der Programme auftreten, dann wird dies auch Auswirkungen auf die Lesbarkeit und Verständlichkeit des elektronischen Archivguts haben. Hinzu kommt, dass ein Softwareemulator selbst ebenfalls ein digitales Objekt ist, das den gleichen Verfallsprozessen oder Funktionsverlusten unterliegt, wie andere elektronische Unterlagen. So paradox es also erscheint: um für digitale Archive angemessene und geeignete Softwareemulatoren vorzuhalten, müssen diese regelmäßig an den aktuellen Stand der Technik angepasst werden und im Zweifelsfall mit einer Softwaremigration aktualisiert werden. Zwar ist die Emulation eine alternative Strategie zur Datenmigration, da sie die originalen Datenobjekte in ihrem Zustand belässt. Doch die Auswahl von standardisierten Emulatoren und das Vorhalten eines entsprechenden „Software-Archiven" können nur durch regelmäßige Migration im Rahmen der elektronischen Archivierung garantiert werden.[384]

Sowohl die Datenmigration als auch die Emulation stellen damit aussichtsreiche, aber nach wie vor risikobehaftete[385] Strategien der elektronischen Archivierung dar, die in jedem Fall einen wachsenden Arbeitsaufwand für die Archive bedeuten werden. Digitale Archive müssen in einen permanenten Austausch mit der Informatik, Wirtschaft und Kulturwissenschaft und Rechtswissenschaft treten, um die Lösungsstrategien weiterzuentwickeln.

384 Dazu Von Suchodoletz, in: Bibliothek. Forschung und Praxis 33 (2009), S. 18.

385 Die Datenmigration birgt das Risiko des Datenverlustes an den originalen Daten und die Emulation birgt das Risiko der fehlerhaften bzw. eingeschränkten Benutzung und Lesbarkeit der Daten. Dazu Collin, in: Dreier et al. 2016, S. 219; Kuder et al., in: Dreier et al. 2016, S. 413f; Hofmann, in: Wettengel 1999, S. 12f.

f) Urheberrechtliche Fragen der elektronischen Archivierung

Die Konservierung elektronischer Datenobjekte kann nicht nur den bloßen Erhalt, sondern auch die Veränderung und Aktualisierung der Daten mit sich ziehen.[386] Wann immer ein Werk einer Veränderung unterzogen wird, kann dies die Schutzwirkungen des Urheberrechts berühren. Dies ist bei der Datenmigration geschützter Werke, bei der Emulation geschützter Software und bei der Zugänglichmachung elektronischer urheberrechtlich geschützter Werke im elektronischen Lesesaal der Fall.

Die archivrechtlich in drohenden Verlustsituationen zulässige *Datenmigration* in ein neues Format kann urheberrechtlich problematisch sein. Das Urheberrecht schützt den Urheber in seiner Beziehung zum Werk (§ 11 UrhG) und gewährt ihm eine Reihe von Urheberpersönlichkeitsrechten und Verwertungsrechten (§§ 12 ff und 15ff UrhG). Ein anderer, der nicht der Urheber eines Werkes ist, kann diese Rechte nicht ausüben, es sei denn, ihm wurden bestimmte Nutzungsrechte vom Urheber eingeräumt (§ 31 ff UrhG). Eine Datenmigration eines elektronischen Dokumentes kann unter Umständen eine Vervielfältigung gemäß § 16 UrhG sein[387], die grundsätzlich nur dem Urheber zusteht.[388] Dies ist dann der Fall, wenn neben dem ursprünglichen Dokument ein weiteres, konvertiertes Dokument entsteht. In den Fällen, in denen eine Datenmigration so verläuft, dass das Zieldokument nur noch in abgeänderter Form dargestellt werden kann, kann zudem eine Bearbeitung des Werkes[389] gemäß § 23 UrhG vorliegen, die ebenfalls nur mit Einwilligung des Urhebers vorgenommen werden darf.[390] Eine Entstellung des Werkes dürfte in einer Datenmigration jedoch nicht zu erkennen sein, da

386 Vgl. Thomas Dreier/Veronika Fischer, Erhaltung von Werken der Digital Art, CR 2013, S. 548-552, 548.

387 Vgl. Dreier/Fischer CR 2013, S. 549.

388 Vgl. Durantaye, in: Hinte/Steinhauer 2014, S. 165; Kuder et al., in: Dreier et al. 2016, S. 419.

389 Vgl. Dreier/Fischer CR 2013, S. 550.

390 Vgl. Kuder et al., in: Dreier et al. 2016, S. 419; Ellen Euler, Zur Langzeit-archivierung digital aufgezeichneter Werke und ihrer urheberrechtlichen Einordnung und Beurteilung, AfP 2008, S. 474-482, 479.

die Zielrichtung der elektronischen Archivierung gerade den Erhalt des Objekts und nicht dessen Verzerrung oder Beeinträchtigung fördert.[391] § 14 UrhG schützt den Urheber vor jeder Beeinträchtigung des Werkes, „die geeignet ist, seine berechtigten geistigen oder persönlichen Interessen am Werk zu gefährden“. Die Datenmigration wird hingegen zum Zwecke des Erhalts und der Sicherung, so nah am Original, wie es technisch möglich ist, ausgeführt und nicht mit dem Ziel des Entstellens, weshalb § 14 UrhG wohl nicht einschlägig ist.[392]

Es stellt sich jedoch die Frage, wann eine Migration im öffentlichen Archiv urheberrechtlich relevant ist. Für einen Großteil der digitalen Unterlagen, die speziell im Archiv – anders als in Museen oder Bibliotheken – aufgenommen werden, wird das Urheberrecht gar nicht anzuwenden sein. Dies liegt am archivrechtlich zu verwahrenden Gegenstand der Unterlagen öffentlicher Stellen, wie Behörden und Gerichte. Denn § 5 Abs. 1 UrhG schließt „Gesetze, Verordnungen, amtliche Erlasse und Bekanntmachungen sowie Entscheidungen und amtlich verfaßte Leitsätze zu Entscheidungen“ vom urheberrechtlichen Schutz aus.[393] Die Rechtsprechung hat weiterhin anerkannt, dass § 5 UrhG auch auf amtliche Datenbanken analog anzuwenden ist.[394] Das bedeutet, dass eine Migration von Gesetzestexten, Verordnungstexten, elektronischen Behördenerlassen, Gerichtsurteilen, Organisationsplänen[395] und eben auch der elektroni-

---

391 Vgl. Euler AfP 2008, S. 476.

392 Vgl. Durantaye, in: Hinte/Steinhauer 2014, S. 166.

393 Siehe auch Deutscher Bundestag, Drs. 16/2453, S. 11: „Handelt es sich um gemeinfreie amtliche Werke i. s. v. § 5 UrhG dürfen diese ohne weiteres verwertet werden.“ Zur Publizitätsfunktion BVerfG, NJW 1999, S. 414, 416: „Publizität soll damit nicht nur für die Rechtsnormen selbst, sondern auch für deren Auslegung und Anwendung durch Verwaltung und Gerichte gewährleistet sein. Ziel der Regelung zur Gemeinfreiheit von amtlichen Werken war es seit jeher, Publizität für alle Äußerungen der Staatsgewalt zu schaffen. Der dem Gesetz unterworfene Bürger soll sich über Vorschriften aller Art, Entscheidungen und über sonstige rechtserhebliche Unterlagen und Äußerungen in gerichtlichen und behördlichen Verfahren frei unterrichten können“.

394 VGH Baden-Württemberg, Urt. v. 7 Mai 2013, Az. 10 S 281/12, Rn. 53.

395 Als amtliche Werke im Sinne des § 5 Abs. 1 und 2 UrhG anerkannt sind: Parlamentsgesetze, Rechtsverordnungen, Verwaltungsvorschrif-

schen Unterlagen aus öffentlichen Registern und Verwaltungsinformationssystemen[396] nicht mit dem Urheberrecht in Konflikt gerät, da diese amtlichen Werke keinen Urheberrechtsschutz genießen.

Etwas Anderes kann sich immer dann ergeben, wenn das zu konvertierende Archivgut nicht nur oder gar kein amtliches Werk enthält, sondern auch aus urheberrechtlich geschützten Werken besteht. Dies kann in unterschiedlichen Situationen der Fall sein, etwa, wenn elektronische Gerichtsakten Gutachten oder Fotografien enthalten, wenn öffentlich geförderte Filme in das Archiv aufgenommen werden[397], oder wenn in den Verwaltungsakten Architektenzeichnungen, Pläne, Fotografien usf. enthalten sind. Zudem ist auch archivrechtlich anerkannt, dass die Staatsarchive sogenanntes Dokumentationsmaterial hinzufügend archivieren dürfen[398], wozu „herkömmlicherweise Druckschriften, Plakate, Flugblätter und Flugschriften, Presseausschnitte, Zeitungen, Bilder, Filme und Tonaufzeichnungen“ von nicht öffentlichen Stellen gehören.[399] Die Gestaltung von öffentlichen Homepages kann ebenfalls vielfach urheberrechtlich geschützte Teilinhalte aufweisen. Enthalten weiterhin archivierte Gerichtsakten Schriftsätze von Anwälten oder Gutachten, oder

---

ten, allgemeinverbindliche Tarifverträge, Vergaberichtlinien, gerichtliche Urteile, Beschlüsse und Verfügungen sowie behördliche Verwaltungsakte und andere Verwaltungsbescheide. Dazu Jan Bernd Nordemann, in: Karl Fromm/Wilhelm Nordemann, Urheberrecht. Kommentar, 11. Aufl., Stuttgart 2014, § 5 UrhG, Rn. 10-28; Malte Marquardt, in: Artur-Axel Wandtke/Winfried Bullinger (Hrsg.), Praxiskommentar zum Urheberrecht, 4. Aufl., München 2014, § 5 Rn. 5-24.

396 Der Ausnahmecharakter des § 5 UrhG gilt auch für amtliche Datenbanken, wie VGH Baden-Württemberg, Urt. v. 7 Mai 2013, Az. 10 S 281/12, Rn. 53 unterstreicht, da „andernfalls eine planwidrige Regelungslücke entstünde und für eine unterschiedliche Behandlung des urheberrechtlichen Schutzes eines Datenbankwerks einerseits ("Schöpferprinzip") und des sui generis-Schutzes des Datenbankwerks andererseits ("Investitionsschutz") kein vernünftiger Grund ersichtlich ist“.

397 Zum Beispiel, aber nicht ausschließlich, in der deutschen Kinofilm Datenbank des Bundesarchives gemäß § 17 Abs. 1 BArchG. Auch die übrigen Archivgesetze kennen Filme, Bilder und Tondokumente als archivierbare Unterlagen, z.B. § 2 Abs. 5 BbgArchivG.

398 § 2 Abs. 1 S. 3 SächsArchivG.

399 Sächsischer Landtag, Drucksache 1/2476, S. 22.

finden sich in archivierten Nachlässen Briefe oder Notizen, etwa von Politikern, dann ist der urheberrechtlich geschützte Werkcharakter gegeben.[400] Man wird nicht bestreiten können, dass solche Archivalien, die nicht nur aus amtlichen Gesetzen, Verordnungen, Erlassen, Datenbanken oder Urteilen bestehen, durchaus urheberrechtlich geschützt sein können. Bereits das digitale Einscannen sowie das spätere Umkonvertieren in andere Datenformate von Bildern, Zeitungen, Karten oder Zeichnungen, sowie die Erhaltungsstrategien für Film- und Tonaufnahmen müssen als Vervielfältigungen und unter Umständen als Bearbeitungen gemäß §§ 16 und 23 UrhG angesehen werden.

Neben der Datenmigration kann auch die *Emulation* von Soft- und Hardwareumgebungen software-urheberrechtlich relevant sein.[401] Denn sie stellt eine Vervielfältigung und besonders eine Veränderung der früheren Software dar, was ebenfalls die Schutzwirkungen der §§ 16 und 23 UrhG eintreten lässt.[402]

Weiterhin stellt die Zugänglichmachung von urheberrechtlich geschützten Werken im digitalen Archiv, also im elektronischen Lesesaal, eine Nutzung im Sinne des Urheberrechtes dar. Das Nutzungsrecht besitzt grundsätzlich nur der Urheber, der allein darüber entscheidet, ob, wann und auf welche Weise sein Werk verwertet und verbreitet wird (§ 15 UrhG). „Mit dem Besitz oder dem Eigentum an Archivalien, an denen Urheberrechte bestehen, erlangt das Archiv nicht automatisch auch die Nutzungs- und Verwertungsrechte.“[403] Vielmehr müssen diese Rechte gemäß §§ 31, 34 und eventuell § 43 UrhG vom Urheber an das Archiv eingeräumt und übertragen werden.

Zwar kennt das Urheberrechtsgesetz mit § 53 Abs. 2 S. 1 Nr. 2 eine sogenannte Archivschranke, die es erlaubt, „einzel-

---

400 So schon die frühen Ausführungen bei Reinhard Heydenreuter, Urheberrecht und Archivwesen, Der Archivar 41 (1988), Sp. 397-408, 399ff.

401 Vgl. Dreier/Fischer CR 21013, S. 550.

402 Vgl. Kuder et al., in: Dreier et al. 2016, 419.

403 Mark Steinert, Rechtliche Fragen und Probleme bei der Übernahme fremden Archivguts, in: VdA (Hrsg.), Alles was Recht ist. Archivische Fragen – juristische Antworten, Fulda 2012, S. 179-187, 186.

ne Vervielfältigungsstücke eines Werkes herzustellen“, wenn die Vervielfältigung notwendig ist. Diese Schranke gilt aber nur dann, wenn es sich um „ein eigenes Werkstück“ handelt (§ 53 Abs. 2 S. 1 Nr. 2 UrhG)[404], was in öffentlichen Archiven, die all ihre Archivgüter von anderen Stellen übernehmen, problematisch ist.[405] Und weiterhin gilt diese Zulässigkeit der Vervielfältigung ausschließlich zur Bestandserhaltung und zur internen Nutzung[406] und ist bereits dann unzulässig überschritten, wenn die Vervielfältigung auch Dritten zugänglich gemacht wird.[407] Das digitale öffentliche Archiv verfolgt aber nicht nur die Bestandserhaltung, sondern ausdrücklich auch die gesetzliche Zugänglichmachung für jedermann, weshalb die Ausnahme von urheberrechtlichen Schutzwirkungen für Archive klar unzureichend ist, wenn die Sicherungsvervielfältigung nicht Dritten zugänglich gemacht werden dürfen.[408] Außerdem schließt § 53 Abs. 5 S. 1 UrhG die Archivschranke für elektronische Datenbanken vollkommen aus. Weiterhin bedeuten Migration und Emulation nicht nur die bloße Ver-

404 „Folglich darf weder ein entliehenes noch gemietetes Werkexemplar zur Vervielfältigung nach Abs. 2 S. 1 Nr. 2 benutzt werden.“, vgl. Martin Wirtz, in: Karl Fromm/Wilhelm Nordemann, Urheberrecht. Kommentar, 11. Aufl., Stuttgart 2014, § 53, Rn. 38.

405 Insbesondere bei den sogenannten Deposita, die zwar durch einen Depositalvertrag dem Archiv überlassen werden, dies gleichwohl nur unter Wahrung des Eigentums des Vertragspartners. Dazu Manegold 2002, S. 252; OVG Niedersachsen, Urt. v. 17. September 2002, 11 LB 123/02, Rn. 67.

406 Vgl. Eric W. Steinhauer, Probleme kooperativer Digitalisierung für elektronische Leseplätze in Bibliotheken, K&R 2009, S. 688-692, 689; Euler AfP 2008, S. 477; Monika Duppelfeld, Das Urheberrecht der Bibliotheken im Informationszeitalter, Tübingen 2014, S. 139.

407 BHG, Urt. v. 16. Januar 1997, Az. I ZR 9/95, Rn. 39: „Von einer - entsprechend dem Gesetzeswortlaut - »zu diesem Zweck (der Archivierung) gebotenen« Vervielfältigung läßt sich indessen nicht sprechen, wenn die Nutzung des Archivs sich nicht auf den internen Gebrauch beschränkt, sondern archivierte Vervielfältigungsstücke zugleich zur Grundlage einer Nutzung durch außenstehende Dritte gemacht werden. Die Grenzen des privilegierten internen Gebrauchs des Vervielfältigungsstücks sind überschritten, wenn dieses (auch) zur Verwendung durch außenstehende Dritte bestimmt ist“. Dazu ebenfalls Wirtz, in: Fromm/Nordemann 2014, § 53, Rn. 36.

408 Vgl. Durantaye, in: Hinte/Steinhauer 2014, S. 171; Kuder et al., in: Dreier et al. 2016, S. 419.

vielfältigung, sondern gezwungenermaßen auch eine Bearbeitung von Werken. Die Archivschranke nach § 53 Abs. 2 UrhG bietet damit keine ausreichende Rechtsgrundlage für urheberrechtlich relevante Maßnahmen der elektronischen Bestandserhaltung in öffentlichen Archiven.

Für lange Zeit war das deutsche Urheberrecht ein großes Hemmnis für die Bestandserhaltung in öffentlichen Archiven, da es notwendige technische Erhaltungsmaßnahmen aus Gründen des Urheberschutzes für unzulässig erklärte. Die vom Archivrecht geforderten Erhaltungsmaßnahmen zur Überlieferungssicherung der Archivgüter wurden gleichzeitig durch das Urheberrecht für rechtlich unzulässig erklärt. Die Archive standen vor einem Normkonflikt. Insofern wurde regelmäßig von den Fachvertretern eine neue Schrankenregelung für die Aufgabenerfüllung der öffentlichen Archive angemahnt.[409]

Mit dem Urheberrechts-Wissensgesellschafts-Gesetz[410] wurde im Jahr 2017 eine Konsolidierung und Erweiterung der urheberrechtlichen Schranken für mehrere öffentliche Bildungseinrichtungen und Wissenszwecke im Urheberrecht durchgeführt. Kernstück für das neue Urheberrecht für Archive ist der neue § 60f UrhG.[411] Nach § 60f Abs. 1 UrhG gelten für öffentliche Archive die neuen Urheberrechtsschranken des § 60e Abs. 1 bis 4 UrhG. Gemäß § 60e Abs. 1 UrhG „dürfen [Archive] ein Werk aus ihrem Bestand oder ihrer Ausstellung für Zwecke der Zugänglichmachung, Indexierung, Katalogisierung, Erhaltung und Restaurierung vervielfältigen, auch mehrfach und mit technisch bedingten Änderungen.“

409 Vgl. Durantaye, in: Hinte/Steinhauer 2014, S. 173. Siehe auch Ellen Euler/Eric W. Steinhauer/Christina Bankhardt, Digitale Langzeitarchivierung als Thema für den 3. Korb zum Urheberrechtsgesetz, Februar 2011, abrufbar unter http://files.dnb.de/nestor/berichte/nestor-Stellungnahme_AG-Recht.pdf.

410 Gesetz zur Angleichung des Urheberrechts an die aktuellen Erfordernisse der Wissensgesellschaft vom 1. September 2017 (BGBl. I 2017, S. 3346); Deutscher Bundestag, Drucksache 18/12329, S. 42 und 44f.

411 Vgl. Tobias Lettl, Urheberrecht, 3. Aufl., München 2018, S. 204ff; Christian Berger, Urheberrecht in der Wissensgesellschaft, GRUR 2017, S. 953-964, 963; Thomas Pflüger/Oliver Hinte, Das Urheberrechts-Wissensgesellschafts-Gesetz aus Sicht von Hochschulen und Bibliotheken, ZUM 2018, S. 153-161, 157.

Diese Archivschranke dürfte den Anforderungen der Datenmigration in der elektronischen Archivierung gerecht werden. Durch die neue Urheberrechtsschranke dürfen in Archiven explizit zu den Zwecken des Erhalts, der Restaurierung, aber ebenso der Katalogierung, was der archivischen Erschließung entsprechen dürfte, und der Zugänglichmachung, also der Archivbenutzung, Vervielfältigungen mitsamt den unumgänglichen technischen Veränderungen der Werke oder Dokumente durchgeführt werden. Durch diese Norm werden Bestandserhaltungsmaßnahmen in digitalen Archiven auch urheberrechtlich für zulässig erklärt.

Nach § 60e Abs. 4 S. 1 UrhG, der aufgrund von § 60f Abs. 1 UrhG ebenfalls für Archive anwendbar ist, dürfen Archive ihre digitalen (urheberrechtlich geschützten) Archivalien im elektronischen Lesesaal zur Verfügung stellen. Jedoch erhebt § 60e Abs. 4 S. 2 UrhG die Einschränkung, dass die Nutzer von diesen Archivalien nur 10 Prozent analog oder digital für ihre Nutzung kopieren (vervielfältigen) können, was das archivgesetzliche Nutzungsrecht für Archivgut erheblich einschränkt. Es wird kritisiert, dass diese Einschränkung für die Bedürfnisse der Archivbenutzung völlig ungeeignet ist.[412] Desweiteren schließt § 60f Abs. 1 UrhG die Anwendbarkeit des § 60e Abs. 5 UrhG für Archive aus, weshalb die Archive keine Abbilder oder Abschriften von urheberrechtlich geschützten Archivalien an die Archivbenutzer versenden dürfen (Reproduktionsversendung).[413] Die Reproduktion ist archivrechtlich jedoch als eine Art der Erfüllung des archivrechtlichen Benutzungsanspruchs anerkannt.[414] In dieser Form der Kulturgutnutzung werden öffentliche Archive ohne Begründung durch den Bundesgesetzgeber gegenüber den öffentlichen Bibliotheken benachteiligt. Insofern ist die Einfüh-

---

412 Vgl. Konferenz der Leiterinnen und Leiter der Archivverwaltungen des Bundes und der Länder, Stellungnahme vom 27. Februar 2017 zum Referentenentwurf des Urheberrechts-Wissensgesellschafts-Gesetzes, S. 2,
https://tinyurl.com/ya2onrkh.

413 Konferenz der Leiterinnen und Leiter der Archivverwaltungen des Bundes und der Länder, Stellungnahme vom 27. Februar 2017, S. 3, https://tinyurl.com/ya2onrkh.

414 Vgl. etwa § 1 Abs. 1 Sächsische Archivbenutzungsverordnung.

rung neuer Archivschranken im Urheberrecht im Hinblick auf die rechtliche Zulässigkeit von Bestandserhaltungsmaßnahmen an urheberrechtlichen Archivgütern durchweg zu begrüßen; die Einschränkungen für das Benutzungsrecht sind weiterhin kritisch zu sehen.

Soweit dem digitalen Archiv keine Möglichkeiten der Nutzung, Vervielfältigung und Zugänglichmachung der Archivalien durch die urheberechtliche Archivschranke eröffnet werden, ist das Archiv weiterhin auf eine Rechteübertragung durch den Urheber angewiesen.[415] Das digitale Archiv wird daher im Rahmen der Übernahme elektronischer Unterlagen auch ein strukturiertes Rechtemanagement, zum Beispiel im Zuge der Erstellung der Metadaten, einführen müssen.

Nach alledem muss als Zwischenerkenntnis festgestellt werden, dass eine auf mehrere Jahrzehnte und Jahrhunderte geplante elektronische Archivierung und Bestandserhaltung in höchstem Maße risikobehaftet ist. Der schnelle Verfall von elektronischen Daten und von technischen Einrichtungen birgt die Gefahr des Überlieferungsverlustes. Ein Teil des Problems ist, dass es bis zum jetzigen Zeitpunkt noch nicht einmal konsolidierte, in sich abgeschlossene und vollständige rechtliche Kriterien für eine dauerhafte elektronische Bestandserhaltung und Speicherung gibt. Und auch für die bislang gefundenen technischen Lösungsansätze, etwa die redundante Speicherung, die Standardisierung, die Konzepte der Migration und Emulation, gibt es keine Erkenntnisse, in welcher Weise sie über lange Zeiträume einen Datenerhalt, der auch die Les- und Interpretierbarkeit der Daten einschließt, garantieren können. Um der Gefahr eines breiten gesellschaftlichen und staatlichen Überlieferungsverlustes zu begegnen, braucht es klare rechtliche Grundlagen, etwa in den Archivgesetzen, detaillierte Rechtsverordnungen und Verwaltungsvorschriften über die Einzelaspekte und die praktische Umsetzung sowie eine permanente Fortentwicklung der Archivierungsstandards am Maßstab des Stands der Technik.

---

415 Vgl. Beinert/Straube, in: Klimpel/Keiper 2013, S. 44.

IV. Bereitstellung und Benutzung von elektronischem Archivgut

Die Digitalisierungsprozesse wirken sich ebenfalls auf die Benutzung und Zugänglichmachung von Archivgut aus. Wenngleich die Infrastruktur der Lesesäle sowie die bereitgestellten Medienformen Veränderungen unterliegen, bleiben die Grundprinzipien der archivarischen Benutzungsrechte unangetastet.

1. Benutzungsrecht im digitalen Archiv

Bereits das OAIS Referenzsystem geht davon aus, dass die Benutzung einen der drei großen Aufgabenbereiche des digitalen Archives darstellt. Daher sieht das OAIS von Beginn an auch entsprechend einzurichtende Komponenten vor. Die Erstellung eines DIP (Dissemination Information Package), das erst auf die Suchanfrage des Benutzers hin und entsprechend dem Umfang seiner Zugangsrechte aus dem digitalen Archivgut des Archivspeichers *generiert* wird, wird ein standardisierter Vorgang im digitalen Archiv sein.

Aus der Sicht des Archivrechts besteht kein Unterschied zwischen dem Nutzungsrecht auf analoges Archivgut und jenem auf digitale Archivunterlagen. Begrifflich wird hierbei keine Differenzierung gemacht, da alle Unterlagen von bleibendem Wert zu Archivgut umgewidmet werden. Insofern gelten auch für die Benutzung von digitalen Archivalien die Schutzfristenregelungen und die Vorschriften über die Benutzungseinschränkung und -versagung. Grundsätzlich gewähren die Archivgesetze einen Rechtsanspruch auf den Zugang zu digitalen Archivalien in den öffentlichen Archiven.

In zeitlicher Hinsicht unterliegen auch elektronische Archivalien unter Umständen der Zugangssperre aufgrund der Schutzfristenregelungen. Die allgemeine Schutzfrist für alle Archivgüter beträgt überwiegend 30 Jahre ab ihrer Entstehung.[416] Enthalten die beantragten digitalen Archivgüter personenbezogene Daten, werden die besonderen Schutzfristen von 10 Jahren nach dem Tod des Betroffenen, bzw. 100 Jahre nach dessen Geburt oder 60 Jahre nach Entstehung der Da-

416 Zum Beispiel in § 11 Abs. 1 BArchG.

ten eingehalten werden müssen. Unterliegen die elektronischen Archivgüter einer Geheimschutzeinstufung, dann kann die Benutzung erst nach Verstreichen einer Frist von 60 Jahren nach der Entstehung der elektronischen Unterlage stattfinden.[417]

Abweichend von diesem Schutzfristenregime kann sich etwas anderes ergeben, wenn die elektronischen Unterlagen, in die Einsicht beantragt wird, während ihrer früheren Verwendung in der laufenden Verwaltungstätigkeit zur Veröffentlichung bestimmt waren[418] oder dem ungehinderten Informationszugang nach einem Informationszugangsgesetz offen gestanden haben.[419] In diesen Fällen greift das Schutzfristenregime nicht und ein Benutzerzugang zu den entsprechenden digitalen Unterlagen kann direkt gewährt werden.

Eine faktische Zugangssperre kann jedoch dann den Zugang zu elektronischem Archivgut verhindern, wenn die übernommenen elektronischen Unterlagen noch nicht hinreichend durch das Archivpersonal erschlossen wurden oder die notwendigen Verknüpfungen von gespeicherten Daten im Archivspeicher mit den zur Recherche notwendigen Metadaten noch nicht hergestellt wurden.[420] Der Benutzer wird ohne diese Findhilfen nicht zu den gesuchten Daten gelangen bzw. gar nicht erst erfahren können, dass diese Archivgüter vorhanden sind. Hier ist hauptsächlich die Umsetzung der Konzepte für die elektronische Archivierung gefordert, was in manchen Archiveinrichtungen durchaus eine große Herausforderung in finanzieller und personeller Hinsicht bedeutet.[421] Beispielhaft kann hier das vom Hessischen Landesar-

417 Zum Beispiel in § 11 Abs. 2 und 3 BArchG.

418 Hierzu gehören etwa Informationen aus dem Bereich der Öffentlichkeitsarbeit, elektronisch verbreitete staatliche Warnungen oder Angaben auf Internetseiten öffentlicher Stellen.

419 Dazu § 11 Abs. 5 Nr. 2 BArchG; weiter Friedrich Schoch, Informationsfreiheitsgesetz. Kommentar, 2. Aufl., München 2016, § 13, Rn. 22.

420 Vgl. Collin, in: Dreier et al. 2016, S. 214.

421 Die praktische Umsetzung von Konzepten zur Einführung digitaler Archivstrukturen, die tatsächlich nutzergeeignete Ergebnisse erzielen, kann viele Hürden und Problemstellungen mit sich bringen. Siehe dazu die Erfahrungen des Stadtarchives Leipzig bei Birgit Horn-Kolditz/Henrike Hoff, Die elektronische Archivierung in der Warte-

chiv in Kooperation mit dem Niedersächsischen Landesarchiv entwickelte Archivinformationssystem *Arcinsys* genannt werden. Dieses Archivinformationssystem stellt eine einheitliche und übergreifende Datenbankenanwendung dar, die es einerseits den Archivaren ermöglicht, bereits die Bewertungs- und Übergabeprozesse von elektronischen Unterlagen computer- und bildschirmgestützt zu bearbeiten. Und andererseits eröffnet die Archivdatenbank auch für Nutzer verschiedene Funktionen. Zu diesen Funktionen des Archivsystems gehören etwa die Online-Recherche in den digitalisierten und elektronischen Archivbeständen oder die Registrierung und die ordnungsgemäße Antragstellung für die Archivgutbenutzung durch den Benutzer.[422] Einen Schritt weiter ist zudem das Landesarchiv Sachsen-Anhalt gegangen, indem es über seine offizielle Behördenwebseite unter der Rubrik »Archivgut Online« 1,9 Millionen Digitalisate zur direkten Benutzung freigegeben hat, ohne dass ein Benutzungsantrag gestellt oder ein Interesse nachgewiesen werden muss.[423] Hier kann der Benutzer also nicht nur in den Verzeichnissen nach Archivinformationen recherchieren, sondern er kann die Archivgüter direkt über eine Internetverbindung als virtuelles Archivgut benutzen. Archivrechtlich handelt es sich bei diesem Angebot um Reproduktionen, die das Landesarchiv Sachsen-Anhalt hergestellt hat und für die bestimmt wurde, dass sie weder Zugangsbeschränkungen noch Nutzungsbeschränkungen unterliegen. Diese Form von elektronischen Archivgütern wird aufgrund ihrer Zugänglichkeit und der Möglichkeit des freien

---

schleife? Die Stadt Leipzig auf dem Weg zum elektronischen Archiv, in: Sachsenlandkurier 2017, S. 24-26.

422 Hessisches Landesarchiv, Archivdatenbank Arcinsys: https://arcinsys.hessen.de/arcinsys/info.action. Mit Arcinsys wurde eine einheitliche Webanwendung geschaffen, die von Archivaren wie auch von Benutzern gleichermaßen benutzt werden kann. Diese Verfahrensweise über eine einheitliche Online-Plattform mit Recherche- und Antragsmöglichkeiten zu den Archivgütern dürfte sich m.E. als die gängige Form der zukünftigen digitalen Archive etablieren.

423 Landesarchiv Sachsen-Anhalt, Online-Recherche: https://tinyurl.com/y93be6gx. Hier mit einem Beispielarchivgut „Untersuchungen wegen disziplinlosen und gewalttätigen Verhaltens von Lehrern und Schülern, 1806-1840 im Freistaat Anhalt", das als Digitalisat frei verfügbar zum Abruf bereitsteht.

Abrufs auch *virtuelles Archivgut* genannt. Das bedeutet, dass der Nutzer diese digitalen Reproduktionen frei verwenden und auch vervielfältigen darf. Eine solche freie Benutzbarkeit digitaler Archivbestände kann es natürlich nur dann geben, wenn zuvor das zuständige Archiv alle rechtlichen Fragen der Benutzung geklärt hat und die Archivgüter daraufhin öffentlich abrufbar macht.[424] Der Regelfall wird auch für elektronische Archivgüter – aufgrund von Personenbezug oder Geheimhaltung und allgemeiner Schutzfrist – jedoch weiterhin die klassische Benutzung im Rahmen des Archivbenutzungsrechts bleiben.

2. Benutzungsordnungen

Der Nutzungsanspruch auf öffentliches Archivgut wird durch Benutzungsverordnungen und Lesesaalordnungen auf der Grundlage der Verordnungsermächtigungen in den Archivgesetzen konkretisiert. Jede Benutzung von öffentlichem Archivgut hat sich an den Benutzungsordnungen zu orientieren.

Soweit ersichtlich, wurden die Archivbenutzungsordnungen nicht in selbem Maße und nicht vergleichbar systematisch an die Fragen des digitalen Archivwesens angepasst wie die ranghöheren Archivgesetze. Dies hat mehrere Gründe. Vordergründig betrifft die Einführung und Umstellung auf digitale Archivpraktiken den Aufbau der digitalen Speicher-Infrastruktur und die neuartigen Übernahmeprozesse sowie die Erstellung und Erhaltung der Archivpakete. Die Benutzung der elektronischen Archivgüter steht hingegen erst am Ende dieses Umstellungsprozesses, da sie natürlicherweise auf das Vorhandensein der vorangehenden elektronischen Archivierungsschritte der Übernahme und Speicherung aufbaut. Außerdem befinden sich die Übernahme elektronischer Verwaltungs- und Gerichtsunterlagen sowie der Lauf der all-

424 Daher muss das Archiv vor der Zurverfügungstellung der Reproduktionen im Internet prüfen, ob das Archivgut noch urheberrechtlichen Ansprüchen unterliegt, ob die Veröffentlichung Persönlichkeitsrechte verletzen würde und ob die Veröffentlichung eine Gefährdung des Wohls der Bundesrepublik Deutschland oder eines der Länder bedeuten würde. Siehe dazu Jost Hausmann, Wiedergabe des Archivguts, in: Irmgard Becker/Clemens Rehm (Hrsg.), Archivrecht für die Praxis, München 2017, S. 204-223, 205.

gemeinen und besonderen Schutzfristen zum jetzigen Zeitpunkt noch ganz am Anfang, weshalb digitale Archivgüter vielfach noch nicht benutzbar sind. Auch die Einrichtung digitaler Lesesäle befindet sich oft noch in einer Initiierungsphase und wird erst mit der zunehmenden Praxis digitaler Archive fortschreiten.

Davon abgesehen, ist eine rechtliche Anpassung der Benutzungsverordnungen nicht in jedem Fall zwingend notwendig, da die vorhandenen Benutzungsregeln oftmals unproblematisch auf die elektronische Benutzung übertragen werden können.

a) Öffentlich-rechtliches Benutzungsverhältnis

Das Benutzungsverhältnis im digitalen Archiv ist immer öffentlich-rechtlicher Art. Denn aufgrund der archivrechtlichen Rechtsansprüche auf Benutzung sowie der öffentlich-rechtlichen Ausgestaltung durch die Benutzungsverordnungen entsteht ein Rechtsverhältnis zwischen öffentlichen Staats- oder Kommunalarchiven und den Benutzern.[425] Hieraus ergeben sich für beide Seiten Rechte und Pflichten, zum Beispiel das Recht auf Benutzung der Archivalien und der technischen Geräte bei gleichzeitiger Pflicht, einen entsprechenden Benutzungsantrag zu stellen[426] und das Archivgut schonend und behutsam zu behandeln.[427] Für die Benutzung digitaler Archivalien im digitalen Archiv ergibt sich zunächst nichts Gegenteiliges. Denn unbenommen der körperlichen oder körperlosen Form der Archivalien entsteht durch die Beantragung und Einsichtnahme in den Räumlichkeiten des Archives ein Benutzungsverhältnis, das jedermann offensteht, soweit die Schutzfristen oder andere archivrechtliche Vorschriften dem nicht entgegenstehen. Auch elektronische Ar-

---

425 Vgl. § 1 Abs. 4 LArchBO Berlin; § 2 Abs. 1 SächArchivBenVO; zum Rechtscharakter des Benutzungsverhältnis im Archiv siehe Alexander Freys, Das Recht der Nutzung und des Unterhalts von Archiven, Baden-Baden 1989, S. 67-69.

426 Vgl. § 2 Abs. 1 und 2 LArchBO Berlin.

427 Vgl. § 3 Abs. 3 LArchBO Berlin.

chivgüter sind öffentlich-rechtlich gewidmete Sachen im Anstaltsgebrauch.[428]

Lediglich das Land Hessen hat den Geltungsbereich seiner Nutzungsordnung für die Hessischen Staatsarchive in einem besonderen Fall ausgeschlossen.[429] Nämlich dann, wenn elektronische Archivgüter bereits in digitaler Form veröffentlicht wurden. Das bedeutet, dass die Benutzung digitaler, öffentlich abrufbarer Archivgüter (beispielsweise auf dem Behördenportal der Staatsarchive Hessens) nicht erst beantragt werden muss. Im Einklang mit dem Archivrecht sind hierbei auch keine Schutzfristen zu prüfen.

Abgesehen von diesem Sonderfall ist die Benutzung digitaler Archivgüter ebenso davon abhängig, dass der Benutzer einen schriftlichen Benutzerantrag stellt, in dem verschiedene Angaben über den Benutzer und den Benutzungszweck gemacht werden.[430] Das digitale Archiv prüft daraufhin, ob Schutzfristen einzuhalten sind, und wägt eventuelle entgegenstehende öffentliche Interessen oder schutzwürdige Interessen Dritter hinsichtlich der Nutzungsgenehmigung ab. Auch für elektronisches Archivgut kann eine Schutzfristverkürzung beantragt werden, worüber das Archiv ebenfalls entscheiden muss.[431] Vergleichbar mit klassischen Benutzungsvorgängen findet auch die Einsicht und Nutzung im digitalen Archiv grundsätzlich persönlich und in den dafür bestimmten Räumen des Archives statt. In Betracht kommen dafür die technischen Infrastrukturen der elektronischen Lesesäle mit individuellen Computer-Benutzerarbeitsplätzen.

b) Erfüllung des Rechtsanspruchs im digitalen Archiv

Fraglich ist jedoch, ob die Bereitstellung elektronischer Abbilder dem subjektiv-rechtlichen Benutzungsanspruch des Archivrechts genügt. Die Funktionsweise des OAIS, wonach

---

428 Jüngst dazu der Bundesgesetzgeber der die direkte Verbindung von Umwidmungsakt und Unterlagenbegriff herstellt und letzterer wiederum nach § 1 Nr. 9 BArchG Aufzeichnungen jeder Art umfasst, in Deutscher Bundestag, Drucksache 18/9633, S. 41.

429 § 1 Abs. 2 Nutzungsordnung Staatsarchive Hessen.

430 Vgl. Hausmann 2016, S. 63.

431 § 6 Abs. 2 Nutzungsordnung Staatsarchive Hessen.

aus dem Archivspeicher jeweils für den Benutzer zugeschnittene Benutzungspakete erstellt werden, bedeutet, dass die Benutzung in digitalen Archiven nie anhand der originalen Unterlagen gewährt werden kann. Es werden stets Kopien der originalen Daten aus dem Archivspeicher vorgelegt bzw. am Bildschirm angezeigt. In Konflikt mit den geltenden Benutzungsordnungen steht dies nicht. Für das Zustandekommen des öffentlich-rechtlichen Benutzungsverhältnisses ist diese Art der Nutzungsgewährung unschädlich. Denn die Benutzungsordnungen kennen bereits seit analogen Zeiten die *vorrangige* Herausgabe von Kopien, Reproduktionen oder Digitalisaten, sofern diese Vorhanden sind, an der Stelle der originalen Archivgüter.[432] Die Rechtfertigung für die einschränkende Form der Benutzungsgewährung ist die archivrechtliche Aufgabe der Bestandserhaltung. Die Lesesaalordnung der Landesarchive in Nordrhein-Westfalen veranschaulicht diese Interessensabwägung sehr nachvollziehbar in § 4: *„1. Archivgut ist wertvolles Kulturgut. Bei Archivgut handelt es sich im Unterschied zu Bibliotheksgut in der Regel um Unikate, die bei Zerstörung oder Verlust nicht zu ersetzen sind. Die Nutzung im Original führt mit der Zeit zu Nutzungsschäden und Substanzverlust. Deshalb gelten die folgenden Regeln für den Umgang mit Archivgut. 2. Soweit vorhanden, werden anstelle von originalem Archivgut grundsätzlich Reproduktionen (Digitalisate, Mikrofilm, Mikrofiche usw.) vorgelegt.“*

Wird rechtlich anerkannt, dass dem Rechtsanspruch auf Archivgutbenutzung hinreichend entsprochen wird, wenn Kopien oder Reproduktionen der originalen Unterlagen vorgelegt werden, so kann dasselbe für digitale Archivgüter gelten. Elektronische Daten sind von Substanzverlust ebenso wie Papierakten bedroht, sie sind viel flüchtiger und einfacher zu löschen. Durch die leichte Manipulierbarkeit elektronischer Dokumente kann es nicht vertreten werden, dass die originalen elektronischen Dokumente des Archivspeichers einer direkten Benutzung zugänglich gemacht werden. Die in den Benutzungsordnungen anerkannte Rechtfertigung der Benut-

432 § 3 Abs. 4 LArchBO Sachsen-Anhalt; § 4 Nr. 2 LesesaalO LArch NRW; § 4 Abs. 1 S. 1 LArchBO Berlin; § 1 Abs. 1 S. 2 SächsArchivBenVO.

zungsbeschränkung auf Abbilder zum Schutz des Archivbestands kann zweifellos auch auf die Anforderungen der digitalen Archivgutbenutzung übertragen werden, ohne dass es einer Anpassung des Verordnungstextes bedarf.

Der Rechtsanspruch auf Einsicht und Nutzung der originalen Unterlage kann in besonderen Fällen begründet sein, wenn sich dies aus einem speziellen Benutzungsanliegen ergibt.[433] Dies kann beispielsweise dann der Fall sein, wenn bestimmte Eigenschaften des Archivguts im Untersuchungsinteresse stehen, die nur auf dem Original vorhanden sind und nicht in gleicher Weise durch Kopien wiedergegeben werden können. Zu denken ist hierbei an die Erforschung originaler Wachssiegel, Signaturen, Wasserzeichen oder anderen Prägungen, aber auch an bestimmte Eigenschaften des Papieres. Ein solches besonderes Benutzungsanliegen im Kontext von digitalen Unterlagen, das ausschließlich durch die Vorlage und Nutzung der originalen Daten befriedigt werden kann, dürfte kaum entstehen, da die meisten dieser besonderen Eigenschaften ursprünglicher Akten oder Dokumente bei elektronischen Daten fehlen, oder sich aus den Metadaten erfahren lassen. Außerdem stehen die Funktionsweisen der elektronischen Archivierung einer Benutzung originaler digitaler Archivgüter funktionell entgegen. Die technische Anzeige und Nutzung von elektronischen Dokumenten durch mehrere Personen beziehungsweise an unterschiedlichen Geräten ist fast immer mit einem Kopiervorgang der Daten verbunden. Es dürfte deshalb bereits im Bereich der laufenden Verwaltung schwerfallen, die tatsächlich originale, ursprüngliche elektronische Unterlage auszumachen angesichts vieler Bearbeitungsvorgänge.

Durch die Übergabe an das Archiv wird dies noch problematischer. Denn dass der Gedanke des Originals im digitalen Archiv zunehmend unbrauchbar wird, zeigt sich ebenfalls in den Strategien der elektronischen Archivierung, da hier die elektronischen Unterlagen notgedrungen an die Archivbedingungen angepasst und notfalls in neue Formate konvertiert werden müssen (Verknüpfung mit Metadaten, Datenmigration, Archivzeitstempel). Die Hinzuziehung entsprechender

433 § 3 Abs. 4 LArchBO Sachsen-Anhalt.

Anzeigeprogramme und angefügter Metadateninformationen lässt den Begriff des Originals elektronischer Daten noch unpassender erscheinen. Insofern wird die Erfüllung des Nutzungsanspruchs durch die Vorlage von Kopien oder Reproduktionen im digitalen Archiv nicht nur zur rechtlich möglichen, sondern zu faktisch gängigen Form der Archivgutbenutzung.

Der archivrechtliche Benutzungsanspruch wird damit nicht unzulässig beschränkt, da der Rechtsanspruch stets vorbehaltlich des Schutzes der Archivgüter eröffnet wird und aus diesem Grund auch alternative Formen und Einschränkungen der Benutzung anerkennt.[434] Die Vorlage und Nutzung veränderter elektronischer Archivdaten tritt demzufolge nicht in Konflikt mit den Benutzungsordnungen.[435] Vielmehr ist darin die Interessenabwägung des Archives zu sehen, das zwischen Bestandserhalt und Benutzungsanspruch vermitteln muss.

c) Spezielle Digitalisierungsvorschriften in den Benutzungsverordnungen

In den Bereichen, in denen die Benutzungsordnungen verändert wurden, hat man auf spezifische Arbeitsabläufe der modernen Archivpraxis reagiert. Eine systematische Herangehensweise der Verordnungsgeber ist dabei nicht ersichtlich, vielmehr wurden Einzelaspekte der Digitalisierung in die Verordnungen aufgenommen. Beispielsweise wurden neue technische Rechercheinstrumente wie die Online-Recherche oder Computer im Lesesaal als neue Findmittel im Archiv anerkannt.[436] Die Bestellung bestimmter Archivgüter kann teilweise auch per E-Mail-Kontakt mit dem Archiv erfolgen und muss nicht ausschließlich persönlich vorgenommen werden[437] und die Benutzung kann durch Vorlage von Kopien be-

---

434 § 10 Abs. 3 BArchG: „eine andere Art der Nutzung [ist] aus wichtigem Grund" zulässig; § 6 Abs. 1 LArchG BW; § 9 Abs. 2 Nr. 4 ArchivG MV; § 9 Abs. 2 S. 1 Nr. 4 SächsArchivG: „Die Benutzung ist einzuschränken [...], wenn [...] der Erhaltungszustand des Archivgutes entgegensteht."

435 Deutlich § 3 Abs. 4 LArchBO Sachsen-Anhalt; § 4 Nr. 1 und 2 LesesaalO LArch NRW; § 1 Abs. 1 S. 2 SächsArchivBenVO.

436 § 1 Abs. 5 LArchBO Sachsen-Anhalt.

437 § 2 Abs. 1 S. 3 LArchBO Sachsen-Anhalt.

ziehungsweise Digitalisaten gewährt werden.[438] Soweit das Archiv zustimmt und keine rechtlichen Gründe dem entgegenstehen, kann der Nutzer auch eine Reproduktion von eingesehenem Archivgut erhalten, die er dann auch außerhalb des Archives weiter verwenden darf. Diese Versendung von Reproduktionen an die Nutzer beschränkt sich nicht mehr nur auf Papierkopien, Fotografien oder Microfilme, sondern ist nunmehr auch in digitalisierter Form zulässig.[439] Die Versendung der digitalen Archivgüter kann per E-Mail-Kontakt erfolgen, wofür anhand der Datengröße auch Gebühren durch das Archiv erhoben werden.[440] Schließlich wurden auch die praktischen Fragen des digitalen Archivalltags in den Benutzungsordnungen angepasst: So werden Öffnungs- und Ausgabezeiten im Internet veröffentlicht[441], die Benutzung von Mobiltelefonen und Kameras im Lesesaal untersagt[442] oder für die Benutzung der Lesesaaltechnik entsprechende Räume bereitgehalten[443] und Anweisungen durch das Archivpersonal erteilt.[444] Für die Benutzung in den hessischen Staatsarchiven wurde sogar ein eigenes Registrierungsportal für die Archivbenutzer eingerichtet. Die Anlegung eines Nutzerkontos ist nun die Voraussetzung für die Nutzung von Archivgut in Hessen.[445]

Aus der bisherigen Praxis und den vereinzelten Reformen der Archivbenutzungsordnungen lassen sich ebenfalls Leitgedanken für das zukünftige Recht der digitalen Archive ableiten. Zunächst hat die elektronische Form der Archivgüter keine Auswirkung auf das Benutzungsrecht, das auch weiterhin durch Rechtsansprüche, Schutzfristen, Antragspflicht und Benutzungsverhältnis geprägt wird. Gleichwohl kann die Benutzung digitaler Archivgüter anders ausgestaltet werden, etwa indem es als virtuelles Archivgut im Internet frei zugäng-

---

438 § 4 Nr. 1 und 2 LesesaalO LArch NRW.

439 § 6 Abs. 1 LArchBVO Rheinland-Pfalz.

440 Gemäß der Anlage 2.5.3 zur LArchBO Berlin kostet die Reproduktion und Versendung von elektronischen Archivdateien je MB 1,20 €.

441 § 1 LesesaalO LArch NRW.

442 § 3 Nr. 2 LesesaalO LArch NRW.

443 § 7 Abs. 1 NutzungsO für die Hessischen Staatsarchive.

444 § 4 Nr. 2 S. 3 LesesaalO LArch NRW.

445 § 2 NutzungsO für die Hessischen Staatsarchive.

lich ist oder indem es nach Beantragung auf elektronischem Wege an den Benutzer gesendet wird. Ein wesentlicher Leitgedanke des Benutzungsrechts muss sein, dass eine Benutzung des originalen elektronischen Archivguts kaum möglich ist. Vielmehr erfolgt sie stets anhand von Reproduktionen und Kopien, was einerseits in der digitalen Bearbeitung der Daten begründet liegt und andererseits im besonderen Schutz, der elektronischen Kulturgütern zuteilwerden muss.

V. Wissenschaftliche Auswertung von elektronischem Archivgut

Die Erforschung und Auswertung des öffentlichen Archivgutes ist eine gesetzliche Aufgabe der öffentlichen Archive. Die Digitalisierung bietet ganz neue Möglichkeiten der Datenauswertung, die sich ebenfalls auf die Benutzung von Archivgütern sowie die wissenschaftliche Forschungen unter Zuhilfenahme von Archivdatensammlungen auswirken.

Die algorithmengestützte Datenauswertung der heutigen Zeit besitzt Auswertungsfähigkeiten bisher unbekannten Ausmaßes. Durch die hohen Rechenleistungen von modernen Computersystemen können Massendatenanalysen große Mengen von elektronischen Daten, die unstrukturiert und nicht zusammenhängend erhoben und gespeichert wurden, in beeindruckender Geschwindigkeit durchsuchen, auswerten und im besten Fall neue Aussagen treffen und Zusammenhänge erkennen, die durch eine menschliche Untersuchung nicht erkannt worden wären. Dieses neue Phänomen wird Big Data oder Massendatenanalyse genannt. Die bisherige Debatte um Big Data hat sich kaum mit jenen Daten, die die öffentlichen digitalen Archive übernehmen, beschäftigt. Angesichts der Vielfalt und Relevanz dieser Archivinformationen wird das Interesse, neues Wissen gerade aus diesen Informationsschätzen zu bergen, mit hoher Wahrscheinlichkeit steigen. „Mit dem wachsenden Interesse an Big-Data-Analytics und dem Aufkommen von Server-basierten und Software-defined Storage-Infrastrukturen, muss man [die] alleinstehenden Archivierungsstrategien in Frage stellen. Bei Big-Data-Analytics werden Daten nicht als Archivdaten angesehen. [Vielmehr] werden verschiedene Technologien eingesetzt, um sich entwickelnde Trends und voneinander unabhängig scheinende Daten zu analysieren. Für Big-Data-Analytics sind vielmehr alle Informationen »aktiv«."[446] Es sollte früh eine Debatte darüber geführt werden, welche Möglichkeiten und auch welche Grenzen solche modernen Analyseszenarien haben sollten und wie das zukünftige Archivrecht diese normativ verankert.

1. Moderne Auswertungsmöglichkeiten im staatlichen Archiv?

Mit der Zunahme an digitalem Archivgut wachsen auch die Möglichkeiten der informationstechnischen Auswertung der Datenmengen. *Big Data*[447], das aktuell als der größte Trend und Innovationsfaktor der Informationstechnik angesehen wird, hat nicht nur ein ungeahntes Potential für die Wirt-

---

446 Jon Toigo, Wie Big Data Archiv-Strategien verändert, Dezember 2014, http://www.searchstorage.de/sonderbeitrag/Wie-Big-Data-Archiv-Strategien-veraendert.

447 Die Literatur zum Phänomen Big Data ist inzwischen auf ein kaum überschaubares Ausmaß angewachsen. Eine bei weitem nicht abschließende Aufzählung: Deutscher Bundestag, Wissenschaftliche Dienste, Aktueller Begriff Nr. 37/13: Big Data vom 06. November 2013; Peter Katko/Ayda Babaei-Beigi, Accountability statt Einwilligung? Führt Big Data zum Paradigmenwechsel im Datenschutz?, MMR 2014, S. 360-364; Jan-Peter Ohrtmann/Sebastian Schwiering, Big Data und Datenschutz – Rechtliche Herausforderungen und Lösungsansätze, NJW 2014, S. 2984-2989; Alexander Dix, Datenschutz im Zeitalter von Big Data, Stadtforschung und Statistik 1/2016, S. 59-64; Thomas Helbing, Big Data und der datenschutzrechtliche Grundsatz der Zweckbindung, K&R 2015, S. 145-150; Oliver Raabe/Manuela Wagner, Verantwortlicher Einsatz von Big Data, DuD 2016, S. 434-439; Phillip Richter, Big Data, Statistik und die Datenschutz-Grundverordnung, DuD 2016, 581-586; Silke Jandt, Smart Health, DuD 2016, S. 571-574; Volker Boehme-Neßler, Das Ende der Anonymität, DuD 2016, S. 419-423; Volker Boehme-Neßler/Manfred Rehbinder (Hrsg.), Big Data: Ende des Datenschutzes?, Bern 2017, Wolfgang Hoffmann-Riem, Verhaltenssteuerung durch Algorithmen – Eine Herausforderung für das Recht, AöR 142 (2017), S. 1-42; Deutscher Bundestag, Wissenschaftlicher Dienst, Aktueller Begriff Nr. 26/17: Einsatz und Einfluss von Algorithmen auf das digitale Leben vom 27. Oktober 2017; Boris Paal/Moritz Hennemann, Big Data im Recht, NJW 2017, S. 1697-1701.

schaft, sondern auch für die auf moderne IT gestützte öffentliche Verwaltung.

Big Data wird als „die Analyse großer Datenmengen aus vielfältigen Quellen in hoher Geschwindigkeit" definiert. Es wird die Absicht verfolgt, „im Wege einer Zweitverwertung entscheidungsrelevante Erkenntnisse aus qualitativ vielfältigen und unterschiedlich strukturierten Informationen"[448] zu gewinnen. Big Data oder Massendatenanalysen zeichnen sich durch vier besondere Eigenschaften aus. *Volume* bezeichnet die Fähigkeit, sehr umfassende Datenmengen auswerten zu können. *Velocity* beschreibt die hohe Geschwindigkeit, mit der diese Auswertung stattfindet, *Variety* verweist auf die Fähigkeit, auch Daten auszuwerten, die aus völlig unterschiedlichen Kontexten entstanden sind und zunächst keine Verbindung aufweisen. Und schließlich wird mit *Veracity* die Eigenschaft hervorgehoben, dass die Ergebnisse von Big Data eine hohe Zuverlässigkeit und Vertrauenswürdigkeit aufweisen, da mit der Menge der bearbeiteten Daten auch die Wahrscheinlichkeit der Richtigkeit der Analysen steigt.[449]

Neues Wissen und belastbarere Entscheidungsgrundlagen aus einem vorhandenen aber unstrukturierten Datenbestand zu generieren, dürfte auch für den Staat, der dank seines vielschichtigen Akten- und Registerwesens über mannigfaltige Volumina an Datensätzen mit Informationen über die Bevölkerung verfügt, von Interesse sein. Die Fähigkeit von Big Data, aus unzusammenhängenden Massendaten neue und unentdeckte Zusammenhänge aufzudecken, kann für den Staat von großem Wert sein. Insbesondere planerische Aspekte, die sich auf Bevölkerungsdaten und deren Entwicklung beziehen, können durch Massendatenanalysen zu passenderen oder gerechteren Ergebnissen führen. Da insbesondere viele Datenbestände irgendwann zentral in den Archiven gespeichert werden, wird sich das Auswertungsinteresse zu öffentlichen Zwecken zu einem bestimmten Zeitpunkt auch auf die Archivspeicher richten.

---

448 Ohrtmann/Schwiering NJW 2014, S. 2984.

449 Zu allen Eigenschaften von Big Data siehe Michael Steinbrecher/Rolf Schumann, Update. Warum die Datenrevolution uns alle betrifft, Frankfurt/Main 2015, S. 25.

Die Auswertung und Generierung neuen Wissens durch die entkontextualisierte Verbindung von ursprünglich zu anderen Zwecken erhobenen *personenbezogenen* Daten, die nach der Aufbewahrungsfrist nun in den Archiven verweilen, bringt aber auch massive Risiken für das Datenschutzrecht der Betroffenen mit sich. Denn aufgrund der massenweise anfallenden Daten und der fortschreitenden Verknüpfungs- und Auswertungsmöglichkeiten lassen sich Daten immer mehr und immer leichter auf bestimmte Personen rückbeziehen. Es gibt keine irrelevanten Daten mehr.[450]

Da das Datenschutzrecht auf der Menschenwürdegarantie und der freien Entfaltung der Persönlichkeit beruht, dient es dem Persönlichkeitsschutz. Verändern sich nun die Analysetools in der Weise, dass sie Daten immer grenzenloser kombinieren können, so kann ein – isoliert betrachtet – unbedeutendes Datum in Kombination mit anderen Informationen einen Bezug zu einer Person herstellen.[451] Dementsprechend muss bei der Anwendung von Massendatenanalysen, etwa auf der Basis von personenbezogenen Archivinformationen, unter Umständen auf die Beschränkungen geachtet werden, die das geltende Datenschutzrecht aufstellt.

2. Anwendungsfälle für archivarische Massendatenanalysen

Während das Potenzial von Big Data hauptsächlich für wirtschaftliche Zwecke als Innovationsfaktor angesehen und diskutiert wird[452], blendet die bisherige Debatte den Bereich einer Big-Data Nutzung durch die öffentliche Verwaltung weit-

---

450 Auf die Verknüpfungsmöglichkeiten durch die moderne Datenverarbeitung hat bereits das Bundesverfassungsgericht in BVerfGE 65, 1, 42 hingewiesen.

451 Vgl. Boehme-Neßler, DuD 2016, S. 422; Indra Spiecker gen. Döhmann, Big Data intelligent genutzt: Rechtskonforme Videoüberwachung im öffentlichen Raum, K&R 2014, S. 549-556, 555; Maik Sarunski, Big Data – Ende der Anonymität?, DuD 2016, S. 424-427, 425.

452 Sarunski, DuD 2016, S. 424-427 spricht etwa von Unternehmen aus den Bereichen Messenger/Kommunikation, Social Media, Suchmaschinen im Internet. Andere Anwendungsbereiche sind vor allem die Prüfung der Kreditwürdigkeit (Scoring), im Bank- und Finanzwesen oder im Gesundheitswesen.

gehend aus. Der Staat als Grundrechtsverpflichteter hat sorgfältig die Einhaltung des Grundrechts auf informationelle Selbstbestimmung zu achten. Es muss sichergestellt werden, „daß der Einzelne unter den Bedingungen einer automatischen Erhebung und Verarbeitung der seine Person betreffenden Angaben nicht zum bloßen Informationsobjekt wird.“[453] Gleichwohl ist der Anreiz, die modernen Analysemöglichkeiten von Big Data auch in der Verwaltung einzusetzen, groß. Im Bereich der Sicherheitsbehörden werden Datenmassen analysierende Methoden bereits verwendet, was in bestimmten Bereichen zu großen Zweifeln an der Rechtmäßigkeit führt.[454] Für die Steuerverwaltung könnte die Auswertung einer unbegrenzten Datenmenge, etwa gespeist aus Wirtschafts-, Bank- und Internetnutzerdaten, von großer Verlockung für die Bekämpfung von Steuerhinterziehung sein.

Auch die öffentlichen Archive bieten hierfür einen Ansatzpunkt, verwahren sie doch eine rasant wachsende Menge an digitalen Datensätzen, die sie aus der Regierung, den Verwaltungsstellen und den Gerichten erhalten.[455] Ob die E-Mail-Korrespondenz der jeweiligen Regierungsmitglieder, Finanzdaten aus den Ministerien und Finanzämtern, Prozessakten aus den Gerichten, die Vereinsregister oder die digitalen Unterlagen der Gewerbeämter, der Staatsanwaltschaften und der Justizvollzugsanstalten, die elektronischen Akten der Notare oder aber die Gesundheitsdaten aus den öffentlich-rechtlichen Kranken- und Pflegeversicherungen – all dies bildet einen kaum überschaubaren und rasant wachsenden Da-

453 BVerfGE 65, 1, 48.

454 Vgl. zum Bundesnachrichtendienst Hans-Jürgen Papier, Beschränkungen der Telekommunikationsfreiheit durch den BND an Datenaustauschpunkten, NVwZ-Extra 15/2016, S. 1-15; zum Bundeskriminalamt siehe BVerfG, Teilweise Verfassungswidrigkeit des BKA-Gesetzes, NJW 2016, S. 1781-1814.

455 Da sich die Anbietungspflicht grundsätzlich auf alle öffentlichen Stellen bezieht, besitzt die Herkunft der Archivdaten eine große Varianz. Sie können zum Beispiel aus Baubehörden, Verkehrsministerien, Schulbehörden, Sozialversicherungsträgern, Geheimdiensten, Polizeibehörden, Meldebehörden, Standesämtern, Jugendämtern, Familiengerichten, Verwaltungsgerichten, Strafverfolgungsbehörden, von staatlichen Planungsbehörden, Denkmalschutzämtern oder Kulturverwaltungsbehörden oder Universitäten und vielen mehr stammen.

tenberg, den die öffentlichen Archive immer dann verwahren, sobald er einen bleibenden Wert besitzt.

Es stellt sich die Frage, aus welchem Interesse heraus sich Massendatenanalysen von Archivinformationen durchführen ließen. Um Erkenntnisse über Individuen, sozioökonomische Gruppen oder die eigene Bevölkerung zu gewinnen, böten Massendatenanalysen von Archivinformationen ein geeignetes Mittel. Die massenhafte Verknüpfung und Auswertung der archivierten Daten ließe sich zu öffentlichen Zwecken beispielsweise in folgenden Konstellationen einsetzen:

1. *Erstellung von individuellen oder gruppenbezogenen Persönlichkeits- oder Milieuprofilen* (etwa durch die Einbeziehung von Immatrikulationsdaten, Vereinsregistern, Gewerbeanmeldungen, Steuerdaten, Polizei- und Sicherheitsbehördendaten) mit dem Ziel der Erforschung von sozialökonomischen Milieus einer Bevölkerung oder eines Einzelnen innerhalb dieses Milieus. Insbesondere die Forschungsinteressen der Hochschulen könnten durch die hohe Varianz der Archivdaten über die Bevölkerung bedient werden.[456] Die Forschungsdesigns könnten gezielt politische, religiöse, extremistische, soziale oder kulturelle Aspekte anhand der Archivdaten beleuchten und verifizieren.

2. *Erforschung und Analyse einer früheren Regierungstätigkeit* durch die gezielte Analyse von Regierungskontakten, Beratungsprotokollen, Nebentätigkeiten und Nebeneinkünften von Regierungsmitgliedern, öffentliche Reden und Redebeiträge. In diesem Sinne könnte Archivgut auch seiner Funktion der nachträglichen Kontrolle der öffentlichen Gewalt in neuer Qualität nachkommen.[457]

3. *Erstellung von Korrelationen und Wahrscheinlichkeiten über Kriminalitätstendenzen* der Bevölkerung oder von Individuen in Verbindung mit anderen Faktoren. Das, was bereits heute „predictive policing“ genannt wird und eine Erstellung von Wahrscheinlichkeiten über das Eintreten von Straftaten in bestimmbaren Stadtteilen umschreibt, könnte

---

456 Die Weiterverarbeitung von Daten in der wissenschaftlichen Forschung wird auch in den Erwägungsgründen 50-53 der Datenschutzgrundverordnung als legitim und zulässig angesehen.

457 Diese Archivfunktion wurde etwa bei Manegold 2002, S. 48f beschrieben.

durch Archivdaten weiter ergänzt werden. Denn die polizeilichen Datenanalysen setzen auf einen fortlaufenden Datenzuwachs. Insofern rücken Archivdaten auch in das Interesse der Sicherheitsbehörden.[458] Vor allem deshalb, weil die Archive Unterlagen verschiedener Sicherheitsbehörden zentral speichern.

4. *Erstellung von Korrelationen und Wahrscheinlichkeiten über individuelle oder gruppenbezogene Gesundheitsrisiken.* Die Erforschung von Gesundheitsdaten wurde bereits durch § 75 SGB X für zulässig erklärt, um wissenschaftliche Forschungen im Sozialleistungsbereich, Arbeitsmarktbereich sowie zur Planung im Sozialleistungsbereich zu ermöglichen. Die Erforschung von Krebskrankheiten zur Verbesserung der Qualität der Behandlung, der Zusammenarbeit und Versorgungsforschung erlaubt nach § 65c SGB V ebenfalls die Auswertung und Weitergabe von Gesundheitsdaten über zentrale Krebsregister. Erweiterte man diese Forschungen mit Gesundheitsdaten um die vielfältigen Archivdaten, könnten sich ebenfalls bessere Erkenntnisse für die Krankheitsforschung oder die Planung im Gesundheitswesen generieren lassen.[459]

5. *Nachträgliche Verfolgung von Steuerstraftaten* durch die Verknüpfung von Steuerdaten mit weiteren Wirtschafts-, Vereins-, oder Finanzdaten der Verwaltung. Zum Zweck der gerechten Steuererhebung könnten auch archivierte Einzeldaten über Personen durch die Verknüpfung zu neuen steuerpflichtbegründenden Ergebnissen führen.[460] Dies würde die

---

458 Archivdaten wären eine vielfältige Ergänzung zu den öffentlich zugänglichen personenbezogenen Daten, die bereits durch die Sicherheitsbehörden mittels Big Data ausgewertet werden. Dazu Teil 1 in Maximilian Sönke Wolf, Big Data und Innere Sicherheit. Grundrechtseingriffe durch die computergestützte Auswertung öffentlich zugänglicher Quellen im Internet zu Sicherheitszwecken, Marburg 2015.

459 Zu Big Data im öffentlichen Sozialversicherungs- und Gesundheitsbereich vgl. Jandt, DuD 2016, S. 571-574; Ingo J. Timm, Digitalisierung und Big Data in der Medizin, MedR 2016, S. 686-690; Benedikt Buchner, Datenschutz und Datensicherheit in der digitalisierten Medizin, MedR 2016, S. 660-664; Gerald Spindler, Big Data und Forschung mit Gesundheitsdaten in der gesetzlichen Krankenversicherung, MedR 2016, S. 691-699.

460 Dass die Finanz- und Steuerverwaltung auch ein mögliches Interesse an archivierten Daten hat, ist angesichts der bereits jetzt bestehenden

bereits errichtete Informationsstruktur der Finanzbehörden lediglich um eine weitere Datenquelle, also die Archivdaten, neben vielen schon bestehenden erweitern.

6. *Weitere Analysen von individuellen oder gruppenbezogenen Verhaltensmustern*, beispielsweise zur Mobilität, zur Freizügigkeit (Melderegister), zur Familienplanung, zur Bautätigkeit oder zur kulturellen Betätigung, Sport oder Mediennutzung können auch valide Aussagen für die staatliche Planung eröffnen. Die Datensammlungen der Archive könnten hierfür viele bevölkerungsbezogene Informationen liefern, die vielleicht die einzelne abgabepflichtige Stelle nicht mehr benötigt, die aber in einem anderen Auswertungskontext von großer Bedeutung für öffentliche Planungszwecke sein kann.

Diese Fallgruppen sind lediglich Beispiele. Die konkrete massenweise Datenauswertung hängt stets vom jeweiligen Untersuchungsansatz ab. In jedem Fall aber zeigt sich, dass allein die potentiellen Auswertungsmöglichkeiten auf der Datengrundlage der öffentlichen Archive mannigfaltig sind. Selbst unter Berücksichtigung der Tatsache, dass bis zu 95% der angebotenen Unterlagen der öffentlichen Stellen kassiert, also vernichtet, werden, sollte man nicht dem Irrglauben un-

---

enormen Datenverflechtungen der Finanzämter mit anderen öffentlichen Stellen ganz und gar nicht unrealistisch. Auch wenn dies weitgehend von der Öffentlichkeit unregistriert bleibt, werden auch abseits von Archivdaten Informationen in beträchtlichem Umfang an die Finanzämter weitergeleitet. Die Rentenversicherungsträger sowie eine Reihe anderer Versicherungskassen und -unternehmen haben Meldepflichten nach § 22a EStG (Rentenbezugsmitteilung), Notare müssen nach §§ 18, 20, 21, 22a GrEStG alle Rechtsvorgänge über inländische Grundstücke anzeigen, gleiches gilt auch für Gerichte und andere Behörden. Das Standesamt teilt Änderungen im Personenstand automatisch dem Finanzamt nach §§ 58 Abs. 4 Nr. 3, 59 Abs. 4 Nr. 3 und 60 Abs. 1 Nr. 8 PStV mit. Nach § 34 Abs. 4 Nr. 11 BMG sind die Finanzbehörden, soweit sie strafverfolgend tätig sind, privilegierte Behörden zur Datenübermittlung aus den Melderegistern. Weitere Daten erhält die Finanzverwaltung von Arbeitgebern, der Agentur für Arbeit, von den Krankenversicherungsträgern und von Finanzinstituten. Weiterführend zu den Datenverflechtungen der Finanzbehörden siehe die Antwort der Bundesregierung, Deutscher Bundestag, Drs. 16/1056 und Dyrk Scherff, Big Data: Was der Fiskus alles über uns weiß, Frankfurter Allgemeine Zeitung Online vom 28.05.2017, http://www.faz.net/aktuell/finanzen/big-data-das-finanzamt-weiss-mehr-ueber-uns-als-gedacht-15035357.html.

terliegen, dass archivische Datenbestände nicht in den Fokus von Auswertungsinteressen geraten werden.[461] Gerade die hohe Varianz der Archivunterlagen sowie der bei der Archivierung noch unbekannte Auswertungszweck deuten eher darauf hin, dass Archive auf staatliche Datensammlungen von unmessbarem Wert sitzen. Da sich das digitale Archivwesen erst noch in der Entwicklung befindet, wird sich dies in den kommenden Jahren und Jahrzehnten noch intensivieren. Die Umstellung auf die elektronische Aktenführung, die Archivierung ganzer Datenbankenkopien zu bestimmten Stichtagen, die Errichtung von digitalen Zwischenarchiven oder die bereits jetzt stattfindende Archivierung großer Datenmengen aus den Bundesbehörden im Bundesarchiv weisen den Entwicklungspfad des digitalen Archivwesens der kommenden Zeit. Das vorliegende in die Zukunft blickende Kapitel erörtert den möglichen rechtlichen Rahmen für Massendatenanalysen der zukünftigen digitalen Archive. Dabei wird verständlicherweise vorausgesetzt, dass die Archiveinrichtungen über die notwendige technische Infrastruktur für diese Analysen verfügen, was zum heutigen Zeitpunkt noch längst nicht der Fall ist.

3. Normative Möglichkeiten und Grenzen von archivischen Massendatenanalysen

Für die potentiellen Auswertungsvorgänge, die im zukünftigen digitalen Archivwesen eintreten dürften, will das vorliegende Kapitel Leitgedanken entwickeln, um einen rechtsstaatlichen Rahmen für die zukünftige Auswertung von Archivgut zu entwerfen. Massendatenanalysen haben ein hohes Potential für Beeinträchtigungen des Persönlichkeitsschutzes. Insbesondere die bisher unbekannten Verknüpfungsfähigkeiten von Big Data lassen die Frage nach der normativen Verankerung dieser Analysetechniken in den Mittelpunkt der Betrachtung rücken. Dabei lautet die Frage, welche Möglichkeiten und welche Grenzen sich aus der verfassungsrechtlichen

---

461 Dieses wachsende Potential der digitalen Archivwissensbestände hat auch Augsberg 2014, S. 176f. festgestellt, der den Wandel „vom Speicher zur Übertragung" (176) und die neue Qualität des Archivs als „dynamischen Prozess" (177) erkennt.

und einfachgesetzlichen Ordnung entnehmen lassen und wie diese für ein zukünftiges Archivrecht ausgestaltet werden sollen. Das zukünftige Recht der digitalen Archive steht dabei vor der Aufgabe, einen Rahmen für Innovation und Fortschritt zu setzen und zugleich die notwendigen Grenzen zum Schutz der Rechte der Betroffenen zu ziehen.

a) Anforderungen des Grundrechtsschutzes

Den neuen Möglichkeiten der staatlichen Datenauswertung und Erkenntnisgewinnung stehen grundrechtliche Schutzwirkungen gegenüber. Der Umgang mit den eigenen Daten ist vielfältiger Ausdruck der eigenen Persönlichkeit des einzelnen Menschen und insofern anerkannter und integraler Bestandteil der Herausbildung und Entfaltung des allgemeinen Persönlichkeitsrechts. Der Schutz der personenbezogenen Daten ist deshalb nicht nur ein Ziel des einfachgesetzlichen Datenschutzrechts, sondern er ist Aufgabe und Ziel staatlichen Handelns. Jede Verarbeitung personenbezogener Daten durch öffentliche Stellen berührt somit das subjektive Recht des Einzelnen auf freie Entfaltung seiner Persönlichkeit und muss die Grenzen des Grundrechtsschutzes des Grundgesetzes sowie auch der europäischen Grundrechtsverbürgungen respektieren.

Wie bereits in Kapitel 1 festgestellt werden konnte, hat aufgrund der Verordnungsgebung der Europäischen Union eine erhebliche Veränderung im Grundrechtsschutz hinsichtlich des Rechts auf Datenschutz stattgefunden. Die direkt geltende Datenschutzgrundverordnung bewirkt zunächst, dass der Geltungsbereich der Europäischen Grundrechtecharta auf alle Handlungen der Mitgliedstaaten im Anwendungsberich der DSGVO ausgeweitet wird. Dadurch wird das in Zukunft maßgebliche Grundrecht auf Datenschutz aus Art. 16 Abs. 1 AEUV und Art. 8 Abs. 1 GRCh zu entnehmen sein. Da jedoch die DSGVO im Hinblick auf viele besondere Datenverarbeitungssituationen den Mitgliedstaaten Spielräume zur ergänzenden oder abweichenden Datenschutzgesetzgebung überlässt, wird in diesen besonderen Bereichen der nationale Grundrechtsschutz, in Deutschland also das Recht auf informationelle Selbstbestimmung des Art. 2 Abs. 1 i.V.m. Art. 1 Abs. 1 GG, weiter anwendbar sein.

Personenbezogene Datenverarbeitungen in öffentlichen Archiven fallen unter diesen parallelen Grundrechtsschutz[462], weshalb sowohl die Grundrechtecharta als auch das Grundgesetz zur Bestimmung der verfassungsrechtlichen Reichweiten und Grenzen von Big Data in deutschen Archiven herangezogen werden müssen.

Ein Eingriff in das Grundrecht auf informationelle Selbstbestimmung aus Art. 2 Abs. 1 i.V.m. Art. 1 Abs. 1 GG sowie in das Recht auf Datenschutz aus Art. 16 Abs. 1 AEUV/Art. 8 GRCh liegt in jeder Art von Datenerfassung und -verarbeitung vor, wenn diese personenbezogen sind.[463] Hierbei ist insbesondere der Grundsatz der Verhältnismäßigkeit (legitimer Zweck, Geeignetheit der Maßnahme, Erforderlichkeit der Maßnahme und angemessene Zweck-Mittel-Relation) einzuhalten, wobei eine unklare Formulierung der Rechtsgrundlage „die Beurteilung der Geeignetheit und Erforderlichkeit einer Maßnahme erschweren und das Risiko einer Unangemessenheit des Eingriffs erhöhen“[464] kann. Für jede Zweckänderung ist außerdem eine eigenständige neue Rechtsgrundlage oder Einwilligung des Betroffenen notwendig.[465] Je persönlichkeitsrelevanter die verarbeiteten Daten sind und je größer das Gewicht und der Umfang der Verarbeitung ist, desto schwerwiegender ist der Grundrechtseingriff und desto größer werden die Anforderungen an die Normenklarheit der Rechtsgrundlagen und an die Einhaltung der Verhältnismäßigkeit.[466]

---

462 Vgl. die Öffnungsklausel in Art. 89 Abs. 3 DSGVO, die durch die deutschen Archivgesetze ausgefüllt wird.

463 Nach Horst Dreier, in: ders. (Hrsg.), Grundgesetz. Kommentar, Bd. 1, 3. Aufl., Tübingen 2013, Art. 2 Abs. 1, Rn. 87 fallen darunter „alle Maßnahmen innerhalb eines Datenkreislaufs“.

464 BVerfGE 120, 378, 427.

465 Vgl. Masing NJW 2012, S. 2306.

466 „Je tiefer die Daten in den Persönlichkeitsbereich hineinwirken und je umfassender die Daten benutzt werden sollen, umso strengere Anforderungen stellt Art. 2 Abs. 1 an den mit der Datenerfassung usf. verfolgten Zweck und dessen gesetzliche Bestimmtheit.“ so bei Christian Starck, in: Hermann v. Mangoldt/Friedrich Klein/Christian Starck (Hrsg.), Das Bonner Grundgesetz. Kommentar, 6. Aufl., Mün-

Sofern durch technische Einrichtungen die Archivinformationen auf eine automatisierte Weise ausgewertet werden, dürfte in vielen Fällen eine personenbezogene Verarbeitung vorliegen. Archivgut ist in vielen Fällen personenbezogen, da die öffentliche Verwaltung und die Justiz zumeist Anliegen und Verfahren der Bürger behandeln und dafür entsprechende Unterlagen anlegen und bearbeiten. Zudem kann die Verknüpfung verschiedener öffentlicher Datenbestände dazu führen, dass auch teilweise anonymisierte Daten wieder in einen Personenbezug gesetzt werden können, wodurch ebenfalls eine personenbezogene Verarbeitung im Sinne des Datenschutzrechts vorliegt.[467]

Eine Verarbeitung personenbezogener Daten durch öffentliche Stellen kann freilich verfassungsrechtlich gerechtfertigt sein, wenn mit der Verarbeitung ein Schutz oder eine Förderung von Gemeinschaftsgütern verfolgt wird.[468] Allerdings wird hieran ein strenger Maßstab angelegt. Insgesamt sind Eingriffe in die Grundrechte auf Datenschutz *nur zu geeigneten und erforderlichen Zwecken*, die sich aus einer *konkreten und normenklaren gesetzlichen Grundlage* ergeben, zulässig. Zudem müssen sie in besonderem Maße dem *Verhältnismäßigkeitsgrundsatz* entsprechen.[469] *Zweckbindungs-*

---

chen 2010, Art. 2 Abs. 1, Rn. 116; siehe auch Dietrich Murswieck, in: Michael Sachs (Hrsg.), Grundgesetz. Kommentar, 7. Aufl., München 2014, Art. 2, Rn. 121.

467 Paul Ohm, The broken Promises of Privacy, in: UCLA Law Review 57 (2010), S. 1701-1777, 1719f konnte eindrucksvoll nachweisen, dass die Verknüpfung von nur wenigen eigenständigen Datensammlungen wie Meldedaten, Versicherungsnummern, Wahlstatistiken oder Postleitzahlen eine Re-Identifikation selbst von anonymisierten Datenbeständen möglich macht. Verknüpfung und Abgleich von Datenbeständen ergänzen fehlende oder anonymisierte Angaben und können zusammengefügt ein umfangreiches Bild über Personen erzeugen. Insbesondere die staatlich erhobenen und verwalteten Daten eröffnen dafür eine große Bandbreite an Informationen.

468 Vgl. Christian Starck, in: Herrmann v. Mangoldt/Friedrich Klein/Christian Starck (Hrsg.), Kommentar zum Grundgesetz, 6. Aufl., München 2010, Art. 2 Abs. 1, Rn. 114.

469 Vgl. Starck, in: v. Mangoldt/Klein/Starck 2010, Art. 2 Abs. 1, Rn. 115f.

und Zweckbestimmungsvorgaben müssen festgelegt und eingehalten werden.[470]

Die Grenzen der zulässigen Datenverarbeitung in beiden Grundrechtsschutzbereichen beginnen da, wo in den unantastbaren Bereich der Privatsphäre eingegriffen wird, wo individuelle Persönlichkeitsprofile erstellt werden können und der Einzelne zum bloßen Objekt abgewertet wird sowie dort, wo ohne legitimen und bestimmten Zweck oder ohne Rechtsgrundlage personenbezogene Daten verarbeitet werden.[471] Ganz zentral wird deshalb die Frage sein, ob es im zum jetzigen Zeitpunkt geltenden Recht eine hinreichend normenklare, einen legitimen Zweck verfolgende und verhältnismäßige Rechtsgrundlage für eine Massendatenanalyse von öffentlichem Archivgut gibt.

b) Vereinbarkeit mit der Datenschutzgrundverordnung

In erster Linie ist nach einer gültigen Rechtsgrundlage für Massendatenanalysen von öffentlichen Archivinformationen im europäischen Datenschutzrecht zu suchen.

(1) Grundsätze der Zulässigkeit der Datenverarbeitung

Zunächst ist fraglich, wann eine personenbezogene Datenverarbeitung nach der DSGVO zulässig ist. Die zentrale Norm des Art. 5 DSGVO listet eine Reihe von Grundsätzen für die Verarbeitung personenbezogener Daten auf, die für alle Verantwortlichen der Datenverarbeitung zugleich gelten. Demnach muss eine personenbezogene Datenverarbeitung stets rechtmäßig sein, dem Grundsatz von Treu und Glauben entsprechen und für den Betroffenen nachvollziehbar sein (Art. 5 Abs. 1 lit. a). Die Verarbeitung muss die Zwecke, zu denen die Daten verarbeitet werden, im Vorfeld festgelegen. Die Zwecke müssen eindeutig und legitim sein (Art. 5 Abs. 1 lit. b). Weiterhin muss die Datenverarbeitung dem Zweck angemessen sein und auf das notwendige Maß beschränkt sein (Art. 5 Abs.

470 Vgl. Dreier, in: ders. 2013, Art. 2 Abs. 1, Rn. 91.

471 Vgl. Paul C. Johannes, Grundrechtecharta und Grundgesetz, in: Alexander Roßnagel (Hrsg.), Europäische Datenschutz-Grundverordnung, Baden-Baden 2017, § 2 Rn. 48 und 64.

1 lit. c). Die Daten müssen sachlich richtig sein (Art. 5 Abs. 1 lit. d) und den Grundsätzen der zeitlichen Speicherbegrenzung (Art. 5 Abs. 1 lit. e) sowie der Integrität und Vertraulichkeit, die eine geeignete technische Absicherung bietet (Art. 5 Abs. 1 lit. f), genügen.[472]

Insbesondere der Zweckbindungsgrundsatz wird vielfach als Gegensatz zur Funktionsweise von Big Data verstanden.[473] Grundsätzlich darf nach Art. 5 Abs. 1 lit. b DSGVO jede Datenverarbeitung nur zu vorher festgelegten Zwecken erfolgen. Der Zweck darf nachträglich nicht ohne erneute Einwilligung oder neue Rechtsgrundlage verändert werden. Die Verheißung von Big Data verspricht jedoch, dass aus großen Mengen von Daten, die nicht zusammenhängen, die also ursprünglich in anderen Verarbeitungskontexten erhoben worden sind, immer wieder neue Erkenntnisse entstehen können und zu immer neuen Fragen und Zwecken Auswertungen durchgeführt werden können. Das heißt, dass eine Big Data Analyse eine Zweitauswertung von Daten darstellt. Sind die analysierten Daten personenbezogen, dann stellt eine Zweitauswertung einen neuen Verarbeitungsschritt dar, wofür es einer erneuten rechtlichen Grundlage bedarf. Darin besteht der grundlegende Konflikt zwischen Big Data und Zweckbindungsgrundsatz.[474]

Zugunsten von im öffentlichen Interesse liegenden Archivzwecken bietet das europäische Datenschutzrecht zwar gewisse Privilegierungen in Fragen des Zweckbindungsgrundsatzes an. So wird gemäß Art. 5 Abs. 1 lit. b DSGVO eine Weiterverarbeitung von Daten zu im öffentlichen Interesse liegenden Archivzwecken als nicht unvereinbar mit den ursprünglichen Verarbeitungszwecken erklärt. Diese Privilegierung der Verarbeitung zu Archivzwecken legitimiert jedoch keinesfalls archivische Massendatenanalysen zu immer neuen Auswertungsinteressen. Die Privilegierung des Art. 5 Abs. 1 lit. b DSGVO gilt für „im öffentlichen Interesse liegende Archivzwecke“. Was genau die DSGVO unter diesen öffentlichen

472 Vgl. Paal/Hennemann NJW 2017, S. 1700.

473 Vgl. Paal/Hennemann NJW 2017, S. 1700.

474 Vgl. Florent Thouvenin, Forschung im Spannungsfeld von Big Data und Datenschutzrecht, in: Volker Boehme-Neßler/Manfred Rehbinder (Hrsg.), Big Data: Ende des Datenschutzes?, Bern 2017, S. 27-53, 36f.

Archivzwecken versteht, wird leider nicht definiert.[475] Allgemein dürfte anerkannt sein, dass die öffentliche Archivierung den Zwecken der gesellschaftlichen und staatlichen Überlieferungssicherung dient, der Dokumentation des Regierungs- und Verwaltungshandelns, der Zugänglichkeit der Bürger zu diesen Archivinformationen sowie der Erforschung und Auswertung der Archivgüter.[476]

Für Datenverarbeitungen zu diesen anerkannten Archivzwecken schafft die DSGVO eine Abschwächung des Zweckbindungsgrundsatzes.[477] Die Weiterverarbeitung für im öffentlichen Interesse liegende Archivzwecke sollte als vereinbarer und rechtmäßiger Verarbeitungsvorgang gelten, auch wenn die Daten ursprünglich z.B. durch eine öffentliche Behörde zu anderen Zwecken erhoben wurden.[478] Die DSGVO schafft somit für öffentliche Archivzwecke „eine Fiktion der Vereinbarkeit der Weiterverarbeitung"[479] mit den ursprünglichen Erhebungszwecken.

Jedoch kann die Verarbeitungssituation einer Big Data Analyse, die ein technisch völlig neues Phänomen ist und deren Potential noch gar nicht abschließend bekannt ist, nicht unhinterfragt zu den klassischen und anerkannten Archivverfahren und Archivzwecken hinzugeordnet werden. In der heutigen täglichen Archivarbeit stellen Big Data Analysen keine übliche Praxis dar. Es ist deshalb äußerst fraglich, ob „im öffentlichen Interesse liegende Archivzwecke" gleichzusetzen sind mit automatischen Massendatenauswertungen von digitalen Archivinformationen. Die Literatur lehnt eine ausufernde Auslegung der Fiktion der Vereinbarkeit von Archivzwecken mit den ursprünglichen Erhebungszwecken der

---

475 Vgl. Paul C. Johannes, Archivierung, in: Alexander Roßnagel (Hrsg.), Europäische Datenschutz-Grundverordnung, Baden-Baden 2017, S. 254-263, 256.

476 Siehe die Ausführungen bei Werner Schneider, Datenschutz im Archivwesen, in: Alexander Roßnagel (Hrsg.), Handbuch Datenschutzrecht, München 2003, S. 1614-1621, 1614; Hausmann 2016, S. 13; sowie die Sicht des Bundesgesetzgebers in Deutscher Bundestag, Drs. 18/9633, S. 28.

477 Kühling/Martini et al. 2016, S. 44.

478 Erwägungsgrund 50 DSGVO.

479 Kühling/Martini et al. 2016, S. 44.

Daten ab.[480] Würde man unter im öffentlichen Interesse liegenden Archivzwecken jede wissenschaftliche oder historische Methode zu beliebig neuen Zwecken verstehen, dann würde man damit den Grundsatz der Zweckbindung systemwidrig umgehen.[481] In den privilegierten Zwecken kann keine Übereinstimmung mit einer unbegrenzten Weiterverarbeitung, insbesondere durch Big Data Analysen, gesehen werden. Vielmehr muss die Norm Art. 5 Abs. 1 lit. b DSGVO sehr eng ausgelegt werden. Die Privilegierung von öffentlichen Archivzwecken legitimiert deshalb keine Massendatenanalysen in öffentlichen Archiven. Deshalb gilt: „Big-Data-Anwendungen für die in Art. 89 Abs. 1 genannten Zwecke müssen alle datenschutzrechtlichen Anforderungen der DS-GVO erfüllen.“[482] Das heißt, dass es auch für Big Data Analysen in öffentlichen Archiven notwendig ist, die mit der Analyse verfolgten Zwecke zuvor durch Rechtsvorschrift eindeutig festzulegen.

(2) Grundsatz der Rechtmäßigkeit

Insbesondere Art. 5 Abs. 1 lit. a i.V.m. Art. 6 Abs. 1 DSGVO stellen besondere Voraussetzungen an die Rechtmäßigkeit der Datenverarbeitung. Big Data Analysen von Archivinformationen müssten dem Grundsatz der Rechtmäßigkeit entsprechen, das heißt, sie müssten sich auf eine rechtmäßige Grundlage stützen können. Die DSGVO stellt einige Bedingungen an eine Rechtsgrundlage für Datenverarbeitungen. Für Datenverarbeitungen im öffentlichen Bereich der Mitgliedstaaten

---

480 Vgl. Bertram Raum, in: Eugen Ehrmann/Martin Selmayr, DS-GVO. Kommentar, München 2017, Art. 89, Rn. 32; Schantz, NJW 2016, S. 1842; Benedikt Buchner, Grundsätze und Rechtmäßigkeit der Datenverarbeitung unter der DS-GVO, DuD 2016, S. 155-161, 157; Philipp Richter, Datenschutz zwecklos? – Das Prinzip der Zweckbindung im Ratsentwurf der DSGVO, DuD 2015, S. 735-740, 737ff; die verfassungsrechtlichen Grenzen bei Alexander Roßnagel/Maxi Nebel, (Verlorene) Selbstbestimmung im Datenmeer, DuD 2015, S. 455-459, 458.

481 Vgl. Alexander Roßnagel et al., Datenschutzrecht 2016, Reihe „Interdisciplinary Research Studies of Information System Design“ des Wissenschaftlichen Zentrum für Informationstechnik-Gestaltung, Bd. 4, Kassel 2016, S. 158f.

482 Raum, in: Ehrmann/Selmayr 2017, Art. 89, Rn. 32. Siehe auch Erwägungsgründe 156ff. und Buchner, DuD 2016, S. 157.

kommen hauptsächlich die rechtmäßigen Grundlagen der „Erfüllung einer rechtlichen Verpflichtung" und der Wahrnehmung einer Aufgabe im öffentlichen Interesse nach Art. 6 Abs. 1 lit. c und lit. e DSGVO in Betracht.

Dient eine Datenverarbeitung demnach entweder der Erfüllung einer rechtlichen Verpflichtung oder ist die Datenverarbeitung für eine Aufgabe im öffentlichen Interesse erforderlich, dann begründet dies die Rechtmäßigkeit der Datenverarbeitung im Sinne des Art. 6 Abs. 1 DSGVO. Diese Rechtmäßigkeitsgrundlagen können, gestützt auf die Öffnungsklausel aus Art. 6 Abs. 2 und 3 DSGVO, durch mitgliedstaatliches Recht weiter konkretisiert werden kann.[483] Die deutschen Archivgesetze könnten eine solche „spezifischere Bestimmung" gemäß Art. 6 Abs. 2 DSGVO sein und damit personenbezogene Datenverarbeitungen im öffentlichen Archiv legitimieren.[484] Die Datenschutzgrundverordnung setzt hohe Maßstäbe an diese bereichsspezifischen Datenverarbeitungsgrundlagen im nationalen Recht. Gemäß Art. 6 Abs. 3 S. 2 DSGVO muss der *Zweck* der Datenverarbeitung in der Rechtsvorschrift festgelegt und erforderlich sein sowie im öffentlichen Interesse liegen.[485] Art. 6 Abs. 3 S. 4 i.V.m. Art. 89 Abs. 1 DSGVO verlangt außerdem, dass der *Verhältnismäßigkeitsgrundsatz* von diesen spezifischen Bestimmungen der Mitgliedstaaten eingehalten wird. In Art. 6 Abs. 4 DSGVO werden zudem weitere Anforderungen an eine Verarbeitung von personenbezogenen Daten zu anderen Zwecken als den ursprünglichen Erhebungszwecken aufgestellt. Diese Norm erlaubt auch eine zweckverändernde Weiterverarbeitung, wenn sie sich auf eine verhältnismäßige Rechtsgrundlage eines Mitgliedstaates stützen kann. Die Weiterverarbeitungen sind in diesem Sinne zwar „besonders legitimierungsbedürftig",[486] grundsätzlich ist eine Datenverarbeitung zu veränderten Zwecken jedoch zulässig, wenn sie die Anforderungen der Art. 5

483 Vgl. Kühling/Martini et al. 2016, S. 27f; Schantz, NJW 2016, S. 1843; Buchner, DuD 2016, S. 155 und 159.

484 Vgl. Johannes, in: Roßnagel 2017, S. 260.

485 Richter, DuD 2015, S. 736: „genau festgelegte, eindeutige und rechtmäßige Zwecke"; „konkrete Rechtsgrundlagen [...] im Recht der Mitgliedstaaten".

486 Kühling/Martini, EuZW 2016, S. 451.

und 6 DSGVO erfüllt und die dafür geschaffenen Rechtsgrundlagen der Mitgliedstaaten einen legitimen Zweck verfolgen, der insbesondere den Verhältnismäßigkeitsgrundsatz wahrt.[487]

Damit kann zunächst als Zwischenergebnis festgestellt werden, dass die DSGVO zwar strenge Anforderungen an Datenverarbeitungen, gerade im öffentlichen Bereich, aufstellt. Datenauswertungsverfahren werden von der DSGVO jedoch keineswegs für unzulässig erklärt. Die DSGVO eröffnet durch die Regelungen in Art. 5 und 6 viele Möglichkeiten der Rechtmäßigkeit von Datenverarbeitungen im öffentlichen Bereich, wobei stets auf die spezifischen Bestimmungen der Mitgliedstaaten abgestellt wird. Die Frage der Vereinbarkeit von Big Data Analysen in öffentlichen Archiven mit den Anforderungen der DSGVO kann sich deshalb nur anhand der spezifischen Rechtsgrundlagen und der darin festgeschriebenen Verarbeitungszwecke beantworten lassen. Den deutschen Datenschutzgesetzen müssen deshalb die konkreten Anforderungen für Datenverarbeitungen durch öffentliche Behörden entnommen werden und aus den deutschen Archivgesetzen muss sich ergeben, welche Datenverarbeitungen zu welchen Archivzwecken im öffentlichen Archiv zulässig sind.

c) Vereinbarkeit mit dem deutschen Datenschutzrecht

Das europäische Datenschutzrecht erlaubt es den Mitgliedstaaten für Datenverarbeitungen zur Erfüllung einer rechtlichen Pflicht sowie zur Wahrnehmung von im öffentlichen Interesse liegenden Aufgaben beziehungsweise zur Ausübung öffentlicher Gewalt „spezifischere Bestimmungen" als die der DSGVO „bei[zu]behalten oder ein[zu]führen, indem sie spezifische Anforderungen für die Verarbeitung sowie sonstige Maßnahmen präziser bestimmen" (Art. 6 Abs. 2 DSGVO). Durch diese Öffnungsklausel können das Bundes- und die Landesdatenschutzgesetze sowie Spezialgesetze für den bereichsspezifischen Datenschutz weiterbestehen oder abgeändert werden.

---

487 Vgl. EuGH, Rs. C-293/12 und 594/12, ECLI:EU:C:2014:238, Rn. 46 und 47 sowie Paal/Hennemann, NJW 2017, S. 1700.

(1) Zusätzliche Bestimmungen des Bundesdatenschutzgesetzes

Das novellierte Bundesdatenschutzgesetz enthält vereinzelte speziellere Vorschriften für Datenverarbeitungen zu öffentlichen Archivzwecken. Gemäß Art. 9 Abs. 1 DSGVO ist jede Datenverarbeitung von besonderen und sensiblen Kategorien personenbezogener Daten, untersagt. Dies gilt nach Art. 9 Abs. 2 lit. j DSGVO ausdrücklich dann nicht, wenn eine eigene Rechtsvorschrift eines Mitgliedstaates diese Verarbeitung vorsieht, um damit im öffentlichen Interesse liegende Archivzwecke zu erfüllen. Der Bundesgesetzgeber hat daher in der ersten Hälfte des Jahres 2017 das Bundesdatenschutzgesetz novelliert und einen neuen § 28 BDSG geschaffen. § 28 Abs. 1 BDSG erklärt die Verarbeitung dieser besonders sensiblen personenbezogenen Daten in den Archiven für zulässig. Öffentliche Archivgüter enthalten vielfach nicht nur allgemeine, sondern auch sensible Informationen über Personen.[488] Zum Zwecke der Überlieferungssicherung sah es der Bundesgesetzgeber als notwendig an, diese Verarbeitung für zulässig zu erklären.[489]

Indem das BDSG die Verarbeitung besonderer Kategorien für „im öffentlichen Interesse liegende Archivzwecke" für zulässig erklärt, verweist es ebenfalls auf die spezifischen Vorschriften des Archivrechts, aus denen sich diese Archivzwecke ablesen lassen müssen. Dementsprechend bestimmt auch § 3 BDSG, dass eine personenbezogene Verarbeitung durch eine öffentliche Behörde nur rechtmäßig sein kann, wenn die Verarbeitung für die Erfüllung der Aufgaben im *Zuständigkeitsbereich der Behörde* erforderlich ist. Auch das Bundesarchiv kann demnach nur personenbezogene Daten verarbeiten, soweit dies für seine Zuständigkeiten nach dem Bundesarchivgesetz erforderlich ist. An diesem Maßstab der Archivzuständigkeiten und Archivzwecke im Bundesarchivgesetz müssen sich auch Big Data Analysen im Bundesarchiv bewerten lassen.

---

488 Beispielsweise Patientenakten aus öffentlichen Krankenhäusern oder Psychiatrieakten.

489 Vgl. Deutscher Bundestag, Drs. 18/11325, S. 100.

(2) Zusätzliche Bestimmungen in den Landesdatenschutzgesetzen

Die Geltungsbereiche der Landesdatenschutzgesetze erstrecken sich im Unterschied zum Bundesdatenschutzgesetz nur auf die Datenerhebung und -verarbeitung durch öffentliche Stellen des jeweiligen Landes. Da bis auf das Bundesarchiv alle übrigen Archive Landesbehörden, bzw. Kommunalbehörden gemäß Landesrecht sind, müssen sich deren Tätigkeiten auch am Landesdatenschutzrecht messen lassen.

Die Zulässigkeit personenbezogener Datenverarbeitungen durch öffentliche Landesbehörden ist nach den Landesdatenschutzgesetzen nur gegeben, wenn die Verarbeitungen für die Erfüllung öffentlicher Aufgaben, die im *Zuständigkeitsbereich der Behörde* liegen, erforderlich sind.[490] Teilweise werden für die Verarbeitung von besonderen personenbezogenen Daten im Sinne des Art. 9 DSGVO besondere Anforderungen an die zugrundeliegende Rechtsvorschrift gestellt. Diese muss den Zweck genau benennen und eine solche Verarbeitung ausdrücklich erlauben und angemessene Schutzmaßnahmen verlangen; teilweise wird die Verarbeitung sensibler Daten ausdrücklich für öffentliche Behördenzwecke erlaubt.[491]

Das Datenschutzrecht der Länder bestimmt demzufolge in gleicher Weise wie das Bundesdatenschutzrecht, dass eine personenbezogene Datenverarbeitung durch eine Behörde nur zulässig sein kann, wenn sich dies aus dem spezifischen Fachrecht der jeweiligen datenverarbeitenden Behörde ergibt. Auch für die Frage der Zulässigkeit von Datenverarbeitungen in Landesarchiven kommt es auf die spezifischen Zuständigkeiten und Zwecke der Landesarchive nach den Landesarchivgesetzen an.

---

490 § 4 LDSG BW; Art. 4 Abs. 1 BayDSG; § 3 BlnDSG; § 5 Abs. 1 BbgDSG; § 3 Abs. 1 BremDSG; § 4 HmbDSG; § 3 Abs. 1 HDSIG; § 4 Abs. 1 DSG MV; § 3 Abs. 1 DSG NRW; § 3 LDSG Rlp; § 3 NDSG; § 4 Abs. 1 SaarDSG; § 4 Abs. 1 SächsDSG; § 4 Abs. 1 DSG LSA; § 3 Abs. 1 LDSG SH; § 16 Abs. 1 ThürDSG.

491 § 14 Abs. 1 LSDG BW; Art. 8 BayDSG; § 35 BlnDSG; § 24f. BbgDSG; § 25 Abs. 1 HDSIG; § 8 DSG MV; § 16 DSG NRW; § 19 LDSG Rlp; § 17 NDSG; § 24 Abs. 2 SaarDSG; § 12 LDSG SH.

d) Zwischenergebnis

Massendatenanalysen durch öffentliche Stellen sind aus der Sicht des heutigen Datenschutzrechts nicht schlichtweg unzulässig. Sofern ein legitimer Zweck auf der Grundlage einer normenklaren und hinreichend bestimmten Rechtsgrundlage durch diese Form der Datenverarbeitung verfolgt wird, muss auch der Einzelne Eingriffe in seine Grundrechte auf Datenschutz hinnehmen. Dies kann insbesondere auch für personenbezogene Verarbeitungen zu öffentlichen Archivzwecken gelten.

Sowohl die Datenschutzgrundverordnung als auch das Bundesdatenschutzgesetz sowie die Landesdatenschutzgesetze erklären Datenverarbeitungen durch Archiveinrichtungen zu im öffentlichen Interesse liegenden Archivzwecken für zulässig, soweit die Datenverarbeitungen zur Aufgabenerfüllung der Archive erforderlich ist, sie in einer hinreichend bestimmten und verhältnismäßigen Rechtsvorschrift verankert ist und schließlich geeignete Schutzmaßnahmen für die schutzwürdigen Belange der Betroffenen ergriffen werden. Letztlich verweist das Datenschutzrecht der Europäischen Union, des Bundes und der Länder auf das notwendige Vorhandensein einer speziellen Rechtsgrundlage, um über die Zulässigkeit der Datenverarbeitung durch eine Archivbehörde im Einzelfall zu befinden. Öffentliche Archive dürfen personenbezogene Daten verarbeiten. Aus den spezifischen Archivgesetzen müssen sich die Zwecke der Verarbeitung, der Umfang der Verarbeitung und die Schutzmaßnahmen ergeben.

Die konkrete Ermittlung der normativen Möglichkeiten und Grenzen von umfassenden Datenanalysen in öffentlichen Archiven lässt sich nach alledem nur anhand der Ausgestaltung im speziellen Archivrecht durchführen. Das Augenmerk richtet sich daher nun direkt auf die Verarbeitungsgrundlagen in den Archivgesetzen.

4. Mögliche archivrechtliche Ermächtigungsgrundlagen für Massendatenanalysen

Die siebzehn deutschen Archivgesetze enthalten verschiedene Rechtsgrundlagen für den Umgang mit öffentlichen Archivgütern. Die *Erschließung*, die *Auswertung* oder *Erforschung* sowie die *Benutzung* von Archivgütern könnten potentielle Rechtsgrundlagen für umfassende Datenanalysen digitaler Archivgüter sein. In den Archivgesetzen existieren Rechtsgrundlagen, um das eigene Archivgut zu erschließen, zu erforschen oder wissenschaftlich auszuwerten und es zur Benutzung zugänglich zu machen.[492] Diese Rechtsgrundlagen des Archivrechts sind nicht einheitlich geregelt. Einige Archivgesetze zählen die Aufgaben nur begriffsweise auf. Andere Archivgesetze enthalten umfangreiche Tatbestandsvoraussetzungen und Ermessensklauseln für die Archivverwaltung hinsichtlich einiger Archivtätigkeiten. Dies betrifft vor allem die öffentliche Archivaufgabe der *Auswertung* von Archivgut. In manchen Archivgesetzen wird sie ausführlich normiert, andere Gesetze belassen es bei einer bloßen Nennung, ohne das Auswerten in Voraussetzung und Umgang zu bestimmen. In anderen Archivgesetzen wird die Auswertung von Archivgut wiederum gar nicht erwähnt. Die folgenden Ausführungen werden darlegen, in welchen Fällen und aufgrund welcher archivrechtlichen Rechtsgrundlagen eine Massendatenanalyse von digitalen Archivgütern zulässig sein könnte. Es wird dabei geklärt, wann und zu welchen Zwecken einerseits *das öffentliche Archiv selbst* eine Datenanalyse seiner digitalen Archivgüter vornehmen darf (a) und andererseits unter welchen Voraussetzungen eine Datenanalyse von digitalen Archivgütern durch *eine andere öffentliche Behörde oder staatliche Stelle* rechtlich zulässig ist (b). Aufgrund der Uneinheitlichkeit des bestehenden Archivrechts können diesen Ausführungen ebenfalls nur Leitgedanken entnommen werden, die für

---

492 Erschließen: § 2 Abs. 1 LArchG BW; Art. 2 Abs. 3 BayArchivG; § 3 Abs. 1 ArchGB; § 3 Abs. 1 BbgArchivG; § 1 Abs. 1 S. 1 BremArchivG; § 1 Abs. 1 S. 1 HmbArchivG; § 2 Abs. 7 HArchivG; § 5 Abs. 1 LArchivG MV; § 1 Abs. 1 S. 1 NArchG; § 2 Abs. 7 ArchivG NRW; § 1 Abs. 1 S. 1 LArchG Rlp; § 3 Abs. 1 SArchG; § 2 Abs. 4 SächsArchivG; § 2 Abs. 5 ArchG LSA; § 3 Abs. 4 LArchG SH; § 7 Abs. 1 ThürArchivG. Auswerten/Erforschen/wissenschaftlich auswerten: § 3 Abs. 1 BArchG; Art. 2 Abs. 3 BayArchivG; § 3 Abs. 1 S. 2 i.V.m. § 3 Abs. 5 S. 1 ArchGB (mit der Ermächtigung, für diese Zwecke personenbezogene Daten zu verarbeiten); § 3 Abs. 4 BbgArchivG; § 1 Abs. 1 S. 1 BremArchivG; § 1 Abs. 1 S. 1, Abs. 5 HmbArchivG; § 4 Abs. 6 HArchivG; § 5 Abs. 6 LArchivG MV; § 2 Abs. 7 ArchivG NRW; § 3 Abs. 1 SArchG; § 2 Abs. 4 SächsArchivG; § 7 Abs. 3 ArchG LSA; § 7 Abs. 3 S. 1 ThürArchivG. Die Benutzung ist ein wesentlicher Abschnitt in jedem Archivgesetz.

das bestehende Archivrecht keine abschließende Geltung beanspruchen. Zumindest jedoch können dem bestehenden Archivrecht manche Vorschriften entnommen werden, die Vorbildcharakter besitzen und anschlussfähig sind für weitere Modernisierungen des deutschen Archivrechts.

a) Massendatenanalysen durch das öffentliche Archiv

Die öffentlichen Archive – vom Bundesarchiv bis zu den Kommunalarchiven – sind jene Fachbehörden, die für alle Archivierungsaufgaben von der Bewertung und Übernahme bis zur Zugänglichmachung zuständig sind. Ihr Umgang mit den Archivgütern ist selbstverständlich zu einem Großteil von einer ordnenden, bewahrenden und zur Verfügung stellenden Tätigkeit geprägt. Doch die Arbeit mit den Archivgütern besitzt ebenfalls auswertende und erschließende Vorgänge.

(1) Erschließung als Rechtsgrundlage für Massendatenanalysen

Die Erschließung von Archivgut ist eine der klassischen Aufgaben, wie sie in den gesetzlichen Aufgabenkatalogen aller Landesarchivgesetze aufgezählt werden.[493] So kann stellvertretend für die Archivgesetze Art. 2 Abs. 3 des Bayerischen Archivgesetzes herangezogen werden, in dem es heißt: „Archivierung umfaßt die Aufgabe, das Archivgut [...] zu erschließen, nutzbar zu machen und auszuwerten." Dabei muss geklärt werden, was unter dem Begriff der Erschließung zu verstehen ist.

„Unter Erschließung wird die Haupt-Anstaltsleistung der Archive verstanden, das als archivwürdig bewertete Material nach historisch-wissenschaftlichen und ggfs. auch juristisch-systematischen Kriterien zu ordnen und zur Benutzung zugänglich zu machen. Dies geschieht typischerweise durch Verzeichnisse und »Findbücher«."[494] Eine Erschließung des

---

493 Für das Bundesarchiv gelten gemäß § 3 Abs. 1 S. 1 BArchG nur die Aufgaben der Sicherung, Zugänglichmachung und Auswertung, was archivpraktisch jedoch ebenfalls die Erschließung der Archivgüter voraussetzt.

494 Manegold 2002, S. 169.

Archivgutes macht eine wissenschaftliche Auswertung also erst möglich.[495] Archivgut zu erschließen heißt, es in einen geordneten, systematisierten und nach Kategorien unterschiedenen und vor allem auffindbaren Zustand zu bringen. Die Erschließung stellt damit zwar vielfache Verknüpfungen zwischen mehreren Archivgütern durch eine sinnvolle Systematik her, sie kann selbst jedoch nicht als eine wissenschaftliche Auswertung verstanden werden. Die Erschließung selbst liefert keine Erkenntnisse, sondern Ordnung. Vielmehr ist die Erschließung die Vorstufe, die Voraussetzung für eine anschließende Auswertung. Erst das systematische Anlegen von Archivbeständen macht das Archivgut recherchierbar und zu einem praktikablen Analysegegenstand. Eine Rechtsgrundlage des öffentlichen Archives, um das eigene Archivgut durch moderne Analyseverfahren auszuwerten und daraus neue Erkenntnisse zu gewinnen, kann in der Aufgabenzuweisung des Erschließens nicht gesehen werden.

(2) Wissenschaftliche Auswertung als Rechtsgrundlage für Massendatenanalysen

Mehrere, aber nicht alle Archivgesetze gewähren den öffentlichen Archivbehörden die Kompetenz, das eigene Archivgut zu erforschen beziehungsweise es auszuwerten. Unter der Erforschung oder der wissenschaftlichen Auswertung von Archivgut könnten auch breit angelegte Datenanalysen, wie sie die neuen Big Data Techniken ermöglichen, verstanden werden. Dafür müsste eine Big Data Analyse unter diese archivrechtlichen Begriffe subsumierbar sein und die Analysen müssten den durch die Erforschung und Auswertung verfolgten Archivzwecken entsprechen.

Die rechtlichen Begriffe und Aufgabenzuschreibungen der Erforschung und der wissenschaftlichen Auswertung von Archivgut gilt es daher auszulegen. Insbesondere muss aus den Archivgesetzen ein Zweck und eine Zielrichtung der (digitalen) Archivgutauswertung hervorgehen. Das wissenschaftliche Auswerten des Archivgutes ist nicht ausschließlich den Forschern oder anderen Benutzern vorbehalten. Auch die öffentlichen Archive selbst werden als Forschungseinrichtun-

495 Vgl. Manegold 2002, S. 169; Hausmann 2016, S. 54.

gen angesehen. Der Bundesarchivgesetzgeber sowie der Niedersächsische Archivgesetzgeber beispielsweise bestimmten die wissenschaftliche Forschung durch die Archive zu einer anerkannten Tätigkeit im Rahmen der archivarischen Zuständigkeit[496] und führten sie als eine der „Kernaufgaben“[497] in der jeweiligen Gesetzesbegründung auf. Die auswertende und erforschende Tätigkeit der Archive könne demnach dazu beitragen, die Politik früherer Regierungen darzustellen und zu editieren; gleichwohl soll damit keine Privilegierung der archivischen Forschung gegenüber der freien Wissenschaft entstehen.[498]

Die wissenschaftliche Auswertung des Archivguts stellt aber im Vergleich zu den übrigen Archivaufgaben der Übernahme, Erschließung, Bestandserhaltung und Benutzbarmachung eine nachrangige Aufgabe in dieser „logischen Reihenfolge“ dar.[499] Die wissenschaftliche Auswertung tritt also hinter den übrigen Aufgaben in ihrer Gewichtung zurück und soll hauptsächlich die wissenschaftliche Arbeit und Veröffentlichungspraxis der öffentlichen Archive auf eine legitime Grundlage stellen.[500]

Weiterhin gilt es zu untersuchen, welche Auswertungszwecke und Forschungsinteressen die Archive durch die Auswertung von Archivgut befriedigen sollen. Mehrere Archivgesetze grenzen den Zweck der wissenschaftlichen Auswertung durch die Archivbehörden auf Beiträge zur eigenen Landes- und Regionalgeschichte ein.[501] Die archivische Forschungstä-

---

496 Vgl. Deutscher Bundestag, Drs. 11/498, S. 8.

497 Landtag Niedersachsen, Drs. 12/4271, S. 11.

498 Vgl. Deutscher Bundestag, Drs. 11/498, S. 8.

499 Landtag Niedersachsen, Drs. 12/4271, S. 11.

500 Vgl. Siegfried Becker/Klaus Oldenhage, Bundesarchivgesetz. Handkommentar, Baden-Baden, § 1, Rn. 20.

501 Siehe etwa § 5 Abs. 6 LArchivG MV („Archiv wirkt an der Auswertung des von ihm verwahrten Archivgutes sowie an der Erforschung und Vermittlung insbesondere der mecklenburgisch-vorpommerschen Geschichte, der Heimat- und Ortsgeschichte mit und leistet dazu eigene Beiträge“); § 6 Abs. 4 LArchG Rlp („fördert die Erforschung und das Verständnis der deutschen Geschichte und der Landesgeschichte insbesondere durch Veröffentlichungen und Ausstellungen“); § 3 Abs. 1 S. 2 SArchG („Erforschung der Geschichte ihres Archivsprengels“); § 4 Abs. 6 HArchivG („Das Hessische Landesarchiv wirkt als Haus der Geschichte an der wissenschaftlichen Auswertung der von ihm aufbe-

tigkeit soll damit besonderen *historischen Zwecken* dienen. Auch *Manegold*, der die wissenschaftliche Auswertung des Archivguts nur auf 6 Zeilen seiner grundlegenden Abhandlung zum Archivrecht anspricht, erwähnt diese Aufgabe nur im Kontext der Maßgabe, Beiträge zur eigenen Landesgeschichte zu leisten.[502] Das Thüringer Archivrecht verfügt die Mitwirkung der Thüringer Archive an der Erforschung der von ihnen verwahrten archivalischen Quellen.[503] Diese Aufgabe wird als „umfangreiche Dienstleistung“ verstanden, „durch die [die Thüringer Archivbehörden] bei der Erforschung und Vermittlung der Landesgeschichte oder Orts- und Institutionengeschichte mitwirken: durch wissenschaftliche Beratung der Benutzer, Veröffentlichung von Findbüchern und sachthematischen Inventaren zu wichtigen Archivbeständen, Editionen wichtiger Quellen der Landesgeschichte, Vorbereitung von Ausstellungen [...]“[504]

Der Gesetzgeber des 1993 erlassenen Sächsischen Archivgesetzes hat in der damaligen Gesetzesbegründung einen weiteren interessanten Aspekt der Forschungs- und Auswertungsaufgabe des Sächsischen Staatsarchives betont. Nicht nur das Editieren und Veröffentlichen von Beiträgen zur Landesgeschichte, sondern auch die Klärung von aktuellen Rechtsfragen durch historische Gutachten gehören demnach zur Auswertungsaufgabe des Staatsarchives. „Die Auswertung des Archivgutes durch die Archive selbst geschieht z. B. bei den staatlichen Archiven im Rahmen ihrer Gutachtertätigkeit

---

wahrten Unterlagen sowie an der Erforschung und Vermittlung der Geschichte des Landes mit“); § 3 Abs. 4 BbgArchivG („Die öffentlichen Archive wirken an der Auswertung des von ihnen verwahrten Archivgutes sowie an der Erforschung und Vermittlung insbesondere der brandenburgischen und deutschen Geschichte, der Heimat- und Ortsgeschichte mit und leisten dazu eigene Beiträge“); § 4 Abs. 6 LArchG SH („Das Landesarchiv soll durch eigene Maßnahmen die Auseinandersetzung mit der Geschichte des Landes Schleswig-Holstein fördern. Es kann zu diesem Zweck auch eigene Forschungsvorhaben durchführen oder sich an anderen Forschungsvorhaben beteiligen“).

502 Vgl. Manegold 2002, S. 171f.

503 Nach § 7 Abs. 3 ThürArchivG wirkt das Landesarchiv Thüringen sodann als „Stätte landesgeschichtlicher Forschung“.

504 Lutz Schilling, Kommentar zum Thüringer Gesetz über die Sicherung und Nutzung von Archivgut, in: Archive in Thüringen 3/1992, S. 6-12, 10.

für Behörden, Gerichte und sonstige Stellen, wie etwa Klärung von Altservituten, Baulastfragen, Gemeindenamen- und Gemeindeteilnamenangelegenheiten sowie Wappenfragen nach der Verwaltungsvorschrift zu kommunalen Namen, Wappen und Fahnen sowie Dienstsiegeln, im Dienste der historisch-politischen Bildungsarbeit (z. B. Veranstaltung von Archivalienausstellungen, Zusammenwirken mit Schulen und sonstigen Bildungseinrichtungen) oder auch durch dic Edition wichtiger Quellengruppen."[505]

Die archivgesetzliche Aufgabe der wissenschaftlichen Erforschung beziehungsweise Auswertung durch die Archivbehörden selbst umfasst sowohl nach dem Wortlaut mancher Regelungen als auch in der Absicht der historischen Gesetzgeber sowie nach Ansicht der Literatur überwiegend die Aufgaben der Herausgabe von *landesgeschichtlichen Editionen*, *landes- und regionalhistorischen Beiträgen*, die *Dokumentierung besonderer Regierungstätigkeiten*, die *politische Bildungsarbeit* und *Veranstaltung von Ausstellungen* sowie die *Gutachtertätigkeit zu historischen und aktuellen Rechtsverhältnissen.*

Unter Rückgriff auf die verfassungsrechtlichen und datenschutzrechtlichen Vorgaben für die Datenverarbeitung durch öffentliche Stellen, die nur zu bestimmten und gesetzlich festgelegten Zwecken erfolgen darf, kann in den archivrechtlich verankerten Kompetenzen der Auswertung von Archivgut eine ausreichende Rechtsvorschrift für umfassende Datenanalysen von digitalen Archivgüterndurch die Archivbehörde gesehen werden, *sofern* sie sich auf die benannten *historischen Zwecke* beschränken. Insbesondere die oben genannten Rechtsgrundlagen in den Archivgesetzen von Brandenburg, Hessen, Mecklenburg-Vorpommern, Rheinland-Pfalz, Saarland, Schleswig-Holstein und Thüringen bieten klare und hinreichend bestimmte Forschungs- und Auswertungszwecke, die den Rahmen für eine Datenanalyse vorgeben. Datenanalysen, auch von großen Archivdatenbeständen, dürfen die öffentlichen Archive demnach (nur) zum Zwecke der historischen Forschung durchführen. Die Auswertungskompetenz zu historischen Zwecken ist auch notwendig, um

505 Sächsischer Landtag, Drs. 1/2476, S. 24f.

die Rolle der Archive als Fachbehörden mit bewahrender, kulturstaatlicher und informationsdienstleistender Funktion unter den neuen Rahmenbedingungen der sich digitalisierenden Gesellschaft des 21. Jahrhunderts beizubehalten.

Eine über die historischen Zwecke hinausgehende Datenanalysekompetenz der Archivbehörden kann aus den deutschen Archivgesetzen nach aktuellem Rechtsstand nicht entnommen werden. Umfangreiche Datenanalysen digitaler Archivgüter zum Zwecke landesplanerischer, sicherheitsrechtlicher, steuerrechtlicher oder gesundheitsrechtlicher Auswertungen *durch die Archivverwaltung selbst* werden nicht von den Archivgesetzen legitimiert, da es an den eindeutigen Zweckbeschreibungen dafür mangelt.

De lege ferenda ließen sich solche Normen durchaus in den Archivgesetzen implementieren. Sie müssten den Auswertungszweck klar bestimmen und ebenso jede Profilbildung über einzelne Personen ausschließen sowie weitere Schutzmaßnahmen enthalten, die eine klare Eingrenzung der Analysemodelle auf allgemeine Aussageergebnisse vorschreiben. Dass solche Forschungsrechtsgrundlagen möglich und zulässig sind, zeigt das Beispiel der Forschung von Gesundheitsdaten in der gesetzlichen Krankenversicherung und der öffentlichen Sozialverwaltung.[506] Da das Archivrecht unbestritten lex specialis für die Bearbeitung und den Zugang zu Archivgut ist, müssten sich Forschungsklauseln, die als Ermächtigungsgrundlage für die Forschung durch die Archivverwaltung gelten sollen, in den Archivgesetzen selbst verankert werden.[507] Für jede Datenauswertung durch eine Archivbehörde bedarf es einer eindeutigen Rechtsgrundlage in den Archivgesetzen.

Als Zwischenergebnis kann daher festgehalten werden, dass die Archivverwaltung selbst Datenanalysen ihrer Archivgüter durchführen darf, sofern diese zu historischen oder rechtlich gutachterlichen Zwecken vorgenommen werden. Dies gilt bislang nur in einigen Ländern. Auch die Norm des §

---

506 Vgl. §§ 65c SGB V und 75 SGB X.

507 Zur Spezialität siehe Matthias Rossi, Informationsfreiheitsgesetz, Baden-Baden 2006, § 1 Rn. 104; Friedrich Schoch, Informationsfreiheitsgesetz. Kommentar, 2. Aufl., München 2016, § 1 Rn. 288, 290, 310; BVerwG, Urteil vom 17. März 2016, 7 C 2.15, Rn. 42.

3 Abs. 1 S. 1 BArchG, die die Aufgabe der wissenschaftlichen Auswertung lediglich benennt, kann angesichts der strengen Anforderungen an die Zweckbindung personenbezogener Datenverarbeitung kaum als legitime Rechtsgrundlage herangezogen werden. Dieser Norm fehlt es an jeglicher hinreichender Bestimmtheit des Auswertungszwecks. Auch andere Landesarchivgesetze lassen Forschungsklauseln mit eindeutigen Zwecken bislang gänzlich missen. Als Leitgedanke für das zukünftige Recht der digitalen Archive kann deshalb formuliert werden, dass in die Archivgesetze eindeutige Forschungsklauseln zu festgelegten Zwecken etwa nach dem Vorbild der Archivgesetze von Mecklenburg-Vorpommern oder Schleswig-Holstein aufgenommen werden sollten.

b) Massendatenanalysen von Archivdaten durch andere öffentliche Stellen

Einige öffentliche Archive sind selbst befugt, Datenanalysen zu historischen Zwecken vorzunehmen. Eine darüber hinausgehende Auswertungskompetenz lässt sich für die Archive aus den Archivgesetzen nicht entnehmen. Archivgut steht jedoch nicht nur den Archiven, sondern auch natürlichen Personen und öffentlichen Stellen zur Verfügung. Es stellt sich deshalb die Frage, ob andere öffentliche Stellen, also öffentliche Stellen, die nicht das Archiv sind, das archivgesetzliche Benutzungsrecht ausüben dürfen, um auf diesem Weg eine für ihre Zwecke ausgerichtete Archivdatenanalyse durchzuführen. Auf diese Weise könnten insbesondere digitale Archivdaten zu amtlichen Zwecken ausgewertet werden, sofern das Benutzungsrecht für Archivgut solche Datenauswertungen zulässt.

Der archivrechtliche Benutzungsanspruch auf den Zugang zu Archivgut gilt auch für öffentliche Stellen.[508] Die Benutzung durch eine öffentliche Stelle unterliegt grundsätzlich dem gleichen Schutzfristenregime wie die Benutzung durch andere Personen.[509] Es kann demzufolge zunächst zweifelsfrei festgestellt werden, dass andere öffentliche Stellen grundsätzlich ein Benutzungsrecht gegenüber öffentlichen Archivgütern wahrnehmen können. Das bedeutet auch, dass die öf-

508 Vgl. Hausmann 2016, S. 57ff.
509 Beispielsweise § 10 Abs. 3 S. 1 SächsArchivG.

fentlichen Stellen in der Benutzung von Archivgut an die archivgesetzlichen allgemeinen, geheimnisschutzbezogenen und personenbezogenen Schutzfristen gebunden sind. Es lassen sich im Folgenden *drei* Varianten der Benutzung von Archivgut durch öffentliche Stellen herausarbeiten, die daraufhin geprüft werden sollen, ob sie eine umfassende Datenanalyse der Archivdaten zulassen.

(1) Variante 1: Allgemeine Benutzung zu amtlichen Zwecken

Zunächst gilt, dass sich auch öffentliche Stellen, also Behörden und Ämter der Verwaltungsträger Bund, Länder, Gemeinden oder andere öffentliche Verwaltungseinheiten mit Selbstverwaltungsrechten, auf das Archivbenutzungsrecht berufen können. Oftmals wird diese Benutzung als *Nutzung zu amtlichen Zwecken*[510] bezeichnet. Die öffentliche Stelle reicht demzufolge wie jeder andere Benutzer auch einen einfachen Antrag auf Archivgutbenutzung ein, der beschreibt, welche Archivgüter zur Einsicht und Benutzung begehrt werden und, sofern archivrechtlich verlangt, welcher amtliche Zweck damit verfolgt werden soll. Sofern eine Behörde ihrer jeweiligen gesetzlichen Aufgaben nachkommt und im Rahmen dessen auf Informationen aus Archivgütern angewiesen sein könnte, dürfte in jedem Fall der amtliche Zweck gegeben sein. Archivdatenauswertungen im Rahmen der Benutzung zu amtlichen Zwecken durch eine andere Behörde sind demzufolge grundsätzlich *zulässig*.

Jedoch ist es fraglich, ob die klassische Ausübung des Benutzungsrechts durch eine öffentliche Stelle die *zweckmäßige* Rechtsgrundlage für eine Massendatenanalyse darstellt. Das Schutzfristenrecht der Archivgesetze könnte dagegensprechen. Demzufolge gelten auch für die öffentlichen Stellen die allgemeinen und besonderen Schutzfristen über die Benutzung von Archivgütern.[511] Das bedeutet, dass für jede einzelne

---

510 Zum Beispiel § 12 Abs. 2 HArchivG; § 9 Abs. 2 BbgArchivG; § 11 Abs. 1 SArchG; § 9 Abs. 1 LArchG MV. Diese stellt die klassische Archivbenutzung dar, wie sie auch durch natürliche Personen stattfindet.

511 Deutlich etwa in § 7 Abs. 5 ArchG NRW; § 17 Abs. 4 S. 1 ThürArchivG; § 10 Abs. 3 S. 1 SächsArchivG; § 13 Abs. 4 S. 1 HArchivG.

digitale Archivunterlage das Zugangsrecht und die entsprechende Schutzfrist ermittelt werden müssen, bevor eine Datenanalyse vorgenommen werden könnte. Will eine öffentliche Stelle möglichst viele Archivbestände auswerten, müssen im Rahmen des allgemeinen Benutzungsrechts trotzdem für jedes Archivobjekt individuell die Zugangsrechte und die Schutzfristen ermittelt werden. Angesichts der Heterogenität der vielen einzelnen Archivinformationen, die jeweils unterschiedlichen Beschränkungen des Persönlichkeitsrechts, des Urheberrechts und der individuell zu berechnenden Schutzfristen unterliegen, dürfte das zuständige Archiv einem unverhältnismäßigen Aufwand ausgesetzt sein. Der Amtsermittlungsaufwand des Archivs könnte solche Ausmaße annehmen, dass er einen archivrechtlichen Grund der Benutzungsversagung darstellt.[512]

Will eine öffentliche Stelle einen großen Archivdatenbestand nach bestimmten Parametern auswerten, dann bestehen durch die individuellen Zugangsrechte für jedes Archivobjekt viele Hürden für die Auswertung. Wird der Zugang zu elektronischen Archivbeständen auf der Grundlage des allgemeinen Benutzungsrechts beantragt, unterliegt ein Großteil der Archivdaten unterschiedlich lange laufenden Schutzfristen von 30 bis 100 Jahren. Neben dem Problem des unverhältnismäßigen Archivaufwands tritt deshalb auch das Problem einer lückenhaften Datengrundlage. Durch die vielfachen rechtlichen Beschränkungen für einzelne Archivinformationen wird die Grundgesamtheit der Datengrundlage der Analyse uneinheitlich und unvollständig. Die Schutzfristen haben somit das Potential eine breite Archivdatenanalyse empfindlich einzuschränken.

Um an eine große Vielfalt von Archivdaten zu gelangen, ohne jede individuelle Schutzfrist der Archivdaten zu ermitteln und verstreichen zu lassen, stellt das allgemeine Benutzungsrecht zu amtlichen Zwecken im Zweifel keine zweckmäßige Rechtsgrundlage dar. Es müsste alternative Benutzungs-

512 Selbst wenn das Benutzungsrecht zu diesen amtlichen Zwecken befürwortet wird, könnte diese umfassende Prüfungsaufgabe des Archives einen die Benutzung ausschließenden Grund darstellen, nämlich den nicht vertretbaren Aufwand, vgl. beispielsweise § 13 Abs. 2 Nr. 2 BArchG.

rechte geben, die das in Zusammenhang mit komplexen Datenanalysen eher hemmende Schutzfristenregime des Archivrechts unangewendet und außer Kraft lassen. Solche speziellen Benutzungsrechte sind im Archivrecht durchaus vorhanden.

(2) Variante 2: Analyse von schutzfristenfreien Archivdaten zu amtlichen Zwecken

Eine erste große Gruppe von Archivunterlagen, die einer Benutzung und Datenanalyse unmittelbar zur Verfügung stehen, ohne dass darauf geachtet werden muss, bestimmte Schutzfristen verstreichen zu lassen, sind die zur Veröffentlichung bestimmten Unterlagen und die Unterlagen, die einem gesetzlichen Informationszugang offen gestanden haben. Die Archivgesetze treffen allesamt eine Ausnahme der Geltung ihres Schutzfristenregimes für Unterlagen, die vor ihrer Archivierung zur Veröffentlichung bestimmt waren.[513] Mit dem Wortlaut „zur Veröffentlichung bestimmt“, den die Archivgesetze fast allesamt wortgleich benutzen, wird die Zweckrichtung der betreffenden Unterlagen in die Betrachtung einbezogen. Es muss sich dabei um Unterlagen öffentlicher Stellen handeln, deren Sinn und Zweck von Beginn an darauf gerichtet war, an die Öffentlichkeit zu gelangen und von der Öffentlichkeit wahrgenommen zu werden. Unterlagen, für die bereits bei ihrer Entstehung eine Veröffentlichung beabsichtigt ist, sind insbesondere „Pressemitteilungen, Presseausschnitte, Plakate, Flugblätter und vergleichbares Dokumentationsmaterial“[514]. Unter den Vorzeichen moderner Unterlagenformen sind ebenso die *Internetseiten* aller öffentlichen Stellen, *elektronische Pressemitteilungen*, staatliche *Warnungen* und Hinweise, die Datenbanken der *elektronischen Entscheidungssammlungen* deutscher Gerichte, sowie alle weiteren *Medieninhalte* und *öffentliche Formulare* oder *Erklärungen*, die ohne Hürde von Internetangeboten öffentlicher Behörden und Stellen abgerufen und heruntergeladen werden können

---

513 Zum Beispiel § 6 Abs. 3 LArchG BW; § 11 Abs. 5 Nr. 1 BArchG; § 13 Abs. 3 HArchivG; § 10 Abs. 3 S. 4 ArchG LSA; § 10 Abs. 7 BbgArchivG; § 9 Abs. 6 S. 1 ArchGB.

514 Sächsischer Landtag, Drucksache 1/2476, S. 41.

zu den zur Veröffentlichung bestimmten Unterlagen zu zählen. Werden diese zur Veröffentlichung bestimmten Unterlagen – ob analog oder digital – archiviert und zu öffentlichem Archivgut umgewidmet, so ist bei der Benutzung dieser Unterlagen und Daten gemäß den archivgesetzlichen Bestimmungen keine Schutzfrist anzuwenden. Archivinformationen, die bereits bei ihrer Entstehung zur Veröffentlichung bestimmt waren, sind einer breiten Datenanalyse unmittelbar zugänglich.

Weiterhin trifft eine Reihe von Archivgesetzen eine zusätzliche Ausnahme von der Geltung von archivrechtlichen Schutzfristen. Im Bund und in jenen Ländern, die ein eigenes Informationsfreiheitsgesetz (IFG) beziehungsweise ein Transparenzgesetz erlassen haben, das einen voraussetzungslosen und unmittelbaren Informationszugang gegenüber Verwaltungsinformationen eröffnet, wurden auch die Archivgesetze angepasst, damit für diese betreffenden Unterlagen keine Schutzfristen gelten.[515] Alle Archivgüter, die aufgrund eines Informationszugangsgesetzes der Öffentlichkeit zugänglich waren und nach ihrer Verwendung in der Verwaltung als archivwürdig bewertet und von einem Archiv übernommen wurden, bleiben auch nach der Archivierung direkt zugänglich. Es wird keine Schutzfrist für diese IFG-Unterlagen angewandt. Durch die Gesetzgebung über die Informationszugangsrechte wurde eine Liberalisierung im Bund und in einigen Ländern bewirkt, die auch Auswirkungen auf das Archivrecht hat.[516]

Alle Archivinformationen, die zuvor einem gesetzlichen Informationszugang offen gestanden haben und damit keiner archivrechtlichen Schutzfrist unterliegen, sind einer Daten-

---

515 Beispielsweise § 11 Abs. 5 Nr. 2 BArchG; § 6 Abs. 3 Var. 2 LArchG BW; § 10 Abs. 7 Var. 2 BbgArchivG; § 3 Abs. 3 S. 3 LArchG RLP; § 7 Abs. 3 S. 1 Var. 2 ArchivG NRW; § 7 Abs. 4 S. 1 Var. 2 BremArchivG; § 9 Abs. 4 Nr. 1 Var. 2 LArchG SH; § 10 Abs. 3 Nr. 1 Var. 2 LArchivG M-V.

516 Vgl. dazu auch Clemens Rehm, Rahmenbedingungen für den Zugang zu Archivgut, in: Irmgard Becker/Clemens Rehm (Hrsg.), Archivrecht für die Praxis, München 2017, S. 135-141, 137, der darauf hinweist, dass der vorherige IFG-Zugang zu Unterlagen im späteren Archivbenutzungsverwaltungsverfahren ermessensleitend für den Zugang zu Archivgut berücksichtigt werden sollte.

analyse ebenfalls unmittelbar zugänglich. Damit erweitert sich der unmittelbar zugängliche Archivdatenbestand für eine Datenanalyse durch eine öffentliche Stelle neben den zur Veröffentlichung bestimmten Unterlagen um alle IFG-Unterlagen in den Archiven.

Ein dritter Datenbestand der öffentlichen Archive, der ohne das Ablaufen einer Schutzfrist unmittelbar für Datenanalysen zur Verfügung steht, ist das virtuelle Archivgut. Virtuelle Archivdatenbestände sind zum jetzigen Zeitpunkt noch im Aufbau begriffen, werden aber absehbar zu einem Strukturelement moderner digitaler Archive werden. Bei virtuellem Archivgut handelt es sich um digitalisierte, also eingescannte, oder von Beginn an elektronisch erstellte Unterlagen, die von der Archivverwaltung frei zugänglich auf den Archivonlineplattformen veröffentlicht und zum Abruf bereitgestellt wurden.[517] Virtuelles Archivgut ist solches, das keiner rechtlichen Beschränkung, etwa des Urheberrechts oder des Persönlichkeitsrechts, mehr unterliegt. Deshalb steht es den öffentlichen Archiven auch zu, diese Archivgüter zur freien Verfügbarkeit auf Onlineportalen einzustellen. Weiterhin wird diese Entwicklung der Zurverfügungstellung von amtlichen Informationen, die keinen Beschränkungen mehr unterliegen, auch durch den Gesetzeszweck nach § 1 Abs. 1 und § 2a Informationsweiterverwendungsgesetz vorangetrieben. Nach § 3 Abs. 2 Informationsweiterverwendungsgesetz sind die Informationen soweit möglich elektronisch, in einem maschinenlesbaren Format und mit den zugehörigen Metadaten zur Weiterverwendung herauszugeben. Vom Anwendungsbereich des Informationsweiterverwendungsgesetzes sind auch die öffentlichen Archive erfasst.

Auch wenn die Onlinedatenbestände der öffentlichen Archive momentan noch überschaubar sind, wird sich dies mit der weiteren Digitalisierung des Archivwesens verändern. In jedem Fall ist das im Internet veröffentliche Archivgut ohne Schutzfristen abrufbar und benutzbar und kann insofern auch als weitere Datenquelle für Datenanalysen genutzt werden. Zudem unterliegt virtuelles Archivgut nicht dem Archivbe-

517 Dazu Hausmann, in: Becker/Rehm 2017, S. 205.

nutzungsrecht, was bedeutet, dass für diese Archivdaten nicht einmal ein Benutzungsantrag gestellt werden muss.[518]

Neben den öffentlichen Archiven selbst, die auf der Rechtsgrundlage der Archivgesetze ihre Archivunterlagen zu historischen Zwecken und gutachterlichen Zwecken auswerten dürfen, können sich andere öffentliche Stellen im Rahmen des Benutzungsrechts bereits auf verschiedene Datenbestände der Archive für ihre amtlichen Benutzungszwecke berufen. Ohne Ablauf einer Schutzfrist stehen gemäß den Bestimmungen der Archivgesetze mehrere Archivdatenbestände zur Verfügung, nämlich erstens jene, die im Moment ihrer Entstehung zur Veröffentlichung bestimmt waren, zweitens jene, die nach einem Informationsfreiheitsgesetz der Öffentlichkeit zugänglich waren und drittens jene, die von der Archivverwaltung als virtuelles Archivgut zum freien Abruf auf Onlineplattformen eingestellt worden sind.

(3) Variante 3: Privilegierte Nutzung für wissenschaftliche Forschungen bzw. zur Wahrnehmung berechtigter Belange öffentlicher Stellen

Für die Auswertung von Archivdaten durch andere öffentliche Behörden zu amtlichen Zwecken stehen jedoch nicht nur die bereits veröffentlichten oder ohne Schutzfristen zugänglichen Archivunterlagen zur Verfügung. Damit Massendatenanalysen Zusammenhänge und Ergebnisse liefern, deren Aussagekraft und Validität auch eine hohe und verwertbare Qualität besitzen, sind sie auf besonders große und vielfältige Datengrundlagen angewiesen. Insbesondere dann, wenn öffentliche Behörden für landesplanerische und steuerrechtliche Ziele oder zu Zwecken der Gesundheitsvorsorge oder der Strafverfolgung sowie zur sozialwissenschaftlichen Forschung Archivdaten auswerten wollen, sind sie vor allem auf personenbezogene Daten angewiesen.

Es sind jedoch gerade die personenbezogenen Archivgüter und Archivdaten, die aufgrund der Archivgesetze langjährigen Schutzfristen unterliegen. Sind die Datenanalysevorhaben der öffentlichen Stellen darauf angewiesen, personenbe-

518 Ganz eindeutig § 1 Abs. 2 Nutzungsordnung für die Hessischen Staatsarchive.

zogene Archivgüter auszuwerten, dann müssen gerade für diese Datengrundlage langjährige Schutzfristen von 60 bis 100 Jahren verstreichen, sofern der Zugang im Rahmen des klassischen Archivbenutzungsrechts stattfindet. Manche Archivgesetzgeber haben das besondere Interesse der Forschung, anderer öffentlicher Stellen und auch privater Personen an personenbezogenen Archivinformationen erkannt und Sondervorschriften mit Ausnahmen von der Geltung der personenbezogenen Schutzfristen in die Archivgesetze aufgenommen. Diese Ausnahmen werden zumeist als die *privilegierte Nutzung zu wissenschaftlichen Forschungszwecken* von personenbezogenen Archivgütern genannt.[519]

Neben den für Datenanalysen direkt zugänglichen Archivunterlagen nach der eben vorgestellten Variante 2 (zur Veröffentlichung bestimmte Unterlagen, IFG-Unterlagen und virtuelles Archivgut) können durch die archivgesetzliche Privilegierung wissenschaftlicher Forschung auch Massendatenanalysen von personenbezogenem Archivgut durch andere öffentliche Stellen auf eine archivrechtliche Ermächtigungsgrundlage zurückgreifen.

„Alle Archivgesetze enthalten spezielle Abwägungs- und Übermittlungsklauseln zugunsten wissenschaftlicher Forschung, die eine Verkürzung der besonderen Sperrfrist für personenbezogenes Archivgut gestatten. Bereichsspezifische Forschungsklauseln waren erforderlich, um eine klare und bestimmte Eingriffsermächtigung zu schaffen und etwaigen Betroffenen Transparenz zuzusichern.“[520] Sofern es sich also um ein größeres und methodisch angelegtes Forschungsvorhaben, etwa einer öffentlichen Stelle oder einer Forschungseinrichtung, handelt, bieten alle Archivgesetze eine gewisse Privilegierung an, die auch die Verkürzung von personenbezogenen Schutzfristen zulässt.

Einige Archivgesetze enthalten korrespondierend zur Privilegierung von wissenschaftlichen Forschungen auch eine Schutzfristenverkürzung von personenbezogenen Archivgü-

519 Zum Beispiel § 9 Abs. 6 Nr. 2 LarchG SH; § 10 Abs. 4 S. 1 Nr. 2 lit. a ArchG LSA; § 10 Abs. 5 S. 2 SächsArchivG; § 12 Abs. 2 S. 2 Nr. 1 BArchG; § 10 Abs. 9 Nr. 3 BbgArchivG; § 13 Abs. 5 S. 2 Nr. 1 HArchivG.

520 Manegold 2002, S. 301.

tern zur „Wahrnehmung berechtigter Belange von öffentlichen Stellen".[521] In diesen Fällen muss es sich nicht um ein vollumfängliches Forschungsvorhaben handeln, sondern es reicht ein Interesse am Zugang zu Archivinformationen, z.B. einer öffentlichen Stelle, aus, das sich aus einer bestimmten Sachlage ergibt und aufgrunddessen die öffentliche Stelle in gewisser Weise für ihre Aufgabenerfüllung auf die Archivinformationen angewiesen ist.

Aufgrund dieser Privilegierung von Forschungsvorhaben und von berechtigten Belangen von öffentlichen Stellen[522] können personenbezogene Archivunterlagen unbeachtet der geltenden Schutzfristen freigegeben werden.[523]

Sofern die Vorschriften über die Schutzfristenverkürzung überhaupt bestehen[524], sind sie auch sehr unterschiedlich ausformuliert. Im überwiegenden Teil gehen sie in ihrer

---

521 Aufgeführt in § 5 Abs. 4 S. 3 HmbArchivG; § 10 Abs. 5 S. 2 SächsArchivG; § 3 Abs. 4 S. 1 Nr. 3 LArchG Rlp; § 13 Abs. 5 S. 2 Nr. 3 HArchivG; § 10 Abs. 4 S. 2 Nr. 2 lit b ArchG LSA; § 6 Abs. 4 S. 3 LArchG BW; § 12 Abs. 2 S. 2 Nr. 1 BArchG.

522 Eine beispielhafte Regelung lautet in § 12 Abs. 2 BArchG: „Das Bundesarchiv kann die Schutzfristen nach § 11 Absatz 2 [personenbezogene Schutzfristen] verkürzen, wenn die Einwilligung der Betroffenen vorliegt. Liegt keine Einwilligung vor, kann das Bundesarchiv die Schutzfristen nach § 11 Absatz 2 verkürzen, wenn 1. die Nutzung für ein wissenschaftliches Forschungs- oder Dokumentationsvorhaben oder zur Wahrnehmung berechtigter Belange unerlässlich ist, die im überwiegenden Interesse einer anderen Person oder Stelle liegen, und 2. eine Beeinträchtigung schutzwürdiger Belange Betroffener oder ihrer Angehörigen durch angemessene Maßnahmen wie die Vorlage anonymisierter Reproduktionen oder das Einholen von Verpflichtungserklärungen ausgeschlossen werden kann."

523 Manegold 2002, S. 307f verweist deutlich darauf, dass diese Privilegierungsvorschriften es ermöglichen, dass Archivdaten gänzlich ohne Anonymisierungsvorkehrungen in das Forschungsvorhaben einfließen dürfen.

524 Eine Reihe von Archivgesetzen kennt etwa die Tatbestandsvoraussetzung des berechtigten Belanges einer Person oder einer öffentlichen Stelle für die Schutzfristenverkürzung gar nicht, vgl. bspw. § 5 Abs. 5 NArchG; § 11 Abs. 6 SArchG. Andere Archivgesetze wiederum kennen neben der Privilegierung von Forschungsvorhaben ebenfalls nicht die Voraussetzung eines berechtigten Belanges einer Person oder Stelle, sondern nur das engere rechtliche Interesse, das etwa bei einer Beweisnot gegeben ist, vgl. bspw. § 7 Abs. 5 Nr. 2 BremArchivG; Art. 10 Abs. 4 S. 2 BayArchivG; § 7 Abs. 6 Nr. 3 ArchivG NRW.

Grundstruktur aber davon aus, dass die Schutzfristen für die Benutzung von Archivgut verkürzt werden können, wenn im Einzelfall, auf Antrag und im überwiegenden öffentlichen Interesse Archivgut im Rahmen eines konkreten wissenschaftlichen Forschungsvorhabens oder zur Wahrnehmung eines berechtigten Belanges einer öffentlichen Stelle ausgewertet werden soll und dabei sichergestellt ist, dass schutzwürdige Belange Betroffener und Dritter nicht beeinträchtigt werden.[525] Desweiteren muss dargelegt und ausführlich begründet werden[526], dass der Zugang zu den Archivgütern für das wissenschaftliche Vorhaben oder die Wahrnehmung des berechtigten Belanges der öffentlichen Stelle erforderlich beziehungsweise gar unerlässlich ist. Diese Tatbestandsvoraussetzungen sollen kurz genauer erörtert werden.

Die Schutzfristen können dann verkürzt werden, wenn die öffentliche Stelle darlegt, dass sie das digitale Archivgut auswerten möchte, weil dies entweder für ein durch sie durchgeführtes wissenschaftliches Forschungsvorhaben erforderlich ist, oder aber für die Wahrnehmung eines berechtigten Belanges dieser Behörde.

---

525 Rechtsnormen: § 12 Abs. 2 S. 2 BArchG; Art. 10 Abs. 4 S. 2 BayArchivG; § 6 Abs. 4 S. 3 LArchG BW; § 9 Abs. 4 S. 2 ArchGB; § 7 Abs. 5 S. 2 Nr. 2 und 3 BremArchivG; § 10 Abs. 9 Nr. 2 und 3 BbgArchivG; § 5 Abs. 4 S. 3 HmbArchivG; § 13 Abs. 5 S. 2 HArchivG; § 10 Abs. 4 S. 2 Nr. 2 und 3 LArchG MV; § 7 Abs. 6 Nr. 3 und 4 ArchivG NRW; § 3 Abs. 4 S. 1 Nr. 2 und 3 LArchG Rlp; § 11 Abs. 6 S. 3 Nr. 2 und 3 ArchG Saarland; § 10 Abs. 5 S. 2 SächsArchivG; § 10 Abs. 4 S. 2 Nr. 2 lit. a und lit. b ArchG LSA; § 9 Abs. 6 Nr. 2 LArchG SH; § 17 Abs. 5 S. 2 Nr. 1 ThürArchivG; Literatur: Manegold 2002, S. 301-313; Hausmann 2016, S. 88f; Margit Ksoll-Marcon, Zugangsregelungen zu Archivgut in den Archivgesetzen des Bundes und der Länder, in: Clemens Rehm/Nicole Bickhoff (Hrsg.), Rechtsfragen der Nutzung von Archivgut, Stuttgart 2010, S. 10-15, 14; Stefan Ittner, Zugangsregelungen zu Archivgut in den Archivgesetzen des Bundes und der Länder, in: Perspektive Bibliothek 1.1 (2012), S. 196-215, 205f.

526 Eine Verkürzung der Schutzfristen zugunsten einer wissenschaftlichen Auswertung von Archivgut durch Benutzer muss beim zuständigen Archiv schriftlich und unter detaillierten Angaben und Begründungen beantragt werden. Siehe etwa § 3 S. 2 Sächsische Archivbenutzungsverordnung: „Der Antrag ist zu begründen, wobei das Forschungsvorhaben einschließlich seiner Träger und seine öffentliche, insbesondere wissenschaftliche, Bedeutung und die Art der benötigten personenbezogenen Daten darzulegen sind."

Der Begriff des *wissenschaftlichen Forschungsvorhabens* ist dabei weit auszulegen.[527] Eine Big Data Analyse ist durchaus als methodisch-planmäßiger Prozess zu verstehen.[528] Je nach Erkenntnisinteresse können die Auswertungsalgorithmen mit entsprechenden Suchkriterien und Begriffen angepasst werden und die vorhandenen Datenmengen durchforstet und verknüpft werden. Einem offenen Erkenntnisgewinn wird durchaus entsprochen, da man gerade durch die Neuverknüpfung unstrukturierter Daten neues Wissen generieren möchte, das ohne IT-gestützte Analysetools und nur mit persönlicher Auswertung nicht möglich wäre.

Würde beispielsweise ein Sozialversicherungsträger, eine universitäre Forschungseinrichtung, eine Landesplanungsbehörde, die Finanzverwaltung oder eine Strafverfolgungsbehörde einen spezifischen Benutzungsantrag stellen, der mit einer umfassenden Datenanalyse von öffentlichem Archivgut verbunden wäre, könnten die modernen digitalen Archive auf Grundlage dieser gesetzlichen Ermächtigung die Schutzfristen für personenbezogenes Archivgut zugunsten dieser Forschungsvorhaben oder amtlichen Interessen dieser öffentlichen Stellen verkürzen. Die Erweiterung und Vereinfachung des Zugangs amtlicher Stellen zu Archivdaten werden zumindest von einigen Archivgesetzgebern bewusst vorangetrieben.[529]

Die *Wahrnehmung eines berechtigten Belanges* einer öffentlichen Stelle, die als Voraussetzung für eine Schutzfristenverkürzung bislang nur in wenigen Archivgesetzen existiert, „ist in der Regel jedes verständige und durch die Sachlage gerechtfertigte Interesse tatsächlicher, wirtschaftlicher

527 Vgl. Hausmann 2016, S. 88; Ksoll-Marcon, in: Rehm/Bickhoff 2010, S. 14.

528 Wissenschaft wird nach BVerfGE 35, 79, 113 verstanden als „alles, was nach Inhalt und Form als ernsthafter planmäßiger Versuch zur Ermittlung der Wahrheit anzusehen ist".

529 Vgl. Deutscher Bundestag, Drs. 18/9633, S. 28: Das moderne Archiv verfolgt den „Zweck, offen für alle künftigen Fragestellungen authentische Informationen zur Verfügung zu stellen"; Sächsischer Landtag, Drs. 5/9386, S. 12: „Die Privilegierung der wissenschaftlichen Forschung soll ausgedehnt werden zugunsten von Personen oder öffentlichen Stellen, die zur Wahrnehmung berechtigter Belange auf die Benutzung des Archivgutes angewiesen sind."

oder ideeller Art zu verstehen."[530] Ein berechtigtes Interesse einer öffentlichen Stelle ist sehr weit zu fassen und beschränkt sich nicht nur auf rechtliche Aspekte.[531] Dadurch wird deutlich, dass sich die Interessenlage der öffentlichen Stelle, die die Auswertung digitaler Archivgüter begehrt, auf viele Gründe stützen kann und – auch entsprechend der Regelungen in einigen Archivgesetzen[532] – nicht nur darauf ausgerichtet sein muss, ein ganzes Forschungsvorhaben durchzuführen. Eine Archivdatenanalyse kann unter der Geltung dieser Archivgesetze auch zur Wahrnehmung eines berechtigten Belanges der öffentlichen Stelle durchgeführt werden, ohne, dass dies eingebettet ist in ein vollumfängliches wissenschaftliches Auswertungsvorhaben. Die angesprochenen Beispiele der Landesplanung, der Strafverfolgung oder der Sozial- und Gesundheitsvorsorge und -versorgung stellen öffentliche und gesetzliche Aufgaben dar, die von den zuständigen öffentlichen Stellen erfüllt werden. Ist ein Informationszufluss aus den Wissensbeständen der Archive geeignet, zur Erfüllung dieser Aufgaben beizutragen, dann kann hier die Tatbestandsvoraussetzung der Wahrnehmung eines berechtigten Belanges der jeweiligen Behörde bestehen und in den Ländern Hamburg, Sachsen, Sachsen-Anhalt, Rheinland-Pfalz, Hessen, Baden-Württemberg und im Bund zu einer Schutzfristverkürzung führen.

Ein weiteres Tatbestandsmerkmal, das erfüllt sein muss, ist die *Erforderlichkeit* bzw. gar die *Unerlässlichkeit* der Benutzung und Auswertung des Archivgutes, um die Schutzfristen zu verkürzen. Für ein wissenschaftliches Forschungsvorhaben oder für die Wahrnehmung berechtigter Belange öffentlicher Stellen ist die Schutzfristverkürzung *erforderlich*, „wenn glaubhaft gemacht ist, dass in dem Archivgut für das Forschungsvorhaben relevante Angaben enthalten sein kön-

---

530 Petra Nau, Verfassungsrechtliche Anforderungen an Archivgesetze des Bundes und der Länder, Kiel 2000, S. 289.

531 Vgl. Jenny Kotte, Prüfung der Verkürzbarkeit von Schutzfristen, in: Irmgard Becker/Clemens Rehm (Hrsg.), Archivrecht für die Praxis, München 2017, S. 152-165, 162.

532 § 5 Abs. 4 S. 3 HmbArchivG; § 10 Abs. 5 S. 2 SächsArchivG; § 3 Abs. 4 S. 1 Nr. 3 LArchG RPf; § 13 Abs. 5 S. 2 Nr. 3 HArchivG; § 10 Abs. 4 S. 2 Nr. 2 lit b ArchG LSA; § 6 Abs. 4 S. 3 LArchG BW; § 12 Abs. 2 S. 2 Nr. 1 BArchG.

nen und diese nicht ohne weiteres mindestens ebenso zuverlässig anderen zugänglichen Quellen entnommen werden können."[533] Das Tatbestandsmerkmal der *Unerlässlichkeit* ist im Vergleich zum Merkmal der Erforderlichkeit eine strengere Voraussetzung. „Unerlässlichkeit in diesem Sinne liegt nur vor, wenn die Nutzung des Archivguts für die Verwirklichung eines besonders gewichtigen Belangs – vergleichbar der Behebung einer bestehenden Beweisnot – unabdingbar, in jeder Hinsicht unverzichtbar ist."[534] Die Archivgesetze, die das Merkmal der Unerlässlichkeit zur Voraussetzung für eine Schutzfristverkürzung gemacht haben, verlangen einen sehr strengen Nachweis darüber, dass die begehrten Archivgüter für das Forschungsvorhaben oder für die Wahrnehmung der berechtigen Belange der öffentlichen Stelle unabdingbar und unverzichtbar sind. Insofern wird von der Antragsbegründung der öffentlichen Stelle eine umfassende Darlegung verlangt, weshalb die betroffenen Archivgüter tatsächlich für die vorfristige Benutzung unverzichtbar sind.

Die *Ansprüche an den Abwägungsprozess*, den das betreffende Archiv daraufhin durchführen muss, sind erheblich. Ein einfaches Forschungsinteresse beziehungsweise ein berechtigter Belang einer öffentlichen Stelle reicht für das massenweise Eingreifen in das Recht auf informationelle Selbstbestimmung der Betroffenen nicht aus. Selbst wenn die übrigen Tatbestandsvoraussetzungen vorliegen, muss das Archiv in die Abwägung der widerstreitenden Interessen treten. Eine Abwägungsentscheidung zugunsten des Forschungsinteresses oder des Wahrnehmungsinteresses für berechtigte Belange der öffentlichen Stelle kann nur dann eintreten, wenn ein *überwiegendes öffentliches Interesse* daran besteht.[535]

Die Archivgesetze bieten selbst nur wenige Anhaltspunkte, wann ein solches Interesse vorliegt, das eine Schutzfristverkürzung für Forschungsvorhaben und berechtigte Belange rechtfertigt. Allein § 9 Abs. 5 ArchG Berlin enthält den Hinweis:

533 Schoch/Kloepfer/Garstka 2007, S. 212; vgl. Kotte, in: Becker/Rehm 2017, S. 161.

534 VGH Baden-Württemberg, NVwZ-RR 2016, S. 54 (LS 1) = DÖV 2015, S. 850 = DVBl 2015, S. 1257-1262, 1260.

535 Dazu Manegold 2002, S. 308ff.

„Ein überwiegendes öffentliches Interesse an der Benutzung von Archivgut vor Ablauf der Schutzfristen ist in der Regel dann gegeben, wenn die Person oder der historische Vorgang, auf die oder den in dem geschützten Archivgut Bezug genommen wird, von besonderer oder exemplarischer Bedeutung für die Erforschung der Geschichte oder das Verständnis der Gegenwart ist.“

Das Berliner Archivgesetz geht also davon aus, dass einerseits das zu erforschende Archivgut eine besondere Bedeutung aufweisen muss und andererseits das Forschungsvorhaben entweder der historischen Forschung oder dem „Verständnis der Gegenwart“ dient. Zwar ist damit noch immer nicht geklärt, worin genau das überwiegende öffentliche Interesse gesehen wird, aber die Anhaltspunkte verweisen darauf, dass die wissenschaftliche Auswertung des Archivgutes eine besondere Bedeutung für einen zu verfolgenden legitimen Zweck erfüllen soll. Dieser Zweck, der durch das Forschungsvorhaben erreicht werden soll, muss von solch großer Bedeutung und Wichtigkeit für die Öffentlichkeit sein, dass es das Interesse der Betroffenen am Schutz ihrer personenbezogenen Daten überwiegt.

Nach Uerpmann kann das tatbestandliche öffentliche Interesse sich unter verschiedenen Gesichtspunkten ergeben. So kann die *Erfüllung einer öffentlichen Aufgabe* durch eine Behörde oder andere staatliche Stelle ein allgemeines Interesse befriedigen, beispielsweise in der staatlichen Daseinsvorsorge. Insofern besteht an der Erfüllung der öffentlichen Aufgabe auch ein öffentliches Interesse. Andererseits kann ein öffentliches Interesse verstanden werden als das *Interesse eines großen und unbestimmten Personenkreises*. Das Interesse ist hierbei auf einen Sachverhalt gerichtet, der für eine unbestimmte Vielheit von Personen erstrebenswert ist. Um das öffentliche Interesse genauer zu umreißen, lässt es sich zudem *von einem Individualinteresse abgrenzen*. Ein Interesse wird dann zum öffentlichen Interesse, wenn es nicht nur für den Einzelnen erstrebenswert ist. Ebenso kann das öffentliche Interesse als das *Ergebnis einer Abwägung* aller erheblichen öffentlichen und privaten Interessenslagen bestimmt werden, und wäre dann mit dem Begriff des Gemeinwohls gleichzusetzen.[536]

Das Forschungsvorhaben muss eine wesentliche *Bedeutung für die Allgemeinheit* aufweisen und Belange betreffen, die dem *Wohl der Allgemeinheit* dienen, denen das Individualinteresse der Betroffenen unterliegt.

Das Archiv muss insofern eine *Abwägung* zwischen dem Recht der Betroffenen auf Schutz der informationellen Selbstbestimmung einerseits und dem öffentlichen Interesse an der Datenauswertung andererseits treffen. Deshalb sind nicht alle Auswertungsinteressen öffentlicher Stellen von vornherein zulässig und die Forschungsprivilegierung wird nicht automatisch gewährt. Vielmehr müssen im Rahmen der vorliegenden Frage der Zulässigkeit von Big Data Analysen von Archivinformationen die öffentlichen Stellen genau darlegen und begründen, warum sie auf den massenhaften Zugang zu (personenbezogenem) Archivgut angewiesen sind und welche Vorteile sie sich für ihre öffentliche Aufgabenerfüllung durch die Auswertungsergebnisse versprechen. Die Auswertung der Archivdaten kann dabei durchaus überwiegende öffentliche Interessen bedienen, beispielsweise wenn *landesplanerische* Aspekte berührt sind, die Fragen des Verkehrs und der Mobilität großer Bevölkerungsteile betreffen und die anschließend Einfluss auf konkrete hoheitliche Entscheidungen nehmen. Ebenso kann ein überwiegendes öffentliches Interesse der Strafverfolgung oder der Gefahrenabwehr durch die Archivdatenanalyse bedient werden, wie auch das Interesse an der Planung von Krankenversorgung und an der Gesundheitsforschung, sofern sichergestellt ist, dass die Archivdaten für diese Zwecke tatsächlich eine Erkenntnisgewinn generieren können. *Allgemeininteressen* wie das Interesse an *guter Infrastruktur*, *Gesundheitsversorgung*, *Strafverfolgung* oder der *Erforschung der Gesellschaft* können solche öffentlichen Interessen darstellen, die die Individualinteressen der Betroffenen am Schutz ihrer Daten *überwiegen*. Letztlich kommt es aber auf die Einzelfallprüfung des tatsäch-

536 Vergleiche die Ausführungen bei Robert Uerpmann, Das öffentliche Interesse. Seine Bedeutung als Tatbestandsmerkmal und als dogmatischer Begriff, Tübingen 1999, S. 32-35, 84-89 und 288-290.

lichen Benutzungsantrages und auf das Forschungsinteresse an.

Durch das Offenlegen des Erkenntnisinteresses der Datenanalyse, die genaue Benennung der Arten von Archivdaten sowie die Angaben über die Stelle, die das Analyseverfahren durch die Benutzung von digitalen Archivgütern durchführen möchte, kann gewährleistet werden, dass dem Archiv transparent dargelegt wird, wie das Vorhaben angelegt sein soll.[537] Sofern das öffentliche Archiv vom Vorhandensein eines überwiegenden öffentlichen Interesses an der Durchführung einer breiten Analyse der Archivinformationen nicht überzeugt ist, oder gar Grund zur Annahme hat, dass die schutzwürdigen Belange der Betroffenen in nicht vertretbarer Weise verletzt würden, kann es die Schutzfristverkürzung verwehren beziehungsweise die Benutzung insgesamt versagen.[538] Selbst dann, wenn das öffentliche Archiv einer Datenanalyse zugestimmt hat und während des Analysevorgangs feststellt, dass Persönlichkeitsrechte verletzt werden, steht dem Archiv nach dem Archivbenutzungsverfahrensrecht der Widerruf der Benutzungsgenehmigung im Sinne des § 49 VwVfG[539] oder weiterer Rechtsgrundlagen aus den Benutzungsverordnungen zur Verfügung.[540]

Schließlich sehen die Archivgesetze vor, dass der Privilegierung wissenschaftlicher Forschung nur dann zugestimmt werden kann, wenn „die schutzwürdigen Interessen Betroffener oder Dritter durch geeignete Maßnahmen angemessen berücksichtigt werden“[541] Diese geeigneten Schutzmaßnahmen[542] können beispielsweise in der Vorlage von anonymi-

---

537 Vgl. Manegold 2002, S. 311f.

538 Etwa § 14 Abs. 1 Nr. 2 HArchivG,

539 Vgl. Rainer Polley, Der Grundsatz der Amtsuntersuchung im Archivbenutzungsrecht, in: Hermann Bannasch (Hrsg.), Zeitgeschichte in den Schranken des Archivrechts, Stuttgart 1995, S. 71-78, 72.

540 § 2 Abs. 4 Nr. 4 Sächsische Archivbenutzungsverordnung; § 5 Abs. 7 Benützungsordnung für die staatlichen Archive Bayerns; § 5 Abs. 5 Nr. 1 Nutzungsordnung für die Hessischen Staatsarchive.

541 § 5 Abs. 4 S. 3 HmbArchivG.

542 Ähnlich § 12 Abs. 2 S. 2 Nr. 2 BArchG: „angemessene Maßnahmen“; § 5 Abs. 5 S. 2 Nr. 2 NArchG: „durch geeignete Maßnahmen hinreichend gewahrt“; § 9 Abs. 4 S. 3 ArchG Berlin: „geeignete Maßnahmen gegenüber der Benutzerin oder dem Benutzer“.

sierten Daten[543] bestehen, oder aber in der Verpflichtung, dass personenbezogene Angaben in der Publikation der Forschungsergebnisse nicht enthalten sein dürfen, es sei denn, dies ist „für die Darstellung von Forschungsergebnissen unerlässlich“[544].

Eine weitere ganz wesentliche Schutzmaßnahme und Einschränkung für die privilegierte wissenschaftliche Datenanalyse von Archivgut ergibt sich direkt aus dem Verfassungsrecht. Absolut unzulässig ist demnach jede öffentliche Massendatenanalyse, die auf die Erstellung von Persönlichkeitsprofilen einer einzelnen Person abzielt.[545] Die Vielfalt der archivierten Daten besitzt das Potential, einen Menschen in seiner Gesamtheit vom Wohnort über die Schul- und Berufsbildung bis hin zu gesundheitlichen Informationen und die familiären Verhältnisse zu durchleuchten. Den „gläsernen Bürger“ darf es aber nicht geben. Das digitale Archivgut darf niemals dazu missbraucht werden, Informationen über Einzelpersonen durch Algorithmen zusammenzutragen und auszuwerten.[546]

---

543 § 12 Abs. 2 S. 2 Nr. 2 BArchG.

544 § 11 Abs. 6 S. 4 Nr. 2 SArchG. Vergleichbar auch § 17 Abs. 5 Nr. 1 ThürArchivG.

545 Bundesverfassungsrecht: BVerfGE 27, 1, 6: „Mit der Menschenwürde wäre es nicht zu vereinbaren, wenn der Staat das Recht für sich in Anspruch nehmen könnte, den Menschen zwangsweise in seiner ganzen Persönlichkeit zu registrieren und zu katalogisieren“; BVerfGE 65, 1 52f: „eine umfassende Registrierung und Katalogisierung der Persönlichkeit ist [...] unzulässig“. Europäischer Grundrechtsschutz: EuGH Urteil vom 13. Mai 2014 – C-131/12 ECLI:EU:C2014:317, Rn. 80: Erhebliche Grundrechtsbeeinträchtigung durch Datenverknüpfungen, die „ein mehr oder weniger detailliertes Profil der Person zu erstellen“.

546 Vgl. zur ethischen Dimension auch Oliver Raabe/Manuela Wagner, Verantwortlicher Einsatz von Big Data, DuD 2016, S. 434-439, 436: „Das Recht auf informationelle Selbstbestimmung wurde aus dem Menschenwürdegrundsatz begründet, mit der Folge, dass Betroffene nicht zum bloßen Informationsobjekt herabgestuft werden dürfen. [...] Die Verknüpfung von Informationen aus unterschiedlichen Lebenssituationen, wie bspw. dem Berufs- und Familienleben, Geo-Lokalisation, Suchanfragen, Kommunikationsnetzwerken, etc. führt zum viel bescholtenen »gläsernen Bürger« und ermöglicht über die ursprüngliche Datenbasis hinausgehende Erkenntnisse.“

c) Zwischenergebnis

Die Schutzmechanismen der Grundrechte und des europäischen und nationalen Datenschutzrechts verlangen, dass sich jede öffentliche Datenverarbeitung auf eine hinreichend bestimmte, normenklare und einen legitimen Zweck verfolgende Rechtsgrundlage stützen muss. Je tiefgreifender die Datenauswertung ist, desto größere Anforderungen werden an die Rechtsgrundlage gestellt. Das jüngere Datenschutzrecht sieht, im Einklang mit den bereits länger geltenden deutschen Archivgesetzen, eine datenschutzrechtliche Privilegierung von Datenverarbeitungen zu öffentlichen Archivzwecken vor. Bestimmte Betroffenenrechte werden zugunsten der Archivarbeit beschränkt. Die Beantwortung der Frage nach der Zulässigkeit moderner Datenanalysen von öffentlichen digitalen Archivbeständen kann nur anhand der konkreten archivgesetzlichen Rechtsgrundlagen geklärt werden.

Die gesetzliche Archivaufgabe des „Erforschens" beziehungsweise des „wissenschaftlichen Auswertens" bietet den Archivbehörden eine Rechtsgrundlage für die Analyse des eigenen Archivguts. Diese Legitimation gilt jedoch nur zu historischen Zwecken wie beispielsweise landesgeschichtliche Forschungen, Gutachtertätigkeiten oder für politische Bildungsangebote. Die Archivverwaltungen dürfen ihre Datenbestände selbst nur im Rahmen der historischen Forschung, der politischen Bildung oder zur gutachterlichen Klärung von alten Rechten auswerten.

Auf der anderen Seite eröffnet das Archivrecht weitgehende Benutzungs- und Auswertungsrechte für Benutzer außerhalb des Archives. Auch öffentliche Stellen können sich auf das Benutzungsrecht berufen. Im Rahmen dieses Benutzungsrechts können öffentliche Stellen, ohne das Verstreichen von Schutzfristen abzuwarten, jene Archivdaten einsehen und auswerten, die entweder bereits zur Veröffentlichung bestimmt waren, die nach einem Informationsfreiheitsgesetz einem unmittelbaren Zugang offen gestanden haben oder die durch die Archivverwaltung selbst zur freien Verfügung als virtuelle Archivgüter in öffentlichen Netzen zum Abruf bereitgestellt wurden. Doch auch die wissenschaftliche Auswertung von besonders relevanten personenbezogenen Archivdaten kann vor dem Ablauf jahrzehntelanger Schutzfristen zulässig sein. Insbesondere die archivrechtliche Privilegierung zugunsten der wissenschaftlichen Forschung oder zur Wahrnehmung berechtigter Belange von Personen und öffentlichen Stellen eröffnet den Archiven einen Ermessensspielraum über die Verkürzung von Schutzfristen über personenbezogenes Archivgut. Hierin kann unter Einhaltung strenger Voraussetzungen eine rechtliche Möglichkeit für die Auswertung von personenbezogenen Archivdaten gesehen werden.

Das Archivrecht erklärt nach alledem den Zugang und die Auswertung verschiedener Arten von Archivbeständen zu verschiedenen Forschungs- und Auswertungsinteressen unter den erörterten Voraussetzungen für zulässig. Damit lautet ein Ergebnis, dass das bestehende Archivrecht umfassenden Datenanalysen von Archivbeständen nicht von vornherein entgegensteht. Einer Massendatenanalyse durch eine öffentliche Stelle stehen im Grundsatz mehrere Arten von Archivinformationen zur Verfügung. Letztlich kommt es für die rechtliche Zulässigkeit auf das Auswertungsvorhaben im Einzelfall an. Eine wesentliche rechtspolitische Forderung muss jedenfalls lauten, dass in allen Archivgesetzen einheitliche Auswertungsvorschriften für die Archivbehörden zu historischen Zwecken und Vorschriften über die Privilegierung von Forschungsvorhaben und berechtigten Belangen aufgenommen werden. Versteht sich der moderne Staat auf allen Ebenen tatsächlich als ein Informationsstaat, der zentral darauf angewiesen ist, dass seine heterogen verteilten Wissensbestände weiterverwendet werden und für neue Aufgabenkontexte zur Verfügung stehen, dann ist dem bestehenden Archivrecht nach wie vor ein großer Reformbedarf zu attestieren. Die Archivgesetze müssen einerseits in einheitlicherer Weise Auswertungsbefugnisse für die Archivverwaltungen selbst, etwa zu historischen und bildungspolitischen Zwecken, erhalten. Andererseits müssen die Archivgesetze für die Informationsbedürfnisse der Gesellschaft, der Forschung und anderer staatlicher Stellen ebenfalls neue und einheitlichere Benutzungsklauseln schaffen. Dies betrifft einerseits die auch nach den Reformen bestehende Divergenz der Schutzfristen in den siebzehn deutschen Archivgesetzen, die Uneinheitlichkeit des Zugangs zu IFG-Unterlagen im Archiv und auch die rechtlichen Voraussetzungen der Schutzfristenverkürzung. Noch immer kennt eine Vielzahl der Archivgesetze keine Möglichkeit der Schutzfristenverkürzung für berechtigte Belange von Personen oder Stellen. Andere Archivgesetze wiederum eröffnen eine Schutzfristenverkürzung nur für rechtliche Interessen, die wesentlich enger gefasst sind. Und auch die Tatbestandsvoraussetzungen der Schutzfristenverkürzung zur Ermöglichung von Forschungsvorhaben unterscheiden sich von Archivgesetz zu Archivgesetz.

Diese Kleinteiligkeit des Benutzungsrechts des Archivwesens stellt eine strukturelle Hürde für die leichtere Verfügbarkeit und Weiterverwendung öffentlicher Informationen dar. Die Auswertungsbefugnisse, Benutzungsrechte und Schutzfristen des Archivrechts sollten den modernen Informationsbedürfnissen einerseits und dem besonderen Persönlichkeitsschutz andererseits entsprechend einheitlicher ausgestaltet werden.

Als Leitgedanken kann einigen vorzugswürdigen Normen des bestehenden Archivrechts entnommen werden, dass das zu schaffende Recht der digitalen Archive verschiedene Möglichkeiten für größere Datenanalysen der Archivbestände bereithalten sollte. Dies betrifft zum Einen Datenanalysen durch die Archivbehörden selbst, etwa für historische Zwecke. Zum Anderen muss es auch anderen öffentlichen Stellen für die Erfüllung ihrer Zuständigkeiten und gesetzlichen Aufgaben möglich sein, Archivdaten durch digitale Auswertungsmethoden zu analysieren. Das gleiche muss auch für Forschungseinrichtungen, Unternehmen und letztlich private Benutzer gelten.

Abbildung 5: Zulässigkeit von Massendatenanalysen als Bestandteil eines Rechts der digitalen Archive

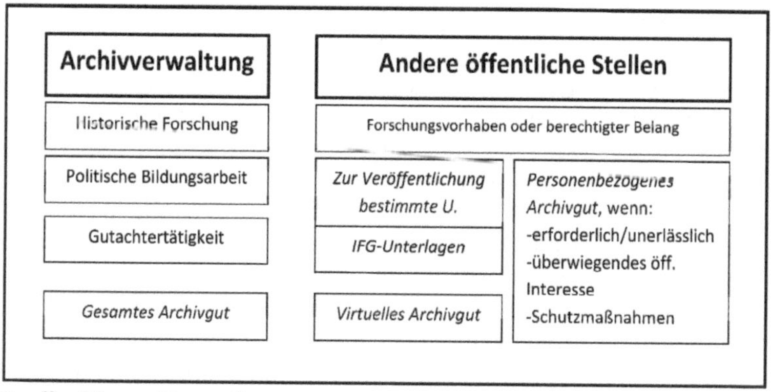

Quelle: Eigene Darstellung.

Unterstützt wird diese rechtliche Zulässigkeit von breit angelegten Analysen der Archivbestände auch durch die technische Konzipierung der zukünftigen digitalen Archivsysteme. Bereits der zugrundeliegende OAIS Referenzstandard geht davon aus, dass das Benutzungsmodul anhand von Suchbegriffen und Parametern den Archivdatenbestand analysiert und daraufhin dem Benutzer ein individuelles elektronisches Benutzerpaket generiert. Diese Funktionsweise stützt sich selbst auf eine Form der Datenanalyse und es wird die weitere Umsetzung des E-Governments im öffentlichen Archivwesen zeigen, inwiefern neue technische Auswertungspotentiale in den digitalen Archiven Einzug erhalten werden. Das zukünftige Recht der digitalen Archive wird hierfür angemessene Auswertungsrechte und zugleich notwendige Schutzrechte für die Betroffenen bereithalten müssen.

VI. Zwischenergebnis

Dieses Kapitel hat gezeigt, dass die Digitalisierung des Staates auch eine Digitalisierung der Archive unvermeidlich werden lässt. Der Einsatz elektronischer Unterlagen in der Verwaltung zieht die Veränderung aller Prozesse des öffentlichen Archivwesens nach sich. Die Archivarinnen und Archivare müssen sich bereits bei der Bewertung und Übernahme auf völlig neue Formen und Formate der elektronischen Unterlagen einstellen und im besten Falle auf eine Standardisierung hinwirken. An die Archivierung elektronischer Unterlagen werden die gleichen rechtlichen Kriterien angelegt werden müssen, wie sie für analoges Archivgut gelten. Auch elektronische Archivgüter werden zu Sachen im Anstaltsgebrauch umgewidmet und stehen grundsätzlich der Benutzung durch die Öffentlichkeit zur Verfügung. Bei der Übernahme elektronischer Unterlagen wird es darauf ankommen, dass zwischen den Dokumentenmanagementsystemen der Verwaltung und dem Informationssystem des digitalen Archivs Schnittstellen bestehen, die einen einfachen und standardisierten Datentransfer zulassen. Die enge Abstimmung zwischen den E-Government-Gesetzen, dem Archivrecht sowie dem Fachrecht besonderer Verwaltungszweige wird dafür besonders wichtig werden. Hier könnten in Zukunft Rechtsnormen über digitale Zwischenarchive eine wichtige Rolle einnehmen. Innerhalb des Archivsystems des digitalen Archivs wird es sehr wichtig sein, die Datenpakete der Verwaltung an die Bedürfnisse einer unbefristeten Archivierung anzupassen. Eine wichtige Rolle werden hierbei die Umformatierung in Standardformate und das Management von Metadaten spielen. Für das risikobehaftete Problem der digitalen Bestandserhaltung existieren zwar bislang verschiedene Konzepte der Migration oder Emulation sowie Verfahren für den Erhalt und die Erneuerung von elektronischen Signaturen. Das neue Urheberrecht, das neue Datenschutzrecht und das neue Recht der elektronischen Signaturen bieten dafür nützliche Rechtsvorschriften. Das digitale Archiv wird jedoch permanent darauf angewiesen sein, seine Bestandserhaltungsmaßnahmen weiterzuentwickeln. Weiterhin wird sich auch die Benutzung im digitalen Archiv verändern. Einerseits muss das zukünftige Recht der digitalen Archive hinreichende Schutzrechte bei personenbezogenen Daten gewähren. Andererseits kann sich die Form der Benutzung stark ändern. Manche reformierte Benutzungsordnungen lassen bereits jetzt die Online-Recherche in den Archivbeständen und die Versendung elektronischer Archivgüter im Rahmen des Benutzungsrechts zu. Das Recht der digitalen Archive sollte die Möglichkeit des Onlinezugangs zu Archivbeständen weiter ausbauen. Schließlich wird das digitalisierte Wissen der Archive in der modernen Gesellschaft auf größere Informationsbedürfnisse staatlicher Entscheidungsträger und privater Akteure stoßen. „Mit der digitalen Wende wird deutlich, dass das, was als Information gesucht wird, nicht bereits als fertige Sinneinheit im Archiv hinterlegt ist, sondern eigens immer neu produziert werden muss."[547] Die Herausforderungen für das Recht der Archive werden damit deutlich. Dem zukünftig unzweifelhaft wachsenden Auswertungsinteresse werden die Archive als besondere Datenschutzbehörden jeweils das Persönlichkeitsrecht der Betroffenen entgegenhalten und eine angemessene Abwägung treffen müssen. Bei allem Interesse bleiben die Archive trotzdem die wachende Institution über die Archivgüter. Eine Anpassung der Archivgesetze wird in naher Zukunft jedoch unumgänglich sein, will man die modernen Formen der Archivgutauswertung rechtssicher gestalten. Es müssen eindeutige und zweckgebundene Auswertungsbefugnisse sowohl für die Archivbehörden als auch für andere öffentliche Stellen, für die Forschung sowie für private Nutzer geschaffen werden. Die im heutigen Archivrecht bestehende Uneinheitlichkeit des Benutzungsrechts, die vielfach Hemmnisse für eine Informationsweiterverwendung mit sich bringt, muss durch das zu schaffende Recht der digitalen Archive überwunden werden. Für die Informationsbedürfnisse des modernen Staates und der modernen Gesellschaft braucht es gerade im öffentlichen Archivwesen vergleichbar liberale Zugangsrechte und vergleichbar hohe Schutzrechte für betroffene Personen.

547 Augsberg 2014, S. 176.

Kapitel 5: Ergebnisse

Die Ergebnisse dieser Arbeit werden abschließend in Thesenform zusammengefasst.

Ergebnisse zu Forschungsfrage 1:

1. Im Gegensatz zu Frankreich dauerte es in Deutschland bis in das späte 20. Jahrhundert, um das öffentliche Archivwesen durch Parlamentsgesetze zu regeln.

2. Der Impuls zur Archivgesetzgebung kam durch die Rechtsprechung des Bundesverfassungsgerichts zum Recht auf informationelle Selbstbestimmung im Jahr 1983.

3. Erst durch die Archivgesetzgebung in Bund und Ländern kam es zu einer intensiven Auseinandersetzung der Rechtswissenschaft mit dem Archivrecht.

4. Bereits zu Beginn des 21. Jahrhunderts steht das junge Archivrecht erneut unter deutlichem Anpassungsdruck: Das Recht der Europäischen Union beeinflusst das deutsche Archivrecht in immer mehr Bereichen. Aber auch die Digitalisierung des Staates und neue Informations- und Transparenzbedürfnisse der Gesellschaft verändern Grundannahmen des Archivrechts.

Ergebnisse zu Forschungsfrage 2:

5. Das Archivrecht ist Informationsverwaltungsrecht von besonderer Ausprägung. Nahezu jeder Regelungsbereich des Archivrechts betrifft den Umgang mit Informationen, den Zugang zu Informationen oder die Weitergabe von Informationen.

6. Öffentliche Archive treten in mannigfaltige Informationsaustauschbeziehungen mit anderen staatlichen Stellen, sei es durch die Anbietungspflicht, durch Beratung oder durch die amtliche Archivgutbenutzung. Ebenso bestehen zwischen Archiven und Bürgern vielfältige Informationsverflechtungen.
7. Die Speicherung von Archivgütern dient nicht der bloßen Aufbewahrung, sondern der Aufbereitung für neue Verwendungen.
8. Aufgrund spezieller Forschungsbefugnisse treten öffentliche Archive auch als Forschungseinrichtungen auf.
9. Letztlich übernehmen die öffentlichen Archive in der Gesellschaft die Rolle eines vernetzten Informationsdienstleisters.

Ergebnisse zu Forschungsfrage 3:
10. Seit dem Jahr 2009 setzte eine Phase der Archivrechtsreformen ein.
11. Die gefundenen Reformschritte für die Archivierung elektronischer Unterlagen und Datenbanken sowie die Einbindung der Archive in Digitalisierungsprozesse der öffentlichen Verwaltung sind wichtige Voraussetzungen für die weitere Aufgabenerfüllung der Archive in Zeiten der Digitalisierung.
12. Es ist sehr kritisch zu bewerten, dass die Länder Bayern, Baden-Württemberg, Brandenburg, Hamburg, Mecklenburg-Vorpommern, Niedersachsen und Schleswig-Holstein ihre Archivgesetze bislang nicht an die Erfordernisse der elektronischen Archivierung angepasst haben.
13. Problematisch ist außerdem, dass auch nach den bislang erfolgten Archivrechtsreformen eine deutliche Uneinheitlichkeit der verschiedenen Schutzfristen fortbesteht. Hier ist weiterer Reformbedarf angezeigt.
14. Widersprüchlich ist außerdem der Umgang mit IFG-Unterlagen in den Archivgesetzen der Länder Berlin und Rheinland-Pfalz. Der in diesen Archivgesetzen geforderte konkret erfolgte Zugang zu den entsprechenden Unterlagen steht in Kontrast zum Gesetzeszweck der Informationsfreiheitsgesetze.
15. Die Reform der Archivierung von Unterlagen der Nachrichtendienste im Bundesarchivrecht steht im Widerspruch

zu den eigenen Reformzielen der Liberalisierung und Benutzerfreundlichkeit.

16. Die Anpassung der Archivgesetze an die europäische Datenschutzgrundverordnung muss ebenfalls kritisch bewertet werden. Einerseits hat eine Reihe von Ländern auch im Jahr 2018 noch keinerlei Anpassung der Archivgesetze an die DSGVO durchgeführt. Andererseits sind auch einige der Anpassungen in den Archivgesetzen nicht mit den Vorgaben der Verordnung vereinbar.

Ergebnisse zu Forschungsfrage 4:

17. Das deutsche Archivrecht ist zum Ende des Jahres 2018 noch inmitten einer Umbruchsphase; viele Archivgesetze sind noch nicht ausreichend auf die Herausforderungen der Digitalisierung vorbereitet. Es lässt sich deshalb nicht von einem bestehenden oder abgeschlossenen „Recht der digitalen Archive" sprechen. Vielmehr gibt es in vielen bestehenden Rechtsvorschriften erste Ansätze, die als „Leitgedanken" für das noch zu schaffende Rechtsgebiet formuliert werden können:

a) Das Recht der elektronischen Verwaltung sowie viele Fachgesetze über besondere staatliche Aufzeichnungen sind ebenso eine notwendige Vorbedingung für ein Recht der digitalen Archive wie auch das Recht der elektronischen Signaturen. Erst die Möglichkeit des Authentizitätsnachweises für elektronische Unterlagen und ihre Anerkennung durch das Beweisrecht der Zivilprozessordnung und durch das allgemeine Verwaltungsrecht schaffen einen Rahmen, in dem auch öffentliche Archive elektronische Daten auf rechtssichere Weise verwahren können.

b) Der Unterlagenbegriff des Rechts der digitalen Archive muss sich auf alle staatlichen Aufzeichnungen erstrecken; auf die Information als solche und nicht auf ihre Form.

c) Auch elektronische Unterlagen müssen für eine festgelegte Aufbewahrungsfrist im Verfügungsbereich der Verwaltung bleiben. Digitale Zwischenarchive können dafür eine Infrastruktur beitragen.

d) Zum Zwecke der Überlieferungssicherung sollen auch elektronische Datenbanken und Register des Staates zu regelmäßigen Stichtagen gespiegelt und archiviert werden.

e) Die Umwidmung im Sinne des Rechts der öffentlichen Sachen kann auch für elektronische Daten erfolgen.

f) Die elektronische Archivierung muss das Ziel verfolgen, die elektronischen Aufzeichnungen dauerhaft, rechtssicher, integritätswahrend, authentisch, übertragbar und les- und interpretierbar zu erhalten. Die Fortentwicklung der elektronischen Bestandserhaltungsmaßnahmen wird zu einer Daueraufgabe der digitalen Archive werden.

g) Auch für die Benutzung von elektronischen Archivgütern besteht zwischen digitalem Archiv und Benutzer ein Benutzungsrechtsverhältnis mit Rechten und Pflichten beider Seiten.

h) Das digitale Archivrecht sollte neue Benutzungsformen, etwa die Onlinerecherche, die Veröffentlichung von virtuellem Archivgut oder die Versendung von elektronischen Kopien zulassen.

i) Die Benutzung elektronischer Archivgüter kann nie anhand des Originals erfolgen, da die Archivierungsprozesse im digitalen Archiv regelmäßige Datenveränderungen mit sich bringen.

j) Für die Auswertung von elektronischen Archivgütern durch heutige und zukünftige Datenanalysetechniken wie Big Data muss ein einheitlicher und hinreichend bestimmter Rechtsrahmen gefunden werden. Die heutigen Regeln des Benutzungsrechts der Archivgesetze bieten zwar anschlussfähige Ansätze der schutzfristenfreien Benutzung sowie der Schutzfristenverkürzung. Die herrschende Divergenz der gesetzlichen Regelungen muss ein zukünftiges Recht der digitalen Archive jedoch überwinden. Es bedarf eindeutiger Auswertungsbefugnisse durch die Archivbehörden zu historischen Zwecken und einheitlicher Auswertungsrechte anderer öffentlicher Stellen und privater Personen. Dabei muss ein angemessen hohes Schutzniveau bei der Auswertung personenbezogener Archivinformationen gewährleistet sein.

k) Eine absolute, auch verfassungsrechtliche, Grenze für Massendatenanalysen in digitalen Archiven ist die Erstellung von Persönlichkeitsprofilen.

Literatur- und Quellenverzeichnis

Abel, Ralf, Regierungsentwurf zum Bundesmeldegesetz beschlossen, in: Datenschutz-Berater Heft 10/2011, S. 7

Albers, Marion, Information als neue Dimension im Recht, Rechtstheorie 33 (2002), S. 61-89

Albers, Marion, Die Komplexität verfassungsrechtlicher Vorgaben für das Wissen der Verwaltung, in: Indra Spiecker gen. Döhmann/Peter Collin (Hrsg.), Generierung und Transfer staatlichen Wissens im System des Verwaltungsrechts, Tübingen 2008, S. 50-69

Antoni, Michael, in: Dieter Hömig/Heinrich Amadeus Wolff (Hrsg.), Grundgesetz für die Bundesrepublik Deutschland. Kommentar, 11. Aufl., Baden-Baden 2016, Art. 5

Arzt, Clemens, Verbunddateien des Bundeskriminalamtes – Zeitgerechte Flurbereinigung, NJW 2011, S. 352-354

Arzt, Clemens/Eier, Jana, Zur Rechtmäßigkeit der Speicherung personenbezogener Daten in »Gewalttäter«- Verbunddateien des Bundeskriminalamtes, DVBl. 2010, S. 816-824

Assmann, Aleida, Erinnerungsräume. Formen und Wandlungen des kulturellen Gedächtnisses, 3. Aufl., München 2006

Assmann, Aleida, Archive im Wandel der Mediengeschichte, in: Knut Ebeling/Stephan Günzel (Hrsg.), Archivologie, Berlin 2009, S. 165-176

Augsberg, Ino, Informationsverwaltungsrecht, Tübingen 2014

Augsberg, Ino, Informationszugang und -weiterverarbeitung als gesellschaftliche Grundprinzipien, in: Thomas Dreier et al. (Hrsg.), Informationen der öffentlichen Hand, Baden-Baden 2016, S. 37-55

Augsberg, Steffen, Von der Solange- zur Soweit-Rechtsprechung: Zum Prüfungsumfang des Bundesverfassungsgerichts bei richtlinienumsetzenden Gesetzen, DÖV 2010, S. 153-160

Ausloos, Jef, The Right to be Forgotten – Worth remembering?, in: Computer Law and Security Review 28 (2012), S. 143-152

Axer, Christine, Zugangsbeschränkungen durch Archivrecht, in: Irmgard Becker/Clemens Rehm (Hrsg.), Archivrecht für die Praxis, München 2017, S. 142-152

Axer, Peter, Die Widmung als Schlüsselbegriff des Rechts der öffentlichen Sachen, Berlin 1994

Bäcker, Matthias, Das Grundgesetz als Implementationsgarant für Unionsgrundrechte, EuR 2015, S. 389-415

Balzer, Christian, Beweisaufnahme und Beweiswürdigung im Zivilprozess, 3. Aufl., Berlin 2011, S. 130-137

Bannasch, Hermann (Hrsg.), Archivrecht in Baden-Württemberg. Texte, Materialien, Erläuterungen, Stuttgart 1990

Barlag, Charlotte, Datensicherheit, in: Alexander Roßnagel (Hrsg.), Europäische Datenschutz-Grundverordnung, Baden-Baden 2017, S. 165-179

Barlösius, Eva, Zwischen Wissenschaft und Staat? Die Verortung der Ressortforschung, Berlin 2008

Baumbach, Adolf/Lauterbach, Wolfgang/Albers, Jan/Hartmann, Peter, Zivilprozessordnung, 74. Aufl., München 2016, § 371a

Bayer, Walter, Akteneinsicht zu Forschungszwecken, JuS 1989, S. 191-194

Bayerische Staatskanzlei (Hrsg.), eGovernment in Bayern. Unsere Pläne, unsere Ziele, München 2002

Bayreuther, Frank, Beschränkungen des Urheberrechts nach der neuen EU-Urheberrechtsrichtlinie, ZUM 2001, S. 828-839

Beaucamp, Guy/Treder, Lutz, Methoden und Technik der Rechtsanwendung, 2. Aufl., Heidelberg 2011

Becker, Irmgard, Bewertungshoheit – Bewertungskompetenz, in: Irmgard Becker/Clemens Rehm (Hrsg.), Archivrecht für die Praxis, München 2017, S. 58-71

Becker, Siegfried/Oldenhage, Klaus, Bundesarchivgesetz. Handkommentar, Baden-Baden 2006

Behrens, Antje, Kultur in der Europäischen Union, Berlin 1999

Beinert, Tobias/Straube, Armin, Aktuelle Herausforderungen der Langzeitarchivierung, in: Paul Klimpel/Jürgen Keiper (Hrsg.),

Was bleibt? Nachhaltigkeit der Kultur in der digitalen Welt, Berlin 2013, S. 27-46

Berg, Wilfried, Datenschutz und Forschungsfreiheit, JöR 33 (1984), S. 63-103

Berg, Wilfried, Informationelle Selbstbestimmung und Forschungsfreiheit, CR 1988, S. 234-240

Berger, Alina, Anwendungsvorrang und nationale Verfassungsgerichte, Tübingen 2015

Berger, Christian, Die öffentliche Wiedergabe von urheberrechtlichen Werken an elektronischen Leseplätzen in Bibliotheken, Museen und Archiven, GRUR 2007, S. 754-760

Berger, Christian, Urheberrecht in der Wissensgesellschaft, GRUR 2017, S. 953-964

Berger, Hannes, Das deutsche Archivrecht im Wandel, ZLVR 2016, S. 12-22

Berger, Hannes, Neuregelung des Bundesarchivrechts, ZRP 2017, S. 15-18

Berger, Hannes, Öffentliche Register und Verwaltungsinformationssysteme, KomJur 2017, S. 169-172

Berger, Hannes, Zur Reform des Thüringer Archivgesetzes, ThürVBl. 2017, S. 105-109

Berger, Hannes, Aktuelle Entwicklungen der elektronischen Verwaltungstätigkeit und Archivierung in Thüringen, ZLVR 2017, S. 139-144

Berger, Hannes, Die Anwendbarkeit der Datenschutz-Grundverordnung in öffentlichen Archiven, RDV 2018, S. 201-206

Berger, Hannes, Sächsisches Archivgesetz. Kommentar, Hamburg 2018

Berkl, Melanie, Personenstandsrecht, Frankfurt/Main 2015

Bethge, Herbert, Der Grundrechtseingriff, VVDStRL 57 (1998), S. 7-56

Bethge, Herbert, in: Michael Sachs (Hrsg.), Grundgesetz. Kommentar, 7. Aufl., München 2014, Art. 5

Beutler, Bengt, in: Hans von der Groeben/Jürgen Schwarzel/Armin Hatje (Hrsg.), Europäisches Unionsrecht, Bd. I, 7. Aufl., Baden-Baden 2015, Art. 6 EUV

Beyer, Lothar, Aus dem Aktenkeller in die Wissensspirale, in: Peter Collin/Thomas Horstmann (Hrsg.), Das Wissen des Staates, Baden-Baden 2004, S. 361-376

Bieber, Roland/Kotzur, Markus, Bildung, Kultur und Sport, in: Roland Bieber et al., Die Europäische Union, 13. Aufl., Baden-Baden 2019, S. 586-592

Bischoff, Frank M., Bewertung elektronischer Unterlagen und die Auswirkungen archivarischer Eingriffe auf die Typologie zukünftiger Quellen, Der Archivar 67 (2014), S. 40-52

Bizer, Johann, Forschungsfreiheit und Informationelle Selbstbestimmung, Baden-Baden 1992

Blanke, Hermann-Josef, Europa auf dem Weg zu einer Bildungs- und Kulturgemeinschaft, Köln 1994

Blanke, Hermann-Josef, in: Christian Calliess/Matthias Ruffert (Hrsg.), EUV/AEUV, 5. Aufl., München 2016, Art. 167 AEUV

Boberach, Heinz, Die neue Benutzungsordnung für das Bundesarchiv, in: Der Archivar 23 (1970), Spalten 63-72

Boehme-Neßler, Volker, Das Ende der Anonymität, DuD 2016, S. 419-423

Boehme-Neßler, Volker/Rehbinder, Manfred (Hrsg.), Big Data: Ende des Datenschutzes?, Bern 2017

Bohr, Kurt/Albert, Helmut, Die Europäische Union - Das Ende der eigenständigen Kulturpolitik der deutschen Bundesländer?, ZRP 1993, S. 61-66

Bonitz, Kai, Persönlichkeitsschutz im Stasi-Unterlagen-Gesetz, Berlin 2009

Bornhofen, Heinrich, Das Gesetz zur Novelle des Personenstandsgesetzes, StAZ 60 (2007), S. 33-44

Brandner, Ralf/Pordesch, Ulrich/Gondrom, Tobias, Archivzeitstempel und Signaturerneuerung, in: Alexander Roßnagel/Paul Schmücker (Hrsg.), Beweiskräftige elektronische Archivierung, Heidelberg 2005, S. 81-93

Braun Binder, Nadja, Vollautomatisierte Verwaltungsverfahren im allgemeinen Verwaltungsverfahrensrecht?, NVwZ 2016, S. 960-965

Braun Binder, Nadja, Vollständig automatisierter Erlass eines Verwaltungsaktes und Bekanntgabe über Behördenportale, DÖV 2016, S. 891-898.

Brenner-Wilczek, Sabine/Cepl-Kaufmann, Gertrude/Plassmann, Max, Einführung in die moderne Archivarbeit, Darmstadt 2006

Brinkhus, Jörn, Erschließung und Findmittel, in: Irmgard Becker/Clemens Rehm (Hrsg.), Archivrecht für die Praxis, München 2017, S. 117-131

Britz, Gabriele, § 26 Elektronische Verwaltung, in: Wolfgang Hoffmann-Riem/Eberhard Schmidt-Aßmann/Andreas Voßkuhle (Hrsg.), Grundlagen des Verwaltungsrechts, Bd. II, 2. Aufl., München 2012, S. 435-492

Britz, Gabriele, Die Freiheit der Kunst in der europäischen Kulturpolitik, EuR 2004, S. 1-26

Britz, Gabriele, Europäisierung des grundrechtlichen Datenschutzes? EuGRZ 2009, S. 1-11

Brosius-Gersdorf, Frauke, Deutsche Bundesbank und Demokratieprinzip, Berlin 1997

Brox, Hans/Walker, Wolf D., Allgemeiner Teil des BGB, 30. Aufl., Köln 2006

Brübach, Nils, Das Referenzmodell OAIS, in: Heike Neuroth et al. (Hrsg.), nestor-Handbuch. Eine kleine Enzyklopädie der digitalen Langzeitarchivierung, Glückstadt 2016, Kapitel 4

Brüdegam, Julia, Festsetzung von Schutzfristen, in: Irmgard Becker (Hrsg.), Schutzfristen – Festlegung und Verkürzung, Marburg 2012, S. 61-90

Buchner, Benedikt, Datenschutz und Datensicherheit in der digitalisierten Medizin, MedR 2016, S. 660-664

Buchner, Benedikt, Grundsätze und Rechtmäßigkeit der Datenverarbeitung unter der DS-GVO, DuD 2016, S. 155-161

Buchner, Benedikt/Tinnefeld, Marie-Theres, in: Jürgen Kühling/Benedict Buchner (Hrsg.), Datenschutz-Grundverordnung. Kommentar, München 2017, Art. 89

Buchner, Benedikt/Tinnefeld, Marie-Theres, in: Jürgen Kühling/Benedikt Buchner (Hrsg.), Datenschutz-Grundverordnung/BDSG. Kommentar, 2. Aufl., München 2018, § 28 BDSG

Bull Hans, Peter/Dammann, Ulrich, Wissenschaftliche Forschung und Datenschutz, DÖV 1982, S. 213-223

Bundesministerium des Innern (Hrsg.), Organisationskonzept elektronische Verwaltungsarbeit. Grundlagen und Bedarfsanalyse, Berlin 2012

Bundesministerium des Innern (Hrsg.), Organisationskonzept elektronische Verwaltungsarbeit. Baustein E-Akte, Berlin 2012

Bundesministerium des Innern (Hrsg.), Organisationskonzept elektronische Verwaltungsarbeit. Baustein E-Vorgangsbearbeitung, Berlin 2012

Bundesministerium des Innern (Hrsg.), Organisationskonzept elektronische Verwaltungsarbeit. Baustein Langzeitarchivierung, Berlin 2014

Bundesministerium des Innern (Hrsg.), Organisationskonzept elektronische Verwaltungsarbeit. Baustein Scanprozess, Berlin 2014

Bundesministerium des Innern, Digitale Verwaltung 2020, Berlin 2014

Bundesministerium des Innern (Hrsg.), Organisationskonzept elektronische Verwaltungsarbeit. Baustein Datenschutz und Personaldaten, Berlin 2016

Bundesrechnungshof, Mitteilung über die Prüfung Langzeitarchivierung von Schriftgut des Bundes, Bonn 2009

Burkiczak, Christian, Eine neue Zuständigkeit für das BVerfG?, ZRP 2015, S. 21-24

Caspar, Johannes, Informationsfreiheit, Transparenz und Datenschutz, DÖV 2013, S. 371-375

Christ, Nicolai, Archivierungssysteme als Bestandteil eines Data-Warehouse, in: Harry Mucksch/Wolfgang Behme (Hrsg.), Das Data-Warehouse-Konzept, Wiesbaden 1996, S. 301-336

Classen, Claus Dieter, Eine deutsche Perspektive, in: Johannes Masing/Olivier Jouanjan (Hrsg.), Verfassungsgerichtsbarkeit, Tübingen 2011, S. 125-150

Classen, Claus Dieter, Zu wenig, zu fundamentalistisch – zur grundrechtlichen Kontrolle „unionsrechtlich determinierter" nationaler Hoheitsakte, EuR 2016, S. 304-312

Collin, Peter, Archive und Register, in: Gunnar Folke Schuppert/Andreas Voßkuhle (Hrsg.), Governance von und durch Wissen, Baden-Baden 2008, S. 75-84

Collin, Peter, Ordnungsüberlegungen zum Organisationsrecht des binnenadministrativen Wissenstransfers, in: Indra Spiecker gen. Döhmann/Peter Collin (Hrsg.), Generierung und Transfer staatlichen Wissens im System des Verwaltungsrechts, Tübingen 2008, S. 136-155

Collin, Peter, Die archivrechtliche Regulierung des Zugangs zu öffentlichen Informationen, in: Thomas Dreier et al. (Hrsg.),

Informationen der öffentlichen Hand, Baden-Baden 2016, S. 209-228
Collin, Peter/Spiecker gen. Döhmann, Indra, Problemaufriss, in: Indra Spiecker gen. Döhmann/Peter Collin (Hrsg.), Generierung und Transfer staatlichen Wissens im System des Verwaltungsrechts, Tübingen 2008, S. 3-25
Cremer, Wolfram, Grundrechtsverpflichtete und Grundrechtsdimensionen nach der Charta der Grundrechte der Europäischen Union, EuGRZ 2011, S. 545-554
Daman, Peter, Verteilte Datenbanken und Client/Server-Systeme, Berlin/Heidelberg 1996
Däßler, Rolf, Datenträger und Speicherverfahren für die digitale Langzeitarchivierung, in: Neuroth et al. (Hrsg.), nestor-Handbuch. Eine kleine Enzyklopädie der digitalen Langzeitarchivierung, Glückstadt 2016, Kapitel 10
Davies, Ron, e-Government. Anwendung von Technologien zur Verbesserung öffentlicher Dienstleistungen und demokratischer Partizipationen, Luxemburg 2015 (= Wissenschaftlicher Dienst des Europäischen Parlaments PE 565.890)
de la Durantaye, Katharina, in: Oliver Hinte/Eric W. Steinhauer (Hrsg.), Die Digitale Bibliothek und ihr Recht – ein Stiefkind der Informationsgesellschaft? Münster 2014, S. 161-187
de Lange, Norbert, Geoinformatik, 3. Aufl., Berlin/Heidelberg 2013
Degenhart, Christoph, in: Wolgang Kahl/Rudolf Dolzer (Hrsg.), Bonner Kommentar zum Grundgesetz, 122. Aktual. (Juli 2006), Art. 5 Abs. 1 und 2
Degenhart, Christoph, in: Michael Sachs (Hrsg.), Grundgesetz. Kommentar, 7. Aufl., München 2014, Art. 70
Degenhart, Christoph, in: Michael Sachs (Hrsg.), Grundgesetz. Kommentar, 7. Aufl., München 2014, Art. 74
Der Sonderbeauftragte des Senats von Berlin, Abschlussbericht des Sonderbeauftragten des Senats für die Aufklärung des Handelns der Berliner Behörden im Fall Amri, Berlin 2017, https://tinyurl.com/yb23dhjq
Derrida, Jacques, Dem Archiv verschrieben, Berlin 1997
Detterbeck, Steffen, Allgemeines Verwaltungsrecht, 14. Aufl., München 2016

Deutscher Bundestag, Wissenschaftlicher Dienst, Aktueller Begriff Nr. 26/17: Einsatz und Einfluss von Algorithmen auf das digitale Leben vom 27. Oktober 2017

Di Fabio, Udo, in: Theodor Maunz/Günter Dürig (Hrsg.), Grundgesetz. Kommentar, München 2001, Art. 2

Die Senatorin für Finanzen Bremen, Verwaltung 4.0, Bremen 2016

Dittrich, Lars, Reformiert die Archivgesetze – aber richtig!, ZRP 2017, S. 183-186

Dix, Alexander, Datenschutz im Zeitalter von Big Data, Stadtforschung und Statistik 1/2016, S. 59-64

Dreier, Horst, in: ders. (Hrsg.), Grundgesetz. Kommentar, Bd. 1, 3. Aufl., Tübingen 2013, Art. 2 Abs. 1

Dreier, Thomas, in: Thomas Dreier/Gernot Schulze (Hrsg.), Urheberrechtsgesetz. Kommentar, 5. Aufl., München 2015, Vorbemerkung § 44a

Dreier, Thomas/Fischer, Veronika, Erhaltung von Werken der Digital Art, CR 2013, S. 548-552

Drohla, Jeannine, Aufarbeitung versus Persönlichkeitsrecht, Berlin 2011

Duppelfeld, Monika, Das Urheberrecht der Bibliotheken im Informationszeitalter, Tübingen 2014

Dürig, Günter, Die Menschenauffassung des Grundgesetzes, JuRu 1952, S. 259-263

Ehmann, Eugen, Das neue Bundesmeldegesetz ab 1. November 2015, Datenschutzberater Heft 1/2015, S. 13-14

Eifert, Martin, Electronic Government. Das Recht der elektronischen Verwaltung, Baden-Baden 2006

Enders, Gerhart, Archivverwaltungslehre, 3. Aufl., Leipzig 2004

Engel, Albert, Die rechtliche Aufarbeitung der Stasi-Unterlagen auf der Grundlage des StUG, Berlin 1995

Erbguth, Wilfried/Guckelberger, Anette, Allgemeines Verwaltungsrecht, 9. Aufl., Baden-Baden 2018

Ernst, Katharina/Maier, Heike, Vom Magnetband auf Content Adressed Storage, in: Landesarchiv Baden-Württemberg (Hrsg.), Digitale Archivierung in der Praxis, Stuttgart 2013, S. 111-118

Ernst, Stefan, in: Boris Paal/Daniel Pauly (Hrsg.), Datenschutz-Grundverordnung. Kommentar, München 2017, Art. 2

Euler, Ellen, Zur Langzeitarchivierung digital aufgezeichneter Werke und ihrer urheberrechtlichen Einordnung und Beurteilung, AfP 2008, S. 474-482

Euler, Ellen/Steinhauer, Eric W./Bankhardt, Christina, Digitale Langzeitarchivierung als Thema für den 3. Korb zum Urheberrechtsgesetz, Februar 2011, abrufbar http://files.dnb.de/nestor/berichte/nestor-Stellungnahme_AG-Recht.pdf

Fassbender, Bardo, in: Josef Isensee/Paul Kirchhof (Hrsg.), Handbuch des Staatsrechts, Bd. IV, 3. Aufl., Heidelberg 2006, § 76 Wissen als Grundlage staatlichen Handelns, S. 243-312

Fechner, Frank, Rechtlicher Schutz archäologischen Kulturguts, Berlin 1991

Fechner, Frank, Vom Kulturverwaltungsrecht zu einem europäischen Kulturrecht, in: Claus Dieter Classen et al. (Hrsg.), In einem vereinten Europa dem Frieden der Welt zu dienen..., FS Thomas Oppermann, Berlin 2001, S. 687-703

Fechner, Frank, in: Hans von der Groeben/Jürgen Schwarze/Armin Hatje (Hrsg.), Europäisches Unionsrecht, 7. Aufl., Baden-Baden 2015, Bd. III, Vor. Art. 167 AEUV

Fechner, Frank/Krischok, Heike, Quo vadis Kulturgüterschutz?, JZ 2014, S. 237-240

Fiesahn, Andreas, Demokratie und Öffentlichkeitsbeteiligung, Tübingen 2002

Fischer, Hans Georg, in: Carl Otto Lenz/Klaus-Dieter Borchardt (Hrsg.), EU-Verträge Kommentar, 6. Aufl., Köln 2012, Art. 167 AEUV

Fischer-Dieskau, Stefanie, Elektronisch signierte Dokumente, in: Rainer Hering/Udo Schäfer (Hrsg.), Digitales Verwalten – Digitales Archivieren, Hamburg 2004, S. 33-50

Fischer-Dieskau, Stefanie, Signaturgesetz, in: Rainer Bauer/Dirk Heckmann/Kay Ruge/Martin Schallbruch/Sönke Schulz (Hrsg.), Verwaltungsverfahrensgesetz und E-Government, 2. Aufl., Wiesbaden 2014

Fischer-Dieskau, Stefanie, Signaturverordnung, in: Bauer/Dirk Heckmann/Kay Ruge/Martin Schallbruch/Sönke Schulz (Hrsg.), Verwaltungsverfahrensgesetz und E-Government, 2. Aufl., Wiesbaden 2014

Fischer-Dieskau, Stefanie/Kunz, Thomas/Schmidt, Andreas/Viebeg, Ursula, Grundkonzepte rechtssicherer Transformation signierter Dokumente, in: Hannes Ferrath

(Hrsg.), Sicherheit. 2. Jahrestagung des Fachbereichs Sicherheit der Gesellschaft für Informatik e.V., Bonn 2005, S. 401-412, 402

Fonnes, Ivar, Methoden der Langzeiterhaltung elektronischer Informationen, in: Udo Schäfer/Nicole Bickhoff (Hrsg.), Archivierung elektronischer Unterlagen, Stuttgart 1999, S. 213-222

Forgo, Nikolaus/Krügel, Tina, Der Personenbezug von Geodaten, MMR 2010, S. 17-23

Franz, Eckhart, Einführung in die Archivkunde, 8. Aufl., Darmstadt 2007

Frenz, Walter, Europarecht, 2. Aufl., Wiesbaden 2016

Frenzel, Eike Michael, in: Boris Paal/Daniel Pauly (Hrsg.), Datenschutz-Grundverordnung. Kommentar, München 2017, Art. 5

Frenzel, Eike Michael, in: Boris Paal/Daniel Pauly (Hrsg.), Datenschutz-Grundverordnung/Bundesdatenschutzgesetz. Kommentar, 2. Aufl., München 2018, Art. 9 DSGVO

Freys, Alexander, Das Recht der Nutzung und des Unterhalts von Archiven, Baden-Baden 1989

Fricke, Peter, Musterentwurf der Datenschutzbeauftragten der Länder vom 4. November 1983, Der Archivar 38 (1985), Sp. 202

Funk, Stefan, Emulation, in: Heike Neuroth et al. (Hrsg.), nestor-Handbuch, Eine kleine Enzyklopädie der digitalen Langzeitarchivierung, Glückstadt 2016, Kapitel 8

Funk, Stefan, Migration, in: Heike Neuroth et al. (Hrsg.), nestor-Handbuch. Eine kleine Enzyklopädie der digitalen Langzeitarchivierung, Glückstadt 2016, Kapitel 8

Gaaz, Berthold, Die Benutzung der Personenstandsregister, StAZ 63 (2010), S. 65-73

Gaaz, Berthold/Bornhofen, Heinrich, Personenstandsgesetz, Handkommentar, 3. Aufl., Frankfurt/Main 2014

Gaaz, Berthold/Bornhofen, Heinrich, Personenstandsgesetz. Handkommentar, 4. Aufl., Frankfurt/Main 2018

Gaus, Wilhelm, Dokumentations- und Ordnungslehre, 4. Aufl., Berlin/Heidelberg 2003

Geiß, Robin, Europäischer Grundrechtsschutz ohne Grenzen?, DÖV 2014, S. 265-272

Gersdorf, Hubertus, Hate Speech in sozialen Netzwerken. Verfassungswidrigkeit des NetzDG-Entwurfs und grundrechtliche Einordnung der Anbieter sozialer Netzwerke, MMR 2017, 439-447

Gerstner, Dominik, Predictive Policing als Instrument zur Prävention von Wohnungseinbruchdiebstahl, Max-Planck-Institut für ausländisches und internationales Strafrecht, Forschung aktuell 50/2017, Freiburg 2017

Gluba, Alexander, Predictive Policing, in: Bundeskriminalamt, Forum KI 2015, https://tinyurl.com/yawkfb9q

Gollner, Günther, Wie weit reicht Forschungsfreiheit in der Praxis?, Recht und Politik 14 (1978), S. 8-18

Götz, Isabell, in: Palandt, Bürgerliches Gesetzbuch, 76. Aufl., München 2017, § 1758

Götze, Roman/Engel, Gernot-Rüdiger, Umweltinformationsgesetz. Kommentar, Berlin 2017

Grau, Bernhard, Aussonderung per Bekanntmachung. Die Bedeutung rechtlicher Regelungen für die Anbietung und Übernahme von Verwaltungsschriftgut am bayerischen Beispiel, in: Jürgen Treffeisen (Hrsg.), Vom Büro ins Depot. Rationelle Verfahren der Bewertung und Übernahme von Akten, Stuttgart 2011, S. 8-25

Grau, Bernhard, Die staatlichen Archive Bayerns im Nationalsozialismus, Der Archivar 70 (2017), S. 365-369

Greve, Holger, in: Martin Eßer/Philipp Kramer/Kai von Lewinski (Hrsg.), DSGVO/BDSG. Kommentar, 6. Aufl., Köln 2018, Art. 9 DSGVO

Gröschner, Rolf, Transparente Verwaltung: Konturen eines Informationsverwaltungsrechts, VVDStRL 63 (2004), S. 344-376

Groß, Thomas, Ressortforschung, Agenturen und Beiräte – zur notwendigen Pluralität der staatlichen Wissensinfrastruktur, Die Verwaltung, Beiheft 9/2010, S. 135-155

Grube, Markus/Immel, Manuel/Wallau, Rochus, Verbraucherinformationsrecht, Köln 2013

Grundmann, Cornelia/Greve, Holger, Löschung und Vernichtung von Akten, NVwZ 2015, S. 1726-1730

Guckelberger, Anette, Informatisierung und Zugang zu Verwaltungsinformationen, VerwArch 97 (2006), S. 62-88

Guntermann, Ralf Maria/Schmidt, Christoph, Akzession digitaler Daten im Landesarchiv Nordrhein-Westfalen, in: Landeshauptarchiv Schwerin (Hrsg.), Auf dem Weg zum digitalen Archiv, Schwerin 2012, S. 17-20

Gurlit, Elke, Konturen eines Informationsverwaltungsrechts, DVBl 2003, S. 1119-1134

Gurlit, Elke, Das Informationsverwaltungsrecht im Spiegel der Rechtsprechung, Die Verwaltung 44 (2011), S. 75-103

Gutzmann, Ulrike, Überlegungen zu Anforderungen an Archivierungssysteme, in: Landeshauptarchiv Schwerin (Hrsg.), Auf dem Weg zum digitalen Archiv, Schwerin 2012, S. 37-41

Habammer, Christoph/Denkhaus, Wolfgang, Das E-Government-Gesetz des Bundes – Inhalt und erste Bewertung – Gelungener Rechtsrahmen für elektronische Verwaltung?, MMR 2013, S. 358-362

Häberle, Peter, Öffentliches Interesse als juristisches Problem, 2. Aufl., Berlin 2006

Hase, Peter, Bundeszentralregistergesetz, 2. Aufl., München 2014

Hassemer, Winfried/Starzacher, Karl, Datenschutz und Stasi-Unterlagen, Baden-Baden 1993

Hausmann, Jost, Archivrecht. Ein Leitfaden, Frankfurt/Main 2016

Hausmann, Jost, Wiedergabe des Archivguts, in: Irmgard Becker/Clemens Rehm (Hrsg.), Archivrecht für die Praxis, München 2017, S. 204-223

Hecker, Hans-Joachim, Entwendet und beschädigt – Verfolgung des Täters und Schutz des Archivguts, in: VdA (Hrsg.), Alles was Recht ist. Archivische Fragen – juristische Antworten, Fulda 2012, S. 119-123

Heinemann, Marcus, Grundrechtlicher Schutz informationstechnischer Systeme, Berlin 2015

Helbing, Thomas, Big Data und der datenschutzrechtliche Grundsatz der Zweckbindung, K&R 2015, S. 145-150

Helfrich, Marcus, in: Gernot Sydow (Hrsg.), Europäische Datenschutzgrundverordnung, 2. Aufl., München 2018, Art. 21

Hense, Ansgar, in: Gernot Sydow (Hrsg.), Europäische Datenschutzgrundverordnung, 2. Aufl., Baden-Baden 2018, Art. 89

Herdegen, Matthias, Europarecht, 18. Aufl., München 2016

Hermonies, Felix, Online-Durchsuchung mittels Staatstrojanern, RuP 2011, S. 193-195

Hessisches Ministerium für Wirtschaft, Enerige, Verkehr und Landesentwicklung, Strategie Digitales Hessen, Wiesbaden 2016

Heun, Sven-Erik, Elektronisch erstellte und übermittelte Dokumente und Schriftform, CR 1995, S. 2-7

Heydenreuter, Reinhard, Die rechtlichen Grundlagen des Archivwesens, Der Archivar 32 (1979), Sp. 157-170

Heydenreuter, Reinhard, Historische Forschung in Kommunalarchiven, CR 1988, S. 241-244

Heydenreuter, Reinhard, Urheberrecht und Archivwesen, Der Archivar 41 (1988), Sp. 397-408

Hilgendorf, Eric, Bedingungen gelingender Interdisziplinarität, JZ 2010, S. 913-922

Hladjk, Jörg, in: Eugen Ehmann/Martin Selmayr (Hrsg.), DS-GVO. Kommentar, 2. Aufl., München 2018, Art. 32

Hochbaum, Ingo, Der Begriff der Kultur im Maastrichter und Amsterdamer Vertrag, BayVBl 1997, S. 641-654

Hochedlinger, Michael, Österreichische Archivgeschichte, Wien/Köln/Weimar 2013

Hoeren, Thomas, Grundzüge des Internetrechts, München 2002

Hoffmann-Riem, Wolfgang, Verhaltenssteuerung durch Algorithmen – Eine Herausforderung für das Recht, AöR 142 (2017), S. 1-42

Hofmann, Hans, Herausforderungen an die digitale Erhaltung, in: Michael Wettengel, Digitale Herausforderungen für Archive, Koblenz 1999, S. 9-13

Hohmann, Johanna, Rechte der Betroffenen, in: Alexander Roßnagel (Hrsg.), Europäische Datenschutz-Grundverordnung, Baden-Baden 2017, S. 143-156

Hollmann, Michael, Archivpraktiken, in: Marcel Lepper/Ulrich Raulff (Hrsg.), Handbuch Archiv, Stuttgart 2016, S. 199-206

Holznagel, Bernd, in: Wolfgang Hoffmann-Riem/Eberhard Schmidt-Aßmann/Andreas Voßkuhle (Hrsg.), Grundlagen des Verwaltungsrechts, Bd. II, 2. Aufl., München 2012, § 24 Informationsbeziehungen in und zwischen Behörden

Homberg, Jörg, Umsetzung des OAIS-Konzepts im brandenburgischen Landeshauptarchiv, in:

Landeshauptarchiv Schwerin (Hrsg.), Auf dem Weg zum digitalen Archiv, Schwerin 2012, S. 43-44

Horn-Kolditz, Birgit/Hoff, Henrike, Die elektronische Archivierung in der Warteschleife? Die Stadt Leipzig auf dem Weg zum elektronischen Archiv, in: Sachsenlandkurier 2017, S. 24-26

Hufen, Friedhelm, Kulturauftrag als Selbstverwaltungsgarantie, NVwZ 1983, S. 516-522

Hufen, Friedhelm, Verwaltungsprozessrecht, 10. Aufl., München 2016

Huster, Stefan, Rechtswissenschaft und Interdisziplinarität, Zeitschrift für Rechtssoziologie 35 (2015), S. 143-148

Huth, Karsten/Schroeder, Kathrin, Projekt „Aufbau eines digitalen Archivs“ im Bundesarchiv, in: Stadtarchiv Stuttgart (Hrsg.), Erfahrungen mit der Übernahme digitaler Daten, Stuttgart 2007, S. 42-46

Ingold, Albert, Polizei 2.0: Grenzen der behördlichen Öffentlichkeitsarbeit in sozialen Netzwerken, VerwArch 108 (2017), S. 240-265

Interministerieller Ausschuss für Geoinformationswesen, Behördenleitfaden zum Datenschutz bei Geodaten und -diensten, https://tinyurl.com/y9jnxkjy

Iordanidis, Martin, Digitale Langzeitarchivierung – Risikoebenen und Lösungsstrategien im nachhaltigen Umgang mit digitalen Ressourcen in: Oliver Hinte/Eric W. Steinhauer, Die Digitale Bibliothek und ihr Recht – ein Stiefkind der Informationsgesellschaft?, Münster 2014, S. 141-160

Ipsen, Jörn, Allgemeines Verwaltungsrecht, 10. Aufl., München 2017

Ittner, Stefan, Zugangsregelungen zu Archivgut in den Archivgesetzen des Bundes und der Länder, Perspektive Bibliothek 1.1 (2012), S. 196-215

Jäckel, Holger, Das Beweisrecht der ZPO, 2. Aufl., Stuttgart 2014

Jandt, Silke, Smart Health, DuD 2016, S. 571-574

Jarass, Hans, in: Hans Jarass/Bodo Pieroth, Grundgesetz. Kommentar, 13. Aufl., München 2014, Art. 5

Jerschke, Hans-Ulrich, Öffentlichkeitspflicht der Exekutive und Informationsrecht der Presse, Berlin 1971

Jestaedt, Matthias, Demokratieprinzip und Kondominialverwaltung, Berlin 1993

Jestaedt, Matthias, Das Geheimnis im Staat der Öffentlichkeit, AöR 126 (2001), S. 204-243

Jestaedt, Matthias, Der „Europäische Verfassungsgerichtsverbund" in (Verfahrenskenn-)Zahlen, JZ 2011, S. 872-879

Joergens, Bettina, Das neue Personenstandsgesetz – das Glück der Forschung?, in: Clemens Rehm/Nicole Bickhoff (Hrsg.), Rechtsfragen der Nutzung von Archivgut, Stuttgart 2010, S-43-51

Johannes, Paul C., Grundrechtecharta und Grundgesetz, in: Alexander Roßnagel (Hrsg.), Europäische Datenschutz-Grundverordnung, Baden-Baden 2017, S. 78-86

Johannes, Paul C., Archivierung, in: Alexander Roßnagel (Hrsg.), Europäische Datenschutz-Grundverordnung, Baden-Baden 2017, S. 254-263

Johannes, Paul C./Richter, Philipp, Privilegierte Verarbeitung im BDSG-E, DuD 2017, S. 300-305

Johlen, Heribert, in: Klaus Stern/Michael Sachs (Hrsg.), Europäische Grundrechte-Charta. Kommentar, München 2016, Art. 8

Kachala, Keval/Gangarde, Rupali, RAID, in: International Journal of Engeneering Trends and Technology (IJETT) Heft 35/2016, S. 574-577

Kahl, Wolfgang, in: Wolfgang Hoffmann-Riem/Eberhard Schmidt-Aßmann/Andreas Voßkuhle (Hrsg.), Grundlagen des Verwaltungsrechts, Bd. III, 2. Aufl., München 2013, § 47 Begriff, Funktionen und Konzepte von Kontrolle

Kaiser, Anna-Bettina, Archiv und Recht, in: Marcel Lepper/Urlrich Raulff (Hrsg.) Handbuch Archiv, Stuttgart 2016, S. 107-117

Kallerhoff, Dieter, in: Paul Stelkens/Heinz Joachim Bonk/Michael Sachs (Hrsg.), Verwaltungsverfahrensgesetz. Kommentar, 8. Aufl., München 2014, § 29

Kamann, Hans-Georg/Braun, Martin, in: Eugen Ehmann/Martin Selmayr (Hrsg.), DS-GVO. Kommentar, 2. Aufl., München 2018, Art. 19

Kamann, Hans-Georg/Braun, Martin, in: Eugen Ehmann/Martin Selmayr (Hrsg.), DS-GVO. Kommentar, 2. Aufl., München 2018, Art. 20

Karg, Moritz, Datenschutzrechtliche Anforderungen an die E-Akte, DuD 2013, S. 702-708

Katko, Peter/Babaei-Beigi, Ayda, Accountability statt Einwilligung? Führt Big Data zum Paradigmenwechsel im Datenschutz?, MMR 2014, S. 360-364

Kaufmann, Marcel, Europäische Integration und Demokratieprinzip, Baden-Baden 1997

Keitel, Christian, Der nestor-Leitfaden zur Digitalen Bestandserhaltung und seine Folgen für die Archive, in: Landesarchiv Baden-Württemberg, Digitale Archivierung in der Praxis, Stuttgart 2013, S. 267-277

Keitel, Christian, Aussonderung und Übergabe, in: Irmgard Becker/Clemens Rehm (Hrsg.), Archivrecht für die Praxis, München 2017, S. 72-85

Keitel, Christian, Digitale Bestandserhaltung, in: Irmgard Becker/Clemens Rehm (Hrsg.), Archivrecht für die Praxis, München 2017, S. 99-103

Keitel, Christian/Lang, Rolf, Ingest von Fachverfahren im Landesarchiv Baden-Württemberg, in: Staatsarchiv St. Gallen (Hrsg.), Entwicklung in den Bereichen Records Management / Vorarchiv – Übernahme – Langzeitarchivierung, St. Gallen 2009, S. 35-45

Keitel, Christian/Lang, Rolf/Naumann, Kai, Handlungsfähige Archive. Erfahrungen mit der Bewertung und Übernahme digitaler Unterlagen, in: Katharina Ernst (Hrsg.), Erfahrung mit der Übernahme digitaler Daten, Stuttgart 2007, S. 10-14

Keller-Herder, Jutta/Martin, Schallenbruch, § 6 Elektronische Aktenführung, in: Rainer Bauer/Dirk Heckmann/Kay Ruge/Martin Schallenbruch/Sönke Schulz (Hrsg.), Verwaltungsverfahrensgesetz und E-Government, 2. Aufl., Wiesbaden 2014, S. 1055-1058

Kieck, Annika/Pohl, Dirk, Zum Anwendungsbereich des europäischen Datenschutzrechts, DuD 2017, S. 567-571

Kingreen, Thorsten, in: Christian Calliess/Matthias Ruffert (Hrsg.), EUV/AEUV. Kommentar, 4. Aufl., München 2011, Art. 16

Kingreen, Thorsten, Die Grundrechte des Grundgesetzes im europäischen Grundrechtsföderalismus, JZ 2013, S. 801-811

Kingreen, Thorsten, in: Christian Callies/Matthias Ruffert (Hrsg.), EUV/AEUV. Kommentar, 5. Aufl., München 2016, Art. 16 AEUV

Kingreen, Thorsten, in: Christian Calliess/Matthias Ruffert (Hrsg.), EUV/AEUV. Kommentar, 5. Aufl., München 2016, Art. 36 AEUV

Kingreen, Thorsten/Poscher, Ralf, Grundrechte – Staatsrecht II, 32. Aufl., Heidelberg 2016

Kipker, Dennis-Kenji, Vom Staatstrojaner zum staatseigenen Bundestrojaner, ZRP 2016, S. 88-89

Kirchesch, Ralf, in: Johann-Christian Pielow, Beck´scher Online-Kommentar Gewerberecht, München Stand 01. September 2016, § 150e

Klabunde, Achim, in: Eugen Ehmann/Martin Selmayr (Hrsg.), DS-GVO. Kommentar, 2. Aufl., München 2018, Art. 4

Klement, Jan Henrik, Öffentliches Interesse an Privatheit, JZ 2017, S. 161-170

Kloepfer, Michael, Das Stasi-Unterlagen-Gesetz und die Pressefreiheit, Berlin 1993

Kloepfer, Michael, Informationsrecht, München 2002

Kloepfer, Michael/von Lewinski, Kai, Das Informationsfreiheitsgesetz des Bundes, DVBl. 2005, S. 1277-1288

Kluth, Winfried, Die Strukturierung von Wissensgenerierung durch das Verwaltungsorganisationsrecht, in: Indra Spiecker gen. Döhmann/Peter Collin (Hrsg.), Generierung und Transfer staatlichen Wissens im System des Verwaltungsrechts, Tübingen 2008, S. 73-92

Kluttig, Thekla, Behördliche Schriftgutverwaltung, in: Stefanie Unger (Hrsg.), Archive und ihre Nutzer – Archie als moderne Dienstleister, Marburg 2004, S. 221-224

Knauff, Matthias, Das Verhältnis zwischen Bundesverfassungsgericht, Europäischem Gerichtshof und Europäischem Gerichtshof für Menschenrechte, DVBl 2010, S. 533-542

Knauff, Matthias, Öffentlichkeitsbeteiligung im Verwaltungsverfahren, DÖV 2012, S. 1-8

Knobloch, Corinna, Neu im Digitalen Archiv, in: Landesarchiv Baden-Württemberg, Digitale Archivierung in der Praxis, Stuttgart 2013, S. 97-109

Konferenz der Leiterinnen und Leiter der Archivverwaltungen des Bundes und der Länder, Stellungnahme vom 27. Februar

2017 zum Referentenentwurf des Urheberrechts-Wissensgesellschafts-Gesetzes, https://tinyurl.com/ya2onrkh

König, Stefan, Archivgesetzgebung zwischen Datenschutz und Informationsfreiheit, Der Archivar 38 (1985), Sp. 193-202

Körner, Marita, Die Datenschutzgrundverordnung der Europäischen Union: Struktur und Ordnungsprinzipien, Rechtswissenschaftliche Beiträge der Hamburger Sozialökonomie Heft 12/2017

Kotte, Jenny, Prüfung der Verkürzbarkeit von Schutzfristen, in: Irmgard Becker/Clemens Rehm (Hrsg.), Archivrecht für die Praxis, München 2017, S. 152-165

Kotte, Jenny/Axer, Christin, Einschränkung und Versagung des Zugangs, in: Irmgard Becker/Clemens Rehm (Hrsg.), Archivrecht für die Praxis, München 2017, S. 165-170

Krafka, Alexander, Einführung in das Registerrecht, 2. Aufl, München 2008

Kramski, Heinz Werner, Digitale Dokumente im Archiv, in: Marcel Lepper/Ulrich Raulff (Hrsg.), Handbuch Archiv, Stuttgart 2016, S. 178-197

Krischok, Heike, Der rechtliche Schutz des Wertes archäologischer Kulturgüter, Göttingen 2016

Ksoll-Marcon, Margit, eGovernment in Bayern – eine neue Grundlage für die Schriftgutverwaltung und die Rolle der Archive, in: Archivalische Zeitschrift 88 (2006), S. 511-524

Ksoll-Marcon, Margit, Zugangsregelungen zu Archivgut in den Archivgesetzen des Bundes und der Länder, in: Clemens Rehm/Nicole Bickhoff (Hrsg.), Rechtsfragen der Nutzung von Archivgut, Stuttgart 2010, S. 10-16

Kuder, Arnhilt et al., Aspekte der Langzeitarchivierung und nachhaltigen Datensicherung, in: Thomas Dreier et al. (Hrsg.), Informationen der öffentlichen Hand, Baden-Baden 2016, S. 411-436

Kühling, Jürgen, in: Hubertus Gersdorf/Boris Paal (Hrsg.), Beck´scher Online-Kommentar Informations- und Medienrecht, 12. Edition, München 2016, Art. 5 GG

Kühling, Jürgen/Martini, Mario et al., Die Datenschutz-Grundverordnung und das nationale Recht, Münster 2016

Kühling, Jürgen/Martini, Mario, Die Datenschutz-Grundverordnung: Revolution oder Evolution im europäischen und deutschen Datenschutzrecht?, EuZW 2016, S. 448-454

Kunstein, Florian, Die elektronische Signatur als Baustein der elektronischen Verwaltung, Berlin 2005

Ladeur, Karl-Heinz, Von der Verwaltungshierarchie zum administrativen Netzwerk, Die Verwaltung 26 (1993), S. 137-165

Ladeur, Karl-Heinz, in: Wolfgang Hoffmann-Riem/Eberhard Schmidt-Aßmann/Andreas Voßkuhle (Hrsg.), Grundlagen des Verwaltungsrechts, Bd. II, 2. Aufl., München 2012, § 21 Die Kommunikationsinfrastruktur der Verwaltung

Ladeur, Karl-Heinz/Gostomzyk, Tobias, Gutachten zur Verfassungsmäßigkeit des Entwurfs eines Gesetzes zur Verbesserung der Rechtsdurchsetzung in sozialen Netzwerken, Bundestagsdrucksache 18/12356

Landesregierung Nordrhein-Westfalen, NRW 4.0: Digitaler Wandel in Nordrhein-Westfalen, Düsseldorf 2015

Langer, Margit, Informationsfreiheit als Grenze informationeller Selbstbestimmung, Berlin 1992

Lavoie, Brian F., The Open Archival Information System Referece Model: Introductory Guide, in: Microform & Imaging Review 33 (2004), S. 68-81

Lechner, Hans/Zuck, Rüdiger, Bundesverfassungsgerichtsgesetz. Kommentar, 7. Aufl., München 2015, § 35b

Lenk, Klaus, Außerrechtliche Grundlagen für das Verwaltungsrecht in der Informationsgesellschaft, in: Wolfgang Hoffmann-Riem/Eberhardt Schmidt-Aßmann (Hrsg.), Verwaltungsrecht in der Informationsgesellschaft, Baden-Baden 2000, S. 59-99

Lenk, Klaus/Meyerholt, Ulrich/Wengelowski, Peter, Wissen managen in Staat und Verwaltung, Berlin 2014

Lenski, Sophie-Charlotte, Öffentliches Kulturrecht, Tübingen 2013

Lenz, Christofer/Hansel, Ronald, Bundesverfassungsgerichtsgesetz. Handkommentar, 2. Aufl., Baden-Baden 2015, § 35b

Lepper, Manfred, Die staatlichen Archive und ihre Benutzung, DVBl. 1963, S. 315-320

Lepper, Marcel/Raulff, Ulrich, Archive und Öffentlichkeit, in: dies. (Hrsg.), Handbuch Archiv, Stuttgart 2016, S. 6-9

Lettl, Tobias, Urheberrecht, 3. Aufl., München 2018

Libor, Christine, Novelle des Bundesarchivgesetzes schränkt Zugang zu wichtigen Dokumenten ein, AfP 2016, S. 526-527

Libor, Christine, Keine Umsetzung der Vorratsdatenspeicherung, AfP 2017, S. 299

Lindner, Josef Franz, Die Europäisierung des Wissenschaftsrechts, in: WissR, Beiheft 19/2009

Lukaßen, David, Die Fallpraxis der Informationsbeauftragten und ihr Beitrag zur Entwicklung des Informationsfreiheitsrechts, Berlin 2010

Mager, Ute/Sokol, Ljuba, Gemeingebrauch im Recht der öffentlichen Sachen, JURA 2012, S. 913-922

Maier, Heike, Digitale Langzeitarchivierung im Stadtarchiv Stuttgart mit PADUA, in: Landeshauptarchiv Schwerin (Hrsg.), Auf dem Weg zum digitalen Archiv, Schwerin 2012, S. 85-88

Manegold, Bartholomäus, Archivrecht, Berlin 2002

Manegold, Bartholomäus, Archivrecht? Archivrecht! in: VdA (Hrsg.), Alles was Recht ist. Archivische Fragen – juristische Antworten, Fulda 2012, S. 31-49

Marquardt, Malte, in: Artur-Axel Wandtke/Winfried Bullinger (Hrsg.), Praxiskommentar zum Urheberrecht, 4. Aufl., München 2014, § 5

Martin, Jule, Das Steuerungskonzept der informierten Öffentlichkeit, Berlin 2012

Martini, Mario, in: Boris Paal/Daniel Pauly (Hrsg.), Datenschutz-Grundverordnung/Bundesdatenschutzgesetz, 2. Aufl., München 2018, Art. 32 DSGVO

Martini, Mario/Damm, Matthias, Auf dem Weg zum Open Government: Zum Regimewechsel im Geodatenrecht, DVBl. 2013, S. 1-9

Martini, Mario/Nink, David, Wenn Maschinen entscheiden... Persönlichkeitsschutz im vollautomatisierten Verwaltungsverfahren, NVwZ 2017, S. 681-682

Martini, Mario/Wenzel, Michael, Once only versus only once: Das Prinzip einmaliger Erfassung zwischen Zweckbindungsgrundsatz und Bürgerfreundlichkeit, DVBl. 2017, S. 749-758

Martin-Weber, Bettina, Informationsfreiheitsgesetz des Bundes (IFG) und Bundesarchivgesetz, in: Clemens Rehm/Nicole

Bickoff (Hrsg.), Rechtsfragen der Nutzung von Archivgut, Stuttgart 2010, S. 17-31

Masing, Johannes, Transparente Verwaltung: Konturen eines Informationsverwaltungsrechts, VVDStRL 63 (2004), S. 377-441

Masing, Johannes, Herausforderungen des Datenschutzes, NJW 2012, S. 2305-2311

Mayen, Thomas, Der grundrechtliche Informationsanspruch des Forschers gegenüber dem Staat, Berlin 1992

Mayer-Schönberger, Viktor, Delete. The Virtue of Forgetting in the Digital Age, Princeton 2009

Mehlich, Harald, Von der Offline-Verwaltung zum eGovernment, in: Peter Collin/Thomas Horstmann (Hrsg.), Das Wissen des Staates, Baden-Baden 2004, S. 388-411

Meinel, Florian / Kram, Benjamin, Das Bundesverfassungsgericht als Gegenstand historischer Forschung, JZ 2014, S. 913-912

Menne-Haritz, Angelika, Digitaler Lesesaal, virtuelle Magazine und Online-Findbücher, in: Hartmut Weber/Gerald Maier, Digitale Archive und Bibliotheken, Stuttgart 2000, S. 25-34

Menne-Haritz, Angelika, Archivische Bewertung, Schweizerische Zeitschrift für Geschichte 51 (2001), S. 448-460

Menne-Haritz, Angelika, Erschließung, in: Marcel Lepper/Ulrich Raulff (Hrsg.), Handbuch Archiv, Stuttgart 2016, S. 207-217

Michael, Lothar/Morlok, Martin, Grundrechte, 6. Aufl., Baden-Baden 2017, § 9

Michel, Lothar, Gerichtliche Schriftvergleichung, Berlin/New York 1982

Ministerium für Inneres, Digitalisierung und Migration Baden-Württemberg, Digitalisierungsstrategie, Stuttgart 2017

Möllers, Christoph, in: Wolfgang Hoffmann-Riem/Eberhard Schmidt-Aßmann/Andreas Voßkuhle (Hrsg.), Grundlagen des Verwaltungsrechts, Bd. I, 2. Aufl., München 2012, § 3 Methoden

Moraw, Peter, Organisation und Funktion von Verwaltung im ausgehenden Mittelalter, in: Kurt Jeserich/Hans Pohl/Georg-Christoph von Unruh (Hrsg.), Deutsche Verwaltungsgeschichte. Bd. I, Stuttgart 1983, S. 21- 66

Müller, Alexander, Stichwort Archivrecht, in: Carl von Rotteck/Carl Welcker (Hrsg.), Das Staats-Lexikon. Encyklopädie der sämmtlichen Staatswissenschaften für alle

Stände, Bd. 1, Reprint Frankfurt am Main 1990 [Altona 1845], S. 626-628

Müller-Terpitz, Ralf/Rauchhaus, Alexandra, Das E-Government-Gesetz des Bundes – ein Schritt in Richtung „Verwaltung 2.0", MMR 2013, S. 10-16

Murswieck, Dietrich, in: Michael Sachs (Hrsg.), Grundgesetz. Kommentar, 7. Aufl., München 2014, Art. 2

Nadler, Andreas, Die Archivierung und Benutzung staatlichen Archivguts nach den Archivgesetzen des Bundes und der Länder, Bonn 1995

Nau, Petra, Verfassungsrechtliche Anforderungen an Archivgesetze des Bundes und der Länder, Kiel 2000

Naumann, Kai, Über die Nutzung digitaler Unterlagen in Archiven, in: Clemens Rehm/Nicole Bickhoff (Hrsg.), Rechtsfragen der Nutzung von Archivgut, Stuttgart 2010, S. 32-42

Nettesheim, Martin, Das Kulturverfassungsrecht der Europäischen Union, JZ 2002, S. 157-166

Neuheuser, Hanns Peter, Der Einsturz des Kölner Stadtarchivs, ZfBB 56 (2009), S. 149-158

Niedersächsisches Ministerium für Inneres und Sport, eGovernment-Masterplan des Landes Niedersachsen, Hannover 2010

Niedersächsisches Ministerium für Inneres, Digitale Verwaltung 2025, Hannover 2016

Niedobitek, Matthias, Kultur und Europäisches Gemeinschaftsrecht, Berlin 1992

Nimz, Brigitta, Archivische Erschließung, in: Norbert Reimann (Hrsg.), Praktische Archivkunde, Münster 2004, S. 97-125

Nolte, Burkhard/Huth, Karsten, Einführung der elektronischen Archivierung im Sächsischen Staatsarchiv, in: Landesarchiv Baden-Württemberg (Hrsg.), Digitale Archivierung in der Praxis, Stuttgart 2013, S. 119-127

Nolte, Burkhardt, Das elektronische Staatsarchiv des Freistaats Sachsen, in: Der Archivar 67 (2014), S. 6-13

Nordemann, Jan Bernd, in: Karl Fromm/Wilhelm Nordemann, Urheberrecht. Kommentar, 11. Aufl., Stuttgart 2014, § 5 UrhG

Odendahl, Kerstin, Bildung, Kultur, Forschung und technologische Entwicklung, in: Matthias Niedobitek (Hrsg.), Europarecht, Berlin 2014, S. 1005-1064, 1058

Odendahl, Kerstin, in: Bruno Schmidt-Bleibtreu/Hans Hofmann/Hans-Günter Henneke (Hrsg.), Grundgesetz. Kommentar, 13. Aufl., Köln 2014, Art. 5

Oebbecke, Janbernd, Beratung durch Behörden, DVBl 1994, S. 147-154

Oegg, Joseph Anton, Ideen einer Theorie der Archivwissenschaft. Zur Leitung der Praxis bey der Einrichtung und Bearbeitung der Archive und Registraturen, Gotha 1804

Ohm, Paul, The broken Promises of Privacy, in: UCLA Law Review 57 (2010), S. 1701-1777

Ohrtmann, Jan-Peter/Schwiering, Sebastian, Big Data und Datenschutz – Rechtliche Herausforderungen und Lösungsansätze, NJW 2014, S. 2984-2989

Oldenhage, Klaus, Archivrecht? Überlegungen zu den rechtlichen Grundlagen des Archivwesens in der Bundesrepublik Deutschland, in: Heinz Boberach/Hans Booms (Hrsg.), Aus der Arbeit des Bundesarchivs, Boppard 1978, S. 187-207

Oldenhage, Klaus, Brauchen wir Archivgesetze?, Der Archivar 33 (1980), Sp. 165-168

Oldenhage, Klaus, Bemerkungen zum Bundesarchivgesetz, Der Archivar 41 (1988), Sp. 477-498, 478

Oppermann, Thomas, Praktische Konsequenzen der Entscheidung des Bundesverfassungsgerichts zur Wissenschaftsfreiheit, JZ 1973, S. 433-441

Ossenbühl, Fritz, Änderungsgenehmigung und Öffentlichkeitsbeteiligung im Atomrecht, DVBl 1981, S. 65-71

Ostermann, Raphael, Potentielle Dateiformate zur Langzeitarchivierung von Dokumenten unter Berücksichtigung von Primär- und Metainformationen, in: Michael Wettengel (Hrsg.), Digitale Herausforderung für Archive, Koblenz 1999, S. 25-34

Paal, Boris/Hennemann, Moritz, Big Data im Recht, NJW 2017, S. 1697-1701

Paal, Boris/Pauly, Daniel, in: dies. (Hrsg.), Datenschutz-Grundverordnung/Bundesdatenschutzgesetz. Kommentar, 2. Aufl., München 2018, Einleitung

Papier, Hans-Jürgen, Recht der öffentlichen Sachen, 3. Aufl., Berlin 1998

Papier, Hans-Jürgen, Beschränkungen der Telekommunikationsfreiheit durch den BND an Datenaustauschpunkten, NVwZ-Extra 15/2016, S. 1-15

Pappermann, Ernst/Löhr, Rolf-Peter/Andriske, Wolfgang, Recht der öffentlichen Sachen, München 1987

Partsch, Christoph, Der Auskunftsanspruch der Presse gegen Bundesbehörden, K&R 2014, S. 145-146

Partsch, Christoph/Koschmieder, Norman, Der archivrechtliche Informationszugang nach der Novelle des BArchG, NJW 2017, S. 3416-3422

Pataki-Hundt, Andrea, Bestandserhaltung, in: Marcel Lepper/Ulrich Raulff (Hrsg.), Handbuch Archiv, Stuttgart 2016, S. 218-224

Pauly, Daniel, in: Boris Paal/Daniel Pauly (Hrsg.), Datenschutz-Grundverordnung. Kommentar, München 2017, Art. 89

Pautsch, Arne/Dillenburger, Anja, Kompendium zum Hochschul- und Wissenschaftsrecht, Berlin 2011

Peine, Franz-Joseph, Allgemeines Verwaltungsrecht, 9. Aufl., Heidelberg 2008

Peters, Heinz-Joachim/Hesselbarth, Thorsten/Peters, Frederike, Umweltrecht, 5. Aufl., Stuttgart 2016

Peuker, Enrico, in: Gernot Sydow (Hrsg.), Europäische Datenschutzgrundverordnung, 2. Aufl., Baden-Baden 2018, Art. 16

Pflüger, Thomas/Hinte, Oliver, Das Urheberrechts-Wissensgesellschafts-Gesetz aus Sicht von Hochschulen und Bibliotheken, ZUM 2018, S. 153-161

Pieroth, Bodo, in: Hans Jarass/Bodo Pieroth, GG. Kommentar, 14. Auflage, München 2016, Art. 70

Pigorsch, Enrico, Das Papier durchschaut. Raman-Chemical-Imaging als Messverfahren zur Papieranalyse, in: DresdnerTransferbrief (E-Journal der TU Dresden) Heft 3/2016, S. 20

Piltz, Carlo, in: Peter Gola (Hrsg.), Datenschutz-Grundverordnung. Kommentar, 2. Aufl., München 2018, Art. 20

Pitschas, Rainer, Verwaltungsverantwortung und Verwaltungsverfahren, München 1990

Pitschas, Rainer, Allgemeines Verwaltungsrecht als Teil der öffentlichen Informationsordnung in: Wolfgang Hoffmann-

Riem/Eberhard Schmidt-Aßmann/Gunnar Folke Schuppert (Hrsg.), Reform des Verwaltungsrechts 1993, S. 219-305

Pitschas, Rainer, Kooperative Wissensgenerierung als Element eines neuen Staat-Bürger-Verhältnisses, in: Indra Spiecker gen. Döhmann/Peter Collin (Hrsg.), Generierung und Transfer staatlichen Wissens im System des Verwaltungsrechts, Tübingen 2008, S. 29-35

Polley, Rainer, Archivgesetzgebung in Deutschland, Marburg 1991

Polley, Rainer, Der Grundsatz der Amtsuntersuchung im Archivbenutzungsrecht, in: Hermann Bannasch (Hrsg.), Zeitgeschichte in den Schranken des Archivrechts, Stuttgart 1995, S. 71-78

Polley, Rainer (Hrsg.), Archivgesetzgebung in Deutschland – ungeklärte Rechtsfragen und neue Herausforderungen, Marburg 2003

Polley, Rainer, Archivrecht in Deutschland, in: Irmgard Becker/Clemens Rehm (Hrsg.), Archivrecht für die Praxis, München 2017, S. 19-36

Popp, Andreas, Die „Staatstrojaner"-Affäre, ZD 2012, S. 51-55

Pötters, Stephan, in: Peter Gola (Hrsg.), Datenschutz-Grundverordnung. Kommentar, München 2017, Art. 1

Pötters, Stephan, in: Peter Gola (Hrsg.), Datenschutz-Grundverordnung. Kommentar, München 2017, Art. 89

Puppel, Pauline, Zur Archivierung elektronisch signierter Dokumente, in: Archivalische Zeitschrift 89 (2007), S. 345-368

Raabe, Oliver/Wagner, Manuela, Verantwortlicher Einsatz von Big Data, DuD 2016, S. 434-439

Ramsauer, Ulrich, in: Ulrich Ramsauer/Carsten Tegethoff/Peter Wysk (Hrsg.), Verwaltungsverfahrensgesetz. Kommentar, 19. Aufl., München 2018, § 5

Ramsauer, Ulrich/Tegethoff, Carsten, in: Ulrich Ramsauer/Carsten Tegethoff/Peter Wysk (Hrsg.), Verwaltungsverfahrensgesetz. Kommentar, 19. Aufl., München 2018, § 3a

Rauber, Andreas/Liegmann, Hans, Webarchivierung zur Langzeiterhaltung von Internet-Dokumenten, in: Heike Neuroth et al. (Hrsg.), nestor-Handbuch. Eine kleine Enzyklopädie der digitalen Langzeitarchivierung, Glückstadt 2016, Kapitel 17

Raum, Bertram, in: Eugen Ehrmann/Martin Selmayr (Hrsg.), DS-GVO. Kommentar, München 2017, Art. 89

Raum, Bertram, in: Eugen Ehmann/Martin Selmayr (Hrsg.), DS-GVO. Kommentar, 2. Aufl., München 2018, Art. 89

Rausch, Heinz, Bundestag und Bundesregierung, München 1976

Rehm, Clemens, Europäische Regelungen. EU-Datenschutzgrundverordnung, in: Irmgard Becker/Clemens Rehm (Hrsg.), Archivrecht für die Praxis, München 2017, S. 37-40

Rehm, Clemens, Rahmenbedingungen für den Zugang zu Archivgut, in: Irmgard Becker/Clemens Rehm (Hrsg.), Archivrecht für die Praxis, München 2017, S. 135-141

Reimann, Norbert, Archivgesetzgebung im Nationalsozialismus. Ein gescheiterter Versuch, in: VdA (Hrsg.), Das deutsche Archivwesen und der Nationalsozialismus, Essen 2007, S. 34-56

Reimer, Franz, Juristische Methodenlehre, Baden-Baden 2016

Reinicke, Christian, Auf dem Weg zum digitalen Lesesaal, ABI-Technik (=Zeitschrift für Automation, Bau und Technik im Archiv-, Bibliotheks- und Informationswesen), 27 (Heft 1/2007), S. 28-35

Rengeling, Hans-Werner, in: Josef Isensee/Paul Kirchhof (Hrsg.), Handbuch des Staatsrechts, Bd. VI, 3. Aufl., Heidelberg 2008, § 135 Gesetzgebungszuständigkeit

Ress, Georg, Die neue Kulturkompetenz der EG, DÖV 1992, S. 944-955

Richter, Gregor, Das baden-württembergische Landesarchivgesetz vom 27. Juli 1987, Der Archivar 41 (1988), Sp. 385-393

Richter, Gregor, Die Landesarchivgesetzgebung in Baden-Württemberg, in: Hermann Bannasch (Hrsg.), Archivrecht in Baden-Württemberg. Texte, Materialien, Erläuterungen, Stuttgart 1990, S. 229-263

Richter, Philipp, Datenschutz zwecklos? – Das Prinzip der Zweckbindung im Ratsentwurf der DSGVO, DuD 2015, S. 735-740

Richter, Phillip, Big Data, Statistik und die Datenschutz-Grundverordnung, DuD 2016, 581-586

Riepl, Frank, Informationelle Selbstbestimmung im Strafverfahren, Tübingen 1998

Röhl, Hans Christian, Öffnung der Methode durch Internationalität und Interdisziplinarität, VVDStRL 74 (2014) S. 7-32

Rosenplänter, Johannes, Zur zukünftigen Benutzung von Personenstandsunterlagen in den kommunalen Archiven, VKA Mitteilungen 2008, S. 48-52

Rossen-Stadtfeld, Helge, in: Wolfgang Hoffmann-Riem/Eberhard Schmidt-Aßmann/Andreas Voßkuhle (Hrsg.), Grundlagen des Verwaltungsrechts, Bd. II; 2. Aufl., München 2012, § 29 Beteiligung, Partizipation und Öffentlichkeit

Rossi, Matthias, Informationszugangsfreiheit und Verfassungsrecht, Berlin 2004

Rossi, Matthias, Informationsfreiheitsgesetz. Handkommentar, Baden-Baden 2006

Rossi, Matthias, Brauchen wir ein Informationsfreiheitsgesetzbuch?, ZRP 2014, S. 201-204

Roßnagel, Alexander, Möglichkeiten für Transparenz und Öffentlichkeit im Verwaltungshandeln, in: Wolfgang Hoffmann-Riem/Eberhard Schmidt-Aßmann (Hrsg.), Verwaltungsrecht in der Informationsgesellschaft, Baden-Baden 2000, S. 257-332

Roßnagel, Alexander, Beweiswirkungen elektronischer Vertrauensdienste, MMR 2016, S. 647-652

Roßnagel, Alexander, Anwendungsvorrang des Unionsrechts, in: ders. (Hrsg.), Europäische Datenschutz-Grundverordnung, Baden-Baden 2017, S. 67-78

Roßnagel, Alexander, Vorratsdatenspeicherung rechtlich vor dem Aus?, NJW 2017, S. 696-698

Roßnagel, Alexander, Das Vertrauensdienstegesetz, MMR 2018, S. 31-35

Roßnagel, Alexander/Fischer-Dieskau, Stefanie/Pordesch, Ulrich/Brandner, Ralf, Erneuerung elektronischer Signaturen. Grundfragen der Archivierung elektronischer Dokumente, CR 2003, S. 301-306

Roßnagel, Alexander/Fischer-Dieskau, Stefanie/Wilke, Daniel, Transformation von Dokumenten, CR 2005, S. 903-908

Roßnagel, Alexander/Fischer-Dieskau, Stefanie/Jandt, Silke/Knopp, Micheal (Hrsg.), Langfristige Aufbewahrung elektronischer Dokumente, Baden-Baden 2007

Roßnagel, Alexander/Schmidt, Andreas/Wilke, Daniel, Rechtssichere Transformation signierter Dokumente, Baden-Baden 2009

Roßnagel, Alexander/Nebel, Maxi, Beweisführung mittels ersetzend gescannter Dokumente, NJW 2014, S. 886-891

Roßnagel, Alexander/Nebel, Maxi, (Verlorene) Selbstbestimmung im Datenmeer, DuD 2015, S. 455-459

Roßnagel, Alexander et al., Datenschutzrecht 2016, Reihe „Interdisciplinary Research Studies of Information System Design" des Wissenschaftlichen Zentrum für Informationstechnik-Gestaltung, Bd. 4, Kassel 2016

Rost, Maria Christina, in: Johann Bader/Michael Ronellenfitsch (Hrsg.), BeckOK VwVfG, 41. Ed. vom 1.10.2018, § 5 VwZG

Ruffert, Matthias, Grund und Grenzen der Wissenschaftsfreiheit, VVDStRL 65 (2006), S. 146-216

Sächsisches Staatsarchiv, Regelung für die Abgabe von Unterlagen an das Sächsische Staatsarchiv vom 13. März 2017, https://tinyurl.com/yagxsxhk

Sächsisches Staatsministerium für Wirtschaft, Arbeit und Verkehr (Hrsg.), Sachsen Digital. Die Digitalisierungsstrategie des Freistaates Sachsen, Dresden 2016

Sächsisches Staatsministerium für Wirtschaft, Arbeit und Verkehr (Hrsg.), Sachsen Digital, 2. Aufl., Dresden 2017

Sandner, Peter, Bewertung digitaler Aufzeichnungen aus dem Dokumentenmanagementsystem, in: Katharina Ernst (Hrsg.), Erfahrung mit der Übernahme digitaler Daten, Stuttgart 2007, S. 6-9

Sandner, Peter, 10 FAQs. Argumente zu Bedarf und Notwendigkeiten der digitalen Archivierung, in: Landesarchiv Baden-Württemberg (Hrsg.), Digitale Archivierung in der Praxis, Stuttgart 2013, S. 57-70

Sannwald, Rüdiger, in: Bruno Schmidt-Bleibtreu/Hans Hofmann/Hans-Günter Henneke (Hrsg.), GG. Kommentar, 13. Aufl., Köln 2014, Art. 70

Sarunski, Maik, Big Data – Ende der Anonymität?, DuD 2016, S. 424-427

Schäfer, Udo, Authentizität. Vom Siegel zur digitalen Signatur, in: Udo Schäfer/Nicole Bickhoff, Archivierung elektronischer Unterlagen, Stuttgart 1999, S. 165-181

Schäfer, Udo, Rechtsvorschriften über Geheimhaltung, in: Rainer Polley (Hrsg.), Archivgesetzgebung in Deutschland – Ungeklärte Rechtsfragen und neue Herausforderungen, Marburg 2003, S. 39-69

Schäfer, Udo, Authentizität: Elektronische Signaturen oder Ius Archivi?, in: Rainer Hering/Udo Schäfer, Digitales Verwalten – Digitales Archivieren, Hamburg 2004, S. 13-31

Schäfer, Udo, Rechtsvielfalt und Rechtseinheit in Europa. Zum Einfluss des europäischen Rechts auf das nationale Archivwesen, Archivalische Zeitschrift 88 (2006), S. 819-846

Schäfer, Udo, Quod non est in actis, non est in mundo, in: VdA (Hrsg.), Alles was Recht ist. Archivische Fragen – juristische Antworten, Fulda 2012, S. 57-78

Schallbruch, Martin/Fischer-Dieskau, Stefanie, Signaturgesetz, in: Rainer Bauer/Dirk Heckmann/Kay Ruge/Martin Schallbruch/Sönke Schulz (Hrsg.), Verwaltungsverfahrensgesetz und E-Government, 2. Aufl., Wiesbaden 2014, Einleitung

Schantz, Peter, Die Datenschutz-Grundverordnung, NJW 2016, S. 1841-1847

Schemmer, Franz, in: Volker Epping/Christian Hillgruber (Hrsg.), Grundgesetz. Kommentar, 2. Aufl., München 2013, Art. 5

Schenk, Frank/Kruse, Fred, PortalU als zentraler Zugangspunkt für behördliche Umweltinformationen in Deutschland, in: Jorge Marx Gomez/Corinna Lang/Volker Wohlgemuth (Hrsg.), IT-gestütztes Ressourcen- und Energiemanagement, Berlin/Heidelberg 2013, S. 519-526

Scherer, Joachim, Verfassungsrechtliche Probleme des „Musters für ein Krebsregistergesetz", ZRP 1982, S. 291-293

Scherff, Dyrk, Big Data: Was der Fiskus alles über uns weiß, Frankfurter Allgemeine Zeitung Online vom 28.05.2017, http://www.faz.net/aktuell/finanzen/big-data-das-finanzamt-weiss-mehr-ueber-uns-als-gedacht-15035357.html

Scherzberg, Arno, Grundlagen und Typologie des subjektiv-öffentlichen Rechts, DVBl. 1988, S. 129-134

Scherzberg, Arno, Die öffentliche Verwaltung als informationelle Organisation, in: Wolfgang Hoffmann-Riem/Eberhardt Schmidt-Aßmann (Hrsg.), Verwaltungsrecht in der Informationsgesellschaft, Baden-Baden 2000, S. 195-223

Scherzberg, Arno, Die Öffentlichkeit der Verwaltung, Baden-Baden 2000

Scherzberg, Arno, Von den arcana imperii zur freedom of information, ThürVBl. 2003, S. 193-203

Scherzberg, Arno, in: Wolfgang Hoffmann-Riem/Eberhard Schmidt-Aßmann/Andreas Voßkuhle (Hrsg.), Grundlagen des Verwaltungsrechts, Bd. III, 2. Aufl., München 2013, § 49 Öffentlichkeitskontrolle

Schieber, Sigrid, Das digitale Archiv der hessischen Staatsarchive, in: Staatliche Archive Bayerns (Hrsg.), Neue Entwicklungen und Erfahrungen im Bereich der digitalen Archivierung: von der Behördenberatung zum Digitalen Archiv, München 2010, 37-42

Schiff, Alexander, in: Eugen Ehmann/Martin Selmayr (Hrsg.), DS-GVO. Kommentar, 2. Aufl., München 2018, Art. 9

Schilling, Lutz, Kommentar zum Thüringer Gesetz über die Sicherung und Nutzung von Archivgut, in: Archive in Thüringen 3/1992, S. 6-12

Schliesky, Utz, in: Hans Joachim Knack/Hans-Günther Henneke, Verwaltungsverfahrensgesetz. Kommentar, 10. Aufl., Köln 2014, § 1

Schlink, Bernhard, Das Recht der informationellen Selbstbestimmung, Der Staat 25 (1986), S. 233-250

Schmahl, Stefanie, Die Kulturkompetenz der Europäischen Gemeinschaft, Baden-Baden 1996

Schmale, Wolfgang/Tinnefeld, Marie-Theres, „Der Bau" von Kafka und die (Staats)Trojaner-Architektur, DuD 2012, S. 401-405

Schmidt, Reiner/Kahl, Wolfgang/Gärditz, Klaus Ferdinand, Umweltrecht, 9. Aufl., München 2014

Schmidt-Jortzig, Edzard, in: Josef Isensee/Paul Kirchhof (Hrsg.), Handbuch des Staatsrechts, Bd. VII, 3. Aufl., Heidelberg 2009, § 162 Meinungs- und Informationsfreiheit, S. 875-907

Schmitt Glaeser, Walter, Die Freiheit der Forschung, WissR 1974, S. 107-134

Schmitz, Heribert, in: Paul Stelkens/Heinz Joachim Bonk/Michael Sachs (Hrsg.), Verwaltungsverfahrensgesetz. Kommentar, 9. Aufl., München 2018, § 5

Schmitz, Heribert/Prell, Lorenz, Neues zum E-Goverment, NVwZ 2016, S. 1273-1280

Schmitz, Rudolf, Erfassung und Bewertung bei der Archivierung von Websites politischer Parteien, in: Katharina Ernst (Hrsg.),

Erfahrungen mit der Übernahme digitaler Daten, Stuttgart 2007, S. 15-21

Schnabel, Christoph, in: Hubertus Gersdorf/Boris Paal (Hrsg.), Beck-Onlinekommentar Informations- und Medienrecht, 20. Edition, München 2018, § 13 IFG

Schneider, Jan-Peter, Telekommunikation, in: Michael Fehling/Matthias Ruffert (Hrsg.), Regulierungsrecht, Tübingen 2010, S. 365-428

Schneider, Jan-Peter, Stand und Perspektiven des europäischen Datenverkehrs- und Datenschutzrechts, Die Verwaltung 44 (2011), 499-524

Schneider, Werner, Datenschutz im Archivwesen, in: Alexander Roßnagel (Hrsg.), Handbuch Datenschutzrecht, München 2003, S. 1614-1621

Schoch, Friedrich, Öffentlich-rechtliche Rahmenbedingungen einer Informationsordnung, VVDStRL 57 (1998), S. 158-212

Schoch, Friedrich, Modernisierung des Archivrechts in Deutschland, Die Verwaltung 39 (2006), S. 463-491

Schoch, Friedrich, Informationsfreiheitsgesetz. Kommentar, 2. Aufl., München 2016

Schoch, Friedrich/Kloepfer, Michael/Garstka, Hansjürgen, Archivgesetz, Berlin 2007

Scholz, Michael, Besondere Fälle, in: Irmgard Becker/Clemens Rehm (Hrsg.), Archivrecht für die Praxis, München 2017, S. 171-187

Scholz, Rupert/Pitschas, Rainer, Informationelle Selbstbestimmung und staatliche Informationsverantwortung, Berlin 1984

Schönleiter, Ulrich, in: Robert von Landmann/Gustav Rohmer, Gewerbeordnung und ergänzende Vorschriften, Bd. 1, bearb. v. Peter Marcks, 72. EL, München März 2016, § 150e

Schreckenbach, Hans-Joachim, Archivgesetze in den Bundesländern Brandenburg, Mecklenburg-Vorpommern, Sachsen, Sachsen-Anhalt und Thüringen, LKV 1998, S. 289-294

Schröder, Meinhard, in: Rudolf Streinz/Walther Michl (Hrsg.), EUV/AEUV. Kommentar, 3. Aufl., München 2018, Art. 16 AEUV

Schulz, Gerhard (Hrsg.), Novalis Werke, 5. Aufl., München 2013

Schulz, Sönke, Einführung in das Recht der elektronischen Verwaltung, in: Rainer Bauer/Dirk Heckmann/Kay Ruge/Martin Schallenbruch/Sönke Schulz (Hrsg.), Verwaltungsverfahrensgesetz und E-Government, 2. Aufl., Wiesbaden 2014, S. 23-42

Schulze-Fielitz, Helmuth, in: Horst Dreier (Hrsg.), Grundgesetz. Kommentar, Bd. I, 3. Aufl., Tübingen 2013, Art. 5 I, II

Schulze-Fielitz, Helmuth, Staatsrechtslehre als Mikrokosmos, Tübingen 2013

Schwab, Joachim, Frühe Öffentlichkeitsbeteiligung und behördliche Genehmigungsverfahren, UPR 2014, S. 281-290

Schwalm, Steffen, Der Nachfolger des DOMEA-Konzepts, in: Christian Keitel/Kai Naumann (Hrsg.), Digitale Archivierung in der Praxis, Stuttgart 2013, S. 231-252

Seibt, Angelika, Forensische Schriftgutachten, München 1999

Seidl-Hohenveldern, Ignaz, Kulturgüterschutz durch die Europäische Union versus Warenverkehrsfreiheit, in: Frank Fechner/Thomas Oppermann/Lyndel Prott (Hrsg.), Prinzipien des Kulturgüterschutzes, Berlin 1996, S. 113-121

Siegel, Thorsten, Europäisierung des Öffentlichen Rechts, Tübingen 2012

Siegel, Thorsten, Der virtuelle Verwaltungsakt, VerwArch 105 (2014), S. 242-261

Simitis, Spiros, Die informationelle Selbstbestimmung – Grundbedingung einer verfassungskonformen Informationsordnung, NJW 1984, S. 398-405

Smend, Rudolf, Das Recht der freien Meinungsäußerung, VVDStRL 4 (1928), S. 44-73

Sobota, Katharina, Das Prinzip Rechtsstaat, Tübingen 1997

Sodan, Helge, in: Helge Sodan (Hrsg.), Grundgesetz, München 2009, Art. 2

Sodan, Helge, in: Helge Sodan (Hrsg.), Grundgesetz, München 2009, Art. 5

Sodtalbers, Axel/Volkmann, Christian/Heise, Andreas, IT-Recht, Witten 2010

Sommermann, Karl-Peter, Verordnungsermächtigung und Demokratieprinzip, JZ 1997, S. 434-441

Sommermann, Karl-Peter, in: Hermann von Mangoldt/Friedrich Klein/Christian Starck (Hrsg.), Das Bonner Grundgesetz, Bd. II, 4. Aufl., München 2000, Art. 20 Abs. 3

Sommermann, Karl-Peter, Kultur im Verfassungsstaat, VVDStRL 65 (2006), S. 7-50

Soyjaudah, Sunjiv, Self Monitoring Analysis and Reporting Technology, in: Kemal Venugopal/Lalith Mohan Patnaik, Computer Networks and Intelligent Computing, Berlin/Heidelberg 2011, S, 463-469

Specht, Louisa, in: Gernot Sydow (Hrsg.), Europäische Datenschutzgrundverordnung, 2. Aufl., Baden-Baden 2018, Art. 15

Spiecker gen. Döhmann, Indra, Die informationelle Inanspruchnahme des Bürgers im Verwaltungsverfahren, in: Indra Spiecker gen. Döhmann/Peter Collin (Hrsg.), Generierung und Transfer im System des Verwaltungsrechts, Tübingen 2008, S. 196-216

Spiecker gen. Döhmann, Indra, Wissensverarbeitung im Öffentlichen Recht, RW 2010, S. 247-282

Spiecker gen. Döhmann Indra/Eisenbarth, Markus, Kommt das »Volkszählungsurteil« nun durch den EuGH? - Der Europäische Datenschutz nach Inkrafttreten des Vertrages von Lissabon, JZ 2011, S. 169-177

Spiecker gen. Döhmann, Indra, Big Data intelligent genutzt: Rechtskonforme Videoüberwachung im öffentlichen Raum, K&R 2014, S. 549-556

Spindler, Gerald, Reform des Urheberrechts im „Zweiten Korb", NJW 2008, S. 9-16

Spindler, Gerald, Big Data und Forschung mit Gesundheitsdaten in der gesetzlichen Krankenversicherung, MedR 2016, S. 691-699

Staatliche Archive Bayerns (Hrsg.), Digitale Unterlagen. Nr. 3: Die Einführung der elektronischen Vorgangsbearbeitung bei den Landratsämtern in Bayern, München 2011

Stadtarchiv Leipzig, Schriftliche Beantwortung des Fragenkatalogs durch das Stadtarchiv Leipzig vom 19. September 2017

Stahlberg, Ilka, Die Archivierung von Daten aus Dokumentenmanagement - und Vorgangsbearbeitungssystemen, in: Brandenburgische Archive Heft 25/2008, S. 3-7

Stahlberg, Ilka, Die Einführung des DMS/VBS EL.DOK (Prodea) in der Ministerialverwaltung Brandenburg und die Konzipierung eines digitalen Zwischenarchivs unter

Mitwirkung des Brandenburgischen Landeshauptarchivs, in: Staatsarchiv St. Gallen (Hrsg.), Entwicklung in den Bereichen Records Management/Vorarchiv – Übernahme – Langzeitarchivierung, St. Gallen 2009, S. 11-17

Stahlberg, Ilka, Konzipierung des digitalen Zwischenarchivs in Brandenburg und der Sachstand bei der DMS-Einführung in der Brandenburgischen Landesverwaltung, in: Matthias Manke (Hrsg.), Auf dem Weg zum digitalen Archiv, Schwerin 2012, S. 47-51

Stahlberg, Ilka/Homberg, Jörg, Das digitale Urkundszwischenarchiv (EL.UZA) in Brandenburg, in: Landesarchiv Baden-Württemberg (Hrsg.), Digitale Archivierung in der Praxis, Stuttgart 2013, S. 157-166

Starck, Christian, in: Hermann von Mangoldt/Friedrich Klein/Christian Starck (Hrsg.), Das Bonner Grundgesetz, Bd. I, 4. Aufl., München 1999, Art. 2 Abs. 1

Starck, Christian, in: Herrmann v. Mangoldt/Friedrich Klein/Christian Starck (Hrsg.), Kommentar zum Grundgesetz, Bd. I, 6. Aufl., München 2010, Art. 2 Abs. 1

Starck, Christian, in: Hermann von Mangoldt/Friedrich Klein/Christian Starck (Hrsg.), Kommentar zum Grundgesetz, Bd. I, 6. Aufl., München 2010, Art. 5 Abs. 1, 2

Staub, Martial, Mittelalter und Frühe Neuzeit, in: Marcel Lepper/Ulrich Raulff (Hrsg.), Handbuch Archiv, Stuttgart 2016, S. 40-44

Steinbicker, Jochen, Der Staat der Wissensgesellschaft, in: Peter Collin/Thomas Horstmann (Hrsg.), Das Wissen des Staates, Baden-Baden 2004, S. 90-120

Steinbrecher, Michael/Schumann, Rolf, Update. Warum die Datenrevolution uns alle betrifft, Frankfurt/Main 2015

Steiner, Udo, in Josef Isensee/Paul Kirchhof (Hrsg.), Handbuch des Staatsrechts, Bd. IV, 3. Aufl., Heidelberg 2006, § 86 Kultur

Steinert, Mark, Rechtliche Fragen und Probleme bei der Übernahme fremden Archivguts, in: VdA (Hrsg.), Alles was Recht ist. Archivische Fragen – juristische Antworten, Fulda 2012, S. 179-187

Steinger, Hans-Martin, Amtsverfassung und Demokratieprinzip, Baden-Baden 1997

Steinhauer, Eric W., Probleme kooperativer Digitalisierung für elektronische Leseplätze in Bibliotheken, K&R 2009, S. 688-692

Stockert, Harald/Popp, Christoph, Behördenberatung und Anbietung, in: Irmgard Becker/Clemens Rehm (Hrsg.), Archivrecht für die Praxis, München 2017, S. 43-57

Stoll, Peter-Tobias, Wissensarbeit als staatliche Aufgabe, in: Indra Spiecker gen. Döhmann/Peter Collin (Hrsg.), Generierung und Transfer staatlichen Wissens im System des Verwaltungsrechts, Tübingen 2008, S. 34-49

Stolleis, Michael, Geschichte des öffentlichen Rechts in Deutschland. Erster Band 1988

Stollhof, Sabine, Das E-Government-Gesetz des Bundes. Abschied von der qualifizierten elektronischen Signatur?, DuD 2013, S. 691-695

Strauch, Dieter, Das Archivalieneigentum, Köln 1998

Strauch, Dieter, Rechtliche und archivische Probleme der digitalen Signatur, in: Gedächtnisschrift für Alexander Lüderitz, hg. v. Haimo Schack, München 2000, S. 751-787

Streinz, Rudolf, in: Rudolf Streinz/Walther Michl (Hrsg.), EUV/AEUV. Kommentar, 3. Aufl., München 2018, Art. 2 AEUV

Strempel, Dieter, Empirische Rechtsforschung als Ressortforschung im Bundesministerium der Justiz, Zeitschrift für Rechtssoziologie 1988, S. 190-201

Stumpf, Marcus, Archivierung von Personenstandsunterlagen durch Kommunalarchive, Archivpflege in Westfalen-Lippe 71 (2009), S. 23-28

Sydow, Gernot/Wilhelm, Maria, in: Gernot Sydow (Hrsg.), Europäische Datenschutzgrundverordnung. Handkommentar, 2. Aufl., Baden-Baden 2018, Art. 20

Taylor, Isabel, Archive und die Entwicklung der Europäischen Datenschutz-Grundverordnung, Archivar 67 (2014), S. 32-39

Thiel, Markus, Polizei- und Ordnungsrecht, Baden-Baden 2013

Thouvenin, Florent, Forschung im Spannungsfeld von Big Data und Datenschutzrecht, in: Volker Boehme-Neßler/Manfred Rehbinder (Hrsg.), Big Data: Ende des Datenschutzes?, Bern 2017, S. 27-53

Thüringer Ministerium für Wirtschaft, Wissenschaft und Digitale Gesellschaft, Grundlagenpapier Thüringer Strategie für die digitale Gesellschaft, Erfurt 2016

Tiemann, Katharina/Worm, Peter, Zwischen Domea-Anspruch und kommunaler Wirklichkeit, in: Landesarchiv Schwerin

(Hrsg.), Auf dem Weg zum digitalen Archiv, Schwerin 2012, S. 61-66

Timm, Ingo J., Digitalisierung und Big Data in der Medizin, MedR 2016, S. 686-690

Toigo, Jon, Wie Big Data Archiv-Strategien verändert, Dezember 2014, http://www.searchstorage.de/sonderbeitrag/Wie-Big-Data-Archiv-Strategien-veraendert

Tolzmann, Gudrun, Bundeszentralregistergesetz. Kommentar, 5. Aufl., Stuttgart 2015

Trantas, Georgios, Akteneinsicht und Geheimhaltung im Verwaltungsrecht, Berlin 1998

Trute, Hans-Heinrich, Die Forschung zwischen grundrechtlicher Freiheit und staatlicher Institutionalisierung, Tübingen 1994

Trute, Hans Heinrich, Staatsrechtslehre als Sozialwissenschaft? in: Helmuth Schulze Fielitz (Hrsg.), Staatsrechtslehre als Wissenschaft. Die Verwaltung, Beiheft 7/2007, S. 115-132

Ucharim, Michael, Das Digitale Zwischenarchiv des Bundes und seine Bedeutung für das Bundesarchiv, Forum 2015, S. 42-46

Uerpmann, Robert, Das öffentliche Interesse. Seine Bedeutung als Tatbestandsmerkmal und als dogmatischer Begriff, Tübingen 1999

Vedder, Christoph, in: Christoph Vedder/Wolff Heintschel von Heinegg (Hrsg.), Europäisches Unionsrecht, Baden-Baden 2012, Art. 167 AEUV

Vesting, Thomas, Zwischen Gewährleistungsstaat und Minimalstaat, in: Wolfgang Hoffmann-Riem/Eberhardt Schmidt-Aßmann (Hrsg.), Verwaltungsrecht in der Informationsgesellschaft, Baden-Baden 2000, S. 101-131

Vesting, Thomas, in: Wolfgang Hoffmann-Riem/Eberhard Schmidt-Aßmann/Andreas Voßkuhle (Hrsg.), Grundlagen des Verwaltungsrechts, Bd. II, 2. Aufl., München 2012, § 20 Die Bedeutung von Information und Kommunikation für die verwaltungsrechtliche Systembildung

Vismann, Cornelia, Akten, 3, Aufl., Frankfurt/Main 2011

Vogelsang, Klaus, Grundrecht auf informationelle Selbstbestimmung?, Baden-Baden 1987

Vollmer, Arnd, Aktuelle rechtliche Fragen der Archivbenutzung, in: VdA (Hrsg.), Ist der Kunde König? Was Archivbenutzer wollen und Archive leisten können, Chemnitz 2012, S. 29-37

Vollmer, Arndt, Die Bedeutung der Schutzfristen im archivrechtlichen Kontext, in: Irmgard Becker (Hrsg.), Schutzfristen – Festlegung und Verkürzung, Marburg 2012, S. 11-41

von Arnauld, Andreas, Die Wissenschaft vom Öffentlichen Recht nach einer Öffnung für sozialwissenschaftliche Theorie, in: Andreas Funke/Jörn Lüdemann (Hrsg.), Öffentliches Recht und Wissenschaftstheorie, Tübingen 2009, S. 65-118

von Danwitz, Thomas, Die Kultur in der Verfassungsordnung der Europäischen Union, NJW 2005, S. 529-536

von Grafenstein, Maximilian, in: Sibylle Gierschmann/Katharina Schlender/Rainer Stentzel/Winfried Veil (Hrsg.), Kommentar Datenschutz-Grundverordnung, Köln 2018, Art. 2

von Lewinski, Kai, Europäisierung des Datenschutzrechts, DuD 2012, S. 564-570

von Lucke, Jörn, Intelligentes vernetztes Regierungs- und Verwaltungshandeln, in: Hermann Hill/Dieter Kugelmann/Mario Martini (Hrsg.), Perspektiven der digitalen Lebenswelt, Baden-Baden 2017, S. 99-123

von Seggern, Jessica, Die Auswirkungen des Personenstandsrechtsreformgesetzes auf die Archive, VKA Mitteilungen 2008, S. 40-48

von Suchodoletz, Dirk, Die Emulationsstrategie in der Langzeitarchivierung, in: Bibliothek. Forschung und Praxis 33 (2009), S. 11-24

Vordermayer, Markus, Ein „Abschied von den Grundrechten"?, rescriptum 2012, S. 24-27

Voßkuhle, Andreas, in: Wolfgang Hoffmann-Riem/Eberhard Schmidt-Aßmann/Andreas Voßkuhle (Hrsg.), Grundlagen des Verwaltungsrechts, Bd. I, 2. Aufl., München 2012, § 1 Neue Verwaltungsrechtswissenschaft

Warnke, Martin, Kulturinformatik. Schriften 1997 bis 2007, Lüneburg 2009

Weber, Hartmut, Archivische Grundversorgung – die Staatsarchive, in: Marcel Lepper/Raulff (Hrsg.), Handbuch Archiv, Stuttgart 2016, S. 90-98

Wedde, Peter, in: Wolfgang Däubler/Peter Wedde/Thilo Weichert/Imke Sommer, EU-Datenschutz-Grundverordnung und BDSG-neu. Kompaktkommentar, Frankfurt/Main 2018, Art. 9 DSGVO

Wedde, Peter, in: Wolfgang Däubler/Peter Wedde/Thilo Weichert/Imke Sommer, EU-Datenschutz-Grundverordnung und BDSG-neu. Kompaktkommentar, Frankfurt/Main 2018, Art. 32 DSGVO

Wegener, Bernhard, Der geheime Staat, Göttingen 2006

Weichert, Thilo, in: Jürgen Kühling/Benedikt Buchner (Hrsg.), Datenschutz-Grundverordnung/BDSG. Kommentar, 2. Aufl., München 2018, Art. 9 DSGVO

Weichert, Thilo, Informationelle Selbstbestimmung und strafrechtliche Ermittlung, Pfaffenweiler 1990

Weiser, Johanna, Geschichte der preußischen Archivverwaltung und ihrer Leiter, Köln 2000

Wettengel, Michael, Aussonderung und Archivierung elektronischer Akten, in: ders. (Hrsg.), Digitale Herausforderungen für Archive, Koblenz 1999, 90-97

Wickel, Martin, in: Michael Fehling/Berthold Kastner/Rainer Störmer (Hrsg.), Verwaltungsrecht. Handkommentar, 4. Aufl., Baden-Baden 2016, § 74 VwVfG

Wiegand, Bodo, Die neuen Länder als Kulturstaaten, LKV 1995, S. 55-60

Wiegand, Peter, Etappen, Motive und Rechtsgrundlagen der Nutzbarmachung staatlicher Archive, Archivalische Zeitschrift 91 (2009), S. 9-57

Wilsch, Dan, Zugangsregeln. Die Rechtsverfassung der Wissensteilung, Tübingen 2008

Wirtz, Martin, in: Karl Fromm/Wilhelm Nordemann, Urheberrecht. Kommentar, 11. Aufl., Stuttgart 2014, § 53

Wolf, Maximilian Sönke, Big Data und Innere Sicherheit. Grundrechtseingriffe durch die computergestützte Auswertung öffentlich zugänglicher Quellen im Internet zu Sicherheitszwecken, Marburg 2015

Wollenschläger, Burkhard, Wissensgenerierung im Verfahren, Tübingen 2009

Wrede, Kathrin, Verfassungsbeschwerde auf Bereitstellung von Akten im Gewahrsam Privater mangels Rechtswegserschöpfung unzulässig, npoR 2017, S. 252-253

Wyduckel, Dieter, Archivgesetzgebung im Spannungsfeld von informationeller Selbstbestimmung und Forschungsfreiheit, DVBl. 1989, S. 327-337

Zerdick, Thomas, in: Eugen Ehmann/Martin Selmayr (Hrsg.), Datenschutz-Grundverordnung. Kommentar, München 2017, Art. 2

Zeuker-Oertel, Claudia, Das Digitale Archiv des Bundesarchivs, in: Staatsarchiv St. Gallen (Hrsg.), Entwicklung in den Bereichen Records Management / Vorarchiv –Übernahme – Langzeitarchivierung, St. Gallen 2009, S. 31-34

Ziekow, Jan, Frühe Öffentlichkeitsbeteiligung, NVwZ 2013, S. 754-760

Ziekow, Jan, Öffentliches Wirtschaftsrecht, 4. Aufl., München 2016

Ziewes, Franz-Josef, Überlegungen zur Bewertung von digitalen Unterlagen aus dem Umweltinformationssystem Baden-Württembergs, in: Udo Schäfer/Nicole Bickhoff (Hrsg.), Archivierung elektronischer Unterlagen, Stuttgart 1999, S. 145-151

Zippelius, Reinhold, Juristische Methodenlehre, 11. Aufl., München 2012

FSC
www.fsc.org
MIX
Papier | Fördert gute Waldnutzung
FSC® C083411

Kolibri 360 GmbH
Ferdinand-Jühlke-Straße 7
99095 Erfurt, Deutschland
produktsicherheit@kolibri360.de